Hartmut Steinecke
Die Kunst der Fantasie

E.T.A. Hoffmanns
Leben und Werk

Insel Verlag

© Insel Verlag Frankfurt am Main und Leipzig 2004
Alle Rechte vorbehalten, insbesondere das der Übersetzung,
des öffentlichen Vortrags sowie der Übertragung
durch Rundfunk und Fernsehen, auch einzelner Teile.
Kein Teil des Werkes darf in irgendeiner Form
(durch Fotografie, Mikrofilm oder andere Verfahren)
ohne schriftliche Genehmigung des Verlages reproduziert
oder unter Verwendung elektronischer Systeme verarbeitet,
vervielfältigt oder verbreitet werden.
Satz und Druck: Memminger MedienCentrum AG
Printed in Germany
Erste Auflage 2004
ISBN 3-458-17202-5

1 2 3 4 5 6 – 09 08 07 06 05 04

Inhalt

Vorwort 7

I. Vom fantastischen Autor zum Verfasser der *Fantasiestücke* (1794-1814)

1. Die Anfänge des Künstlers (1794-1808) 16
2. Bamberg: »Lehrjahre« und mehr (1808-1813) 78
3. *Fantasiestücke in Callot's Manier* (1813-1814).
   Kunst der Fantasie als Universalpoesie 136

II. Fantastik und Schauer oder Undine und Sandmann, Nußknacker und Teufel (1814-1818)

4. Bühnenwerke, Bühnenschriften: Theater und Oper   230
5. Das »nächtliche« Werk: *Die Elixiere des Teufels –
   Nachtstücke* 260
6. Erzählungen und Märchen (1815-1818) 312

III. Fantastische Werke eines »humoristischen Schriftstellers« (1819-1822)

7. *Die Serapions-Brüder* 352
8. Die späten Erzählungen (1819-1822) 404
9. Humoristische Roman-Märchen 440
10. Kater Murrs Lebens-Ansichten:
    Hoffmanns Lebens-Werk 485
11. Exkurse: Juristerei, Politik, Zensur 543
12. Hoffmanns juristisch-poetologisches Vermächtnis . . 568

IV. Hoffmann-Spuren

13. Wirkungen – Wertungen 585

Nachwort 595

Anhang 597
Inhaltsverzeichnis 640

Vorwort

Im Alter von 20 Jahren, 1796, entwirft der Königsberger Jurist Ernst Theodor Wilhelm Hoffmann ein Selbstporträt als Musiker, als Zeichner und als Schriftsteller »mit humoristischem Temperament«. »Meine Fantasie ist stärker als alles«, so charakterisiert er zusammenfassend seine Künstlerschaft. Sie ist von Beginn an: Kunst der Fantasie.

Es dauert fast zwanzig Jahre, bis Hoffmann, der sich nun Ernst Theodor Amadeus nennt, diese Vorstellung verwirklicht und in Werke umgesetzt hat. Anfang 1815 entwirft der 39-jährige Mitarbeiter am Berliner Kammergericht wieder ein Selbstporträt, diesmal als Aquarell. Eine Person mit seinen Zügen und der für ihn typischen Kleidung steht vor einem Spinett, auf dem eine Partitur mit dem Titel »Undine« liegt. Erklärend steht darunter: »Der Kapellmeister Johannes Kreisler in Haustracht nach dem Leben gezeichnet von Erasmus Spikher«. Kreisler und Spikher sind Künstlerfiguren aus Hoffmanns erstem Buch, den *Fantasiestücken in Callot's Manier*. Hoffmann malt also in der Maske seiner literarischen Maler-Gestalt ein Bild, das seine literarische Komponisten-Gestalt mit einer seiner eigenen Kompositionen, der Oper *Undine*, zeigt. Damit spiegelt sich Hoffmann intermedial in seinen künstlerischen Teilidentitäten. Er tritt auf als Maler, Dichter und Komponist, der »fantastische« Stücke humoristisch darbietet.

Ein drittes Selbstporträt entsteht im Februar 1822, kurz vor Hoffmanns Tod. Der nun als Universalkünstler berühmte 46-jährige Kammergerichtsrat, wegen Majestätsbeleidigung und Staatsgefährdung in seinem Märchenroman *Meister Floh* angeklagt, diktiert eine Stellungnahme zu diesen Vorwürfen. Was als Erklärung beginnt, wird ein eindrucksvolles und virtuoses poetologisches Bekenntnis zur Freiheit und Macht der Kunst. Dabei charakterisiert Hoffmann sein inkriminiertes Buch als »phanta-

1. Der Kapellmeister Johannes Kreisler in Haustracht nach dem Leben gezeichnet von Erasmus Spikher. Aquarell, Anfang 1815.

stische Geburt eines humoristischen Schriftstellers« – also mit denselben Kernbegriffen wie bei der Beschreibung seiner Kunst 26 Jahre zuvor, am Anfang seiner Laufbahn.

Das deutet zum einen auf eine erstaunliche Konstanz seiner ästhetischen Intentionen. Zum anderen läßt sich festhalten: Hoffmann hat den von ihm zunächst übernommenen Begriff »Fantasie« erweitert, bereichert, teilweise neu gefaßt – nicht theoretisch, sondern in einem ungewöhnlich vielfältigen Werk in sehr verschiedenen Kunstgattungen, in Erzählungen und Romanen, Märchen und Nachtstücken, Essays und Musikkritiken, Kompositionen und Bildern. Hoffmanns Kunst der Fantasie zeigt sich in zahlreichen ästhetischen Ausdrucksformen; immer stärker tritt dabei der Humor in den Vordergrund, er verbindet sich mit der Fantasie zu der spannungsvollen Einheit, die Hoffmanns Selbstcharakteristik des *Meister Floh* prägt. Fantasie und Humor bilden daher zentrale Leitlinien, die in diesem Buch durch Hoffmanns Werk führen sollen.

Schon bald nach Hoffmanns Tod wuchs seine Bekanntheit über die deutschen Grenzen hinaus und wurde zu einem europäischen Ruhm. Dieser hielt im 20. Jahrhundert nicht nur an, sondern weitete sich noch aus. Und auch im beginnenden 21. Jahrhundert werden seine Werke in vielen Sprachen gelesen und erforscht, von Künstlern – Schriftstellern, Komponisten, Malern, Filmemachern – in zahlreichen Ländern kreativ weitergeführt. Seine Kunst der Fantasie gehört zur Weltliteratur.

Worin lagen für Generationen von Lesern und Künstlerkollegen Anreiz und Faszination dieses Werkes? Einige Antworten könnten lauten: Es eröffnet ungewöhnliche Einblicke in die Kunst, in Wirklichkeiten, in Menschen und deren Träume und Alpträume; die Fantastik, das Nächtlich-Unheimliche, die Unterhaltsamkeit, der Humor verführen zum Lesen; Hoffmanns Kunstfertigkeit, seine Artistik gibt dem Werk Dimensionen, die jeden – Leser wie Künstler –, der sich damit befaßt, Entdeckungen machen läßt und zur Auseinandersetzung anregt. Auch in der Literatur- und Kulturwissenschaft brachte die Offenheit, Heterogenität und Vielschichtigkeit den Schriften bei allen wechselnden Denkansätzen und Literaturtheorien – von der Psychoanalyse bis zur Diskurstheorie, von der Intertextualitäts-Diskussion bis zur Postmoderne-Debatte – jeweils neue Aktualität und Deutungsfluten.

Im Mittelpunkt dieses Buches steht das *Werk* E.T.A. Hoffmanns. Das heißt zunächst: nicht das Leben. Und das keineswegs, weil mit den Büchern von Rüdiger Safranski und Eckart Kleßmann vorzügliche Biographien vorliegen, deren Haltbarkeit mit dem Jahrhundert ihrer Entstehung nicht abgelaufen ist. Auch nicht, weil ich den Theorien von der Entbehrlichkeit des Autors anhängen würde; eher schon, weil Biographien häufig den Weg zu den Werken verstellen, da sie ihn zu eindeutig zu öffnen scheinen. Allerdings bleibt die Kenntnis des Lebens wichtig zum Verständnis gerade des fantastischen Werkes, ist das Leben doch Teil jener Wirklichkeit, die für die Hoffmannsche Ausprägung der Fantasie deren notwendige Basis bildet.

Im Mittelpunkt das Werk – das heißt: die Beschäftigung nicht nur mit einigen Texten, die zum »Erbe« der deutschen Literatur und Kultur oder zu einem erwünschten Kanon gehören, oder die ausgewählt wurden unter dem erkenntnisleitenden Interesse eines ästhetischen Kernbegriffs, einer literarhistorischen These. Sondern: das gesamte Werk, das literarische in seiner ganzen Fülle und seinen vielfältigen Verästelungen sowie das musikalische und das zeichnerische Werk. Und das nicht etwa in der Absicht, weniger Bekanntes und Übersehenes ins Licht zu rücken und aufzuwerten, sondern aus der Überzeugung, daß Hoffmanns Kunst erst aus dem Zusammenwirken der verschiedensten Erscheinungsformen angemessen erkennbar ist (wobei selbstverständlich deutliche Unterschiede im Gelingen festzustellen bleiben). Der Komponist Hoffmann wird zwar von der Musikwissenschaft in den beiden letzten Jahrzehnten deutlich höher geschätzt als früher; hier steht aber nicht seine Rolle und Bedeutung in dieser Kunst im Vordergrund, sondern seine musikalische Fantasie, sein musikalisches Denken, das Teile seines Gesamtwerks weit über das Thematische hinaus prägt. Der Zeichner Hoffmann wird auch bei wohlwollender Betrachtung nicht mehr als eine Randfigur der Kunstgeschichte bleiben; aber ohne Kenntnis seiner Zeichnungen, der Funktion von Bildern und Bildbeschreibungen wird man wesentliche Aspekte seiner intermedialen Ästhetik – und damit Elemente, die zum Neuen seiner Kunst beitragen – nicht verstehen. Hoffmann übte nicht nur mehrere Künste aus, er führte sie auch zusammen, verband sie. Darin liegt seine Bedeutung als »Universalkünstler«. Schließlich: In den fast 30 Jahren seines künstlerischen Schaffens war Hoffmann (bei einer unfreiwilligen Unterbrechung) als Jurist tätig; zu beachten sind daher auch seine juristischen Schriften als Texte in einer anderen Diskursform.

Im Mittelpunkt das Werk – das heißt keineswegs Werkimmanenz. Einen Mittelpunkt kann man nur bestimmen, wenn man auch die Kontexte, Umgebungen, Ränder kennt. Hoffmanns Werk entsteht kurz nach der Französischen Revolution, in der

Napoleonischen Zeit und der frühen Restaurationsperiode, also in der »Sattelzeit um 1800«, die von heutigen Historikern als wichtigster Wendepunkt der neueren Geschichte und Beginn der »Moderne« angesehen wird: Hoffmanns Werk reflektiert die gesellschaftlichen, in hohem Maße jedoch auch die wissenschaftlichen und technischen Entwicklungen dieser Umbruchszeit. Ihre neuen Erfahrungswelten prägen nicht zuletzt die Künste, vor allem Literatur und Musik, der Jahrzehnte, die sich selbst früh als »klassisch« und »romantisch« verstehen. Meine Beschäftigung mit Hoffmanns Werk wird auf diese und andere Phänomene der Zeit eingehen – als gesellschaftliche und kulturgeschichtliche Kontexte, in erster Linie und vor allem jedoch: als Basis oder Spielmaterial, als Anregung oder Widerstand eigener ästhetischer Versuche und Projekte.

Dieses Buch entstand zeitgleich mit den abschließenden Bänden der Ausgabe von E. T. A. Hoffmanns *Sämtlichen Werken*, die 1985-2004 im Deutschen Klassiker Verlag Frankfurt erschien. Die Grundidee dieser Ausgabe, das *gesamte* Werk aufzunehmen, es chronologisch darzubieten und nicht nach Gattungen zu scheiden, prägt auch die Monographie. Sie ergänzt die Kommentare der Werkausgabe, indem sie versucht, was dieser nicht möglich war, zum Beispiel: Zusammenhänge zu verdeutlichen und die Entwicklung neuer Schreibweisen und Formen darzustellen. Erst solche Aspekte machen dieses Gesamtbild eines Werkes zu einem Bild des Gesamtwerks.

I. Vom fantastischen Autor zum Verfasser der *Fantasiestücke* (1794-1814)

Das früheste erhaltene Zeugnis von Hoffmanns Hand ist ein Brief des 18jährigen Jurastudenten an seinen Schul- und Studienfreund Theodor Gottlieb Hippel vom Oktober 1794. Erst mit den Briefen an Hippel wird Hoffmann für uns direkt (nicht durch spätere Erinnerungen) sichtbar. Er erscheint darin selten als Student oder angehender Jurist, fast durchweg als Künstler. Die Zusammengehörigkeit der verschiedenen Künste ist für Hoffmann schon früh selbstverständlich, und er ist sich dessen bewußt. »Meine Musik – mein Malen – meine Autorschaft«: Dieser Dreiklang, formuliert in einem Brief an Hippel vom 10.1.1796, bildet für ihn eine Einheit. Als deren Basis und Triebfeder benennt er, ebenfalls seit den frühesten Briefen: die »Fantasie«.

Seine ersten Kunstwerke von Rang nennt Hoffmann »Fantasiestücke«. Sie machen ihn mit einem Schlage berühmt. Viele Jahre lang bleiben sie sein Markenzeichen. »Verfasser der *Fantasiestücke*« – unter dieser Autorbezeichnung veröffentlicht Hoffmann mehrere weitere Werke, und so wird er häufig in der Presse und in Kritiken auch noch genannt, nachdem seine Autorschaft bekannt geworden ist.

Vom fantastischen Autor zum »Verfasser der *Fantasiestücke*« – das ist auch die Umformung der Fantasie von einer Eigenschaft des Künstlers zu einer Eigenart des Werkes, von der Künstler-Persönlichkeit zum Kunst-Werk. Der erste Teil dieses Buches behandelt in drei Kapiteln die Lebensstationen dieser Jahre als Etappen auf dem Weg dorthin: von den Anfängen des Künstlers in Königsberg bis zu der Zeit des zweiten Berliner Aufenthaltes 1808; die Bamberger »Lehrjahre« 1808-1813; und schließlich die Zeit in Dresden und Leipzig 1813-1814, in der die meisten Texte der *Fantasiestücke* entstehen und die beiden ersten Bände erscheinen.

1. Die Anfänge des Künstlers (1794-1808)

An seinem 20. Geburtstag 1796 zog Hoffmann eine Zwischenbilanz seines Lebens, berichtet über seine Tätigkeiten, Arbeiten und Zukunftspläne. Es sind ausschließlich künstlerische Projekte, als Musiker, als Maler und als Schriftsteller.

Hätte Hoffmann dreizehn Jahre später, an seinem 33. Geburtstag, abermals eine Bilanz seines künstlerischen Schaffens gezogen, so wäre sie wohl zwiespältig und insgesamt wenig hoffnungsfroh ausgefallen. Zwar hatte er sich seinen Jugendtraum erfüllt, als Künstler zu leben, aber in keiner der drei Künste war ihm gelungen, was er erstrebte. Eine Bibliographie des Schriftstellers Hoffmann verzeichnet bis zu diesem Zeitpunkt lediglich zwei Publikationen, kurze Kunstkritiken (dazu käme einiges wenige Unveröffentlichte und Fragmentarische) – zu wenig, um es auch nur zu einer Fußnote in einer Literaturgeschichte zu bringen. Ein Werkverzeichnis des Malers und Zeichners würde etwa zwei Dutzend (erhaltene) Bilder umfassen, ausschließlich Gelegenheitsarbeiten eines mittleren Talentes. Lediglich der Komponist Hoffmann konnte ein umfangreiches Werk in den unterschiedlichsten Gattungen aufweisen – von Opern und Symphonien bis zu Sonaten und Liedern –, insgesamt fast 40 Nummern. Allerdings: Weniges davon war aufgeführt, noch weniger gedruckt worden, und überregionale Anerkennung von Kritikern, Kennern, Intendanten und Verlagen hatte er noch in keinem einzigen Fall erfahren.

Der Tagebucheintrag Hoffmanns an seinem 33. Geburtstag, am 24. Januar 1809, zieht zwar keine derartige künstlerische Bilanz, gibt aber eine symptomatische Momentaufnahme: »Der Trank pp soll in Würzburg gegeben werden. [...] Am *Miserere* gar nicht gearbeitet. Rothenhan 6«.[1] Dies ist die Tagesarbeit des Künstlers: *Der Trank der Unsterblichkeit* – eine Auftragskomposition (eine Inszenierung kam nicht zustande); ein *Miserere* –

zwar Monate später fertiggestellt, aber ebenfalls weder aufgeführt noch gedruckt. Die einzige Einnahme sind die 6 Gulden der Gräfin Rothenhahn, deren Töchtern er Gesangsunterricht gab.

Hoffmanns Tagebucheintrag am Tag *nach* seinem 33. Geburtstag lautet: »Einen sehr angenehmen Brief von Rochlitz aus Leipz[ig]. Er nimmt den *Ritter Gluck* zum Einrücken, und mich zum Mitarbeiter an der Mus.[ikalischen] Zeit.[ung] an.«[2] Damit eröffnete sich eine Perspektive in dem Bereich, den der Künstler Hoffmann bis dahin am wenigsten intensiv betrieben hatte: in der Schriftstellerei.

Die kurze Erzählung *Ritter Gluck*, erschienen im Februar 1809, im 19. Jahrhundert noch wenig beachtet, gilt seit langem als eines der erstaunlichsten Erstlingswerke der deutschen Literaturgeschichte. Wer sich für Hoffmanns *Kunst* interessierte, setzte mit diesem oft »genial« genannten Wurf ein. Der Hoffmann *vor* 1809, vor *Ritter Gluck*, interessierte nur die *Biographen* (diese freilich lebhaft, immerhin umfaßt diese Zeit mehr als zwei Drittel von Hoffmanns Leben).

Obwohl dieses Buch sich mit Hoffmanns künstlerischem Werk befaßt, beschäftigt sich ein erstes Kapitel mit der Zeit und dem Werk *vor* der Erzählung *Ritter Gluck*. Es will den universalen Ansatz von Hoffmanns Kunst zeigen und folgt damit dessen Überzeugung von der Zusammengehörigkeit der Kunstformen. Diese Überzeugung bleibt auch dann bestehen, als ihm im Laufe der Zeit deutlicher wird, daß seine persönliche Begabung in den drei Künsten nicht gleichgewichtig verteilt ist.

Der Blick auf den Künstler Hoffmann vor *Ritter Gluck* gilt damit dem Komponisten und dem Zeichner, aber auch und gerade dem Schriftsteller – und das, obwohl die Literatur in seinem eigenen Bild von sich als Künstler lange Zeit (und auch noch Jahre nach Erscheinen des *Ritter Gluck*) eine ziemlich untergeordnete Rolle spielt. Aber so gering, wie fast alle Darstellungen annehmen, sind Zahl und Umfang der Texte Hoffmanns, die vor *Ritter Gluck* entstanden und erhalten sind, auch wieder nicht: In der chronologisch angelegten Ausgabe der *Sämtlichen Werke* des Deutschen Klassiker Verlages umfassen sie über 300 Seiten. Der Grund für die bisherige geringe Beachtung dieser Texte besteht darin, daß es sich zum größten Teil um Briefe handelt.

Briefe als literarische Texte

In der Texttheorie der letzten Jahrzehnte hat sich mehr und mehr die Einsicht durchgesetzt, daß Briefe (und Tagebücher) integraler Teil des Werkes eines Künstlers sind. Die Editionswissenschaft und -praxis hat daraus die Konsequenz gezogen und ediert Briefe als Teil des Werkes – so auch erstmals in der Hoffmann-Forschung die genannte Ausgabe seiner *Sämtlichen Werke*. Die Literaturgeschichtsschreibung und Werkinterpretation löst sich hingegen nur zögernd von einem engen, auf »Belletristik« im alten Sinn beschränkten Werkbegriff. Zwar werden zunehmend auch Schriftsteller und Schriftstellerinnen (wie Rahel Varnhagen) beachtet, deren Hauptwerk Briefe sind; aber bei Autoren, bei denen ein von der Kritik und der Wissenschaft geschätztes literarisches Werk in traditionellen Formen vorlag, galt und gilt den Briefen meistens allenfalls ein ergänzender Blick.

Das trifft auch auf Hoffmann zu. Briefe (und Tagebücher) finden bisher fast ausschließlich in der primär biographisch ausgerichteten Forschungsliteratur Berücksichtigung: Hier spielen Zitate aus diesen beiden Werkteilen eine erhebliche Rolle, sie sind vor allem Belege für Daten, Fakten, Gemütsstimmungen, Überlegungen, ästhetische und persönliche Urteile. In der übrigen Hoffmann-Literatur gelten Briefe und Tagebücher als gern genutzte Quellen (oder, weniger freundlich formuliert: als Steinbruch, aus dem man sich nach Belieben bedienen kann), um Beobachtungen, Einschätzungen, Interpretationen durch die eigenen Worte des Autors stützen und beglaubigen zu lassen. Es fehlen – fast vollständig – Versuche, einzelne Briefe oder auch nur Briefteile als literarische Texte zu lesen und zu analysieren.

1. Die Anfänge des Künstlers (1794-1808)

Wenn man den Briefen Hoffmanns für seine literarische Entwicklung bis 1809 eine besondere Bedeutung einräumt, so könnte es auf den ersten Blick scheinen, als seien dafür ähnliche Motive wie bei der Aufwertung Rahel Varnhagens als Briefschreiberin verantwortlich: daß auch hier aus der Not der spärlichen Produktion und Überlieferung von Werken traditioneller Art in Hoffmanns Frühzeit eine Tugend – die Betrachtung der Briefe als literarischer Texte – gemacht werde. Die Ergiebigkeit einer Beschäftigung mit den Briefen Hoffmanns kann nur die genauere Analyse einzelner Briefe zeigen, wie sie hier als Auftakt am Beispiel des Geburtstagsbriefes von 1796 begonnen wird.

Ernst Theodor Wilhelm Hoffmann lebte seit seiner Geburt 1776 in Königsberg, mit etwa 40 000 Einwohnern eine der größeren Städte Preußens. Er wuchs in schwierigen familiären Verhältnissen auf: Der Vater, Christoph Ludwig Hoffmann, Hofgerichtsadvokat, hatte die Familie 1778 verlassen und war mit seinem ältesten Sohn Johann Ludwig (geboren 1768) nach Insterburg gezogen. Ernst – so der Rufname – hatte mit seinem Vater und seinem Bruder fast keinen Kontakt mehr. Die Mutter, nicht zur Selbständigkeit erzogen, ging mit ihrem jüngsten Sohn in das Haus ihrer verwitweten Mutter Lovisa Sophie Doerffer zurück. Dort lebten noch drei ihrer Geschwister, alle unverheiratet: Otto Wilhelm, Charlotte Wilhelmine, Johanna Sophia. Der junge Ernst wuchs also in einem merkwürdigen Haushalt auf: Die Großmutter dominierte, die Mutter konnte sich gegen sie nicht durchsetzen, blieb zeit ihres Lebens schüchtern, geduckt, fürchtete sich vor übler Nachrede – Ernst entwickelte nie ein engeres Verhältnis zu ihr, empfand ihren Tod 1796 offenbar nicht als tiefen Verlust. Die jüngste Schwester der Mutter, Ernsts Lieblingstante, starb sehr früh; die ältere entwickelte als einzige in diesem Haushalt einiges Verständnis und Interesse für Ernst, denn auch der Onkel, der einzige Mann im Haus, war alles andere als ein Vaterersatz. Der wegen Unfähigkeit früh pensionierte Justizrat kompensierte die Langeweile seines Junggesellenalltags mit einer strengen Ordnung seines Tagesablaufs. Seinen gelegentlichen Versuchen, den Neffen zu dieser Tugend zu erziehen, entzog sich dieser mit Geschick und Fantasie. Der »O weh-Onkel« war die Zielscheibe seines frühen kindlichen und jugendlichen Spottes, der ersten Versuche, seine überreiche Fantasie in der Erfindung von Ausreden und Streichen zu erproben.

Die merkwürdige Konstellation im Hause Doerffer, die Kindheit ohne Vater und fast ohne Mutter, die Gesellschaft ausschließlich Unverheirateter – das alles war sicher von Einfluß auf Ernsts Entwicklung. Psychoanalytisch orientierte Biographen und Literaturkritiker fanden und finden hier eine große Spielwiese für Theorien und Deutungen seiner Persönlichkeit und seines Werkes. Wer Kunst als Kompensation für nicht gelebtes Leben betrachtet, mag dem zustimmen; die Eigenart solcher Kunst bliebe dabei unerklärt.

Hoffmann besuchte seit 1782 die reformierte Burgschule in Königsberg, der ein Jahr ältere Theodor Gottlieb Hippel war seit 1787 sein Mitschüler. Hippel wurde der einzige enge Freund und Vertraute Hoffmanns. Er bot ihm, der unter der »bizarren Einsamkeit« seiner Kindheit litt, so etwas wie ein »Asyl der Freundschaft«.[3] Mit diesen Wendungen betont Hoffmann den Charakter der Beziehung als ein Refugium vor der Familie und dem späteren Studien- und Berufsalltag.

1791 nahm Hippel, 1792 Hoffmann das Studium der Juristerei an der kleinen, aber durch Kant in ganz Europa bekannten Universität Königsberg auf. Hippel setzte nach dem Examen im Herbst 1794 seine Ausbildung als »Auskultator« (eine Art Beisitzer ohne Stimmrecht, Referendar) im nahen Marienwerder fort, Hoffmann blieb nach seinem Abschlußexamen im Juli 1795 in gleicher Funktion am Obergericht in Königsberg. Die räumliche Trennung der beiden Freunde führte zu einem regen Briefwechsel. Er ist die weitaus wichtigste – und phasenweise die einzige direkte – Quelle für die Zeit bis etwa zu Hoffmanns 30. Lebensjahr: An Hippel sind über 80 Prozent der erhaltenen Briefe dieser Zeit gerichtet – und da der Adressat für die Publikation (in Julius Eduard Hitzigs Biographie von 1823) aus »nahe an 150 Briefen«[4] ausgewählt hat, wird die Intensität des Briefverkehrs deutlich. Keinem Freund, keinem Briefpartner gegenüber hat Hoffmann so sehr sein Inneres geöffnet, von seinen Gefühlen, Sehnsüchten, Ängsten gesprochen, niemandem sonst hat er so viel über seine künstlerischen Pläne und seine Liebesgeschichten offenbart. Es ist kein Wunder, daß alle Hoffmann-Biographien, vor allem für die Zeit bis 1806, auf vielen Seiten nur Briefe an Hippel zitieren und paraphrasieren. Wesentlich für die vorliegende Darstellung sind die Briefe jedoch vor allem als literarische Zeugnisse in ihrer spezifischen Schreibweise, was Sprache, Stil, Darstellungsformen und Schreibstrategien betrifft.

Portrait des Künstlers als junger Mann: Hoffmanns Geburtstagsbrief vom 23. bis 25. 1. 1796

Am Vorabend seines 20. Geburtstages, am 23. 1. 1796, begann Hoffmann, einen Brief an Hippel zu schreiben; an den beiden folgenden Tagen setzte er ihn fort.[5] Dieser umfangreiche Geburtstagsbrief eröffnet zahlreiche Einblicke in das Denken und Fühlen des jungen Künstlers und wird zu einer Selbstcharakteristik aus verschiedensten Perspektiven. Ein wesentlicher Inhalt und der rote Faden des Briefes ist das Kernereignis im Privatleben des jungen Hoffmann: seine Liebe zu Dora Hatt, der zu dieser Zeit 30jährigen Frau eines fast 50jährigen Kaufmannes. Die Hatts hatten 1792-1794 im Haus der Doerffers gelebt, also mit Hoffmann unter einem Dach; dieser hatte der jungen Frau Musikunterricht erteilt und sich in sie verliebt. Bereits in seinen frühesten erhaltenen Briefen schwärmt er von ihr. Anfang 1796 hatte Hoffmann Hippel von seiner rasenden Liebe und seinem tiefen Unglück vorgejammert, von der Ausweglosigkeit und Sinnlosigkeit des Lebens: »Meine großen Pläne sind zu Ende [. . .]. Meine Musik – mein Malen – meine Autorschaft – alles ist zum Teufel gegangen«.[6] Der pragmatisch denkende Freund hatte ihm vorgeschlagen, aus Königsberg und aus der Nähe der Geliebten wegzuziehen, bei ihm in Marienwerder sein zweites juristisches Examen abzuschließen.

Der Geburtstagsbrief greift die Stimmungen des vorangegangenen verzweifelten Schreibens auf, benennt und analysiert sie jedoch und formuliert eher komisch als verzweifelt: »[...] eine von Mißmut und feuriger Ohnmacht (kein Widerspruch!) koagulierte Zirbeldrüse, aus der Gift, Galle, und was weiß ich alles mehr, hervorquollen, verleitete mich zu den sonderbaren schwarzen Ausgüssen auf weiß Papier.«[7]

Sodann schildert er dem Freund eine Szene auf der Redoute, die Hippel allerdings (wie vieles seiner Meinung nach Prekäre oder zu Intime) vor dem Abdruck gestrichen hat; nur den Schlußsatz gönnte er den Lesern: »und aufgehoben ist aller Umgang zwischen ihr und mir«.[8] In einem Brief vier Wochen später schreibt Hoffmann von der »Stierszene auf der Redoute«,[9] die fatale Folgen gehabt und ihn zu dem Entschluß gebracht habe, Königsberg zu verlassen. Offenbar kam es zu einer Begegnung zwischen dem eifersüchtigen Ehemann und dem jungen Liebhaber und zu einer öffentlichen Auseinandersetzung. Hoffmanns Biographen haben diese Szene fantasievoll und wortreich ausgemalt.

Hoffmann selbst kommentiert im Anschluß an die Schilderung: »Da hast Du in ein paar Kraftzügen ein ganzes Gemälde – in ein paar Worten die Quintessenz des ganzen Unglücks«.[10] Die Erzählung als »Gemälde«: das ist eine für Hoffmann sehr bezeichnende Metapher, sie bindet zwei Kunstformen zusammen – seine erste Buchpublikation wird, sechzehn Jahre später, eben diese Kombination programmatisch in den Titel setzen (»Gemälde nach Hogarth«, »*Fantasiestücke in Callot's Manier*«). Es folgt eine eher scherzhafte als verzweiflungsvolle Schilderung seines »Herzeleids«, mündend in eine ironische Selbstanalyse: Sein gewachsener Realitätssinn lasse ihn »nicht mehr in solchen Fatalitäten, wie die *quaestionis* ist, den Verzweiflungsvollen spielen«. Charakteristisch ist zum einen der Stilbruch, einen lateinisch-juristischen Fachausdruck einzustreuen und damit die Stimmung der Liebes- und Leidensgeschichte zu brechen; und zum anderen die Distanz zu sich selbst, die ihn die eigene Lage wie das Spielen einer Rolle in einem Stück erleben läßt. Wie intensiv auch immer die Gefühle des jungen Hoffmann für Dora Hatt gewesen sein mögen: In der Spiegelung seiner Briefe ist von Beginn an eine durchgehende künstlerische, vor allem literarische und theatralische Stilisierung zu erkennen. Das beginnt bereits bei den Namen, die er der Geliebten beilegt: Er spricht von seiner »Inamorata«, also seiner »Angebeteten«, einer Bezeichnung, die in der italienischen Oper oder dem Singspiel üblich war; und er nennt sie »Cora«, mit dem Namen einer berühmten Liebenden, der indianischen Sonnenjungfrau, die durch Jean-François Marmontels empfindsamen Roman *Les Incas* (1777) und seine zahlreichen Nachahmungen – so eine Oper von Johann Gottlieb Naumann (1782) und vor allem ein Drama August von Kotzebues, *Die Sonnen-Jungfrau* (1789) – populär geworden war. Hoffmann schrieb in einem Brief vom 12.12.1794 an Hippel:

Daß ich meine Inamorata so ganz mit all dem Gefühle liebe, dessen mein Herz fähig wäre, daran zweifle ich sehr, nichts wünsche ich aber weniger, als einen Gegenstand zu finden, der diese schlummernde Gefühle weckt – das würde meine behagliche Ruhe stören, würd mich aus meiner vielleicht imaginären Glückseligkeit herausreißen, und ich erschrecke schon, wenn ich nur an den Troß denke, der solch einem Gefühl auf den Fersen folgt – da kommen – Seufzer – bange Sorgen – Unruhe – melancholische Träume – Verzweiflung pp – ich meide daher alles, was so etwas involvieren könnte – Zu jeder Empfindung für Cora zum Beispiel, hab' ich gleich irgend eine komische Posse zur Surdine, und die Saiten des Gefühls werden so gedämpft, daß man ihren Klang gar nicht hört –[11]

In dieser Passage wird deutlich, daß die literarische Stilisierung der Geliebten auch dem Selbstschutz dient. Der Schreiber kann sich selbst und dem Liebesverhältnis gleichsam wie auf einer Theaterbühne zusehen; und aus der Kenntnis von Liebeskomödien kann er seine Gefühle zugleich erhöhen und – in Anbetracht der bekannten Muster derartiger Verhältnisse – sich Fortsetzungen »fantasieren«.

Im weiteren Verlauf des Geburtstagsbriefes kommt Hoffmann auf das Ereignis selbst zu sprechen:

Montag ist mein Geburtstag – ich werd 20 Jahr alt – wie hab ich mich gefreut auf diesen Tag – ich wollte in der Dämmerung recht sentimentalisch sein – ich hätte wie Jean Paul mein Herz hervorgenommen und gesagt: »*prenéz!*«, aber nun hat der Satan, der so lange doch noch ziemlich artig gegen mich war, solch viel Unheil und Zetergeschrei drein geschmissen, daß alles vorbei ist, und ich Montag eben so einsam, und eben so bittersüß empfindelnd in meiner Stube hinter dem grauen Schreibtische sitzen werde, als Abelard in seiner StGildo's-Klause – so hieß ja wohl sein Kloster? – Meine Aktenlecture ist ein wenig trocken, daher muß ich sie manchmal etwas auffrischen, aber nie mit Plunderkram der letzten Messe sondern ich lese jetzt mit wählendem Geschmack – Den *Don Carlos* hab ich wenigstens 6 mal gelesen, und lese ihn jetzt zum 7^t mal – Nichts rührt mich mehr, als Posa's Freundschaft mit dem Prinzen – ich glaube schwerlich, daß je ein erhabeners und zugleich anziehenderes rührendes Bild der Freundschaft aufgestellt wurde als dieses – Ich lese bis in die Nacht – die Szene verändert sich. Der H[att] ist Don Philip, sie Elisabeth, ich Don Carlos, Du Posa, die R. Eboli, der St. Alba, der B. Domingo, die Tante: Mondekar u. s. w. – Lache doch nicht über diesen sinnigen Unsinn![12]

Dieser Abschnitt zeigt, wie weit die Literarisierung und Stilisierung des Erlebten und Gefühlten geht, wie aber auch die Freude am Spiel solche Literarisierung weitertreibt, wie die Fantasie arbeitet. In der kurzen Passage finden sich nicht weniger als drei literarische Modelle angeführt. In Jean Pauls Roman *Die unsichtbare Loge* (1793) flüstert der Held am Schluß des 22. »Sektors« der Geliebten zu: »[...] ich würde unter einem Schatten oder Baum mein Herz hervorgenommen und gesagt haben: ›prenez‹.«[13] Hier geht die Anspielung also bis zu einer bestimmten Szene und bis zu wörtlichen Zitaten – eine Technik, die Hoffmann in späteren Erzählwerken immer wieder benutzen wird (bis in die Struktur ähnlich ist – 20 Jahre später! – der effektvolle Schlußsatz des Nachtstücks *Das steinerne Herz*, ebenfalls mit einem Jean-Paul-Zitat). Die zweite Anspielung bezieht sich auf eine der berühmtesten Liebesgeschichten des Mittelalters, von Abaelard und Héloïse, die zu Abaelards Entmannung und seinem Rückzug in ein Kloster führt. (Die Bildlichkeit von Mönch und Kloster als Maske für den Künstler, die Hoffmann später noch häufiger zur Einkleidung literarischer Texte benutzt, wurde im gleichen Jahr 1796 durch Wilhelm Wackenroders Werk *Herzensergießungen eines kunstliebenden Klosterbruders* zu einer Grundchiffre der Frühromantik.)

2. Castor e Pollux (Hoffmann hinten). Zeichnung im *Fragment eines humoristischen Aufsatzes*, vielleicht 1795.

Das ausführlichste literarische Bild schließt an Schillers *Don Carlos* an. Einen Hauptanziehungspunkt nennt Hoffmann zu Beginn: Posas Freundschaft mit dem Prinzen – das berühmteste Freundschaftsmodell der damaligen Moderne wurde von Hoffmann und Hippel (wie von zahlreichen anderen Zeitgenossen) zur literarischen Überhöhung ihrer eigenen Freundschaft benutzt. Wie sich die Liebe zu Dora in klassischen und modernen Liebespaaren literarisch spiegelt, so die Freundschaft zu Hippel; und daß auch hier alle Kunstformen herangezogen wurden, zeigt eine von Hoffmanns frühesten erhaltenen Zeichnungen: die Köpfe der beiden Freunde mit der Unterschrift »Castor e Pollux«.

In der zitierten Passage werden die beiden Modelle der Liebe und Freundschaft in einer Szene aus *Don Carlos* kombiniert: Für die Freundschaft steht Posa, für die Liebe Elisabeth, für den betrogenen Ehemann König Philipp – und der Gedanke verselbständigt sich, auch weitere Dramenfiguren werden uns nicht bekannten Personen (Hippel teilt, wie meistens, nur den ersten Buchstaben mit) zugedacht. Hoffmann selbst bezeichnet dieses Gedankenspiel als »sinnigen Unsinn«, und dieses Paradoxon wird zu einer seiner liebsten Denkfiguren, wie das Spiel, das sich verselbständigt, weitergetrieben durch die Fantasie.

Die Fülle der (meist literarischen) Anspielungen erfordert einen Leser, der diese entschlüsseln kann. Das setzt natürlich einen entsprechenden Bildungshintergrund voraus, aber mehr noch: jene Urkraft der Empfindsamkeit, die »Sympathie«, die im 18. Jahrhundert (noch unmißverständlich) mit dem Begriff »Mitleid« übersetzt wurde. Die Ur-Szene solch »sympathischen« Zusammenklangs ist allbekannt: Lotte, auf ein abziehendes Gewitter blickend, seufzt, »tränenvoll«, ihre Hand auf die Werthers legend: »Klopstock!« (Werthers Nachhilfe für weniger »Sympathetische«: »Ich erinnerte mich sogleich der herrlichen Ode die ihr in Gedanken lag und versank in dem Strome von Empfindungen, den sie in dieser Losung über mich ausgoß«.[14]) Ebenso genügt hier ein *Name*, Jean Paul, und *ein* zitiertes Wort, »prenez«, um eine literarische Szene und eine Stimmung zu evozieren. Hippel, der reale Adressat dieser Briefe, ist zugleich ihr idealer Leser. (Hoffmann wird später zahlreiche Werke in Briefform schreiben, einige sind an einen Adressaten »Theodor« gerichtet. Das ist häufig biographisch interpretiert worden; besser würde man sagen: es ist ein Reflex auf diesen »idealen« Leser; dazu kommt, daß Theodor auch der eigene Vorname ist, wodurch die Bestimmung der Erzählform noch komplexer wird.)

Der erste Briefteil endet mit einem Blick auf den bevorstehenden Sonntag:

wisse nur, Sonntag blühn bei mir Künste und Wissenschaften, und dazu muß ausgeschlafen werden. Im Ernste geredet. Die Wochentage bin ich Jurist und höchstens etwas Musiker,

Sonntags am Tage wird gezeichnet und Abends bin ich ein sehr witziger Autor bis in die späte Nacht – Noch die letzte Szene des Posa mit Carlos und dann zu Bette – Himmel schon halb 12!¹⁵

Was Hoffmann hier »im Ernste« mitteilt, entwirft das Bild des Bürgers als Künstler und des Künstlers als Bürger. Bemerkenswert ist abermals die Selbstverständlichkeit, mit der die drei Künste Musik, Zeichnen und Schreiben zusammengehören, so wie er sie ja bereits im Brief der Vorwoche als Einheit genannt hatte. Der Geburtstagsbrief wird damit zu einer Art Zwischenbilanz seiner künstlerischen Tätigkeit, zu einem – durchaus ironischen – Selbstbildnis.

Am nächsten Tag setzt Hoffmann den Brief fort (»Wenn man einmal angefangen hat mit Dir zu plaudern, so kann man nicht aufhören«). Er spricht abermals über seine frühere »Mißlaune« und deren »moralische Gründe« und setzt hinzu: »[...] meine Empfindung, meine Fantasie ist stärker als alles – sie wirft alles über den Haufen, und blickt stolz auf die Kinder des Sentiments.«¹⁶ Diese hingeworfenen Satzfragmente sind die frühesten Kernstellen der Hoffmannschen Ästhetik. Am wichtigsten ist die starke Betonung der Fantasie. (Hoffmann wählte von Beginn an die in dieser Zeit ungewöhnliche Schreibung mit F – wie, etwa gleichzeitig, Friedrich Schlegel –, wohl, um sein Begriffsverständnis auch optisch vom dominierenden *Phantasie*-Diskurs des 18. Jahrhunderts abzuheben. Da die Setzer später häufig seine Handschrift normalisierten, stehen im gedruckten Werk beide Formen nebeneinander. An programmatischer Stelle – beim Titel seines ersten Buches, *Fantasie*stücke – setzte Hoffmann jedoch die erwünschte Schreibweise durch.)

Neben der Betonung der Fantasie als der wichtigsten Grundkraft im künstlerischen Prozeß steht (abermals) ein Bekenntnis zur Empfindsamkeit, zur Sentimentalität – allerdings nicht zur naiven »Empfindelei«, sondern zu dem »Sentimentalischen« in dem Sinne, in dem Schiller den Begriff wenige Wochen zuvor in seinem Aufsatz *Die sentimentalischen Dichter* in den *Horen* verwendet hatte. (Einige Jahre später wird Friedrich Schlegel im *Gespräch über die Poesie* formulieren, »romantisch« sei eben das, »was uns einen sentimentalen Stoff in einer fantastischen Form darstellt.«[17]) Das Sentimentalische ist das Gefühl, das durch die Reflexion hindurchgegangen ist, ein Spiel mit den Topoi des Gefühls, das Distanz zu diesen Gefühlen voraussetzt (zuvor hatte Hoffmann, wie zitiert, geschrieben: »ich wollte [...] recht sentimentalisch sein«) und in dem der Autor zeigt, daß er sich des Spiels bewußt ist. Zeichen solcher Bewußtheit sind Ironie und Selbstironie bis hin zur Selbstverspottung, Übertreibung bis hin zur Satire, überdrehendes Pathos bis hin zum Absurden. All das läßt sich an den Sätzen beobachten, die Hoffmann dem »poetologischen« Bekenntnis folgen läßt. Dort zieht er auch die Bilanz seines Verhältnisses zu Dora Hatt:

O süße Vereinigung mit alle dem was mir lieb ist, gegen das gerechnet mir die Welt zu klein ist und ich gern den Himmel dazu erobern möchte – süße Vereinigung, dich erblicke ich im milden Strahlenglanze! – Heilige Bande müssen in Trümmer zerfallen – entzweigerissen müssen in zerstörter Ohnmacht die verjährten Vereinigungen heterogener Wesen da liegen, und der Geist der ewig wahren Harmonie muß den Palmzweig über die Gräber des Hasses und der Zwietracht schwingen, wenn ich glücklich werden soll. – Verzweifelt ists, daß ohne den magern Ehrenmann, der keine Hosen trägt und der die tollsten Paradoxa mit einem Hieb aufzulösen versteht, mein Glück im bauen oder gebaut werden so viel Lärm macht. Dieser Lärm ist unausstehlicher als das SackpfeifenKonzert des Prinzen Facardin, und nur die Stimme der Freundschaft übertäubt den widrigen Nachhall und spielt Glockentöne der Harmonika ans Ohr des Lieblings: drum will ich auch diesem Saus und Braus, der mir meinen musikalischen Kopf toll machen könnte, entfliehn in Deine Arme, Du lieber, da wollen wir glücklich sein – denn die süßesten Träume reichen nicht an dies Zauberbild![18]

Diese völlig überdrehte Sprache mit ihrem Bemühen, in jeder Wendung originell zu sein, wirkt in einigen Bildern und Anspielungen (unter anderem auf das Märchen *Die vier Facardine* des Grafen Hamilton und Mozarts *Zauberflöte*) durchaus witzig, aber schon in einer so kurzen Passage sehr forciert, ja maniert. Die wichtigsten sprachlich-stilistischen Anregungen dürften wohl von Jean Paul stammen. Übertreibung bis zur Groteske ist ein bevorzugtes Stilmittel, um die »Ernsthaftigkeit« der Darstellung, vor allem von Gefühlen, von pathetischen Schilderungen »witzig« zu unterlaufen. Die Arabeske wird zu einer beliebten Darstellungsform, da sie das Unterschiedlichste spielerisch und ziellos schweifend reiht, das Kunstvolle im scheinbar Chaotischen nur dem »sympathischen« Leser offenbart.

Hoffmann beschreibt sein Verhältnis zu Cora mit den Begriffen »Vereinigung, Harmonie« einerseits und »Trümmer, zerfallen, zerstört, entzweigerissen« andererseits. Das sind zugleich Begriffe, die zwei entgegengesetzten Systemen der Ästhetik angehören. Im Kontext der Zerrissenheit taucht auch der Begriff »heterogen« auf (nicht zum erstenmal; in einem Brief kurz zuvor hatte Hoffmann sich als »Fangball der heterogensten Launen«[19] charakterisiert). Heterogenität wird ein Kernbegriff von Hoffmanns Kontrastästhetik werden. Bereits in diesem Brief prägt die Kontrasttechnik das Schreiben. In scharfen Schnitten wird das Heterogene nebeneinandergestellt: in Bildern und kleinen Szenen, aber auch innerhalb des Satzes in Aufzählungen, durch abrupten Wechsel der Sprachebenen. Dies ist auch die Stelle, an der die »andere« Sprache Hoffmanns – die des Juristen – ihren Platz findet. Ein Großteil der »Textproduktion« Hoffmanns seit Beginn seines Studiums mit 16 Jahren bestand aus juristischen Schriftstücken mit ihrer festgelegten formelhaften Sprache und Syntax. Wie die Briefe zeigen, gelang es Hoffmann offenbar problemlos, beide Schreibweisen völlig zu trennen – wenn er nicht gezielt das Juristische im Dienst seiner Kontrasttechnik einsetzen wollte: in Form einer windungsreichen Syntax und von lateinischen Ausdrücken und Fachbegriffen, mit Vorliebe dort, wo die juristische Sprache am wenigsten angebracht ist, wo also damit ein »witziger« Be- und Verfremdungseffekt erzielt werden kann. So schließt Hoffmann z. b. das wort- und empfindungsreiche Liebesgejammer mit einer juristischen Conclusio, die als Antiklimax wirken muß: »Der PraejudicialTermin meiner Liebe ist längst da gewesen, und ich bin im AgnitionsUrtel in alles verurteilt, worin ich verurteilt werden konnte«[20] (Praejudicialtermin = Termin in der Feststellungsklage, Agnitionsurtel = Anerkenntnisurteil). Hoffmann ist sich dieser Stilmittel nicht nur bewußt, er weiß, daß auch der Leser Hippel – aber es gilt auch für den heutigen Leser – sich dessen bewußt ist. Um dem zu erwartenden Vorwurf zu entgehen, er arbeite mit einem erkennbaren Arsenal von Schreibarten, reflektiert Hoffmann über die Stilmittel selbst und schafft dabei das, was später »romantische Ironie« heißen wird: »Da hab ich heute meine Vignette geendigt, deren Eingang Dir gefallen würde, weil ich ihn aus Deiner Seele heraus geschrieben zu haben glaube – Nur schade, daß das Ding fast zu witzig ist, zuviel Witz ist glaub ich ein Fehler, aber der Satan mag über Liebe mit humoristischem Temperament schreiben ohne witzig zu sein«.[21] Hier fällt der zweite Kernbegriff der Hoffmannschen Poetik, der ebenfalls von Beginn an präsent ist, wenn er auch erst zwei Jahrzehnte später im Werk eine zentrale Bedeutung erhalten sollte: Humor, noch verwendet im älteren Sinne der Temperamentenlehre.

Der Brief wird abgeschlossen durch ein »ExtraBlatt« (auch in Jean Pauls Romanen eine beliebte Form arabesken Spiels) »an meinem Geburtstage«. Darin berichtet Hoffmann dem Freund, daß die Geliebte überraschend doch erschienen sei und stürzt sich abermals in ein Meer der rhetorisch gedrechselten »Sentiments«, mit Selbstdeutungen und Selbststilisierungen:

Freund, ich möchte gern heute aus mir selbst heraus – ein erhebendes Gefühl trägt mich empor auf kühnen Fittigen – Freundschaft und Liebe pressen mein Herz, und ich möchte mich durch die MückenKolonne, durch die MaschinenMenschen, die mich umlagern mit platten Gemeinplätzen, gern

1. Die Anfänge des Künstlers (1794-1808)

durchschlagen – gewaltsam allenfalls – Daß ich ganz und gar mich verändere – welches so gar schon aufs äußere wirkt, weil sich gewisse Leute über meinen vollen – starren Blick aufhalten, wirst Du fühlen – wenn ich Dir sage, daß ich mitten im Herbst – WinterLandschaften male – daß es zuweilen etwas exzentrisch in meinem Gehirnkasten zugeht, darüber freue ich mich eben nicht beim Besinnen – dies exzentrische setzt mich offenbar herunter in den Augen aller die um mich sind – und Leute, die alles in Nummern teilen und Apothekerartig behandeln, möchten mir manchmal ihren orthodoxen Schlagbaum vorhalten, oder ihr offizinelles Krummholz um den Hals werfen –[22]

In diesen Bildern gipfelt der Versuch des Selbstporträts: Im Mittelpunkt steht der Begriff des »Exzentrischen«, der auch bei Hoffmanns späteren Künstlerbildern eine wesentliche Rolle spielen sollte. Das Exzentrische ist zunächst ganz wörtlich das, was außerhalb des Mittelpunkts liegt, außerhalb des Durchschnittlichen. Aus der Perspektive solcher Normalität ist das Exzentrische das Abseitige, Abartige. Umgekehrt ist die Sicht des »exzentrischen« Künstlers auf die Vertreter der Bürgerlichkeit: »Mücke« und »Kolonne« weist auf die große Zahl und Gleichförmigkeit, »Maschinenmensch« auf die Seelenlosigkeit, die »platten Gemeinplätze« deuten die schlichte Geisteshaltung und die Banalität an, der »orthodoxe Schlagbaum« bezeichnet das Traditionelle, Dogmatische, Alteingefahrene – im Doppelsinn des Wortes: Beschränkte – dieser Geisteshaltung, die vor allem bei denen anzutreffen ist, die »alles in Nummern teilen«, also den Bürokraten und mechanisch verfahrenden Naturwissenschaftlern – sie wollen den Exzentriker unterjochen, zähmen, zu einem ihresgleichen machen. Hier ist in einer Fülle von Aspekten ausgeführt, was später in den Begriff des »Philisters« zusammengefaßt und als dessen Grundverhalten gegenüber dem Künstler als dem Exzentriker schlechthin gelten wird.

Hoffmann selbst war durch sein Verhalten als Künstler zu dieser Zeit sicher noch nicht in eine Außenseiterposition gerückt,

geschweige denn als Wahnsinniger verfemt worden, wie er das
später an seinen Künstlergestalten zeigen sollte, aber er stilisierte sich jetzt bereits in eine Rolle hinein, die ihn im Umkehrschluß als Künstler auswies. Die Selbststilisierung hat ihrerseits
eine Funktion im Freundschaftskomplex: Der Außenseiter kann
nur vom Freunde verstanden werden und ist ohne ihn einsam,
isoliert auf der Welt.

Musik – Malerei – Schriftstellerei

Der Geburtstagsbrief endet mit dem Absatz:
> Weißt Du, daß ich auf der Harfe spiele? – Schade ist's nur, daß
> ich mich nicht zwingen kann auf der Harfe nach Noten zu
> spielen, sondern nur immer fantasiere, wodurch ich aber viel
> Fertigkeit gewinne. Sollt ich künftig nach M[arienwerder], so
> bringe ich 3 Instrumente mit: 1) ein kleines Klavier, 2) eine
> Wienerharfe, 3) eine Violine – Dein S. hat ganz recht – viel Seligkeit entgeht Dir, daß Du nicht spielst – Nimm nicht übel –
> Dein Zuhören ist gar nichts – die fremden Töne drängen Dir
> Ideen oder vielmehr sprachlose Gefühle auf, aber wenn Du
> eigne Empfindungen – die inartikulierte Sprache des Herzens
> aushauchst in die Töne Deines Instruments, dann erst fühlst
> Du, was Musik ist – Mich hat Musik empfinden gelehrt, oder
> vielmehr schlummernde Gefühle geweckt – Im tollsten Hypochonder spiel' ich mich mit den silberhaltigsten Passagen Benda's (des Berliners) oder Mozart's an, und hilft das nicht, so
> bleibt mir nichts mehr übrig, als auf alles zu resignieren.
> [...]
> Lebe wohl, mein trauter lieber einziger Freund, ewig der
> Deine[23]

Diese Passage ist nicht sehr typisch für Hoffmanns Mitteilungen
an Hippel über seine künstlerische Tätigkeit (und damit für die
meisten der überlieferten Zeugnisse bis zu seinem 25. Lebensjahr), und sie gibt auch den Grund dafür an: Hippel war ziem-

lich unmusikalisch und wenig an dieser Seite von Hoffmanns Kunst interessiert. Daher hat Hoffmann entsprechende Aktivitäten relativ selten erwähnt. Die zitierte Stelle zeigt ausführlicher als sonst, welche Bereiche für Hoffmann wichtig waren: das handwerkliche Lernen des Spiels auf Instrumenten einerseits, das eigene Spiel ohne Vorlagen andererseits, das »Fantasieren«. Dieser Begriff fällt hier zum zweitenmal in diesem Brief, nun in dem speziellen Sinn, wie er sich in der Musik seit dem 16. Jahrhundert herausgebildet hatte. Fantasieren hieß: aus dem Stegreif spielen, improvisieren, augenblicklichen Einfällen und Stimmungen folgen. (Bereits im 18. Jahrhundert wurde daher »Fantasie« zur festen Bezeichnung einer Klasse von Tonstükken.) Dieser sehr konkrete musikalische Sinn von »Fantasie« und »fantasieren« liegt bei Hoffmann von Beginn an neben der allgemeineren Bedeutung und wird auch in Zukunft stets mitzuhören sein, wenn »Fantasie« immer mehr zu einem Zentralbegriff seiner Ästhetik wird. Der Briefschluß zeigt: Musik ist die wichtigste künstlerische Leidenschaft des jungen Juristen.

Über Einzelheiten seiner Ausbildung sind wir allerdings nur sehr bruchstückhaft unterrichtet. Doch wurde die private musikalische Betätigung im Bürgertum in der zweiten Hälfte des 18. Jahrhunderts immer wichtiger. Das galt auch für das sonst den Künsten offensichtlich nicht eben aufgeschlossene Haus Doerffer/Hoffmann. Die meisten Verwandten spielten Instrumente und lehrten den jungen Ernst damit umzugehen. Die von Hoffmann so oft verspottete Pedanterie des Onkels war dabei wohl eine gelegentlich durchaus nützliche Gegenkraft gegen die Fantasie des Jungen. Hoffmann erhielt Musikunterricht bei dem Königsberger Organisten und Komponisten Christian Wilhelm Podbielski (1740-1792), der ihn intensiv in der Kunst des Kontrapunkts ausbildete. Hoffmann lernte mehrere Instrumente zu spielen, er entwickelte seine Tenorstimme, besuchte Liebhaberkonzerte, Aufführungen auswärtiger Singspiel- und Operntruppen. Mozarts *Don Giovanni* übte einen tiefen Eindruck auf ihn aus, er kaufte sich 1794 die Partitur, studierte das Werk intensiv.

Der neben Mozart in Hoffmanns Geburtstagsbrief genannte Georg Benda war ein bekannter Komponist, seine Oper *Romeo und Julia* (1778) wird in Jean Pauls Roman *Die unsichtbare Loge*, aus dem Hoffmann im ersten Teil des Briefes zitiert hatte, erwähnt: »Es half uns beiden wenig, daß uns meine Schülerin mit den silberhaltigsten Stellen aus Bendas *Romeo* anspielte«[24] – wenn Hoffmann dieses ungewöhnliche Adjektiv gebraucht, zitiert er gleichsam en passant abermals Jean Paul.

Über Hoffmanns eigene frühe Kompositionsversuche ist fast nichts bekannt. Einige werden in den Briefen zwar erwähnt – Lieder sowie eine Motette zu dem Text »Judex ille cum sedebit« nach Goethes *Faust* (Szene »Dom«) –, aber so unspezifisch, daß daraus nichts zur Charakterisierung folgt.

Die Musik war sicher die wichtigste Passion des jungen Hoffmann, aber auch die Malerei spielte von Beginn an eine wesentliche Rolle. Hier erhielt Hoffmann ebenfalls eine Ausbildung, sein Zeichenlehrer Saemann war nach Hippels Zeugnis »ein anspruchsloser gemüthlicher Maler«, der »fast peinlich [...] auf die Richtigkeit in der Zeichnung« achtete.[25] Die ersten »Kunstwerke« Hoffmanns, von denen wir wissen, waren Bilder. Hoffmann berichtet (in einem Brief von Oktober 1794), daß er zwei Gemälde »einem Kenner anonymisch zum Kauf« angeboten habe, ausgerechnet dem Onkel Hippels, dem »Stadtpräsidenten« (Bürgermeister) Königsbergs.[26] Dieser habe ihn zu sich gebeten, die Bilder gelobt – aber die Geschichte stammte nicht von Hoffmann, wenn ihr Thema wäre: der erste Erfolg des jungen Künstlers vor einem Großen dieser Welt. Es ist vielmehr die anekdotische Erzählung eines komischen und etwas peinlichen Mißverständnisses: Der Geheime Rat dachte, die Stücke seien ein Geschenk – doppelt unangenehm für den jungen Künstler, weil er dem Freund den geplanten Schritt verheimlicht hat –, und er behielt sie.

Hippel erwähnt die frühe Neigung Hoffmanns zur Karikatur und zum Porträt. Es ist ferner bekannt, daß er 1796 beim Ausmalen einer Kirche in Glogau geholfen hat – von all dem ist

1. Die Anfänge des Künstlers (1794-1808)

3. Die Phantasie erscheint Hoffmann zum Troste.
Gouache, vielleicht 1794.

nichts erhalten. Das einzige Bild, das wahrscheinlich in diese Zeit zu datieren ist und mit einiger Sicherheit von Hoffmanns Hand stammt, wird in der Forschung unter dem Titel »Die Phantasie erscheint Hoffmann zum Troste« behandelt. Es zeigt eine Gestalt, in der man Hoffmann erkannt haben will, in einem Raum voller Molche und anderer Ungeheuer, mit Köpfen, die (angeblich) denen des Onkels Otto Wilhelm Doerffer und anderer Verwandten und Bekannten gleichen. In lichtem Scheine naht ihm tröstend die Phantasie, sie zeigt ihm mit der Linken einen Spiegel mit den Gestalten zweier junger Mädchen, um die geflügelte Genien schweben. Das Bild ist zu wenig aussagekräftig, um etwas Allgemeineres über den Maler Hoffmann in dieser frühen Zeit erkennen zu lassen.

Von der dritten Kunst, der Schriftstellerei, ist in den Briefen an Hippel relativ häufig zu lesen, weil sich auch dieser im Schreiben versuchte, so daß der Umgang mit Literatur ein (fast) gleichberechtigtes Geben und Nehmen war. Beiden gemeinsam war das frühe Interesse an Literatur: Hippel berichtet in seinen Erinnerungen, daß er Hoffmann etwa im Alter von 14 Jahren, also 1790/91, Nachhilfe in Latein und Griechisch gegeben und daß dieser bald begonnen habe, die »trocknen Lehrstunden mit Musik und mit Büchern, die aus dem nahen Schranke des Oheims gehohlt wurden – namentlich Rousseaus *confessions* – zu würzen«.[27] Hippel spricht ferner von den »verbotenen Büchern«, die man zusammen gelesen habe, vielleicht neben den als frivol geltenden französischen Schriftstellern auch die gängigen deutschen Unterhaltungs- und Erfolgsautoren der Zeit wie Carl Gottlob Cramer, August Lafontaine, Karl Grosse, die Hoffmann in dieser Zeit in verschiedenen Zusammenhängen erwähnt.

Über die Lektüre von Grosses Roman *Der Genius. Aus den Papieren des Marquis C. von G.* (erschienen in vier Teilen 1791-1794) berichtet Hoffmann dem Freund begeistert am 19.2.1795:

Mit einer Art von Geisteserhebung les' ich die schwärmerischen Schilderungen der Glückseligkeit, den Umgang eines innig vertrauten Freundes genießen zu können – Unbemerkt entschlüpften die Ideen aus dem Buche und eigne traten an ihre Stelle – ich sann nach über meinen Zustand – die Ahndung bald alles zu verlieren, was mich hier noch fesselt, gemischt mit einer bangen Empfindung, brachte mich außer mir – ich warf das Buch weg, und ich glaube, Tränen hätten meine Augen gefüllt, wenn mir diese die Natur nicht fast ganz versagt hätte. [...] Es war ein schöner Abend, an dem ich den letzten Teil des Genius las – meine Fantasie hatte einen Festtag – Es war eilf Uhr als ich das Buch aus der Hand legte – Das Aufwallen von unzähligen Leidenschaften hatte meinen Geist in eine Art von matter Betäubung gesenkt – Mir war wirklich sehr wohl – die traurigen Bilder der kummervollen Tage der Vergangenheit traten zurück in Schatten, und süße Träume einer froheren Zukunft umnebelten meine Sinne –

F[ranziska,] R[osalie,] E[lmire] wichen ganz aus meinem Gedächtnis – aus ihnen schmolz ein Ideal zusammen, und dies Ideal war *sie* – eine neue Schöpfung hatte *sie* hervorgebracht – gereinigt von den irdischen Verbindungen schwebte sie mir entgegen im himmlischen Glanze – ich sah sie, ich fühlte sie, ich hörte ihre Stimme – sie kam mir entgegen, sie bot mir einen Kranz, geflochten von Myrthen und Rosen – Es war ein schönes Bild, das mir meine Fantasie vorzauberte. In einem Zustande, der gleich weit vom Wachen und Schlafen entfernt ist, lag ich auf meinem Bette – ein Knistern weckte mich – ein schneidender Luftzug durchwehte meine Stube – ich sah' auch meinen Genius, – ach es war nicht Amanuel! – –[28]

Diese ausführlichste Schilderung eines Lektüreeindrucks zeigt, wie gefühlsgetränkte Liebes- und Abenteuerliteratur auf den jungen Hoffmann wirkte, wie sich die Figuren und Situationen des Buches mit denen eigener Erlebnisse verbinden, wie die Fantasie arbeitet. Unter dem Eindruck dieses Werkes beginnt Hoffmann selbst einen Roman zu schreiben. Am 4. 4. 1795, zwei Monate nach der Lektüre, schickt er dem Freund »wieder 2 Bogen« des Romans – von dem also bereits einiges vorliegt – und er nennt den Titel: »CORNARO. Memoiren des Grafen Julius von S. Geschrieben In den Frühlingsmonden des Jahres 1795«.[29]

Aus den Briefen geht nur hervor, daß der erste Band 16 Bogen – also über 250 Seiten – umfassen sollte und daß drei Teile vorgesehen waren. Als der Freund ihm seine »Rezension« der ersten Bogen schickt, fragt Hoffmann ihn: »Sag mir nur – ist das Ganze nicht ein bißchen buntschäcktigt?« Und er erklärt diese Heterogenität verschiedener Geschichten damit, daß »in diesem ersten Teil alles vorbereitet werden muß«, ebenso sei beispielsweise »das Lärm in den ersten Bogen [...] nicht ohne Ursache – Erst im 2^t Teil erklärt's sich«.[30]

Aus diesen Andeutungen kann nur vermutet werden, daß Hoffmann einen Liebes- und Abenteuerroman mit zahlreichen Geheimnissen und Intrigen im Stile des *Genius* und von Schillers *Der Geisterseher* (dessen Untertitel *Aus den Memoiren des Gra-*

fen von O** Hoffmann fast wörtlich nachbildet) geschrieben hat – alles Weitere ist Spekulation. Hippel überliefert uns, daß dieses Werk drei Bände umfaßte, die Hoffmann im Sommer 1796 einem Buchhändler übergeben habe. »Ein halbes Jahr später erhielt er es beschmutzt, wie er selbst schrieb – mit den Worten zurück: daß die Anonymität des Verfassers ein Hinderniß abgebe, um einen Verleger zu finden. Sein Verdruß darüber war ohne Grenzen. Dennoch begann er bald wieder an einem neuen Roman zu arbeiten.«[31]

Von diesem neuen Werk erfährt Hippel am 25.10.1795: »[...] ich nenne es ›den Geheimnißvollen‹! – Ein sehr ominöser Titel, nicht wahr?«[32] Ein knappes halbes Jahr später, am 13.3.1796, teilt Hoffmann dem Freund einen kurzen Auszug mit, der deutlich macht, daß der Roman von einem Lieblingsgegenstand der beiden Freunde handelt, von der Freundschaft. Dieser erste erhaltene fiktionale Prosatext lautet:

Wie so schön ist doch Freundschaft! Ich beneide euch nicht, ihr Weiber und Mädchen, um euer Geschlecht! – Wahr mag es sein, daß euer luxuriöser Sinn sich trefflich darauf versteht, in tausend feinen Nüancen Genuß einzuatmen, wo wir mit gröberm Sinn die ganze Masse einschlucken; wahr mag es sein, daß unsere Liebe Eis vom NordPol ist gegen die Glut die dies Gefühl in eurem Herzen entzündet, daß unempfindsame Klötze wir oft da sind wo Geist und Leben euer ganzes Leben elektrisch durchzuckt; aber ich beneide euch nicht, stolz auf das Geschenk der Männer, die Freundschaft – Tausendkehligt hör ich Euren Einwand – triumphierend schließt ihr euch untereinander in die Arme »lieben wir uns nicht?« – Aber verzeiht, daß ich mir nichts abdingen lasse und sogar über eure heiße Umarmungen ein wenig lächle. Viel Gründe unterstützen meinen Satz fürs MännerMonopol – Einer ist wichtig, aber es ist ein wenig indiskreter als man gewöhnlich sein darf ihn anzuführen – Ohne Risiko ein notwendiges Stück am Exterieur zu verlieren würd ich es nicht wagen können diesen Grund vor der Tribune der Weiber zu verfechten, müßten sie mir erst auch zugeben, daß Sinnlichkeit das große Triebrad ihres Tuns und Lassens ist, was sich in unglaublicher Schnelle unaufhörlich dreht – Die Freundschaft tut gar nichts für die Sinnlichkeit, aber alles für den Geist. Ihr Genuß ist das Wohlwollen fürs verwandte, die Seligkeit des Wiederfindens gleicher Regungen – haben wir den gefunden der uns versteht, in dessen Brust wir mit Entzücken gleiche Gefühle, in dessen Kopf wir eigne Ideen ausspähen, der mit geläutertem Sinn für Tugend und Schönheit mit uns den Blumenpfad oder den dornigten Weg, den wir wandeln, betritt, wie ganz anders malt sich uns denn die Welt, und unser Selbst wird uns dann nur erst wert. Ein Heroismus, schon der Natur der Weiber entgegen, stählt uns zu Taten, denen ohne den Geliebten unsere Schwäche unterlegen haben würde – Ja mein Theodor, beide wären wir nicht das, was wir sind, wenn das Schicksal nicht unsere gleich gestimmten Herzen vereinigt hätte. Ehe die Geburtsstunde unsrer Freundschaft schlug, hab' ich recht erbärmlich in meiner Klause gelebt. Mein Geist war ein Gefangener, den man eingesperrt hatte und unaufhörlich bewachte.[33]

Die männliche Ich-Figur dieses Textes hält ein Plädoyer für die Freundschaft der Männer und gegen die Liebe der Frauen. Der Freundschaft wird der Geist zugeordnet, der Liebe die Sinnlichkeit. Die Argumente dafür werden in recht pathetischer Weise vorgetragen, der Witz bleibt etwas oberflächlich, und Ironie ist kaum zu verspüren. Der Text mündet in eine Anrede an den Freund Theodor (der also im Roman heißt wie der Briefempfänger) und eine Feier der »gleichgestimmten Herzen«. Nach der Analyse von Sprache und Stil der Briefe wirkt dieser Romanauszug ziemlich enttäuschend. Offensichtlich ist der Schreiber zu sehr Partei für die Sache der Freundschaft und der Männer, um mit diesem Thema spielerisch-leicht und humoristisch umgehen zu können. Aber natürlich gilt: ein so winziger Auszug läßt keine weitergehenden Schlüsse auf das Werk zu.

Sonst kennen wir aus diesen Jahren nur ein längeres Gedicht,

Masquerade (1794),³⁴ interessant wegen der Thematik (Karneval, Maskenball, Verkleidung), bei dem nur der forciert lustige Ton die teils recht gewaltsamen Reime halbwegs erträglich macht; ferner: einige wenige Pläne und Fragmente. In einem Brief vom 25.11.1795 ist von einem Werk die Rede, »welches ich witziger Art nach unterm Namen Ewald Trinkulo schreibe« (in Shakespeares *Sturm* der Name des Hofnarren und Spaßmachers, »das war mein Ahnherr«);³⁵ im Geburtstagsbrief ist von einer ebenfalls »witzig« genannten »Vignette« die Rede, wahrscheinlich demselben Werkplan. Im Oktober 1796 schreibt Hoffmann von einem Buch, das »jovialischer ist und witziger als ich selbst«.³⁶ Und ein Werkfragment, vielleicht vom Herbst 1795, ist ein derartiger »witziger« Versuch; Sternes *Tristram Shandy* wird zitiert, sowohl mit einer Textstelle als auch mit einer Zeichnung.³⁷ Und wie bei dem großen Vorbild zieren Abbildungen den kleinen Text: 18 karikierte Köpfe aufgereiht auf einen langen Drehspieß.

4. 18 karikierte Köpfe auf einem Drehspieß. Zeichnung im *Fragment eines humoristischen Aufsatzes*, vielleicht 1795.

Die Karikatur wird für Hoffmann als zeichnerische Verwandte der literarischen Groteske zu einer seiner bevorzugten künstlerischen Ausdrucksformen.

Die wenigen Zeugnisse und die Briefe lassen erkennen, welche Lektüre den nachhaltigsten Einfluß auf den jungen Hoffmann ausübte: am wichtigsten waren Shakespeare – vor allem der Lustspieldichter – sowie Laurence Sterne, ferner Jean Paul, der sich selbst in dessen Tradition sah. Als Vermittler könnte der Onkel Hippels (oder dessen Bibliothek) in Frage kommen. Die Romane des älteren Hippel selbst gehören zu den wichtigsten Zeugnissen der deutschen Sterne-Rezeption. Sie wurden zu Vorbildern des jungen Jean Paul, dessen Werke Hippel seinerseits begeistert las. (Die Autorschaft Hippels an den Romanen *Lebensläufe nach aufsteigender Linie* [1778-1781] und *Kreuz- und Querzüge des Ritters A-Z* [1793-1794] war zwar bis zu seinem Tode selbst seinen besten Königsberger Bekannten Kant und Hamann verborgen, aber seinem Neffen bekannt und durch ihn wahrscheinlich auch Hoffmann.) Die von diesen Namen geprägte Tradition humoristischen Schreibens blieb für Hoffmann in seinem gesamten Werk wichtig, während die mit dem Namen Schiller angedeutete Linie ihm Anschlußmöglichkeiten eher an den *Geisterseher* als an die Dramen bot.

Das Fazit Ernst Theodor Wilhelm Hoffmanns an seinem 20. Geburtstag war: als Künstler hatte er in allen drei Bereichen – Musik, Malerei und Schriftstellerei – Ansätze aufzuweisen, aber noch kein einziges abgeschlossenes Werk, das Basis einer künstlerischen Laufbahn oder auch nur einer künstlerischen Zukunftsperspektive hätte sein können.

Zum erstenmal in Berlin (1798-1800)

Ein solches Werk entstand erst 1799 mit dem Singspiel *Die Maske*. Daher soll ein nächster Querschnitt um den 24. Geburtstag Hoffmanns Anfang 1800 gelegt werden, um seine künstlerische Entwicklung in den verschiedenen Bereichen zu skizzieren.

Die Affäre mit Dora Hatt führte in der Tat dazu, daß Hoffmann im Frühjahr 1796 Königsberg verlassen mußte, er ließ sich an die Oberamtsregierung im schlesischen Glogau versetzen, wo sein Patenonkel Johann Ludwig Doerffer als Regierungsrat tätig war. Er lebte bei den Doerffers im Haus, 1798 verlobte er sich mit seiner Cousine Sophie Wilhelmine Konstantine (Minna) Doerffer. Wenig später bestand er sein zweites juristisches Examen »überall ausnehmend gut«, und da Doerffer zur gleichen Zeit zum Geheimen Obertribunalsrat in Berlin ernannt wurde, bewarb sich Hoffmann um die Versetzung als Referendar an das

Kammergericht in Berlin. Dort lebte er seit dem Herbst 1798, wiederum im Haus der Doerffers, bis er im März 1800 sein drittes und letztes Examen ablegte, mit der Note »vorzüglich«. Im Mai wurde er zum Assessor ernannt. Die Zeichen im beruflichen und privaten Leben deuteten also auf eine kontinuierliche Entwicklung hin zum Bürgerlichen. Eine Bilanz am 24. Geburtstag hätte als wahrscheinlichste Lebensperspektive ergeben: einen Justizbeamten, der nebenher etwas künstlerisch dilettiert, und einen Ehemann in der traditionellen Eheverbindung aus dem weiteren Familienkreis.

Die Hauptstadt Preußens wächst in diesen Jahren – nach dem vorläufigen Ende der Kriege gegen das nachrevolutionäre Frankreich – rasch zu einer europäischen Metropole. Zwar besteht mit ca. 170000 Einwohnern noch immer ein weiter Abstand zu London, Paris und selbst Wien; aber Hoffmann, der im Zentrum der Stadt (in der Friedrichsstadt) wohnt, erfährt, 22jährig, zum erstenmal Großstadtleben, politisches Leben, große soziale Spannungen, neueste technische Entwicklungen. Von besonderem Interesse sind für ihn die kulturellen Angebote und Anregungen, die an Vielfalt und Qualität weit übertreffen, was er bis dahin kennengelernt hatte. Der seit 1797 regierende König Friedrich Wilhelm III. und vor allem die kunstsinnige junge Königin Luise ermöglichten den Künsten eine freiere Entfaltung als ihre Vorgänger. Aus den spärlichen Zeugnissen läßt sich zwar wenig konkret belegen, welche Seiten des Kulturlebens Hoffmann in Berlin wie intensiv nutzte – nur Besuche der italienischen Oper unter den Linden und von Kunstausstellungen sind bezeugt –, aber es kann mit Sicherheit angenommen werden, daß er das Theater-, Musik- und Kunstleben genoß. Am 8.7.1799 schrieb er Hippel, daß er »jetzt die Zeit sehr nutze, und meinen LieblingsStudien, Musik und Malerei schlechterdings nicht ganz entsagen kann.«[38] Das bestätigt auch Hippel in seinen späteren *Erinnerungen*: »Er hatte jetzt nur ein Ziel: unter dem Schirme des Brodbaums, den er vom Dienst erwartete, unabhängig seiner Neigung für die Künste zu leben.«[39] (Hippel selbst hatte von seinem Onkel, der ihn adoptiert hatte, nach dessen Tod 1796 Adelstitel und Vermögen geerbt und widmete sich künftig immer mehr seinen Aufgaben als Majoratsherr.)

Die Begegnung mit bedeutender Kunst der Gegenwart und der Vergangenheit muß Hoffmann allerdings auch klargemacht haben, wie unbeträchtlich seine eigenen künstlerischen Arbeiten zu dieser Zeit noch waren. Dieses Erlebnis hatte er zum erstenmal beim Besuch der Dresdner Galerie im Sommer 1798. Der Eindruck einer der bedeutendsten Gemäldesammlungen Europas war »Bewunderung« und »Enthusiasmus« auf der einen, Bescheidenheit auf der anderen Seite: »[...] bei alle dem sah ich denn nun freilich bald, daß *ich* gar nichts kann – Ich habe die Farben weggeworfen und zeichne Studien wie ein Anfänger, das ist mein Entschluß.« Aber es ist bezeichnend, daß er sich nicht allzu sehr niederdrücken läßt, er schließt die Briefpassage mit dem Hinweis: »Im Portrait malen allein glaube ich starke Fortschritte gemacht zu haben – ich schicke Dir gewiß nächstens etwas zur Probe.«[40]

Porträtzeichnungen aus dieser Zeit sind nicht erhalten, überliefert ist lediglich eine Bleistiftzeichnung mit einer Straßenszene »Die Linden«, datiert auf Sonntag, den 8. September 1799. Das Bild der berühmtesten Straße der Stadt zeigt eine Reihe von Einzelpersonen, vornehmes Bürgertum, Herren im Frack, Militärs und Damen in dekolletierten langen Kleidern – eine erstaunliche Figurenfülle, Personen in Bewegung, auf einem kleinen Blatt. Neben den mehr oder weniger realistisch wiedergegebenen Figuren steht ein kleines buckliges Männlein mit einem Zylinderhut, das an einen der bekannten Zwerge von Jacques Callot erinnert (»Les gobbi«) und ein unheimliches Element in das Bild einführt. Auch eine zweite Figur fällt auf: ein dicker Mann mit einem Spazierstock, rundlichem Gesicht, Knollennase – ein Bild oder eher eine Karikatur des Spießbürgers. Insgesamt kann man in der Zeichnung ein erstes Zeichen des Zeit- und Sittenschilderers Hoffmann sehen, der gegen den äußeren Schein des Glanzvollen die Karikatur und die Groteske setzt.

5. Die Linden. Datiert 8. September 1799. Bleistiftzeichnung, nachträglich mit Tinte nachgezogen.

Die Schriftstellerei erwähnt Hoffmann nicht unter den Künsten, mit denen er sich in Berlin besonders intensiv beschäftigt. Es sind auch keine literarischen Kontakte aus dieser Zeit bekannt. Es dürfte allerdings eher unwahrscheinlich sein, daß ein an Literatur Interessierter innerhalb von fast zwei Jahren nicht wenigstens am Rande von einigen der Werke, Ideen und Skandale der jüngsten – »romantischen« – Dichter gehört haben sollte, von denen mehrere in Berlin lebten und publizierten. Das Fehlen direkter Zeugnisse besagt bei deren Spärlichkeit wenig. So erwähnt Hoffmann auch nie, daß er Jean Paul kennengelernt hat, dessen Werke er seit langem kannte und schätzte und dessen Braut mit Hoffmanns Verlobter eng befreundet war.

Von eigenen schriftstellerischen Versuchen Hoffmanns ist in dieser Zeit ebenfalls wenig bekannt. Dem Freund Hippel kündigte er ein Reisejournal in Briefen an, das er auf der Sommerreise 1798 durch das Riesengebirge, Böhmen und Sachsen niedergeschrieben habe und nur noch ausführen müsse. Er zitiert ihm auch eine Probe: den Besuch des Zackenfalls bei Warmbrunn – das erste ausführliche Naturbild Hoffmanns, das wir kennen (und eines von wenigen überhaupt, Landschaftsschilde-

1. Die Anfänge des Künstlers (1794-1808)

rungen werden auch im späteren Werk sehr selten sein), erstaunlich detailreich, anschaulich, nur selten klischeehaft (»wild romantisch«). Aber bezeichnenderweise kommt Hoffmann auch hier von der Literatur nicht los: Der Kochelfall, den er auch gesehen habe, verhalte »sich ungefähr so zum Zacken, wie Emilia Galotti zu den Räubern von Schiller«.[41]

Dieses Reisetagebuch, das Hoffmann »zu einem Werk von 15 Bogen«[42] auszuspinnen ankündigte, blieb einer der vielen unausgeführten Pläne. Eindeutig im Vordergrund seiner künstlerischen Tätigkeit in der Berliner Zeit stand, wie bereits in den Jahren zuvor, die Musik. Hoffmann schrieb sechs »Lieder fürs Klavier und die *Chitarra*, welche ungefähr 8 bis 8 ½ DruckBogen ausmachen werden«,[43] und bot sie dem berühmten Musikverlag Breitkopf & Härtel zum Druck an. Der Verlag lehnte ab, das Werk ist verschollen.

Dennoch glaubte Hoffmann, am ehesten als Komponist künstlerische Karriere machen zu können. Er nahm sehr wahrscheinlich Unterricht bei Johann Friedrich Reichardt, einem der bekanntesten Komponisten der Zeit, bis 1794 – seiner Entlassung aus politischen Gründen – königlicher Kapellmeister in Berlin. Von diesem Unterricht bei Reichardt wissen wir allerdings nur durch eine 20 Jahre später entstandene Notiz Hoffmanns[44] – also nichts über Art und Intensität. Da Reichardt in diesen Jahren engste Beziehungen nicht nur zum Musikleben, sondern auch zur romantischen Literatur besaß – Friedrich Schlegel, Ludwig Tieck, Novalis –, konnten sich hier durchaus Beziehungen ergeben haben.

Reichardt war in vielen Feldern als Komponist bekannt und berühmt; in dieser Zeit widmete er sich besonders dem Singspiel: Er vertonte Singspiele Goethes, im Juli 1798 wurde sein Singspiel *Die Geisterinsel* nach Shakespeare im Berliner Nationaltheater erfolgreich aufgeführt. Sein neuestes »kleines Liederspiel« *Lieb und Treue* ließ ihn der Schauspieldirektor August Wilhelm Iffland sogar selbst inszenieren, die Uraufführung war am 31. 3. 1800. So ist es denn vielleicht kein Zufall, daß im Mittelpunkt von Hoffmanns künstlerischer Arbeit in der Berliner Zeit ein Singspiel stand: *Die Maske*. Es ist das erste größere Werk Hoffmanns überhaupt, das vollständig überliefert ist.

Man kann davon ausgehen, daß Hoffmann eine Reihe der gängigen Singspiele seiner Zeit kannte. Das Libretto zeigt allenthalben Anklänge an bekannte Muster: Es geht um die üblichen Themen, um Liebe mit Hindernissen, Verwechslungen, Aufdeckung geheimer Verwandtschaftsverhältnisse. In der Athener Villa des griechischen Kaufmanns Pandareus, der aus Syrakus stammt, wirbt der Sizilianer Ranuccio – der von einer geheimnisvollen Maske verfolgt wird – um dessen Tochter Manandane. Während der Vater sich zu dem Bewerber hingezogen fühlt, zeigt die Tochter eine deutliche Abneigung und verzehrt sich in Liebe nach einem Unbekannten, den sie von ferne gesehen hat. Am Schluß erweist sich Ranuccio als der totgeglaubte Sohn des Pandareus, die Maske als seine verlassene Freundin, zu der er zurückkehrt. Auch Manandane, seine Schwester, findet ihren Geliebten. Das alles spielt in einer südländischen Umgebung, in einem Landhaus und einem »romantischen Garten«; Gärtner, Tänzer und Volk treten als Chor auf. Die Sprache ist teilweise pathetisch und epigonal. Freilich trifft das wohl auf fast alle Textbücher von Singspielen und Opern der Zeit zu, die ja auch nicht geschrieben wurden, um als literarische Texte gelesen und gesprochen zu werden.

Auch die Partitur zeigt deutliche handwerkliche Schwächen – die Ausbildung bei Reichardt konnte zum Zeitpunkt der Komposition allerdings erst wenige Wochen umfaßt haben. So finden sich »zahlreiche Verstöße gegen Stimmführungs- und Satzregeln«.[45] Abgesehen davon urteilen heutige Musikwissenschaftler aus der genaueren Kenntnis der Entwicklung des Singspiels in den neunziger Jahren jedoch durchaus positiv. Gerhard Allroggen schreibt:

> Die Musik, bei weitem origineller als das Libretto, folgt nicht dem liedhaften Typus der Singspiele Hillers oder Andrés, sondern führt die Linie der Mozartschen *Entführung* weiter, in-

dem sie weitgespannte Ensemble-, sogar Chorszenen in den
Ablauf integriert. Die Orchestertechnik ist ganz auf der Höhe
der italienischen Opera buffa jener Zeit. Bestimmte Stellen,
wie die Duell-Szene mit nachfolgendem Terzett in b-Moll aus
dem Finale des zweiten Akts, zeigen Hoffmanns gute Kenntnis des *Don Giovanni*.

Trotz deutlicher Defizite sei die Partitur gewandt geschrieben,
der Komponist erweise »schon in diesem ersten Bühnenwerk
einen sicheren Instinkt für die Erfordernisse des Theaters; seine
Musik ist, was die zeitliche Disposition und das Herausarbeiten
von Höhepunkten, das Aufbauen von Spannungskurven angeht, ganz auf die Bühnenaktion zugeschnitten.«[46]

Hoffmann hat nicht nur das Libretto geschrieben und vertont, er hat auch die Deckel des Textbuchs mit Schlüsselszenen
der Handlung bemalt; durch die sorgfältige Ausgestaltung der
Spielorte können sie auch als Vorschläge für Bühnenbilder angesehen werden. (Wie ausgeprägt Hoffmanns Beachtung dieses
Aspekts war, verdeutlichen die teilweise umfangreichen Regiebemerkungen, die sich auf Orte und Personen beziehen. Sie
sind öfter so ausführlich, daß sie für die Zwecke der Partitur
gekürzt werden mußten.) Die Bilder sind in Sepia-Manier gemalt, leicht in Farben aquarelliert, in große ovale Medaillon-Formen eingefügt, die von Weinlaub umrankt sind. Die Deckel
der drei Partitur-Bände zeigen ein ähnliches von Ranken umgebenes Medaillon. Hoffmann vereint in diesem Werk, wie er von Beginn anstrebte, Literatur, Musik und Malerei und schafft damit
ein frühes »Universalkunstwerk«. Bei allen künstlerischen Mängeln ist es wichtig, dies festzuhalten, zumal Hoffmann zu dieser
Zeit – nach allem, was wir bisher wissen – keine Kenntnis von den
entsprechenden Literaturtheorien der Frühromantik hatte.

Wie hoch Hoffmann selbst die Bedeutung des Werkes einschätzte, zeigt sich an seinem Umgang damit: Er läßt den Text
säuberlich abschreiben, ebenso die zugehörige Partitur; das
Textbuch und die drei Bände der Partitur läßt er kostbar einbinden und bemalt, wie erwähnt, die Vorder- und Rückdeckel

6. *Die Maske.* 1799. Vignette auf dem Einbanddeckel des Textbuches.
Sepia, leicht in Farben aquarelliert, ausgemalt. Vorderseite.

selbst. Diese bibliophile Rarität schickt er an Königin Luise von Preußen. Wie konkret er sich seine Träume ausmalt, zeigt sich darin, daß er ein Personenverzeichnis mit einbindet, in dem die erwünschte Besetzung für die Uraufführung auf der Königlichen Bühne vermerkt ist: Selbstverständlich sind es die ersten Kräfte der Oper; nur für einen Freund, den jungen Schauspieler und Musiker Franz von Holbein, macht er eine Ausnahme, er sieht ihn für die Rolle eines »teutschen Malers« vor.

Natürlich erfüllte sich Hoffmanns Traum nicht, natürlich hatte das Märchen kein Happy-End: Hoffmann erhielt den Bescheid, wegen einer Aufführung seines Singspiels müsse er sich an den Direktor des Königlichen Nationaltheaters Iffland wen-

1. Die Anfänge des Künstlers (1794-1808)

den. Einzelheiten dieses Vorgangs kennen wir aus dem Brief, den Hoffmann daraufhin am 4.1.1800 an Iffland schrieb:

WohlGeborener Herr! Insonders HochzuEhrender Herr Direktor! Ew. WohlGeboren erhalten in der Anlage den Text eines Singspiels welches ich schon im März v. J. vollendet hatte. Meine Freunde urteilten damals ziemlich günstig von dem Werke und meinten daß es der öffentlichen Vorstellung wohl wert wäre, allein von mancher Bedenklichkeit zurückgeschreckt wagte ich deshalb keinen Versuch. Vor kurzer Zeit erhielten Ihro Majestät die regierende Königin die vollständige Partitur und vor wenig Tagen hatten sie die Gnade mich ausdrücklich auffordern zu lassen Ew. WohlGeboren die Vorstellung des Singspiels vorzuschlagen. Fern von jedem Eigendünkel, fern von jeder Vorliebe für mein Werk wage ich daher Ew. WohlGeboren vor der Hand bloß zu bitten den Text durchzusehen und mir dann zu sagen, ob, wenn er mit einer guten Musik vereinigt wäre, das Singspiel einer Vorstellung auf dem hiesigen Theater wert sein würde. Sollte dies der Fall sein, so bin ich, da ich das Gewicht meiner Obskurität in der musikalischen Welt nur zu sehr fühle, bereit meine Partitur einer gewissenhaften Beurteilung zu unterwerfen, und erwarte deshalb nur Ew. WohlGeboren Befehle. Sind dann künftig Ew. WohlGeboren zur Annahme des Werks geneigt, so übergebe ich in einer von Ew. WohlGeboren zu bestimmenden Zeit dem Theater eine korrekte saubere Abschrift des Textes und der Partitur wobei es sich von selbst versteht, daß ich dafür nicht auf den kleinsten Vorteil rechne.[47]

Dieser Brief weist einen völlig anderen Charakter als die Briefe an Hippel auf: Er folgt in Floskeln, Wortschatz, Syntax den rhetorischen Regeln im Verkehr mit gesellschaftlich Höherstehenden, insbesondere Fremden. Er macht deutlich, daß der Justizreferendar Hoffmann weiß, wie er einen Text adressatenbezogen und wirkungsorientiert zu schreiben hat. Wenn er Iffland nur als hohen Hofbeamten anspricht, nicht auch als »Künstlerkollegen«, zeigt dies, daß er seine Situation richtig einschätzt. Der Brief ist in einem sehr devoten Ton geschrieben, schmeichelt Iffland, wehrt sich gegen den (noch gar nicht ausgesprochenen) Vorwurf, zur »Klasse Kunst pfuschender Dilettanten«[48] zu gehören. Dieser Brief sollte auch etwas skeptisch stimmen gegenüber der üblichen Annahme einer engeren Bekanntschaft Hoffmanns mit Reichardt. Dieser stand bei Hof wieder in Gnade, die junge Königin Luise nahm bei ihm Gesangsunterricht. Iffland schätzte Reichardt sehr. So ist zumindest erklärungsbedürftig, warum Hoffmann sich in seinem Schreiben an Iffland nicht auf Reichardt als seinen Lehrer berufen hat. Sollte er wirklich so voll Selbstvertrauen und Künstlerstolz gewesen sein, auf Protektion zu verzichten? Oder hielt Reichardt so wenig von dem Werk des jungen Konkurrenten, daß er ihm keine Empfehlung mitgeben wollte?

An seinem 24. Geburtstag, wenige Wochen nach dem Brief an Iffland, hoffte Hoffmann wohl noch immer, daß ihm mit der *Maske* der Durchbruch als Künstler gelingen würde. Aber der Theaterdirektor antwortete offenbar nie. Das der Königin geschenkte Prachtexemplar der *Maske* blieb erhalten, weil es in die Königliche Hausbibliothek eingestellt wurde, wo es ein Forscher, Friedrich Schnapp, 1923 entdeckte.

Płock: Leiden in der »Verbannung« (1802-1804)

An seinem 27. Geburtstag 1803 schrieb Hoffmann zum erstenmal nach einer längeren Pause wieder einen Brief an Hippel. Darin entwirft er ein deprimierendes Bild seiner Existenz. Die juristische Karriere hatte ihn in die seit den polnischen Teilungen 1793 und 1795 an Preußen gefallenen Gebiete Polens geführt. Nach der ersten Station in Posen (1800-1802) erfolgte die Beförderung zum Regierungsrat, aber zugleich die Versetzung in die Provinz, nach Płock (in »Neu-Ostpreußen«), wo Hoffmann sich sehr unglücklich und völlig isoliert fühlte. Er bezeichnete die Kleinstadt als »Exil« und als Ort, »wo ich lebendig begraben bin«.[49] Auch der private Bereich hatte sich nicht wie erwartet entwickelt: In Posen war die Verlobung mit der in Berlin gebliebenen Minna Doerffer in die Brüche gegangen, und Hoffmann hatte Michaelina Rorer, die Tochter eines Magistratsschreibers, geheiratet. Er liebte sie, aber sie brachte weder die finanziellen Ressourcen noch die gesellschaftlichen Kontakte mit, über die Minna verfügt hätte; schließlich war sie kulturell nicht sehr interessiert, so daß Hoffmanns Isolation durch sie nicht gemindert wurde.

Durch die Versetzung in die Provinz schränkten sich auch die künstlerischen Möglichkeiten erheblich ein, die in Posen – wenn auch nur in begrenztem Maß – gegeben waren. Dort hatte er zu Silvester 1800 in der Redoute zum erstenmal die Aufführung einer eigenen Komposition erlebt, einer Kantate zur Begrüßung des neuen Jahrhunderts. Dieses Werk ist nicht erhalten. Verschollen ist auch ein Singspiel nach Goethes *Scherz, List und Rache*, das im Herbst 1801 mehrfach auf die Bühne kam (nach Hoffmanns eigenem Zeugnis: durch die Gesellschaft des Schauspieldirektors Döbbelin; Goethe, dem er die Partitur über Jean Paul hatte zukommen lassen, äußerte sich nicht darüber). Goethes Stück stellte einen der ersten wichtigen Versuche in Deutschland dar, eine Art Commedia dell'arte zu schreiben, und Hoffmann lernte hier eine literarische Kunstform näher kennen, die später für ihn von großer Bedeutung wurde.

Auf öffentliche künstlerische Erfolge konnte Hoffmann in Płock von vornherein nicht hoffen. Hier gab es keine kunstsinnigen Kollegen und Honoratioren, keine Gesellschaft, die sich an Musik erfreuen wollte, keine Möglichkeiten musikalischer Aufführungen. Hoffmann komponierte dennoch weiter, vor allem Kirchenmusik und Klavierwerke, auf eine bessere Zukunft hoffend. Als Maler hatte Hoffmann in Posen ebenfalls zum erstenmal öffentliche Wirkung erzielt – allerdings in höchst unerwünschter Form. Karikaturen auf die Spitzen der Posener preußischen Gesellschaft, die bei der Karnevals-Redoute 1802 verteilt worden waren, wurden zu Recht ihm zugeschrieben. Da der Streich als Affront gegen die aristokratischen Militärs aufgefaßt wurde, Hoffmann jedoch nicht mit Sicherheit zu überführen war, wurde er nach Płock versetzt. Vom Schriftsteller Hoffmann sind in der Posener Zeit keine Spuren zu finden. Erst etwa Mitte 1803, nach über einem Jahr in Płock, wendet er sich wieder intensiver dem Schreiben zu.

Hoffmann legt ein Buch an, dessen Titel die Zweckbestimmung ankündigt: »Miscellaneen die litterarische und künstlerische Laufbahn betreffend«. Er benutzt es von August 1803 bis März 1804 (einige wenige Nachträge stammen von 1808), Kernstück ist ein Tagebuch, das er vom 1.10.1803 bis zum 10.3.1804 führt; ferner enthält der Band Briefkonzepte, den Entwurf eines Aufsatzes sowie die Fragmente zweier Singspieltexte. Das »Miscellaneenbuch« zeigt, daß Hoffmann, da er für seine Kompositionen und Dichtungen keine Interessenten fand, einen anderen Weg wählte, um gedruckt und verlegt zu werden: Er beteiligte sich an Diskussionen und Ausschreibungen, auf die er im Laufe des Sommers 1803 in der Zeitschrift *Der Freimüthige oder Berlinische Zeitung für gebildete unbefangene Leser* (herausgegeben von August von Kotzebue) stieß. Da dies völlig verschiedene Genres betraf – eine Sonate, ein Lustspiel und einen kunstkritischen Beitrag –, kann man Hoffmanns Beteiligung als Ausdruck seiner »universellen« Interessen ansehen, aber auch als den etwas verzweifelt anmutenden Versuch, mit irgendeinem Werk gedruckt zu werden.

Die erste Ausschreibung stammte von dem Züricher Musikverleger Nägeli. Er verlangte eine detailliert beschriebene virtuose Sonate. Hoffmann sandte eine »Fantasie« in c-Moll ein. In seinem Begleitbrief vom 9.8.1803 betonte er, daß er sich an Nägelis Anforderungen gehalten habe: »Es ist ein von der gewöhnlichen SonatenGattung abweichendes nach den Regeln des doppelten Kontrapunktes gearbeitetes Klavierstück von größerm

1. Die Anfänge des Künstlers (1794-1808)

Umfange.«[50] Der Verleger lehnte ab, immerhin mit einer Begründung, von der Hoffmann wenig später, gute Miene zur Zurückweisung machend, versicherte, er habe den »gerechten Tadel« angenommen, der ihn nicht gekränkt habe.[51] Aber die mit einer solchen captatio benevolentiae versehene erneute Zusendung einer Komposition an Nägeli Anfang 1804 war ebenso erfolglos wie der Versuch, eine Sonate in As-Dur bei dem Mainzer Musikalienverleger Schott zu publizieren (die Werke sind nicht erhalten).

Etwas besser erging es Hoffmann bei der zweiten Ausschreibung, die einen Preis von 100 Friedrichsd'or für das beste Lustspiel aussetzte. (Dem Gremium der Beurteiler gehörten die beiden erfolgreichsten deutschen Lustspieldichter der Zeit an, Kotzebue und Iffland.) Das Ergebnis wurde im *Freimüthigen* selbst verkündet:[52] Keines der 14 eingereichten Stücke wurde ausgezeichnet. Hoffmann erhielt für sein Lustspiel *Der Preis* immerhin eine lobende Anerkennung, »unter allen Mitbewerbern« habe er neben einem zweiten Autor »die meiste Anlage zum Lustspieldichter«. Auch dieses Stück ist verschollen, aber die Beschreibung (die wohl von Kotzebue selbst stammt) zeigt einige charakteristische Merkmale der Hoffmannschen Darstellungsweise. Das gilt zunächst für die Grundidee des Stückes: Ein Buchhalter hat künstlerische Ambitionen und beteiligt sich daher an einem Wettbewerb des *Freimüthigen* um den Preis für das beste Lustspiel. Damit wird die eigene Situation thematisiert – Selbstironie prägt mithin das Stück, »romantische« Ironie könnte man auch sagen, Selbstreferenzialität würde man heute hinzufügen. Der Kaufmann, bei dem der Buchhalter angestellt ist, fängt die Sendung ab, will den Geliebten seiner Tochter vor einer Blamage bewahren und schreibt selbst rasch ein Stück, das natürlich den Preis erhält. Der Möchtegern-Künstler bekommt immerhin die reiche Erbin. Der Gutachter des *Freimüthigen* resümiert: »Zwar ist sein Plan nicht bedeutend und seine Charactere sind weder neu noch ganz glücklich gewählt; aber seine Ansicht, seine Formen, sind meist wahrhaft komisch. [...] Der

Dialog ist leicht, die Sprache rein, der Witz nicht fremd«. Erwähnt und kritisiert wird eine Nebenhandlung: die Proben eines Trauerspiels des Dichters Serlo (»Der Spaß mit dem Trauerspiel ist viel zu weit ausgedehnt«), bei dem ein Handlungsdiener sich »so gräßlich fürchtet, seine Rolle zu spielen, weil er darin ermordet werden soll« (»allzu übertrieben«). Inwieweit Lob und Kritik berechtigt sind, läßt sich nicht überprüfen. Deutlich wird: Hoffmanns komisches Talent, seine Neigung zur Übertreibung, zur Groteske, zur Posse; seine Freude am Spiel im Spiel (Shakespeares *Sommernachtstraum* ist das große Vorbild).

Bei allem Lob: Absage ist Absage, und der aufmunternde Hinweis, das Stück verdiene es, gedruckt zu werden, blieb folgenlos. Obwohl Hoffmann sich auf dieses Urteil berief, fand er keinen Verleger. Erfolg hingegen hatte der dritte Anlauf: der kunstkritische Beitrag. Hoffmann nahm dabei Bezug auf eine aktuelle Kontroverse, die an Schillers Stück *Die Braut von Messina* anknüpfte. In einer Kritik über die Uraufführung in Weimar vom 19.3.1803 hatte der anonyme Berichterstatter des *Freimüthigen* (Karl August Böttiger) insbesondere Schillers Wiedereinführung des Chors kritisiert: Was und wie die sieben Männer gesprochen hätten, habe geklungen, als sagten Schüler ihre Lektion auf. Dieser Kritik entgegnete August Klingemann in einem Beitrag in der *Zeitung für die elegante Welt* im Mai: Er trat für Maske und Kothurn auf der Bühne und damit für eine Stilisierung der Darstellung ein. (Schillers eigene Erklärung »Über den Gebrauch des Chors in der Tragödie« kannten die Kontrahenten noch nicht, sie erschien erst in der Buchausgabe im Juni 1803.)

Hoffmann kleidet seinen Beitrag in die Form eines Briefes – *Schreiben eines Klostergeistlichen an seinen Freund in der Hauptstadt* – und wählt damit eine im 18. Jahrhundert und in der Romantik insbesondere bei der Erörterung kunsttheoretischer Fragen beliebte Darstellungsweise. Der Absender erinnert an Wackenroders berühmte *Herzensergießungen eines kunstliebenden Klosterbruders* (1797). Der Kunstenthusiasmus des Mönchs, der »in der Einsamkeit eines klösterlichen Lebens« meditiert und schreibt (so das Vorwort »An den Leser dieser Blätter«, das von Ludwig Tieck stammt), wurde als vorbildlich für eine neue (»romantische«) Art des Sprechens über Kunst angesehen.⁵³ Hoffmann wählt den naiven Zugang des fern vom Kunstbetrieb lebenden Einsiedlers, aber er formt daraus eine ironische Rolle. Der Klostergeistliche bekennt sich zum Chor der Griechen, der bekanntlich von Klanginstrumenten begleitet worden sei. Bisher habe man zwar nichts Genaueres über die griechische Aufführungspraxis und die Notationen gewußt, aber die »Herren Gelehrten in Weimar« hätten offenbar diese »wichtige Entdeckung« gemacht, wie die Deklamationen und die Begleitinstrumente notiert und »die Schauspieler und Tonkünstler in das Geheimnis der uns ganz fremd gewordenen Melopöia einzuweihen« seien.⁵⁴ Der Theaterkritiker des *Freimüthigen* berichte zwar, der Chor sei nur gesprochen worden, aber das sei völlig ungriechisch und damit unglaublich – so bittet der Schreiber seinen Freund um nähere Informationen über die Aufführung und er malt sich aus, wie man andere moderne Stücke von Schiller oder Kotzebue mit antiken Flöten aufführen könnte.

Hoffmann weist in seinem Begleitschreiben an den Verleger des *Freimüthigen* zur Sicherheit darauf hin, daß dies alles ironisch zu verstehen und daß die Ironie auch gelungen sei (»wie ich glaube mit nicht ganz mißlungener Ironie«).⁵⁵ Ob mit oder ohne Verständnis-Nachhilfe: seine Kalkulation ging auf, der Beitrag, der die Position des *Freimüthigen* und Kotzebues gegen Schiller, Klingemann und die Klassik stützte, wurde angenommen und gedruckt.

Der kleine Beitrag zeigt einige Eigenarten des Hoffmannschen Schreibens: Die mit der Einkleidung in einen Brief und die Schreibermaske des Klostergeistlichen gewählte Form der Fiktion setzt sich im Empfänger fort, im »Freund in der Hauptstadt«, der im ersten Satz mit »Theodor« angeredet wird. Damit greift Hoffmann die Form seiner ironisch-witzigen Briefe an den Freund Theodor Gottlieb von Hippel auf, die er in dem erwähnten »Reisejournal« in »Briefen an Theodor« schon früher in eine literarisierte Form zu bringen gedacht hatte. Aber da er den Absender der Zeitschriften in die »Hauptstadt«, nach Berlin, versetzt und da Theodor auch der eigene Vorname ist, erscheint die biographische Situation bereits stark literarisch überformt.

Auch inhaltlich weist der Beitrag auf eine wichtige ästhetische Frage voraus, mit der Hoffmann sich später mehrfach und intensiv auseinandersetzen sollte. Es geht um das »Klassizistische« der Weimarer Klassik, die Antikisierung, die Stilisierung, das Pathos. Dafür war die *Braut von Messina* in der Tat ein eindrucksvolles und extremes Beispiel, so daß Goethe sich später in seinen »Regeln für Schauspieler«, die den »Weimarer Stil« auf dem Theater begründeten, weitgehend darauf berief. Hoffmanns eigene Ansichten waren dem diametral entgegengesetzt: Seine Vorliebe für die Mischung des Heterogenen, für Fantasie und das Komische zeigt sich sowohl in seiner Ästhetik und in seinen Werken als auch in seinen Vorstellungen vom Theater. (Das wird später am ausführlichsten in den Theaterdialogen *Die Kunstverwandten* und *Seltsame Leiden eines Theater-Direktors* entwickelt werden.)

Als Hoffmann die Zeitung mit seinem Beitrag (er erschien am 9.9.1803) vor sich sah, notierte er in sein Tagebuch: »Mich zum ersten mal gedruckt gesehen im *Freimüthigen* – habe das Blatt zwanzigmal mit süßen liebevollen Blicken der Vaterfreude angekuckt – frohe Aspekten zur litterarischen Laufbahn!«[56]

Sicher war diese Freude ehrlich, der Stolz verständlich, aber im letzten Satz klingt doch ein selbstironischer Unterton mit. Die »litterarische Laufbahn« war das letzte, was Hoffmann nach seinem bisherigen künstlerischen Leben anstrebte und erwartete. Zudem bezogen sich die »frohen Aspekten« auf einen Artikel, der nicht honoriert wurde. Schließlich: die Kunstkritik, die Literaturkritik war wohl das letzte Genre, auf das Hoffmann eine Laufbahn hätte aufbauen können oder wollen – er hätte es nur gekonnt, wenn er in einem der Zentren des deutschen Journalismus gelebt hätte und nicht in der tiefen Provinz; und er hätte seinen eigentlichen Ehrgeiz, Künstler zu werden, damit zurückstellen müssen. Daß er dies keinen Augenblick erwog, zeigt die Tatsache, daß er in den nächsten Jahren keinen weiteren Versuch unternahm, die »litterarische Laufbahn« mit ähnlichen Versuchen zu befördern.

Auch in den Selbstbefragungen über seine künstlerische Zukunft taucht die Schriftstellerei nicht als ernsthafte Perspektive auf; Musik und Malerei dominieren weiterhin eindeutig. Im Tagebuch vom 16. 10. 1803 fragt er sich selbst: »Ob ich wohl zum Maler oder zum Musiker geboren wurde?«[57] Hoffmanns Tagebücher gelten in der Forschung als »authentische« Zeugnisse, als Belege für Fakten, Dokumente für Stimmungen, Empfindungen, Gefühle, als – zumindest subjektiv – »wahr«. Es gilt jedoch, wie bei den Briefen: Es handelt sich auch um literarische Texte, nicht selten stilisiert, rhetorisch effektvoll angelegt. So wendet Hoffmann die eben zitierte »ernsthafte« Frage nach der eigenen künstlerischen Identität sogleich ins Komisch-Absurde, wenn er fortfährt: »Ich muß die Frage dem Präsidenten B. vorlegen oder mich bei dem GroßKanzler darnach erkundigen die werdens wissen«[58] – seine beiden Vorgesetzten dürften jeder künstlerischen Neigung des Regierungsrats gleich ablehnend gegenüber gestanden haben. Eine ähnliche bewußte Durchformung gilt für zahlreiche weitere Tagebuch-Eintragungen, die beim ersten Lesen spontan, unmittelbar, »authentisch« klingen – zum Beispiel wenn Hoffmann das Klopfen des verstorbenen Onkels auf dessen Todeszeit rückdatiert (»In voriger Nacht« verändert zu: »In voriger Woche«[59]) und dazu Hamlet zitiert; oder wenn er seine Sehnsucht nach Freiheit mit Anspielungen – »ich dachte an Jorik – an den gefangenen Star – an die Bastille!«[60] – auf eine Episode in Sternes Roman *A Sentimental Journey* verdeutlicht. (Für welchen Leser? Später wird er eine Reihe dieser Zitate und Bilder in seine Werke übernehmen.)

In den Tagebuch-Eintragungen ist mehrfach von künstlerischen Arbeiten und Perspektiven die Rede, weit häufiger jedoch von Zweifeln, je als Künstler Erfolg zu haben: »Werde ich denn noch jemals eine echt musikalische Laufbahn beginnen? – Wenn ich so von all den alten und neuen Komponisten höre fällt mir denn doch das *Anch'io son pittore* ein!«; »Die Fuge *ex E* b wollte durchaus nicht gehen! – Himmel es geht nichts hier!«; »ich werde immer mehr zum RegierungsRat – Wer hätte das gedacht vor drei Jahren – Die Muse entflieht – der Aktenstaub macht die Aussicht finster und trübe!«; »Hr. Naegeli hat mir gesagt woran ich bin – [...] von der Miserabilität meiner Kompositionen überzeugt«.[61]

So mußte Hoffmanns Bilanz an seinem 28. Geburtstag katastrophal ausfallen: vereinsamt in der Provinz, als einzige »Publikation« aus vielen Jahren künstlerischer Tätigkeit eine kleine literaturkritische Arbeit ohne Honorar. Immerhin gab es kurz nach diesem Geburtstag zwei Ermunterungen. Im Februar 1804 erschien der Beitrag über sein Lustspiel *Der Preis* im *Freimüthigen*, der mit der Beurteilung schloß: Wir zweifeln nicht, »daß das Publicum von dessen Verfasser wahrscheinlich noch viel Gutes zu erwarten hat.«[62] Und wichtiger: Er erhielt die Nachricht seiner bevorstehenden Versetzung nach Warschau.

Diese beschwingte ihn so, daß er sich in eine Fülle von Plänen und Projekten stürzte. In gehobener Stimmung berichtet er Hippel: »[...] eine bunte Welt voll magischer Erscheinungen flimmert und flackert um mich her – es ist als müsse sich bald was großes ereignen – irgend ein KunstProdukt müsse aus dem Chaos hervorgehen!«[63] Hoffmann nennt dem Freund derartige Pläne: eine »komische Oper«, »einige witzige Aufsätze«, Kupfer »satyrischen Inhaltes«, »allerlei skurrile Ideen«;[64] die Adjektive sind bezeichnend, sie verweisen auf den Charakter der Werke. Ein weiteres Projekt, »Der Riese Gargantua«, wird zwar nicht näher beschrieben, aber der Titel ist Hinweis genug. Hoffmann benennt hier – nach *Don Quijote* von Cervantes und *Tristram Shandy* von Sterne – mit *Gargantua* von Rabelais das dritte europäische Grundbuch des humoristischen Romans. Dieses Werk steht zum einen für Satire und Groteske, zum anderen für überbordende Fantasie; seine Spuren sind in Hoffmanns Œuvre bis zum Schluß zu finden (in *Gargantua*-Zitaten im *Kater Murr* und *Meister Floh*).

Etwas mehr ist von der komischen Oper *Der Renegat* bekannt, da Hoffmann ein längeres Fragment des Textes in sein »Miscellaneenbuch« eintrug. Die Handlung ist ebenso belanglos wie die der *Maske*: Der französische Edelmann St. Cyr will seine Frau Elisa befreien, die entführt wurde und nun im Harem des Dey von Algier gefangengehalten wird. Der Gefahr, dieses Modethema des späten 18. Jahrhunderts ein weiteres Mal zu variieren (oder Mozarts *Entführung aus dem Serail* nachzuahmen), entgeht Hoffmann durch die Darstellungsweise. Der Held beklagt seinen Verlust, beschwört seine Liebe, malt seine Empfindungen zwar mit den gängigen Klischees des Genres aus (»Qual die mich mit namenloser Folter ängstigt!«,[65] »was ist der Tod gegen die Marter, von Elisan getrennt zu sein!«[66]). Aber ihm ist ein Freund, Joseph, beigegeben, der diese opernhaft-pathetischen verbalen Höhenflüge stets sofort in komisch-witziger Weise auf den Boden der Wirklichkeit herunterholt, die »poetischen« Aufschwünge »prosaisch« konterkariert, den Liebeskranken »beim heilgen Petrarcha, dem Schutzpatron winselnder Inamoratos« verspottet. Als Joseph Elisa hinter der Haremsmauer entdeckt hat, will der liebende Gatte sofort hineinstürmen, Joseph gibt zu bedenken (St. Cyr: »O bedenken – bedenken! – Du hast nie geliebt.«[67]), daß der Dey das mißbilligen könnte.

ST. CYR Du durchbohrst mir das Herz!

JOSEPH Will nichts bedeuten ist nur eine Redensart dagegen, wie es der Dey mit dem Durchbohren hält!

ST. CYR Du machst mich ungeduldig!

JOSEPH Es kommt auf einen kleinen Verzug nicht an – in der nächsten Minute springen wir über die Mauer, in der folgenden fangen uns die Schwarzen, und in der dritten sind wir, hol mich der Teufel, beide gespießt.

ST. CYR O süß – willkommen ist der Tod für die Geliebte!

JOSEPH Schön gesagt – eine von den Phrasen die in jedem empfindsamen Roman immer mit demselben Glück wiederholt werden – indessen – so am Pfahle ändert sich denn doch die Ansicht der Dinge.

ST. CYR Prosaischer Mensch!

JOSEPH Die poetische Poesie reicht oft nicht aus gegen die fatale prosaische Wirklichkeit – ein durch den Magen gejagter Pfahl – brrr – verdammte Situation der allerfatalsten Wirklichkeit![68]

Durch diese Darstellungstechnik ist es möglich, die empfindsame Sprache beizubehalten (und prompt bereits im ersten Duett »Herz« und »Schmerz« zu reimen) und doch gleichzeitig ironische Distanz zu wahren, deutlich zu machen, daß dies »Phrasen« aus »empfindsamen Romanen« sind. Diese Darstellungsweise wird noch verstärkt, wenn Hoffmann aus der Sprachnot des typischen Opern-Liebespaars eine Tugend macht: Der »Renegat« Ebn Ali führt den Franzosen bei dem Dey als Schauspieler ein (Joseph: »[...] solche schmachtende Inamoratos sind Schauspieler von selbst!«[69]). Als dieser beim Anblick seiner Frau wie erwartet in Rufe ausbricht wie: »Himmel – meine Gattin – O!« und »ich stürze zu ihr hin – willkommen soll mir der Tod sein!«, erklärt Ebn Ali dem zunächst mißtrauischen Dey die »tragische Exklamation«:

der Franke will dir eine Probe seines Talents geben – Der Liebhaber findet seine ihm geraubte Geliebte in der Gewalt eines mächtigen Tyrannen wieder – es ist eine Szene aus einer neuen Oper! – der Dichter heißt Wahrheit, der Komponist Täuschung, die Oper Gelungene List. [...] zur Darstellung der Szene gehört auch die Geliebte. Dem Glanze der strahlenden Schönheit ist die Oper bekannt – wenn deine Hoheit erlaubt –

Das gefällt dem Dey ausnehmend gut, zumal er einen durchaus lustspielhaften Tick hat: Wenn andere – insbesondere seine Frauen – weinen und schluchzen, birst er vor Lachen. So stimmt er der »Operninszenierung« sehr gern zu: »Ha ha ha – versteh' schon, Elisa soll mitschluchzen – nun – so – so – fangt nur an – fangt nur an –«.[70]

Hier wird also das bereits von dem jungen Hoffmann geschätzte »Spiel im Spiel« gleichsam potenziert in der Oper umgesetzt.

Das Libretto zum *Renegaten* ist der erste (erhaltene) »belletristische« Text, in dem Hoffmann Schreibweisen anwendet, die er in seinen Briefen bereits seit einem Jahrzehnt erprobt hatte. Es bildet eine wichtige, bislang unbeachtete Etappe auf dem Weg Hoffmanns als Schriftsteller.

Mit der ersten Zeile von St. Cyrs »opernhaftem« Wiedersehensrezitativ (»Dich so zu finden – welche Pein!«[71]) bricht die Niederschrift ab. Musik zum *Renegaten* ist nicht erhalten. Zweifellos ließ sich das Komödiantische dieser komischen Oper, die Doppelbödigkeit der Sprache, das Zitieren und Spielen mit Klischees musikalisch nur unzulänglich nachahmen.

Ein zweites Singspiel-Fragment, *Faustina*, umfaßt nur zwei kurze Szenen. Es ist dennoch bemerkenswert, weil hier zum ersten Mal der Komplex des Kunsterlebens, der Kunstenthusiasmus im Mittelpunkt steht; und auch die Verschmelzung der Geliebten mit der Musik und dem Künstler wird erstmals geschildert. Der Komponist Hasse erinnert sich an den wunderbaren Gesang Faustinas: »Heilige Musik, Sie ist Du, und in Dir wohnt mein Leben!«[72] Das sind Vorklänge der späteren »musikalischen Erzählungen«, etwa des *Don Juan*, und der Sprache der »poetisch-musikalischen Exaltation«.[73]

Regierungsrat in Warschau: der vielseitige »Dilettant« (1804-1807)

Die Versetzung nach Warschau im Frühjahr 1804 eröffnete Hoffmann als Künstler erfreuliche Perspektiven. Die frühere polnische Hauptstadt, seit der dritten polnischen Teilung 1795 Sitz der »südpreußischen« Regierung und mit fast 70 000 Einwohnern die zweitgrößte Stadt des Königreichs, bot ein vielfältiges kulturelles Leben. In einem Brief an den Freund Hippel vom 11. bis 14.5.1804 schildert Hoffmann seine ersten Eindrücke:

»Eine bunte Welt! – zu geräuschvoll – zu toll – zu wild – alles durcheinander.«[74] Aber Hoffmanns Ausführungen lassen erkennen, daß er das Wort »zu« vor allem gebraucht, um den immer bürgerlicher gewordenen Freund nicht zu sehr zu beunruhigen. Er hat die »bunte Welt« und das »Durcheinander« wohl durchaus genossen. Das zeigt sich nicht zuletzt darin, wie er diese Welt beschreibt, genauer: wie er sie – bevor er auf die Begriffe »geräuschvoll – toll – wild – durcheinander« kommt – bildhaft veranschaulicht.

Gestern am HimmelfahrtsTage wollte ich mir etwas zu Gute tun, warf die Akten weg und setzte mich ans Klavier um eine Sonate zu komponieren, wurde aber bald in die Lage von Hogarths *Musicien enragé* versetzt! Dicht unter meinem Fenster entstanden zwischen drei Mehlweibern, zwei Karrenschiebern und einem SchifferKnechte einige Differenzen, alle Parteien plaidierten mit vieler Heftigkeit an das Tribunal des Höckers, der im Gewölbe unten seine Waren feil bietet – Während der Zeit wurden die Glocken der PfarrKirche – der Bennonen – der DominikanerKirche (alles in meiner Nähe) gezogen – auf dem Kirchhofe der Dominikaner (gerade über mir) prügelten die Hoffnungsvollen Katechumenen zwei alte Pauken, wozu vom mächtigen Instinkt getrieben die Hunde der ganzen Nachbarschaft bellten und heulten – in dem Augenblick kam auch der Kunstreiter Wambach mit JanitscharenMusik ganz lustig daher gezogen – ihm entgegen aus der neuen Straße eine Herde Schweine – Große Friktion in der Mitte der Straße – sieben Schweine werden übergeritten! Großes Gequike. – O! – O! – ein Tutti zur Qual der Verdammten ersonnen! – Hier warf ich Feder – Papier bei Seite, zog Stiefeln an und lief aus dem tollen Gewirre heraus durch die Krakauer Vorstadt – durch die neue Welt – Bergab! – Ein heiliger Hain umfing mich mit seinen Schatten! – ich war in Lazęki! – Ja wohl ein jungfräulicher Schwan schwimmt der freundliche Pallast auf dem spiegelhellen See! – Zephire wehen wollüstig durch die Blütenbäume – wie lieblich wandelts sich in den be-

1. Die Anfänge des Künstlers (1794-1808)

laubten Gängen! – Das ist der Aufenthalt eines liebenswürdigen Epikuräers – – Was? – Das ist ja der Commendatore aus Don Juan, der da so in dem dunkeln Laube mit weißer Nase einher galoppiert? – Ach! Johann Sobieski! *Pink fecit? – Male fecit!* – Was für Verhältnisse![75]

Bereits im ersten Satz wird der »Erlebnisbericht« auf ein Kunstwerk bezogen, einen Kupferstich des berühmten englischen Zeichners William Hogarth, das Bild eines Geigenspielers, der – offenbar wegen philiströser Störungen seines Spiels – wutenbrannt das Gesicht verzerrt. Diese Karikatur bleibt die Folie, und es wird ununterscheidbar, wieweit Hoffmann Hogarthsche Szenen ausmalt, Selbsterlebtes »in Hogarths Manier« schildert oder Lichtenbergs berühmte *Erklärung der Hogarthischen Kupferstiche* fortschreibt. Wichtig ist festzuhalten, wie in diesem Bild die drei Künste zusammentreffen: die *Zeichnung* eines *Musikers* wird *literarisch* beschrieben. Die folgenden Bilder werden zunächst noch in Sätzen farbig formuliert, dann, verknappt zu immer kürzeren Teilsätzen bis hin zu einzelnen Wörtern und Ausrufen, schroff nebeneinandergestellt, das Unterschiedlichste, Heterogene wird gegeneinandergeschnitten. Dadurch erhält der Text Tempo, Witz, Komik, die mehrfach zur Groteske überdreht wird. (Später wird an diesen Text zu erinnern sein, wenn Kreislers »musikalische Leiden« die Schicksale eines »musicien enragé« ausmalen und zum Grundstock eines Werkes werden, das zunächst »Bilder nach Hogarth« heißen sollte.)

Die Beschreibung des »tollen« Durcheinander endet mit dem rhetorischen Aufschrei »Wo nehme ich Muße her um zu schreiben – zu zeichnen – zu komponieren!« (Die Dreiheit ist nach wie vor selbstverständlich.) Dem arbeitsam-bürgerlichen Freunde gibt Hoffmann natürlich auch eine weitere Erklärung, mit der er den Brief beginnt. Wie unter Kollegen üblich, beklagt er die Arbeitsüberlastung – allerdings auch dies bereits in einem Ton, der auf die folgenden Schilderungen einstimmt: Er schwitze

> jetzt über Vorträgen und Relationen! – *Sic eunt fata hominum!* – Schriftstellern und komponieren wollte ich, mich be-

geistern im Hain von Lazęki und in den breiten Alleen des Sächsischen Gartens, und nun? Erschlagen von acht und zwanzig *voluminibus* Konkurs Akten wie von Felsen, die Zeus Donner herabschleuderten, liegt der Riese Gargantua, und der Renegat ächzt unter der Last dreier Totschläger, die zur Festung bereit noch den letzten fürchterlichsten Totschlag begehen.[76]

Zum »Renegat« setzt Hoffmann eine Fußnote hinzu: »Der Renegat – eine komische Oper, die der geistvolle Verfasser des Riesen Gargantua mit unerschöpflicher Laune dichtet und die, wird sie wills Gott im Jahre 1888 vollendet, alles übertreffen wird, was der Stümper Goethe jemals in dieser Art schrieb! –«

7. Beamte der Warschauer Regierung,
wohl 1804. Aquarell.

Beide Pläne aus der Płocker Zeit wurden jedoch zur Seite gelegt. Hoffmann griff nach neuen Anregungen, die wichtigsten verdankte er seinem vier Jahre jüngeren Kollegen Julius Eduard Itzig, der nach seiner Referendarzeit beim Kammergericht in Berlin 1804 als Assessor nach Warschau gekommen war. Er stammte aus einer der berühmtesten und reichsten jüdischen Familien der Hauptstadt und hatte in den zurückliegenden Jahren durch verwandtschaftliche Verflechtungen und im Salon seiner Tante Sara Levi zahlreiche Künstler und Wissenschaftler kennengelernt; er war mit Adelbert von Chamisso und Varnhagen von Ense befreundet und Beiträger zu dem von ihnen herausgegebenen »Musenalmanach auf das Jahr 1804« (und 1805), er kannte unter anderem Clemens Brentano, Friedrich Schleiermacher, Johann Gottlieb Fichte, David Koreff. Sicher hat Hoffmann von Itzig viel über diese und andere Personen und über die aktuelle Berliner Kunstszene – insbesondere die dort mittlerweile dominierende »romantische« Literatur – erfahren; allerdings ist nur wenig konkret nachweisbar, etwa, daß er in der Warschauer Zeit Tiecks Künstlerroman *Franz Sternbalds Wanderungen* las, sich intensiv mit August Wilhelm Schlegels Calderón-Übersetzungen befaßte und Brentanos *Die lustigen Musikanten* genau studierte.

Dieses Singspiel wurde zum ersten »romantischen« Werk, mit dem Hoffmann sich kreativ auseinandersetzte: Er nahm es als Libretto und vertonte es. Im Personenverzeichnis hält Brentano fest: »Das Stück spielt in Famagusta, das Kostüm ist italienisch, phantastisch; Pantalon, Tartaglia, Truffaldin, italienische Masken.« Damit sind wichtige Stichwörter des »Romantischen« gegeben: Famagusta ist im Volksbuch von Fortunat die Geburtsstadt des Märchenhelden, also ein typischer Märchenort; das »Phantastische« deutet die Ausrichtung des Märchens an, und die italienischen Masken verweisen auf die Commedia dell'arte und damit auf eine bestimmte Art des fantastischen Humors. Vor allem durch sie wird die (inhaltlich ziemlich unwichtige) Handlung komisch und witzig gebrochen und kommentiert – ein Zug, der Hoffmanns Vorstellungen vom Theater in hohem Maße entsprach. Dazu kommt ein weiterer zentraler Punkt »romantischen« Darstellens und romantischen Sprechens: Vor allem durch die Musikanten wird Musik zu einem gleichsam »natürlichen« Teil des Stücks. Der Auftrittsdialog (»Hör es klagt die Flöte wieder ...«) ist eines der bekanntesten Beispiele der »romantischen« Synästhesie, der Überblendung und Gleichsetzung verschiedener Sinneseindrücke (»Durch die Nacht, die mich umfangen, / blickt zu mir der Töne Licht«). Hoffmann hat das Duett kongenial vertont: daß »die Stimmung der abendlichen Szene und das Gefühl der handelnden Personen aus seiner Musik lebendig hervorgeht und zum Hörer spricht, erweist seinen Rang als Komponist«.[77]

Hoffmanns Partitur zeigt, daß er das Komponieren nun technisch beherrschte. Er hielt sich im wesentlichen an vertraute Bauformen des Singspiels und der Opera buffa. »Neue Dimensionen der Form zeigt [. . .] die Beschwörungs- und Enthüllungsszene im unterirdischen Gewölbe [II, 7]. Hoffmann hat hier eine dramatische Szene teils in kurzen Ensembles und Instrumentalsätzen, teils rezitativisch durchkomponiert. Dieses Kompositionsverfahren ist sowohl dem Singspiel als auch der opera buffa fremd.«[78] Hoffmann führt hier Ansätze fort, die bereits in *Die Maske* zu finden sind und die für die Entwicklung der Oper im 19. Jahrhundert auf dem Weg zu Richard Wagner wichtig werden sollten: die Tendenz weg von der Nummernoper mit Dialog-Verbindungen hin zur durchkomponierten Oper. So spielt Hoffmanns *Die lustigen Musikanten* eine wichtige Rolle in der Entwicklung der Gattung. Die heutige Musikwissenschaft urteilt: »Es gibt keine deutsche musikalische Komödie in den ersten Jahren des 19. Jahrhunderts, die den *Lustigen Musikanten* an die Seite zu stellen wäre.«[79]

Hoffmann selbst schätzte seine Komposition hoch ein; später datierte er von diesem Werk an seine »bessere Periode«.[80] Während er bisher bei seinen Partituren (sowie bei seinen sonstigen Werken) entweder keinen Namen oder ein Pseudonym auf das Titelblatt setzte, nennt er sich hier zum erstenmal mit Namen – und zwar in der Form, die später berühmt wurde: mit der Ersetzung seines dritten Vornamens Wilhelm durch Amadeus – aus Verehrung Mozarts – und mit der Abkürzung der drei Vornamen durch die Initialen, E. T. A.

Das Singspiel wurde am 6. April 1805 in Warschau uraufgeführt, hier fehlte allerdings Hoffmanns Name auf dem zweispra-

1. Die Anfänge des Künstlers (1794-1808) 67

chigen Theaterzettel, wo es nur hieß: »Die Composition ist von einem hiesigen Dilettanten.«[81] Die Aufführung war offensichtlich nur mäßig erfolgreich. Immerhin fand sie ein überregionales Interesse und wurde in der in Leipzig erscheinenden weit verbreiteten *Zeitung für die elegante Welt* besprochen. Die Ausführenden wurden zwar getadelt (»unmusikalische Menschen«), das Libretto hingegen wurde gelobt und mehr noch »die, nach dem Urtheile aller Kenner, überaus vortreffliche, in den tiefsten Geist des Gedichts eindringende, Musik des unbekannten Dilettanten (den man in der Person eines in aller Kunst erfahrnen Mannes, des Regierungsraths H. . . . . ., entdeckt hat)«.[82]

Der nur mit einer Sigle zeichnende Rezensent war Zacharias Werner. Hoffmann kannte den acht Jahre älteren Werner aus Königsberg, wo er mit seiner Mutter zeitweise im gleichen Haus wie Hoffmann gewohnt hatte. Seit 1793 war er als Jurist im preußischen Staatsdienst tätig, versuchte sich aber zugleich als Lyriker und Theaterkritiker, ehe ihm der Durchbruch als Dramatiker gelang: Sein Drama *Die Söhne des Tales*, 1803 in Berlin erschienen, hatte ihn bekannt gemacht.

Für sein neues Drama *Das Kreuz an der Ostsee*, das sich mit der Frühzeit Preußens beschäftigte, zog er Hoffmann als Komponisten für die Bühnenmusik heran. Iffland hatte eine Aufführung in Berlin in Aussicht gestellt, lehnte das Stück jedoch schließlich als »zu kolossal« ab. 1806 erschien der erste Teil *Die Brautnacht* (mit einer von Hoffmann gezeichneten Titelvignette).

Der Band enthält zwei von Hoffmann vertonte Chöre. Sein Name als Komponist wird jedoch nicht genannt. Während die ältere Forschung vor allem die Abhängigkeit von der Tradition der Klassik betont, urteilt die heutige Musikwissenschaft wesentlich differenzierter und positiver. Werner Keil äußert in einer detaillierten Analyse der Partitur »höchste Bewunderung«:

Die im 18. Jahrhundert zunehmende Tendenz, über die eigentliche, vom Dichter vorgegebene Inzidenzmusik hinaus in Ouvertüren, Zwischenaktmusiken, Schlußsinfonien und der-

8. Titelvignette zu Zacharias Werners *Das Kreuz an der Ostsee* (Berlin 1806). Kupferstich nach einer Zeichnung.

gleichen das Geschehen auszudeuten und die Handlung psychologisch zu vertiefen, erreicht in Hoffmanns »Ostsee«-Musik einen bemerkenswerten Höhepunkt.[83]
In Warschau fand Hoffmann nicht nur ein aufgeschlossenes Klima für seine künstlerische Arbeit, sondern trug auch selbst zum künstlerischen Profil der Stadt bei. Er war im Mai 1805 beteiligt an der Gründung der »Musikalischen Gesellschaft« und wurde deren zweiter Vorsteher und Zensor (zugleich ein Zeichen seiner bürgerlichen Respektabilität). Über die Gesellschaft und die ihr angeschlossene Singakademie wurde auch überregional berichtet, so in der Leipziger *Allgemeinen Musikalischen Zeitung*. Während sonst im öffentlichen Leben Warschaus Spannungen zwischen der polnischen Bevölkerung und der deutschen Besatzung in Verwaltung und Militär bestanden, war die »Musikalische Gesellschaft« für Deutsche und Polen offen. Hier wurde Hoffmann mit dem polnischen Komponisten und Direktor des Nationaltheaters Joseph Elsner bekannt; in einem von ihm herausgegebenen polnischen musikalischen Journal wurde im Juli 1805 Hoffmanns Klaviersonate A-Dur veröffentlicht. Die Gesellschaft erwarb um 1806 ein Palais, Hoffmann war u. a. für die Gestaltung der Inneneinrichtung verantwortlich und be-

1. Die Anfänge des Künstlers (1794-1808)

teiligte sich an der Ausgestaltung und Ausmalung der Räume. Hitzig berichtet darüber:

In unglaublich kurzer Zeit hat er ein Bibliothekzimmer, mit einer Einfassung von Hautreliefs in Bronze, ein Cabinet im ägyptischen Styl, in welchem er zwischen die wunderbarsten Darstellungen ägyptischer Gottheiten Carikatur-Gestalten einzelner Theilnehmer der Gesellschaft, durch Thierschwänze, Flügel und dergleichen maskirt, geschickt einzuflechten verstand, und noch vieles Anderes fertig geliefert.[84]

Beim Eröffnungskonzert der Gesellschaft trat Hoffmann als Sänger und Pianist sowie als Dirigent eigener und fremder Werke auf. Auch weiterhin bleibt die Chance, aufgeführt und gedruckt zu werden, eine starke Motivation für Hoffmanns Arbeit. In der Warschauer Zeit entstehen eine Symphonie in Es-Dur, mehrere Klaviersonaten, ein Quintett in c-Moll für Harfe, zwei Violinen, Viola und Violoncello, eine weitere Oper *Der Canonicus von Mailand*. Gespielt wird das Repertoire der klassischen Moderne, Gluck, Haydn, Mozart und auch bereits Beethoven.

Diese angenehme und anregende Zeit ging 1807 zu Ende, für Hoffmann, der sich bis dahin, soweit wir wissen, nicht intensiver mit Politik befaßt hatte, wohl ziemlich überraschend. Napoleon hatte die preußische Armee bei Jena und Auerstedt im Oktober 1806 vernichtend geschlagen, seine Truppen waren in Berlin und wenige Wochen später auch in Warschau eingezogen. Die preußische Verwaltung wurde abgelöst, die französische Besatzung verlangte, daß die preußischen Beamten den Eid auf Napoleon leisteten oder die Stadt verließen.

Hoffmann verhielt sich trotz der prekären Situation merkwürdig unberührt: Er schaute sich Napoleons Paraden an, nahm am gesellschaftlichen Leben teil, widmete sich zum erstenmal im Leben überhaupt ohne Zeitbeschränkung der Musik. Er begann – »mit erneuter Kraft und mit einem Humor der mir selbst unbegreiflich ist«[85] – die Komposition einer Oper zu dem von ihm leicht bearbeiteten Lustspiel *La banda y la flor* von Calderón, das ihm in der Übersetzung August Wilhelm Schlegels – *Die*

Schärpe und die Blume (in: *Spanisches Theater*, Berlin 1803) – bekannt geworden war. Begeistert berichtete er Itzig, er wünsche, »sie wäre die *erste*, die von mir auf irgend einem großen Theater erschiene, denn ich fühle es zu sehr, daß sie alle meine übrigen Kompos[itionen] weit hinter sich lassen wird!«[86] Der Stoff sei »höchst poetisch«. Hoffmann mußte die Arbeit allerdings abbrechen, weil das Geld (die Beamten hatten die Kassenbestände des Gerichts unter sich aufgeteilt) zu Ende ging und sich die Entscheidung über den Eid nicht länger hinausschieben ließ. Im Juni 1807 beschloß er, nach Berlin zurückzukehren, wohl kaum in erster Linie aus Patriotismus, sondern weil er das Dasein als freier Künstler für sich als realistische Möglichkeit betrachtete.

Der »freie« Künstler: arbeitslos in Berlin (1807-1808)

Hoffmann begann diese neue Existenz unter den denkbar schlechtesten Umständen. Der Friedensschluß von Tilsit im Juli 1807 hatte Preußen eine riesige Kriegsschuld auferlegt und bis zu deren Begleichung französische Besatzung verordnet. Hoffmann hatte kaum Mittel, die Stadt war überfüllt von arbeitslosen Beamten und hungernden Künstlern.

Wie Hoffmann sich selbst als Künstler einschätzte, wird aus dem Entwurf zu einer Stellenanzeige deutlich:

Jemand, der in dem theoretischen und praktischen Teil der Musik vollkommen unterrichtet ist, selbst für das Theater bedeutende Kompositionen geliefert und einer bedeutenden Musikalischen Anstalt als Direktor mit Beifall vorgestanden hat, wünscht als Musikdirektor bei einem wo möglich stehenden Theater unterzukommen. Außer den genannten Kenntnissen ist er mit dem Theaterwesen und seinen Erfordernissen völlig vertraut, versteht sich auf die Anordnung der Dekorationen und des Costums und ist außer der deutschen, auch der französischen und italiänischen Sprache gewachsen.[87]

1. Die Anfänge des Künstlers (1794-1808)

Hoffmann schickte diese Anzeige am 22.8.1807 an Itzig, mit der Bitte, ihm bei der Veröffentlichung zu helfen. (Itzig hatte in Berlin seine literarischen Kontakte erneuert und war dabei, eine Buchhandelslehre bei dem Verleger Georg Andreas Reimer zu absolvieren, um dann einen eigenen Verlag zu gründen.) Gleichzeitig versuchte Hoffmann, für seine verschiedenen Kompositionen Verleger zu finden. Ende Oktober 1807 wandte er sich an Ambrosius Kühnel, Inhaber eines großen »Bureau de Musique« in Leipzig, und bot ihm eine Reihe von Werken zur Verlagsnahme an. Der Aufstellung verdanken wir eine verläßliche Auskunft darüber, welche Werke Hoffmann zu dieser Zeit selbst als seine wichtigsten und für sein Schaffen repräsentativen ansah (außer seinen Opern, die hier ausgeklammert bleiben). In der Abteilung »InstrumentalMusik« führt er auf: die Warschauer Sinfonie Es-Dur, drei Ouvertüren in C-Dur und D-Dur (wohl von Opern) sowie F-Dur (»für die Kirche«), zwei Quintette (darunter das Harfen-Quintett), drei Klaviersonaten (b-Moll, f-Moll, C-Dur) sowie drei weitere Sonaten. Dazu kommt »VokalMusik«: zwei Messen, einige Motetten sowie »teutsche und italiänische Canzonetten und Duettinen«.[88] Kühnels Antwort war mehr als ernüchternd: Er ging auf einen möglichen Druck gar nicht ein, sondern bot Hoffmann die Stelle eines Korrektors (zu einem minimalen Gehalt) an. Es zeigt Hoffmanns Situation, daß er noch zweimal in längeren Briefen nachsetzt, seine Werke und sich anpreist, eine Anstellung als »Buchhalter« durchaus ins Auge faßt. Erst als Kühnel auch auf wiederholte Nachfrage sich nicht über die Kompositionen äußert, bricht Hoffmann den sinnlosen Versuch ab.

Allerdings ließ er sich nicht entmutigen, versuchte andere Kontakte zu knüpfen. Aber in über einem Jahr gelang es ihm lediglich ein einziges Mal, eine Arbeit – für ein geradezu lächerlich kleines Honorar von 2 Friedrichsd'or – zu verkaufen: *Trois Canzonettes à 2 et à 3 voix. Paroles italiennes et allemandes avec Accompagnement de Pianoforte* composées par E.T. Hoffmann (bei Werckmeister, Berlin). Da war sogar der Erlös der ersten

9. Sammlung grotesker Gestalten nach Darstellungen auf dem K. National-Theater in Berlin, 1808. Mit Aquarellfarben kolorierte Zeichnungen. Der Schauspieler Carl Wilhelm Ferdinand Unzelmann als Pasquin in dem Singspiel *Michel Angelo* von Nicolò Isouard.

Veröffentlichung als »bildender Künstler« höher: Für die kolorierte Zeichnung zweier polnischen Offiziere mit Begleittext (für die Zeitschrift *Feuerbrände*, 1808) erhielt er 12 Reichstaler. Ein weit ambitionierteres Projekt fand hingegen keinen Interessenten: die »Sammlung grotesker Gestalten nach Darstellungen auf dem K. National-Theater in Berlin. Gezeichnet und in Farben ausgeführt von E. T. W. Hoffmann«. Ein »Erstes Heft« ist erhalten – geplant war eine Serie –, drei aquarellierte Bilder Berliner Schauspieler in komischen Rollen, in typischen Haltungen, begleitet von Texten, die diese Rollen anschaulich, teilweise mit

1. Die Anfänge des Künstlers (1794-1808)

10. Der Tänzer Beske als Schneidergeselle in dem Ballett
Die Lustbarkeiten im Wirthsgarten von Lauchery.

kurzen Zitaten versetzt, charakterisieren. Vor den Schauspielern, die im Mittelpunkt stehen, sind kleine Gruppen von grotesken Menschen und Tieren zu sehen, in einem Fall weist der Rahmen eine Reihe von Theatermasken auf.

Die Bilder zeigen Hoffmanns Talent zur Karikatur und die mittlerweile erreichte handwerkliche Sicherheit. Im einleitenden Text drückt der Zeichner seine Hoffnung aus: »Das, was herzliches Lachen erregt, ist immer willkommen, zumal in einer Zeit, in der man gern hinaustritt aus der trüben Umgebung, um einzugehen in das fantastische Reich, wo der Scherz regiert, und wo der Ernst selbst zur komischen Maske wird.«[89] Aber es war nicht die rechte Zeit für Lachen, Fantasie und Scherz, und die

11. Der Schauspieler Gottfried Kaselitz als Doktor Bartolo in *Figaros Hochzeit* von Mozart.

Zeichnung war offensichtlich nicht die Kunstform, dieses Ziel wirkungsmächtig zu erreichen; an fantastischen und komischen Darstellungen war in Berlin im ersten Nachkriegsjahr kein Bedarf. Aber Hoffmann hatte hier Stichwörter eines Programms formuliert, an das er wenige Jahre später als Schriftsteller anknüpfen konnte.

Auf Hoffmanns Stellenanzeige als Musikdirektor hin meldete sich nur ein ernsthafter Interessent, der Direktor der königlich privilegierten Schaubühne in Bamberg, Julius Reichsgraf von Soden. Er forderte als Probearbeit die Komposition einer Oper nach dem von ihm selbst geschriebenen Libretto *Der Trank der Unsterblichkeit*. Ferner teilte er Hoffmann mit, er plane ein Melodram zu schreiben, das dann zu vertonen wäre. Hoffmann griff nach dieser Chance. Die Auftragskomposition fiel aus, wie das zu erwarten war: handwerklich sauber, aber traditionell, denn es wäre sicher unklug gewesen, den Theaterleiter in der Provinz mit zu viel Neuem oder gar mit Originalität zu behelligen. Hoffmann bewältigte die Pflichtaufgabe rasch – in etwa vier Wochen – und vor allem: erfolgreich. Ende März 1808 erfuhr er, daß Soden ihn ab Herbst als Musikdirektor engagieren wolle.

In seinem Antwort- und Dankesbrief vom 23.4.1808 geht Hoffmann auch ausführlich auf den Plan Sodens zu einem Melodram ein und entwickelt eigene Vorstellungen zu dieser Gattung in Form der Kritik eines gerade in Berlin mit großem Erfolg gespielten Stückes *Das Urteil von Salomon* von Quaisin. Seine Analyse ist detailliert, präzis, kenntnisreich und beruht auf einer genauen Kenntnis von Text, Partitur und Aufführung. Aus der Analyse werden durch Vergleiche mit anderen Stücken Verallgemeinerungen gezogen, aus der überwiegend kritischen Betrachtung eigene Vorschläge entwickelt – daraus ergeben sich Umrisse einer Theorie der Gattung. Offenbar will Hoffmann Soden neben der praktisch-künstlerischen Probe auch seine kritisch-theoretische Kompetenz beweisen. Dabei führt er, wenn er über die Chöre im Trauerspiel handelt, Überlegungen aus seiner (einzigen) früheren kritischen Schrift, dem *Schreiben eines Klostergeistlichen*, weiter. In der sicheren Annahme, daß von Soden diesen Text nicht kennt, geniert er sich nicht, eine bereits dort zitierte lange lateinische Passage anzuführen, als sei sie ihm eben beim Schreiben eingefallen (»mir ist gerade eine Stelle aus dem Seneca gegenwärtig«[90]).

Soden war beeindruckt, er ließ diesen Teil des Hoffmannschen Briefes unter dem Titel *Über Salomons Urteil, (Musik von Quaisin) nebst einigen Bemerkungen über das Melodrama überhaupt, und über die Chöre in der Tragödie* im Mai 1808 in die *Allgemeine deutsche Theater-Zeitung* einrücken (unter der Chiffre H-v.).[91] Es ist unbekannt, ob er Hoffmanns Einverständnis dafür eingeholt hatte; Hoffmann dürfte allerdings kaum etwas dagegen gehabt haben, auf diese Weise zu einer zweiten kunstkritischen Publikation zu kommen.

Trotz seiner prekären Situation und der Notwendigkeit, verschiedene Auftragsarbeiten zu erledigen, führte Hoffmann in Berlin das Werk (weitgehend oder ganz) zu Ende, in das er in Warschau seine größte Hoffnung als Künstler gesetzt hatte: die Komposition der Calderón-Oper *Die Schärpe und die Blume*. In dieser Komödie geht es um die Liebe mehrerer Männer – teils echt, teils zur Ablenkung vorgetäuscht – zu den beiden Schwestern Lisida und Cloris, um Wirren des Herzens, Listen und Intrigen, »Liebe und Eifersucht« (so der Titel, den Hoffmann mehrfach gebrauchte).

Das Werk ist überaus abwechslungsreich komponiert, von Arien in jeder Besetzung bis zum Sextett, Wechseln von Tonart, Tempo, Orchesterbesetzung, großen Finali an den Aktenden – dennoch herrscht, wie Werner Keil in seiner ausführlichen Gesamtdarstellung gezeigt hat, eine »ausgewogene Balance« der inneren musikalischen Struktur.[92] Er hebt besonders die Ouvertüre hervor (»erheblich lockerer, frischer und weniger akademisch als die meisten sonstigen Hoffmannschen Orchesterwerke«[93]), die beiden Arien der Schwestern, vor allem Rezitativ und Arie der Cloris (»ein Meisterwerk aus einem Guß«[94]) sowie die Finali (»größtmögliche musikalische Abwechslung, dramatische Wahrhaftigkeit und formal abgerundete Gestaltung überzeugend miteinander verknüpft«[95]). Während die ältere Forschung die stilistische Vielfalt als Eklektizismus und Epigonalität rügte, erkennt die neuere Musikwissenschaft die kompositorische Leistung in musikalischen Zitaten, Verschmelzung verschiedener Traditionen (italienischer, französischer Opernstil, Mozartsche Singspielelemente) »zu einer eigenen Tonsprache«,[96] ein »rundum bühnengerechtes Meisterwerk auf der Schwelle zur musikalischen Romantik«.[97]

Trotz dieser Qualitäten kam eine Aufführung nicht zustande, weder in Berlin noch – bei späteren Versuchen – andernorts. So blieb auch diese Oper unbekannt. (Die für eine erhoffte Würzburger Aufführung 1812 gedachte Partitur und das Textbuch sind erhalten, *Liebe und Eifersucht* ist mithin Hoffmanns zweite Oper, die – seit 1970 – vollständig bekannt ist.)

Sowenig Hoffmann sein erstes Honorar als Komponist – für die *Trois Canzonettes* – aus der finanziellen Misere half: wichtiger war die Tatsache des Druckes selbst, denn damit lag endlich eine Komposition in einer Form vor, die rezensiert werden konnte. Hoffmann schickte sie an Friedrich Rochlitz, Redakteur der *Allgemeinen Musikalischen Zeitung* (*AMZ*), der wichtigsten und am weitesten verbreiteten Musik-Fachzeitschrift Deutschlands. Mit Erfolg: Am 23.6.1808 erschien eine freundliche Besprechung. Und ebenso erfreulich: Hoffmann hatte Rochlitz nebenbei sein Bamberger Engagement mitgeteilt und dieser formte daraus eine Notiz für die *AMZ*, die Hoffmanns Eigenlob in erstaunliche Vorschußlorbeeren für den in der Kunstwelt ja immer noch völlig Unbekannten umwandelte: man könne der Bamberger Bühne »zur Acquisition eines so gründlichen Komponisten, so erfahrnen Sangmeisters, und überhaupt so talentvollen, gebildeten und achtungswürdigen Mannes, Glück wünschen« (9.6.1808).[98] Die Künstlerkarriere des Ex-Juristen schien, im Alter von über 32 Jahren, zu beginnen.

2. Bamberg: »Lehrjahre« und mehr (1808-1813)

Theatererfahrungen – Theaterarbeit

Am 1.9.1808 trat Hoffmann seinen Dienst als Musikdirektor am Theater in Bamberg an. Die fränkische Kleinstadt (ca. 25 000 Einwohner) war in den neunziger Jahren des 18. Jahrhunderts für die jungen Berliner Studenten Wilhelm Wackenroder und Ludwig Tieck zum Inbegriff des »katholischen« und »romantischen« Mittelalters geworden. Das Stadtbild zeugte von jahrhundertealtem Ruhm und Reichtum, das katholische Milieu prägte den Alltag. Die napoleonische Zeit hatte Bamberg entscheidende Veränderungen gebracht: Das Fürstbistum war 1802 von Napoleon in das Königreich Bayern eingegliedert worden. Nach Ende der geistlichen Oberhoheit konnte sich das Theater entfalten, das in dem auch literarisch tätigen früheren preußischen Minister Julius Reichsgraf von Soden einen Mäzen fand. Von Soden, der Hoffmann als »Musikdirektor« engagiert hatte, legte die Theaterleitung jedoch kurz vor dessen Ankunft in Bamberg nieder, so daß Hoffmann in chaotische Verhältnisse geriet. Intrigen gegen ihn und eine mißglückte Premiere als Dirigent trugen zu den schlimmen Anfangserfahrungen bei.

In einem langen Neujahrsbrief an Hitzig (so nannte sich der Freund Itzig seit etwa Mitte 1808) schilderte Hoffmann diese Anfänge und zog eine erste Zwischenbilanz.[1] (Hitzig nahm in der Bamberger Zeit ein wenig die Stelle von Hippel – zu dem jahrelang der Kontakt abriß – ein, wenn Hoffmann mit ihm auch nie so vertraut wurde wie mit dem Jugendfreund.) Hoffmann berichtet von den katastrophalen Zuständen, die dazu geführt hatten, daß er sein »MusikDirektorat gänzlich aufgegeben« und sich nur dazu verstanden habe, »die etwa vorkommenden Gelegenheits-Stücke z. B. Märsche und Chöre in Schauspielen u. dgl. zu komponieren, wofür ich monatlich 30 fl [Florin, Gulden] erhalten soll aber nicht erhalte, weil die TheaterKasse bei der grenzenlosen Unordnung des Direktors fortwährend in den erbärmlichsten Umständen ist.« So müsse er nun »durch Unterricht und Kompon[ieren]« sein »notdürftiges Brod« erwerben.²

Wenn Hoffmann von »Gelegenheitsstücken« schreibt, so ist das ganz wörtlich zu nehmen: Zur Eröffnung des Theaters komponierte Hoffmann die Musik zu einer Allegorie des neuen Theaterleiters Heinrich Cuno (im Brief an Hitzig nennt er ihn einen »unwissenden eingebildeten Windbeutel«³), *Das Gelübde*, und einige Wochen später zur Geburtstagsfeier des in Bamberg residierenden Herzogs Wilhelm die Musik zu einer weiteren Allegorie Cunos, *Die Wünsche*. Er erhält den Auftrag, etwas zur Namensfeier der Herzogstochter zu komponieren: Am 18. November wird sein einaktiges »ländliches Schauspiel« *Die Pilgerin* gegeben. Eine »Aufführung« zwar und noch dazu die bis dahin am besten honorierte Komposition Hoffmanns – aber welcher Abstand zu den Träumen, mit einem Kunstwerk die »musikalische Welt« zu begeistern. Hoffmann schildert Hitzig seinen bis dahin größten Erfolg als Künstler:

Unter andern (lachen Sie mich tüchtig aus, liebster Freund!) habe ich auch fürs hiesige Theater Verse gemacht. Es hatte mit ihnen folgende Bewandtnis. Die Tochter des hier residierenden Herzogs von Bayern, Prinzessin von Neufchatel, deren Gemahl bekanntlich in Spanien ist, ist hier. Hr. Cuno beschloß ihren Namenstag im Theater zu feiern und übertrug mir die Ausarbeitung eines Prologs. Ich warf so ein recht gemein sentimentales Ding zusammen, komponierte ebensolche empfindsame Musik dazu – es wurde gegeben – Lichter – Hörner – Echos – Berge – Flüsse – Brücken – Bäume – eingeschnittene Namen – Blumen – Kränze nicht gespart, es gefiel ungemein und ich erhielt mit sehr gnädigen Ausdrücken von der Prinzessin Mutter für die verschaffte Rührung 30 Carolin, die gerade hinreichten mich hier so ziemlich auf reinen Fuß zu setzen. – Bei einer gewissen Stelle im Prolog »Ich ging – ich flog – ich stürzt' in ihre Arme!« (ein ungemein schöner Klimax) umarmten sich in der herzoglichen Loge weinend Mutter und Tochter, wobei das Publ[ikum] ziemlich ironisch klatschte; nun hatte der Prolog auch dem Publik[um] gefallen und wurde für den andern Tag begehrt; die herzogl[ichen] Personen erschienen in der Loge und umarmten sich richtig, weinend wieder bei jener Stelle, worüber das Publikum viel in die Hände klatschend seine Zufriedenheit äußerte. Mir schien es als ob dadurch sich das Ganze, Theater und Publikum, auf eine höchst vortreffliche Weise zu *einer* Aktion verband und so das fatale Verhältnis zwischen darstellen und zusehen ganz aufgehoben wurde; mir lachte das Herz im Leibe und ich hatte noch nicht einmal die 30 Carolin sondern nur etwelche gnädige Blicke ins Orchester hinab erhalten. – Nun bin ich auch auf gewisse Weise bei dem Hofe introduziert, singe im HofKonzert und werde die Gemahlin des Herzogs Pius, sobald sie den Katharr verloren hat, welches, wie der HofMarschall versichert, sich Mitte März zu ereignen pflegt, so Sie (die Durchl[aucht]) auf der Terrasse etwas weniges Sonnenschein gnädigst einzunehmen pflegen, im Gesange unterrichten –[4]

Diese Schilderung liest sich amüsant und launig, aber wenn man Hoffmanns »Enthusiasmus für die wahre Kunst«[5] (von der in diesem Brief ebenfalls wieder die Rede ist) ein wenig kennt, wird man auch ein gehöriges Maß an Galgenhumor in dieser satirischen Skizze finden: Der »Künstler« ist zum Gelegenheitsdichter und Gelegenheitskomponisten verkommen, der zur Erheiterung der gesellschaftlich Höherstehenden und eines philiströsen Publikums beiträgt. Diesem desillusionierten Künstler bleibt nur entweder Verbitterung und Resignation oder Selbstironie und Satire. Hoffmann ist offenbar häufig nach ersterem zumute – das zeigen die Tagebucheintragungen, die er nach mehrjähriger Pause an diesem Tag wieder aufnahm; aber wenn er mit seinen Gefühlen nach außen tritt, wählt er häufig die satirische Form, hier wie bereits in einer Reihe früherer Briefe. Das Geschehen wird meistens präzis, in einer Form von Einzelbildern skizziert; häufig werden hierbei heterogene Bilder und Eindrücke zusammengeführt, die Wörter und Bilder werden übersteigert, übertrieben, die Satzstruktur zeigt die zunehmende Heftigkeit, das Überdrehen geht bis zur Groteske und zur Karikatur.

Ein knappes halbes Jahr später, am 25.5.1809, berichtete Hoffmann Hitzig seine »gänzliche Entfernung von dem Theater«,[6] widmet bezeichnenderweise gleichwohl den größten Teil seiner Ausführungen den Vorgängen, die zum Rücktritt Cunos und zu seinem eigenen Ausscheiden geführt hatten. Am Schluß des Briefes bittet er Hitzig, der als Verleger mittlerweile über gute literarische Beziehungen verfügte, einen kleinen Bericht über diese Vorgänge am Bamberger Theater, der »für die gute Wirkung hier am Orte sehr berechnet« sei, zu veröffentlichen, etwa in der *Zeitung für die elegante Welt*.[7] Hitzig kam dieser Bitte nach; bereits am 19.6.1809 erschien dort Hoffmanns Bericht *Aus Bamberg, den 1. Juni* (unter Hitzigs Chiffre – z –). Hier heißt es u. a.:

Hr. Cuno [mußte] der Gesellschaft die gänzliche Auflösung, oder bedeutende Verringerung der Gagen vorschlagen [. . .]. Nun traten die drei Hauptgläubiger des Hrn. C. zusammen, übernahmen Verwaltung und Direktion des Theaters, und wollen so durch die Erhaltung desselben, und durch die künftigen Einnahmen, wenigstens zu ihrem bar vorgeschossenen Gelde kommen. Diese wackren Männer haben die Gagen für den Sommer garantiert, und scheuen keine Aufopferung, die Sache im Gange zu erhalten; wie weit indessen alles, was Theater und Kunst überhaupt betrifft, außer ihrer Sphäre liegt, leuchtet ein.[8]

Dieser nüchterne, etwas langweilige Bericht steht in einem großen Kontrast zur Schilderung des gleichen Vorgangs im Begleitbrief an Hitzig. Hier werden in teils witziger, teils satirisch-spöttischer Weise die Intrigen und die Unfähigkeit der Theaterführung und das durch sie angerichtete Chaos geschildert: Das Gericht habe »den saubern Herrn Direktor« genötigt die Vorstellungen fortzusetzen und die Admin[istration] der Kasse einem aus der Gesellschaft gewählten Komitee zu überlassen – Daß hiebei auch nicht viel gescheutes herauskam können Sie Sich denken, das ganze kam wieder seiner völligen Auflösung ganz nahe, und nun traten die drei HauptGläubiger des Hrn. C.[uno] auf und sprachen also: Wir müssen, koste was es wolle, Hrn. C. und sein Theater erhalten, denn nur auf diese Weise können wir noch zu unserm Gelde kommen, wir übernehmen daher die Direktion und garantieren die Gagen den Sommer über mit 30 p[ro] C[entum] Abzug. [...] Die neuen Direktoren zeigten sich indessen bald dem ganz getreu was sie sind – knauserten und knickten, machten tolle Streiche, wurden grob, so daß, wer noch auf eine andere Art ein Stück Brod erwerben konnte, das Theater ganz verließ, wie ich es denn auch tat [...]. Die neue Direk[tion] besteht aus einem Zuckerbäcker, einem Likörsieder und einem jüdischen Seidenhändler!![9]

Der Kontrast der beiden Darstellungen ist eklatant, und er macht deutlich: Hoffmann nimmt sich in der publizierten Version fast vollständig zurück (obwohl diese anonym erschien). Offenbar wollte er mit dieser witzig-satirischen Schreibweise (noch) nicht an die Öffentlichkeit gehen.

Als Soden, wie von Hoffmann erhofft, im Herbst 1809 die Theaterleitung wieder übernahm, wurde die Bindung des »Musikdirektors« zur Bühne etwas enger. Er komponierte auf Texte Sodens die Melodramen *Dirna* und *Julius Sabinus* (das Fragment blieb). *Dirna* wurde zu dem bis dahin erfolgreichsten Stück Hoffmanns. Es wurde am 11. 10. 1809 uraufgeführt und wiederholt, 1811 wurde es in Salzburg im Königlich Bayerischen Nationaltheater, 1812 in Donauwörth nachgespielt; die *AMZ* widmete der Bamberger Aufführung eine Kritik.

1810 zeichnete sich ein entscheidender Wechsel an der Bamberger Bühne ab: Franz Holbein – Hoffmanns Freund aus der ersten Berliner Zeit, mittlerweile ein berühmter Schauspieler – übernahm Ende September die Theaterleitung. Damit änderte sich auch Hoffmanns Stellung deutlich, und es kam zu einer engen Zusammenarbeit auf vielen Feldern.

Hoffmann komponierte die Musik zu *Saul, König in Israel*, einem Melodram von Joseph von Seyfried, das im Juni 1811 aufgeführt wurde, ferner Schauspielmusiken zu verschiedenen Tagesproduktionen. Das künstlerisch wichtigste Werk, das aus der Zusammenarbeit mit Holbein hervorging, war die 1811/12 nach dessen Libretto komponierte »große heroische Oper« *Aurora*. Durch Holbeins Weggang aus Bamberg kam es nicht zu einer Aufführung, auch nicht an dessen neuem Wirkungsort Würzburg oder in Wien, wohin Hoffmann 1813 eine eigenhändige Abschrift der Partitur schickte. *Aurora* war Hoffmanns erster Versuch, eine Opera seria als romantische Oper zu schreiben, indem er einem klassischen Stoff auch idyllische und märchenhafte Züge gab. Das in einer Besprechung von Glucks *Iphigénie en Aulide* entwickelte Ideal einer solchen Verbindung konnte er allerdings nur ansatzweise erreichen.

Zur festen Einnahmequelle Hoffmanns in dieser Zeit wurde neben den Musikstunden zum erstenmal in seinem Leben die Tätigkeit als Maler, genauer als Theatermaler und Theaterarchitekt, Funktionen, in denen Holbein den Freund am 1.8.1811 für ein Monatsgehalt von 50 Gulden engagierte. Hoffmann fertigte die Dekorationen zu zahlreichen Bühnenwerken an, so zu Calderóns *Der standhafte Prinz* und *Die Brücke von Mantible*, Kleists *Käthchen von Heilbronn*, Cherubinis *Wasserträger*. Diese Arbeiten sind allerdings nicht überliefert, nur wenige Entwurfszeichnungen blieben erhalten, so daß wir lediglich konstatieren können: Hoffmann lernte in dieser Zeit in der Praxis und aus verschiedenen Perspektiven, wie ein Bühnenstück aus dem Zusammenwirken der verschiedenen Künste entsteht.

Das wichtigste Zeugnis dafür ist sein Artikel *Über die Aufführung der Schauspiele des Calderon de la Barca auf dem Theater in Bamberg*, den er 1812 für die Berliner Zeitschrift *Die Musen* schrieb.[10] Dieser Bericht galt den wohl ungewöhnlichsten und bedeutendsten Inszenierungen der Bamberger Bühne: der Aufführung von drei Stücken Calderóns (*Die Andacht zum Kreuze*, *Der standhafte Prinz* und *Die Brücke von Mantible*) 1811/12, kurze Zeit, nachdem der große spanische Dramatiker Anfang 1811 durch Goethe in Weimar zum erstenmal auf eine deutsche Bühne gekommen war. Diese Aufführung ging wahrscheinlich auf Hoffmanns Initiative zurück, der sich bereits in der Warschauer Zeit intensiv mit August Wilhelm Schlegels Calderón-Übersetzungen beschäftigt hatte. Deren zweiten Band (mit dem *Standhaften Prinzen* und der *Brücke von Mantible*) lernte Hoffmann sicher bald nach dem Erscheinen 1809 kennen, da ihn Hitzig in seinem Verlag herausgebracht hatte.

Hoffmann berichtete Hitzig begeistert von den Aufführungen, dieser forderte ihn auf, einen Artikel darüber zu schreiben. Hoffmann folgte dem Wunsch gern, sein Aufsatz wurde zu seinem bis dahin umfangreichsten theater- und literaturkritischen Beitrag, kenntnisreich und enthusiastisch. Er kommentiert darin sowohl den Inhalt als auch die Darstellungsweise, entwickelt aber auch eigene Gedanken über Calderón und vor allem das »romantische« Theater. Er stellt fest, daß in die »tiefe Romantik« Calderóns nur die »wenigen eingehen konnten, welche mit wahrhaft poetischem Gemüt sich zu der unsichtbaren Kirche bekennen, die mit göttlicher Gewalt gegen das Gemeine wie gegen den Erbfeind kämpft und die triumphierende sein und bleiben wird«.[11] Zwei dieser Bilder werden in Hoffmanns poetologischen Äußerungen und in seinen Werken häufig wiederkehren: die Wendung vom »poetischen Gemüt« – der künstlerischen Anlage und Empfänglichkeit – und die von der »unsichtbaren Kirche« der Künstler und Kunstliebhaber, der »Kunstverwandten«. Hoffmann plädiert mit Nachdruck von der Seite der Wirkung her, der »Einwirkung auf das Publikum«. Günstig für die Rezeption Calderóns sei der in Bamberg herrschende Katholizismus: Er erleichtere durch seine Wundergläubigkeit die intensive Wirkung der Wunder in der *Andacht zum Kreuze*. Um eine die Rezeption fördernde Stimmung zu schaffen und eine »Störung der Illusion« zu verhindern, seien einfache, aber wirkungsvolle Effekte eingesetzt worden, »Dekorationen« (die, was Hoffmann nicht erwähnt, von ihm stammten) und »Maschinen« unterstützen den »Geist des Ganzen« und das Ziel, das Werk »anschaulich« zu machen, alle Sinne und darüber hinaus den Sinn für das Übersinnliche anzusprechen. Zusammenfassend betont Hoffmann, welche unterschiedlichen Anforderungen jedes der drei Calderón-Stücke an das Theater, an die Schauspieler und vor allem an das Publikum stellt. Vor allem der *Brücke von Mantible* traut er jedoch zu, in einer gelungenen Aufführung durch eine große Bühne »die Aneignung des romantischen Geschmacks« so zu befördern, daß das Kunstwerk »den Kenner und das Volk befriedigen« könne.[12]

Die starke Betonung des Wirkungsbezugs, der Effekte, und das Ziel, ein Publikum sowohl der Gebildeten als auch des »Volkes« zu erreichen, machen sehr deutlich, daß Hoffmann hier für eine Kunst plädiert, die sich erheblich von dem esoterischen Kunstbegriff der Künstlergestalten unterscheidet, die Hoffmann zu dieser Zeit entwarf. Man kann dem auch nicht mit dem Argument begegnen, Hoffmann schreibe hier über das ja stets publikumsorientierte Theater, nicht über Musik. Denn im Schlußsatz verallgemeinert Hoffmann seine Überzeugung mit einem drastisch-banalen Beispiel: In Bamberg sei mancher gewiß nur wegen der spektakulären Explosion bei der Sprengung der Brücke ins Theater gekommen. Aber das sei durchaus geplant, denn auch dieser Banause bekomme vielleicht »nebenher Dinge zu sehen und zu hören, die ihn am Ende ansprechen und erfreuen, so wie manche geistig Erstarrte bei fortdauernd schöner Musik aus ihrer Erstarrung erwachen«.[13]

So viel Hoffnung in den Einfluß der Kunst und der Musik auf das Gemüt des Philisters hat Hoffmann sonst in diesen Jahren selten gesetzt, seine eigenen Erfahrungen und »musikalischen Leiden« in Bamberg sprachen wohl auch nicht sehr dafür; Kreisler wird derartige Ansichten sarkastisch verspotten. Aber für den *Schriftsteller* Hoffmann lag hier ein ganz wesentliches Motiv für sein Schreiben, genauer: für eine besondere Schreibart und Schreibweise. Als er damit in den nächsten Jahren an die Öffentlichkeit trat, wurde allerdings auch deutlich, daß sie sich wesentlich von den hier skizzierten Theatereffekten unterschied: vor allem in bezug auf die für Calderón als so wichtig erachtete Illusion – der Schriftsteller Hoffmann setzte hingegen auf Irritation, Stimmungsbrüche.

In die letzte Zeit in Bamberg fiel ein Ereignis, das den theaterbegeisterten Hoffmann in einer weiteren Rolle – genauer: in mehreren Rollen zugleich – zeigt. Er organisierte für die »Harmonie-Gesellschaft« einen Maskenball, der aus einem »vollständigen Aufzug sämmtlicher Personen aus dem *Don Juan* im genauesten Costüm« bestand. Hoffmann entwarf die Kostüme und malte für Leporello ein »ungeheuer langes Damen-Register, fast aus lauter Porträts hiesiger [Bamberger] Schönen und Nichtschönen bestehend«; er selbst trat in der Maske des Masetto auf.[14]

Diese Freude an Masken und Maskenbällen hatte lange Wurzeln: Bereits in einem Brief vom 7. 12. 1794 berichtet Hoffmann Hippel begeistert von einem bevorstehenden Maskenball, und in einem beigefügten Gedicht, »Masquerade« – seiner ersten überlieferten Dichtung –, beschreibt er humoristisch sein Auftreten als Spanier und die Begegnung mit einer schönen Fremden.[15] Hoffmanns Begeisterung für das Theater blieb auch in der Folgezeit ungebrochen, sie zeigte sich mehr und mehr auch im Werk, von Theaterschriften bis zu dem Capriccio *Prinzessin Brambilla*, in dessen Mittelpunkt die Masken des römischen Karnevals stehen. Darüber wird im 4. Kapitel zu sprechen sein.

Ritter Gluck – die »artistisch litterarische Laufbahn« beginnt

Die ersten Bamberger Jahre verliefen für den »Musikdirektor« Hoffmann, den Komponisten und Theaterangestellten, überwiegend enttäuschend, und er wandte sich vermehrt der seit über einem Jahrzehnt eher vernachlässigten Schriftstellerei zu. Anfang 1809 schickte er Friedrich Rochlitz »einen kleinen Aufsatz«, *Ritter Gluck*, und bot sich als Mitarbeiter der *Allgemeinen Musikalischen Zeitung* an.[16] Am 25.1.1809 konnte er in sein Tagebuch notieren, daß Rochlitz *Ritter Gluck* zur Publikation angenommen habe. Zwei Tage später trug er nach: »Mei[ne] litterarische Karriere scheint beginnen zu wollen.«[17] In dem bereits zitierten Brief an Hitzig von Ende Mai berichtet er: »Was nun meine artistisch litterarische Laufbahn betrifft, so ist darin ein nicht unbedeutender Schritt dadurch geschehen, daß ich von der Redaktion der Musik[alischen] Zeitung in Leipzig als MitArbeiter feierlich auf und angenommen worden bin«.[18] Da Hoffmann dieser Mitteilung nur drei Sätze in einem mehrere Seiten langen Brief einräumt, wird allerdings deutlich, wo nach wie vor seine künstlerischen Prioritäten liegen.

Der Beitrag, der Rochlitz dazu bewog, Hoffmann zur ständigen Mitarbeit einzuladen, die musikalische Erzählung *Ritter Gluck*, war für die *AMZ* untypisch: Hier dominierten die Abteilungen »Theoretische Aufsätze«, »Biographien« und »Rezensionen«. Allerdings gab es auch eine Sparte »Miscellen«, in denen vor allem »Anekdoten« über bekannte Musiker und Komponisten zu finden waren; es handelte sich dabei im wesentlichen um faktische Mitteilungen und um etwas ausgeschmückte Berichte. In diese Sparte rückte der Redakteur Rochlitz Hoffmanns »kleinen Aufsatz« trotz seiner Länge und seines offensichtlich fiktionalen Charakters ein.

Es ist nicht genauer bekannt, wann Hoffmann *Ritter Gluck* schrieb. Daß er die Erzählung, wie in der Forschung häufig zu lesen, bereits in Berlin begonnen habe, ist trotz des Berliner Ambiente Spekulation. Daß der Beitrag Anfang 1809 geschrieben wurde (wie wegen des späteren Untertitels vermutet), ist sehr unwahrscheinlich, denn bereits am 11.1.1809 notiert Hoffmann im Tagebuch, daß er die Erzählung Rochlitz geschickt habe. Am wahrscheinlichsten ist eine Abfassung in den letzten Monaten des Jahres 1808.

Ritter Gluck beginnt wie eine sachliche, fast realistische Erzählung mit der Angabe von Ort, Jahreszeit und Witterung:

»Der Spätherbst in Berlin hat gewöhnlich noch einige schöne Tage. Die Sonne tritt freundlich aus dem Gewölk hervor, und schnell verdampft die Nässe in der lauen Luft, welche durch die Straßen weht.«[19] Mit den Augen eines anonymen Beobachters wird uns eine Fülle von Spaziergängern vorgeführt: »Dann sieht man eine lange Reihe, buntgemischt – Elegants, Bürger mit der Hausfrau und den lieben Kleinen in Sonntagskleidern, Geistliche, Jüdinnen, Referendare, Freudenmädchen, Professoren, Putzmacherinnen, Tänzer, Offiziere u. s. w. durch die Linden, nach dem Tiergarten ziehen.« Die Aufzählung veranschaulicht auf der einen Seite die bunte Mischung, stellt auf der anderen das Heterogenste bewußt nebeneinander, die Kontraste (»Freudenmädchen, Professoren«) führen zu mehr oder weniger witzigen oder boshaften Effekten. (Heine wird solche Reihen später – vor allem in den frühen *Reisebildern* – bis zum Exzeß treiben.) Der Blick streift über eine Gartenwirtschaft, das Ohr registriert Gesprächsfetzen, dann mißtönende Musik: Mit einer Arie aus Fanchon quälen »eine verstimmte Harfe, ein paar nicht gestimmte Violinen, eine lungensüchtige Flöte und ein spasmatischer Fagott sich und die Zuhörer«. Nach der allgemeinen Schilderung meldet sich ein Ich-Erzähler. Er setzt sich abseits der »Heerstraße« und überläßt sich dem Spiel seiner »Phantasie«. Dieser Kernbegriff wird im nächsten Satz wiederholt, die imaginierten Gesprächspartner bilden eine »phantastische Gesellschaft«. In diese »Traumwelt« der kulturellen und wissenschaftlichen Gespräche bricht die Wirklichkeit der kakophonischen Musik wie ein »brennender Schmerz« ein.

Nach diesen furiosen Eingangsbildern tritt die Hauptfigur der Erzählung auf: Der Erzähler wird »gewahr, daß, von mir unbemerkt, an demselben Tische ein Mann Platz genommen hat, der seinen Blick starr auf mich richtet und von dem nun mein Auge nicht wieder los kommen kann«.[20] Das Äußere dieses älteren Herrn wird genau beschrieben, von der Physiognomie über die Kleidung bis zu seinem Tun, insbesondere seinen Reaktionen auf die Musik, die ihn ärgert und in Trance versetzt, die er mitdirigiert und zornig kommentiert. Er berichtet in merkwürdigen, seltsamen, pathetischen Bildern über sein Verhältnis zur Musik und führt dem Erzähler seine eigene Interpretation vor. Ähnliches wiederholt sich bei einer zweiten Begegnung Monate später in der Stadt, immer wieder rückt die Musik Glucks in den Mittelpunkt. Der »Sonderling« fasziniert den Erzähler, der schließlich die Frage wagt: »wer sind Sie?«[21] Der Unbekannte verschwindet und taucht wenig später auf, »in einem gestickten Gallakleide, reicher Weste, den Degen an der Seite«.

Ich erstarrte; feierlich kam er auf mich zu, faßte mich sanft bei der Hand und sagte sonderbar lächelnd:

Ich bin der Ritter Gluck![22]

Die Schlußfrage der Ich-Figur und die Antwort des Sonderlings haben Leser, Kritiker und Interpreten von Beginn an auf das intensivste beschäftigt, denn die Antwort löst das Geheimnis des Fremden nicht – der berühmte Komponist Gluck war zum Zeitpunkt der Erzählung bereits über 20 Jahre tot.

Hoffmann hat mit *Ritter Gluck* zwar zum erstenmal eine Erzählung geschrieben, aber wie die Erörterung seiner zurückliegenden Schriften, vor allem der Briefe, gezeigt hat, prägten sich bestimmte ästhetische Prinzipien bereits von Beginn an aus. Ein zentrales Prinzip ist das Aufeinanderprallen des Heterogenen bis hin zum logisch nicht zu Vereinenden. Das ist jedoch nicht nur eine rhetorische Figur und eine Darstellungstechnik, dahinter steht eine Weltsicht, bei der die Dinge, die Personen, die Gefühle nicht zusammenpassen, sondern das Unwahrscheinliche, Unerwartete, Unangemessene, ja Unmögliche aufeinanderstoßen. Die Extreme werden nicht vermieden, sondern gesucht. Groteske und Karikatur sind Gattungen (der Literatur wie der Bildenden Kunst), in denen solche Techniken und Prinzipien eine besondere Rolle spielen.

Die Wirkung solcher Zusammenführung des Heterogenen kann witzig und komisch sein, aber auch rätselhaft und sogar – in bestimmten Kontexten – unheimlich. Verblüffung kann sich mit Irritation und Verstörung mischen. Das gilt um so mehr, wenn die Ordnungskategorien, die für den aufgeklärten Verstand des 18. Jahrhunderts die Welt strukturieren, Raum und Zeit, aufgehoben werden.

Wie sehr Hoffmann sich gerade in dieser Zeit mit derartigen Fragen und ihrer pointierten erzählerischen Umsetzung befaßte, zeigt ein Beispiel, das er in seinem Tagebuch Anfang 1809 anführt (auf dem Durchschußblatt der Woche, die auf die Absendung des *Ritter Gluck* folgt): Friedrich der Große entdeckt in Potsdam einen zerlumpten Jungen, Verse deklamierend, den Küchenjungen des spanischen Gesandten. Er läßt ihn auf seine Kosten studieren, der kleine Spanier wird Bürgermeister in Pommern und als Dichter bekannt. Bei einem Aufenthalt in seiner Heimat erregt er auch dort Aufsehen mit herrlichen Theaterstücken –

> und niemand anders war unser JustizBürgermeister als der berühmte Calderon, den die Spanier vergöttern und der auf diese Weise seine Ausbildung dem großen Könige von Preußen zu danken hat.
> Siehe Meybom's Brandenburgische Annalen. Th. 2. Seite 63.[23]

Dieser kleinen Geschichte geht ein Absatz voran, der Intention und Strukturmuster offenlegt:

> Es müßte spaßhaft sein Anekdoten zu erfinden und ihnen den Anstrich höchster Authentizität durch Citaten u. s. w. zu geben, die durch Zusammenstellung von Personen die Jahrhunderte aus einander lebten oder ganz heterogener Vorfälle gleich sich als gelogen auswiesen. – Denn mehrere würden übertölpelt werden und wenigstens einige Augenblicke an die Wahrheit glauben.[24]

Worin besteht das »Spaßhafte«? Zunächst darin, daß der »Anstrich höchster Authentizität« vorgespiegelt wird, durch genaue Datierung und die Angabe von bekannten Orten oder – wie hier am Schluß – durch eine wissenschaftlich exakt klingende Quellenangabe. Damit folgt die »Anekdote« den Gattungsgesetzen (die ja auch für die *AMZ* selbstverständlich waren). Aber wenn die Leser erfahren, daß Calderón mehr als ein Jahrhundert vor

Friedrich dem Großen gelebt hat? Dann bemerken sie, was andere »gleich« erkannten: hier wurde »gelogen«. Was ist dann noch »spaßhaft«? Seit Platon ist allgemein bekannt: die Dichter lügen. Die Zusammenführung »ganz heterogener Vorfälle« (wiederum bringt Hoffmann das von früh an geübte Verfahren auf den kunstwissenschaftlichen Begriff) ist gelogen – oder Dichtung. Kritiker und Leser sind bereit, solche Lügen zu tolerieren, wenn sie in eine literarische Gattung eingekleidet vorkommen, in der Zeit und Raum aufgehoben sind, wie etwa im Märchen. Aber die Anekdote läßt sich dorthin nicht einordnen, sie spielt ja, ganz unmärchenhaft, an bekannten Orten, in einer unmittelbar zurückliegenden Zeit, bietet eine wissenschaftliche Quellenangabe. Was bleibt, ist Irritation, vielleicht etwas Ärger über den Versuch, den Leser irrezuführen.

Im *Ritter Gluck* ist dieses Modell wesentlich verfeinert. Hier wird zwar ebenfalls ein bekannter Ort genannt und durch Wirklichkeitszitate ausgemalt – das ist die Funktion des Realismus der Eingangsszene –, ein berühmter Künstler wird zum Helden. Aber da keine Zeit angegeben ist, wird vielleicht sogar eine Reihe von Lesern mehr als »einige Augenblicke an die Wahrheit glauben«. Es bedarf des Kenners der Zeitwirklichkeit, um Hinweise auf Opernaufführungen in Berlin, eine Schauspielerin, einen Buchtitel zu der Einsicht zusammenzufügen, daß hier »gelogen« wurde.

Nun setzt allerdings – wie die Wirkungsgeschichte zeigt – eine Reaktion ein, die über die der Anekdote hinausgeht. Offenbar sind die meisten Leser nicht zufrieden mit der Erklärung, die Erzählung sei gelogen. Denn sie ist ja kein Märchen. Und der aufgeklärte Leser eines Märchens im 18. Jahrhundert weiß ohnehin ebenso wie der Leser eines Geister- oder Gespensterromans, daß auch die rätselhaftesten Ereignisse und Erscheinungen meistens am Schluß natürlich erklärt werden. Hoffmann legt für den ersten Leser eine solche Erklärungsspur: In dem Brief an Rochlitz, den er der Erzählung beilegte, schrieb er:

> Ich wage es einen kleinen Aufsatz, dem eine wirkliche Begebenheit in Berlin zum Grunde liegt, mit der Anfrage beizule-

gen, ob er wohl in die Musik[alische] Zeitung aufgenommen werden könnte? – Ähnliche Sachen habe ich ehmals in oben erwähnter Zeitung wirklich gefunden zB. die höchst interessanten Nachrichten von einem Wahnsinnigen, der auf eine wunderbare Art auf dem Klavier zu fantasieren pflegte.[25]

Der Artikel, auf den Hoffmann anspielt, lautete *Die Geschichte im Irrenhause*, sie erschien in der *AMZ* Mitte 1804 und stammte von Friedrich Rochlitz. So wurde in der Erwähnung der Versuch gesehen, dem Adressaten und Herausgeber zu schmeicheln. Das mag ein Motiv für Hoffmanns Hinweis sein. Aber wenn er sich auf eine »wirkliche« Begebenheit in Berlin und auf einen »wirklichen« Zeitungsbericht beruft, ist darin weit eher eine weitere (und durch die Wiederholung des Adjektivs »wirklich« ironische) Mystifizierung zu sehen, zumal ja auch Rochlitz' »Geschichte« eine Erzählung und nicht ein Tatsachenbericht ist.

Eine Verständnishilfe ist von Hoffmanns Hinweis mithin nicht zu erhoffen. Denn wäre der Fremde ein Wahnsinniger, dann wäre die Erzählung allenfalls »spaßhaft« und wiese zahlreiche Ungereimtheiten auf. Daher wurden andere Deutungsmöglichkeiten gesucht. So sahen viele in Gluck den Geist des verstorbenen Komponisten, der nach Art des ewigen Juden weiterlebt (das legt auch eine Selbstdeutung des Sonderlings nahe). Eine weitere Deutungsrichtung bezeichnet die Titelfigur als ein Fantasiegebilde des Ich-Erzählers, der – wie zitiert – von sich selbst erzählt, wie er sich Gesprächspartner imaginiere. Wieder andere meinen, der Fremde sei gleichsam der Geist der Gluckschen Musik oder, diskursanalytisch gewendet, die »Autorfunktion«, der Autorgeist, der bei jeder Interpretation seines Werkes anwesend sei.

All diese Deutungen haben eines gemeinsam: Sie versuchen, die Existenz des Titelhelden logisch, d. h. widerspruchsfrei zu erklären. Hoffmann unterläuft diese eingefahrenen Deutungsmuster jedoch bewußt, er läßt verschiedene Deutungsmöglichkeiten offen, er löst die Geheimnisse nicht und hinterläßt damit im Leser nicht nur Spannung, sondern auch Unsicherheit. Dieses

Prinzip der Mehrdeutigkeit gilt vor allem für das Verhältnis von Wirklichkeit und Kunst sowie für Erscheinungen und Phänomene, die Hoffmann wenig später »nächtlich« nannte, wie Traum und Wahnsinn. So bleibt das Verhältnis von Wirklichkeit und Unwirklichkeit schon in dieser ersten Erzählung in einem kunstvollen Schwebezustand. Zur »Fantastik«, die über das Wunderbare hinausgeht, gehört auch, daß sie in der Gegenwart und an vertrauten Orten ansetzt, gerade dort, wo das Leben von besonderer Intensität ist: auf den Straßen und Plätzen der Großstadt.

Neben der Frage nach der Identität Glucks nimmt in der Forschung ein zweites Thema großen Raum ein: die Anschauungen über Musik. Denn immerhin ist dies der erste musikästhetische Text des Autors, der als einer der wichtigsten, wenn nicht der wichtigste Musikschriftsteller der Romantik gelten darf.

Ausgangspunkt ist eine scharfe Kritik am Berliner Musikleben und dem allgemeinen Mißbrauch der Musik zur bloßen Unterhaltung, ihrer Verfälschung durch dilettantische Aufführungen. Dem setzt der Sonderling sein Bild der wahren Musik entgegen: Jenseits des Reichs der Dilettanten und Möchtegernkünstler liegt das Reich der Träume; erweckt aus den Träumen weiterschreitend gelangt man – gelangen »nur wenige« – in das Reich der Wahrheit und der Kunst. »Gluck« beschreibt seine Schmerzen im Reich der Träume, sein Erwachen durch LichtTöne (ein zentrales Bild romantischer Synästhesie) in mystischen, hermetischen sowie auf Böhme und Novalis anspielenden Bildern. Die Werke, die er dem Erzähler vorspielt, habe er geschrieben, als er »aus dem Reich der Träume kam. Aber ich verriet Unheiligen das Heilige [...] da wurde ich verdammt, zu wandeln unter den Unheiligen, wie ein abgeschiedner Geist – gestaltlos, damit mich niemand kenne.« Die Kompositionen, die er spielt und singt, sind die Glucks, gehen aber in Abwandlungen und Variationen darüber hinaus. Der Erzähler kommentiert: »[...] seine veränderte Musik war die Gluckssche Szene gleichsam in höherer Potenz.«[26]

Alles Reden über Musik, insbesondere aber sein Spiel und Gesang, ist begleitet von ausgeprägten Merkmalen der Exaltation und Ekstase: brennende Röte, Spiel der Augenbrauen und Gesichtsmuskeln, Schweißausbruch, Glühen des Gesichts – die Musik ergreift sein Inneres und prägt sein Äußeres.

Gegenüber den verbreiteten Versuchen, in diesen Musikanschauungen die Vorstellungen Hoffmanns und den Ausgangspunkt seiner Ästhetik zu sehen, ist festzuhalten: Auch die Bedeutung der in diesem Text geäußerten Anschauungen über Musik wird durch die vieldeutige Identität Glucks sowie des Erzählers wesentlich berührt. Gewiß gibt es Gemeinsamkeiten und Ähnlichkeiten; aber Hoffmanns Musikästhetik (wie sie sich in seinen Kompositionen und Kritiken zeigt) ist nicht die Glucks, und seine Ästhetik, die diesen Text als Literatur prägt, ist keine Musikästhetik.

Ein Zentralaspekt der Ästhetik »Glucks« lautet: Kunst und Träume gehören einer »anderen« Welt jenseits unserer Wirklichkeiten, des Alltags, des Hier und Heute an, die auch (eher mißverständlich) höhere Wirklichkeit, zweite Wirklichkeit, Irrealität heißen kann. Das Verhältnis zwischen beiden Welten wird für Hoffmanns gesamtes Werk wichtig bleiben. In *Ritter Gluck* besteht ein eindeutiger, schroffer, unüberbrückbarer Gegensatz zwischen der Realität (damit der sozialen Welt, dem Leben) und der »anderen« Welt, die hier vor allem durch das Reich der Musik verkörpert wird. Der Fremde macht ihre »Idee« deutlich, die innere Musik, den Geist der Gluckschen Kompositionen. Wenn Musik so gesehen wird, ist sie strikt vom Leben und von der Wirklichkeit des Alltags getrennt; damit gehört auch der Künstler, der sich ihr voll und ganz verschreibt, der »anderen« Welt an. Die große Mehrzahl der Bewohner dieser Welt nennt die anderen exzentrisch, verrückt, wahnsinnig. Diese Vorstellung vom Künstler wird hingegen durch die Erzählerfigur verklärt.

Aber das Prinzip der Mehrdeutigkeit gilt auch für sie und damit für die Erzählperspektive: Alles, was wir über den Sonderling erfahren, wird uns durch die Darstellung des Erzählers vermittelt. Dieser zeichnet sich aus durch eine sehr lebhafte Fantasie, er ist fasziniert vom Unbekannten, Geheimnisvollen, Rätselhaften – insgesamt also ein eher unzuverlässiger Erzähler, dessen Deutungen der Leser nicht als Fakten nehmen darf.

Die logisch nicht ohne Rest auflösbaren Zuschreibungen, die uneindeutige Instanz des Erzählers: Das könnten natürlich auch handwerkliche Schwächen des Schriftstellers sein, der hier ja schließlich sein Debut vorlegt. Dagegen spricht allerdings eindeutig ein Blick auf die künstlerische Leistung des Autors Hoffmann. Er mag zwar mit dem Erzähler die eine oder andere Ansicht über Musik teilen, aber er überläßt sich nicht wie dieser Traumwelten, er läßt sich nicht von seiner Faszination treiben, er versinkt nicht in Visionen und Bildern. Er verfügt vielmehr über eine ergänzende Kraft zur »Fantasie«, die Hoffmann wenig später am Beispiel Beethovens begrifflich und theoretisch fassen wird: »Besonnenheit«.

Der besonnene Autor gibt einer Erzählung als erstes Form und Struktur. So wird das Geschehen in zwei Teilen entfaltet: ein erster schildert die Begegnung der Erzählerfigur mit einem Sonderling im Berliner Tiergarten; im zweiten Teil wird eine weitere Begegnung einige Monate später beschrieben, die in der Wohnung des Unbekannten endet. Die Struktur der beiden Teile ist ähnlich. Das zentrale Thema der Musik, vor allem der Kompositionen Glucks, wird in gleicher Weise, aber mit bedeutsamen Akzentverlagerungen, behandelt. Es wird jeweils zunächst ein Stück Glucks von einem Orchester ziemlich jämmerlich gespielt, die Wiedergabe sodann von dem Unbekannten kritisiert, der schließlich seine eigene Interpretation in Gesang und Spiel dagegensetzt. Im ersten Teil überwiegt die Darstellung und Kritik des Orchesterspiels, im zweiten Teil die Schilderung der eigenen Wiedergabe. Auf den überlegten Aufbau verweist auch die Tatsache, daß die Erzählung mit den beiden letzten Worten gleichsam den Titel zitiert, zu diesem zurückkehrt.

Zur Struktur kommen eine Reihe darstellungstechnischer Mittel, die den Text weit wegführen vom Zufälligen oder Trancehaft-Fantasierten. Zwei Aspekte seien hervorgehoben, weil sie in der Folgezeit immer wieder auftauchen und verfeinert werden. Der eine ist die Verwischung der Grenzen zwischen den beiden Welten durch sprachliche Mittel, etwa durch Ambivalenzen. Im Anfangsabschnitt läßt sich der Erzähler, dem wir durch die »Linden« zum »Tiergarten« gefolgt sind (Orten, die jeder Berliner kennt), abseits der »Heerstraße« nieder (die es im Tiergarten nicht gibt, also metaphorisch zu verstehen ist). Als der Sonderling von seinen Traumvisionen berichtet, beschreibt er die »tausenderlei Arten, wie man zum Komponieren kommt [...]. Es ist eine breite Heerstraße, da tummeln sich alle herum, und jauchzen und schreien: wir sind Geweihte!« Gegenüber diesen Möchtegernkünstlern, die *vor* dem »elfenbeinernen Tor« zum »Reich der Träume« und der wahren Kunst bleiben, gibt es nur ganz wenige »tolle Gestalten [...]. Sie lassen sich auf der Heerstraße nicht sehen: nur hinter dem elfenbeinernen Tor sind sie zu finden.«[27] Die »Heerstraße« ist hier also wiederum metaphorisch der Weg der Massen, der Gewöhnlichen, der Normalen, der »sogenannten« Künstler.

Der zweite zentrale Aspekt seiner Darstellungstechnik besteht in einem Netz von Anspielungen und Zitaten. Das Bild vom »elfenbeinernen Tor« stammt aus der *Odyssee* und wird von Vergil und Dante aufgegriffen – der Sonderling assoziiert also keineswegs zufällige Traumbilder, er schreibt vielmehr eine Traditionslinie abendländischer Traum- und Kunstdeutung fort. Allerdings ist die elfenbeinerne Pforte bei Homer negativ besetzt (»nichtige Träume«, »lügenhafte Verkündung«). Aber jene Interpreten, die Hoffmann ungenaue Erinnerung vorhalten, sehen sein Zitierverfahren zu einfach: Er weicht nicht selten in charakteristischer Weise von der Vorlage ab. Durch die Umkehrung erhält das »Lügen« der Dichter, das »Träumen« der Künstler in der Ästhetik des Sonderlings einen anderen Stellenwert; wenn er von den in seinen Augen »wahren« Künstlern als »tollen Gestalten« spricht, zitiert er ja auch die Einschätzung der »normalen« Umwelt. Hinter der Fülle von direkten und indirekten Anspielungen und Zitaten – bei denen Glucks Opern einen Kernbereich bilden – steht jedoch noch eine weitere Schicht, ein Subtext, der bestimmten Szenen eine zusätzliche Dimension gibt. Die Physiognomie des Fremden sowie die sonderbare Angewohnheit, das Kaffeehausorchester gleichsam mitzudirigieren oder gestisch zu akkompagnieren: das alles zitiert, teilweise bis in sprachliche Wendungen, den Anfang von Diderots Roman *Le Neveu de Rameau*.[28] Dort schildert ebenfalls ein Ich-Erzähler seine Eindrücke und Beobachtungen in einer Großstadt (Paris), schließlich seine Begegnung mit einer »der wunderlichsten Personagen [...], die nur jemals dieses Land hervorbrachte«, in einem Café: Rameaus Neffe stellt hier einen Violin-, einen Klavierspieler sowie ein Orchester dar. Diderots Roman – zuerst in Goethes Übersetzung 1805 erschienen – war eine geistvoll-zynische Abrechnung mit dem herrschenden Musikbetrieb und -geschmack seiner Zeit zugunsten neuer ästhetischer Prinzipien.

Mit Rameaus Neffen hat Gluck auch das Spiel der Gesichtsmuskeln gemeinsam und die Geste, sich mit der Hand an die Stirn zu schlagen. Bei Diderot sagt der Neffe dabei: »Aber ich mag schlagen und schütteln wie ich will, nichts kommt heraus. [...] entweder ist niemand drinnen, oder man will mir nicht antworten. [...] Ich glaubte Genie zu haben, am Ende [...] lese ich, daß ich dumm bin, dumm, dumm.«[29] Diese Sätze des Selbstzweifels werden in der Mimik und Gestik von Hoffmanns Figur zitiert: Gluck ist ein Künstler ohne Werk. Darin zeigt sich vielleicht auch der Zweifel Hoffmanns, ob er die künstlerischen Fähigkeiten, die er in sich fühlte, je in ein Werk würde umsetzen können, das Anerkennung findet – und die noch tiefergehenden Zweifel, ob diese Fähigkeiten nicht doch nur in den eigenen Wunschfantasien bestehen.

So wichtig die musiktheoretischen Vorstellungen und Themen wie Genie und Masse, die Neubestimmung des Wahnsinns im und gegen das System aufklärerischer Vernunft für Hoffmann auch sind – die neuere Forschungsliteratur hat sich detailliert damit befaßt –, wichtiger ist das Verfahren selbst: die Spiegelung in dem Bezugstext bis in formale Details (etwa die Aufspaltung in Dialogform) und sprachliche Wendungen.

Diese Hinweise müssen und können genügen, um zu zeigen, wie komplex dieser »kleine Aufsatz« (wie Hoffmann seinen revolutionären Text Rochlitz gewaltig untertreibend ankündigte) strukturiert ist und wie sehr die Diskussion der Frage des Erzählers »wer sind Sie?« an der Oberfläche bleibt. Hoffmanns erstes belletristisches Werk im engeren Sinne ist in hohem Maße ein artistischer Text und weist damit ein zentrales Merkmal des späteren Œuvre auf.

Ritter Gluck zeigt Aporien der Kunst und deren Unlösbarkeit, wenn man sich ihr mit dem Anspruch einer eindeutigen Interpretation nähert. Die daraus folgende Notwendigkeit einer mehrdeutigen – polyvalenten – Interpretation führt auch zu einem Abrücken vom Absolutheitsanspruch – eine Konsequenz, die in *Ritter Gluck* allerdings noch nicht gezogen wird. Auch in den weiteren Musikerzählungen, den *Kreisleriana* und *Don Juan*, werden die Gegensätze zunächst eher noch verschärft.

Ritter Gluck endet im Druck der *AMZ* nach dem oben zitierten Schlußsatz mit der Zeile: »----nn.«. Die beiden Buchstaben sind nicht eine willkürliche Chiffre, sondern die beiden letzten des Namens »Hoffmann«, die Zahl der Striche weist auf die der Konsonanten hin (auch später hat Hoffmann seinen Namen in Briefen und Veröffentlichungen häufig mit Konsonanten seines Namens abgekürzt – H, Hff, Hffm –, nie wieder mit »nn«). Aber das konnte natürlich kein Leser wissen. Wer der Chiffre überhaupt Bedeutung zumaß, dachte wahrscheinlich an die Abkürzung für »nomen nominandum« bzw. »nomen nescio«, der noch zu nennende Name bzw. den Namen weiß ich (noch) nicht. Auf diese Weise beginnt Hoffmann in seiner ersten belletristischen Publikation ein Spiel mit der Autorschaft, das bereits etwas von der Komplexität und Virtuosität ahnen läßt, die es später annehmen wird.

Fünf Jahre später wird *Ritter Gluck* Hoffmanns *Fantasiestücke* eröffnen; damit erklärt er im nachhinein diesen Text zu seinem frühesten Fantasiestück. In der Tat kann man sagen: Hier hat die Fantasie, die Hoffmanns Werk von Beginn an prägt, erstmals eine angemessene Form gefunden. Zugleich wird deutlich, worin das Fantastische bei Hoffmann über das Wunderbare und das Fantastische des 18. Jahrhunderts und damit auch der Frühromantik hinausgeht: Es begegnet mitten in der bekannten Realität und im öffentlichen Raum der Gegenwart, der modernen Großstadt; es kann nicht rational erklärt werden; und: es ist nicht objektiv von außen darstellbar, sondern nur in der Perspektive eines Beteiligten. Damit sind wesentliche Elemente genannt, die in die Richtung einer in der Weltliteratur neuen Bestimmung des Fantastischen weisen. Hoffmanns Kunst der Fantasie führt – unter anderem – zur Begründung einer Gattung der Fantastik.

Der Musikrezensent

Die Mitteilung von Rochlitz vom Januar 1809, daß ihm Hoffmanns ständige Mitarbeit an der *Allgemeinen Musikalischen Zeitung* willkommen sei, war sehr ehrenvoll. Denn die *AMZ* war in ihrem Felde die führende Zeitung Deutschlands, weit verbreitet, mit einer hohen Auflage, von den meisten der Musikinteressierten gelesen. Hier fand ein Beiträger ein fachlich vorgebildetes Publikum.

Die *AMZ* war in erster Linie ein theoretisches und kritisches Organ, brachte Besprechungen von Aufführungen und von Neuerscheinungen. Mit seinen auf *Ritter Gluck* folgenden Beiträgen blieb Hoffmann im Rahmen dieser redaktionellen Schwerpunkte: Er schrieb Musikkritiken, allerdings nicht von Aufführungen (Bamberger oder Würzburger Produktionen wären kaum von überregionalem Interesse gewesen), sondern von Kompositionen. Solche Musikrezensionen wurden zur wichtigsten Form der Auseinandersetzung Hoffmanns mit Kunstwerken überhaupt.

Anfangs schickte Rochlitz Hoffmann bestimmte Werke zur Besprechung; da die Arbeiten offenbar zur Zufriedenheit des Herausgebers ausfielen, konnte Hoffmann nach einiger Zeit auch selbst Werke zur Rezension anfordern. So erschienen 1809-1813 fast regelmäßig insgesamt etwa 20 zum Teil umfangreiche Rezensionen. Weit gestreut sowohl in der Zeit als auch im künstlerischen Rang sind die Namen der Komponisten: Friedrich Witt, Valentino Fioravanti, Andreas Romberg, Joseph Weigl, Ferdinando Paer, Louis Spohr, Anton Heinrich Pustkuchen, Etienne Méhul, Carl Anton Philipp Braun, schließlich Gluck und mehrfach Beethoven. Hoffmann interessierte sich in erster Linie für Gattungen, mit denen er sich selbst als Komponist besonders befaßte: Kirchenmusik, Sinfonie, Oper. Da er für ein Fachpublikum schrieb, geht er in diesen Rezensionen ausführlich auf handwerkliche Details und auf technische Fragen ein. Aber bereits nach wenigen Besprechungen behandelte er immer öfter auch übergreifende Zusammenhänge und historische Aspekte, wie allgemeinere ästhetische Fragen oder Entwicklungen musikalischer Genres.

Damit überschritt er nicht nur oft deutlich den im Rahmen der *AMZ* üblichen Umfang, er entwickelte auch neue Formen der Musikkritik, suchte für seine Einsichten neue Darstellungsweisen. Neben das Wissenschaftlich-Analytische traten häufig Elemente der Erörterung und der Erzählung, des Nachempfindens; der Eindruck der Musik auf den Hörer spielte ebenfalls eine wesentliche Rolle.

Schreiben über Musik steht stets vor dem grundsätzlichen Problem, die Komposition und Wirkung von Tönen in Sprache umzusetzen. Seit der Frühromantik ist viel über die Unmöglichkeit dieses Prozesses geschrieben worden, allerdings meistens mit dem geheimen Ziel, die Differenz dennoch zu überbrücken. Hoffmann benutzt in seinen Musikkritiken nicht selten neben sprachlichen Zeichen auch die für Komponisten üblichen Zeichen, um Musik schriftlich festzuhalten: Noten. Sie haben zum einen die Funktion, das Gesagte zu belegen, zum anderen sind

2. Bamberg: »Lehrjahre« und mehr (1808-1813)

sie in den Satzfluß eingebunden, etwa wenn ein Akkord oder eine Figur in musikwissenschaftlicher Terminologie benannt wurde. Hoffmann stellt also mit dem Notenbeispiel ein Klangbild vor Augen, das der Musikkenner akustisch umsetzen kann. Damit vollzieht der (ideale) Leser nach, was in dem Rezensenten vorgegangen ist: Dieser hat anhand der Partitur die Komposition als Klangeindruck aufgenommen (durch Vorspielen oder vor dem geistigen Ohr) und hat beim Schreiben diesen Eindruck gegenwärtig, wenn er in der Partitur »liest« (dieses Verb gebraucht Hoffmann öfter in diesem Zusammenhang).

Die Notenbeispiele finden sich in fast allen Kritiken im Hauptteil, der einer genauen Beschreibung, handwerklichen Details und der Analyse des Musikwerks gewidmet ist. Die Einleitung behandelt meist in allgemeinerer Form den Komponisten und Aspekte seines bisherigen Werkes, vor allem jedoch die Gattung mit ihren Erfordernissen und Normen. Der Schlußteil zieht dann aus der Beschreibung Folgerungen für die Interpretation und Wertung. Die beschreibenden Abschnitte sind überwiegend sachlich gehalten, benutzen musikwissenschaftliche Terminologie, während der interpretierende und wertende Teil sehr viel poetischer, bilderreicher ist, sich ausgiebig aus dem Arsenal empfindsamer und enthusiastischer Rhetorik bedient. Allerdings gibt es eine Reihe von gleitenden Übergängen zwischen beiden Bereichen. Bildersprache ist auch bereits bei der Deskription zu finden, ebenso bestimmte Formeln und Verben, z. B. Bewegungsverben, die den Weg aus dem Reich des Geheimnisses der Musik zum Hörer bezeichnen (hinführen, fließen, fortreißen, brausen). Spezialuntersuchungen etwa von Steven P. Scher, John Neubauer und Helmut Göbel haben das im einzelnen gezeigt, ebenso, daß Hoffmann nur selten Lautmalereien oder syntaktische Nachahmungen in Interjektionen oder Wiederholungen verwendet. Wenn er immer wieder Bilder, Wendungen und Formeln aus einem relativ begrenzten Vorrat einsetzt, dann zeigt das zwar einerseits die auch für ihn bestehende Schwierigkeit, ja Sprachnot, das Gehörte oder vor dem geistigen Auge Stehende sprachlich angemessen wiederzugeben; es läßt aber auch das Bestreben erkennen, dem Leser Anhaltspunkte zu geben, die seine Fantasie anregen und zur Weiterarbeit auffordern sollen.

Helmut Göbel faßt diese Aspekte zusammen:
Der Musikrezensent Hoffmann hat einmal eine Einsicht entwickelt und dieser Einsicht will er nun auch zur Anerkennung verhelfen. Er setzt den alten Traditionsbestand an Elementen der begeisterten Rede um für die innere Wirkung der Musik. [...] Mit einer Traditionssprache aus bis zum Klischee tendierenden Stilelementen, also überaus konservativ, verhilft Hoffmann, wie die Musikhistoriker wiederholt gezeigt haben, einem Paradigmenwechsel in der Musikauffassung und in der Musikkritik zum Durchbruch. [...] In der Sprache zur Musik bekräftigt Hoffmann sowohl eine Sprachskepsis als auch die aus der Skepsis entspringende dienende Verweisfunktion der Sprache, die eine Wirkungsmöglichkeit von Musik, Phantasie, Traum und Magie zeigen und diese dem Leser vorstellbar machen soll.[30]

Diese allgemeinen Bemerkungen zu Sprache und Aufbau der Musikkritiken sollen an der umfangreichsten und bedeutendsten Rezension Hoffmanns aus dieser Zeit veranschaulicht werden: der Besprechung von Beethovens 5. Sinfonie.[31] Diese wurde am 25.12.1808 in Wien uraufgeführt, der Partitur-Druck erfolgte im Frühjahr 1809, Hoffmann erhielt ihn im Juli. Er arbeitete längere Zeit an der Kritik, die erst am 4. und 11.7.1810 erschien.

Gleich zu Beginn läßt Hoffmann über seine Wertung und seine Methode keinen Zweifel: Beethoven ist für ihn der bedeutendste Instrumentalkomponist der Gegenwart, die Sinfonie eines seiner wichtigsten Werke, und der Rezensent will formulieren, »was er bei jener Komposition tief im Gemüte empfand«. Er setzt ein mit der Bestimmung der Instrumentalmusik als der reinsten Musik, »welche, jede Hülfe, jede Beimischung einer andern Kunst« verschmähe: »Sie ist die romantischte aller Künste, – fast möchte man sagen, allein *rein* romantisch.«[32] Diese

Sätze sind immer wieder zitiert worden als Hoffmanns Bekenntnis zur Höchstschätzung der Instrumentalmusik und der »romantischen« (Um-)Deutung Beethovens (und Mozarts). Die neuere Forschung hat demgegenüber gezeigt, daß und warum dies keine Unterordnung der Oper bedeutet (bereits wenige Sätze später heißt es, »die hinzutretende Poesie« im Gesang und in der Oper erhöhe die »magische Kraft der Musik« und kleide sie »in den Purpurschimmer der Romantik«; in einer im Jahr zuvor erschienenen Rezension hatte Hoffmann die Sinfonie »gleichsam *die Oper* der Instrumente« genannt[33]); ferner wurde nachgewiesen, daß und warum »romantisch« hier mehr ein allgemeines Qualitätsmerkmal als eine Epochenzugehörigkeit ausdrückt. Hoffmann wendet sich gegen die ältere Auffassung von Instrumentalmusik, die ihr gleichsam die Vertonung von Empfindungen oder gar Begebenheiten als Aufgabe setzte, und schließt sich (zunächst und unausgesprochen) Vorstellungen der Frühromantik an, wie sie etwa Tieck im Kapitel »Symphonien« in den *Phantasien über die Kunst* entwickelt hatte:[34] die Instrumentalkunst als unabhängig, frei, autonom, fantasierend, spielend. Diese allgemeine Bestimmung wird durch einen Blick auf die Meister der Instrumentalmusik – Haydn, Mozart und Beethoven – und ihre Eigenarten historisch vertieft und differenziert: Sie alle seien tief in das »Wesen der Musik« eingedrungen, auch wenn sich der Charakter ihrer Kompositionen deutlich unterscheide.

Während Haydns und Mozarts Musik eher beschreibend charakterisiert wird, steigert sich die gefühlsmäßige Anteilnahme bei der Betrachtung Beethovens zu einer Bilderfülle, einer pathetischen Höhe und einer durch Reihung und Steigerung geprägten Intensität.

So öffnet uns auch Beethovens InstrumentalMusik das Reich des Ungeheueren und Unermeßlichen. Glühende Strahlen schießen durch dieses Reiches tiefe Nacht, und wir werden Riesenschatten gewahr, die auf- und abwogen, enger und enger uns einschließen, und alles in uns vernichten, nur nicht den Schmerz der unendlichen Sehnsucht, in welcher jede Lust, die, schnell in jauchzenden Tönen emporgestiegen, hinsinkt und untergeht, und nur in diesem Schmerz, der, Liebe, Hoffnung, Freude in sich verzehrend, aber nicht zerstörend, unsre Brust mit einem vollstimmigen Zusammenklange aller Leidenschaften zersprengen will, leben wir fort und sind entzückte Geisterseher. –[35]

Hoffmann begründet noch einmal, warum er dies »romantisch« nennt:

Beethovens Musik bewegt die Hebel des Schauers, der Furcht, des Entsetzens, des Schmerzes, und erweckt jene unendliche Sehnsucht, die das Wesen der Romantik ist. Beethoven ist ein rein romantischer (eben deshalb ein wahrhaft musikalischer) Komponist, und daher mag es kommen, daß [...] seine Instrumental-Musik selten die Menge anspricht. Eben diese in Beethovens Tiefe nicht eingehende Menge spricht ihm einen hohen Grad von Phantasie nicht ab; dagegen sieht man gewöhnlich in seinen Werken nur Produkte eines Genie's, das, um Form und Auswahl der Gedanken unbesorgt, sich seinem Feuer und den augenblicklichen Eingebungen seiner Einbildungskraft überließ.[36]

Gegen diese (in der zeitgenössischen Kritik verbreitete) Fehldeutung wendet sich der Rezensent mit Nachdruck: Beethoven trenne »sein Ich von dem innern Reich der Töne und gebietet darüber als unumschränkter Herr«. Nur ein »sehr tiefes Eingehen in die innere Struktur Beethovenscher Musik« entfalte »*die* hohe Besonnenheit des Meisters, welche von dem wahren Genie unzertrennlich ist«.[37] (»Besonnenheit« war bereits im 18. Jahrhundert gelegentlich – ausgeprägt bei Herder – in ästhetischen Schriften als zentrale Kraft in die Genie-Diskussion eingeführt worden.)

Die Vereinigung von Fantasie und Besonnenheit: Das ist das Geheimnis Beethovens und jeder großen Kunst. Und daß dies nicht nur ein Ideal für die Komposition einer Sinfonie ist, sondern auch für die Schriftstellerei und sogar konkret für eine Musikrezension, zeigt Hoffmann in dieser Besprechung: Nach den emphatischen Aufschwüngen, dem »Phantasieren« über das »Reich des Ungeheuren und Unermeßlichen«, das »wundervolle Geisterreich des Unendlichen«, in das uns Beethoven »unwiderstehlich fortreißt«, folgt nun eine Exerzitie in »Besonnenheit«, durch die Analyse von »Form« und »Struktur«, durch die sehr genaue, nüchterne Betrachtung von Details, den technisch und handwerklich präzisen, Fachterminologie nicht scheuenden Nachvollzug der Partitur, beginnend beim einzelnen Takt und bei den einzelnen Instrumenten, fortschreitend zu größeren, äußeren wie inneren Zusammenhängen, Strukturen. Das alles wird durch zahlreiche Notenbeispiele veranschaulicht. Nach dem sehr ausführlichen und gründlichen (viele Druckseiten umfassenden) Durchgang durch die einzelnen Sätze kommt er am Schluß noch einmal auf den Gesamteindruck zurück, glaubt – mit Recht – bestätigt, was er vorwegnehmend gefühlt hatte: daß das »herrliche Kunstwerk des Meisters [...] genial erfunden, und mit tiefer Besonnenheit ausgeführt, in sehr hohem Grade die Romantik der Musik ausspreche«.[38]

Hoffmann hat in dieser Kritik eine neue Weise, Musik zu »rezensieren«, über Musik zu schreiben und zu urteilen, gefunden und erfunden. Er kombiniert dabei das Nachempfinden mit historischer Kenntnis und handwerklichem Sachverstand. Daher war er als einer der ersten überhaupt fähig, das Geniale dieser Musik zu erkennen und zu begründen.

In seine sonstigen Musikrezensionen dieser Jahre hat Hoffmann nur selten so viel Zeit und Arbeit investiert, gelegentlich hat er weniger genau hingehört und hingesehen, weniger präzis analysiert, sich kürzer mit den historischen Kontexten einer Gattung befaßt: In den meisten Fällen aber wird auch dort das Allgemeine und Theoretische mit dem Besonderen und der Eigenart des in Frage stehenden Werkes vermittelt. So entstand ein musikkritisches Werk, das eine neue Art des Umgangs mit, vor allem des Sprechens über Musik zeigte: Einige seiner Besprechungen werden seit der Wiederentdeckung des Rezensenten als Muster in Geschichten der Musikkritik behandelt.

Die beiden ersten *Kreisleriana*

Nach etwa einjähriger Mitarbeit bei der AMZ war Hoffmann offenbar so weit etabliert, daß er dem Herausgeber Rochlitz wiederum eine »musikalische Erzählung« zuzumuten wagte. Sie erschien am 26.9.1810 unter dem Titel *Johannes Kreisler's, des Kapellmeisters, musikalische Leiden*.[39] Über die Entstehung ist nichts bekannt, sie dürfte kurz zuvor geschrieben worden sein. Mit diesem Text tritt Kreisler in die Literatur, so gut wie unbemerkt – es ist kein unmittelbares Rezeptionszeugnis bekannt. Er wurde eine der berühmtesten Künstlergestalten der Romantik und der europäischen Literatur.

Der Text ist in der Form eines inneren Monologes geschrieben; Beobachtungen und Reflexionen, die der Kapellmeister am Abend nach einem musikalischen Tee im Hause eines Barons aufgezeichnet hat. Kreisler nennt diesen Abend »hundsvöttisch« und »verlungert«, seine Aufzeichnungen selbst eine »Klageschrift«, das Protokoll »höllischer Qualen«.[40] In seinen satirischen Beschreibungen karikiert er die beliebte gesellschaftliche Veranstaltung des »musikalischen Tees«, bei dem neben Getränken »auch immer etwas Musik präsentiert« wird, »die von der schönen Welt ganz gemütlich so wie jenes eingenommen wird«.[41] Die Gesellschaft degradiert mithin Kunst zur Ware. In Kreislers Schilderung des Abends wird durch zahlreiche Bemerkungen deutlich, daß es sich um ständig wiederholte Rituale handelt: Die Töchter des Gastgebers weigern sich zunächst zu singen, aber der Diener, der dies alles längst kennt, hat inzwischen das Klavier hergerichtet und das Notenbuch aufgeschlagen. Als schließlich die Dame des Hauses ihre Töchter auffordert, den Bitten der Gesellschaft zu folgen, weiß Kreisler, daß dies das »Stichwort« seiner »Rolle« ist. Er spielt mit, teils belustigt, teils verärgert, resigniert und spöttisch (nicht zuletzt, weil ihn die hübsche und musikalische Nichte des Barons an das Haus fesselt). Kreisler schlichtet den Streit, welche der beiden

Töchter beginnen soll, mit einem genialen Einfall – er schlägt ein Duett vor. Erst die schriftliche Wiedergabe ermöglicht es ihm, seine ironische Distanz deutlich zu machen: Nach dem Begriff »Einfall« fügt er in Klammern ein: »ich habe ihn jedesmal!«[42] In der Folge werden einzelne singende Damen der Gesellschaft karikiert, die Musik wird vermischt mit den Geräuschen vom nahen Kartentisch. Hier prallen die heterogenen Welten auch sprachlich aufeinander: »Ach ich liebte – acht und vierzig – war so glücklich – ich passe – kannte nicht – Whist – der Liebe Schmerz«.[43] Schließlich wird der Kapellmeister selbst vorgeführt, damit von seiner Kunst ein Abglanz auf den Mäzen falle. Freilich legt man ihm aus Versehen Bachs Goldberg-Variationen aufs Pult – als er dies merkt, ist er gern bereit zu spielen, weil er weiß, daß ernsthafte Musik in einer solchen Gesellschaft bald tödliche Langeweile verbreiten wird. Dies tritt in der Tat ein. Die Schlußszene zeigt den Kapellmeister allein mit einem Diener namens Gottlieb (die deutsche Form von Amadeus), der sich immer in seiner Nähe aufhält, um von ihm zu lernen. Im gemeinsamen Spiel von Sonaten endet die Erzählung.

Hoffmanns Meisterschaft zeigt sich in dieser kurzen Geschichte in der Wandlungsfähigkeit seines Stils, im ironischen, humoristischen, sarkastischen, parodierenden Schreiben. Es sind also nicht die künstlerischen Stärken, mit denen er seinen Künstler Kreisler ausgestattet hat und die er in ihm idealisiert. Durchaus im Gegensatz zu Kreisler zieht sich Hoffmann nicht aus der Gesellschaft seiner Zeit zurück, sondern setzt sich mit ihr – wie in diesem Text – in Form der Kritik auseinander.

Etwa zwei Jahre später, im Juni 1812, schrieb Hoffmann einen zweiten Text, der Kreisler als fiktiven Verfasser hat. Er erschien in der *AMZ* am 29.7.1812 unter dem Titel *Des Kapellmeisters, Johannes Kreislers, Dissertatiuncula über den hohen Wert der Musik*.[44] (Der lateinische Begriff, der etwa »kurze gelehrte Bemerkungen« bedeutet, stammt sehr wahrscheinlich vom Herausgeber Rochlitz; Hoffmann selbst verwendete in seinen Briefen das Wort »Gedanken« im Titel.)

Was Kreisler über den hohen Wert der Musik mitteilt, sind die Gedanken eines Banausen. Mit Hilfe dieser Rollenrede gelingt ihm eine treffende Satire auf einen spießbürgerlichen Kunstbegriff, der sich durch seinen kraß ausgesprochenen Utilitarismus entlarvt. Kunst wird auf ihre Funktion für den seinen Geschäften nachgehenden Menschen, der sich Brot und Ehre im Staat erwirbt, reduziert, ihr Wert liegt in ihrer Nützlichkeit, die sich nach dem Grade bemißt, in dem sie dem Bedürfnis nach Unterhaltung und Zerstreuung nachkommt. Dieser Freizeitwert der Kunst ermöglicht dem geschäftigen Menschen sogar »mit gedoppelter Aufmerksamkeit und Anstrengung zu dem eigentlichen Zweck seines Daseins« zurückzukehren.[45] In der Rangfolge der Künste steht auch unter diesem Aspekt die Musik obenan; die Zerstreuung, die sie gewähren kann, ist nicht durch die Anstrengung des Denkens erkauft. Dieser gesellschaftliche Wert der Musik verlangt angemessene musikpädagogische Konsequenzen, nämlich die Kinder einerseits in die Lage zu versetzen, zur gesellschaftlichen Unterhaltung und Zerstreuung beitragen zu können, sie andererseits jedoch auch wieder rechtzeitig von der Ausübung der Kunst zu lösen, denn die Regeln der Gesellschaft gebieten, das Vergnügen der Musik nur passiv zu genießen, indem man sich von Kindern oder von Berufsmusikern vorspielen läßt. Daraus folgt zwingend, daß Künstler der Gesellschaft nicht angehören.

Aber auch der »wahre« Kunstbegriff kommt zur Sprache, nämlich als die Ansicht der unglücklichen Schwärmer, die jene gesellschaftlichen Schranken, die dem Künstler gezogen sind, nicht oder zu spät erkannt haben. Ihre Meinung wird allerdings nicht in entgegengesetzter Rollenrede ausgesprochen, sondern von dem Schreiber lediglich referiert. Dieser Kunstgriff, dem Banausen das Wahre als das vermeintlich Abstruse in den Mund zu legen, ermöglicht einerseits, die zentralen musikästhetischen Positionen unpathetisch zu formulieren, er ergänzt andererseits die ironische Grundhaltung des Textes um ein Moment der Selbstironie, das sich freilich nur einem Leser erschließt, der die wörtlichen Zitate aus Hoffmanns musikästhetischen Texten erkennt.

Am Schluß droht der schreibende Kreisler aus der angenommenen Rolle zu fallen, wenn er den Autor über die Wirkung seines Textes nachdenken und die Möglichkeit erwägen läßt, das redlich Gemeinte könne »als heillose Ironie erscheinen«, ja, er empfinde mit Grausen eine Verwandtschaft mit den von ihm als wahnwitzig erkannten Musikern.[46] Mit dieser Wendung treibt Hoffmann das ironische Spiel auf die Spitze – so daß viele Interpreten nicht mehr imstande waren, zwischen Aussage und Rolle zu unterscheiden. Später erfuhr Hoffmann noch häufig, wie schwer es ist, gegen die wackere Unempfindlichkeit der Literaturkritik für Ironie anzuschreiben.

Don Juan

Hoffmann schrieb seine bis dahin umfangreichste Erzählung *Don Juan. Eine fabelhafte Begebenheit, die sich mit einem reisenden Enthusiasten zugetragen* im September 1812, sie erschien in der *AMZ* vom 31.3.1813.[47] Für Mozarts Dramma giocoso *Il dissoluto punito ossia il Don Giovanni* hatte Hoffmann sich bereits früh begeistert. Er kaufte sich einen Klavierauszug und teilte Hippel am 4.3.1795 mit: Der »*Don Juan* [...] macht mir manche selige Stunden, ich fange an jetzt je mehr und mehr Mozarts wahrhaft großen Geist in der Komposition zu durchschauen.«[48] Wann Hoffmann *Don Giovanni* auf der Bühne sah und hörte, ist unbekannt. Wahrscheinlich waren die Aufführungen Holbeins (mit diesem selbst in der Titelrolle) auf dem Bamberger Theater 1810/11 nicht die ersten, die er miterlebte. 1810 erbat sich Hoffmann von Härtel den neuesten vollständigen Klavierauszug, das weist auf ein intensives Studium während der Bamberger Aufführungen hin. In Bamberg wurde – wie damals in Deutschland üblich – die Oper unter dem Titel *Don Juan* und in deutscher Sprache gegeben; in Hoffmanns Text spielt hingegen gerade die italienische Sprache des Originallibrettos von Lorenzo da Ponte eine zentrale Rolle.

Die Erzählung wurde in der Literatur-, mehr noch in der Opern- und in der Motivgeschichte berühmt als eigenwillige Interpretation des Don Juan-Motivs und des Mozartschen *Don Giovanni* – ein Wendepunkt in der Interpretationsgeschichte, eine neue Deutung durch einen kongenialen Künstler. Diese »romantische« Interpretation blieb für das Verständnis der »Oper aller Opern«[49] – so die später unendlich oft zitierte Formel des »Enthusiasten« – bis heute wichtig.

Die neue Deutung folgt einer umfangreichen Beschreibung einer Aufführung der Mozartschen Oper. Wer diese nicht kennt, wird sie allerdings auch nach der Lektüre des *Don Juan* nur sehr unvollständig kennen, denn die Lücken sind auffällig. Beschrieben wird die Ouvertüre und der Beginn des ersten Aktes, dessen letzte Szenen eher ungenau wiedergegeben werden; auch vom zweiten Akt erfahren wir nur einen Teil, ab Szene 12 bis zum Finale. Das moralisierende Schlußensemble wird weitgehend ausgeklammert. Diese Auslassungen sind erzählerisch durchaus motiviert: Der »reisende Enthusiast«, der die Opernaufführung besucht und schildert, wird durch die Erscheinung einer Gestalt in seiner Loge abgelenkt und verwirrt. Die sich daraus ergebende Fragmentierung bereitet die eigenwillige Interpretation vor, die sich fast ausschließlich auf die Gestalten Don Juan und Donna Anna sowie ihre Beziehung konzentriert – alle anderen Figuren bleiben mehr oder weniger im Hintergrund. Don Juan – in der Tradition der Figur der skrupellose Verführer – wird in der Deutung des Enthusiasten zum fantastischen Sucher nach der vollkommenen Liebe, Donna Anna – in der Tradition und bei Mozart eine Rolle von mittlerer Bedeutung – wird zur Zentralfigur: Aus der betrogenen Verlobten wird die tragische Heldin.

Im Blick auf Mozarts Oper sind dies gravierende Umdeutungen. Da Hoffmann das Werk sehr genau kannte, liegt auf der Hand (allerdings nicht für die meisten Interpreten), daß er sie bewußt vorgenommen haben muß.

In der Forschung dominiert der Blick auf diese Erzählung als der erzählerischen Einkleidung einer Operndeutung. Betrachtet man das Werk jedoch als literarischen Text, so erfolgt die Deutung der Oper zum einen aus der Sicht einer Erzählerfigur; zum anderen stellt die Neuinterpretation nur einen Teilaspekt dar, der eine Funktion für das Erzählganze hat. Diese Funktion wird durch die Betrachtung der Struktur des Textes deutlicher.

Die Erzählung ist in Form eines Briefes angelegt, den der reisende Enthusiast an seinen Freund Theodor schreibt und in dem ein Geschehen, das vom Abend bis zum Mittag des nächsten Tages reicht, chronologisch erzählt wird. In der Einleitung berichtet der Schreiber, wie er unerwartet von seinem Gasthofzimmer in die Fremdenloge des angebauten Theaters geführt worden sei, in dem Mozarts *Don Juan* gegeben wurde. Der erste Hauptteil schildert die Aufführung mit zahlreichen Details sowie den geheimnisvollen Besuch der Donna Anna in der Loge; er schließt mit der Wiedergabe einiger Bemerkungen anderer Opernbesucher an der Wirtstafel, die von den Ansichten des Enthusiasten deutlich abweichen. Der zweite Hauptteil, überschrieben »In der Fremdenloge Nro. 23«, ist sehr ähnlich gebaut: Er schildert die Rückkehr des Enthusiasten um Mitternacht in die Loge, wo er bei einem Punsch seine Deutung des »herrlichen Werkes« entwickelt. Gegen zwei Uhr glaubt er, Annas Stimme zu hören; er schließt mit ekstatischen Ausrufen der Ergriffenheit und Begeisterung. Auch dieser zweite Teil endet mit einem Gespräch an der Wirtstafel: Die Gäste sprechen von der Besessenheit im gestrigen Spiel Donna Annas, der Leser erfährt, daß sie während des Zwischenakts »in Ohnmacht gelegen« haben soll und daß sie »Morgens Punkt zwei Uhr gestorben« sei.[50]

Diese Schlußmitteilungen wirken überraschend, ja als Schock. Sie wurden meist so gedeutet, daß Hoffmann der inspirierten romantischen Kunstsicht seines Erzählers die Meinung banaler Philister gegenüberstelle, um den Gegensatz der beiden Welten zu verschärfen und die Bürger satirisch zu verspotten. Zu dieser Deutung trug bei, daß der Enthusiast das erste Gespräch an der Tafel mit der Bemerkung »Gewäsch«[51] abqualifiziert. Dabei wurde übersehen, daß zu den Äußerungen auch solche gehören, die durchaus im Sinne des traditionellen *Don Giovanni*-Verständnisses liegen. Noch mehr muß irritieren, daß die Schlußszene den Enthusiasten nur als einen von mehreren Gesprächsteilnehmern zeigt, der zudem nicht das letzte Wort behält: Dies gilt vielmehr der Mitteilung von Donna Annas Tod, einem unbezweifelbaren Faktum, das im Widerspruch zum Erleben des Enthusiasten steht.

Wir erfahren nichts von dessen Reaktion auf diese Mitteilung, der Leser muß den Schock selbst, nicht vom Erzähler geleitet, verarbeiten. Der Widerspruch zwischen den beiden Sichtweisen wird nicht aufgelöst. Allerdings wird deutlich: Der Dualismus zwischen den Welten des Enthusiasten und der Philister ist nicht nur einer des Gegensatzes, sondern auch der Komplementarität. Der Absturz vom Erhabenen zum Lächerlichen ist nicht nur Entzauberung, für Hoffmann (allerdings nicht für den Enthusiasten) gehört beides zusammen. Die Erzählweise des Enthusiasten ist sehr stark darauf angelegt, dem Leser die eigene emphatische Sichtweise zu vermitteln und ihm damit auch die Ereignisse in der Loge als Realität darzustellen. Macht sich der Leser diese Perspektive zu eigen, wirkt auf ihn der Schock des Absturzes. Achtet er hingegen stärker auf Erzählhaltung und Struktur, so kann er auch die Einstellung des Enthusiasten distanziert und damit kritisch sehen.

Die Gemütszustände des Enthusiasten werden in kontinuierlicher Steigerung entfaltet. Während der Opernaufführung setzt ihn zunächst die Macht des Gesangs, dann die damit teilweise identifizierte erotische Ausstrahlung der Donna Anna in eine gehobene, freudige, enthusiastische Stimmung; am Schluß der Aufführung ist von der »exaltiertesten« Stimmung die Rede, in der er sich »je befunden«.[52] Diese findet aber im Verlauf des zweiten Aufenthaltes, nach Mitternacht beim Punsch, eine weitere Steigerung, seine Sehnsucht richtet sich in einer Mischung extremer, entgegengesetzter Gefühle auf den »romantischen« Zustand:

Schließe dich auf, du fernes, unbekanntes Geisterreich – du Dschinnistan voller Herrlichkeit, wo ein unaussprechlicher, himmlischer Schmerz, wie die unsäglichste Freude, der entzückten Seele alles auf Erden Verheißene über alle Maßen erfüllt! [...] Mag der Traum, den du, bald zum Grausen erregenden, bald zum freundlichen Boten an den irdischen Menschen erkoren – mag er meinen Geist, wenn der Schlaf den Körper in bleiernen Banden festhält, den ätherischen Gefilden zuführen![53]

Die Erzählung enthält – hier und an anderen Stellen – eine Reihe von Sätzen, die zum Kernbestand romantischer Ästhetik gehören. Die wichtigsten beziehen sich auf zwei Komplexe: die Art des Musikempfindens und dessen Umsetzung in Mitteilung, d. h. in Wörter. Bei beiden Komplexen wurde oft das Ausgesagte mit Hoffmanns Kunstanschauung gleichgesetzt. Es gilt aber, wie stets, die Perspektivierung und Kontextualisierung der Aussagen zu beachten. Der Enthusiast beschreibt sein Musikempfinden sehr detailliert: Er ist froh, die Musik allein zu hören,

um ganz ungestört das so vollkommen dargestellte Meisterwerk mit allen Empfindungsfasern, wie mit Polypenarmen, zu umklammern und in mein Selbst hineinzuziehen! ein einziges Wort, das obendrein albern sein konnte, hätte mich auf eine schmerzhafte Weise herausgerissen aus dem herrlichen Moment der poetisch-musikalischen Exaltation![54]

Hier wird eine Art der Aufnahme von Musik beschrieben, für die traditionelle Bezeichnungen wie Hören und – bei der Oper hinzutretend – Sehen nicht ausreichen: *Alle* Empfindungsfasern werden angeregt, das Hineinziehen führt zu einer Verschmelzung von empfindendem Subjekt und Kunstwerk. Der Enthusiast eignet und verwandelt es sich im Wortsinne an.

Ein zweites zentrales ästhetisches Problem bezieht sich auf die sprachliche Wiedergabe des auf solche Weise Empfundenen. Damit ist das Problem der Übersetzbarkeit von Kunst angesprochen, das in der Frühromantik, insbesondere bei Novalis, eine zentrale Rolle spielt. Der Enthusiast schreibt Theodor, er könne diesem nicht mitteilen, was Donna Anna ihm gesagt habe, denn es sei für ihn unmöglich, ihr Toskanisch (von dem er zuvor sagte, es wirke auf ihn »wie Gesang«[55]) ins Deutsche zu übersetzen, da es dann matt und ungelenk wirke. Die Deutung, die der Enthusiast – trotz der vorangeschickten Erklärung – von der Oper gibt, nennt er eine Deutung nur aus der Musik, »ohne alle Rücksicht auf den Text«.[56] Auch damit wird die Unzulänglichkeit der Wörter betont, obwohl eine Erzählung selbstverständlich nicht vergessen machen kann, daß sie ausschließlich aus Wörtern besteht, und zwar in diesem Fall keineswegs aus »toskanischen«.

Seine Einstellung zum Problem der Übersetzung bzw. der Interpretation eines Kunstwerkes formuliert der Enthusiast so:

Nur der Dichter versteht den Dichter; nur ein romantisches Gemüt kann eingehen in das Romantische; nur der poetisch exaltierte Geist, der mitten im Tempel die Weihe empfing, das verstehen, was der Geweihte in der Begeisterung ausspricht.[57]

Dieser Satz ist oft als das Credo Hoffmanns und als ein Grundprinzip romantischen Kunstverstehens bezeichnet worden. Er war auch die eigentliche Rechtfertigung für die allgemeine Hochschätzung der *Don Giovanni*-Interpretation, etwa in dem Sinne: Nur der Dichter Hoffmann könne den Künstler Mozart verstehen. Die Strukturbetrachtung der Erzählung hat aber ergeben, daß der Enthusiast die Oper eher mißversteht bzw. seinen eigenen Vorstellungen und Problemen anpaßt; diese Einsicht setzt den Satz jedoch nicht außer Kraft. Er fordert vielmehr den Leser auf, zum »romantischen Gemüt« – in diesem Sinn: zum »Dichter« – zu werden und das Kunstwerk – die Erzählung *Don Juan* – zu verstehen. Damit schlägt *Don Juan* die Brücke zu dem wenige Monate später geschriebenen Märchen *Der goldene Topf*, wo dem »poetischen Gemüt« Anselmus eben diese Fähigkeit vermittelt wird, die ihn in einem höheren Sinn zum Dichter macht.

Tagebücher

Hoffmann hat, wie oben bereits erwähnt, erstmals in Płock Tagebuch geführt, ein knappes halbes Jahr (1803-1804). In Bamberg führte er seit dem 1.1.1809 Tagebuch, ebenso in der folgenden Zeit in Sachsen und Berlin bis Anfang 1815. Insgesamt ist sein Tagebuchwerk eher schmal, etwa 200 Druckseiten; davon entfällt deutlich mehr als die Hälfte auf die Bamberger Zeit.

Für den Umgang der Forschung mit Hoffmanns Tagebüchern gilt weitgehend das über die Behandlung der Briefe Gesagte: Sie wurden vor allem als Steinbruch von Fakten und Daten betrachtet, darüber hinaus als wichtigste Quelle für die Biographie dieser Jahre. Dabei galten die Tagebücher als verläßlicher, weil hier der Adressatenbezug fehlt und der damit oft einhergehende literarisierte, effektgerichtete, gelegentlich verfälschende Umgang mit der Wirklichkeit entfällt. Bereits beim Płocker Tagebuch wurde darauf hingewiesen, daß diese Betrachtungsweise unzulässig vereinfacht, die Unterschiede sind eher gradueller Natur. Auch die Tagebücher sind literarische Texte; als solche sind sie bisher nicht, allenfalls ansatzweise gelesen worden. Dazu trug – außer der generellen Zurückhaltung gegenüber dieser Textsorte – die Art der Eintragungen bei. Hoffmann benutzte nur in Płock ein Heft, später stets Kalender: Diese hatten ein Wochenkalendarium (der für 1814 ein Monatskalendarium) auf zwei gegenüberliegenden Seiten, mit einem Durchschußblatt. Für eine Tagesaufzeichnung standen also nur wenige Zeilen zur Verfügung, über die Hoffmann selten hinausging, das Durchschußblatt benutzte er nur gelegentlich. Es finden sich also (außer in der Płocker Zeit) ganz selten längere zusammenhängende Sätze und mehr als einige Zeilen, häufig sind hingegen Stichwörter und sehr kurze Notizen. Hoffmann kann sich mithin nicht – oder nur selten – in ähnlicher Form narrativ entfalten wie in den Briefen.

Nichtsdestoweniger bilden die Tagebücher einen sehr wichtigen Textbestand. Hier liegen in bestimmten Bereichen bemerkenswerte Ansätze zu den literarischen Texten im engeren Sinn vor – nicht so sehr in Erzählkeimen, in bestimmten Szenen und Bildern, sondern (wie ebenfalls bereits beim Płocker Tagebuch angedeutet) als Zwischenstationen der Umwandlung von »Leben« und »Wirklichkeit« in Literatur. Besonders ergiebig sind dabei in den Bamberger Jahren zwei Themenkreise: das eigene Ich und die Beziehung zu Julia Mark. Hier finden sich Notizen und Hinweise, die wahrscheinlich subjektiv ziemlich ehrlich sind; hier – wenn überhaupt irgendwo – spricht Hoffmann sich gelegentlich (fast) unmittelbar aus, schreibt er unter dem direkten Eindruck von Gefühlen, Beobachtungen. Aber auch diese »unmittelbaren« Dokumente zeigen den Schreiber häufig zugleich als Beobachter: seiner selbst, Julias und beider Rolle in einem »romantischen« Schauspiel. Bemerkungen zu dem ersten Themenkomplex – Ich-Konfiguration – erfolgen später im Zusammenhang mit der Identitätsproblematik. Hier soll es zunächst um die Julia-Thematik gehen.

Hoffmann gab seit Beginn seiner Bamberger Zeit der damals noch nicht dreizehnjährigen Julia (sie wurde am 18. März 1796 geboren, war also fast genau 20 Jahre jünger als Hoffmann) und ihrer jüngeren Schwester im Hause Mark Gesangsunterricht. Das Tagebuch 1809 verzeichnet ihren Namen nur einmal, bei einem Gesangsauftritt. Der Jahrgang 1810 fehlt (vermutlich ist das Heft vernichtet worden, es ist eher unwahrscheinlich, daß Hoffmann in diesem Jahr keine Aufzeichnungen machte). In den Tagebüchern 1811 und 1812 ist ständig von Julia Mark die Rede. Allerdings wird der Name selbst nur selten genannt. In den ersten Wochen des Jahres 1811 finden sich nebeneinander: Julchen, KvH, Käthchen von Heilbronn, Kthch, Kth, Ktchn, dann fast nur noch Ktch.

Als Erklärung für die Verschlüsselung wird allgemein angegeben, daß Hoffmann seine Liebe vor seiner eifersüchtigen Ehefrau verbergen wollte (aus diesem Grund benutzte Hoffmann gelegentlich griechische Buchstaben); dies ist jedoch allenfalls ein sekundäres Motiv, denn der Kontext weist öfter eindeutig auf das Haus Mark. Das Muster der literarischen Verschlüsselung ist aus Hoffmanns frühen Briefen bekannt, in denen Dora Hatt als »Cora« auftaucht: die Verwandlung der Geliebten in eine Schauspielfigur. Über Kleists »großes historisches Ritterschauspiel« *Das Käthchen von Heilbronn*, 1810 uraufgeführt und erschienen, schrieb Hoffmann 1812 an Hitzig:

Sie können denken wie mich das Kätchen begeistert hat; nur drei Stücke haben auf mich einen gleichen tiefen Eindruck gemacht – das Kätchen – die Andacht z[um] K[reuze] und Romeo und Julie – sie versetzten mich in eine Art poetischen Somnambulismus in dem ich das Wesen der Romantik in mancherlei herrlichen leuchtenden Gestaltungen deutlich wahrzunehmen und zu erkennen glaubte![58]

Damit werden Hauptwerke und -merkmale eines Romantikbegriffs genannt, der mehr an den universalen Kunstvorstellungen August Wilhelm Schlegels als an den Theorien der deutschen Frühromantik orientiert ist. In Kleists Schauspiel wird das fünfzehnjährige Käthchen in der Eingangsszene von seinem Vater so charakterisiert: »Ein Wesen von zarterer, frommerer und lieberer Art müßt ihr euch nicht denken, und kämt ihr, auf Flügeln der Einbildung, zu den lieben, kleinen Engeln, die, mit hellen Augen, aus den Wolken, unter Gottes Händen und Füßen hervorgucken.« Käthchen ist die Verkörperung der Unschuld und der Grazie, ihr Gefühl ist unbeirrbar, in somnambulem Zustand weiß und fühlt sie das Rechte, sie folgt ihrer Liebe gegen alle äußeren Hindernisse in der Familie und der Gesellschaft. Hoffmann projiziert dieses Idealbild auf die zu Beginn der Affäre etwa gleichaltrige Julia.

Hoffmann notiert lange Zeit überwiegend seine Gefühlsregungen im Verhältnis zu »Ktch«. Am häufigsten: »Exaltirt«, »Exaltation«, »Enthusiasmus« bis zum »Wahnsinn«.

Aber von Beginn an findet sich das erwähnte Phänomen, sich und das Verhältnis auch von außen zu sehen, als Schauspiel:[59] »Ktch – Ktch – Ktch O Satanas – Satanas – Ich glaube, daß ir-

12. Tagebucheintrag vom 3. 1. 1811.

gend etwas hochpoetisches hinter diesem Daemon spukt, und in so fern wäre Ktch nur als Maske anzusehn – *demasquez vous donc, mon petit Monsieur!*«[60] (19.1.1812).

Die Spiegelungsfläche des Kunstwerks wird noch komplexer, als Holbein beschließt, *Käthchen* in Bamberg zu inszenieren; die Erstaufführung findet am 1.9.1811 statt. Hoffmann ist von Beginn an in verschiedenen Funktionen beteiligt, vor allem als Theatermaler. Erhalten ist sein Entwurf zu dem Bühnenbild, das den Beginn des Burgbrandes zeigt (wahrscheinlich stammt auch ein weiterer Entwurf – eine Brücke mit Durchblick auf eine gotische Kirche – von ihm).

Über seine Mithilfe hinter der Bühne notierte er (zur zweiten Wiederholung): »Abends im *Kätchen von Heilbronn* beim Burgbrand geholfen«; und da ihm die Mehrdeutigkeit dieses Tuns und einer derartigen Notiz natürlich bewußt ist, fährt er fort: »Sehr komische Stimmung – Ironie über mich selbst – ungefähr wie im Shakespeare wo die Menschen um ihr offnes Grab tanzen.«[61] Hier wird also das Theaterbild durch ein zweites gebrochen, eine Szene, die Komik, Leben (Tanz) und Tod verbindet. Auch Shakespeares *Romeo und Julia*, von Hoffmann unter den drei für ihn wichtigsten Schauspielen genannt, wird – veranlaßt vor allem durch den Namen der tragischen Heldin – zu einem wichtigen Bezugstext für das literarische Spiel mit und um Julia.

Es ist nicht genau zu sagen, wann Hoffmann begann, das Bild – oder Bilder – Julias in zur Veröffentlichung gedachte Texte einzubauen. Möglicherweise war das bereits im ersten Kreislerianum der Fall; allerdings ist unbekannt, wie weit das Verhältnis zu diesem Zeitpunkt bereits entwickelt war. Das Bild der begabten Gesangsschülerin Kreislers bleibt noch blaß und, als

2. Bamberg: »Lehrjahre« und mehr (1808-1813)

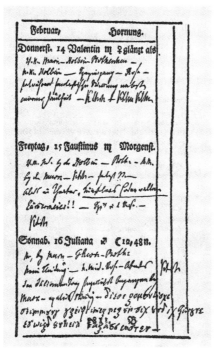

13. Tagebucheinträge vom 14. bis 16. 2. 1811.

Motiv, warum er seine »musikalischen Leiden« nicht beendet und das Haus der philiströsen Bürger nicht verläßt, im Hintergrund.

Nachricht von den neuesten Schicksalen des Hundes Berganza

Die erste deutliche erzählerische Spiegelung des Julia-Komplexes findet sich in der Erzählung *Berganza*. Seit langem gilt sie als der am stärksten und direktesten autobiographisch geprägte Text Hoffmanns. Die zeitgenössischen Kritiker lasen ihn unbefangener. Außer dem anonymen Rezensenten der *Heidelbergischen Jahrbücher der Litteratur* (dem mit den Bamberger Verhältnissen bekannten Schriftsteller Friedrich Gottlob Wetzel), der in einigen Teilen einen »fast persönlichen Grimm«[62] des Verfassers konstatiert, schenkte niemand den einschlägigen Partien größere Aufmerksamkeit. Erst nach Hoffmanns Tod rückte durch die Schriften von Carl Friedrich Kunz der autobiographische Bezug in den Vordergrund. (Den *Erinnerungen* von Kunz verdanken wir, außer Hoffmanns eigenen Texten, die meisten Informationen – detailreich, anekdotenfreudig, unzuverlässig – über die Bamberger Zeit. Der Weinhändler war häufiger Zech- und Gesprächspartner Hoffmanns.

14. Kunz lesend im Bett. Hoffmann daneben, Bamberg 1809-1813.

Auf Anregung Jean Pauls, den er ebenfalls seinen »Freund« nannte, richtete er 1812 eine sehr große Leihbibliothek ein, Hoffmann half bei der Anfertigung des Katalogs und war ein eifriger Benutzer dieses »neuen Leseinstituts«.) Kunz erklärte – oder behauptete –, der konkrete äußere Anlaß zur Konzeption dieser Erzählung sei ein für Hoffmann verhängnisvolles Ereignis wenige Tage nach Julia Marks Verlobung mit dem Hamburger Kaufmann Johann Gerhard Graepel im September 1812 gewesen. Bei einer Nachfeier in Pommersfelden habe sich Graepel so betrunken, daß er herumtorkelte und stürzte, »alle Viere von sich streckend«; darauf habe ihn Hoffmann als »Sch-hund« und »gemeinen prosaischen Kerl« beschimpft, zur Empörung der

2. Bamberg: »Lehrjahre« und mehr (1808-1813)

15. Medizinaldirektor Pfeuffer untersucht Kunz' Zunge. Rechts Hoffmann.
Federzeichnung. Bamberg 1809-1813. Danach Radierung.

Konsulin Mark, die Hoffmann den weiteren Umgang mit Julia verboten habe. Am Tage nach dieser Affäre sei Hoffmann zu ihm gekommen und habe ihm verkündet, er wolle über den verhängnisvollen Auftritt und seine sonstigen »Reminiscenzen aus seinem Bamberger Leben« ein »vortreffliches Buch schreiben, ein ganz vortreffliches, – die Welt wird erstaunen und damit zufrieden sein!«[63] Dieser von Kunz behauptete Kausalzusammenhang wurde seit dem frühen 20. Jahrhundert, nach der Edition der Tagebücher und unter dem Einfluß der Psychoanalyse, aufgegriffen und ausgesponnen: Die Gestalt Julias rückte in den Mittelpunkt der Bamberger Jahre, und für Hoffmann-Biographen wurde *Berganza* zu einem Schlüsseltext. Das geht bis zu der beliebten und bis heute wiederholten Deutung, die Liebe zu Julia und die erzwungene Entsagung habe den Künstler Hoffmann geschaffen. Diese vulgärpsychologische Mär bieten noch Schriftsteller wie Fritz J. Raddatz in *Männerängste in der Literatur. Frau oder Kunst* (1993) und – deutlich subtiler gewendet – Peter Härtling in *Hoffmann oder Die vielfältige Liebe. Eine Romanze* (2001) als Erklärung des Geheimnisses von Hoffmanns Kunst an. Von den generellen methodischen Fraglichkeiten solcher Kurzschlüsse abgesehen: Schon die Existenz des *Ritter*

Gluck widerspricht dieser These. Richtig hingegen ist: Das Julia-Erlebnis – die Art von Hoffmanns Liebe, die Erfahrung mit seinem eigenen Körper, mit den Gesetzen der bürgerlichen Gesellschaft, mit der Behandlung des Künstlers als Außenseiter – wurde zu einem Fundus für sein literarisches Werk und einige seiner zentralen Aspekte wie das Verhältnis von Kunst und Liebe oder das Frauenbild.

Die erste der zahlreichen Spiegelungen des Julia-Erlebnisses – in *Berganza* – ist noch wenig kunstvoll. Der »litterarisch-poetisch-künstlerische Zirkel« um die vornehme »Dame«[64] enthält wohl einige satirisch gefärbte Erinnerungen an den Salon der Konsulin Mark. Die Dame gleicht der Konsulin vor allem in ihrem Kunstempfinden sowie in der rigorosen materialistischen Steuerung der Zukunft ihrer Tochter Cäzilia. Diese ist sowohl in ihrem Äußeren als auch in ihrem Charakter und ihrer Einstellung zur Kunst ein idealisiertes Abbild von Hoffmanns Musikschülerin Julia Mark. Schließlich gibt der lächerliche Bräutigam »George« ein (durch die Eifersucht verzerrtes) Bild von Graepel. Diese Beziehungen lassen sich bis in Einzelheiten nachweisen. Vor einer zu engen autobiographischen Deutung sollte allerdings – ganz abgesehen von erzähltheoretischen Erwägungen – bereits die Tatsache warnen, daß Hoffmann die eigene Rolle in der Julia-Geschichte ausspart bzw. auf verschiedene Figuren aufteilt: den Musiklehrer, Kreisler und den Erzähler sowie Berganza – in dessen Attacken gegen den Bräutigam vielleicht einiges an Wunschhandeln des Kapellmeisters Hoffmann eingegangen ist. Dieser Einschätzung autobiographischen Materials widerspricht nicht, daß Hoffmann ein Sonett, das er zu Julia Marks 15. Geburtstag geschrieben und in sein Tagebuch eingetragen hatte, als »Sonett an Cäzilia« in die Erzählung montierte: Der Kontext gibt dem Tagebuchblatt einen anderen Status.

Die beschriebene Konstellation zog psychoanalytische Deuter an. Über deren Folgerungen für Hoffmanns Biographie kann man diskutieren. Zum Verständnis der Erzählung trägt dies nur in begrenztem Maße bei. Sie kann als literarischer Text auch ohne detaillierte Kenntnis des autobiographischen Kontexts gelesen werden.

Wulf Segebrecht faßt die Behandlung des Autobiographischen in *Berganza* so zusammen:

so sehr diese Erzählung von ihrem autobiographischen Hintergrund her verstanden werden kann und soll, so wenig kann doch davon die Rede sein, daß hier die »bitteren Erfahrungen Hoffmanns [...] ihren unmittelbarsten Ausdruck« [Gerhard Seidel] gefunden hätten. [...] Die Verwandlungen, die Hoffmann an seinem autobiographischen Stoff vorgenommen hat, betreffen nicht in erster Linie das Faktische, sondern sie betreffen die Form ihrer Darbietung.[65]

Für solchen überlegten Umgang mit autobiographischem Material spricht zum einen, daß die Literarisierung des Julia-Erlebnisses schon vor dem *Berganza* einsetzt (in den Tagebüchern); zum anderen, daß in der Erzählung selbst das Problem des Verhältnisses von Dichtung und Leben reflektiert wird:

Niemals werde ich mich davon überzeugen, daß der, dessen ganzes Leben die Poesie nicht über das Gemeine, über die kleinlichen Erbärmlichkeiten der konventionellen Welt erhebt, [...] ein wahrhafter aus innerem Beruf, aus der tiefsten Anregung des Gemüts hervorgegangener Dichter sei.[66]

Solche Äußerungen des »poetischen Hundes« bilden den Kern einer Poetik des Autobiographischen, die in *Berganza* in Theorie und Praxis entfaltet wird.

Die erste konkrete Spur der *Berganza*-Erzählung ist eine Tagebuchnotiz vom 17. Februar 1813: »mit Glück am *Berganza* gearbeitet – Hexenszen[e]«.[67] Da das Stichwort nicht nur den Titel bereits benennt, sondern damit auch die Konstruktion des gesamten Textes, und da die Hexenszene nicht am Anfang steht, ist mit Sicherheit festzuhalten, daß die Anfänge dieses Erzählprojekts weiter zurückliegen. Für den oben zitierten ausführlichen Bericht von Kunz über die Entstehung des *Berganza* gibt es allerdings keinen Beleg. Und ebensowenig relevant ist Kunz' Hinweis, auf die Form dieser Erzählung sei Hoffmann durch den Hund der Besitzerin des Gasthauses »Zur Rose« gekommen, mit dem er oft spazieren gegangen sei und sich unterhalten habe.

Wie auch immer: der Haushund Pollux der Madame Kauer, wenn er denn wirklich das Vorbild gewesen sein sollte, wurde so stark literarisiert, daß er völlig hinter dem literarischen Hunde verschwand. Da Hoffmann nicht wie früher bei den Briefen an Theodor Hippel mit einem »kongenialen« und »sympathetischen« Leser rechnen konnte, half er durch eine Anmerkung nach und erklärte die Anspielung mit dem Hinweis auf das Gespräch der beiden Hunde Scipio und Berganza aus der Erzählung *El casamiento engañoso* aus Cervantes' berühmter Sammlung *Novelas ejemplares*.

Cervantes war in der Romantik für Deutschland als einer der größten Autoren der Weltliteratur entdeckt worden. Entsprechend bekannt war er zu dieser Zeit, so daß Hoffmann sich auf die Nennung der Erzählung und einige punktuelle Hinweise beschränken konnte. Er benutzt sie als Folie, als Prätext, auf den er mehrfach zurückgreift, den er aber in erster Linie in der eigenen Gegenwart weitererzählt. Damit setzt er allerdings einen Leser voraus, der die Geschichte zumindest in den Grundzügen kennt.

Hoffmann arbeitete die Schrift, seine bis dahin umfangreichste Erzählung, in den folgenden Wochen aus; am 29. März notierte er in sein Tagebuch: »Bei Kunz mit dem Manuskr. des *Berganza*.«[68] In seinen Erinnerungen berichtet Kunz, er habe das Manuskript als zu scharf empfunden und eine Abschwächung empfohlen. Einige Tage später habe Hoffmann dann »den revidirten Berganza« geschickt mit der Bemerkung, daß er nun keine Zeile mehr ändern werde, »wozu er sich aber späterhin doch geneigt finden mußte«.[69] Kunz bietet einen längeren Auszug aus dieser ersten Fassung (der allerdings nicht sehr scharf ist und nicht wesentlich von der endgültigen Fassung abweicht). Die Erzählung erschien zwar erst ein Jahr später, gehört aber entstehungsgeschichtlich noch in die Bamberger Zeit, daher soll sie hier näher behandelt werden.

Die Idee, ein Tier zum Helden einer Erzählung, die nicht Märchen oder Fabel sein will, zu wählen, hat Hoffmann zwar unmittelbar von Cervantes' Werk übernommen; er hat dem Tier jedoch durch die Versetzung in die Gegenwart und durch die vernunftmäßige Ausstattung eine eigene Prägung gegeben. Damit wandte Hoffmann zum erstenmal eine Darstellungsform an, die er im späteren Werk vielfach – bis hin zu *Kater Murr* und *Meister Floh* – weitergeführt und differenziert hat. Speziell auf die Gestaltung Berganzas zielt der Hinweis des ersten Fantasiestücks über die Tierfiguren Callots: »Die Ironie, welche, indem sie das Menschliche mit dem Tier in Konflikt setzt, den Menschen mit seinem ärmlichen Tun und Treiben verhöhnt, wohnt nur in einem tiefen Geiste«.[70] Die Darstellungsweise ist mithin durchgehend ironisch, die Menschenwelt wird durch den Mund und das Verhalten des Tieres entlarvt und »verhöhnt«.

Hoffmann liebte – wie bereits *Ritter Gluck* zeigt – das dramatische Erzählen mit langen Dialogszenen. Dieses Verfahren war im 18. Jahrhundert vor allem für erzählerisch-theoretische Mischformen beliebt. Diderots Roman *Le Neveu de Rameau* ist nur eines von zahlreichen derartigen Werken – für Hoffmann besonders wichtig, weil er zu seinen Lieblingsbüchern zählte (in *Berganza* wird zweimal daraus zitiert). In *Berganza* wird der Dialog fast durchgängig angewandt: Die erzählenden Teile haben nur noch einführenden, verbindenden oder erläuternden Charakter. Diese am Drama geschulte, direkte Darstellungstechnik gebrauchte Hoffmann später immer wieder, in ähnlich hohem Maße wie im *Berganza* allerdings nur noch einmal: in den *Kunstverwandten* bzw. den *Seltsamen Leiden eines Theater-Direktors*. Dieses spätere Werk führt auch im Bereich der Theater- und Kunstgespräche die entsprechenden Teile des *Berganza* inhaltlich weiter.

Die Gesprächsform verbürgt nicht nur Lebendigkeit und Unmittelbarkeit, sie eröffnet auch eine Reihe von erzählerischen Freiheiten: Sie erlaubt Abschweifungen, Sprunghaftigkeit. Die Tatsache, daß einer der Gesprächspartner ein Tier ist, eröffnet eine zugleich verfremdende und komische Sicht auf die Menschenwelt und ermöglicht die Darstellung von Ereignissen, die sonst für den zeitgenössischen Leser sehr anstößig (bzw. noch wesentlich anstößiger) gewesen wären, wie etwa die grobianisch-pikante Schilderung von Cäzilias Hochzeitsnacht.

Die gewählte Form bietet dem Erzähler die Freiheiten, sehr Heterogenes miteinander zu verbinden: die auf Cervantes' Novelle in einem engen Geflecht rückbezogene Geschichte von Berganza; eine Erzählung mit zahlreichen autobiographischen Bezügen; Gespräche über Kunst, von allgemeinen ästhetischen Problemen bis hin zu sehr konkreten Fällen aus der zeitgenössischen Kunstpraxis; Einblicke in das bürgerliche Kulturleben einer Kleinstadt. Die Aufteilung auf zwei Sprecher verhindert eine vorschnelle Gleichsetzung von Äußerungen mit Ansichten Hoffmanns. Es kommt hinzu, daß fast durchweg der Ich-Erzähler die Rolle des gelegentlich etwas naiven Fragers und des Stichwortgebers spielt, während die genauen, scharfen, meistens klarsichtigen, oft entlarvenden, manchmal boshaften und zynischen Analysen und Urteile von Berganza stammen.

Wissenschaftsdiskurse: Medizin, Naturphilosophie

Der Künstler Hoffmann konnte in Bamberg nur wenig von anderen lernen. Dennoch erhielt sein literarisches Werk in dieser Zeit wichtige Impulse, deren Bedeutung sich erst in den folgenden Jahren erweisen sollte. Dazu gehören in erster Linie die Anregungen, die er aus der Beschäftigung mit medizinischen und naturphilosophischen Fragen erfuhr. Das gilt insbesondere für zwei eng miteinander zusammenhängende Themen aus dem Komplex der psychischen Krankheiten: Wahnsinn und animalischer Magnetismus.

Den Diskussionsstand seiner Zeit hat Kant in seiner *Anthropologie in pragmatischer Sicht* zusammengefaßt: Für den aufgeklärten Verstand besteht eine klare Trennungslinie zwischen Gesundheit und Krankheit, damit auch psychischer Krankheit, Wahnsinn. Ärzte und Staat reagierten seit Ende des 18. Jahrhunderts immer eindeutiger darauf: Sie schufen eigene Institutionen – Irrenhäuser –, um diese Patienten von der »gesunden« Gesellschaft fernzuhalten. Vor allem in Frankreich und England entstand eine Reihe von Werken zu dieser Thematik. Sie wurden zum großen Teil rasch übersetzt und in Deutschland rezipiert. Das Wissen und die sehr unterschiedlichen Meinungen der Zeit wurden in Handbüchern und Kompendien gesammelt.

Der wichtigste neue Ansatz, psychisch kranke Menschen zu heilen, war die von dem Arzt Franz Anton Mesmer entwickelte Lehre vom animalischen Magnetismus. Er bot nicht nur eine Einzelfallbehandlung, sondern stellte Krankheit und Heilung in den größeren Zusammenhang einer Naturphilosophie. Dieser Versuch zur Systematisierung und zur Integration in theoretische Systeme wurde insbesondere in Deutschland fortgesetzt, vor allem von Schelling (*Von der Weltseele*, 1803), und popularisiert, so von dessen Schüler Gotthilf Heinrich Schubert (*Ansichten von der Nachtseite der Naturwissenschaft*, 1808).

Erst die neuere Forschung (angeregt durch Wulf Segebrecht, weitergeführt durch Franz Loquai, Friedhelm Auhuber u. a.) hat gezeigt, daß Bamberg um 1800 ein Zentrum der medizinischen Wissenschaften wurde. Der Arzt Adalbert Friedrich Marcus verband in einer in Deutschland seltenen Weise Theorie und Praxis: Er beschäftigte sich in Traktaten mit den theoretischen Fragen, als Direktor des allgemeinen Krankenhauses und Leiter der Irrenanstalt St. Getreu wandte er seine Überlegungen in der Praxis an. Zahlreiche prominente Besucher – Mediziner, Naturphilosophen, aber auch an diesen Fragen interessierte Schriftsteller – kamen nach Bamberg, um sich über die neuesten Entwicklungen zu informieren (Schelling, Schubert, Johann Christian Reil, Henrich Steffens, August Wilhelm und Friedrich Schlegel). Hoffmann war mit Marcus näher bekannt, mit dessen Neffen Friedrich Speyer befreundet. So kam er mit den neuesten Entwicklungen und Diskussionen auf diesen Feldern in enge Berührung, ein Wissen, das er durch Lektüre erweiterte. Eine Reihe einschlägiger Werke erwähnt er in Briefen und Tagebüchern, aber auch in seinen literarischen Werken selbst. In der Leihbibliothek von Kunz befand sich eine Abteilung mit medizinischer Fachliteratur. Zwar lassen sich Umfang und Intensität der Benutzung durch Hoffmann nicht genauer nachweisen, aber es ist gesichert: Hoffmann kannte zahlreiche dieser Werke gut und benutzte sie sehr häufig, so das erste Standardwerk der neuen Wissenschaft, den »Pinel« (Philippe Pinel: *Traité medico-philosophique sur l'aliénation mentale ou la manie*, 1801; dt.: *Philosophisch-medizinische Abhandlung über Geistesverwirrungen oder Manie*, Wien 1801), das Kompendium von Johann Christian Reil, *Rhapsodieen über die Anwendung der psychischen Curmethode auf Geisteszerrüttungen* (Halle 1803) und dessen *Ueber die Erkenntniß und Cur der Fieber* (4 Bände, Halle 1799- 1805, darin Band 4: Nervenkrankheiten) sowie Carl Alexander Ferdinand Kluges: *Versuch einer Darstellung des animalischen Magnetismus als Heilmittel* (Berlin 1811). Auch die intensive Beschäftigung mit den genannten Arbeiten von Schelling und Schubert ist belegt. Dazu kommt die Kenntnis zahlreicher Werke der Speziallitteratur, sei es durch direkte Lektüre, sei es – und in erster Linie – durch deren ausführliche Wiedergabe in den genannten Kompendien und Handbüchern, die insbesondere Fallbeispiele aus älterer Literatur in großem Umfang zitierten.

Über Hoffmanns literarischen Umgang mit diesem Wissen wird ausführlicher zu reden sein, wenn die genannten Phänomene des Wahnsinns (in den *Kreisleriana*) und des Magnetismus (in *Der Magnetiseur*) erstmals in größerem Umfang in Erzählungen eingehen. Vorwegnehmend kann man zusammenfassen, was Hoffmann aus dem Umgang mit den Bamberger Medizinern und durch Lektüre über den Stand der Diskussion gelernt hatte: Die »Humoralpathologie«, die bis ins 18. Jahrhundert dominierte, galt als veraltet, psychische Leiden werden nun nicht mehr als Folge eines Ungleichgewichts der Körpersäfte angesehen, sondern als Nervenleiden, als seelische Störungen, die mit »psychischen Kuren« behandelt werden können. Die früher angenommene klare Trennungslinie zwischen Gesundheit und Krankheit gilt nicht mehr, die Übergänge sind fließend. Die psychischen Krankheiten umfassen in dieser neuen Sichtweise ein breites Spektrum von Melancholie über partiellen Wahnsinn und fixe Ideen bis zum vollständigen Wahnsinn. Aus der Sicht der »Gesunden« (insbesondere der guten Bürger und der Philister, die sich dafür hielten) galten auch bereits Menschen mit leicht von der Norm abweichendem Verhalten – Melancholiker, Exaltierte – als »wahnsinnig«. Dafür bieten zahlreiche Personen und Konstellationen in den Werken Hoffmanns ein reiches Anschauungsmaterial. Auch für den Juristen Hoffmann ist die Thematik von Bedeutung: darüber wird unter den Stichwörtern »Zurechnungsfähigkeit« und »Schuldfähigkeit« zu handeln sein.

Schlußbilanz Bamberg

Ein Tagebucheintrag Hoffmanns an seinem 37. Geburtstag, am 24.1.1813, lautete: »Miserable Nacht«.[71] Das bezog sich in erster Linie auf seinen körperlichen Zustand, aber es betraf auch die seelische Verfassung. Denn das Verhältnis zu seiner Musikschülerin Julia Mark, das sein Tagebuch (und in hohem Maße seine Gefühle und Gedanken) in den zurückliegenden Jahren beherrscht hatte, war unter skandalösen und für Hoffmann peinlichen Umständen zu Ende gegangen. Nach dem Zusammenstoß mit Graepel im September 1812 hatte die Konsulin den Musikunterricht ihrer Tochter beendet und Hoffmann »in gewisser Art« das Haus verboten: Dessen gesellschaftliche Stellung in Bamberg war damit unmöglich geworden.

Die Entwicklung des Künstlers Hoffmann war in den über vier Jahren in Bamberg zwar fast kontinuierlich weitergegangen, aber nach wie vor fehlte ein Werk, mit dem er glaubte, an eine größere Öffentlichkeit treten zu können; und wenn er es sich zutraute, war offenbar an ihm als Künstler und an seinen

Kunstwerken keiner von denen ernstlich interessiert, die an den Schaltstellen des Kunstbetriebes standen: Intendanten und Schauspieldirektoren an größeren Häusern in den Metropolen, Herausgeber von renommierten Literaturzeitschriften und Almanachen, Verleger.

Wie seit seinen künstlerischen Anfängen – die mittlerweile etwa 20 Jahre zurücklagen – arbeitete Hoffmann noch immer weitaus am intensivsten als Komponist. Außer den bereits im Zusammenhang mit der Theaterarbeit genannten Bühnenwerken und einigen Liedern (*Sechs italienische Duettinen für Sopran und Tenor* wurden später, 1819, gedruckt) komponierte er nur noch selten Instrumentalmusik: ein *Grand Trio* für Klavier, Violine und Violoncello in E-Dur sowie ein *Miserere* für Soli, Chor und Orchester.[72] Bei diesem erinnern zwar einzelne Teile an Mozarts (von Hoffmann hochgeschätztes) *Requiem*, aber beim genaueren Hinsehen und -hören zeigen sich doch viele eigene Ausprägungen, etwa eine starke Abwechslung in der Besetzung, in klanglicher Hinsicht, wie Keil in einer ausführlichen und detaillierten Analyse nachgewiesen hat. So wird das *Miserere* heute als Hoffmanns bedeutendstes kirchenmusikalisches Werk angesehen. Obwohl sein Werkverzeichnis in der Bamberger Zeit kontinuierlich wuchs und darunter einige (aus heutiger Sicht) durchaus bemerkenswerte Kompositionen waren, blieb ein überregionales Echo nahezu aus, vor allem: Es kam zu keiner Aufführung durch renommierte Bühnen, bekannte Orchester oder Solisten.

Als Maler und Zeichner betätigte sich Hoffmann ebenfalls fast kontinuierlich, aber die künstlerischen Ansprüche waren hier von vornherein wesentlich geringer. Außer den zahlreichen Arbeiten des Theatermalers entstand in diesen Jahren eine Reihe von Zeichnungen, öfter Karikaturen mit Bamberger Szenen und Personen, Freunde und Bekannte, auch Selbstbildnisse, meistens in raschen Strichen hingeworfen.

Selten hat Hoffmann größere und farbige Bilder gemalt, aus der Bamberger Zeit sind zwei überliefert. In dem einen – einer

2. Bamberg: »Lehrjahre« und mehr (1808-1813) 131

16. Familie Kunz. Gouache. Bamberg 1812-1813.

Gouache auf Papier – ist er selbst, in antikem Gewand, mit dem Medizinalrat Marcus vor einer Landschaft zu sehen, beide stilisiert und etwas steif. Wesentlich gelungener ist eine relativ großformatige Gouache (79×67 cm), die Kunz mit Familie zeigt. Hoffmann hat nach den Eintragungen in seinem Tagebuch längere Zeit intensiv an diesem Bild gearbeitet. Es ist gewiß ein gutes Zeugnis für sein Talent als Maler und gehörte auch zu den wenigen, die öffentlich gezeigt wurden: Am 13. 2. 1813 notierte er in sein Tagebuch: »Das FamilienGemälde geendigt und Abends in der Rose [dem Bamberger Theater] ausgestellt Großen Ruhm erhalten«.[73] Die letzte Bemerkung ist allerdings wohl als selbstironisch zu verstehen, der Beifall des Kunzschen Bekanntenkreises und der Theaterbesucher erlaubte kaum den Rückschluß auf die öffentliche Anerkennung des Kunstwerks.

Am deutlichsten nahmen in der Bamberger Zeit Hoffmanns Aktivitäten als Schriftsteller zu. Der Musikrezensent hatte sich als regelmäßiger Mitarbeiter der renommierten Fachzeitschrift etabliert, diese bot auch dem Erzähler ein Forum für erste Versuche. Freilich: vier kurze Texte – noch dazu anonym –, das war noch nicht eben ermutigend. Und dennoch: Während Hoffmann bei früheren Zwischenbilanzen seines künstlerischen Weges eher dazu neigte, vor sich selbst zu übertreiben, so daß man ihn aus der historischen Entfernung etwas korrigieren muß, wäre es bei diesem Fazit Anfang 1813 zum erstenmal umgekehrt. Der kritische Betrachter könnte feststellen, daß in diesen Schriften zentrale Aspekte enthalten waren, die später weite Teile des Hoffmannschen Werkes prägen sollten, eines Œuvre, mit dem er sich in die Weltliteratur eingeschrieben hat. Seit Hans Mayers eindrucksvollem und forschungsgeschichtlich folgenreichem Essay »Die Wirklichkeit E. T. A. Hoffmanns« von 1958 hat sich die Ansicht verbreitet, daß *Ritter Gluck* das Gesamtwerk in nuce enthalte: »Die erste eigentliche Dichtung des damals dreiunddreißigjährigen Hoffmann enthält im Keim die Grundstruktur all seiner späteren poetischen Werke [. . .]. Die Wirklichkeit Hoffmanns trägt im Gesamtwerk die gleichen Züge wie in dieser ersten meisterhaften Erzählung.«[74] Bei aller Hochschätzung des *Ritter Gluck* und Hans Mayers halte ich es für problematisch, in dieser Erzählung den »Prototyp der nachfolgenden Texte« zu sehen.[75] Ich möchte diese Grundlegung vielmehr auf die fünf in diesem Kapitel ausführlicher behandelten Werke ausdehnen: Außer dem *Ritter Gluck* die Beethoven-Rezension, die beiden *Kreisleriana* sowie *Don Juan*; und ich hoffe gezeigt zu haben, daß in diesen Texten zwar nicht »die Grundstruktur all seiner späteren poetischen Werke« liegt, aber doch ganz wesentliche Darstellungsweisen und Schreibformen entwickelt werden, die weite Teile des künftigen Werkes von Hoffmann prägen sollten. *Ritter Gluck* wäre dabei das Modell eines komplizierten und komplexen Umgangs mit der Wirklichkeit, ein Fantasiestück der kühnen Erfindungen – aber auch ein Nachtstück, das einen irrationalen, nicht mit planer Logik auflösbaren Rest an Rätselhaftem, Unheimlichem enthält. Die Beethoven-Rezension zeigt das kritische Potential Hoffmanns, den präzisen Analytiker, der das Geheimnis der Kunst nicht mehr nur im Mystischen beläßt, sondern Annäherungen, Zugangsweisen vorschlägt und der die entscheidende Gegenkraft zur Fantasie, die Besonnenheit, als ästhetisches Grundaxiom einführt. Die beiden *Kreisleriana* zeigen das Kunstproblem abermals von einer anderen Seite, betten es aber sehr viel stärker in Gesellschaftsdarstellung – und das heißt konkret: Gesellschaftskritik und Satire – ein. Hier wird weit mehr als in den beiden anderen Texten auch ironisch, witzig, pointiert formuliert, die Mehrdeutigkeit von Wörtern und Bildern virtuos eingesetzt, zugleich der im *Gluck* nur angedeuteten heterogenen Darstellung einer in zwei Teile aufgesprengten Wirklichkeit breiterer Raum gegeben und hier werden am stärksten die Elemente aufgegriffen – wenn auch noch nicht vollständig –, die von Beginn an in den Briefen Hoffmanns zu finden waren. *Don Juan* schließlich vertieft auf der einen Seite die Musikthematik, das Grundproblem, Töne in Sprache umzusetzen, zum anderen wird, deutlicher als in *Ritter Gluck*, der Erzähler und eine seiner für Hoffmann wichtigsten Eigenschaften – seine Unzuverlässigkeit – Teil der Darstellung.

So wichtig diese Elemente für weite Teile des Gesamtwerks sind, wird man zwei Bereiche noch nicht oder nur im Ansatz finden: Humor in der Bedeutung, die er im späteren Werk gewinnen sollte sowie die Fähigkeit, mit größeren Textkomplexen umzugehen, wesentliche Elemente eines Werkes in seine Strukturen zu verlagern, eine Spannung zwischen Inhalten und Gestaltungsformen herzustellen und künstlerisch fruchtbar zu machen.

Kurz nach dem 37. Geburtstag änderte sich Hoffmanns Situation grundlegend. Ende Februar erhielt er unerwartet von dem

Dresdener Schauspieldirektor Joseph Seconda das Angebot, als Musikdirektor bei ihm zu arbeiten. Kunz berichtet, Hoffmann habe »jubiliert«: »Meine Lehr- und Marterjahre sind nun in Bamberg abgebüßt, jetzt kommen die Wander- und Meisterjahre.«[76] Vielleicht hat der in seinen *Erinnerungen* notorisch unzuverlässige und gelegentlich bewußt fälschende Kunz auch etwas nachgeholfen, aber die Charakterisierung der Bamberger Zeit findet sich mit ähnlichem Tenor (allerdings nicht so aphoristisch zugespitzt) auch in Tagebuch- und Briefwendungen. Die »Marterjahre« beziehen sich dabei in erster Linie auf die Lebens- und Liebesgeschichte, die »Lehrjahre« auf die Entwicklung des Künstlers und die Wege zur Kunst. Insbesondere mit Texten wie den hervorgehobenen – von *Ritter Gluck* bis *Don Juan* – hatte er allerdings bereits auch erste »Meister«-Werke vorgelegt, ihm selbst wohl kaum bewußt, denn die »Meisterjahre« (sollte der Begriff wirklich gefallen sein) zielen auf die nun greifbar nahe Karriere als Musikdirektor und Komponist. Mit diesem Engagement erhielt Hoffmann erstmals die Chance, sich in wichtigen deutschen Kulturzentren als Künstler vorzustellen. Das war nach viereinhalb Jahren als mehr oder weniger »freier Künstler« in Bamberg und im Alter von 37 Jahren nicht eben Anlaß zur Euphorie, aber es eröffnete eine Perspektive.

Grund zu einer positiven Zukunftsaussicht bot auch die »litterarische Karriere«, deren Beginn Hoffmann sich bereits mehrfach selbst attestiert hatte: Kunz wollte einen Verlag gründen und Hoffmann als ersten Autor gewinnen. Das Bild, das dieser von der Familie Kunz gemalt hat, zeigt in der unteren Ecke ein aufgeschlagenes Buch, die erste geplante Publikation des neuen Verlags: »Lichte Stunden eines wahnsinnigen Musikers« – das war der Titel eines Romans, an dem Hoffmann seit Februar 1812 arbeitete.

Einige Wochen nach der Ausstellung des Bildes, am 18. März 1813, kam es zu einem Verlagsvertrag zwischen Kunz und Hoffmann: Er betraf allerdings nicht diesen Roman, sondern ein zuvor nicht erwähntes Werk, *Fantasiestücke in Callot's Manier*,

17. Detail aus 16: Titelseite des Buches *Lichte Stunden eines wahnsinnigen Musikers* mit Selbstporträt Hoffmanns.

das weitgehend aus bereits vorliegenden Texten bestehen sollte. Hoffmann verließ mithin Bamberg mit einer zweiten künstlerischen Perspektive: einer kurz bevorstehenden Buchpublikation. Wenn auch der Verlag von Kunz noch völlig unbekannt war, eröffnete ihm dies doch die Möglichkeit, als Schriftsteller zum erstenmal überhaupt wahrgenommen zu werden.

3. *Fantasiestücke in Callot's Manier* (1813-1814). Kunst der Fantasie als Universalpoesie

Dresden und Leipzig: Künstler in Kriegszeiten

Nachdem Napoleon mit seinen Heeren 1812 geschlagen aus Rußland nach Mitteleuropa zurückgekehrt war, hatte sich Preußen im Februar 1813 mit Rußland verbündet und im März Frankreich den Krieg erklärt. Als Hoffmann am 21. April 1813 zusammen mit seiner Frau von Bamberg nach Sachsen – das mit Napoleon zwangsverbündet war – aufbrach, um seine Stelle als Musikdirektor bei Seconda anzutreten, kam er in ein Kriegsgebiet. In Dresden hielten sich der preußische König Friedrich Wilhelm III. und der russische Zar Alexander I. auf. Im Gefolge des Staatskanzlers Carl von Hardenberg traf Hoffmann völlig unerwartet seinen Jugendfreund Hippel wieder, mittlerweile Staatsrat und berühmt als Autor des Aufrufs »An mein Volk«, mit dem der König kurz zuvor für den Kampf gegen Napoleon geworben hatte. Nach Napoleons Sieg über die Alliierten bei Lützen räumten diese Dresden, und der Kaiser rückte am 8. Mai mit seinen Truppen ein. Nach mehreren Erfolgen Napoleons begann am 8. Juni ein sechswöchiger Waffenstillstand, in dessen Verlauf sich Habsburg den Alliierten anschloß. Nach dem Ende der Kampfpause kam es am 26. und 27. August zur Schlacht bei Dresden, dem letzten großen Sieg Napoleons auf deutschem Boden, der über 40 000 Tote und Verstümmelte forderte. Hoffmann ging über das Schlachtfeld und notierte die Schreckensbilder in sein Tagebuch: »entsetzlicher Anblick, zerschmetterte Köpfe – [...] Unvergeßliche Eindrücke Was ich so oft im Traume gesehn ist mir erfüllt worden – auf furchtbare Weise – Verstümmelte zerrissene Menschen!!«[1]

Einige Wochen später, vom 16. bis 19. Oktober 1813, kam es dann zu der Völkerschlacht bei Leipzig, dem noch blutigeren

Massenschlachten, Napoleons katastrophaler Niederlage, die seine siebenjährige Herrschaft über Deutschland beendete. In Dresden hielten sich die Franzosen, belagert von den Russen, noch einige Wochen, Typhus und andere Krankheiten grassierten, erst am 10. November fiel Dresden, die Kriegszeit in Sachsen war zu Ende.

Diese gefährlichen und unruhigen Monate waren paradoxerweise für den Künstler Hoffmann eine erfolgreiche und produktive Zeit. Zum erstenmal (und zum einzigen Mal in seinem Leben) ging er für einige Zeit – soweit es die Kriegsereignisse zuließen – einer regelmäßigen künstlerischen Tätigkeit nach, die immerhin so gut bezahlt war, daß er sich nicht ständig nach zusätzlicher Brotarbeit umsehen mußte. Nach einigen Wochen in Dresden reiste Hoffmann nach Leipzig, wo Secondas Truppe spielte, am 25. Mai 1813 dirigierte er erstmals sein neues Orchester mit der Oper *Das schwarze Schloß* von Nicolas Dalayrac. Während des Waffenstillstands kehrte die Truppe nach Dresden zurück, dort (und ab Dezember wieder in Leipzig) dirigierte Hoffmann in den nächsten Monaten über 30 verschiedene Stücke, einige davon mehrfach. Er spielte quer durch das gängige Repertoire einer gehobenen Truppe – zum Beispiel Werke von Ferdinando Paer (*Sargino*; *Die Wegelagerer*; *Camilla*), Etienne Nicolas Méhul (*Wagen gewinnt*; *Constantin, Graf von Arles*), Johann Schenk (*Der Dorfbarbier*), Joseph Weigl (*Die Schweizerfamilie*), Friedrich Heinrich Himmel (*Fanchon, das Leyermädchen*); allerdings dirigierte er auch anspruchsvollere Opern von Luigi Cherubini (*Lodoiska*; *Der Wasserträger*; *Faniska*), Antonio Salieri (*Das Kästchen mit der Chiffre*), Giovanni Paisiello (*Die schöne Müllerin*) und vor allem von Gluck (*Iphigenia in Tauris*) und von Mozart (*Don Juan, Die Zauberflöte* und *Die Entführung aus dem Serail*).

Die verbleibende Zeit nutzte Hoffmann zur eigenen künstlerischen Arbeit. Unter den in dieser Zeit entstandenen Musikrezensionen ragen die Besprechungen der Beethovenschen C-Dur-Messe und der *Egmont*-Musik hervor. Der Komponist widmete sich weitgehend seiner Oper *Undine*, von der wesentliche Teile in dieser Zeit entstanden.

Zum ersten Mal nahm jedoch die Schriftstellerei den umfangreichsten Teil von Hoffmanns Arbeitszeit als Künstler ein. Er schrieb intensiv an den *Fantasiestücken*; er überarbeitete den *Berganza* und verfaßte mehrere weitere Kreisleriana sowie eine neue umfangreiche Erzählung: *Der Magnetiseur*. Dazu kamen verschiedene kürzere Texte: *Der Dichter und der Komponist*, *Die Vision auf dem Schlachtfelde bei Dresden*, *Die Automate*. Ab November schrieb er an dem Märchen *Der goldene Topf*, von dem er glaubte, daß es sein erstes literarisches Meisterwerk werden könnte.

So war die Bilanz des Künstlers E. T. A. Hoffmann, die er an seinem 38. Geburtstag, am 24. Januar 1814 in Leipzig, zog, die weitaus positivste seines bisherigen Lebens. Nach dem Punschabend mit einem befreundeten Schauspieler notierte er: »die 5 Vigilie des Märch[ens] gemacht [...] gemütlicher Geburtstags-Abend – sich in eigner Glorie gesonnt und was auf sich selbst geh[alten].«[2]

Diese Hochstimmung sollte allerdings nicht lange anhalten. Zwar führte er den *Goldenen Topf* Mitte Februar »mit Glück« zu Ende, aber bereits kurz darauf kam es zu einem grundsätzlichen Streit mit Seconda, der ihm daraufhin kündigte. Zwei Tage später, am 28. Februar, dirigierte Hoffmann zum letzten Mal eine Oper, *Camilla* von Paer – es war sein letzter Auftritt als Dirigent überhaupt.

Deprimiert notiert er: »m[e]i[ne] ganze Carriere ändert sich abermals!! Den Mut ganz sink. lassen –«.[3] Bereits kurz darauf beschloß Hoffmann jedoch, die unerwartete Freizeit zur verstärkten künstlerischen Arbeit zu nutzen. In den ersten Monaten schrieb er literarische Werke (den ersten Band des Romans *Die Elixiere des Teufels*, einen Akt der Komödie *Blandina*, die Erzählung *Der Revierjäger*, zwei neue *Kreisleriana*), Musikkritiken (darunter seine umfangreichste Arbeit in diesem Genre, *Alte und neue Kirchenmusik*), zeichnete Karikaturen, komponierte den 2. und 3. Akt der *Undine* (am 5.8.1814 notierte er, die Komposition sei »völlig beendigt«).[4]

So zahlreich diese Arbeiten auch waren, nur wenige wurden sofort und gut honoriert. Seine finanzielle Lage wurde wieder bedrohlicher. Daher beschloß Hoffmann im Laufe des Sommers 1814 zu versuchen, in den preußischen Justizdienst zurückzukehren, der nach Ende der Napoleonischen Herrschaft wieder aufgebaut werden sollte.

»Politische« Werke (1813-1814)

Hoffmann gilt im allgemeinen als unpolitischer Mensch und Dichter. Das Hauptargument für diese Ansicht ist die Tatsache, daß in seinen Briefen, Tagebüchern und literarischen Texten sehr selten vom aktuellen Zeitgeschehen die Rede ist, obwohl die Epoche, in der er lebte, zweifellos eine der ereignisreichsten der europäischen Geschichte war. Diese Ansicht muß aber zumindest unter zwei Aspekten wesentlich eingeschränkt werden. Zum einen gilt sie allenfalls (und auch dann nur begrenzt), wenn man den Begriff des »Politischen« auf das Tagespolitische verengt; zum anderen nur, wenn man den Zeitraum 1794-1812 in den Vordergrund rückt. Spätestens seit 1813 ist Hoffmanns Interesse an Politik vielfach belegbar. Über seine politischen Ansichten und Haltungen soll später (im Zusammenhang mit der Entwicklung des Juristen) die Rede sein; hier geht es zunächst vor allem um deren Spiegelung im Werk.

In einem Kreislerianum von 1813 reflektiert Hoffmann den Zusammenhang von Kunst und Politischem, das jede Lebensäußerung erfaßt habe, selbst:

> Welcher Künstler hat sich sonst um die politischen Ereignisse des Tages bekümmert – er lebte nur in seiner Kunst, und nur in ihr schritt er durch das Leben; aber eine verhängnisvolle schwere Zeit hat den Menschen mit eiserner Faust ergriffen und der Schmerz preßt ihm Laute aus, die ihm sonst fremd waren.[5]

Die meisten deutschen Schriftsteller in der Zeit der »Erniedrigung« Deutschlands und Preußens und der beginnenden »Befreiungskriege« wollten sich ihrer »patriotischen« Pflicht nicht nur nicht entziehen, sondern sie gaben sich ihr mit großer Begeisterung hin – häufig eine Peinlichkeit für spätere Betrachter und Leser. Hoffmann hingegen war zwar Preuße und lange Zeit preußischer Beamter, aber das führte ihn nie zu einem einseitigen Engagement für politische Positionen Preußens. Politisch in einem weiteren Sinne sind eine Reihe seiner Werke, insofern als sie die Gesellschaft ihrer Zeit – überwiegend kritisch und satirisch – darstellen und dabei auch an zahlreichen Stellen Realitätspartikel zeitgeschichtlicher und politisch-aktueller Art einbeziehen.

Als politisch im engeren Sinne – als Auseinandersetzung mit politischen Tageskonstellationen – kann man am ehesten einige der Schriften bezeichnen, die in den sächsischen Kriegsmonaten entstanden sind.

Die Tagebücher und Briefe dieser Zeit zeichnen die Wirren, die Gefahren und die Kriegsgreuel auf. Obwohl das schreibende Ich davon nicht selten selbst betroffen ist, bleibt es doch zugleich ein Beobachter, und das schafft ihm Distanz. Im Tagebuch des 26.8.1813 heißt es etwa:

Eben als ich zu Hause gehen wollte sauste eine Granate über meinem Kopfe durch die Luft und fiel 10 Schritt vor mir nieder zwischen Pulverwagen! – eine zweite schlug in das Dach des gegenüberstehn. Hauses – Alle Einwohner des Hauses versammelten sich auf der Treppe des zweiten Stocks, und jeden Augenblick hörten wir Granaten springen –[6]

Einige dieser Tagebuchnotizen und Bilder gingen in die »Rahmengeschichte« der Erzählung *Der Dichter und der Komponist* ein, die Hoffmann im September/Oktober 1813 schrieb und die im Dezember 1813 in der *AMZ* erschien. Hier heißt es u.a.:

feuersprühende Granaten durchschnitten zischend die Luft. Die Bürger rannten mit von Angst gebleichten Gesichtern in ihre Wohnungen [...] bis in dem Augenblick eine daher brausende Granate ein Stück des Daches wegriß [...]. Ein alter Militair [...] bewies so eben, nachdem er zuvor über die Befestigungskunst der alten Römer und über die Wirkung der Katapulte ein Paar lehrreiche Worte fallen lassen, auch aus neuerer Zeit des Vauban mit Ruhm erwähnt, daß alle Furcht unnütz sei, da das Haus ganz außer der Schußlinie liege – als eine anschlagende Kugel die Ziegelsteine, womit man die Zuglöcher verwahrt, in den Keller schleuderte.[7]

Im November 1813 arbeitete Hoffmann die Tagebuchnotizen zu einem »Auszug aus meinem Tagebuch für die Freunde« unter dem Titel *Drei verhängnisvolle Monate!* aus. Darin lauten die Passagen, die sich auf die im zitierten Eintrag vom 26.8.1813 geschilderten Ereignisse beziehen:

Eben wollte ich in meine Haustüre treten als zischelnd und prasselnd über meine[n] Kopf eine Granate wegfuhr und nur 15 Schritte weiter vor der Wohnung des Gen[erals] Gouvion St. Cyr *zwischen vier gefüllten Pulverwagen* die eben zur Abfahrt bereit standen, niederfiel und sprang, so daß die Pferde sich bäumend Reißaus nahmen. – Wenigstens dreißig Personen standen daneben auf der Gasse, und *außerdem daß die Pulverwagen verschont blieben*, deren Explosion das ganze Stadtviertel vernichtet hätte, *wurde kein Mensch, kein Pferd beschädigt*; es ist unbegreiflich wo die Stücke der Granate geblieben sind, da in unserm Hause nur ein ganz unbeträchtliches gefunden wurde, welches die Fensterladen des untern Stocks zerschlagen [hatte] und in ein unbewohntes Zimmer gefallen war. Wenige Minuten darauf kam eine zweite Granate und riß ein Stück vom Dache des gegenüberstehenden Cagiorgischen Hauses weg und drückte drei Fenster der Mezzane zusammen, daß das Holzwerk und die Ziegelsteine prasselnd auf die Gasse stürzten – bald darauf fiel eine dritte in der NebenGasse in ein Haus, und es war mir klar, daß eine Batterie gerade auf unser Stadtviertel spielte – Alle Bewohner des Hauses – Frauen – Männer – Kinder, versammelten sich auf der gewölbten steinernen Treppe des ersten Stocks die aus der

Richtung der Fenster lag! – Da gab es bei jeder Explosion der jetzt häufige[r] doch in größerer Entfernung hineinfallenden Granaten ein Jammern und Wehklagen! – Nicht einmal ein Tropfen Wein oder Rum zur Herzstärkung – ein verdammter ängstlicher Aufenthalt – ich schlich leise zur Hintertür heraus und durch Hintergäßchen zum Schauspieler Keller der auf dem Neumarkt wohnt – wir sahen ganz gemütlich mit einem Glase Wein in der Hand zum Fenster heraus, als eine Granate mitten auf dem Markte niederfiel und platzte – in demselben Augenblick fiel ein Westphälischer Soldat der eben Wasser pumpen wollte, mit zerschmettertem Kopfe tot nieder – und ziemlich weit davon ein anständig gekleideter Bürger – Dieser schien sich aufraffen zu wollen – aber der Leib war ihm aufgerissen, die Gedärme hingen heraus, er fiel tot nieder [...] – noch drei Menschen wurden an der FrauenKirche von derselben Granate hart verwundet – Der Schauspieler K[eller] ließ sein Glas fallen – ich trank das meinige aus und rief: »Was ist das Leben! nicht das bißchen glühend Eisen ertragen zu können, schwach ist die menschliche Natur!« – Gott erhalte mir die Ruhe und den Mut in LebensGefahr, so übersteht sich alles besser![8]

Die drei Passagen zeigen den Literarisierungsprozeß, die wachsende Distanz, die selbst in lebensgefährlichen Situationen Komik entdecken kann. Sogar die schlimmsten Kriegsgreuel lassen sich künstlerisch behandeln wie früher der Freundschaftsbund oder die enttäuschte Liebe: durch Beziehung auf andere Werke der Kunst – hier etwa die Kriegsdarstellungen Jacques Callots, wie die berühmte Serie »Les misères et les malheurs de la guerre« (die in der Bamberger Sammlung Stengels zu sehen war). Dadurch erhalten sie eine andere Dimension, werden in eine Traditionslinie mit Kunstwerken gestellt, die ihrerseits künstlerische Reflexe von Personenkonstellationen oder Zeitereignissen sind.

In Hoffmanns im Dezember 1813 entstandener kleinen Schrift *Die Vision auf dem Schlachtfelde bei Dresden*[9] wird eine

Reihe »gräßlicher Gestalten« der Welt- und Kriegsgeschichte genannt – Nero, Dschingis Khan, Tilly, Alba –, deren letzten »Tyrann«, Napoleon, der Leser sich ergänzen muß. Napoleon ist in Hoffmanns Sicht von demselben skrupellosen Willen zur Macht beseelt, er setzt sich in seiner Hybris als Herrscher der Geschichte, als oberste Macht über Leben und Tod, er leugnet Kräfte über sich und wird so zu einem Vorboten des Nihilismus.

Die *Vision* beginnt mit dem Blick der Ich-Figur, die der Perspektive des Tagebuchschreibers Hoffmann ganz ähnlich ist: »Auf den dampfenden Ruinen des Feldschlößchens stand ich und sah' hinab in die mit blutigen Leichen, mit Sterbenden bedeckte Ebene. Das dumpfe Röcheln des Todeskampfes, das Gewinsel des Schmerzes, das entsetzliche Geheul wütender Verzweiflung durchschnitt die Lüfte.«[10] Die Vision wird in den Klagen der »Gerippe« gegenüber ihrem Mörder, dem Tyrannen, der schließlich von einem gewaltigen Drachen ergriffen und gerächt wird, zum Alptraum. Am Ende beschwört der Erzähler das »glänzende Sternbild der Dioskuren« als Retter, in denen er im Schlußsatz »Alexander und Friedrich Wilhelm!« erkennt.[11]

Diese Schrift läßt sich noch am ehesten als politische Pflichtübung Hoffmanns verstehen, wenn auch die Ausmalung der Schreckensszenen weit umfassender ist als die pathetisch-patriotische Schlußvision. Eindrucksvoller als die Verklärung der alliierten Herrscher ist sicherlich der Reflex des Grauens beim Anblick der Leichen auf dem Schlachtfeld, sind die apokalyptischen Bilder, zu denen diese Eindrücke weitergeführt werden. So ist es wohl zu verstehen, daß Hoffmann die Schrift in einem Brief an Kunz »nicht eigentlich politisch« nannte.[12]

Hoffmann plante zu dieser Zeit eine umfangreichere Arbeit über seine »individuellen Ansichten jener wichtigen Ereignisse des Tages in D[resden] auf pittoreske Weise«[13] – die Tagebuchaufzeichnungen und die *Vision* sollten Teile davon sein. Die *Vision* (den einzigen fertiggestellten Teil) schickte er im Januar an Kunz, dieser druckte sie, ohne Hoffmann darüber zu informieren, als selbständige Flugschrift, ohne Angabe von Verlag und

Druckort (»Deutschland 1814«) und mit dem Hinweis »vom Verfasser der Fantasiestücke in Callot's Manier«. So erschien die *Vision* als erste selbständige Schrift Hoffmanns im März 1814 (noch vor den *Fantasiestücken*). Hoffmann war einerseits über die Eigenmächtigkeit des Verlegers verärgert, machte andererseits gute Miene zu diesem Spiel; er nahm jedoch die *Vision* später nie in eines seiner Sammelwerke auf. Das könnte darauf hinweisen, daß Hoffmann selbst spürte: Hier war er seinen künstlerischen Maßstäben nicht gerecht geworden.

Das gilt nach der überwiegenden Meinung der Forschung auch für die bereits erwähnte Erzählung *Der Dichter und der Komponist*, in der ebenfalls einige häufig zitierte patriotische Bekenntnisse zu finden sind. Kern ist zwar ein sehr ausführliches Gespräch des Komponisten Ludwig mit seinem Jugendfreund, dem Dichter Ferdinand, über Musik und Dichtung und vor allem über die Oper, aber Hoffmann hat ihm eine »Einkleidung« gegeben, »welche die Spur der Zeitverhältnisse trägt« – so betonte er in dem Begleitbrief vom 14. 11. 1813 an den Verleger der *AMZ*; sie könne dem Text »wohl ein größeres Interesse gewähren«, als wenn er »dem Ganzen die Form einer trocknen Abhandlung gegeben« hätte.[14] In dieser Rahmenerzählung trifft Ludwig in einer belagerten Stadt unter den Befreiern unvermutet seinen Jugendfreund Ferdinand, der sich dem Ruf des »Vaterlandes« nicht entzogen, manches patriotische Lied »für Ehre und Freiheit« gedichtet und »den leichten Kiel« mit dem »Schwerte« vertauscht hat.[15] Nach dem langen Kunstgespräch bedauert Ludwig die Folgen des Krieges nicht zuletzt für die Kunst, worauf Ferdinand zu einer patriotischen Rede ansetzt, die in pathetischer Form den Ruhm des gerechten Kampfes für Freiheit und Ehre in einer finsteren Epoche verkündet; er endet mit der erfreulichen Perspektive der »Morgenröte« einer neuen Zeit, in der sich »begeisterte Sänger in die duftigen Lüfte« schwingen und das Göttliche »im Gesange« lobpreisen.[16] Also auch hier, wie fast durchweg angenommen, eine patriotische Pflichtübung? Die Tatsache, daß Ludwig den Freund »verwundernd« anblickt, als dieser »mit erhöhter Stimme« den Krieg und den Kampf verklärt, könnte eine Warnung sein. Wichtiger aber ist, daß die Struktur den Inhalt der Erzählung teilweise unterläuft. Anfang und Schluß sind aufeinander zu geschrieben, wenn man so will: komponiert. Der erste Satz der Erzählung lautet: »Der Feind war vor den Toren, das Geschütz donnerte rings umher«;[17] der letzte Satz berichtet, daß Ferdinand zu seinen Truppen reitet, »die in wilder Kampflust hoch jubelnd dem Feinde entgegenzogen«.[18] Das Zentralwort des Rahmens, »Feind«, taucht also im Anfangs- wie im Schlußsatz auf – wenn man es noch genauer bestimmt: als zweites und zweitletztes Wort –, aber im ersten Satz bezeichnet es diejenigen, die die Stadt belagern und bombardieren (zu denen der »preußische« Freund Ferdinand gehört), der letzte hingegen das gegnerische Heer. Frühere Interpreten haben Hoffmann hier Flüchtigkeit, ein Versehen vorgeworfen. Kennt man die große Bewußtheit, mit der Hoffmann gerade Anfangs- und Schlußteile komponierte (wir werden noch auf zahlreiche Beispiele stoßen), so bietet sich eine andere Erklärung an: Der Begriff »Feind« wird perspektiviert. Die Erzählperspektive ist wichtiger als die aus patriotischer Sicht »korrekte« Bezeichnung. Ohnehin war ein »deutscher Patriotismus« für einen unideologischen Beobachter wie Hoffmann angesichts der konkreten politischen Konstellation unmöglich oder sogar komisch: Die »Belagerer« Dresdens waren Preußen und Russen, die »französischen« Truppen Napoleons, die Dresden verteidigten, bestanden weitgehend aus Sachsen, Württembergern und Polen, die »deutschen« Befreier der Stadt hingegen vor allem aus Russen und Österreichern.

Eine weitere Erzählung entsteht in der sächsischen Zeit, Anfang Januar 1814: *Die Automate* (gekürzt erschienen in der *AMZ* im Februar, vollständig in der *Zeitung für die elegante Welt* im April). Hier stellt Hoffmann gewissermaßen das Thema der Macht und ihres Mißbrauchs nach seiner durch die Kriegsereignisse bedingten tagespolitischen Konkretisierung in eine allgemeinere Perspektive. Die Macht des Menschen und zugleich seine Hybris zeigen sich in dieser Erzählung in dem Wunsch, Automaten zu bauen, die dem Menschen so ähnlich wie möglich sind und die Täuschung perfekt machen. Bereits 1738 hatte Jacques Vaucanson in Paris einige automatische Spielzeuge – zwei Musiker und eine Ente – vorgestellt, die als Inbegriff des Kunstvollen galten. In der zweiten Jahrhunderthälfte folgte eine Fülle von spielenden und sprechenden Automaten, die in ganz Europa bekannt waren. Der französische Arzt La Mettrie hatte in seinem Buch *L'homme machine* (*Der Mensch, eine Maschine*; 1751) die Überzeugung vertreten, daß der Mensch ein Mechanismus sei. Das führte im philosophischen Bereich zur Theorie des Materialismus, in der Literatur wurden die »Maschinenmenschen« zu einem beliebten Thema. Hoffmann interessierte sich schon früh für Automaten und die entsprechende Literatur, im Oktober 1813 sah er sich in Dresden Musikautomaten der Konstrukteure Kaufmann an.

Seine Erzählung *Die Automate* zeigt die beiden aus *Der Dichter und der Komponist* bekannten Freunde Ludwig und Ferdinand in einem Gespräch über einen der berühmtesten sprechenden Automaten, einen »redenden Türken«. Die Erzählung ist ein Fragment, so bleibt auch aus äußeren Gründen offen, ob die Antworten des Sprechautomaten Betrug sind oder von der Genialität des Erbauers zeugen.

Der Komponist Ludwig bezieht in der Erzählung eindeutig Position: »Mir sind [...] alle solche Figuren, die dem Menschen nicht so wohl nachgebildet sind, als das Menschliche nachäffen, diese wahren Standbilder eines lebendigen Todes oder eines toten Lebens, im höchsten Grade zuwider.« Er erinnert an Macbeth: »Was starrst du mich an mit Augen ohne Sehkraft?«[19] Beim Besuch des Konstrukteurs, eines Professors, und angesichts von dessen Sammlung selbstkonstruierter Automaten verschärft Ludwig seine Haltung gegenüber der »Maschinen-Musik«, die für den Komponisten »etwas unheimliches, ja entsetzliches« hat;[20] die Kritik richtet sich aber auch gegen die Mechanisierung des Menschen im allgemeinen:

Ich kann mir es denken, daß es möglich sein müßte, Figuren vermöge eines im Innern verborgenen Getriebes gar künstlich und behende tanzen zu lassen, auch müßten diese mit Menschen gemeinschaftlich einen Tanz aufführen und sich in allerlei Touren wenden und drehen, so daß der lebendige Tänzer die tote hölzerne Tänzerin faßte und sich mit ihr schwenkte, würdest du den Anblick ohne inneres Grauen eine Minute lang ertragen?[21]

Die in diesem Satz angedeutete Radikalisierung des Automaten-Themas wird für Hoffmanns Erzählungen (etwa den *Sandmann*) später eine wichtige Rolle spielen. Festzuhalten bleibt, daß das Entsetzen die Bewunderung des Kunstprodukts zwar übertrifft, daß aber die Faszination durch die Möglichkeiten, Menschen zu imitieren, nicht zu verkennen ist.

Als Hoffmann im Februar 1814 arbeitslos wurde, versuchte er, auch vermehrt als Zeichner und Komponist Geld zu verdienen. Das gelang ihm zunächst – wenn auch in sehr bescheidenem Maße –, indem er die Nachkriegs- und Sieges-Konjunktur im Bereich der politischen Karikatur nutzte. In dieser Endphase der napoleonischen Herrschaft (die Alliierten nahmen Paris am 30. März ein, Napoleon wurde am 1. April abgesetzt) hieß das konkret: Karikaturen gegen Napoleon herzustellen. Da Hoffmann seit Ende 1813 in Leipzig wohnte, der wichtigsten Verlagsstadt des Reiches, konnte er Kontakte knüpfen, die es ihm ermöglichten, diese Karikaturen auch zu verkaufen. Von diesen Arbeiten sind drei Einzelblätter – kolorierte Stiche – erhalten (das Honorar betrug pro Blatt 4-5 Taler).

Die beiden ersten Karikaturen (220×185 mm bzw. 224×192 mm) stellen die »Dame Gallia«, also eine allegorische Frankreich-Figur, in den Mittelpunkt. Die Unterschrift der ersten gibt folgendes Thema mit Erläuterungen an: »Die Exorzisten. Der Teufel, welcher die Dame Gallia lange besessen, wird durch verbündete Kraft endlich ausgetrieben, und fährt in die Gergesener Herden.« Die Dame Gallia sitzt mit leidendem Gesicht auf einem Thronsessel, der Schild mit den drei Bourbonenlilien ist

18. Die Exorzisten, März 1814, kolorierter Stich.

ihrer Hand entglitten, das Zepter liegt zerbrochen am Boden. Um sie herum stehen sechs Soldaten der verschiedenen alliierten Armeen in Uniform als Exorzisten, also als Teufelsaustreiber. Der ausgetriebene Teufel Napoleon fliegt durch die Luft davon, wie ein großes Insekt, mit weißen Flügeln, in Uniform, mit einem Schwanz und Krallen. Im linken Bildhintergrund sieht man eine Herde von Schweinen, die Unterschrift der Karikatur gibt den Hinweis auf die im Neuen Testament berichtete Geschichte, daß Jesus in der Gegend von Gergesa Dämonen ausgetrieben und ihnen befohlen habe, in eine Herde von Säuen zu fahren. Napoleons antizipiertes Schicksal gibt ihn der Lächerlichkeit preis. (Das Motiv könnte Hoffmann aus einer Karikatur James Gillrays, »The Pigs Possessed« von 1807, gekannt haben.) Die Bildgruppe mit der Dame Gallia und den sechs Soldaten nimmt den Hauptteil des Bildes ein, für den

3. Fantasiestücke in Callot's Manier (1813-1814) 149

19. Die Dame Gallia, März 1814, kolorierter Stich.

Vordergrund und den teilweise gewittrigen Himmel im Hintergrund bleibt nur wenig Platz.

Ähnlich ist die Bildaufteilung der zweiten Karikatur mit der Unterschrift »Die Dame Gallia bezahlt, nachdem sie wieder genesen, ihren Ärzten die Rechnung.« Wieder steht Gallia im Mittelpunkt, nunmehr aufrecht und mit Krone, um sie herum sind acht Krieger unterschiedlicher Nationen zu erkennen, denen die Dame Gallia »Geschenke« verteilt: Länder (die Preußen erhalten »Westphalen, Danzig«), Festungen, Geschütze, ein Linienschiff und »freien Handel«. Die Fahne mit den bunten Bändern der Alliierten trägt deren Prinzip als Motto: »Concordia«. Auch dieses Bild wirkt ziemlich statuarisch.

Die dritte erhaltene Karikatur, ein kolorierter Stich in Querfolio, ist größer (196×286 mm). Er trägt den Titel »Feierliche Leichenbestattung der Universal-Monarchie. – The Exequies of the Universal Monarchy«. Dieses Bild ist wesentlich reichhalti-

20. Feierliche Leichenbestattung der Universal-Monarchie, März 1814, kolorierter Stich.

ger und lebendiger als die beiden anderen, es hat auch außer der Hauptgruppe einen stärker ausgestatteten Vorder- und Hintergrund. Der Sarg mit der Universalmonarchie trägt die Daten des 18. Mai 1804 und des 19. Oktober 1813, also von Napoleons Kaiserkrönung und seiner Niederlage in der Schlacht von Leipzig. Der Sarg wird von Soldaten der verbündeten Armeen getragen, ihm folgt Napoleon, umgeben von einigen seiner Marschälle. Ein Mann – in dem Carl Georg von Maassen ein Selbstporträt Hoffmanns erkannt hat – reicht dem zusammenbrechenden Napoleon einen großen Napf mit »un peu de sel«, ein wenig Salz – eine Anspielung darauf, daß Napoleon noch bei der Niederlage in Leipzig sein Riechfläschchen benutzte. Über dem Trauerzug hängen dunkle Wolken, über Napoleon regnet es, über den Totengräbern am rechten Bildrand hingegen ist der Himmel klar – ein deutliches Symbol für die politischen Veränderungen.

Das figurenreiche Bild zeigt nicht nur, wie die anderen Karikaturen, im wesentlichen stereotype, sondern auch lebendige, anschauliche Einzelfiguren und Bewegung. Von den Kunsthistorikern wird es zu den gelungensten unter den zahlreichen Napoleon-Karikaturen dieser Jahre gezählt: »Unter Hoffmanns Blättern hebt sich vor allem die ›feierliche Leichenbestattung der Universalmonarchie‹ als wirklich tiefgründige Arbeit hervor. Hier spricht der Künstler eine *Meinung* aus und zeigt nicht nur stereotyp übernommenes Formengut.«[22]

Hoffmanns politische Karikaturen gehören zu seinen besten Leistungen als Zeichner. Über seine einzige »politische« Komposition – »Deutschlands Triumph im Siege bei Leipzig den 19ten Octbr 1813, eine Fantasie fürs Pianoforte von Arnulph Vollweiler« – läßt sich nichts Konkretes sagen. Das Werk ist, nach Ausweis zweier unabhängiger Quellen, zwar erschienen, aber verschollen. Das ist wahrscheinlich nicht der schmerzlichste Verlust unter den vielen verlorenen Werken Hoffmanns. Denn die Tatsache, daß er hier noch einmal ein Pseudonym wählte, zeigt, wie wenig er sich damit identifizierte. Und der Titel deutet an, daß dieses in kürzester Zeit komponierte Werk dem von ihm selbst früher getadelten Genre der Programmkunst angehörte.

Es war Hoffmann klar, daß er bei realistischer Einschätzung auf längere Zeit von Honoraren nicht leben konnte. Ende Juli schrieb er dem Freund Hippel in Berlin von seiner Furcht, daß er »abermals brodlos bleiben könne. – Schlimm wäre dies in der Tat, da ich es nun erfahren, was es kostet und wie schwer es hält in der Kunst emporzukommen.«[23] Gegenüber diesem Brief eines »im Innersten bewegten und beängsteten Gemüts« weist der vorangegangene im Briefwechsel der beiden Freunde einen völlig anderen Charakter auf. Hippel war Anfang Juli unerwartet in Leipzig aufgetaucht, und Hoffmann hatte sich bei dieser Gelegenheit wohl entschlossen, den ungewollten Versuch, wieder als freier Künstler zu arbeiten, abzubrechen und zu versuchen, mit Hilfe des Freundes in den Staatsdienst zurückzukehren. In einem Brief an Hippel schildert er seine Lage und Zukunftswünsche so eindringlich und gekonnt, daß in wenigen Sätzen das Bild eines edelmütigen und aufopferungswilligen Beamten entsteht. So wird z. B. aus seiner Entlassung durch Napoleon aus der Regierungsratsstelle ein großmütiger Verzicht zugunsten bedürftigerer Kollegen: »Du weißt, daß [...] ich bei meinen künstlerischen Kenntnissen es für meine Pflicht hielt, meinen hülfsbedürftigen nur auf ihre Wissenschaft beschränkten Kollegen den Platz zu räumen, und so versuchte ich es, mir durch die Musik meinen Lebensunterhalt zu erwerben.« Wenig später trägt er noch dicker auf:

Fortwährend trug ich den sehnlichsten Wunsch in mir, wieder im preußischen Staate angestellt zu werden, nie ließ ich aber diesen Wunsch laut werden, denn selbst konnte ich mich ja bescheiden, daß dies damals bei der Konkurrenz so vieler Offizianten, die mit mir in gleichem Falle waren, nicht möglich gewesen sein würde. Jetzt nachdem der so glorreiche Ausgang des Krieges alle Wünsche, alle Erwartungen jedes Patrioten überstiegen, nachdem Preußen mit beispielloser Energie seine Rechte behauptet hat, geht mir die Hoffnung auf, daß auch wohl mir, über den die Bedrängnisse der kriegerischen Zeit so gekommen sind, daß nur ein fester Mut – ein standhaftes Vertrauen auf die zuletzt doch siegende gute Sache mich aufrecht erhalten konnte, ein besseres Schicksal bereitet sein werde.

So bittet er um Vermittlung bei einer »Anstellung in irgend einem StaatsBureau [...] mit gewissenhafter Treue, mit beharrlichem Eifer will ich jedem Dienst dieser Art vorstehen.«[24]

Das sind pathetisch-patriotische »Aufschwünge«, wie Hoffmann sie dem politisierenden Dichterfreund Ferdinand im Jahr zuvor in den Mund gelegt hat – wie kommt er dazu, sie ausgerechnet seinem vertrautesten Freund Hippel gegenüber zu äußern, der seine wahre Einstellung zur Kunst besser kennt als jeder andere? Die Antwort kann nur lauten: Der intendierte Leser ist nicht Hippel, sondern ein hoher Justizbeamter, den Hippel durch die Vorlage dieses »privaten« Briefes über die »wahren« Gesinnungen Hoffmanns informieren möchte. (Hippel bestätigt diese Vermutung: der Brief sei geschrieben worden, um »nöthigenfalls vorgezeigt zu werden«.[25]) Damit kann man ihn als adressatenbezogenen literarischen Text würdigen. Die

Kunstform Brief soll hier nicht wie sonst meistens amüsieren und unterhalten, sondern den Leser von der unbändigen Lust des Schreibers überzeugen, in den Staatsdienst zurückzukehren. Für den Leser Hippel bietet der Brief noch einen gut versteckten Subtext: das Kreislerianum *Gedanken über den hohen Wert der Musik*. In dieser ironischen Rollenrede schreibt Kreisler: »Der Zweck der Kunst überhaupt ist doch kein anderer«, als den Menschen

auf eine angenehme Art zu zerstreuen, so daß er nachher mit gedoppelter Aufmerksamkeit und Anstrengung zu dem eigentlichen Zweck seines Daseins zurückkehren, d. h. ein tüchtiges Kammrad in der Walkmühle des Staates sein, und (ich bleibe in der Metapher) haspeln und sich trillen lassen kann.[26]

Der Band mit diesem Kreislerianum war wenige Wochen zuvor erschienen, die Gefahr, daß jemand im Justizministerium ihn kannte, äußerst gering; und ebenso unwahrscheinlich, daß er Kreislers Gedanken als Satire verstanden hätte.

Hoffmanns Kabinettstück und Hippels Fürsprache hatten Erfolg: Hoffmann wurde zum 1. Oktober 1814 am Kammergericht in Berlin eingestellt.

Fantasiestücke: Entstehung, Titel, Poetik

Die literarische Hauptarbeit der ersten Berliner Monate galt dem Abschluß des vierten Bandes der *Fantasiestücke*, der im Frühjahr 1815 erschien, über zwei Jahre nach dem Plan zu dem Sammelwerk, der – wie bereits erwähnt – im letzten Bamberger Winter 1812/13 entstanden war. In seinen *Erinnerungen* berichtet Kunz, *Berganza* habe zunächst als eigenes »Büchlein« erscheinen sollen:

Nach gegenseitiger Überlegung aber ward beschlossen, die früher in der Leipziger musikalischen Zeitung abgedruckten Aufsätze, als: *Don Juan, Ritter Gluck, Beethovens Instrumental-Musik* etc., da diese doch dem *größern* Publikum bisher noch unbekannt seien, mit *Berganza* zu vereinigen, und für die noch folgenden Bändchen jene Arbeiten hinzuzufügen, die Hoffmann noch unter der Feder hatte, oder mit denen er sich noch in der Idee herumtrug.[27]

Es ist durchaus möglich, daß die Entstehung von Hoffmanns erstem Buch sich so oder so ähnlich ergeben hat. Als am 18. März 1813 ein entsprechender Verlagsvertrag unterzeichnet wurde, stand der von Kunz genannte Inhalt bereits fest. (Dieses Datum war Julia Marks Geburtstag, den Hoffmann sicher sehr bewußt auf diesem für seine schriftstellerische Laufbahn so wichtigen Dokument stehen haben wollte.) Der Vertrag bezieht sich auf vier von Hoffmann zu schreibende Werke, von denen das erste den Titel »Fantasiestücke in Callot's Manier« führen und zwölf Druckbogen mit mehreren, teilweise schon veröffentlichten Beiträgen enthalten sollte.

Die vorliegenden Texte nahmen bereits über neun Bogen ein; zusammen mit *Berganza*, an dem Hoffmann zu dieser Zeit noch arbeitete, galt das Werk mithin als abgeschlossen. Kunz wollte daher so rasch wie möglich mit dem Druck beginnen und bat Hoffmann, ein Vorwort zu schreiben. In der Tat hat Hoffmann den einleitenden kurzen Text *Jaques Callot* bald darauf – vielleicht noch in Bamberg – verfaßt. Direkt nach der Ankunft in Dresden besorgte sich Hoffmann die Nummer der *AMZ* mit *Ritter Gluck*, schrieb die Erzählung ab und schickte sie an Kunz. Dieser begann mit dem Druck, so daß Hoffmann bereits Mitte Juli 1813 die beiden ersten Druckbogen erhielt.

Gleichzeitig teilte ihm Kunz das Ergebnis seiner Umfangberechnung mit, das deutlich über die geplanten zwölf Bogen hinausging, so daß er vorschlug, ein zweites Bändchen hinzuzufügen. Hoffmann antwortete, daß er auf dieselbe Idee gekommen sei, er greife den Plan um so lieber auf, weil er gerade an einer weiteren Erzählung, *Der Magnetisierer* (später *Der Magnetiseur*), arbeite. Der Verleger regte nun noch ein drittes Bändchen an – der Jurist Hoffmann erkannte natürlich, daß der geschäftstüchtige Verleger weitere Bände zu den im Vertrag festgehaltenen günstigen Bedingungen des ersten Werkes erhalten wollte. Er lehnte daher ab. Die beiden Bände lagen im Herbst 1813 ausgedruckt vor. Das Erscheinen verzögerte sich jedoch noch erheblich – bis zur Ostermesse 1814 –, weil Kunz auf den Gedanken gekommen war, das Werk mit einer Vorrede durch Jean Paul versehen zu lassen. Dieser wohnte in der Nähe Bambergs, in Bayreuth, Kunz war mit ihm als Weinhändler und mittlerweile auch als Inhaber einer großen Leihbibliothek, die Jean Paul gern benutzte, bekannt; und da Jean Paul einer der angesehensten und am meisten gelesenen Autoren der Zeit war, erhoffte sich der Verleger von einem empfehlenden Vorwort einige Werbewirksamkeit. Hoffmann war von Beginn an skeptisch, zumal sein persönliches Verhältnis zu Jean Paul etwas gespannt war: Vorreden seien ihm zuwider; außerdem befürchtete er, daß das Warten auf die Vorrede das Erscheinen der Bände verzögern würde – zu Recht, wie sich zeigen sollte.

Als Kunz Hoffmann die Vorrede Jean Pauls übersandte, schloß er sich zugleich dessen Wunsch nach einer Fortsetzung des Werks »in Callot's kühnster Manier« an. Hoffmann, der sich in der Zwischenzeit mit der Vorstellung einer Weiterführung der *Fantasiestücke* angefreundet hatte, stimmte diesem Gedanken in seinem Antwortbrief vom 24.3.1814 nachdrücklich zu und bezeichnete das Märchen *Der goldene Topf* als »guten Anfang« dafür. Durch die neu zu schreibenden Erzählungen verzögerte sich die Fertigstellung des letzten Bandes allerdings bis in das nächste Jahr hinein.

Insgesamt enthielten die schließlich vier Bände der *Fantasiestücke* 19 Einzeltexte im Umfang von einigen wenigen bis über 200 Seiten. Die Textsorten reichen vom Essay, dem erörternden Text, der Musikrezension bis zum Märchen, zum Schauerstück, zur Abenteuererzählung. Daher wurde das Werk von Beginn an – und vielfach bis heute – als eine Art Sammelwerk angesehen. Zwar enthält der Titel Begriffe, die Gemeinsamkeiten der Texte andeuten; aber da dieser Titel, wie gezeigt, bereits festgelegt wurde, als erst einige wenige Texte vorhanden waren, ist die

Skepsis durchaus verständlich, ob er auch zu den später geschriebenen Werken und ihrem Zusammenhang untereinander passe. Diese Skepsis formulierte bereits der erste prominente Leser des Werkes, Jean Paul, sehr deutlich: Er bezweifelte in Kenntnis mehrerer Erzählungen der beiden ersten Bände, daß der gewählte Titel Wesentliches treffe; er selbst schlug dem Verleger den Titel »Kunstnovellen« als geeigneter vor.[28] Diese Kritik wiederholte Jean Paul in seiner Vorrede: Er mache

> sogleich über den Titel die Bemerkung, daß er richtiger sein könnte. Bestimmter würde er Kunstnovellen heißen; denn Callots Maler- oder vielmehr Dicht-Manier herrscht weder mit ihren Fehlern, noch, einige Stellen ausgenommen, mit ihren Größen im Buche.[29]

In den meisten Rezensionen der *Fantasiestücke* spielte Jean Pauls Vorrede eine herausragende Rolle. Die Kritik am Titel und an dessen Tragfähigkeit für das gesamte Werk beeinflußte die Rezeption lange Zeit wesentlich, denn noch immer wird fast jede Ausgabe der *Fantasiestücke* mit der Vorrede Jean Pauls eröffnet.

Die Frage der Einheit der *Fantasiestücke* – genauer: der Art dieser Einheit – ist deshalb von besonderer Wichtigkeit, weil ihre differenzierte Darlegung zeigen kann, wie Hoffmann das romantische Programm der Universalkunst 15 Jahre nach seiner theoretischen Formulierung in der Frühromantik zum ersten Mal umsetzt. Hoffmann war zwar kein Freund von Theorien, er hat sich aber unmißverständlich zu seiner Konzeption geäußert – vor allem in dem ersten Fantasiestück, *Jaques Callot*, und noch einmal in der Reaktion auf Jean Pauls Kritik an dem von ihm gewählten Titel, die ihm Kunz während des Druckes mit der Bitte um erneute Überlegung zugeschickt hatte. Hoffmann wies Jean Pauls Vorschlag nachdrücklich zurück und betonte (in einem Brief vom 8.9.1813): »Den Zusatz ›*in Callotts Manier*‹ hab' ich reiflich erwogen und mir dadurch Spielraum zu Manchem gegeben.«[30] Hoffmanns Abneigung gegen die Vorrede Jean Pauls könnte einen weiteren Grund darin haben, daß durch diese Einfügung die enge Verbindung des Titels mit seinem eigenen Vorwort – dem ersten Fantasiestück *Jaques Callot* – schwer erkennbar wird. Eine von Hoffmann gezeichnete Titelvignette (von der noch zu sprechen sein wird) macht daraus einen Dreiklang, ein ästhetisches Programm: Im Zusammenspiel von Vignette, Titel und Vorwort begegnen uns die meisten der zentralen Stichwörter und Kernbegriffe, die Hoffmann in den vergangenen zwei Jahrzehnten zur Bestimmung seiner Kunst gefunden hatte; hier führt er sie erstmals in dieser Konzentration zusammen. Sie werden – um einige wichtige Elemente erweitert – sein gesamtes kommendes Werk prägen.

Dafür, daß Hoffmann von Beginn an eine Komposition plante, spricht auch, daß er keineswegs alle bis zu diesem Zeitpunkt geschriebenen literarischen Arbeiten aufnahm, sondern auswählte; daß er die Texte nicht in der Reihenfolge der Entstehung brachte, sondern arrangierte; daß er vorhandene Schriften im Blick auf die Buchveröffentlichung umarbeitete; und schließlich am wichtigsten: daß er neue Werke hinzufügte, bereits für den ersten, bald nach der Titelwahl in Druck gehenden Band drei von neun Texten, darunter das grundlegende erste Stück *Jaques Callot*.

Der Titel bildet mithin – trotz Jean Pauls Einwänden – das einigende Band: *Fantasiestücke in Callot's Manier. Blätter aus dem Tagebuche eines reisenden Enthusiasten.*

»Fantasie« ist der Schlüsselbegriff des Werkes und einer der zentralen Begriffe zur Kennzeichnung von Hoffmanns Gesamtwerk. Die griechische Bezeichnung der künstlerischen Einbildungskraft, seit dem späten Mittelalter im Deutschen gebräuchlich, wurde im Laufe des 18. Jahrhunderts zu einem wichtigen Begriff der ästhetischen Theorie. In der Frühromantik – vor allem bei Friedrich Schlegel – rückte er in den Mittelpunkt der Ästhetik. Schlegel legte großen Wert auf die Schreibung »Fantasie«, darin folgte ihm ein Teil der romantischen Generation. In der frühromantischen Tradition steht auch Jean Paul mit seiner *Vorschule der Ästhetik*, in der es – in dem Abschnitt »Bildungskraft oder Phantasie« – unter anderem heißt: »Die Phantasie macht alle Teile zu Ganzen – statt daß die übrigen Kräfte und die Erfahrung aus dem Naturbuche nur Blätter reißen – und alle Weltteile zu Welten, sie totalisieret alles, auch das unendliche All; daher tritt in ihr Reich der poetische Optimismus.«[31] Phantasie wird hier als Mittel symbolischer Erkenntnis verstanden, die, im Sinne der Transzendentalpoesie, Totalität schafft. Hoffmann setzt sich mit seiner Ausrichtung – der Formbegriff »Blätter« zitiert gleichsam Jean Pauls Definition, wendet sie allerdings ins Positive – deutlich davon ab, wohl auch ein Grund für Jean Pauls Ablehnung des Titels »Fantasiestücke«. Daß und worin das »Fantastische« der Fantasiestücke über die bis dahin gängigen Bestimmungen hinausgeht, wurde bereits bei der Analyse des ältesten Textes, *Ritter Gluck*, angedeutet; es wird bei der Beschäftigung mit einigen der neuen Stücke zu konkretisieren und zu differenzieren sein.

Das Bestimmungswort »-stück« bezeichnete seit dem 16. Jahrhundert das künstlerische Werk, insbesondere in der bildenden Kunst und der Musik, dann auch in der Literatur (besonders angewandt auf die Bühnendichtung). Zur gleichen Zeit kam es auch zu einer Fülle von Zusammensetzungen mit »-stück«, die einzelne Werkgruppen genauer bestimmten (z.B. Nachtstück, Seestück). Im 18. Jahrhundert nahm die Zahl solcher Neubildungen zu. Hoffmann gebrauchte den Begriff »Stück« meistens im ursprünglichen Sinne der bildenden Kunst – »Gemälde« –, so bereits im ersten von ihm erhaltenen Brief vom Oktober 1794. »Fantasiestücke in Callot's Manier« heißt also etwa »fantastische Gemälde in der Art Callots«.

»Fantasieren« und »Fantasie« waren im 18. Jahrhundert auch verbreitete musikalische Fachbegriffe (im Sinne von: improvisieren, augenblicklichen Einfällen und Stimmungen folgen). Obwohl Hoffmann diese Bedeutungsschicht von Beginn an, wie am frühen Geburtstagsbrief von 1796 gezeigt, wichtig war, wendet er die Bezeichnung auf einen bildenden Künstler und in bezug auf literarische Texte an: Mit dieser ungewöhnlichen Bedeutungserweiterung verschmilzt er die drei zentralen Künste – ein programmatisches Beispiel seines Strebens nach einer Universalkunst.

Kunz berichtet, zum Zeitpunkt der Entstehung des Werkes Anfang 1813 habe der Titel zunächst »Bilder nach Hogarth« lauten sollen.[32] Es läßt sich vorstellen, daß Hoffmann, der zahlreiche Stiche und Zeichnungen des berühmten englischen Künstlers sowie die Erklärungen Lichtenbergs dazu gut kannte, insbesondere von den satirischen und gesellschaftskritischen Aspekten dieses Werkes angezogen war. (Es sei an den Brief aus Warschau von 1804 erinnert, in dem sich Hoffmann mit Hogarths »The enraged musician« vergleicht.) Hogarth wurde allerdings als Namenspatron verworfen. (Er hätte zu einseitig für satirisches Schreiben gestanden, der Titel vielleicht auch zu sehr an Lichtenbergs *Erklärung der Hogarthischen Kupferstiche* erinnert.) Kunz schreibt sich das Verdienst zu, Hoffmann auf Callot und die Bamberger Sammlung des Freiherrn von Stengel hingewiesen zu haben.

Der Lothringer Graphiker Jacques Callot (1592-1635) arbeitete längere Zeit in Rom und Florenz und schuf dort zahlreiche graphische Folgen und Einzelblätter, die ihn berühmt machten: Hofszenen, Bilder aus dem Volksleben, Kriegsbilder, groteske Gestalten und Masken, personen- und detailreich, realistisch und fantastisch, komisch und erschreckend. Es ist wenig relevant, ob Hoffmann Callot zutreffend interpretiert; wichtiger ist, daß er in der Kunst des Lothringers wesentliche Züge des von ihm erstrebten Schreibens wiederfand. Wie tragfähig die Verbindung von Hoffmanns Kunst zu der Callots war, zeigt sich nicht zuletzt darin, daß Hoffmann wiederholt darauf zurückkam und sein bedeutendes, sieben Jahre später entstandenes Märchen *Prinzessin Brambilla* noch direkter mit dem Namen Callots verband und ihm einige von dessen Stichen zur »Erläuterung« mitgab.

Hoffmann entwickelt das, was »Callot's Manier« für ihn bedeutete, außer in dem Aufsatz selbst vor allem in dem bereits erwähnten Brief an Kunz vom 8.9.1813 im Rahmen der Zurückweisung der Jean Paulschen Kritik: Er habe sich durch die Titelformulierung »Spielraum zu Manchem gegeben – Denken Sie doch nur an den Berganza – ans Märchen u.s.w. – Sind denn nicht die Hexenszenen so wie der Ritt im Hausplatz wahre *Callottiana*?« In der Nachschrift präzisierte er, was »der Zusatz auf dem Titel: in Callotts Manier« bedeute, nämlich: »*die besondere subjektive Art* wie der Verfasser die Gestalten des gemein[en] Lebens anschaut und auffaßt«.[33]

Das erste wesentliche Bestimmungselement aus dem Aufsatz selbst ist der Hinweis auf die »überreichen aus den heterogensten Elementen geschaffenen Kompositionen«. Zu der Figurenfülle kommt die Bestimmung der Zeichnungen als »Reflexe aller der fantastischen wunderlichen Erscheinungen, die der Zauber seiner überregen Fantasie hervorrief«. Dadurch werde das Bekannte »fremdartig«, selbst »das Gemeinste aus dem Alltagsleben [...] erscheint in dem Schimmer einer gewissen romantischen Originalität, so daß das dem Fantastischen hingegebene Gemüt auf eine wunderbare Weise davon angesprochen wird«.[34] Er weist auf ein besonderes Merkmal hin – die Ironie, die darin bestehe, daß sie das Menschliche mit dem Tier in Konflikt setze; das Groteske und Skurrile wird damit begründet. Der Schlußabsatz faßt in Form einer rhetorischen Frage noch einmal als Definition zusammen, was die subjektive Art Hoffmanns ausmacht, das Alltägliche durch die Art der Auffassung zu »romantisieren«:

Könnte ein Dichter oder Schriftsteller, dem die Gestalten des gewöhnlichen Lebens in seinem innern romantischen Geisterreiche erscheinen, und der sie nun in dem Schimmer, von dem sie dort umflossen, wie in einem fremden wunderlichen Putze darstellt, sich nicht wenigstens mit diesem Meister entschuldigen und sagen: Er habe in Callot's Manier arbeiten wollen?[35]

Das erste Fantasiestück, das mit dieser rhetorischen Schlußfrage die Titelformulierung aufgreift, erweist sich mit jedem Satz als ein Bekenntnis zum Romantischen: Zweimal wird das Adjektiv in dem kurzen Text zur Charakterisierung des Gemeinten und

3. Fantasiestücke in Callot's Manier (1813-1814)

Erstrebten benutzt (insofern kann man durchaus von einer romantischen Deutung – oder Umdeutung, Aneignung – Callots sprechen). Begriffe wie »Fantasie«, »sonderbar«, »wunderlich«, »wunderbar«, »heterogenste Elemente«, »grotesk«, »Skurrilität«, »Ironie« füllen das »Romantische« inhaltlich; da Hoffmann dabei die Heterogenität der Elemente sehr stark betont, macht er jedoch zugleich die Differenz zu der auf Totalität zielenden Frühromantik deutlich. Wenn er dies alles in dem Begriff der Callotschen »Manier« zusammenfaßt, so hebt er zugleich die antiklassische (»manieristische«) Stoßrichtung des Programms noch einmal besonders hervor. Der Begriff »maniera« (wörtl.: Art und Weise) bezeichnete in der italienischen Kunstlehre des 16. Jahrhunderts die individuelle, nicht auf allgemeine Kunstprinzipien zurückführbare Gestaltungsweise eines Künstlers; zu Beginn des 17. Jahrhunderts wandte Caccini den Begriff auf Gesangsverzierungen des neuen monodischen Stils an. In Zeiten regelgeleiteter Ästhetik und klassizistischer Kunstauffassung wurde der Begriff »Manier« abgewertet. Goethe hielt die Positionen der Klassik programmatisch in dem Aufsatz *Einfache Nachahmung der Natur, Manier, Styl* (1789) fest, in der er die »Manier« als eine Zwischenstufe zum Höchsten, dem »Stil«, zwar gelten ließ, allerdings nur, wenn sich der Künstler an die Natur hält. Unterlasse er dies, »so wird er sich immer mehr von der Grundfeste der Kunst entfernen, seine Manier wird immer leerer und unbedeutender werden«.[36] Dem hält Hoffmann wenig später, im ersten seiner *Briefe über Tonkunst* (1815) entgegen, »daß der Styl, Gedanken, die Manier dagegen Einfälle gebäre [...] bunte Capriccios, die der Laune des Individuums in subjektiver, augenblicklicher Anregung entsprießen«.[37] (Hier fällt im Kontext der »Manier« der Begriff »Capriccio«, der später noch enger mit dieser Darstellungsweise und vor allem dem Gewährsmann dieses Programms, Callot, zusammentreten sollte: in *Prinzessin Brambilla. Ein Capriccio nach Jakob Callot.*) Das Kunstprogramm des *Jaques Callot* entfernt sich demonstrativ von der Naturnachahmung, alle Programmpunkte verweisen auf eine antinaturalistische

Ästhetik. So wird dieser Eingangstext der *Fantasiestücke* zum ersten zentralen Zeugnis von Hoffmanns Poetik.

Die *Fantasiestücke* stammen, wie der Untertitel ausweist, »aus dem Tagebuche eines reisenden Enthusiasten«. Damit wird eine Erzählerfigur eingeführt, die durch ihre Einstellung zur Kunst charakterisiert ist. Enthusiasmus heißt hier Begeisterung, die bis zum Überschwang, der »Exaltation«, gehen und damit bizarr, grotesk, überspannt, ja wahnsinnig wirken kann. Den Enthusiasten zeichnet eine besondere Sensibilität für Phänomene der Kunst aus. In einer Bemerkung des »Herausgebers« heißt es von ihm, er trenne »offenbar sein inneres Leben so wenig vom äußern, daß man beider Grenzlinie kaum zu unterscheiden vermag«.[38]

Der Begriff »Enthusiasmus« hatte zu Hoffmanns Zeit eine Geschichte des Bedeutungswandels aufzuweisen, die – eng verbunden mit der des Begriffs »Phantasie« – in der antiken Ästhetik beginnt und in der Romantik ihren Höhepunkt findet. Zunächst bezeichnete der Enthusiasmus die Ekstase des kultisch-religiösen Rauschzustandes, den rauschhaft-schöpferischen Zustand der Begeisterung, die im Dionysos-Kult als Ursprung aller Poesie angesehen wurde; über die Mystik und den Manierismus entwickelte sich der Enthusiasmusgedanke, ehe er im 18. Jahrhundert breit entfaltet, in der Frühromantik, vor allem bei Wackenroder und Tieck, zu einem Schlüsselkonzept wurde. Tiecks Romanfigur Franz Sternbald galt als Prototyp des enthusiastischen Künstlers, dessen Begeisterung bis zum Überschwang geht. Da Hoffmann seinen Enthusiasmus-Begriff zunächst im Umkreis des Musik-Erlebens entwickelt, dürften für ihn die musikästhetischen Schriften von Johann Friedrich Reichardt und vor allem Friedrich Rochlitz von besonderer Bedeutung gewesen sein. Rochlitz entwickelte 1795 in seinem Aufsatz *Enthusiasmus und Schwärmerei* den Enthusiasmus als Ausgangspunkt und Ziel der Musik. Als Hoffmann Rochlitz 1813 *Don Juan* übersandte – die erste Erzählung, in der der »reisende Enthusiast« auftritt –, schrieb er in einem Begleitbrief, ihm scheine, »als wenn der ›reisende Enthusiast‹ die Überspannung und die darin herrschende Geisterseherei entschuldigen könne.«[39]

Wahrscheinlich erhielt der Begriff »Enthusiasmus« durch Hoffmanns intensive Beschäftigung mit der zeitgenössischen Psychologie und Psychiatrie entscheidende Akzente. Dort wird insbesondere der Begriff der »Exaltation« ausführlich behandelt: als übersteigerte und krankhafte Erregung. Bei Reil wird eine Stufenleiter von Gemütszuständen aufgestellt, die vom »Phantastischen« über das Exzentrische, das Exaltierte, das Ekstatische bis zum Wahnsinnigen reicht. Hoffmann benutzt zwar diese verschiedenen Begriffe zur Kennzeichnung seiner Künstlergestalten, er bezeichnet auch die eigene Haltung beim Schaffen oft als »exaltiert« und spricht von seinem »KünstlerEnthusiasm«,[40] aber in seiner Ästhetik und besonders in der Beschreibung des künstlerischen Schaffensprozesses nehmen diese Begriffe nicht die zentrale Stelle ein, sie drücken nicht seine höchste Wertung aus. In Hoffmanns Vorstellung des Schaffensprozesses muß zum »Enthusiasmus« eine ergänzende Kraft hinzutreten, die er – wie oben am Beispiel der Beethoven-Rezension entwickelt – »Besonnenheit« nennt: Sie stellt nicht etwa einen zeitlich zweiten Schritt der späteren Abklärung dar, sondern existiert, in dialektischer Verschränkung, zugleich.

Das Besondere an der Einführung des »reisenden Enthusiasten« ist jedoch, daß der allgemeine Enthusiasmusbegriff einer Erzählerfigur zugeteilt wird. Für diese steht nicht primär die eigene Kunstausübung im Mittelpunkt, sondern die Offenheit und Begeisterung für die Kunst anderer. Diese Kunst ist fast stets Musik, gelegentlich auch bildende Kunst, fast nie Literatur; aber der Enthusiast hält diese Erlebnisse in seinem »Tagebuche« – also schriftlich, mithin als Literatur – fest. Damit muß er die Gemütszustände, von denen es immer wieder heißt, sie seien nicht zu beschreiben, in Sprache bringen. Dies ist ein entscheidender Unterschied zu den meisten der von ihm beobachteten und geschilderten Künstlerfiguren.

Erzähltechnisch bietet die Erzählerfigur des Enthusiasten den Vorteil, daß sich auf diese Weise die unterschiedlichsten Haltungen, die im einzelnen Künstler nur sehr selten zusammentreffen, ausdrücken lassen: schwärmerische Begeisterung und Satire, traumhafte Vision und Ironie, nächtliche Gefährdung und Alltagsbilder. Gemeinsame Klammer ist der Akt des Beobachtens – das »Schauen«, das »richtige Sehen« verbindet diese Erzählhaltung der Fantasiestücke mit dem serapiontischen Prinzip und dem Erzählen des Spätwerks.

Zwar hat Hoffmann der Künstlergestalt des Enthusiasten eine Reihe eigener Züge, Ansichten und Vorlieben mitgegeben; aber der »reisende Enthusiast« ist selbstverständlich eine fiktionale Gestalt. Das Erzählgeflecht ist komplizierter, als es eine einfache Gleichsetzung ahnen läßt: Von Beginn an inszeniert Hoffmann ein vielschichtiges Spiel mit Erzählerfiguren.

Der Enthusiast leistet in den einzelnen Fantasiestücken durchaus Verschiedenes: In einigen Fällen gibt er lediglich vorgefundene Aufzeichnungen wieder, die er einleitet (*Kreisleriana*) oder mit einem kurzen eigenen Text verbindet (*Der Magnetiseur*, Kapitel: Das einsame Schloß); in anderen Fällen »bearbeitet« er den vorgefundenen Text (*Die Abenteuer der Sylvester-Nacht*, Kapitel: Die Geschichte vom verlornen Spiegelbilde); wieder andere Texte werden ganz als von ihm stammend fingiert (*Don Juan*).

Allerdings wird der Enthusiast nicht als die letzte Erzählinstanz eingeführt, sondern seinerseits von außen, als Objekt des Erzählens, dargestellt. Das wird besonders deutlich am Rahmen der *Abenteuer der Sylvester-Nacht*: Die Erzählung, an der der Enthusiast selbst als Figur der Handlung beteiligt ist, wird eingeleitet durch ein »Vorwort des Herausgebers«, in dem dieser den Enthusiasten (durchaus nicht unkritisch) charakterisiert. In einem »Postskript des reisenden Enthusiasten« spricht dieser den »Herausgeber« als »lieben Theodor Amadäus Hoffmann« an.[41] Trotz der Namensgleichheit ist auch er eine fiktionale Gestalt (ähnlich wie einige Jahre später der »Herausgeber« der *Le-*

bens-Ansichten des Katers Murr, E.T.A. Hoffmann). Als Leistung dieses »Herausgebers« kann man vor allem festhalten: die Auswahl (»aus dem Tagebuche ...«) und die Anordnung der »Tagebuch«-Blätter, mithin die Komposition – also eben das, was im poetologischen ersten Fantasiestück besonders betont wurde: die »aus den heterogensten Elementen geschaffenen Kompositionen«.

Will man die Leistung Hoffmanns als *Autor* der *Fantasiestücke* fassen, so wird man sie nicht in der Identifikation mit einer der fiktionalen Herausgeberfiguren finden, sondern in der Zusammenführung und Integration ihrer Leistungen: des Enthusiasmus des Tagebuch-Schreibers *und* der Kompositionskunst des »Herausgebers« Theodor Amadäus Hoffmann.

Damit wiederholt sich auf der Ebene des Gesamtwerks, was sich zwischen den Einzelerzählungen und in einzelnen Texten beobachten läßt: das Neben- und Gegeneinander von verschiedenen Künstlergestalten und Ich-Konfigurationen. Sie alle zeigen Möglichkeiten und Probleme des Künstlers, mehr Gefährdungen (Gluck, Kreisler, Spikher) als Idealbilder, öfter Musiker und bildende Künstler als Schriftsteller – aber der Autor Hoffmann ist Schriftsteller und daher nicht nur mit den allgemeinen Problemen des Künstlers konfrontiert, sondern auch und in erster Linie mit schriftstellerischen Problemen, die nur zum geringen Teil am Beispiel des Enthusiasten deutlich werden können; sie reichen von der Struktur und der Sprache bis zu sehr konkreten handwerklichen Fragen wie dem richtigen Anfangssatz oder der Spannungserzeugung.

Das Verwirrspiel der Herausgeber- und Autorfiguren wird noch komplizierter dadurch, daß Hoffmann Kunz verbot, ihn als Verfasser auf dem Titelblatt zu nennen. Dafür scheint es eine einfache Erklärung zu geben, die sich auf Hoffmanns Brief vom 20.7.1813 stützt, in dem er Kunz' Wunsch ablehnt: »Ich mag mich nicht nennen, indem mein Name nicht anders als durch eine gelungene musikalische Komposition der Welt bekannt werden soll.«[42] Gewiß ist richtig, daß Hoffmann zu dieser Zeit noch immer die Musik als seine eigentliche künstlerische Berufung ansah. Aber wäre dies der wichtigste Grund dafür, seinen Namen zu verschweigen, hätte Hoffmann wohl nicht ohne weiteres wenig später Kunz' erneutem Vorstoß, die Anonymität aufzuheben, nachgegeben. Auf die Frage, ob Jean Paul in seiner Vorrede Hoffmanns Autorschaft erwähnen dürfe, antwortete dieser am 8.9.1813: »*Er mag mich nennen und meiner Musik-Direktorschaft erwähnen wie er will und wie es ihm die Laune und Lust eingibt* – es ist ehrenvoll von ihm genannt zu sein.«[43] Da Hoffmann seine Abneigung gegen das Vorwort bereits geäußert hatte und im gleichen Brief Jean Pauls Wunsch auf Titeländerung schroff zurückweist, wird man als Grund für den Sinneswandel nicht anführen können, er sei geschmeichelt von der »Ehre«, durch Jean Paul genannt zu werden. (In der Tat teilte Jean Paul in seinem Vorwort mit, »daß der H. Verf. *Hoffmann* heißt und Musikdirektor in Dresden ist«;[44] wie zu erwarten war, griff das fast jeder Rezensent auf, nannte Hoffmann als Verfasser, mitunter wurde sogar der Werktitel entsprechend ergänzt).

Daß Hoffmann die Anonymität so leichten Herzens aufgab, könnte bedeuten, daß er nicht etwa *generell* unbekannt bleiben, sondern in erster Linie nicht *in der Titelei* genannt werden wollte, denn dies hätte seine komplizierte Erzählstruktur zerstört. Dafür spricht auch, daß er sich anderweitig durchaus in das eigene Werk einschreiben wollte – allerdings in versteckterer Form. Als er dem Verleger am 12.8.1813 zwei Zeichnungen für das Titelblatt schickte, schlug er vor: »Wie finden Sie es, daß ich unter die Vignette meinen Namen als Zeichner setze? Es ist gleichsam ein Versteckspielen – In den *annexis* sucht man nicht!«[45] In der Tat trug die erste Vignette die winzige Unterschrift: »gez.[eichnet] v. Hoffmann in Dresden, gest.[ochen] v. C. Frosch.«

Auch in die zweite Vignette hat Hoffmann sich eingeschrieben, genauer: eingezeichnet, in der Gestalt eines Narren mit einer Schellenkappe. Der Bamberger Schriftsteller Friedrich

3. Fantasiestücke in Callot's Manier (1813-1814)

Gottlob Wetzel, der Hoffmann persönlich kannte, schrieb, »der Mann mit der Schellenkappe auf dem Titel« sei dessen »getroffen Konterfey«.[46] So ist das »Versteckspiel« um den Autornamen nicht primär Komponisteneitelkeit, so sind die Titelvignetten nicht nur Buchschmuck; beides spielt vielmehr eine Rolle in dem komplexen und komplizierten Geflecht der Erzählstrukturen und in dem universalpoetischen Konzept der *Fantasiestücke*. Zudem erweist sich Hoffmann, den wir als einen Artisten der Intertextualität avant la lettre kennenlernen werden, auch als Meister im Umgang mit den »annexis«, dem »Zubehör« des Werkes, denen die Wissenschaft erst über 150 Jahre später unter dem Stichwort »Paratexte« Aufmerksamkeit zu schenken begann.

Der erste Band der *Fantasiestücke* umfaßt nach der Vorrede *Jaques Callot* acht weitere Stücke: *Ritter Gluck*, sechs Kreisleriana und *Don Juan*. Davon wurden fünf bereits vorgestellt, der Wiederabdruck unterscheidet sich im Wortlaut – von einer Ausnahme abgesehen – nur ganz unwesentlich, und doch erhalten die Werke durch den neuen Kontext eine andere Bedeutungsdimension. Im Erstdruck in der *AMZ* richteten sie sich an ein musikalisch gebildetes Publikum, diesem wurden sie ohne Vorbereitung und Erklärung vorgelegt, ein Zusammenhang war durch die fehlende Autorangabe ohnehin nicht erkennbar. In den *Fantasiestücken* sind die Beiträge hingegen an ein allgemeines Lesepublikum gerichtet. Dieses erhält in dem Vorwort *Jaques Callot* einen Verständnisrahmen, einen Hinweis auf poetologische Grundprinzipien.

Musikgeschichtliche Nachhilfe gibt Hoffmann nur in einem Fall, *Ritter Gluck* fügt er den Untertitel hinzu: »Eine Erinnerung aus dem Jahre 1809«. Er macht dem Leser deutlich, daß das Geschehen im frühen 19. Jahrhundert spielt, mithin erkennbar später als Glucks Tod.

Kreisleriana: »humoristische Aufsätze« eines exaltierten Kapellmeisters

Die größten Veränderungen nimmt Hoffmann an den *Kreisleriana* vor. Zu den zwei Stücken aus der *AMZ* kommen vier weitere Texte: Der eine ist aus zwei Beethoven-Rezensionen entstanden, die – als einzige der alten Stücke – ganz erheblich überarbeitet, vor allem gekürzt und für ein Laienpublikum verständlicher formuliert wurden. Die anderen drei wurden neu geschrieben. In einem einleitenden Text werden die *Kreisleriana* als Schriften des derzeit verschollenen Kapellmeisters Kreisler ausgegeben. Während die *Kreisleriana* diesen im Selbstbild und als Schreibenden charakterisieren, wird der Leser in der Einleitung mit ihm als Person, in der Außensicht, vertraut gemacht. Sie stammt von einem »treuen Freund« des Kapellmeisters, nach der Erzählkonstruktion dem »reisenden Enthusiasten«. Überdies enthält sich der Freund weitgehend eigener Meinung und setzt Kreislers Bild aus Äußerungen Dritter zusammen. So berichten die »diplomatischen Personen« von seiner Kapellmeistertätigkeit an einem Hoftheater, von seltsamem Verhalten, Eigenheiten und Kunsturteilen. Dann werden Freunde mit der Behauptung zitiert, Kreislers »überreizbarem Gemüte, seiner bis zur zerstörenden Flamme aufglühenden Fantasie« sei »zu wenig Pflegma beigemischt und so das Gleichgewicht zerstört worden, das dem Künstler durchaus nötig sei, um mit der Welt zu leben und ihr Werke zu dichten, wie sie dieselbe, selbst im höhern Sinn, eigentlich brauche«.[47] Der Schreiber distanziert sich vorsichtig von diesem Deutungsversuch – »dem sei wie ihm wolle« – und teilt aus seiner Sicht mit: Kreislers Unruhe, sein Komponieren »in der exaltiertesten Stimmung«, sein Vorspielen »in der höchsten Begeisterung«, sein stundenlanges Fantasieren auf dem Flügel, schließlich: das Vernichten der »herrlichen Kompositionen« am nächsten Tag. Ferner berichtet er von der »beinahe verderblichen« Wirkung des Gesanges auf Kreisler,

»weil seine Fantasie dann überreizt wurde und sein Geist in ein Reich entwich, wohin ihm Niemand ohne Gefahr folgen konnte«. Eine Erklärung für das plötzliche Verschwinden Kreislers wird wiederum Dritten zugeschrieben: »Viele behaupteten, Spuren des Wahnsinns an ihm bemerkt zu haben.« Freilich distanziert sich der Schreiber sofort von dieser Ansicht, Kreislers »nähere Freunde« hätten außer den bekannten »gewaltsamen Ausbrüchen« an ihm »nichts besonderes bemerkt«.[48]

Kreislers Kunstbegeisterung einerseits, sein skurriles, exaltiertes, exzentrisches, ja wahnsinnig wirkendes Verhalten trug wesentlich zur Bekanntheit und Beliebtheit des Kapellmeisters bei. Er wurde zur berühmtesten Musikerfigur Hoffmanns, darüber hinaus der gesamten Romantik und wohl auch eine der bekanntesten Künstlergestalten der Weltliteratur. Sein wichtigster Vorläufer innerhalb der Romantik ist Joseph Berglinger in Wilhelm Wackenroders Erzählung *Das merkwürdige musikalische Leben des Tonkünstlers Joseph Berglinger* (1797). Kreislers Musikanschauungen berühren sich mit Auffassungen, die bei Wackenroder und bei Tieck zu finden sind, er selbst beruft sich auf Gotthilf Heinrich Schubert und vor allem auf Johann Wilhelm Ritter und dessen *Fragmente aus dem Nachlasse eines jungen Musikers* (1810). Von Beginn an interessierte die Leser der *Kreisleriana* aber weniger solche künstlerische Verwandtschaft als die Beziehung zu Kreislers Erfinder, zu Hoffmann selbst.

Im *Berganza*, mit dem das zweite Bändchen der *Fantasiestücke* eröffnet wurde, begegnet die Gestalt Kreislers wieder, in den Erzählungen des klugen Hundes, der bei dem Kapellmeister in Diensten gestanden hat. Bereits vor Erscheinen der *Fantasiestücke* erschienen weitere *Kreisleriana*, ebenso kurz danach, so daß sich der Lesewelt diese Figur rasch einprägte. Der letzte Band der *Fantasiestücke* umfaßte dann diese insgesamt sechs neuen *Kreisleriana* als zweite Serie. (Auch in späteren Werken Hoffmanns – am ausführlichsten in *Kater Murr* – kehrt die Kreisler-Gestalt wieder.)

Schon von vielen Zeitgenossen wurde Kreisler als alter ego

des Autors angesehen – eine Identifikation, die bereits in der Vorrede von Jean Paul suggeriert wird:

> Was den wahren Virtuosen, wie hier den Kapellmeister Kreisler, dabei so ingrimmig auf dieses Stuben-Chariwari macht, ist vielleicht weniger die Beleidigung der Kunst als die des Künstlers selber, welchen man in vornehmen Residenzhäusern als Musikdirektor zum Platzkommandanten musikalischer *Abc* Schützen anstellt. [...] Ein Künstler kann leicht genug – Beispiels halber sei es unser Verfasser – aus Kunstliebe in Menschenhaß geraten.[49]

Diese letzte Gleichsetzung nannte Hoffmann übrigens als Beispiel für das grundlegende Mißverstehen Jean Pauls – nicht nur seiner Person, sondern auch seines literarischen Verfahrens könnte man hinzufügen. Dennoch lassen sich große Ähnlichkeiten zwischen der Lebenssituation Kreislers und derjenigen Hoffmanns in Bamberg feststellen: Kreisler lebt in einer kleinen Residenzstadt als Kapellmeister und Musiklehrer, er fühlt sich eingeengt von seiner Umgebung, von der bürgerlich-philiströsen Kleinstadtgesellschaft. Ihr dient Musik lediglich zum Zeitvertreib, zur angenehmen Unterhaltung, zur kulturellen Selbstdarstellung. Scharf damit kontrastiert die Kunstauffassung des Kapellmeisters, dem Musik etwas Absolutes, ein eigenes Reich des Göttlichen ist. In diesem Rahmen entwickelt Kreisler Musikanschauungen, die denen Hoffmanns sehr nahestehen, teilweise sogar Formulierungen aus den Rezensionen Hoffmanns übernehmen. Allerdings wäre es auch hier falsch, vom einzelnen Nachweisbaren auf das Ganze zu schließen, also alle Äußerungen Kreislers zur Musik als Auffassungen Hoffmanns anzusehen. Trotz einer Reihe von Berührungen und Überschneidungen dominieren die Unterschiede. Das wird später, bei der Behandlung des letzten Textes – *Johannes Kreislers Lehrbrief* – gezeigt.

In der Vorbemerkung charakterisiert der Enthusiast die Texte Kreislers: Es seien »kleine größtenteils humoristische Aufsätze [...] schnell hingeworfen«, die der Musiker »auf den weißen Rückseiten mehrerer Notenblätter« geschrieben habe.[50] In der

Tat geht Kreisler zu Beginn des ersten Textes selbst auf den Schreibakt ein. Er verwendet keineswegs beliebige, nicht mehr gebrauchte Notenblätter zur Niederschrift, sondern die von ihm hochgeschätzten Bachschen Goldberg-Variationen. Kreisler hat während des Spiels »ein paar gute Ausweichungen in Ziffern notiert«: »Hinten auf der leeren Seite fahr' ich schreibend fort. Ich verlasse Ziffern und Töne, und [...] notiere [...] die höllischen Qualen des heutigen Tees«.[51] Der durch den Schreibakt und das doppeldeutige Verbum »notieren« hergestellte enge Zusammenhang wird durch den ausdrücklichen Hinweis für »alle« späteren Leser, dem »großen lateinischen Verte«[52] – der in Manuskripten üblichen Aufforderung, zur Fortsetzung der Lektüre das Blatt umzudrehen – zu folgen, noch verstärkt.

Der enge Zusammenhang zwischen Musik und Text gibt auch einen entscheidenden Hinweis auf die Struktur der *Kreisleriana*: Wie die Bachschen Variationen können sie einzeln aufgenommen werden, aber ihre Abfolge ist nicht zufällig und als Ganzes bilden sie ein geschlossenes Werk. (Eine weitergehende Strukturanalogie anzunehmen, wäre allerdings problematisch: Die Goldberg-Variationen folgen Prinzipien barocker Symmetrie, die in die *Kreisleriana* nicht hineingelesen werden können.) Dieses Strukturprinzip wird im ersten *Fantasiestück* auch als Eigentümlichkeit von Callots Manier herausgestellt: »daß das Einzelne als Einzelnes für sich bestehend, doch dem Ganzen sich anreiht«.[53]

Einige Interpreten haben die Anordnung der einzelnen *Kreisleriana* sowie den Bau einzelner Stücke mit musikalischen Begriffen und Gattungsbezeichnungen beschrieben. Diese Versuche bestätigen einerseits das Selbstverständliche: daß für den Universalkünstler Hoffmann die künstlerischen Ausdrucksformen aus denselben Gestaltungsabsichten entstehen; aber sie können andererseits nicht vergessen machen, daß Musik und Literatur wegen der Unterschiedlichkeit des Materials allenfalls gewisse Analogien aufweisen können. Daher überzeugen diese Arbeiten um so weniger, je detaillierter sie werden.

Dem genauen Blick zeigt sich eine geplante Abfolge von satirisch-ironischen und ernstgemeinten Äußerungen. Den kritischen und teilweise satirischen Passagen über die »musikalischen Leiden« des Kapellmeisters folgt mit *Ombra adorata!* ein ernster Text, der exemplarisch die Probleme zeigt, in dieser Weise über das »Geheimnis« der Musik zu schreiben. Hier neigt Hoffmanns Sprache zu Pathos und Schwärmerei, zu enthusiastischem Überschwang und superlativischer Wucht, teilweise auch zu formelhafter Wiederholung, wenn Kreisler immer wieder »jenes unbekannte romantische Geisterreich« beschwört, die »unendliche unnennbare Sehnsucht«, die den Künstler dorthin treibt. Nach allgemeinen Bemerkungen dieser Art berichtet Kreisler vom Besuch eines Konzerts und von dem tiefen Eindruck der Musik, seinem beglückenden Versinken in die Welt der Kunst. Das adjektivreiche Lob gilt dem Komponisten der Arie »Ombra adorata«, Girolamo Crescentini, der mit dieser Einlage in Zingarellis Oper *Romeo e Giulietta* 1796 in ganz Europa Triumphe feierte, und ebenso der Sängerin, die den Hörer mit ihrem Gesang verzaubert und in eine andere Welt versetzt. Während Kreisler in der Musik versinkt, schreibt Hoffmann diesem Text – wie vielen anderen auch – einen Subtext ein, den nur der Kenner (sowohl Hoffmanns als auch der Arie) mitlesen kann. Die Arie ist das Gebet Romeos, der bereits das Gift getrunken hat und die baldige Vereinigung mit Giulietta und die reine Liebe beschwört. Dies wird dem Leser jedoch *nicht* mitgeteilt. *Ombra adorata* zeigt mithin, wie der Sublimationsprozeß von Hoffmanns Liebe zu *seiner* Julia bereits fortgeschritten ist: Im Rückbezug auf ältere Literatur (Shakespeares Tragödie) und deren neuere Rezeption (Zingarellis Oper und Crescentinis Arie) wird im Kunsterlebnis des gegenwärtigen Gesanges ein eigenes Kunstwerk – das vorliegende Kreislerianum – geschaffen, die Julia-Liebe in die Kunst-Traditionen eingeschrieben.

Gegenüber diesem gefühlsbetonten, teilweise pathetischen Lob der Kunst bilden Kreislers ironische *Gedanken über den hohen Wert der Musik* – der zweite ältere Text – einen scharfen

3. Fantasiestücke in Callot's Manier (1813-1814) 173

Kontrast. Das vierte Kreislerianum, *Beethovens Instrumental-Musik* ist demgegenüber wieder eine ernste Musikbetrachtung, die Feier eines der größten Kunstwerke der Gegenwart. Hoffmann faßte hier zwei seiner Rezensionen – von Beethovens 5. Sinfonie und von dessen Klaviertrios op. 70 – zusammen: Er kürzte sie stark, vor allem um die detaillierten analytischen Werkbetrachtungen, dadurch erhielten die allgemeineren, auch dem Laien eher zugänglichen Teile das Übergewicht. (Daß Hoffmanns Rezension als Text Kreislers geboten wird, war für die Anhänger der Identifikation der Künstlerfigur mit ihrem Schöpfer ein zentraler Beweispunkt.) Kreislers *Höchst zerstreute Gedanken* bieten eine lockere Mischung von Notizen, Anekdoten und Kunstbetrachtungen, »Fragmente« einer romantischen Ästhetik nach dem »geschlossenen« Text der Beethoven-Kritik. Darunter finden sich zentrale Bemerkungen zur Ästhetik, oft in Bildern, die in späteren Werken wiederkehren – meistens ohne erklärenden Kontext, so daß sie nur im Rückbezug auf diese Passagen, als Zitate, verständlich werden. Dazu gehört etwa das Bekenntnis zur Synästhesie und die Bilder von Nelken und Bassethorn, die Hoffmann immer wieder aufgreift:

Nicht sowohl im Traume als während des Einschlafens, vorzüglich wenn ich viel Musik gehört habe, finde ich die Übereinkunft der Farben, Töne und Düfte. Es kömmt mir vor, als wenn alle auf die gleiche geheimnisvolle Weise durch den Lichtstrahl erzeugt würden, und dann sich zu einem wundervollen Konzerte vereinigen müßten. – Der Duft der dunkelroten Nelken wirkt mit sonderbarer magischer Gewalt auf mich; unwillkürlich versinke ich in einen träumerischen Zustand und höre dann, wie aus weiter Ferne, die anschwellenden und wieder verfließenden tiefen Töne des Bassethorns.[54]

Das letzte Kreislerianum, *Der vollkommene Maschinist*, benutzt wiederum die ironisch-satirische Technik der Rollenrede: Abermals wird die eigene Kunstanschauung von einem Banausen als Irrtum und als Ausfluß törichter Grundsätze referiert.

Das zweite Bändchen der *Fantasiestücke* umfaßte die beiden Erzählungen *Nachricht von den neuesten Schicksalen des Hundes Berganza* und *Der Magnetiseur*. Die erste entstand weitgehend (wahrscheinlich sogar vollständig) in der Bamberger Zeit – zum großen Teil *vor* der ersten Planung des Sammelwerkes – und wurde daher bereits in diesem Kontext behandelt. *Der Magnetiseur* hingegen ist die erste Erzählung, die Hoffmann schrieb, *nachdem* er die *Fantasiestücke* konzipiert und deren poetologisches Programm in *Jaques Callot* entworfen hatte.

Der Magnetiseur

Der Titel der Erzählung verweist auf ihre zentrale Thematik: den therapeutischen Magnetismus. Dieses Phänomen stand im späten 18. und frühen 19. Jahrhundert im Mittelpunkt einer lebhaften wissenschaftlichen und pseudowissenschaftlichen Diskussion und reizte zahlreiche Schriftsteller zur Darstellung und kritischen Beschäftigung.

Die ältere Forschung nimmt an, daß Hoffmann dieses in seiner Zeit sehr populäre Thema aufgegriffen und zur Erzeugung von Schauereffekten genutzt habe, ohne sich selbst intensiver damit auseinanderzusetzen. Die neuere Spezialforschung hat jedoch gezeigt, daß Hoffmann sich sehr intensiv mit diesem Aspekt der romantischen Medizin befaßt hat. Er beschäftigte sich eingehend – wie im Abschnitt über Bamberger Wissenschaftsdiskurse dargelegt – mit der kompendienhaften Zusammenfassung von Kluge (*Versuch einer Darstellung des animalischen Magnetismus als Heilmittel*) und mit Ernst Daniel August Bartels' *Grundzügen einer Physiologie und Physik des animalischen Magnetismus* (1812) sowie mit weiterer Spezialliteratur. Außerdem informierte er sich bei ihm bekannten Bamberger Ärzten, besonders Adalbert Friedrich Marcus und Friedrich Speyer, intensiv über Theorie und Praxis des Magnetismus. So geht die Forschung heute von einer sehr umfassenden, auch theoretischen Beschäftigung mit diesem Phänomen aus.

Die Lehre des Magnetismus ist auf das engste mit der Person und Theorie von Friedrich Anton Mesmer verbunden. Die Grundthese des »Mesmerismus« ist es, daß das Weltall mit einer Flutmaterie erfüllt sei, die alle Dinge verbinde, in »magnetischen Rapport« setze. Die belebten Körper werden durch den »animalischen« (mißverständlich eingedeutscht: »tierischen«) Rapport verbunden. Da das Fluidum auch die Gedanken trägt, wie Licht und Schall, ist es möglich, daß ein Mensch auf einen anderen durch seine Gedanken einwirkt. Magnetische Manipulationen (Bestreichen, Handauflegen) unterstützen die Einwirkung. Das Heilverfahren ist häufig mit einem traumartigen Entrückungszustand des Magnetisierten verbunden.

Mesmer argumentierte als Arzt und Naturwissenschaftler, seine eher physiologisch-physikalischen Lehren sind weitgehend rationalistisch begründet. Seine Lehren und Heilerfolge machten ihn im vorrevolutionären Paris und in weiten Teilen Europas populär und umstritten. In den neunziger Jahren begannen einige seiner Schüler, vor allem Armand Marc Jacques de Chastenet, Marquis de Puysegur, diese Ansichten zu »romantisieren«. Sie behaupteten, die Beeinflussung des Magnetisierten geschehe vor allem durch den starken Willen des Magnetiseurs und seine Einwirkung. Im Zustand der Entrückung, des »magnetischen Somnambulismus«, würden schließlich hellseherische Fähigkeiten entwickelt. So verband sich die Lehre vom Magnetismus mit Vorstellungen von Hypnose, Hellsehen oder Fernsehen. Auch kabbalistische Gedanken (Paracelsus, Swedenborg) flossen in die Lehre ein. Sie wirkte stark auf die romantische deutsche Literatur (Goethe, Jean Paul, Kleist – das *Käthchen von Heilbronn* ist das wichtigste Beispiel). Die Ärzte Kluge und Bartels faßten in ihren genannten Werken das zeitgenössische Wissen und den Diskussionsstand zusammen. 1812 wurde in Preußen eine Kommission zur Untersuchung des tierischen Magnetismus gegründet, zahlreiche Ärzte versuchten ein Verbot der Heilpraktiken zu erreichen, aber der Hof förderte die neue Lehre weiter, nicht zuletzt durch den Einfluß von David Koreff, der 1816 in Berlin Professor und wenig später Leibarzt des Staatskanzlers Hardenberg wurde.

Während der Arbeit am *Magnetiseur* las Hoffmann Schellings Buch *Von der Weltseele*, das die Vorstellungen des Magnetismus in ein größeres philosophisch-religiöses System integriert und für die romantische Philosophie und Naturwissenschaft von großer Bedeutung war. Während des Abschlusses der Erzählung erhielt er das Werk des Schelling-Schülers Gotthilf Heinrich Schubert, *Ansichten von der Nachtseite der Naturwissenschaft*, das die Vorstellungen des Magnetismus in den im Buchtitel angegebenen größeren Kontext stellte und naturphilosophisch vertiefte. Wahrscheinlich waren Hoffmann die Gedanken Schuberts durch den gemeinsamen Bamberger Bekannten Friedrich Gottlob Wetzel oder durch den Schriftsteller und Philologen Johann Arnold Kanne, auf dessen Werk sich Schubert teilweise stützte, bereits zuvor vertraut.

Am Phänomen des Magnetismus interessierte Hoffmann vor allem die Stellung zwischen Wissenschaftlichkeit und Wunderbarem. Die magnetischen Erscheinungen lassen sich bis zu einem gewissen Grade rational erklären; andererseits gehören diese Kräfte – auch nach Hoffmanns Überzeugung – letztlich dem Bereich des Wunderbaren, Dämonischen an. Sinnvoller Gebrauch und Mißbrauch liegen daher nah beieinander. Selbst Kluge beginnt den Abschnitt »Eigenschaften des Magnetiseurs« in seinem *Versuch* mit dem Hinweis, nicht jeder Magnetiseur werde »immer wohlthätig wirken«.[55] Hoffmann versucht, diese Ambivalenz des Magnetismus als Heilkraft wie auch als Mittel verbrecherischer Einflußnahme poetisch zu gestalten: Die Faszination des Magnetismus lag für ihn eben in dieser Ambivalenz.

Der Magnetiseur ist die erste Erzählung Hoffmanns, in der diese Thematik eine zentrale Rolle spielte; zahlreiche weitere literarische Darstellungen und (zunehmend kritische) Erörterungen magnetischer Phänomene folgten in den nächsten Jahren.

Der Magnetiseur ist Hoffmanns bis dahin umfangreichste Erzählung und die erste, in der Künstlerproblematik keine Rolle spielte. Er stand also vor einer zweifachen neuen Aufgabe: sich Charaktere auszudenken, die nicht der unmittelbaren Erlebnisumwelt entnommen waren; und eine verwickelte Handlung mit zahlreichem Personal zu organisieren.

Die Struktur der Erzählung wird erst gegen Ende durchsichtig. Der Abschnitt »Das einsame Schloß« zeigt den Ich-Erzähler (also: den reisenden Enthusiasten) bei dem Begräbnis des Malers Bickert, aus dessen Nachlaß er einen »ziemlich humoristischen Aufsatz« mit den »Fragmenten zweier Briefe« und »Notizen nach Art eines Tagebuchs« zusammenstellt. Diese Texte insgesamt geben »Aufschluß über die Katastrophe [...], in der ein ganzer Zweig einer bedeutenden Familie unterging«.[56] Im Schlußabschnitt, dem »Billet des Herausgebers an den Justizrat Nikomedes«, wird hinter dem Maler Bickert und dem Erzähler eine weitere Erzählinstanz sichtbar: der »Herausgeber«. Er hat von Nikomedes die »Blätter« erhalten, die unter dem Titel *Der Magnetiseur* vorliegen. Auf verschlungene Identitäten verweist auch die Anrede des Herausgebers an den Justizrat: »lieber Bruder«. Die Schlußwendung, daß der Herausgeber »nicht einmal recht weiß, ob Sie wirklich existieren, mein wertester Justizrat«,[57] erinnert dann wieder ausdrücklich an den Fiktionscharakter der gesamten Konstruktion.

Der »Herausgeber« teilt dem Justizrat mit, daß er die Anlagen in den *Fantasiestücken* veröffentlicht habe – eine erste Werkreferenz im Werk selbst, in frühromantischer Manier. Auch die Nachlaßschrift »Franz Bickerts allegorische Malereien«, die der Justizrat offenbar angekündigt hat, benennt ein Werk, das für die *Fantasiestücke* vorgesehen war. (Hoffmann hat das »Billet« in der 2. Auflage der *Fantasiestücke* gestrichen, unter anderem wohl, weil er diese Konstruktion als unnötig kompliziert empfand.)

Der Untertitel »Eine Familienbegebenheit« verweist darauf, daß es bei dieser Erzählung nicht um eine wissenschaftliche Auseinandersetzung geht und daß sich die Macht des Magnetismus bis in den privaten Raum hinein auswirkt. Durch die gewählte Erzählform werden im umfangreichen humoristischen ersten Teil mit dem Titel »Träume sind Schäume« sehr verschiedene Ansichten gegeneinandergestellt, diskutiert und kommentiert, während in den anderen »Nachlaß«-Texten des zweiten Teils jeweils *eine* Perspektive dominiert, die auch der Ich-Erzähler nicht weiter kommentiert, so daß die Deutung letzten Endes dem Leser überlassen bleibt.

Der erste Teil berichtet von einer abendlichen Gesprächsrunde. Sie besteht aus einem pragmatischen und besorgten Baron, seinem vom Magnetismus begeisterten Sohn Ottmar, der Tochter Maria, die sich einer Behandlung bei dem Magnetiseur Alban unterzieht, sowie einem engen Freund der Familie, dem Maler Bickert. Eine Unterhaltung der drei Männer über die Phänomene des Traumes und des Schlafwandelns bringt verschiedene zeitgenössische Positionen zur Sprache. Jeder der sehr unterschiedlichen Charaktere kommt mit einer umfangreichen Erzählung zu Wort. Dabei widerlegen diese Geschichten im Grunde die zuvor geäußerten Überzeugungen. Das gilt vor allem für die Devise des Barons »Träume sind Schäume«; die von ihm erzählte Geschichte einer Begegnung mit einem dänischen Major, der große dämonische Macht über ihn ausübte, bestätigt einen Angsttraum und wird zu einer vorweggenommenen Spiegelung der späteren Handlung. Bickerts Deutung des Traumes schwankt zwischen romantischen und rationalistischen Mustern. Ottmar berichtet von seinem Bekannten Theobald, der von Alban für den Magnetismus begeistert wurde: Theobalds Verlobte verliebte sich so sehr in einen italienischen Offizier, daß sie den Bräutigam vergaß; Alban lehrte ihn eine magnetische Gegenbehandlung, die zu ihrer Befreiung von der Fremdbestimmung und zur Rückkehr zu Theobald führte. Maria, die eine Parallele zu ihrer eigenen Situation erkennt, fällt in Ohnmacht. Der plötzlich auftretende Alban heilt ihren nervösen Zustand. Zugleich zeigt diese Heilung allerdings Albans wachsende Macht über Maria. Im zweiten Teil der Erzählung werden einzelne Stationen des Untergangs herausgegriffen: Maria schreibt der Schwester ihres Verlobten von ihrer wachsenden Abhängigkeit; Alban entwirft seine Theorie der Macht und enthüllt seine Lust an der Beherrschung anderer; der Schlußbericht zeigt, wie Maria ihren Bräutigam verläßt und Alban willenlos folgt. Sie stirbt, wie bald darauf auch ihr Vater und ihr Bruder, nur Bickert bleibt als verstörter Kommentator, bis auch er stirbt.

Im Mittelpunkt des Interesses steht die Gestalt des Magnetiseurs in ihrer Ambivalenz: Er kann Arzt und Heiler sein, aber er kann seine Macht über andere auch mißbrauchen. Die Erzählung zeigt nicht nur den Mißbrauch mit seinen verhängnisvollen Folgen, sondern widmet sich besonders eindringlich seinen Motiven. Bei Alban dominiert die Lust an der Macht, an der Unterdrückung anderer. Sein Brief an Theobald offenbart sein Ziel in aller Deutlichkeit: die »unbedingte Herrschaft über das geistige Prinzip des Lebens«.[58] Erst wieder am Ende des Jahrhunderts, bei Nietzsche, wird der unumschränkte Wille zur Macht so eindringlich beschrieben und analysiert wie in diesem Brief.

Hoffmann zieht mehrfach Verbindungslinien zwischen der Machtlust des Magnetiseurs und der – nach seiner Ansicht – von jeder Moral getrennten Haltung Napoleons, der ebenso das Recht des Mächtigen auf Herrschaft, auf Unterjochung der Schwächeren vertritt. In der wenige Monate später entstandenen Schrift *Die Vision auf dem Schlachtfelde bei Dresden* führt Hoffmann dieses Napoleon-Bild, wie gesehen, weiter.

In gleicher Weise wie für den Magnetiseur interessiert Hoffmann sich für dessen Opfer, die Magnetisierten. Sie sind Medien, den Zuständen der Hypnose und des Somnambulismus in besonderer Weise geöffnet, aber auch willensabhängig, willenlos, einem fremden Willen und Einfluß ausgesetzt. Damit wird das Thema des Ich-Verlusts angesprochen, eines der zahlreichen medizinischen und psychologischen Probleme, die mit den »Nachtseiten der Naturwissenschaft« verbunden sind und die Hoffmann seit dieser Zeit intensiv beschäftigten.

Der goldene Topf

Auf den ersten Blick in einem schroffen Gegensatz zu dieser Linie des Nächtlich-Grausigen, die sich vom Phänomen des Magnetismus zu den Bildern von Grauen und Schrecken als Reflexen des Krieges zieht, steht das Märchen *Der goldene Topf*. Es wurde von zahlreichen Zeitgenossen als Hoffmanns bedeutendstes Werk überhaupt angesehen und auch in der Forschung gilt es bis heute als ein – oder das – Hauptwerk des Künstlers.

Dieser machte selbst auf den Widerspruch aufmerksam, in einer politisch so bewegten und gefährlichen Zeit ein Märchen zu schreiben, aber er sah darin keinen Gegensatz, eher eine gewisse Logik: »In keiner als in dieser düstern verhängnisvollen Zeit, wo man seine Existenz von Tage zu Tage fristet und ihrer froh wird, hat mich das Schreiben so angesprochen – es ist als schlösse ich mir ein wunderbares Reich auf, das aus mein[em] Innern hervorgehend und sich gestaltend mich dem Drange zum Äußern entrückte«.[59] Dies, wie häufig in der Forschung, als »Idylle« im Kriegsgeschehen zu rühmen oder als »Eskapismus« zu rügen, ist gleicherweise verfehlt. Eher zeigt sich, daß Hoffmann auch das politische Geschehen als Teil der allmächtigen prosaischen Verhältnisse ansah, dem gegenüber die Besinnung auf das Poetische um so notwendiger sei.

Anregungen zu dem Märchen reichen möglicherweise bis in die Bamberger Zeit zurück, aber das erste konkrete Zeugnis über Hoffmanns Beschäftigung mit dem Stoff findet sich in einem Brief an den Verleger Kunz vom 19.8.1813, kurz vor Abschluß des *Magnetiseurs*. Diese erste Skizze weist dominierend komische und burleske Züge auf, die bei der Ausarbeitung später zurücktraten (so war der goldene Topf zunächst ein mit Juwelen besetzter Nachttopf, der sich, als der Held »das erstemal hineinpißt«, in einen Meerkater verwandelt). Auch der Charakter des Helden und des Archivarius wurden deutlich geändert.

Die nächsten Monate bringen Fortschritte in der Konzeption und schließlich die Niederschrift – begonnen am 26.11.1813, unterbrochen immer wieder nicht nur durch die politischen Tagesereignisse, sondern auch die berufliche Tätigkeit als Kapellmeister und durch andere künstlerische Pläne. Anfang März 1814 schloß Hoffmann die Reinschrift des Märchens ab und schickte sie an Kunz. Da der Text schließlich 273 Seiten umfaßte, wurde beschlossen, daß er den dritten Band der *Fantasiestücke* allein füllen sollte.

Hoffmann nennt sein Werk im Untertitel: »Ein Märchen aus der neuen Zeit«. Damit betont er nachdrücklich seine Neuartigkeit innerhalb der Gattungstradition. Anregungen hatte er vor allem aus *Tausendundeine Nacht*, von Carlo Gozzis Theatermärchen (Fiabe teatrali), von Novalis sowie aus der Operntradition, insbesondere Mozart/Schikaneders *Zauberflöte*, die er in dieser Zeit mehrfach dirigierte, erhalten. Seine neue Märchenauffassung findet sich an verschiedenen Stellen fast gleichlautend formuliert. In einem Brief vom 19.8.1813 schreibt Hoffmann: »Feenhaft und wunderbar aber keck ins gewöhnliche alltägliche Leben tretend und sei[ne] Gestalten ergreifend soll das Ganze werden.«[60] Später, in einem Brief vom 4.3.1814, heißt es ganz ähnlich, Ziel sei, »das ganz Fabulose [...] in das gewöhnliche Leben keck eintreten zu lassen«.[61] Im *Goldenen Topf* werden diese Formulierungen vom Ich-Erzähler aufgegriffen und weiter ausgeführt: Das Märchen handle vom Wunderlichen, »das wie eine spukhafte Erscheinung das alltägliche Leben ganz gewöhnlicher Menschen ins Blaue hinaus rückte«. Der Leser wird aufgefordert:

in dem feenhaften Reiche voll herrlicher Wunder [...], das uns der Geist so oft, wenigstens im Traume aufschließt, versuche es, geneigter Leser! die bekannten Gestalten, wie sie täglich, wie man zu sagen pflegt im gemeinen Leben, um dich herwandeln, wieder zu erkennen. Du wirst dann glauben, daß dir jenes herrliche Reich viel näher liege, als du sonst wohl meintest, welches ich nun eben recht herzlich wünsche, und dir in der seltsamen Geschichte des Studenten Anselmus anzudeuten strebe.[62]

Im »Märchen aus der neuen Zeit« geht es also darum, daß das Wunderbare »keck« in das »gewöhnliche«, »alltägliche Leben« tritt, mithin um die Verbindung des Märchenhaften mit dem Alltäglichen. Das heißt zunächst konkret: Versetzung in Raum und Zeit der Gegenwart, Ausstattung der Figuren mit individuellen Zügen und psychologische Vertiefung.

»Am Himmelfahrtstage Nachmittags um drei Uhr rannte ein junger Mensch in Dresden durchs schwarze Tor«[63] – bereits der Erzähleingang setzt sich so weit wie möglich vom behaglichen »Es war einmal« des zeit- und raumlosen Grimmschen Volksmärchens ab (1812 war der erste Band der *Kinder- und Hausmärchen* erschienen). Ort und Zeit werden hier so genau mitgeteilt, wie das erst Jahrzehnte später in realistischen Erzähleingängen üblich wurde. Und doch ist diese Wirklichkeit nie nur das vordergründig Sichtbare und Erkennbare. Gewiß: Das »Schwarze Tor« ist auf einem Dresdener Stadtplan zu finden; der Weg, den der junge Mann nimmt, war auch der Heimweg des Kapellmeisters Hoffmann vom Opernhaus in der Altstadt zu seiner Wohnung jenseits der Elbe. Dem Bamberger Bekannten Speyer schrieb er: »In Dresden wohne ich [...] vor dem schwarzen Tore [...] in einer Allee, die nach dem Linkischen Bade führt.«[64] Doch hinter dem topographisch Exakten und dem Biographischen steht eine andere Bedeutungsdimension: Das »Schwarze Tor« (das übrigens bereits 1812 abgerissen wurde) besitzt auch eine unheilvolle symbolische Vorbedeutung, auch wenn man es nicht, wie psychoanalytische Deuter, als Grenze zum Reich des Unbewußten ansehen will. Ähnliche Bedeutungsvielfalt gilt für die Zeit: Der Himmelsfahrtstag verweist auch auf den Beginn der »Himmelfahrt« des Helden, wenn man seine am Schluß stehende Entrückung nach Atlantis so bezeichnen will. Schließlich betrifft das auch den jungen Mann selbst, der den eher prosaischen Beruf eines Studenten hat und den durchaus unmärchenhaften Namen Anselmus trägt (dies ist der Kalenderheilige des 18. März, der für Hoffmann als Geburtstag Julia Marks zu einem magischen Datum geworden war). Er wird uns gleich zu Beginn in der für ihn charakteristischen Bewegung vorgeführt: rennend (auch später geht er fast nie gemessen wie ein ordentlicher Bürger), und mit seinem wichtigsten Charakterzug: Er ist der Ungeschickte, der Tolpatsch – später, zu Beginn der vierten Vigilie, wird der Erzähler, von diesen Symptomen ausgehend, eine psychopathologische Deutung des Anselmus als eines Melancholikers geben.

Die Eingangsszene, die Anschaulichkeit mit geradezu kleistscher Gedrängtheit verbindet, führt als zweite Gestalt »die Alte« ein, eine Marktfrau, deren merkwürdiges Verhalten darauf verweist, daß sie einer Gegenwelt des Unheimlichen und Bedrohenden angehört; später wird sie in verschiedenen Metamorphosen als Hexe wiederkehren. Ihr seltsamer Fluch – »ins Krystall bald dein Fall«[65] – eröffnet eine Leitmotivkette, in der Gläser und Spiegel eine wichtige Rolle spielen und die in Anselmus' Verbannung in eine Kristallflasche ihren Höhepunkt findet.

So sind der bunten, handlungsfreudigen Darstellung von Anfang an weitere Bedeutungsebenen zugeordnet, Ambivalenz und Ironie beginnen sich als zentrale Gestaltungsmerkmale abzuzeichnen.

Die Erzählung wird durchgehend von den Antithesen geprägt, die der Titel ankündigt: Es ist ein Märchen, aber eines aus der neuen Zeit. Bereits in der ersten Überschrift – »Des Konrektors Paulmann Sanitätsknaster und die goldgrünen Schlangen« – werden eine bürgerliche und eine wunderbare Welt konfrontiert. Diese Dualität zeigt sich im ständigen Wechsel des Schauplatzes und des Personals.

Die Welt des Bürgertums, in erster Linie repräsentiert von Konrektor Paulmann und Registrator Heerbrand (bezeichnenderweise nimmt ihr Beruf die Stelle des Vornamens ein), ist geprägt vom Streben nach materieller Sicherheit, nach Unauffälligkeit im Verhalten sowie nach Anerkennung durch die Umwelt. Dieses Bürgertum wird zwar ironisch und gelegentlich (insbesondere in seinen philiströsen Ritualen) satirisch gezeichnet, aber keineswegs durchgehend negativ. Der wichtigste Vertreter der Gegenwelt des Wunderbaren, der Archivarius Lindhorst, ist eine mythische Figur, ein Salamander – seine in der Atlantis-Mythe erzählte Geschichte erweist den Elementargeist als Teil einer seit der Schöpfung existierenden Geisterwelt. Seine Auseinandersetzung mit den Gegenkräften des Bösen findet in der Erzählgegenwart ihre Fortsetzung, im Kampf mit der Hexe um den goldenen Topf. Und wie diese in der »neuen Zeit« als Marktweib und als Kinderfrau auftritt, hat auch Lindhorst einige bürgerliche Züge angenommen: Er übt einen Beruf aus, er verkehrt im Gasthaus, er hat das höchst bürgerliche Problem der Versorgung lediger Töchter. Umgekehrt können auch die Bürger Anteil am Wunderbaren haben: im Traum, in der Liebe, durch den Alkohol; allerdings bleiben auch in diesen wirklichkeitsfernen Zuständen die Bürgerträume von Erfolg und Ansehen vorherrschend. Die Philister leiden nicht am Gefängnis ihrer Wirklichkeit, sie empfinden die Einengung ebensowenig wie die Kreuzschüler in der Glasflasche.

Der Konflikt zwischen den beiden Welten wird dargestellt als Kampf um den Studenten Anselmus. Die Eingangsvigilie (der Begriff – »Nachtwache« – spielt sowohl auf die später geschilderte nächtliche Schreibsituation an als auch auf den berühmten anonym erschienenen Roman *Nachtwachen. Von Bonaventura*) zeigt ihn als Bürger mit durchaus philiströsen Neigungen zum feiertäglichen Bier und der Pfeife; zugleich wird an seiner außergewöhnlichen Ungeschicklichkeit seine Fremdheit in diesem Milieu deutlich. Er öffnet sich dem Wunderbaren im Tagtraum, in der Fantasie, so daß die Natur zu ihm zu sprechen beginnt. Synästhetische Bilder und harmonische Musik sind dabei erste Verweise auf das poetische Reich Atlantis, mit dem er unter dem Holunderbusch am Elbufer durch die Schlänglein in Berührung kommt.

Die zweite Vigilie verschärft den Konflikt dadurch, daß Anselmus gleichzeitig in eine bürgerliche Liebe zu Veronika, der

Tochter Paulmanns, und in eine enthusiastisch-poetische Liebe zu Serpentina, der Schlangen-Tochter des Archivarius, gerät – ein »toller Zwiespalt«,[66] der die weitere Struktur der Handlung prägt. Die folgenden Vigilien zeigen jeweils zunächst die Steigerung des Poetischen, das immer stärkere Hineinfinden in die Welt des Wunderbaren, und sodann den Gegenschlag der Alltagswelt, ihre Verlockungen, die seinen Entwicklungsgang hemmen. Dieser Mittelteil des Märchens endet mit den beiden Eheversprechen an Serpentina und Veronika, mithin einer extremen Zuspitzung einer Situation, die zur Entscheidung drängt.

Die Verführungen der Bürgerlichkeit, denen Anselmus ausgesetzt ist, werden in Veronika personifiziert. Sie liebt Anselmus und kämpft um ihn. Im Laufe der Erzählung wird rasch deutlich, in welchem Maß sie von dem Wunsch getrieben wird, in ihm einen künftigen Hofrat zu heiraten und damit gesellschaftliches Ansehen zu erwerben. Sie setzt alle Mittel ein, um ihr Ziel zu erreichen, bis hin zu Magie, bei der sie sich der Hilfe ihrer alten Kinderfrau, der geheimnisvollen Hexe, versichert. Nachdem sie Anselmus verloren hat, tröstet sie sich rasch mit Heerbrand, als dieser zum Hofrat ernannt wird. Die liebenswerte und liebenswürdige Bürgertochter erweist sich als höchst prosaisches Gemüt, das energisch die Verwirklichung seiner Lebensziele vorantreibt.

Die Verführungskraft ihrer Gegenspielerin Serpentina liegt in Attributen des »Poetischen« (Schönheit, Harmonie); sie verführt durch ihre Sprachmagie, sie weckt die kreativen Kräfte in Anselmus. (Serpentina verkörpert die »figura serpentinata«, die seit der Renaissance bekannte, in der manieristischen Tradition hochgeschätzte schlangengleiche, den Kosmos durchwaltende Schönheitslinie.) Von Serpentina und der Liebe zu ihr geleitet, entwickelt sich Anselmus' Fantasie. Diese verwandelnde Kraft wird sehr deutlich in der zweifachen Sicht bestimmter Szenen: Haus und Garten des Archivarius erscheinen dem poetischen, in Serpentina verliebten Anselmus als Zauberwelten üppiger Vegetation, exotischer Tiere, prächtiger Umgebung; als er nach dem

Punschgelage, eingefangen von Veronika und ihrer Welt, in das Anwesen zurückkehrt, erscheint ihm alles grau, alltäglich, langweilig. Nicht das Geschaute hat sich verändert, sondern Blick und Einstellung des Betrachters. Anselmus schwankt in seiner Sichtweise zahlreicher Phänomene, Ereignisse und Personen – etwa der Deutung der Schlänglein im Wasser oder des Abenteuers mit dem Türklopfer – zwischen fantastischen und rationalistischen Mustern; die beiden Welten des Wunderbaren und des Alltäglichen existieren nicht nur unmittelbar nebeneinander, sie gehen auch immer wieder ineinander über.

Solche Grenzverwischung ist immer auch eine Leistung der Sprache. Die Verwandlung Lindhorsts in einen Geier zeigt dies besonders anschaulich: In der tiefen Dämmerung »schien« der Archivarius »mehr in das Tal hinabzuschweben als zu gehen«. Der Wind setzte sich

> in den weiten Überrock und trieb die Schöße auseinander, daß sie wie ein Paar große Flügel in den Lüften flatterten und es dem Studenten Anselmus [...] vorkam, als breite ein großer Vogel die Fittige aus zum raschen Fluge. – Wie der Student nun so in die Dämmerung hineinstarrte, da erhob sich mit krächzendem Geschrei ein weißgrauer Geier hoch in die Lüfte, und er merkte nun wohl, daß das weiße Geflatter, was er noch immer für den davonschreitenden Archivarius gehalten, schon eben der Geier gewesen sein müsse, unerachtet er nicht begreifen konnte, wo denn der Archivarius mit einemmal hingeschwunden.[67]

Die Geschichte von dem Studenten Anselmus wird im wesentlichen chronologisch erzählt und genau datiert (sie reicht vom Himmelfahrtstage bis zu Veronikas Namenstag am 4. Februar des nächsten Jahres); die antithetisch aufgebaute Handlung endet in zwei Schlüssen: Die 10. Vigilie berichtet die Entscheidung des Anselmus für Serpentina und damit für das Dichtertum, die 11. Vigilie schließt die bürgerliche Gegenhandlung mit der Verheiratung Veronikas und ihrer Erhebung zur Hofrätin ab.

Das Märchen zeigt den Weg eines jungen Mannes von Dresden nach Atlantis, vom Studenten und »poetischen Gemüt« zum Dichter. Dieser Weg ist häufig mit dem eines Helden im Entwicklungsroman verglichen worden. Trotz vieler Gemeinsamkeiten liegt der deutlichste Unterschied jedoch im Verhältnis zur Wirklichkeit und zur Gesellschaft. Während im Entwicklungsroman das Individuum im Kampf mit einer widerständigen Wirklichkeit reift, bis es seinen Platz in der Gesellschaft findet, entfernt sich Anselmus immer mehr von der Wirklichkeit, dem Bürgertum, der Philisterwelt. Dieser Bildungsprozeß findet sein Ziel in Atlantis, einem Reich jenseits von Welt und Gesellschaft.

Der Weg zum Dichter läßt sich genauer als Prozeß des Schreiben-Lernens bezeichnen. Bereits zu Beginn des Märchens werden Anselmus' »Schreiberdienste« und seine Neigung zur Kalligraphie erwähnt. Zunächst arbeitet er als Kopist, im frühen 19. Jahrhundert noch eine durchaus anerkannte Tätigkeit. Daß Anselmus sich vom bloßen Nachschreiben löst und kreative Fähigkeiten entwickelt, ist auf das engste verbunden mit seiner Einführung in das Wunderbare und der Steigerung seiner Liebe zu Serpentina. Schließlich versteht er die Texte, die er abschreibt, »aus dem Innersten heraus«.[68] Parallel zur Ausbildung seiner Schreibkünste führen auch die Texte, die ihm vorgelegt werden, über die Buchstabenschrift zurück zu den Hieroglyphen und über die Texte des Koptischen bis hin zum Sanskrit, in dem die Romantiker, Friedrich Schlegel folgend, den Ursprung der Poesie sahen. In der 10. Vigilie wird mit dem Bekenntnis zu Serpentina und der Heirat mit ihr die Verwandlung des Schreibers in einen Dichter vollzogen.

Eine zentrale Eigenschaft des Helden wird zu Beginn der 4. Vigilie ausführlich entfaltet, die »Melancholie«. Diese Krankheit der Seele gilt seit der Antike als Eigenart und Gefährdung der Künstler. Von Beginn an erfahren wir von merkwürdigen Erlebnissen – Wahnvorstellungen? – des Studenten: unter dem Holunderbaum, bei der Fahrt über die Elbe, vor der Haustür Lindhorsts; in der Punschszene durchfährt Anselmus »der Wahnsinn des innern Entsetzens«,[69] den Höhepunkt bildet sein Gefühl, in

Glas eingeschlossen zu sein – ein in den medizinischen Fachbüchern der Zeit (von Hoffmanns guter Kenntnis dieser Literatur war bereits die Rede) vielbeschriebenes Symptom des Wahnsinns.[70]

Die biederen Bürger haben in ihrer Beurteilung des Anselmus als »verrückt« und »wahnsinnig« also immerhin die zeitgenössische Naturwissenschaft und Medizin auf ihrer Seite. Und sie spotten zwar zuweilen über den zerstreuten oder merkwürdig handelnden Studenten, aber sie zeigen sich durchaus hilfsbereit, wollen ihn zu der ihnen eigenen Normalität und Gesundheit zurückführen. Sie folgen einer in der medizinischen Literatur empfohlenen Heilmethode, der Schreibtherapie, wenn sie Anselmus als Schreiber an den »Mentor« Lindhorst vermitteln. Aus dieser Perspektive führt die Entwicklung des Helden als Krankheitsgeschichte konsequenterweise dazu, sein Ende im Wahnsinn und Selbstmord (im Sprung von der Elbbrücke und der »Entrükkung« nach Atlantis) zu sehen. Auch wenn man diese Deutung nicht teilt, hat sie doch den Blick geschärft für die düsteren Seiten von Anselmus, seine psychischen und physischen Leiden, seine Konflikte. Seine »Melancholie« steht gewiß auch in der Deutungstradition dieser »Krankheit« als Zeichen von Genialität (seit der Renaissance vor allem: von dichterischer Genialität). Damit bindet Hoffmann auch die Thematik von Künstlertum und Krankheit, Genie und Wahnsinn in das »Märchen« ein – diese Problem-Linie wird zu Nietzsche und Thomas Mann führen. Hoffmann gibt Hinweise auf die Vielschichtigkeit des Charakters und des Weges von Anselmus. Hier wird keineswegs Ungeschicklichkeit und Krankheit als naiv und poetisch verklärt, gezeigt werden vielmehr auch die Irritationen, Leiden und Gefährdungen des Künstlertums.

Hoffmann gibt dem Leser bewußt keine Entscheidungshilfe, alle Deutungsansätze im Märchen selbst sind jeweils einer Perspektive zugeordnet. Das gilt selbstverständlich auch für die Erklärungen des Ich-Erzählers. Seine Rolle wird durch die abschließende 12. Vigilie deutlicher, die aus der antithetischen

Grundanlage des Textes herausfällt und nicht mehr die Erzählung über Anselmus, Serpentina und Veronika weiterführt. Vielmehr tritt nun das Erzähler-Ich in den Mittelpunkt. Bereits dreimal zuvor hatte sich ein Ich eingeschaltet – in einem »Märchen« unerwartet, als Illusionsbruch und ironisches Spielmoment hingegen ein beliebtes Stilmittel des romantischen Erzählens. Das Erzähler-Ich nimmt zunächst traditionelle Funktionen der Leseransprache wahr: Es baut eine Vertrauensbeziehung zum Leser auf, es beglaubigt die Wirklichkeit des Geschehens, es versucht, dem Leser eine bestimmte Sichtweise zu suggerieren, ihn als Betrachter, ja als Mithandelnden einzubeziehen (virtuos im Nachtstück der 7. Vigilie), es treibt ein ironisches Spiel mit ihm. In der letzten Vigilie hingegen wird das Ich zum Ich-Erzähler, es greift selbst in das Geschehen ein und wird dessen handelnder (bzw. leidender) Teil. Es steigt gleichsam die »verdammten fünf Treppen«[71] von seiner Dachstube außerhalb des erzählten Märchens hinunter in die eigene Fiktion.

Der Erzähler kann die Geschichte von Anselmus nicht zu Ende bringen, weil er die Worte nicht findet, die dessen dichterische Existenzform jenseits der bürgerlichen Handlung adäquat beschreiben würden. Schließlich wendet sich eine der Märchenfiguren, Lindhorst, an ihn und bietet seine Hilfe an: Der Punsch, den er ihm serviert, führt zu einer Vision. In dieser Szene zeigen sich zwei bemerkenswerte Parallelen zur der Wandlung von Anselmus zum Dichter in der 9. Vigilie: Der Erzähler erfährt seine Eingebungen am gleichen Schreibtisch, an dem Anselmus arbeitete; und vor allem: Wie dieser findet er das in der Vision Geschaute beim Erwachen, der Rückkehr in die »Wirklichkeit«, als geschriebenen Text vor sich.

Während für Anselmus der Zustand des Poetischen von Dauer ist – er erhält ein »Rittergut« in Atlantis –, kehrt der Ich-Erzähler in die Alltagsrealität zurück. Er leidet unter diesem Kontrast seiner eigenen Situation zu der des Anselmus, aber Lindhorst spendet ihm abermals Trost: die Punschvision gebe doch zumindest einen kleinen Anteil an dem Reich Atlantis, in dem Anselmus nun lebe, sie stelle gleichsam einen »Meierhof« neben dessen »Rittergut« dar.[72]

Die meisten älteren Deutungen dieses Schlusses sehen den Dualismus des gesamten Märchens nun auf das Verhältnis von Anselmus, der das Wunderbare erreicht habe, zu dem Erzähler, der in der alltäglich-bürgerlichen Wirklichkeit zurückbleiben müsse, übertragen. Sie interpretieren die Schlußwendungen eher als resignativ oder als eine Art vorbiedermeierliches Selbstbescheiden und ziehen zur Erklärung Hoffmanns biographische Situation heran: Anselmus wird in das utopische Land Atlantis entrückt – Hoffmann muß im bürgerlichen Beruf und in Dresden weiterleben.

Diese Akzentuierung verfehlt den Kern. Das gilt ebenso für eine Deutung, die das Märchen des Erzählers vom *Goldenen Topf* allzusehr in die Nähe einer Dichtung des Anselmus rückt und ihre Bedeutung in erster Linie in ihrem mythologisch-naturphilosophischen Gehalt sieht: in einer Weltschöpfungs- und Weltentwicklungsgeschichte. Gewiß hat die Spezialforschung im einzelnen gezeigt, wie in diesen erzählten Mythos naturphilosophische und mythologische Vorstellungen von Novalis, Johann Wilhelm Ritter, Friedrich Wilhelm Joseph Schelling, Johann Arnold Kanne und vor allem Gotthilf Heinrich Schubert eingegangen sind. Das gilt insbesondere für die Vorstellungen von einem »Goldenen Zeitalter« und dem »Atlantis«-Mythos sowie von der Weltschöpfung und -entwicklung in Stufen (»kosmischen Momenten«); insbesondere dem Werk Schuberts hat Hoffmann darüber hinaus eine Reihe von Einzelbildern und -wendungen entnommen. Allerdings bleibt festzuhalten: Für das Verständnis und die Bewertung des Märchens ist nicht der philosophische Rang, die Originalität oder die Schlüssigkeit des Mythos und der naturphilosophischen Ideen entscheidend, sondern Hoffmanns Umsetzung der vorgefundenen Anschauungen in Literatur. Letzten Endes bilden der Mythos und die Vision von Atlantis nicht das Zentrum des Märchens.

Eine andere Sichtweise ergibt sich, wenn man nach dem Zusammenhang der Schlußvigilie mit dem gesamten Märchen fragt und die Aufmerksamkeit auf den Prozeß der dichterischen Produktion lenkt, der ja auch in der Entwicklung von Anselmus eine so wichtige Rolle spielt.

Zur für den modernen Erzähler E.T.A. Hoffmann entscheidenden Frage wird, wie sich der an Anselmus dargestellte Prozeß in ein Erzählwerk umsetzen läßt. Er wird gleichsam nicht nur dargestellt, sondern im Erzählen selbst gespiegelt. Die Poesie setzt sich selbst als Thema, aber nicht in Form philosophischer Reflexion, sondern der poetischen Gestaltung. Während Novalis diesen Prozeß ganz in das Poetische auflöst – alles wird in Poesie verwandelt –, werden bei Hoffmann die Gegenwelten des Bürgerlichen nicht überwunden und vernichtet, sondern in das Poetische integriert.

Deswegen wäre es falsch, die neue, angestrebte Dichtung in bestimmten Partien verwirklicht zu sehen, die die Ursprache des Poetischen nachzuempfinden versuchen – durch Alliterationen, Binnenreime, onomatopoetische Wendungen wie beim ersten Auftreten der Schlänglein oder in der Atlantisvision der Schlußvigilie; nicht ohne Grund haben sensible Interpreten angemerkt, daß in diesen Passagen die Sprache von Novalis und Tieck aufgegriffen wird. Es wäre auch falsch, die Klage des Erzählers aus der letzten Vigilie, er finde die Worte zum Abschluß seiner Erzählung nicht, und das Bild Lindhorsts vom Meierhof in Atlantis auf Hoffmann zu beziehen. Dessen poetische Leistung kennen wir ja: Es ist eben das Märchen, so wie es uns vorliegt. Wichtig dabei ist, daß hinter der Erzählerfigur eine andere Erzählinstanz erkennbar wird: Sie organisiert den Gesamttext, ordnet die Teile und verflicht sie miteinander. Das Resultat – das Märchen *Der goldene Topf* – besteht nun eben nicht in einer mythologisch-naturphilosophischen Erzählung (in der Art des ersten eigenen Werkes von Anselmus), auch nicht in der Rückkehr zur Sprache der Urpoesie, sondern in einer neuen Schreibart, die alle verschiedenen Welten sprachlich und stilistisch zusammenführt. Sie verbindet – wie in dem ersten Fantasiestück *Jaques*

Callot beschrieben – das »Heterogene« miteinander, sie bezieht die Subjektivität des Erzählers ein, und sie macht die ständige Spiegelung des Geschehens – konkret wie übertragen im Sinn der Reflexion – etwa in Leitmotiven und im intertextuellen Spiel mit anderen literarischen Texten zum Struktur- und Darstellungsprinzip.

Damit wird auch die ironische Darstellungsweise dieses »modernen« Märchens begründet und gerechtfertigt. Einem »poetischen Gemüt« wie Anselmus ist – wie einem traditionellen Märchen – Ironie fremd, da sie auf Distanz zum Geschauten und Erlebten beruht. Ironie hingegen wird möglich und nötig, wenn ein Erzähler das Wunderbare in seinem Konflikt mit der Normalität beschreibt.

Diese Ironie erfaßt das gesamte erzählerische Geschehen, bis hin zum Titelobjekt und dem Helden. Der goldene Topf ist kein weihevolles Symbol wie die blaue Blume oder der Gral, der Kampf um ihn zwischen dem Archivarius und der Hexe mit ihren jeweiligen tierischen Helfern gleicht einer grotesken Katzbalgerei. Auch der Held wird von Beginn an in ein komisches Licht gerückt, seine Ungeschicklichkeiten und Tölpelhaftigkeiten werden keineswegs von vornherein als Zeichen eines »poetischen Gemüts« verklärt, sondern auch ironisiert. Das gilt in ähnlicher Weise für seine Neigungen zur Bürgerlichkeit und seine rationalen Erklärungsversuche des Wunderbaren. Da Anselmus weitgehend aus der Innensicht, also mit seinen Gefühlsregungen und Stimmungen, dargestellt wird, ist ihm das Mit-Leiden, die Sympathie des Lesers trotzdem sicher.

Eine noch bedeutendere Leistung des Erzählers ist der Humor: Er stellt den Zustand her, der dem Leser Erkenntnis möglich macht. Damit beginnt in diesem Märchen ein Schreibprozeß, der für Hoffmanns Werke in den nächsten Jahren immer wichtiger werden sollte: die Verbindung von Fantasie und Humor.

Die letzten Worte des *Goldenen Topfes* – »Ende des Märchens« – sind nicht bloß eine Markierung des Abschlusses (dafür hätte »Ende« genügt), sondern bezeichnen auch ganz speziell den Abschluß dessen, was »Märchen« in diesem Werk bedeutet: zwar nicht – wie für Anselmus oder Heinrich von Ofterdingen – die Vernichtung der Realität in der Utopie, allerdings auch nicht Rückfall in die Prosa des Alltags, sondern eine Utopie, die durch Reflexion, Spiel und Ironie vor den Augen des Lesers aufgebaut wird. Ähnlich wie beim Erwachen nach dem Traum wird künftig das Weiterleben durch zwei Faktoren geprägt: die Erinnerung an das schöne Gewesene und die Gewißheit, daß der dichterische Prozeß oder die Kraft der Fantasie die Alltagswirklichkeit jederzeit erneut zu verwandeln vermag, da jeder ein »poetisches Gemüt« sein oder wieder werden kann.

Hoffmanns »Märchen aus der neuen Zeit« weist eine komplexe, vielschichtige Struktur auf, benutzt Ironie als durchgängiges Darstellungsmittel, zeigt einen Helden mit einer komplizierten Psyche und seinen Entwicklungsgang, ist geprägt von Analysen und Reflexionen des Erzählers, vom Spiel mit Erzählerfiktionen, von Selbstreflexion. Das alles sind auch Merkmale des modernen, selbstreflexiven Romans. *Der goldene Topf* ist ein Entwicklungsroman in Märchenform, ein reflektierter Märchenroman.

Das Volksmärchen, das »Kinder- und Hausmärchen« wird – mit dem Begriff von André Jolles – definiert als »einfache Form«, als »naiv« erzählt. Hoffmanns *Goldener Topf* repräsentiert durch die genannten Eigenarten geradezu ein Gegenmodell: Die komplexe Form, die virtuose, reflektierte Erzählkunst machen das Werk zum artistischen Märchen.

Die Abenteuer der Sylvester-Nacht

Hoffmann schrieb die Erzählung *Die Abenteuer der Sylvester-Nacht*, mit der er den letzten Band der *Fantasiestücke* eröffnete, in den ersten Tagen des Jahres 1815. Die Erzählung besteht aus vier numerierten Kapiteln, die von einem »Vorwort des Herausgebers« und einem »Postskript des reisenden Enthusiasten« umrahmt sind. Bereits dieser Rahmen verweist auf eine höchst komplizierte Erzählstruktur. Denn der »Herausgeber«, vom Enthusiasten mit dem Namen »Theodor Amadäus Hoffmann« angesprochen,[73] führt den Leser in das Geschehen ein, indem er ihm eine bestimmte Sichtweise nahelegt, ja aufzwingt. Außerdem gibt er ein deutliches Urteil über den Enthusiasten ab, den er einen »Geisterseher« nennt, dem überall »so viel seltsames und tolles begegnet«: Er trenne »offenbar sein inneres Leben so wenig vom äußern, daß man beider Grenzlinie kaum zu unterscheiden vermag«.[74]

Der Leser hat also bereits zu Beginn der Lektüre ein Vor-Urteil, wenn ihm im ersten Kapitel gleich ein Ich (der Enthusiast) entgegentritt, das von seinem »Innersten« in übersteigerten, pathetischen Wendungen spricht. Im ersten Kapitel (»Die Geliebte«) beschreibt der Enthusiast eine Gesellschaft am Sylvesterabend, in der er seiner früheren Freundin Julie begegnet. Musik, Punsch und das Gespräch mit ihr steigern seine Ekstase, bis ihn das Hinzutreten ihres Ehemanns dazu bringt, die Gesellschaft fluchtartig zu verlassen. Im zweiten Kapitel trifft er wenig später eine seltsame »Gesellschaft im Keller«: Schlemihl (aus Chamissos soeben, im Herbst 1814, erschienener Erzählung *Peter Schlemihls wundersame Geschichte*) und einen kleinen Mann mit zwei unterschiedlichen Gesichtshälften und einer panischen Angst vor Spiegeln. In sein Hotel zurückgekehrt, trifft der Enthusiast im dritten Kapitel (»Erscheinungen«) den Kleinen wieder, der gesteht, er habe sein Spiegelbild seiner geliebten Giulietta gegeben. Im Traum verschwimmen dem Enthusiasten die Bilder des Abends, seiner Geliebten, Schlemihls und des Kleinen. Morgens findet er die »wundersame Geschichte« (ein Zitat des Chamisso-Titels), die der »spukhafte Kleine« niedergeschrieben hat, bevor er ihn verlassen hat, wobei offen bleibt, ob nicht auch die Beobachtung des Aktes der Niederschrift noch zum Traum gehört. Die im vierten Kapitel mitgeteilte »Geschichte vom verlornen Spiegelbilde« wird allerdings nicht in der

3. Fantasiestücke in Callot's Manier (1813-1814)

Form der Niederschrift wiedergegeben, sondern in der Er-Form – als Geschichte des deutschen Malers Erasmus Spikher –, also in einer Bearbeitung des Enthusiasten, wodurch auch die teilweise fast wörtliche Wiederholung einzelner Szenen motiviert ist. In der Nachschrift vermischen sich in der Fantasie des Enthusiasten abermals die verschiedenen Bilder und Schicksale.

Das zentrale Motiv der Erzählung ist das Spiegelbild, die Spiegelung. In seiner offensichtlichsten Ausprägung – dem verlorenen Spiegelbild – steht es in einer Traditionslinie mit Chamissos *Schlemihl* und damit auch mit dessen Deutungsmustern (Ausgeschlossensein; Verlust von Heimat, von gutem Ruf, von bürgerlicher Solidität). Eine weitere Ausprägung ist jedoch ebenso wichtig: die Gegenüberstellung von Bild und Spiegelbild oder, genereller, das Prinzip der Spiegelung. Diese Themen, die zugleich Darstellungsformen sind, verweisen auf zentrale Motivfelder Hoffmanns: das Doppelgängertum, die Ich-Verdoppelung, die Identitätsproblematik.

Dieser Problemkomplex wird vom Konkreten bis zum Allgemeinen und Symbolischen entfaltet. Auf der konkreten Ebene geht es um die Tatsache, daß der Spiegel stets ein verfremdetes Bild zeigt: Wir sehen uns nie, wie uns andere erblicken, wenn sie uns ansehen. Das Phänomen des doppelten Gesichts wird seinerseits gespiegelt in den beiden unterschiedlichen Gesichtshälften Spikhers und – übertragen – in den beiden Gesichtern der Frauengestalten. Konkret und bildlich zugleich ist auch die Abtrennung des Spiegelbildes von der physischen Person. Auf einer zweiten Ebene stehen zahlreiche Spiegelphänomene, die Verdoppelungen von Personen und Situationen in den beiden Geschichten des Enthusiasten und Spikhers. Am auffälligsten ist dies bei Julia und Giulietta: Sie werden in Wendungen beschrieben, die zum Teil wörtlich übereinstimmen. Im Zimmer Spikhers erkennt der Enthusiast in einem Frauenbild im Spiegel »seufzend« Julia, während Spikher gleichzeitig im Traum »aufseufzte«: »Giulietta«.[75] Im »Postskript« wird diese Identifikation noch auffälliger betont:

– Was schaut denn dort aus jenem Spiegel heraus? – Bin ich es auch wirklich? – O Julia – Giulietta – Himmelsbild – Höllengeist – Entzücken und Qual – Sehnsucht und Verzweiflung. –[76] Wie die Frauen weisen auch die beiden männlichen Protagonisten zahlreiche spiegelbildliche Entsprechungen auf. Schließlich läßt sich auch das Bild des Teufels in verschiedener Gestalt wiederfinden: in konkreter Körperlichkeit in Dapertutto, in zahlreichen, zum Teil metaphorischen Wendungen auf der Gegenwartsebene (so bereits im ersten Absatz[77]), dort verbunden vor allem mit den Gefährdungen und Verlockungen des Philiströsen.

Die Spiegelung wird zum Erzählverfahren, wenn Kernszenen wiederholt werden – meist in wichtigen Details leicht verändert – oder wenn weitere Bilder in die Spiegelung eintreten und diese zur Reihe ausweiten (die Darstellungen von äußerlich sehr ähnlichen »Jungfrauen« auf den Gemälden »alter Meister«). In dieses Verfahren wird Chamissos *Schlemihl* einbezogen: nicht nur als Spiegelung Spikhers, sondern auch dadurch, daß Schlemihl Julia mit seiner eigenen Geliebten Mina gleichsetzt, die in seiner Geschichte seinen Diener Rascal heiratet.

In diese Reihe werden ferner Szenen anderer Werke Hoffmanns hineingestellt, etwa die Punsch-Episode aus der 9. Vigilie des *Goldenen Topfes* oder Szenen aus dem Roman *Die Elixiere des Teufels*, der teils vor, teils nach der Erzählung entstand. So besiegelt zum Beispiel der Romanheld den »Teufelspakt« mit Syrakuser Wein; wenn also Giulietta Spikher bei der ersten Begegnung Syrakuser reicht, wird ein Bild zitiert, zugleich aber auch dessen Bedeutung als Verführung zum Bösen aufgerufen, eine indirekte Vordeutung auf die Rolle Giuliettas. Noch komplexer sind die vielfältigen Spiegelungen der zentralen Frauengestalt des Romans, Rosalia, in anderen Frauen, in gemalten Bildern, in teuflischen Trugbildern, die zum Teil – wie in dem zitierten Bild der mittelalterlichen »Frau Welt« – Schönheit und Häßlichkeit in einem Körper vereinen.

In diese Reihe läßt sich auch das Autobiographische einfügen: Hoffmann notiert den Beginn der Niederschrift der Erzählung

3. Fantasiestücke in Callot's Manier (1813-1814) 197

am Neujahrstag 1815; am selben Tag begegnet der »Enthusiast« Spikher, erfährt dessen Geschichte, bearbeitet sie, schreibt sie zusammen mit seiner eigenen Geschichte nieder und adressiert das Ganze an seinen Freund »Theodor Amadäus Hoffmann«. Der Enthusiast erkennt lesend die Ähnlichkeiten von Erasmus' Giulietta-Geschichte mit seinem eigenen Julia-Erlebnis, während für den Adressaten Hoffmann und für den Autor der gesamten Geschichte ebenfalls ein Julia-Erlebnis in der Vergangenheit eine wesentliche Rolle spielte. So wird die Erzählung zum Spiegel des eigenen Selbst in mehrfacher Brechung. In dieser komplexen, reflektierten Weise wird das Private in das Dichterische eingebracht und im Dichterischen verwandelt. Das gilt bis in konkrete Details: Der Autor ist mit dem Herausgeber Hoffmann eng verbunden, er hat der Figur des Enthusiasten einige eigene Züge mitgegeben, Spikher ähnelt physiognomisch in auffälliger Weise Selbstporträts und Beschreibungen Hoffmanns.

Die Abenteuer der Sylvester-Nacht stehen auch in der Reihe der Künstlergeschichten der *Fantasiestücke*. Spikher ist in Hoffmanns Künstler-Galerie (neben Francesko in den *Elixieren*) der erste von zahlreichen Malern – dadurch erhält das Leitmotiv des »Bildes« eine zusätzliche Dimension. Wir erfahren allerdings wenig von seiner Kunstfertigkeit, wesentlich mehr hingegen von seinen Gefährdungen durch dämonische Erotik. Der andere Künstler, der Enthusiast, wird wesentlich detaillierter geschildert und auch durch seine Kunstprodukte – die Bearbeitung der Niederschrift Spikhers sowie die gesamte *Abenteuer*-Geschichte – vorgestellt. Einige seiner aus früheren Erzählungen, vor allem *Don Juan*, bekannten Eigenheiten – Exaltiertheit, Überschwang, »Geisterseherei« – werden vom Herausgeber einführend mit Wohlwollen und Nachsicht, aber auch mit leichter Ironie charakterisiert. Stärker als in früheren »Blättern« des Enthusiasten tritt das Problem der »Originalität« zutage: Ungewöhnlich oft belegt und verdeutlicht er eine Erscheinung mit einem Zitat oder einer Erinnerung aus Literatur oder Malerei; schließlich werden ihm Kunstfiguren (wie Schlemihl) lebendig;

Gestalten und Ereignisse, die ihm begegnen, bezieht er zitierend aufeinander. Alle oben aufgeführten Spiegelphänomene gehen, im Rahmen der Erzählfiktion, auf den Enthusiasten zurück. Für seine Person führt dies zu Verunsicherung, das Thema des Identitätsverlustes ist auf künstlerischer Ebene das des Zweifels an der eigenen Originalität oder an der Möglichkeit von Originalität überhaupt.

Damit markiert die Erzählung eine Phase in der romantischen Ästhetik, die sich weit von den Originalitätsvorstellungen der Frühromantik (Novalis) entfernt hat. Was aber den Enthusiasten belastet und verunsichert, wird von Hoffmann als künstlerisches Verfahren – im Sinne von »Callots Manier« – reflektiert und zum Ansatz einer neuen Schreibweise gewählt, in der die Komposition eine zentrale Rolle spielt. Die intendierte »kühnste Manier« heißt, wie die *Abenteuer* zeigen, unter anderem: raffinierte Strukturen, artistisches Schreiben, hohe Komplexität, virtuoses Spiel mit Texten, Bildern, Zeichen.

Kreisleriana: die zweite Serie

Die *Fantasiestücke* werden von einer zweiten Serie von *Kreisleriana* abgeschlossen. Sie ist ebenso komponiert wie die erste: Einem kurzen allgemeinen Vorwort folgen sechs Kreisler-Texte, abermals im Wechsel der Schreibarten und Stimmungen. Der erste und der letzte Text wurden von der Journalfassung zum Buchdruck wesentlich überarbeitet. Aus einem Vergleich ergeben sich deutlich die Intentionen der Umarbeitung und die Funktion der Texte im Ensemble der *Kreisleriana*: Das betrifft insbesondere das komplizierte Verwirrspiel um den Autor / Herausgeber Hoffmann – Enthusiast – Kreisler. Das erste Kreislerianum der zweiten Serie ist ein Gemeinschaftswerk von Hoffmann und Fouqué (beide standen seit 1812 im Briefwechsel wegen der gemeinsamen Oper *Undine*, sie trafen sich durch Hitzigs Vermittlung in Berlin Ende September 1814; die Gemeinschafterzählung erschien noch vor Jahresende in der von Fouqué mitherausgegebenen Zeitschrift *Die Musen*, einer der letzten Publikationen von Hitzigs Verlag).

Im Erstdruck beginnt Fouqué mit einem Vorwort, in dem er seinen Novellenhelden Baron Wallborn (aus der Erzählung *Ixion* 1811) als einen Geistesverwandten Kreislers bezeichnet – »ein junger Dichter, welcher in verfehlter Liebe den Wahnsinn fand, und endlich auch den lindernden Tod, muß jenen Johannes Kreisler gekannt haben, wie nachfolgender, unter seinen hinterlassenen Papieren gefundener Brief ausdrücklich beweist.«[78] Nach dem Abdruck des »Briefes des Baron Wallborn an den Kapellmeister Kreisler« (mit der »*Nachschrift*«: »Könnten wir nicht einmal gemeinschaftlich eine Oper erschaffen? Mir liegt so etwas im Sinne«[79] – in der Fassung der *Fantasiestücke* fehlt diese Bemerkung) folgt ein weiteres Vorwort von »Hoffmann. Verfasser der Fantasiestücke in Callot's Manier«. (Hier enttarnt sich Hoffmann mithin selbst zum erstenmal öffentlich.) Es folgt dann »Kreislers Brief an den Baron Wallborn«.

In der Fassung der *Fantasiestücke* geht dem Abdruck beider Briefe *eine* Vorbemerkung voran, vom »Herausgeber dieser Blätter« (also dem gleichen »Freund«, dem die Einleitung der ersten Serie der *Kreisleriana* zugeschrieben wurde). Die Vorbemerkung folgt weitgehend Hoffmanns Vorwort, integriert jedoch zwei leicht veränderte Sätze Fouqués und fügt einige weitere Mitteilungen über die Erzählungen um Kreislers Schicksale hinzu. Im Vorwort des Erstdrucks hieß es, Kreisler »brachte [...] mir« in der Nacht, »als er auf immer schied«, einen versiegelten Brief (an Wallborn); in den *Fantasiestücken* lautet die Formulierung: Kreisler »brachte [...] seinem innigsten Freunde Hoffmann« den Brief.[80] Damit wird zum einen der Vorwortschreiber des *Musen*-Beitrags (also die »reale« Autorperson Hoffmann) ersetzt durch den »Herausgeber dieser Blätter«; zum anderen wird »Hoffmann« als Freund Kreislers eingeführt. Diese Namensnennung erfolgt in den *Fantasiestücken* direkt hinter dem »Postskript« zu den *Abenteuern*, in denen der »reisende Enthusiast« seinem »lieben Theodor Amadäus Hoffmann« die Geschichte vom Spiegelbild mitgeteilt hat.[81] Damit wird die verwirrende Spiegelung der mehrfach geschichteten Erzählebenen konkret und metaphorisch zugleich deutlich. Die Veränderungen vom Journaldruck zu den *Fantasiestücken* zeigen, wie bewußt Hoffmann die Erzählebenen strukturiert hat und wie er das Spiel mit der Autorschaft sowohl außerhalb der *Fantasiestücke* (in der Unterschrift des *Musen*-Beitrags) als auch in diesen selbst weitertreibt.

Die Vorrede des ersten Kreislerianums enthält auch die Hauptargumente für den vermeintlichen Wahnsinn Kreislers. Dieser Aspekt der Kreisler-Gestalt ist deshalb so wichtig, weil Kreisler damit zu dem zentralen Beispiel für die in der Romantik öfter vertretene Auffassung eines Zusammenhangs zwischen Genie und Wahnsinn wurde – eine im 19. und vielfach noch im 20. Jahrhundert beliebte Vorstellung.

In der Tat ist in Hoffmanns Kreisler-Texten nicht selten vom Wahnsinn des Künstlers die Rede. Dem ist von den *Fantasiestükken* her (und nur von diesen soll zunächst die Rede sein, die Kreisler-Figur im *Kater Murr* wird später betrachtet) folgender Befund entgegenzuhalten: Alle diese Aussagen sind perspektiviert, das heißt, sie geben Ansichten, Mutmaßungen, Schlußfolgerungen aus der Sicht fiktionaler Figuren wieder, deren Glaubwürdigkeit zudem im Kontext nicht selten bezweifelt wird. So heißt es bei der ersten Erwähnung im Vorspruch zur gesamten *Kreisleriana*-Serie, wie oben bereits zitiert: »Viele behaupteten, Spuren des Wahnsinns an ihm bemerkt zu haben«[82] – eine Behauptung, die vom Erzähler an dieser Stelle selbst zurückgewiesen wird.

Zum zweitenmal wird Kreislers Wahnsinn in *Berganza* zum Thema: Der Hund schildert seinen Aufenthalt bei Kreisler. Der etwas bieder wirkende Erzähler berichtet, er habe gehört, Kreisler sei schon früher »zu Zeiten etwas weniges übergeschnappt« gewesen, »bis denn endlich der helle Wahnsinn ausgebrochen sei, worauf man ihn in die bekannte hier ganz nah' gelegene Irrenanstalt bringen wollen; er sei indessen entsprungen«.[83] Diesen durch indirekte Rede deutlich als Meinung Dritter erkennbaren Äußerungen gegenüber verhält Berganza sich ironisch, so daß der Erzähler zweifelnd fragt: »Und war er es [wahnsinnig] denn nicht?«[84] Damit gibt er dem klugen Hund das Stichwort zu einer differenzierten Betrachtung über die möglichen Einschätzungen seines Verhaltens: »In gewissem Sinn ist jeder nur irgend exzentrische Kopf wahnsinnig«.

Nur auf den ersten Blick anders verhält es sich mit den Passagen in der Vorrede der zweiten *Kreisleriana*-Serie. Die erste Schlüsselstelle lautet:

Schon lange galt der arme Johannes allgemein für wahnsinnig, und in der Tat stach auch sein ganzes Tun und Treiben, vorzüglich sein Leben in der Kunst, so grell gegen alles ab, was vernünftig und schicklich heißt, daß an der innern Zerrüttung seines Geistes kaum zu zweifeln war. Immer exzentrischer, immer verwirrter wurde sein Ideengang; so z. B. sprach er, kurz vor seiner Flucht aus dem Orte, viel von der unglücklichen Liebe einer Nachtigall zu einer Purpurnelke, das Ganze sei aber (meinte er) nichts als ein Adagio und dies nun wieder eigentlich ein einziger lang ausgehaltener Ton Juliens auf dem Romeo in den höchsten Himmel vor Liebe und Seligkeit herauf schwebe. Endlich gestand er mir, wie er seinen Tod beschlossen und sich im nächsten Walde mit einer übermäßigen Quinte erdolchen werde. So wurde oft sein höchster Schmerz auf eine schauerliche Weise skurril.[85]

Das erste Beispiel für Kreislers zunehmende geistige Verwirrung, die Rede von der »Liebe einer Nachtigall zu einer Purpurnelke«, zitiert ein berühmtes persisches Liebesgedicht, das Schubert in seinen (von Hoffmann in den *Fantasiestücken* schon früher benutzten) *Ansichten von der Nachtseite der Naturwissenschaft* anführt. Die beiden Symbole der unerfüllten Liebe, Nachtigall und Nelke, sind zugleich Binnenzitate aus früheren Kreisler-Stücken, in diesem Sinn ist das »Ganze [...] ein Adagio«. Auch der Anklang an *Romeo und Julia* zitiert die literarisch-musikalische Traditionskette aus einem früheren Kreisler-Text (*Ombra adorata*).

Die einzige Aussage über Kreisler, die der Erzähler selbst bezeugt – »Endlich gestand er mir, wie er seinen Tod beschlossen« –, wird im Nachsatz sofort in das ironische Spiel musikalischer Bilder einbezogen und relativiert. Und auch das Fazit, daß Kreislers Schmerz oft skurril wurde, verweist keineswegs auf Wahnsinn.

Die zweite Passage, die für Kreislers Wahnsinn herangezogen wird, bildet den Schluß des Vorspruchs:

So wie übrigens Wallborn in verfehlter Liebe den Wahnsinn fand, so scheint auch Kreisler durch eine ganz fantastische Liebe zu einer Sängerin auf die höchste Spitze des Wahnsinns getrieben worden zu sein, wenigstens ist die Andeutung darüber in einem von ihm nachgelassenen Aufsatz, überschrieben: die Liebe des Künstlers, enthalten. Dieser Aufsatz, so wie mehrere andere, die einen Cyklus des Rein-Geistigen in der Musik bilden, könnten vielleicht bald unter dem Titel: Lichte Stunden eines wahnsinnigen Musikers, in ein Buch gefaßt, erscheinen.[86]

Zum einen sind die Signale der Ungewißheit auch in diesem Text deutlich (»scheint«, »Andeutung«, »vielleicht«); zum anderen existiert weder der Aufsatz »Die Liebe des Künstlers« noch das Buch »Lichte Stunden eines wahnsinnigen Musikers«. Wir wissen zwar, daß Hoffmann Werke mit diesen Titeln seit 1812 plante und mit ihrer Konzeption begann. Aber er hat ja gewiß nicht ohne Grund diese Pläne nicht weitergeführt. So dient ihre Erwähnung auch hier eher dem komplizierten Verwirrspiel, in das auch der reale Verleger und die ebenso realen Leipziger Meßkataloge einbezogen wurden: Derselbe Ostermeßkatalog 1815, der das Erscheinen des 4. Bandes der *Fantasiestücke* (mit diesem Kreislerianum) meldete, kündigte das Buch »Leichte Stunden eines wahnsinnigen Musikers. Ein Buch für Kenner« an. (Der Druckfehler »*Leichte* Stunden« verdarb die Pointe zwar etwas, vergrößerte aber andererseits das komplizierte

Wirrwarr ungewollt, so daß Hoffmann sich darüber eher amüsierte als ärgerte.)

Es gibt lediglich einen kurzen Text Hoffmanns, *Der Freund*, der einen im klinischen Sinn wahnsinnigen Musiker zeigt: wahrscheinlich Kreisler, aber selbst das ist nicht sicher. Der Text ist jedoch ein (nicht genau zu datierendes) Fragment, das von Hoffmann abgebrochen und zur Seite gelegt wurde.[87]

Im Gegensatz zum größten Teil der Hoffmann-Forschung ist also festzuhalten: Aus den *Kreisleriana* läßt sich der Wahnsinn des Kapellmeisters nicht ableiten. Wenn davon die Rede ist, so eigentlich nur als Meinungsäußerung Dritter, als Gerücht, als Behauptung – geschildert werden nur exzentrische und exaltierte Verhaltensweisen, nirgendwo jedoch Zustände eines klinischen Wahnsinns.

Den Brief an Wallborn unterschreibt Kreisler mit der Berufsbezeichnung »Kapellmeister, wie auch verrückter Musikus par excellence«.[88] Das ist ein Spiel mit gängigen Klischees und bestätigt die Ansicht des klugen Hundes Berganza, daß das Exzentrische oft bereits als wahnsinnig gelte. Als Exzentriker stellt Kreisler sich allerdings in diesem Brief eindeutig dar: in seinem Verhalten, seiner Kleidung, vor allem seinen Reden, die sein Tun immer wieder mit musikalischen Begriffen und Bezeichnungen skurril und komisch beschreiben. Wenn er selbst von seinem »tollen Spleen« schreibt, zeigt er damit auch sein Vergnügen an solchem Verhalten, am Schockieren der Umgebung, zugleich aber auch die beobachtende Distanz, die er zu sich selbst hält. Er wählt die Narrheit als Maske, die ihm zugleich Schutz bietet und die Möglichkeit eröffnet, die Gesellschaft und ihre Repräsentanten satirisch zu verspotten.

Wie auch immer man den »Wahnsinn« Kreislers beurteilt – eines zeigen die *Kreisleriana* sehr deutlich: Hoffmanns großes Interesse an diesem Thema, seine Betroffenheit und Faszination zugleich. Über Hoffmanns medizinische Kenntnisse und seine intensive Beschäftigung mit dem Wahnsinn war bereits die Rede; die Einbettung in die umfassendere Thematik des »Nächtlichen« erfolgt im Kontext der *Elixiere* und der *Nachtstücke*, in denen zahlreiche Spielarten des Wahnsinns literarisch gestaltet sind.

Das nächste Kreislerianum, *Kreislers musikalisch-poetischer Clubb*, zeigt die Musikbegeisterung des Kapellmeisters von einer anderen Seite.

Kreisler, der seine Gäste mit einer »symphoniemäßigen Fantasie«,[89] also mit einem mehrteiligen, trotz seiner ausschweifenden Zwanglosigkeit wohlgeordneten Tonstück hatte erfreuen wollen, ist durch die Zerstörung der Diskantsaiten seines Flügels genötigt, auf andere Weise zu fantasieren. Was improvisierend entsteht, ist ein literarischer Text, den Kreisler melodramatisch vorträgt. Die Klavierbegleitung ist notgedrungen auf das harmonische Fundament reduziert; die Folge der angeschlagenen Akkorde kann nur durch dynamische und rhythmische Modulationen sowie durch Differenzierungen des Anschlags belebt werden. Hoffmann macht die von Kreisler angeschlagenen Akkorde vor den einzelnen Textabschnitten namhaft. Die Akkordbezeichnungen sind jedoch nicht als Überschrift und die folgenden Absätze nicht als deren Kommentar im Sinne einer Tonartencharakteristik zu verstehen. Zwar gibt es in diesem Kreislerianum Übereinstimmungen mit den in der Tradition verankerten Charakteren einzelner Tonarten, aber auch mindestens ebensoviele Divergenzen. Es handelt sich eben nicht um einen musikästhetischen, sondern um einen rhapsodischen literarischen Text. Die aufeinanderfolgenden Akkorde stehen mit den in Worten gefaßten Gedanken, Vorstellungen und Gefühlen in Wechselbeziehung. Daher kommt es auf das klangliche und syntaktische Verhältnis der Akkorde zueinander an.

Etwas unvermittelt wird in dieses Kreislerianum das »romantische Spiel« *Prinzessin Blandina* eingeschoben. Kunz hatte Hoffmann um einen längeren Text gebeten, weil der letzte Band der *Fantasiestücke* zu schmal sei; nach Erscheinen sah Hoffmann, daß die Berechnung des Verlegers falsch war und der vorgesehene Umfang auch ohne die erzwungene Erweiterung erreicht worden wäre. In der zweiten Auflage strich er das Schauspiel, das die internen Proportionen deutlich verschoben hatte. Es weist keinen direkten Bezug zu Kreisler auf; von der Art der Integration ist am Ende dieses Kapitels die Rede, von der Komödie selbst im Abschnitt über das Theater.

Bei dem nächsten Kreislerianum, *Nachricht von einem gebildeten jungen Mann*, stammt nur die kurze Einführung von Kreisler: Er berichtet von einer Begegnung mit einem jungen Mann, der sich im Hause eines Kommerzienrates die bürgerliche Kultur auf das vollkommenste angeeignet habe und zum Künstler geworden sei. Dieser junge Mann sei zwar ein Affe, das bereite seiner Beliebtheit als Künstler aber keinen Abbruch, er werde »in allen geistreichen Zirkeln gern gesehen«.[90] Den Hauptteil des Textes bildet ein Brief, *Schreiben Milo's, eines gebildeten Affen, an seine Freundin Pipi, in Nord-Amerika*. Milo berichtet darin von seinem Weg zur Bildung und zur Kultur, seiner Entwicklung zum berühmten Künstler und Mitglied der besseren Gesellschaft. Dabei grenzt er die Freiheit und Natürlichkeit seines früheren Lebens negativ von seinem gegenwärtigen Zustand ab. Diese Bewertung wird jedoch in dem Bericht des Affen ungewollt unterlaufen: Statt in »größter Freiheit« erleben wir ihn in den Zwängen der Gesellschaft, ihren geschriebenen und ungeschriebenen Gesetzen unterworfen. Das unter den Menschen Gelernte und Erfahrene, Zivilisation, Kultur, Kunst, Wissenschaft, faßt er unter dem Begriff »Bildung« zusammen, der vom Titel an leitmotivisch die Erzählung durchzieht. Vor dem Hintergrund der zentralen Rolle des Bildungsbegriffs in der Klassik, bei Goethe und Humboldt, wird der Text zur bissigen Satire gegen das dort entwickelte Bild des Menschen und der Gesellschaft. Besondere Schärfe erhält sie bei der Schilderung von Milos Weg zum Künstlertum: Dank seiner langen Arme und Finger übertrifft er menschliche Klaviervirtuosen, seine künstliche Falsettstimme bringt ihm Ruhm, der seine Eitelkeit noch mehrt.

Ein besonderer Aspekt der Groteske und der Komik liegt

darin, daß die Gestalt des gebildeten Affen nirgendwo Verwunderung erregt, weder in der aus der Perspektive des Affen geschilderten Gesellschaft noch – außerhalb des Briefes – in der Einleitung, bei Kreisler. Kritik oder Moral bleiben unausgesprochen. Eben dieser Aspekt steht in der langen Vorgeschichte des Affenmotivs in Literatur und Kunst im Vordergrund: in moralischer Absicht die Schwächen des Menschen durch die Gestalt des ihn nachahmenden Affen anzuprangern. Hoffmanns Verfahren hingegen, umgekehrt den Kulturmenschen als gelehrigen Affen zu zeigen, hat nur punktuelle Vorgänger. Motivgeschichtliche Forschungsarbeiten sind sich darin einig, daß Hoffmanns *Nachricht* erstmals das Affen-Motiv in kulturkritisch-satirischer Absicht in den Mittelpunkt rückt. Von dieser Erzählung leitet sich eine breite Wirkungsgeschichte her, die in Kafkas *Ein Bericht für eine Akademie* ihren Höhepunkt, aber keineswegs ihren Abschluß findet.

Eine bissige Satire auf den Kunstbetrieb ist auch das nächste Kreislerianum, *Der Musikfeind*. Wiederum wird die Kritik in Form einer Rollenrede vorgetragen: geschrieben von einem Mann, der wegen der unkonventionellen, verstörenden Art seiner Kunstvorstellungen und seines Verhaltens als Musikfeind gilt. Gegen den Strich gelesen ergibt sich ein Porträt des wahren Musikfreundes, der sich darum bemüht, in das Geheimnis der Kunst einzudringen: Nur Kreisler, »der seiner Phantasterei wegen überall verschrien genug ist«,[91] erkenne sein Streben an und habe ihn mit dem Lehrling im Tempel zu Sais verglichen – eine Anspielung, die er nicht verstehe, der er aber nachgehen wolle.

Das vorletzte Kreislerianum, *Über einen Ausspruch Sachini's, und über den sogenannten Effekt in der Musik*, ist, wie verschiedene frühere Stücke, ein musikästhetischer Text, eines der wichtigsten Zeugnisse der Opernästhetik (in diesem Falle kann man sagen: auch Hoffmanns, denn der Erstdruck erwähnt die Kreislerfigur nicht). Für Kreisler ist der Text allerdings nicht sehr kennzeichnend, denn es fehlen ihm sowohl Merkmale der kritischen Musiktexte, Ironie und Gesellschaftssatire, als auch die in den ernsten Abhandlungen dominierende Umformung ästhetischer Anschauungen in poetische Bilder, die sich nur dem ganz erschließen, der dem Schwung der Begeisterung zu folgen vermag. Es geht hier mehr um eine grundsätzliche, eher nüchterne Diskussion der Frage nach der Rolle der Musik in der Oper. (Dies wird in anderem Zusammenhang darzustellen sein.)

Demgegenüber wurde der Schlußteil der *Kreisleriana* und der gesamten *Fantasiestücke – Johannes Kreislers Lehrbrief –*, zu dem zentralen Text des Werkes, genauer: Er wurde dazu *umgeformt*, denn der Ursprungstext *Ahnungen aus dem Reiche der Töne* nennt Kreisler noch nicht, wenn auch dessen in *Sachini* fehlender Kunstenthusiasmus den Text prägt (*Ahnungen* entstand zwar bereits im Frühjahr 1814, wurde aber wegen interner Probleme beim Cottaschen *Morgenblatt*, dem Hoffmann das Manuskript gegeben hatte, erst 1816, also nach Erscheinen der *Fantasiestücke*, veröffentlicht).

In der Umarbeitung fügt Hoffmann einen neuen Anfang und Schluß hinzu – das macht die bewußte Komposition als Schlußteil des gesamten Werkes deutlich. Erst in der Umarbeitung erhielt das letzte Kreislerianum die Form eines »Lehrbriefes«, geschrieben und unterschrieben von Johannes Kreisler. Bereits der erste Satz nennt den Empfänger: Johannes, und später den ganzen Namen: Johannes Kreisler. Es handelt sich also um einen Brief Kreislers an sich selbst, mithin um ein poetologisches Selbstgespräch. Auch das Verhältnis zwischen Schreiber und Empfänger wird thematisiert und reflektiert: Der Lehrbrief ist geschrieben von dem »Meister«, der den Lehrling nach absolvierten »Lehrjahren« in die Welt entläßt. Der Schreiber benutzt für das Verhältnis zum Empfänger das Personalpronomen »Uns« und kommentiert, dies komme ihm vor,

> als hätte ich in vornehmer Bescheidenheit den Plural brauchend, doch nur von mir allein im Singular gesprochen, ja als ob wir beide am Ende auch nur Einer wären. Reißen wir uns von dieser tollen Einbildung los. Also noch einmal, lieber Johannes! – wer kennt dich besser als ich, und wer vermag da-

her mit besserm Fug und Recht behaupten, daß du jetzt diejenige Meisterschaft erlangt hast, welche nötig ist, um ein schickliches gehöriges Lernen zu beginnen.[92]
Nach der Abschiedsformel, die auf einen möglichen längeren Abschied hinweist, setzt der Schreiber ein Kreuz »zum großen Insiegel meines Lehrbriefes, und so unterschreibe ich mich denn – Ich wie Du«.[93] Diese Schlußformel drückt noch einmal die Identität von Schreiber und Empfänger aus. Der ältere Kreisler tritt zurück – er stirbt gleichsam – und der jüngere tritt an seine Stelle.

In das komplexe Verhältnis der beiden Kreisler-Figuren hat Hoffmann einen weiteren Namen eingefügt: Der »stille freundliche Jüngling, den wir Chrysostomus nennen«,[94] erzählt die Binnengeschichte vom Reich der Töne (in den *Ahnungen* war noch »der Vater« ihr Erzähler). Johannes Chrysostomus ist der Kalenderheilige des 27. Januar; dies ist auch der Geburtstag von Mozart, dessen vollständiger Vorname Joannes Chrysostomus Wolfgangus Theophilus (latinisiert: Amadeus) lautet. »Johannes« Kreisler wird auf diese Weise sowohl mit dem Jüngling als auch mit Mozart in Verbindung gebracht.

Die Terminologie dieses Lehrbriefs erinnert an *Wilhelm Meisters Lehrjahre*. In Goethes Roman spielt ebenfalls ein »Lehrbrief« eine wesentliche Rolle, den Wilhelm zum Abschluß seiner »Lehrjahre« aus der Hand des Abbés erhält. Auch dieser Lehrbrief behandelt die Frage von Kunst und Leben und das Wesen des »echten Künstlers«. Der Vergleich macht den Unterschied deutlich: Wilhelm Meister empfängt den Lehrbrief von einer Gruppe weiser Männer, die seinen Lebensweg gesteuert haben, also von außerhalb; Kreisler hingegen erhält den Lehrbrief sozusagen von sich selbst: An die Stelle von außenvermittelter Bildung ist die Selbstfindung, an die Stelle der objektiven Lehrinhalte die Identitätssuche getreten.

Bei aller Nähe der Musikanschauungen Kreislers zu denen Hoffmanns: Gerade im *Lehrbrief* zeigen sich Differenzen, vor allem im Hinblick auf eine gattungsübergreifende Ästhetik.

Kreisler vertritt in dieser Frage weitgehend Positionen der Frühromantik. Die Musik – so heißt es in seinem »Lehrbrief« – wird am reinsten in Tönen verkörpert, sie ist mithin nur unzulänglich in Zeichen wiederzugeben (»vergeblich ringen wir darnach, diese in Zeichen festzubannen«[95]). Die Aufzeichnung von Musik in Noten »erhält uns nur die Andeutungen dessen, was wir erlauscht«. Diese unüberbrückbare Kluft führt dazu, daß Kreisler sich dagegen wehrt, seine Kompositionen aufzuschreiben, und daß er das, was er nachts notiert, am Tag darauf vernichtet. Noch unvollkommener in Kreislers Sicht ist die Sprache: »Kein Gedanke in uns« erzeuge sich »ohne seine Hieroglyphe – (den Buchstaben der Schrift)«,[96] wie es die Theorie der Frühromantik noch annahm. Formuliert mit Begriffen der Semiologie zeigt Kreislers Ästhetik, die er insbesondere in seinem »Lehrbrief« entwickelt, mithin »eine klare und eindeutige Hierarchie, die ganz auf der Dichotomie Innen – Außen aufbaut«; in der individualisierten Sprache gehen »Wort und Ton (Signifikat und Signifikant) eine enge Verbindung« ein, mit der Sprache der Musik »kann sie nichts mehr gemein haben, da sie ganz an das Außen, den Signifikanten, gebunden ist«.[97]

Hoffmann schätzte Musik ähnlich hoch wie Kreisler, aber er setzte sie nicht absolut; und in der Praxis künstlerischer Produktion entschied er sich mehr und mehr für das Schreiben. Hand in Hand damit ging eine immer intensivere Beschäftigung mit dem Schreibprozeß: im *Goldenen Topf* wird er zum Entwicklungsprozeß des Künstlers; in den *Elixieren des Teufels* und dann in der Folge in zahlreichen weiteren Werken erhalten der Schreibakt und das Geschriebene, der Text, handlungsprägende und -strukturierende Funktion. Als Schreibender ging Hoffmann über die Ästhetik der Frühromantik, der die Kunstanschauungen Kreislers verpflichtet sind, hinaus und fand zu einer neuen Poetik und Schreibart, die ihn zu einem Wegbereiter der Moderne macht.

Die Differenz der Kunstanschauungen von Figur und Autor wird im Status der *Kreisleriana* selbst deutlich. Für Kreisler sind es – im Verhältnis zu seinen (nicht aufgeschriebenen) Kompositionen – flüchtige, »anspruchslose Erzeugnisse«, Nebenarbeiten, die er nicht als Kunstwerke ansieht. Für Hoffmann hingegen gehören die *Kreisleriana* zu seinen ersten bedeutenden Kunstwerken, die auch seinen künstlerischen Ruhm begründeten. Er sollte primär ein literarischer Ruhm werden.

»Universale« Kunst – Universalpoesie – »ein romantisches Buch«

Von Beginn an nannte Hoffmann Musik, Malerei und Dichtung nebeneinander und gab als sein Ziel an, sich in allen drei Künsten zugleich auszubilden, sie zugleich auszuüben. Die Kette der entsprechenden Selbstzeugnisse zieht sich von dem Geburtstagsbrief des 20jährigen 1796 über zahlreiche Brief- und Tagebuchstellen: »[...] und dann zeichne, komponiere und dichte ich wie's kommt« (3.10.1803),[98] »ob das nun ein Buch – eine Oper – ein Gemälde sein wird – *quod diis placebit*« (28.2. 1804).[99]

Nach über 20 Jahren künstlerischer Tätigkeit kann man zum einen das Nebeneinander bestätigen. Zum anderen kann festgestellt werden, daß Hoffmann häufig versucht, dieses Nebeneinander auch zu einem Ineinander zu verschmelzen. Damit folgte er dem Ideal der Frühromantik: der Vereinigung und Verschmelzung der Künste zu einer Universalkunst. Jean Paul hat in seinem Vorwort zu den *Fantasiestücken* als erster angedeutet, daß Hoffmann ein diesem Ideal entsprechender Universalkünstler werden könnte: »Kenner und Freunde« des Verfassers
und die musikalische Kenntnis und Begeisterung im Buche selber, versprechen und versichern von ihm die Erscheinung eines hohen Tonkünstlers. Desto besser und desto seltener! denn bisher warf immer der Sonnengott die Dichtgabe mit der Rechten und die Tongabe mit der Linken zwei so weit auseinander stehenden Menschen zu, daß wir noch bis diesen Au-

genblick auf den Mann harren, der eine echte Oper zugleich dichtet und setzt.[100]

Der letzte Satz mußte auf Hoffmann ärgerlich wirken, denn er selbst hatte ja dieses Bild des künftigen Universalkünstlers bereits erfüllt, eine Oper (*Die Maske*) zugleich gedichtet und komponiert. Vielleicht wußte das Jean Paul sogar (aus der Zeit der ersten Berliner Bekanntschaft)? Nicht grundlos nannte Friedrich Gottlob Wetzel – der Freund Jean Pauls und Bekannte Hoffmanns – das von den meisten Kritikern so hochgelobte Vorwort »etwas boshaft«.[101] – Auch spätere Interpreten haben nicht gefragt, in welchem Maße die »Prophezeiung« möglicherweise auf Hoffmann zutrifft, sondern die Vision eines künftigen Gesamtkunstwerkes als Vorausdeutung auf den »Universalkünstler« Richard Wagner gesehen, als eine geradezu mystische Vorahnung, denn sie ist unterzeichnet mit »Baireuth, den 24. Nov. 1813« – 1813 war das Geburtsjahr, Bayreuth wurde die Wirkungsstätte Wagners, kein Wunder also, daß das Bayreuther Wagner-Museum die »Prophezeiung« Jean Pauls neben Wagners Geburtsurkunde als erstes Ausstellungsobjekt anbietet.

Die Oper war und blieb für Hoffmann die universale Kunstgattung, in der Musik, Text und Bild vereint sind. Das wird im nächsten Kapitel ausführlicher gezeigt, in dem Hoffmanns Theorie und Praxis der musikalischen Bühnenwerke behandelt wird.

Die allmähliche Verlagerung des Schwerpunktes seiner künstlerischen Arbeit von der Musik auf die Literatur bedeutete auch eine wachsende Dominanz der Texte. Hoffmann versuchte jedoch, die anderen Künste in ihrer eigenen Gestalt wenigstens punktuell und gleichsam symbolisch zu integrieren. Bei der Musik erwies sich das allerdings als unmöglich: Die Notenschrift, die er in den Musikkritiken einsetzte, entfernte er bei der Übernahme in die *Kreisleriana* wohl auch deshalb, weil die Umsetzung der Musik in ein anderes Medium nicht gelingen kann. Die bildende Kunst hingegen bietet die Möglichkeit der Integration in einen Text. Hoffmann hat sie in einer Reihe von Werken

21. *Fantasiestücke in Callot's Manier*, Bd. 1, Titelblatt.

22. *Fantasiestücke in Callot's Manier*, Bd. 2, Titelblatt.

wahrgenommen. In den Titelzeichnungen zu den *Fantasiestükken* benutzt er darüber hinaus die Fähigkeiten dieser Kunst, andere Künste in das Medium des Bildes umzusetzen, und zwar in allegorischen Vignetten zu den beiden ersten Bänden. Dem etwas begriffsstutzigen Kunz, der lieber eine gezeichnete Umrandung des Titels gehabt hätte, erklärte er:

> Spricht Sie denn nicht das *Geheimnisvolle der Musik* in den Harfentönen an, die dem *altdeutschen Troubadour* an dem mysteriösen Bildnis der *Isisköpfigen Sphinx* beim Aufgang der Sonne erklingen? – Den Jokusstab schwingt der Humor, aber er krönt mit Dornen, und dem magnetisch schlafenden drohen spitze Dolche –[102]

Mit diesen Sätzen gibt Hoffmann zugleich Hinweise auf den Zusammenhang der Titelzeichnungen mit »Callot's Manier«: Die Komposition aus dem Heterogenen, das Verschmelzen der un-

3. Fantasiestücke in Callot's Manier (1813-1814)   213

23. Zeichnung, möglicherweise gedacht als Titelvignette für die *Fantasiestücke*.

terschiedlichen Einzelteile zeigt sich auch in der Bildstruktur. Harfenspieler und Sphinx, Narr mit Schellenkappe, Jokusstab und Dornenkrone: sowohl die verschiedenen Künste als auch die Spannweite der Töne vom Erhabenen bis zum Komischen sind angedeutet.

Obwohl Hoffmann die Möglichkeit, Bilder in seine Werke zu integrieren, bis zu seinen letzten Büchern wahrnahm, ist dies doch nur ein kleines Zeichen seiner universalen Tendenzen. Wesentlich wichtiger war und ist die Entdeckung der großen Möglichkeiten und der Spannweite literarischer Textsorten – der Gattungen einerseits und der Möglichkeiten innerhalb der Genres, vor allem innerhalb der Prosa, andererseits. So finden wir bei dem Schriftsteller Hoffmann, wiederum zunächst nebeneinander, dramatische, lyrische, kritische und erzählende Texte in allen Stimmungslagen. Im zweiten Schritt versucht er auch hier, das Nebeneinander zu einem Ineinander zu machen. Die Vorstellung der Integration stand im Zentrum der ästhetischen Überlegungen der Frühromantik, die Forderung nach »Universalpoesie« wurde seit Friedrich Schlegels *Athenäumsfragmenten* der späten neunziger Jahre häufig wiederholt. Dieses Programm war zwar etwas weniger ambitioniert als das einer »Universalkunst«, aber es hatte den Vorteil, daß man auf wichtige Ansätze in der Weltliteratur wie in der Gegenwartsliteratur verweisen konnte.

Eine Beschäftigung Hoffmanns mit diesen Theorien ist nicht belegt. Aber sie waren bald ein so verbreitetes Thema meistens durchaus kontroverser Diskussionen in literarischen und kritischen Blättern, daß sie einem interessierten Leser ständig begegnen mußten. Außerdem kannte Hoffmann August Wilhelm Schlegels Vorlesungen *Über dramatische Kunst und Litteratur* (1809-1811), in denen die wesentlichen Gedanken der Romantik allgemeinverständlich zusammengefaßt sind. Dieses weltliterarisch akzentuierte Konzept von Universalpoesie rückte Shakespeares Schauspiele, Tragödien und Komödien in den Mittelpunkt; da Hoffmann sich von früh an intensiv mit diesen befaßt hatte, fand er bei Schlegel bestätigt, differenziert, begründet, was er, der an Theorie nie sonderlich interessiert war, den Werken in ähnlicher Weise entnommen hatte.

Die Frühromantiker nannten dieses erstrebte universalpoetische Werk »Roman«, bekannt ist Friedrich Schlegels tautologische Definition »Ein Roman ist ein romantisches Buch«.[103] Mit dieser Bestimmung setzten sie sich deutlich von dem bis dahin üblichen Gattungsbegriff ab. Sie definierten die Gattung durch ihre Universalität. Hoffmanns *Fantasiestücke* lassen sich durchaus diesem Konzept zuordnen: Er schrieb zwar nicht einen Roman wie Goethe mit *Wilhelm Meisters Lehrjahre* oder Brentano mit *Godwi*, in denen der erzählende Text durch dramatische, lyrische und wissenschaftliche Einlagen erweitert wurde. Aber er fügte in ähnlicher Weise Texte der unterschiedlichsten Art in einem »romantischen Buch« zusammen. Dabei machte er teilweise aus praktischen Notwendigkeiten eine »romantische«, »universalpoetische« Tugend. Denn ein Teil der Texte lag ja bereits vor. Allerdings erfüllten sie schon vor ihrer Integration wichtige Forderungen, vor allem die Spannweite der Textsorten vom Narrativen bis zum Kritischen und die der Stimmungen vom Nüchternen bis zum Enthusiastischen, vom Ernsten bis zur

Groteske. Im Weiterschreiben an den *Fantasiestücken* baute Hoffmann diese Vielfalt aus – man könnte sagen: systematisch, wenn der Begriff seinem Arbeitsprozeß nicht zu sehr widerspräche. Er nahm nicht nur dramatische und lyrische Schreibweisen in das Werk auf, sondern auch Texte der Gattungen Drama und Lyrik.

Dabei stieß er allerdings auf ein Problem. Auch ein Universalkünstler, der die Gleichrangigkeit der Künste erstrebt, auch ein Universalpoet, der alle Gattungen und Formen integrieren will, kann sich in den meisten Fällen nicht verhehlen, daß seine Begabung ungleich auf die verschiedenen Felder verteilt ist. Bei Hoffmann lagen solche offensichtlich deutlich geringeren Begabungen gleich in zwei zentralen literarischen Gattungen vor, dem Drama und der Lyrik, insbesondere in deren ernster Ausprägung, im Tragischen und Pathetischen. Es ist nun bezeichnend, wie er mit diesen Schwächen umging: Zum einen gibt er dem Mangelhaften eine Funktion, zum anderen nimmt er die Kritik bereits in den Text mit auf.

So wird in den *Kreisleriana* der erste Aufzug des »romantischen Spiels« *Prinzessin Blandina* vorgelesen. Der »Enthusiast« glaubt, daß damit Kreislers im vorangehenden Text beschriebene »aufgeregte Stimmung [...] bekämpft und besiegt werden könnte«. Daher möchte man ein Stück hören, das nach den Worten seines Verfassers »etwas rein lustiges, luftiges« ist, »das weiter keine Ansprüche macht, als den der darin herrschenden guten Laune«.[104] Die Qualität dieses Stückes wird zum einen im Stück bereits selbst kommentiert und eher negativ beurteilt (diese Technik der selbstironischen Kritik kannte Hoffmann aus Tiecks *Gestiefeltem Kater*). Zum anderen schließt sich ein Gespräch der Zuhörerrunde an, das solche Kritik von verschiedenen Seiten anführt:

Der Unzufriedene fand es ohne alle Tiefe, ohne allen wahrhaft eingreifenden Humor, höchstens hin und wieder schnakisch und verdammte vorzüglich ohne Gnade alle eingemischte Verse. Der Gleichgültige war minder hart, der reisende Enthu-

siast nahm die Masken in Schutz und ihm trat der Bedächtige bei. Die Wortspiele wurden einstimmig verworfen. Der Joviale [der Verfasser des Stücks] verlor dadurch nicht im mindesten seine gute Laune, sondern behauptete nur fortwährend: wie er auf tiefen Eindruck gar nicht gerechnet, sondern nur ein Spiel zum Spiel beabsichtigt habe.[105]
Kreisler selbst äußert sich zwar nicht zu dem vorgelesenen ersten Aufzug, nennt jedoch die beiden folgenden Akte, an denen er mitgearbeitet habe, »höchst vortrefflich« – freilich seien sie nicht aufgeschrieben worden und würden auch niemals aufgeschrieben werden; auch hier wieder macht Hoffmann aus seiner Not (er hatte die Arbeit abgebrochen) eine Tugend, die des romantischen Fragments.

Prinzessin Blandina ist eine Komödie, ein heiteres Spiel, eine nüchterne ästhetische Kritik wird damit von vornherein als unangemessen abgewehrt. Schwieriger ist die Aufgabe, wenn ein Text ernst gemeint ist. Geht es dabei auch noch um die Liebe, liegt die Gefahr, in sentimentalen Kitsch abzugleiten, sehr nah. Die *Fantasiestücke* bieten auch hier ein schönes Beispiel. Zum 15. Geburtstag von Julia Mark schrieb Hoffmann ein Sonett, das er auf das Durchschußblatt seines Tagebuchs eintrug. Am Geburtstag übersandte er ihr das Sonett zusammen mit einem Rosenstock; von seinem Liebesüberschwang zeugt der abendliche Tagebucheintrag: »mit Ktch beinahe den höchsten Gr[ad] erreicht Abends *Pipicampu* [die Biographen sehen darin ein Deckwort für Masturbation] und geistiger Ehebruch« (18.3. 1811).[106]

Das Sonett, das der reale Künstler Hoffmann der realen Bambergerin Julia überreichte, reimt gewandt, umschifft aber doch die Klippen von Pathos, Gefühlsüberschwang, Banalität und Kitsch nicht immer. Dieses Gedicht montiert Hoffmann im wahrsten Sinne des Wortes in die Erzählung *Berganza* hinein: Er schneidet das Blatt aus dem Tagebuch aus und fügt es in das Manuskript ein. Was aber auf den ersten Blick wie die direkte und ungefilterte Übernahme von Leben in Dichtung aussieht (und von den biographisch orientierten Interpreten daher immer wieder zur Stütze ihres Deutungsansatzes herangezogen wurde), erhält im Kontext eine völlig andere Dimension. In *Berganza* wird in der Szene zuvor ein Sonett vorgeführt, das als »Spottgedicht« gedacht ist und wahrscheinlich von einem »lustigen Professor« stammt. Es schließt sich ein längeres Gespräch zwischen der Ich-Figur und Berganza über die Gattung des Sonetts an, über die Rolle des Metrums, die Bedeutung der Form und der Reime, ein Lob des »Handwerklichen« gegenüber dem angeblich Genialen, das nach Ansicht des klugen Hundes nur Bequemlichkeit sei, »Verachtung jeder Schule [. . .], die in allen Künsten die verfehltesten Zerrbilder hervorbringen mußte. Selbst bei den mittelmäßigen Dichtern führen die Versuche in allerlei Formen zu einer gewissen Geregeltheit, die immer besser tut als die prosaische Ausgelassenheit des leeren Kopfs.«[107] Dies wird nun gezeigt am Beispiel eines jungen Dichters aus »der neuesten Schule« (also der Romantik), den Berganza so charakterisiert: »Von besonderer Tiefe des Geistes war bei ihm nicht die Rede, seine Gedichte in südlichen Formen geschrieben, hatten indessen einen gewissen Wohlklang und eine Lieblichkeit des Ausdrucks, wodurch Gemüt und Ohr des Kenners bestochen wurde.« Er sei verliebt, wie die Dichter bekanntlich fast stets, und habe Cäzilia wie eine Heilige verehrt. Dieses »Sonett an Cäzilia« (wörtlich das Geburtstagssonett für Julia) rezitiert Berganza, der Erzähler ist allerdings nur mäßig begeistert: »Recht artig, und aus deinem Munde, lieber Berganza, recht angenehm zu hören, nur finde ich den Schluß matt.«[108]

Gegen berechtigte Kritik an der Qualität seiner Lyrik sicherte sich Hoffmann später in ähnlicher Weise und noch konsequenter ab. In seinem »romantischen Buch« *Kater Murr* legt er seinem verliebten Katerjüngling und »romantischen« Dichter verschiedene Gedichte in Mund und Pfote; der Spott der Zuhörer und Leser ist durchaus erwartet. Und nun verwandelt er, umgekehrt wie im Falle des Sonetts an Julia, Dichtung in Leben: Als er abermals einer verehrten jungen Dame ein Geburtstagssonett überreichen will – der Sängerin der Undine, Johanna Eunike, zu ihrem 22. Geburtstag 1820 –, unterzeichnet er dieses Gedicht mit »Murr« und schafft sich damit den Freiraum zu einem rhetorisch-gefühlsüberladenen Stil, allerdings auch zugleich zu dessen ironischer Brechung.[109]

Hoffmann ist die Vorstellung einer »Reinheit« der Gattungen ebenso fremd wie den Frühromantikern, die Mischung hingegen selbstverständlich. Sie öffnet das universalpoetische Werk, den »Roman«, allen Ausdrucksformen und, selbstverständlich, allen Themen, darunter auch allen anderen Künsten, denn Universalpoesie ist – so schon Friedrich Schlegel – stets reflexiv. Bereits in den *Fantasiestücken* ist in ungewöhnlichem Maß von den verschiedensten Künsten die Rede, von Musik, Malerei und Dichtung, von Kompositionen, Bildern, Dichtungen, von ihrer Entstehung und Wirkung, ihrem Geheimnis und ihrer Profanierung. Und doch verhindert gerade die Vielfalt der Texte und Ausdrucksformen, daß die *Fantasiestücke* primär als Werk über Kunst verstanden werden können. Daher wehrte sich Hoffmann mit guten Gründen vehement gegen Jean Pauls Titelvorschlag »Kunstnovellen«; daher ist die Titelformulierung *Fantasiestücke in Callot's Manier* treffend: Sie enthält ein Programm, ja: Sie ist Programm – eben das der Universalpoesie. Und im Begriff des »Fantasiestücks« hat Hoffmann für die Kunst der Fantasie erstmals eine eigene Gattung geschaffen.

Die *Fantasiestücke in Callot's Manier* waren das Erstlingswerk eines völlig unbekannten Schriftstellers (alle vorangegangenen Publikationen waren anonym erschienen). So muß es überraschen, daß zahlreiche Literaturzeitschriften, darunter einige der wichtigsten Blätter, umfangreiche, fast ausschließlich rühmende Besprechungen brachten. (Die einzige – bezeichnende – Ausnahme war die der Weimarer Ästhetik verpflichtete, von Goethe beratene *Jenaische Allgemeine Literatur-Zeitung*.)[110] Ein derartiges Echo fanden in der klassisch-romantischen Literaturepoche nur sehr wenige Bücher, darunter, soweit ich sehe, keine Erstlingswerke. Auch Hoffmann selbst hat mit keinem seiner anderen Werke eine vergleichbare Resonanz in der zeitgenössischen Kritik gefunden. Die Verfasserangabe (obwohl, wie erwähnt, in Jean Pauls Vorrede aufgelöst) – »Verfasser der Fantasiestücke in Callot's Manier« – wurde zu seinem Markenzeichen, das auch noch bestehen blieb, nachdem sich Hoffmann unter seinem Namen als Autor durchgesetzt hatte.

II. Fantastik und Schauer oder Undine und Sandmann, Nußknacker und Teufel (1814-1818)

Nach Ende der napoleonischen Kriege begann der Aufstieg Preußens zu der mächtigsten Macht Deutschlands und der zweiten nach Habsburg im Deutschen Bund. Berlin profitierte in besonderer Weise von der allgemeinen wirtschaftlichen und kulturellen Entwicklung. In dieser Zeit des Umbruchs und des Neuanfangs zog Hoffmann im September 1814 zum dritten Mal in die Hauptstadt. Er wohnte im Zentrum, nach einigen Monaten in der Französischen Straße ab Mitte 1815 bis zu seinem Tod 1822 in der Taubenstraße, Ecke Charlottenstraße, also direkt am Gendarmenmarkt – damals wie heute einem der repräsentativsten und schönsten Plätze einer europäischen Metropole. Im Juli 1815 schrieb Hoffmann dem Bamberger Freund Speyer: Die »Hauptstadt« sei nun einmal der »Brennpunkt des Staats«, so daß »der Aufenthalt in Berlin an Interesse mehr und mehr gewinnt.«[1] Das galt auch und gerade für den Künstler Hoffmann. Mehr als bei den kürzeren Berlin-Aufenthalten 1798-1800 und 1807-1808 gewann die Stadt eine zunehmend wichtige Rolle für die Entwicklung seiner Kunst. Was das konkret bedeutet, wird bei der Behandlung der *Serapions-Brüder* erörtert, des Werkes, in dem Hoffmann den größten Teil seiner Erzählungen der folgenden Jahre sammelte: Bereits im Eingangsgespräch weist er auf die Bedeutung der »großen Stadt« für den Charakter der dort entstehenden Texte hin.[2]

Die Übersiedlung nach Berlin 1814 wurde für Hoffmann zu einer entscheidenden biographischen Zäsur. Im Alter von über 38 Jahren war das Leben in Armut und Unsicherheit als »freier Künstler« ohne festes Einkommen zu Ende. Er kehrte in den juristischen Beruf zurück, in die – nach einer unbezahlten Probezeit – relativ gut dotierte Beamtenstelle eines Rats am Kammergericht: Von April 1816 an erhielt Hoffmann ein Jahresgehalt von 1000 Reichstalern, das 1819 auf 1300, 1820 auf 1600 Reichstaler stieg. Er machte als Jurist eine durchaus beachtliche

Karriere. An privaten Ereignissen, an Veränderungen, an Reisen blieb diese Zeit arm.

Im Werk zeichnet sich dieser Einschnitt weniger klar ab: Einige wenige Teile des Hauptwerkes der zu Ende gehenden Lebensphase, der *Fantasiestücke*, entstanden bereits in Berlin, der dritte und vierte Band erschienen im ersten Berliner Jahr. Andererseits haben Arbeiten, die erst in der Berliner Zeit an die Öffentlichkeit kamen, Wurzeln in den Jahren zuvor: die Oper *Undine*, der Roman *Die Elixiere des Teufels* sowie die *Nachtstücke*. Diese Überlagerungen sind jedoch so gering, daß man nur wenig vereinfacht, wenn man im Jahr 1814/15 auch eine wesentliche Zäsur von Hoffmanns künstlerischem Schaffen sieht. Für die Bedingungen dieser Arbeit gilt dies, noch bevor man nach neuen Entwicklungen in seiner Kunst fragt, uneingeschränkt. Die Rückkehr in den Staatsdienst bedeutete einerseits zwar, daß weniger Zeit für künstlerische Tätigkeiten blieb; andererseits führte die materielle Sicherheit jedoch dazu, daß Hoffmann kaum noch zeitraubende Gelegenheits- und Auftragsarbeiten annehmen mußte. Zudem waren seine Arbeits- und Sitzungsstunden im Kammergericht begrenzt, so daß ihm – nach seiner Ansicht natürlich nicht genug – Zeit zum Schreiben blieb.

Mit dem Erscheinen der *Fantasiestücke* – also etwa zeitgleich mit dem Umzug nach Berlin – war Hoffmann ein bekannter, in vielen literarischen Journalen besprochener Autor geworden. Seine Werke erschienen nun in rascher Folge, großenteils in bekannten und leistungsfähigen Verlagen sowie in weitverbreiteten Periodika, wurden vielfach diskutiert und zunehmend in Leihbibliotheken eingestellt. Das machte sich auch bei seinen Honoraren bemerkbar. Mußte er sich für die *Elixiere des Teufels* noch mit 50 Friedrichsd'or (250 Reichstalern = ca. 5 Talern pro Bogen) zufrieden geben, so zahlte ihm der renommierte Verleger Georg Andreas Reimer wenig später für die *Nachtstücke* 343 Reichstaler 18 Groschen (fast 8 Taler pro Bogen) und für die *Serapions-Brüder* 907 Taler (ca. 5,3 Taler pro Bogen), obwohl dieses Werk fast ausschließlich aus Wiederabdrucken bestand. Er-

II. Fantastik und Schauer oder Undine und Sandmann 225

zählungen in Sammelwerken wurden noch deutlich besser honoriert: Hoffmann erhielt zunächst durchschnittlich 4 Friedrichsd'or (20 Taler) pro Bogen, wenige Jahre später das Doppelte.

Hoffmann war bei seinen früheren Berlin-Aufenthalten noch unbekannt und hatte entsprechend wenige Kontakte zum künstlerischen Leben. In der fränkischen Provinz und im Sachsen der Kriegszeit war er vom überregionalen Kulturbetrieb relativ isoliert. Nun knüpfte er rasch Verbindungen zu zahlreichen Künstlern und Verlegern sowie zu einer der zentralen kulturellen Institutionen, dem Königlichen Schauspielhaus; hier fand auch erstmals eine Komposition Hoffmanns einen national renommierten Rahmen. Zusammenfassend läßt sich sagen: Hoffmanns Leben verlief fortan unter wesentlich anderen Bedingungen als im Jahrzehnt zuvor. Das war sicher eine Voraussetzung für die erstaunliche künstlerische Produktivität, die er in den folgenden Jahren entfaltete, wenn es auch als Erklärung nicht ausreicht.

Die quantitative Ausweitung der literarischen Tätigkeit geht mit einer weiteren Ausdifferenzierung der Schreibweisen und der Gattungsformen, die Hoffmann benutzt oder selbst neu entwickelt, einher. Nicht selten arbeitete Hoffmann an mehreren Projekten gleichzeitig; daher ist eine chronologische Ordnung nicht durchzuführen. Auch eine Kategorisierung nach Gattungen ist, wie aus den Überlegungen am Ende des vorausgehenden Kapitels hervorgeht, problematisch. Daher bildet in den folgenden drei Kapiteln je eine Werkgruppe den Schwerpunkt: Arbeiten für und über die Bühne (*Undine* 1816, *Seltsame Leiden eines Theater-Direktors* 1817), »nächtliche« Texte (*Die Elixiere des Teufels* 1815-1816, *Nachtstücke* 1816-1817) sowie Erzählungen und Märchen.

Im Sommer 1815 schickte Hoffmann seinem Bamberger Verleger Kunz eine großformatige Federzeichnung seines Berliner Lebensumfeldes. Dieser »Kunzische Riß«,[3] wie Hoffmann sie nannte, zeigt den Grundriß der neuen Wohnung am Gendar-

226　　　　　　　II. Fantastik und Schauer oder Undine und Sandmann

II. Fantastik und Schauer oder Undine und Sandmann 227

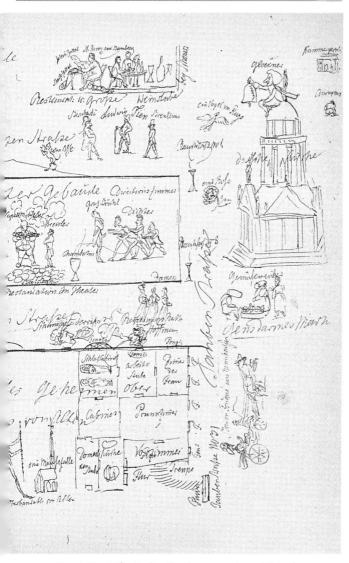

24. »Kunzischer Riß«: Berlin, Gendarmenmarkt und Umgebung,
Juli 1815, Federzeichnung.

menmarkt. Hoffmann selbst schaut aus dem Fenster und plaudert mit dem Nachbarn zwei Fenster daneben, dem Schauspieler Ludwig Devrient. Um diesen privaten Kern herum ist die unmittelbare Umgebung zu sehen: der Gendarmenmarkt, flankiert von dem Deutschen und dem Französischen Dom, die wichtigsten Straßen und Restaurationen.

Den Blick auf Markt und Straßen ergänzt Hoffmann durch eine Perspektive, die er in einem seiner Lieblingstexte gefunden hat, Alain-René Lesages *Le Diable boiteux* (*Der hinkende Teufel*), wo der Teufel die Dächer abdeckt, um einem Studenten zu zeigen, was sich in den Häusern abspielt. Einige Wochen zuvor hatte Hoffmann solche Einblicke in dem kurzen Text *Der Dey von Elba in Paris*[4] nachgestellt: Ein Türmer »in der Hauptstadt«, wohl Berlin, schaut mit einem magischen Fernrohr von seinem erhöhten Standort in die Wohnungen und beschreibt, was er dort sieht und hört. Diese Darstellungsweise überträgt Hoffmann auf die Zeichnung. Er läßt uns in die Weinstuben blicken, und vor allem in das zentrale Theatergebäude, das Königliche Schauspielhaus. Obwohl ein Dach angedeutet ist, auf dem ein Affe herumturnt, blicken wir ins Parterre, sehen Choristen und Tänzer, beobachten im Direktionszimmer den Generalintendanten Graf Brühl, der von vier Dichtern bedrängt wird.

Insgesamt beleben über sechzig Gestalten das Bild, zum einen mit Namen versehene Personen wie Tieck, Fouqué, Brentano, aber auch Hoffmanns Vermieter, der Geheime Oberbaurat van Alten oder Kunz selbst, zum anderen Berliner Alltagsgestalten: Gemüseweiber und Flaneurs, Zecher, ein Soldat, ein Kutscher.

Das für Hoffmanns Kunst Bezeichnendste ist jedoch, daß sich in dieses vielgestaltige Panorama mit karikaturistischem Einschlag überall Fantasiegestalten mischen. Zum Teil entstammen sie dem Theater und der Literatur: Armide aus Glucks Oper, Epimenides aus Goethes Festspiel (und Levezows Fortsetzung), Juden aus Sessas Posse *Unser Verkehr*, Schlemihl aus Chamissos Erzählung. Die meisten stammen jedoch aus den gerade erschienenen *Fantasiestücken*, etwa Erasmus Spikher und Dapertutto aus den *Abenteuern der Sylvester-Nacht*, Anselmus und Paulmann aus dem *Goldenen Topf*.

So, wie Hoffmanns Kunst der Fantasie diese Gestalten in den Erzählungen in den Dresdner oder Berliner Alltag des Hier und Heute hineinstellt, versetzt er auf dem Bild seine fantastischen Geschöpfe in seinen realen Lebensumkreis: Serpentina ringelt sich hinter der Französischen Kirche, Kreisler steht vor seinem Kapellmeisterkollegen Bernhard Anselm Weber. Das unmittelbare Nebeneinander von Realität und Fantastik, das im literarischen Text verunsichert, irritiert, nicht selten unheimlich wirkt, erscheint auf dem Bild vergnüglich, allenfalls etwas skurril.

Hoffmann blieb in seinen letzten Berliner Jahren ein begeisterter Zeichner, über 40 Arbeiten von ihm sind aus dieser Zeit bekannt: Bilder zu eigenen Werken, kleine Porträts, Skizzen, Karikaturen, oft in Briefen, gelegentlich auf Aktendeckeln. Dennoch läßt sich festhalten: Der Maler und Zeichner Hoffmann trat in diesen Jahren deutlich hinter den Schriftsteller zurück. Das gleiche gilt für den Komponisten, obwohl Hoffmann 1816 den größten Erfolg seiner Musikerkarriere feiern sollte. Zwar bilden die Künste für ihn weiter eine Einheit, aber ihre Funktion im Ensemble des Gesamtschaffens verändert sich: Bildende Kunst und Musik prägen künftig noch stärker Kompositionsprinzipien und Schreibweisen in einem Sinn, der ausführlicher zu beschreiben und zu analysieren sein wird.

4. Bühnenwerke, Bühnenschriften: Theater und Oper

Im Mittelpunkt des Kunzischen Risses ist das Theatergebäude zu sehen. Hoffmann hatte es in Berlin täglich vor Augen, es wurde zu einem der Zentren seines Lebens.

Theater – das umfaßt im frühen 19. Jahrhundert Bühnenwerke der unterschiedlichsten Art, vom reinen Sprechtheater über zahlreiche Zwischenformen der Schauspiele mit Musik, Vaudevilles, Balletts bis zum Singspiel und der Oper. In den meisten Städten waren die Sparten zu dieser Zeit noch nicht getrennt. Der Abschnitt über Hoffmanns Theaterarbeit in Bamberg hat gezeigt, wie weitgespannt das Repertoire einer mittleren Bühne der Zeit war und in wie vielen Funktionen Hoffmann am Theater wirkte: Er wurde engagiert als Dirigent (zu dessen üblichen Dienstpflichten auch das Komponieren der Musiken für die verschiedensten Aufführungen gehörte), aber er arbeitete auch und vor allem als Komponist, Maler und Architekt. In der Saison war der regelmäßige Theaterbesuch, nicht selten mehrfach wöchentlich, für Hoffmann selbstverständlich. Auch sein eigenes Schreiben galt öfter dem Theater: Er schrieb Libretti zu verschiedenen Opern und Singspielen sowie mehrere theaterkritische Arbeiten, vom frühen *Schreiben eines Klostergeistlichen* bis zu den Beiträgen über das *Melodram* und über die Calderón-Aufführungen. In der Dresden/Leipziger Zeit steht für Hoffmann die Musikbühne im Mittelpunkt: Er arbeitet als Dirigent, Werke für die dortigen Bühnen hat er jedoch nicht verfaßt.

Im Berlin der ersten Friedensjahre fand Hoffmann ein reiches kulturelles Angebot vor. Er besuchte erneut sehr häufig das Theater, der berühmteste Schauspieler des Hauses, Devrient, wurde sein engster neuer Freund in Berlin. Produktiv mit der Bühne befaßte sich Hoffmann nun verstärkt als Kritiker und vor allem in zwei umfangreichen Schriften zum Theater.

Bei diesem intensiven und weitgespannten Interesse und den zahlreichen guten Kontakten ist es auffällig, daß Hoffmann nicht häufiger selbst für die Bühne gearbeitet hat. Als Schauspieldichter hat er sich nur ein einziges Mal versucht, mit *Prinzessin Blandina*.

Prinzessin Blandina – eine »modifizierte Turandot«

Hoffmann schrieb die Komödie – *Ein romantisches Spiel in drei Aufzügen* – im Mai 1814. Genauer: Er schrieb den ersten Akt, von Plänen zur Fortsetzung oder zu einer Aufführung ist nirgendwo die Rede. Als Hoffmann Anfang 1815 von Kunz um rasche Nachlieferung eines Textes für den letzten Band der *Fantasiestücke* gebeten wurde, gab er ihm das Kreislerianum *Kreislers musikalisch-poetischer Clubb*, dem er das Schauspielfragment einfügte. Da bis vor kurzem alle Ausgaben der *Fantasiestücke* der zweiten Auflage folgten, aus der Hoffmann den Akt wieder herausgenommen hatte, blieb die Komödie nahezu unbekannt; Hoffmanns eigenes negatives Urteil – er nannte sie in der Verärgerung über die oben erwähnte fehlerhafte Umfangsberechnung des Verlegers diesem gegenüber sein »schwächstes Produkt« (24. 5. 1815)[1] – trug dazu wesentlich bei. Dennoch verdient *Blandina* als Hoffmanns einziger Versuch in einer Gattung, die er sehr schätzte und mit deren Tradition er sich intensiv befaßte, Beachtung.

Das große Vorbild ist die Commedia dell'arte, von der einige der typischen Figuren und zentrale Darstellungstechniken übernommen werden. Hoffmann kannte diese Gattung vor allem in der Form, die Carlo Gozzi ihr gegeben hatte – über ihn und verschiedene seiner Stücke hatte er sich bereits vor der Arbeit an *Prinzessin Blandina* geäußert, vor allem in *Der Dichter und der Komponist*. Dort werden Gozzis »dramatische Märchen« als »reiche Fundgrube vortrefflicher Opernsujets« gerühmt und ausführlich vorgestellt.[2] Als einen kongenialen Nachfolger Gozzis betrachtete Hoffmann Ludwig Tieck, insbesondere schätzte er dessen Schauspiel *Der gestiefelte Kater*. Das Gegenbild war für Hoffmann Schillers *Turandot*-Übersetzung und -Bearbeitung. In der *Blandina* selbst nennt eine Figur das Schauspiel »eine modifizierte Turandot«.[3] *Prinzessin Blandina* will die »Fehler« Schillers – Verfeinerung, Psychologisierung, Motivierung, Idealisierung der Vorlage – vermeiden und den Spielcharakter des Kunstwerks stärker betonen.

Gozzi behielt von der Stegreifkomödie fünf Masken bei, die er frei improvisieren ließ: Pantalone, Tartaglia, Brighella, Truffaldino (die Hoffmann in sein Schauspiel übernahm) sowie Smeraldine; dagegen stellte er Märchenfiguren, deren Texte er schriftlich fixierte. In diesem Kontrast sah August Wilhelm Schlegel in seinen Vorlesungen *Über dramatische Kunst und Litteratur* (16. Vorlesung; Hoffmann las das Werk Anfang 1811) den Haupteffekt und die »Ironie« der neuen Gattung.

Grundprinzip des »romantischen«, an der Commedia-Tradition orientierten Lustspiels ist die durchgehende Ironisierung und Reflexion des Geschehens: Die Komödienfiguren reden auf der Bühne über ihr Tun, ihre Funktion, sie kommentieren sich und ihre Aufgaben. Dadurch kann die Illusion des traditionellen Bühnenereignisses gar nicht erst aufkommen. Das Spiel zeigt sich als Spiel, die spielerische Plünderung der Theatertradition von Calderón bis Gozzi wird vorgezeigt und zugleich thematisiert, so auch das Prinzip der Illusionszerstörung selbst.[4]

Damit liefert der Text seinen Kommentar gleich mit – ein Spiel, das Hoffmann noch weiter treibt, indem er im Anschluß an die Vorlesung des Schauspiels die Zuhörer über dessen Qualitäten diskutieren läßt. Es wäre naiv, hier die Meinung des Autors herauskristallisieren zu wollen und gegen das Stück ins Feld zu führen – ein Verhalten, das bereits im Lustspiel selbst verspottet wird.

Die Darstellung übertreibt in der Nachahmung immer zugleich auch. So werden die »ernsten« Partien durch feierliches Pathos und gedrechselte Verse parodierend überhöht, so dominieren in den »komischen« Partien pralle Sprache, Alltagswendungen, platt-triviale Prosa, Wortwitz in ebenfalls ungewöhnlicher Steigerung und Häufung. Erhabenes und Lächerliches stehen unmittelbar nebeneinander, Kontraste und Sprünge werden überdeutlich herausgearbeitet. Ebendiese Mischung des Tragischen mit dem Komischen ist – so heißt es in *Der Dichter und der Komponist* – »romantisch«; *Prinzessin Blandina*, für die solche Mischung ein zentrales Merkmal ist, wird daher mit gutem Recht als ein »romantisches Spiel« bezeichnet. In dieses parodierende Spiel werden zahlreiche traditionelle Themen (die vom Heidenkönig bedrohte christliche Prinzessin, die Frau zwischen zwei Verehrern, Hofintrigen, Entscheidungsduell) und Werte (Ehre, Liebe, Treue) einbezogen. Insbesondere sind das Theater und seine Protagonisten (Schauspieler in verschiedenen Rollen, Direktor, Regisseur, Maschinist) Gegenstände des Spiels und der Parodie. Damit setzt die Komödie eine Auseinandersetzung fort, die in *Berganza* begonnen wurde; wie dort dürften in diese Szenen Erfahrungen mit dem Bamberger Theater, darüber hinaus mit der Secondaschen Truppe eingegangen sein. Noch wichtiger ist die Beschäftigung mit den Dichtern, ihrem Selbstverständnis und ihrer Auffassung von Kunst. Dem »Hofpoeten« Roderich als Prototyp des opportunistischen, eitlen, in sich selbst verliebten Gelegenheitsdichters steht als Gegentypus der »romantische« Dichter Amandus gegenüber, dessen Gefühle und poetische Überzeugungen allerdings in ähnlicher Weise durch Übertreibung destruiert werden.

Trotz seines fragmentarischen Charakters kann man Hoffmanns Stück zu den wenigen deutschen Schauspielen im Geist der Commedia dell'arte zählen. In der Rahmenhandlung des Kreislerianums nennt der fiktive Verfasser der *Prinzessin Blandina* als einzigen Anspruch, den er erhebe, die »darin herrschende gute Laune«; beabsichtigt habe er nur »ein Spiel zum Spiel«.[5]

Hoffmanns artistische Ansprüche an sich selbst waren allerdings höher, und er sah die Schwächen des Werkes als Bühnenstück deutlich. Er suchte nach anderen Ausdrucksformen und fand sie im Medium der Prosa. So ist die einige Jahre später entstandene Erzählung *Signor Formica* geradezu eine erzählte Commedia dell'arte – eine Charakterisierung, die auf *Prinzessin Brambilla* in noch höherem Maße zutrifft.[6]

Opernästhetik – Opernkompositionen

Wie die vorangegangenen Kapitel gezeigt haben, hat sich Hoffmann von Jugend an mit der Oper befaßt – ein Interesse, das ständig wuchs und sich auf immer mehr Feldern zeigte: vor allem in der eigenen Arbeit als Komponist, aber auch in der Beschäftigung mit den Opern der Vergangenheit und Gegenwart, und innerhalb dieses Bereichs einerseits in der praktischen Interpretation als Dirigent, andererseits aber auch als Rezensent, Kritiker, Historiker und Theoretiker.

Hoffmanns eigene Bühnenwerke vor der Berliner Zeit wurden in den vorangegangenen Kapiteln bereits kurz behandelt: die Opern und Singspiele *Die Maske*, *Die lustigen Musikanten*, *Liebe und Eifersucht*, *Der Trank der Unsterblichkeit* und *Aurora* sowie die Musiken zu *Das Kreuz an der Ostsee*, *Arlequin*, *Dirna*, *Wiedersehn!*, *Julius Sabinus* und *Saul, König in Israel* (einige weitere meistens kleinere Bühnenkompositionen sind verlorengegangen).

Über die Arbeit des Dirigenten Hoffmann läßt sich nur sehr wenig sagen, denn Berichte Dritter über seine Aufführungen sind spärlich. Es gibt zwar zahlreiche Bemerkungen von Hoffmann selbst, wie bestimmte Opern, einzelne Szenen oder Gesangsstücke aufgefaßt und gespielt werden müßten, aber das besagt natürlich noch nicht, daß er diese Idealvorstellungen auch umzusetzen verstand. Wohl aber läßt sich aus den verschiedenen Äußerungen so etwas wie eine Opernästhetik erkennen. Hoffmann hat sie nie im Zusammenhang entwickelt, wie er auch keine literarische Theorie oder auch nur die Theorie einer Gattung systematisch entworfen hat; seine verstreuten Bemerkungen konzentrieren sich auf die Beschäftigung mit einzelnen Werken und Komponisten, und auch das nie mit dem Anspruch oder Ziel einer auch nur annähernden Vollständigkeit. Dazu kommt ein weiteres Problem, das es fast unmöglich macht, ein einheitliches Bild zu gewinnen: der unterschiedliche Status der Texte. Die ältere Forschung hat ziemlich unterschiedslos jede Textstelle bei Hoffmann über die Oper (wie über viele andere Themen) als Meinung des Autors behandelt; auch in der neueren Forschung finden sich immer wieder derartige Vereinfachungen. Das trifft insbesondere für Äußerungen Kreislers zu, da Hoffmann selbst – wie oben gezeigt – die Grenzen zwischen sich und seiner Kapellmeister-Figur immer wieder kunstvoll verwischt und durchlässig macht. Aber auch hier gilt: Selbst wenn Kreisler zuweilen Formulierungen in den Mund gelegt werden, die von Hoffmann zunächst in nichtfiktionalen Kontexten verwendet wurden, heißt das keineswegs, daß man alle Äußerungen Kreislers als Meinungen Hoffmanns behandeln darf.

So ist das eigentlich Selbstverständliche festzuhalten: Die Mißachtung des kategorialen Unterschieds zwischen Aussagen in Sachtexten und in fiktionalen Werken führt zu Fehlschlüssen. In Hoffmanns Schriften gibt es – auch im Fall der Oper – eine große Spannweite der Textsorten: von der Kritik über von verschiedenen Teilnehmern kontrovers geführte Gespräche bis hin zu den Äußerungen fiktionaler Charaktere wie des Ritters Gluck, des Enthusiasten oder eben Kreislers. Über die letztgenannten wurde im Kontext der jeweiligen Werke bereits gehandelt; je ein zentrales Beispiel aus den beiden ersten Gruppen soll hier näher betrachtet werden: *Über einen Ausspruch Sachini's, und über den sogenannten Effekt in der Musik* und *Der Dichter und der Komponist*. Beide Texte entstanden 1813/14, also in der Zeit, in der Hoffmann als Dirigent und als Komponist sich auf das intensivste mit der Oper befaßte. Die Bedeutung dieser Texte für die Operndiskussion ist lange Zeit auch von den Spezialisten nicht oder kaum gesehen worden, weil sie so gar nicht programmatisch daherkommen. Der Titel des ersten Texts kündigt eine Anekdote und ein Thema an, das nicht eben eine Zentralfrage der Ästhetik zu sein scheint. Der Aufsatz ist für Hoffmanns Verhältnisse eher trocken und nüchtern und schwankt zwischen historischen Urteilen und aktuellen Bekenntnissen. Der zweite Text stellt viele, auch widersprüchliche Äußerungen über die Oper in den politisch-unterhaltsamen Rahmen eines Gesprächs zweier Freunde. Beide Texte erschienen anonym in der *AMZ* und wurden den zeitgenössischen Lesern erst durch ihre Wiederveröffentlichung als Arbeiten Hoffmanns bekannt: Der eine wurde als Kreislerianum in die *Fantasiestücke*, der andere in die *Serapions-Brüder* aufgenommen. Da sie dort neben vielen bedeutenden (und als bedeutender angesehenen) Erzählungen standen, fanden sie als Einzeltexte kaum Beachtung. Daran hat sich wenig geändert, zumal sie auch in den Gesamtausgaben nur in diesem Zusammenhang geboten wurden. Als sich die Musikwissenschaft intensiver für Hoffmann zu interessieren begann, griff man zwar auch auf diese Arbeiten zurück, aber da sie fast durchweg nur auf ihre Aussagen hin behandelt wurden, ohne deren unterschiedlichen Status zu berücksichtigen, waren die Ergebnisse eher mager.

Im Erstdruck des *Sachini*-Textes[7] fehlt jeder Hinweis auf einen fiktiven Verfasser; er kann mithin als Sachäußerung Hoffmanns gelesen werden. Ausgangspunkt ist eine Anekdote aus Ernst Ludwig Gerbers (von Hoffmann auch sonst häufig konsultierten) *Lexicon der Tonkünstler* (1790-1792). Darin geht es um die Bedeutung der Modulation für die Oper. Hoffmann leitet daraus den wesentlichen Unterschied zwischen der älteren italienischen und der neueren französischen (und deutschen) Oper her. Im Mittelpunkt steht die grundsätzliche Frage nach der Rolle der Musik in der Oper, eine Diskussion, die in Paris im letzten Viertel des 18. Jahrhunderts lebhaft und andauernd geführt wurde. Es war die Auseinandersetzung zwischen den Gluckisten, die das Erbe der französischen Oper nur in mäßigem Umfang italienischen Einflüssen öffnen wollten, und den Piccinnisten, die hier deutlich radikaler waren; und es ging um nicht weniger als um die Zukunft der Oper. Die Anhänger der französischen Richtung wollten den Primat des Wortes und der Bühnenaktion vor der Musik wahren und warfen den Italienern Effekthascherei und bloße Virtuosität vor. Hoffmann schließt sich diesen Vorwürfen, wenn auch abgeschwächt, an, die – wie heutige Opernhistoriker es sehen würden – zwar auf die metastasianische Opera seria mehr oder weniger zutrafen, aber kaum noch auf Sacchini und dessen Zeitgenossen. Auch die Vertonung von Bühnenhandlungen außerhalb der Arien war bereits fortgeschritten, Gluck kam als Repräsentant dieser neuen italienischen Entwicklungen nach Paris. Piccinni war hier konsequenter, und ihm schlossen sich Komponisten wie Sacchini, Salieri und Cherubini an. Hoffmann überschätzt (in Übereinstimmung mit den meisten deutschen Musikkritikern der Zeit und des 19. Jahrhunderts) die zweifellos große Bedeutung Glucks für die Operngeschichte. Unabhängig von diesem historischen Kontext fällt der Einsatz auf, mit dem er *gegen* den künstlichen Effekt der »traditionellen« Oper und damit das Virtuosentum und *für* die Integration von Musik, Wort und Handlung streitet, die den Weg zur Durchkomposition der Oper öffnete.

Weniger kompliziert und wissenschaftlich, dafür anschaulicher, teilweise geradezu aphorismenhaft-zitierfähig sind zahlreiche Äußerungen über »das wahre Wesen der Oper«[8] aus dem Dialog *Der Dichter und der Komponist*. So heißt es hier »in kurzen Worten« des Komponisten Ludwig: »Eine wahrhafte Oper scheint mir nur die zu sein, in welcher die Musik unmittelbar aus der Dichtung als notwendiges Erzeugnis derselben entspringt.«[9] Auf die Nachfrage des Freundes hin erläutert Ludwig dann seine Vorstellung ganz im Sinn der Romantik: Die Musik sei »die geheimnisvolle Sprache eines fernen Geisterreichs, deren wunderbare Accente in unserm Innern widerklingen«, der Dichter hole aus dem »fernen Reich der Romantik« das Wundervolle, »das er in das Leben tragen soll«. Das führt zu dem Bekenntnis: »Allerdings halte ich die romantische Oper für die einzig wahrhafte, denn nur im Reich der Romantik ist die Musik zu Hause.«[10] Was darunter konkret zu verstehen sei, entwickelt er an dem »herrlichen Gozzi. In seinen dramatischen Märchen hat er das ganz erfüllt, was ich von dem Opern-Dichter verlange.«[11] Das erläutert er dem Freund ebenso begeistert wie ausführlich an dem Märchen *Der Rabe*. Bezeichnenderweise war *Il corvo* (1761) zu dieser Zeit weder ins Deutsche übersetzt noch als Libretto verwendet worden – Hoffmanns Komponist entwickelt also sein Opernideal nicht an einem bestehenden Werk, sondern gewissermaßen als Zukunftsmusik. Der Komponist teilt Hoffmanns Auffassung des »wahrhaft Romantischen«, darin mische sich »das Komische mit dem Tragischen so gefügig, daß beides zum Totaleffekt in Eins verschmilzt, und das Gemüt des Zuhörers auf eine eigne, wunderbare Weise ergreift«.[12] Damit wird die Opera seria nach verschiedenen Seiten geöffnet; in seiner Begeisterung sieht der Komponist sogar eine innige Verwandtschaft mit der Kirchenmusik, und es ist kein Wunder, daß sich ein ebensolches Lob der Opera buffa anschließt, in der das Fantastische, der Commedia dell'arte verwandt, dominiert. Während von den romantischen Dichtern am ehesten Tieck das Textbuch zu einer derartigen »romantischen Oper« zugetraut wird – also wiederum der Wechsel auf eine Zukunft –, werden die deutlichsten Vorzeichen der erstrebten Entwicklungen bei Mozart, insbesondere in der *Zauberflöte* gesehen.

Diese und andere Äußerungen über Grundfragen und Einzelprobleme der Oper haben in der späteren Gattungsgeschichtsschreibung wenig Aufmerksamkeit gefunden, weit mehr jedoch der Problemkreis, mit dem der Dialog einsetzt: der Frage des Dichters Ferdinand an den Komponisten Ludwig, warum es keine oder zu wenige brauchbare Libretti gebe. Die Frage liegt nahe und ist häufig gestellt worden, warum Hoffmann, der bedeutendste Schriftsteller unter den Komponisten seiner Zeit, sich der Sache nicht selbst angenommen habe. Eine vorweggenommene Antwort sah man in diesem Dialog, den Hoffmann während der Arbeit an *Undine* schrieb. Ausgangspunkt ist die

Frage, warum der Komponist sich trotz seiner »höchst lebendigen Phantasie« und seiner Sprachfertigkeit »nicht längst eine Oper gedichtet« habe.[13] Ludwig führt eine Reihe von Gründen an, vor allem, daß die Beschäftigung mit dem Text am Versenken in die Komposition und die Musik hindere:

Ganz unmöglich würde es dem Musiker sein, sich nicht gleich bei dem Dichten mit der Musik, die die Situation hervorgerufen, zu beschäftigen. Ganz hingerissen und nur arbeitend in den Melodien, die ihm zuströmten, würde er vergebens nach den Worten suchen, und gelänge es ihm, sich mit Gewalt dazu zu treiben, so würde jener Strom, brauste er auch noch so gewaltig in hohen Wellen daher, gar bald, wie in unfruchtbarem Sande, versiegen. [...] in dem Augenblick der musikalischen Begeisterung würden ihm alle Worte, alle Phrasen ungenügend – matt – erbärmlich vorkommen, und er müßte von seiner Höhe herabsteigen, um in der untern Region der Worte für das Bedürfnis seiner Existenz betteln zu können.[14]

Zwar mutmaßt Ferdinand, daß hinter diesen etwas pathetisch vorgetragenen ästhetischen Begründungen auch die »Unlust« stecken könnte, sich mit den mühseligeren Teilen der Opernarbeit zu befassen, aber für die meisten Interpreten ist solch ein philiströs klingender Einwand irrelevant, und sie lesen die Äußerungen Ludwigs als ästhetische Bekenntnisse Hoffmanns.

Das jedoch verkennt den Kunstcharakter des Textes, der durch den Wiederabdruck im Rahmen der *Serapions-Brüder* noch eine Steigerung erfährt. Denn dort wird die Gesprächssituation potenziert: Die Freunde aus dem Serapionskreis stellen dem Komponisten und Erzähler Theodor dieselbe Frage, die Ferdinand an Ludwig gerichtet hat: »[...] warum in aller Welt schreibt sich Theodor, der des Wortes, des poetischen Ausdrucks mächtig ist, nicht selbst eine Oper? [...] Ist denn nicht vollkommene Einheit des Textes aus der Musik nur denkbar wenn Dichter und Komponist eine und dieselbe Person ist?«[15]

Theodor antwortet, das klinge zwar plausibel, sei aber »ganz und gar nicht wahr. Es ist, wie ich behaupte unmöglich, daß irgend einer allein ein Werk schaffe gleich vortrefflich in Wort und Ton.« Die Freunde streiten das ab, werfen Theodor »unbillige Mutlosigkeit« oder gar »Faulheit« vor.[16] Um sich einer weiteren Auseinandersetzung zu entziehen, liest Theodor das »Gespräch zweier Freunde über die Bedingnisse der Oper« vor, das er vor einigen Jahren geschrieben habe: eben die Erzählung *Der Dichter und der Komponist*.

Nicht alle Serapionsbrüder lassen sich von den in diesem Text vorgetragenen Argumenten beeindrucken. Lothar etwa entgegnet: Alles was Theodor »sophistischer Weise über die Unmöglichkeit selbst eine Oper zu dichten und zu komponieren vorgebracht, mag recht plausibel klingen, es hat mich aber nicht überzeugt«. Der »unnütze Streit« wird abgebrochen, »der um so unnützer ist, als Theodor, leuchtet ihm jene Möglichkeit, die er bestreitet ein, der erste sein wird, der sie mit der Tat beweiset«.[17]

Hoffmann entfaltet also in der seit der Frühromantik überaus beliebten Form des ästhetischen Gesprächs viele Aspekte seines Themas, ohne einem Teilnehmer Recht zu geben; die in der älteren Forschung vertretene Ansicht, »Theodor« sei das Sprachrohr Hoffmanns, ist seit längerem als positivistische Verkürzung erkannt. Festzustellen ist, daß das Thema Hoffmann gerade in dieser Zeit aus persönlichen Gründen besonders am Herzen lag. Daß er selbst in dieser Frage nicht so dogmatisch dachte wie Theodor, zeigt sich darin, daß es in seinem eigenen Opernschaffen mehrere Formen der Beziehung zwischen Dichter und Komponist gibt: Er hat sich eigene Libretti geschrieben (*Die Maske, Der Renegat*), er hat vorhandene Schauspiele geringfügig überarbeitet als Libretti verwendet (Brentanos *Die lustigen Musikanten*, Calderón / Schlegels *Die Schärpe und die Blume*); und er hat – wie im Fall der *Undine* – einen Autor gebeten, ihm ein Libretto zu schreiben.

Allerdings lag hier ein besonderer Fall vor: *Undine* war eine soeben, 1811, erschienene sehr erfolgreiche Märchenerzählung, deren Eignung für die Oper Hoffmann sofort und als erster erkannte (später folgte ihm eine Reihe weiterer Komponisten). Es

4. Bühnenwerke, Bühnenschriften: Theater und Oper

wäre trotz der sehr freien Vorstellungen des frühen 19. Jahrhunderts von geistigem Eigentum nicht unproblematisch gewesen, das Sujet ohne weiteres zu übernehmen und zu bearbeiten, zumal Fouqué zu dieser Zeit ein berühmter Autor, Hoffmann ein völlig unbekannter Künstler war. Und: Dieser hatte längst eingesehen, daß das Verseschreiben, »das Versifizieren«, nicht zu seinen Stärken gehörte.

Fouqué und Hoffmann gelang es, den Generalintendanten der Königlichen Schauspiele, Graf Brühl, von den Qualitäten der Oper zu überzeugen, er nahm *Undine* zur Uraufführung an. Mit der Zusage verband er die Bitte an Hoffmann, im *Dramaturgischen Wochenblatt in nächster Beziehung auf die königlichen Schauspiele zu Berlin* – dem offiziösen Blatt seiner Bühne – »die musikalische Partie zu übernehmen«.[18] Hoffmann hatte sich allerdings offenbar vorgenommen, seine Tätigkeit als Musikkritiker einzustellen. Denn nachdem er Ende 1814 noch einen Korrespondenzartikel über die Berliner Oper an die *AMZ* geschickt hatte (*Briefe über Tonkunst in Berlin*, erschienen 11.1.1815), brach er diesen Bericht nach dem ersten Beitrag ab. Er wollte sich wohl von solcher Brotarbeit künftig freimachen. Dazu kam, daß er das *Wochenblatt* nicht eben hochschätzte (»äußerst steif und langweilig« nannte er es in einem Brief an Fouqué).[19] Trotzdem sagte er zu, wahrscheinlich um Brühl nicht zu verärgern.

Im *Dramaturgischen Wochenblatt* erschienen zwischen dem 9.9.1815 und dem 1.9.1816 neun Besprechungen Hoffmanns von Opernaufführungen des Schauspielhauses, unter anderem von Peter Winters *Das unterbrochene Opferfest*, Antonio Sacchinis *Oedip auf Kolonos*, Étienne Nicolas Méhuls *Ariodant* sowie Mozarts *Don Juan* und *Die Zauberflöte*. Obwohl die Besprechungen relativ kurz sind, kommt ihnen einige Bedeutung für Hoffmanns Opernverständnis zu, denn sie befassen sich nicht wie die früheren Rezensionen mit Partituren, sondern mit Inszenierungen, also den Opern als Gesamtkunstwerken.

Kennt man Hoffmanns kritisches Werk, so ist auffällig, wie

nachsichtig er häufig urteilt: schlechte Sängerleistungen, Unarten der Aufführung, Marotten der Künstler und des Intendanten kritisiert er nicht so ironisch und scharfzüngig, wie man es von ihm erwarten würde. So betont er zum Beispiel bei einer Inszenierung von Mozarts »Oper aller Opern«[20] *Don Juan* (so zitiert Hoffmann sich selbst) zwar sein oberstes Prinzip, die Werktreue, in aller Deutlichkeit:

> Ewig wahr ist es, daß an einem recht aus dem Innern hervorgegangenen poetischen Werk sich nicht wohl etwas modeln läßt. Jeder der wunderbaren Klänge im Don Juan verschlingt sich geheimnisvoll zu dem Ganzen, wie Strahlen, die sich in einem Fokus reflektieren.[21]

Aber wo die Inszenierung gravierend davon abweicht – die generalbaßbegleiteten Rezitative wurden als gesprochene Dialoge gegeben, in die Schlußszene wurde ein Ballett mit einer fremden Musik eingelegt –, vermerkt Hoffmann das zwar mit leichtem Tadel, entschuldigt es aber in sonst bei ihm unbekannter Nachsicht mit praktischen Bedürfnissen oder mit Gewohnheiten.

Ein Grund solcher Rücksicht ist wohl Hoffmanns Hoffnung, eine Anstellung am Königlichen Schauspielhaus – als Komponist oder Kapellmeister – zu erhalten.

Undine – die Geburt der »romantischen Oper«

Der zweite, wichtigere Grund: Derselbe Intendant, derselbe Regisseur war mit der Inszenierung von Hoffmanns eigener Oper *Undine* befaßt, dieselben Sängerinnen und Sänger sollten in seinem Werk auftreten. Da empfahl sich die diplomatische Zurückhaltung des Kritikers.

Hoffmann erscheint zwar auf dem Opernzettel nur als Komponist, aber er kümmerte sich von Beginn an auch um alle anderen relevanten Aspekte. So mischte er sich – fern von der proklamierten strikten Arbeitsteilung zwischen Komponist und Dichter – erheblich in die Verfertigung des Librettos durch Fouqué ein, er war durchaus so etwas wie ein Co-Autor, stellte vor allem am Anfang die wesentlichen Weichen. Er schickte Fouqué »eine ausführliche Skizze der Oper, wie ich sie mir vorzüglich Rücksichts der historischen Fortschreitung denke [...], welche Szene für Szene das Historische, so wie den musikalischen Gang des Stücks nach einzelnen Nummern darlegt.«[22] Da dieser »Opernplan« (an Hitzig 15.8.1812)[23] nicht erhalten ist, kennen wir zwar keine Einzelheiten; wir wissen jedoch, daß Hoffmann Fouqué mehrfach taktvoll weitere Hinweise gab; ferner geht aus Änderungen und Zusätzen in der Partiturhandschrift hervor, daß Hoffmann auch nach Abschluß der Arbeit durch Fouqué hin und wieder vorsichtig in die Texte eingriff.

Am ausführlichsten sind Hoffmanns Zusätze und Änderungen in den Regiebemerkungen bei der Beschreibung der Handlungsorte. Seine Erfahrung als Theaterarchitekt in Bamberg zeigt sich darin, daß er sich von Beginn an über die Bühnenbilder Gedanken macht und konkrete Vorschläge entwickelt. Der junge, noch relativ unbekannte Maler und Architekt Karl Friedrich Schinkel schien Hoffmann geeignet, Bühnenbilder nach seinen Vorstellungen zu entwerfen, obwohl Schinkel zu dieser Zeit noch nie in dieser Funktion gearbeitet hatte. Wenig später hatte er mit seinem ersten Bühnenbild – für eine Inszenierung der *Zauberflöte* Anfang 1816 – sogleich großen Erfolg, den er dann mit seinen Bildern zur *Undine* noch steigerte.

Von den ersten Spuren des Undine-Stoffs im Werk Hoffmanns im Sommer 1812 bis zum Abschluß der Komposition vergingen über zwei Jahre. Dieser lange Arbeitsprozeß mit zahlreichen Pausen resultiert zum einen aus Hoffmanns schwieriger beruflicher und persönlicher Situation in diesen Jahren, zeigt jedoch auch die ungewöhnliche Sorgfalt und Intensität der Beschäftigung.

Auch die Vorbereitungszeit für die Inszenierung der *Undine* zog sich lange hin. So kam es, daß sich das Gespann Fouqué/Hoffmann bereits zuvor mit einem anderen – allerdings ziemlich anspruchslosen – Werk dem Berliner Publikum vorstellte. Fouqué hatte es übernommen, etwas »zur Feier des Regierungs-Antritts des erlauchten Hauses Hohenzollern in den Marken Brandenburg« am 22.10.1815 zu dichten: *Thassilo*, Vorspiel (zu einer Aufführung von Spontinis *Ferdinand Cortez*). Hoffmann komponierte die Chöre dazu (und weitere für eine Neufassung, die Anfang 1817 zweimal gegeben wurde).[24]

Am 3.8.1816 wurde *Undine. Zauber-Oper in drei Abteilungen, von Friedrich Baron de la Motte Fouqué. Musik von Hoffmann* uraufgeführt, »Zur Feier des Allerhöchsten Geburtsfestes Seiner Majestät des Königs Friedrich Wilhelm des Dritten von Preußen«.[25] Zum erstenmal fand Hoffmann, über vierzigjährig, als Komponist ein glänzendes und prestigeträchtiges Forum, das ihm nationale Aufmerksamkeit sicherte.

Die Titelgestalt der Zauberoper, Undine, ist ein Elementargeist in Gestalt einer schönen jungen Frau, der durch die Heirat mit einem Menschen – dem Ritter Huldbrand – eine Seele erhält. Ihr Mann liebt sie trotz des Geständnisses ihrer Herkunft, entfremdet sich ihr aber durch die Zuneigung zu der Hofdame Bertalda (obwohl sich zeigt, daß diese die Tochter eines Fischers ist). Er verflucht Undine, so daß sie in ihr Element, das Wasser, zurückkehren muß. Am Tag der Hochzeit Huldbrands mit Bertalda erscheint Undine und tötet ihn.

Gegenüber der Erzählvorlage Fouqués nimmt das Libretto die Dreiecksgeschichte zurück und macht den Oheim Undines, den Wassergeist Kühleborn, zum Gegenspieler der Menschenwelt. Hierdurch und durch die Verknappung der Handlung kommt es zu einigen Inkonsistenzen.

Undine – jung, naiv, lyrisch (ihre schönste Arie ist die Romanze »Morgen so hell«) – wird durch die Heirat auch fähig, Leid zu erfahren; ihr Wesen schillert zwischen Geister- und Menschenreich. Bertalda spielt in der Handlung selbst lange keine größere Rolle, wohl aber musikalisch: Mit ihrem Triumph siegt auch der dramatische über den lyrischen Sopran.

Huldbrand ist kein strahlender Held (und daher kein Tenor); er reagiert mehr, als selbst zu handeln. Seine Unfähigkeit, sich

4. Bühnenwerke, Bühnenschriften: Theater und Oper 245

25. Schinkel: Dekorationsentwurf zum letzten Bühnenbild der *Undine*, Frühjahr 1816

zwischen den beiden Frauen zu entscheiden, seine Passivität zeigt sich darin, daß er keine Soloarie erhält, hingegen in zahlreichen Duetten auftritt; es ist die erste große Baritonrolle einer Opernhauptfigur des 19. Jahrhunderts. Mit Kühleborn (Bass) und dem mehrfach auftretenden Chor der Wassergeister erhält das Geisterreich großes Gewicht. Er wird zum Rächer der Geister an den Menschen, seine Rachearie im dritten Akt ist eine der Glanzpartien der Oper.

Die zeitgenössischen Kritiker waren sich über einige Punkte einig: im Lob der Bühnenbilder Schinkels, im Tadel des etwas wirren Librettos und in der Feststellung, die Musik Hoffmanns sei voller »Poesie«, zeige »Tiefe der Empfindung«.[26] Über solche Gemeinplätze gingen einige ausführliche Kritiken hinaus. Die wichtigste ist zweifellos die des jungen Carl Maria von Weber, der gerade als Komponist und Dirigent bekannt zu werden begann. Er besuchte mehrere Aufführungen und schrieb eine umfassende Kritik für die *AMZ* (19. 3. 1817). Darin entwickelt er zunächst seine Vorstellungen von der Gattung, der romantischen Oper, die er ganz im Sinne Hoffmanns definiert als »ein in sich abgeschlossenes Kunstwerk, wo alle Theile und Beyträge der verwandten und benutzten Künste ineinanderschmelzend verschwinden, und auf gewisse Weise untergehend – eine neue Welt bilden«.[27]

Diesem allgemeinen Teil schließt sich eine Detailkritik der Oper und der Darsteller an.

Mit einer seltenen Entsagung, deren Größe nur derjenige ganz zu würdigen versteht, der weiß, was es heißt, die Glorie des momentanen Beyfalls zu opfern, hat Hr. Hoffmann es verschmähet, einzelne Tonstücke auf Unkosten der übrigen zu bereichern, welches so leicht ist, wenn man die Aufmerksamkeit auf sie lenkt durch breitere Ausführung und Ausspinnen, als es ihnen eigentlich als Gliedern des Kunstkörpers zukommt. Unaufhaltsam schreitet er fort, von dem sichtbaren Streben geleitet, nur immer *wahr* zu seyn, und das dramatische Leben zu erhöhen, statt es in seinem raschen Gange aufzuhalten oder zu fesseln. So verschieden und treffend bezeichnet die mannigfaltigen Charaktere der handelnden Personen erscheinen, so umgiebt sie, oder ergiebt sich vielmehr, doch aus allem jenes gespensterhafte, fabelnde Leben, dessen süße Schauererregungen das Eigenthümliche des Märchenhaften sind. – Am mächtigsten springt *Kühleborn* hervor, [. . .] durch Melodien-Wahl und Instrumentation, die, ihm stets treu bleibend, seine unheimliche Nähe verkündet. Da er, wo nicht als das Schicksal selbst, doch als dessen nächster Willens-Vollstrecker erscheint, so ist dies auch sehr richtig. Nächst ihm, das liebliche Wellenkind *Undine*, deren Tonwellen bald lieblich gaukeln und kräuseln, bald auch mächtig gebietend ihre Herrscherkraft künden. [. . .] Die Chöre des Gefolges athmen heiteres, reges Leben, das sich in einigen Stücken zu ungemein wohlthuender Frische und Lust erhebt und entfaltet, im Gegensatze zu den schauerlichen Chören der Erd- und Wasser-Geister in gedrängten, seltsamen Fortschreitungen.

Am gelungensten und wirklich groß gedacht erscheint Ref.

der Schluß der Oper, wo der Componist noch als Krone und Schluß-Stein alle Harmonienfülle rein achtstimmig im Doppelchore ausbreitet, und die Worte »gute Nacht aller Erdensorg' und Pracht« mit einer herzlich andächtig, und im Gefühl der tiefen Bedeutung mit gewisser Größe und süßer Wehmuth erfüllten Melodie ausgesprochen hat; wodurch der eigentlich tragische Schluß doch eine so herrliche Beruhigung zurückläßt. Ouverture und Schlußchor geben sich hier, das Werk umschließend, die Hände. Erstere erregt und eröffnet die Wunderwelt, ruhig beginnend, im wachsenden Drängen dann feurig einherstürmend und hierauf gleich unmittelbar, ohne gänzlich abzuschließen, in die Handlung eingreifend; letzterer beruhigt und befriedigt vollkommen. Das ganze Werk ist eines der geistvollsten, das uns die neuere Zeit geschenkt hat. Es ist das schöne Resultat der vollkommensten Vertrautheit und Erfassung des Gegenstandes, vollbracht durch tief überlegten Ideengang und Berechnung der Wirkungen alles Kunst-Materials, zum Werke der schönen Künste gestempelt durch schöne und innig gedachte Melodien.
Es spricht sich hierdurch von selbst aus, daß große Instrumental-Effecte, Harmoniekenntnis und oft neue Zusammenstellung, richtige Declamation etc., darin enthalten sind, als die nothwendig jedem wahren Meister zu Gebot stehenden Mittel, ohne deren geläufige Handhabung keine Freyheit der Geistes-Bewegung denkbar ist.[28]
Das so von dem wichtigsten Komponisten der jüngeren Generation gerühmte Werk war die erfolgreichste neue Oper auf der deutschen Bühne in den Spielzeiten 1816/17, sie wurde innerhalb eines knappen Jahres dreizehnmal wiederholt. Zwei Tage nach der 14. Aufführung, am 29. Juli 1817, brannte das Schauspielhaus vollständig ab.

Dabei wurden auch die kostbaren Dekorationen der *Undine* vernichtet. Obwohl Hoffmann sich um eine Wiederaufnahme (in dem von Schinkel 1821 neu errichteten Schauspielhaus) bemühte, kam es nicht mehr dazu: in erster Linie aus künstleri-

26. Der Brand des Berliner Schauspielhauses am 29. 7. 1817 (Beilage zu einem Brief vom 25. 11. 1817). Federzeichnung.

schen Gründen (Fouqué zögerte die von Brühl erbetenen textlichen Änderungen sehr lange hinaus), vielleicht auch, weil Hoffmann aus (noch darzulegenden) politischen Gründen zum repräsentativen Künstler des preußischen Staates nicht mehr taugte. Schließlich fand ausgerechnet sein Lobredner Weber mit der Oper *Der Freischütz* (aufgeführt im Neuen Schauspielhaus am 18. Juni 1821) größten Beifall; das Werk galt einer Kritik mit kurzem Gedächtnis als erste »romantische« und »deutsche« Oper.

Diese Einschätzung prägte die Operngeschichtsschreibung lange Zeit, während *Undine* nur gelegentlich prominente Fürsprecher wie Hans Pfitzner fand. Erst in den letzten Jahrzehnten des 20. Jahrhunderts entdeckten Opernhistoriker (und auch, zögernd noch und vereinzelt, Regisseure) Hoffmanns *Undine* neu und würdigten ihre Selbständigkeit und ihren Rang.

Jürgen Schläder, der die bisher eingehendste Analyse der *Undine* bietet, faßt die Eigenarten der Komposition Hoffmanns und den daraus abgeleiteten Stellenwert des Werkes in der Operngeschichte des 19. Jahrhunderts zusammen:

Seine stilistischen Anregungen empfing Hoffman aus der großen italienischen Oper und dem süddeutschen Singspiel [...]. Seine bahnbrechenden kompositorischen Errungenschaften weisen auf die musikalisch-stilistischen Eigentümlichkeiten der romantischen Oper bzw. des Musikdramas voraus: die Arie bleibt als kontemplativer Soloauftritt erhalten, wird aber in die musikalische Szene eingeschmolzen; Rezitative werden zunehmend arios gestaltet, gewinnen formalen Eigenwert und sind von der variantenreichen Gestaltung einer geschlossenen Soloform stilistisch mitunter nicht zu unterscheiden; die großformale Gliederung einer Szene wird nahezu ausschließlich geprägt von der symphonischen Disposition des thematischen Materials; und in Fortsetzung dieser stilistischen Eigentümlichkeit prägt die symphonisch entwickelte Erinnerungs- und Leitmotivtechnik die gesamte Oper.[29]

Das Ende des Komponisten?

Die Oper *Undine* war zweifellos der Höhepunkt von Hoffmanns Laufbahn als Komponist. Sie war zugleich sein letztes größeres musikalisches Werk. Danach komponierte er nur noch einige kurze Stücke, fast ausschließlich Gelegenheitsarbeiten, vor allem Chorlieder. Daraus wurde geschlossen, Hoffmann habe mit dem wachsenden Erfolg als Schriftsteller eingesehen, daß seine künstlerischen Möglichkeiten ausschließlich hier angesiedelt seien. Das ist in dieser Eindeutigkeit nicht zutreffend. So verfolgte er längere Zeit den Plan, eine neue Oper nach Calderóns Stück *El Galan Fantasma* (*Der Liebhaber nach dem Tode*) zu komponieren. Der »Serapionsbruder« Contessa war bereit, das Libretto zu schreiben. Hoffmann fühlte am 24. 6. 1817 bei Brühl vor, der sich interessiert zeigte. Im August 1818 lag das Libretto vor, Hoffmann begann die Komposition – wie weit er sie geführt hat, wissen wir nicht.

Zwei weitere Projekte zeigen ebenfalls Hoffmanns fortdauerndes Interesse an der Oper: die bereits erwähnten energischen Versuche, eine Neuinszenierung der *Undine* zu erreichen und die intensive Beschäftigung mit Gaspare Spontinis Oper *Olimpia*, deren Libretto er übersetzte und deren Aufführung 1821 er mit einem umfangreichen Essay über die Oper begleitete.[30] Hoffmann beginnt mit einer Übersicht der Operngeschichte von Lully und Rameau über Gluck und den Piccinnistenstreit bis zu Mozart, um Spontinis Werk historisch einzuordnen. Dabei behandelt er zentrale Fragen der Opernästhetik, sowohl unter dramaturgischen Aspekten als auch im Blick auf die musikalischen Ausdrucksformen. Schließlich gibt er im Durchgang durch das Werk eine sehr detaillierte Analyse der einzelnen Akte und Nummern. Obwohl Hoffmann die Besprechung nicht zu Ende führte, ist sie seine ausführlichste Auseinandersetzung mit einem musikalischen Werk überhaupt.

Hoffmann stellte seine Arbeit als Komponist und Musikkritiker nach 1816 also keineswegs ein. Aber die Verlagerung des Schwerpunktes seiner künstlerischen Tätigkeit ist doch sehr eindeutig. In der Forschung wird das gemeinhin mit der Einsicht erklärt, als Komponist die Größten seiner Zeit nicht erreichen zu können. Doch auch als Schriftsteller maß er sich nicht an den »Größten« und wurde auch von den Zeitgenossen nicht mit ihnen zusammen genannt. Diesen Rang haben ihm Kritik und Literaturgeschichte erst viel später zugesprochen. Wahrscheinlicher ist, daß Hoffmann zentrale Vorstellungen seiner Ästhetik musikalisch nicht in gleichem Maße wie in der Literatur umsetzen zu können glaubte. Bereits 1808 hatte er für einen Aufsatz über Sonaten als ästhetisches Credo notiert: »Es muß anscheinende Willkür herrschen, und je mehr sich die höchste Künstlichkeit dahinter versteckt, desto vollkommener.«[31] Eine Komposition, in deren Zentrum die Dissonanzen stehen, ist einem Kreisler möglich, der Musiksprache des 19. Jahrhunderts jedoch allenfalls ansatzweise. Dazu kam vielleicht eine während der Konzeption der komischen Oper *Der Renegat* gewonnene Erfahrung: Viele Ausdrucksformen des »Humoristischen«, die für sein literarisches Werk immer wichtiger wurden, waren nicht in angemessener Weise in Musik zu übertragen. Werner Keil spitzt dieses letzte Argument noch zu, wenn er es generalisiert: Da »Musik, als Sprache der Affekte verstanden, wie diese von Natur aus humorlos« sei, habe sich Hoffmanns »humoristische Begabung [...] in der Musik [...] nicht recht entfalten« können.[32]

Faszination des Theaters: *Die Kunstverwandten*, *Seltsame Leiden eines Theater-Direktors*

Von einer Einsicht Hoffmanns in eigene künstlerische Unzulänglichkeiten läßt sich mit größerer Berechtigung bei einer zweiten Schwerpunktverlagerung sprechen: im Bereich des Theaters. Mit den beiden Schauspielversuchen *Der Preis* und *Prinzessin Blandina* hatte Hoffmann die Bühne nicht erreicht. Ebenfalls um 1816 kommt es hier zu einer deutlichen Verschiebung: einerseits hin zu Schriften *über* das Theater – vor allem in den Theatertexten *Die Kunstverwandten* und *Seltsame Leiden eines Theater-Direktors* –, andererseits in Richtung auf die Integration der Theaterthematik in die Erzählprosa, zu einem »erzählten Theater« also, genauer: zu »erzählten Komödien« wie *Signor Formica* und, vor allem, *Prinzessin Brambilla*.

Bei dem Blick auf Hoffmanns Opernkritiken für das *Dramaturgische Wochenblatt* 1815-1816 war von einer ungewohnten Milde gegenüber Inszenierung, Sängern und Schauspielern die Rede. Von solcher Rücksicht, geschuldet der bevorstehenden Aufführung der *Undine*, ist bei Hoffmanns letztem Beitrag für das *Dramaturgische Wochenblatt* überhaupt nichts zu spüren, der Schrift *Die Kunstverwandten*, die Ende 1816/Anfang 1817 entstand und anonym in sieben Fortsetzungen von Februar bis Mai 1817 erschien. Im Gegenteil scheint er hier die zuvor nur mühsam unterdrückte Kritik überdeutlich und oft satirisch zugespitzt nachzuholen; zusätzlicher Ärger hatte sich während der Inszenierungsarbeiten an seiner *Undine* angehäuft. An Fouqué schreibt Hoffmann: »Meine Galle, durch die Unarten und Unziemlichkeiten des Schauspielervolks erregt, sprütze ich aus in einem langen Gespräch zweier Schauspieldirektoren, das schon durch vier Stücke des dramaturgischen Wochenblatts geht und viel Tumult erregt! – Brühl ist *molto contento*.«[33]

So sind *Die Kunstverwandten* zwar einerseits eine Abrechnung mit dem zeitgenössischen Bühnenbetrieb; zugleich stellen sie jedoch den Entwurf eines zukünftigen, besseren Theaters dar. Dies tritt in der wesentlich überarbeiteten und auf das Dreifache ausgeweiteten Buchausgabe, die im November 1818 unter dem Titel *Seltsame Leiden eines Theater-Direktors* erschien, noch deutlicher hervor. Wichtige Gründe für die Erweiterung der *Kunstverwandten* zu den *Seltsamen Leiden* lassen sich in Hoffmanns Ansichten über Entwicklungen der Berliner Bühne in den Jahren 1817-1818 finden. Allerdings geschieht das sehr zurückhaltend, Namen von lebenden Akteuren werden nicht genannt; ebenso fehlen Hinweise darauf, daß viele der erwähnten Inszenierungen an der Berliner Bühne stattgefunden hatten. So konnten die meisten Anspielungen nur dem Kenner der Theaterszene verständlich sein.

Die Gründe dafür, daß Hoffmann Namen und Ereignisse nicht benennt, liegen sicher nicht in der Scheu, konkret zu werden. Eher ist zu vermuten, daß er eine Lektüre unter dem vorrangigen Gesichtspunkt der Neugier auf Enthüllungen, Anekdoten und Theaterklatsch eines Insiders verhindern wollte; es war für ihn wesentlicher, die Aufmerksamkeit auf das Allgemeingültige der behandelten Themen, auf das Symptomatische der beschriebenen Verhaltensweisen zu lenken.

Diese Tendenz zeigt sich auch in der Wahl der beiden Gesprächspartner. Bereits die Zeitgenossen spekulierten sogleich darüber, wer mit dem »Braunen« und dem »Grauen« gemeint sei. Hoffmann selbst verspottete derartige Entschlüsselungsversuche: »Lustig ist's daß mir unwillkürlich ein Lazzo entschlüpft ist – Jene Herren unterscheide ich nach ihren Röcken, der *Braune*, der *Graue*, nun ist das aber abgekürzt gedruckt, der Br., der Gr., das Volk liest daher zu seiner Lust, der Br-ühl, der Gr-af – *ohe iam satis!*«[34] Diese Bemerkung warnt davor, den beiden Direktoren bestimmte Vorbilder zuzuordnen, auch wenn in ihre Äußerungen sicher einige Ansichten Brühls und des Bamberger Theaterdirektors Holbein eingegangen sind. Ebensolche Vorsicht sollte bei der Gleichsetzung des »Braunen« mit Hoffmann selbst herrschen, auch wenn sich die Ansichten dieses Theatermannes öfter mit denen seines Erfinders decken.

Hoffmann gab seinen Theaterschriften weitgehend die Form von Dialogen. Damit wählte er eine dem Gegenstand besonders angemessene Darstellungsweise. Zur erzählerischen Entfaltung theoretischer Themen war die Dialogform schon im 18. Jahrhundert beliebt; Diderots von Hoffmann geliebter Roman *Le Neveu de Rameau* ist nur eines von zahlreichen Beispielen. Bereits im *Berganza*, in dem ebenfalls Theaterprobleme zur Sprache kommen, hatte Hoffmann auf diese Form zurückgegriffen.

In beiden Theaterschriften werden Mängel des zeitgenössischen Theaters und Theaterbetriebes benannt, kritisiert und satirisch verspottet. Die Spannweite der Themen reicht dabei von Rahmenbedingungen wie der Größe des Theaters und Fragen der Beleuchtung über Probleme mit eitlen oder schlecht ausgebildeten Schauspielern bis hin zu dramaturgischen Grundproblemen: schlechtes Repertoire, Unsitte der Bearbeitungen, falsche Auffassungen bei der Inszenierung. Hoffmann beläßt es jedoch nicht bei der Benennung der Mängel, sondern entwickelt Vorschläge zur Änderung und zu deren Behebung.

In der Darstellung lassen sich zwei Schichten unterscheiden. Die erste beruht, sowohl was die beschriebenen Ärgernisse als auch was Besserungsvorschläge betrifft, auf Hoffmanns eigenen Erfahrungen. Diese Schicht wird überlagert von der allgemeineren einer Kunstanschauung, die sich vor allem in Hoffmanns Ansichten zum Drama und zur Dramaturgie, aber auch in der Erörterung allgemeiner ästhetischer Probleme zeigt. Beide Schichten sind so eng miteinander verwoben, daß man sie nicht trennen kann.

Als Hoffmann im Herbst 1814 nach Berlin kam, waren die Königlichen Schauspiele durch die langjährige Intendanz Ifflands (1796-1814) geprägt. Der von ihm verkörperte und geforderte Darstellungsstil des »idealisierten« oder »geformten« Realismus hatte sich während seiner Amtszeit in Berlin durchgesetzt. Das Schwergewicht lag dabei auf dem natürlichen Spiel, das durch kunstvolle Gestaltung »geformt«, aber nicht »überformt« werden sollte. Auch das Sprechen sollte »natürlich« sein, so daß sogar klassische Jambendramen wie Prosatexte gesprochen wurden.

Einige Monate nach Ifflands Tod im September 1814 beauftragte König Friedrich Wilhelm III. seinen Kammerherrn Graf Brühl mit der Intendanz der Königlichen Schauspiele. Brühl hatte um die Jahrhundertwende als Schauspieler in Weimar die dort von Goethe gelehrte Darstellungsweise kennengelernt, die vom Geist der Stilisierung, von »gemessenen« Bewegungen und »würdevollem« Auftreten sowie einem stark skandierenden, »rhetorischen« Sprechen geprägt war. Goethe hatte diesen »Weimarer« Stil in langen Gesprächen vor allem seinem Lieblingsschüler Pius Alexander Wolff (1782-1828) vermittelt. Später wurden diese Anweisungen als »Regeln für Schauspieler« veröffentlicht – Goethe selbst sprach in einem Brief an Zelter 1816 von seinem »Katechismus« für die Bühne.[35] Brühl engagierte Wolff und dessen Frau 1816 in Berlin, wo die beiden gegensätzlichen Auffassungen aufeinandertrafen. Obwohl die Wolffs zunächst Schwierigkeiten hatten, den Weimarer Stil in Berlin durchzusetzen, gewannen sie in den ersten Jahren der Intendanz Brühls zunehmend an Boden.

In der Auseinandersetzung zwischen beiden Darstellungsstilen nahm Ludwig Devrient eine Sonderstellung ein. Noch von Iffland verpflichtet, trat er 1815 sein Engagement an. Devrient wurde bald Hoffmanns bester Freund – der zweite Duzfreund nach Hippel überhaupt – und bevorzugter Trink- und Unterhaltungspartner. Seine geniale Verwandlungskunst brachte ihm rasch großen Ruhm, doch die wachsende Machtposition Wolffs beeinträchtigte seine Stellung. Brühl übertrug Wolff bald Regieaufgaben, so daß er auf die Ausbildung der jungen Schauspieler und auf das Spiel des Ensembles insgesamt Einfluß nehmen konnte. Seine starke Position erlaubte es ihm aber auch, erfolgreich gegen Devrient zu intrigieren – so jedenfalls sah es Hoffmann –, so daß der Künstler trotz seiner triumphalen Erfolge weit häufiger bei der trivialen Tagesproduktion als in großen Charakterrollen eingesetzt wurde. Zwar tadelt Hoffmann durch den Mund seines »grauen« Theaterdirektors auch die Bereitschaft des genialen Künstlers, derlei Rollen widerspruchslos anzunehmen und so sein Genie zu verschleudern, aber er verteidigt doch auch – vor allem in den 1817/18 geschriebenen Teilen der *Seltsamen Leiden* – den »kleinen Garrik«,[36] den genialen Verwandlungskünstler, hinter dem man Devrient erkennen kann, gegen die Vertreter des Weimarer Stils. Hoffmanns Polemik gegen diesen Stil hat also durchaus auch einen persönlichen Grund.

27. Hoffmann und Devrient. Federzeichnung
im Brief an Devrient, etwa 1817.

Die allgemeine ästhetische Ebene der Schrift ist jedoch wichtiger als die private: Es geht Hoffmann in erster Linie um die Geisteshaltung, die hinter dem Spiel steht, um die Kunstauffassung. Konkret richtet sich sein Kampf gegen den Weimarer Klassizismus, vor allem gegen Stilisierung und Pathos, gegen das Gekünstelte. Bereits in seiner ersten kunstkritischen Schrift, dem *Schreiben eines Klostergeistlichen* von 1803, hatte Hoffmann diese Position entwickelt. Sie bildet auch den Hintergrund zahlreicher späterer Äußerungen zu Fragen des Theaters und der Kunst im allgemeinen: Letztlich geht es um den umfassenderen Gegensatz zwischen »klassischem« und »romantischem« Kunstbegriff.

Da der Schauspieler für Hoffmann ein Künstler ist, fordert er von ihm absolute Hingabe, ja Genie; »der echte Schauspieler« wird »geboren.«[37] Allerdings soll der Schauspieler nicht sich selbst in den Mittelpunkt rücken, sondern die Rolle: Das Kunstwerk soll interpretiert, mit Leben erfüllt werden, es darf jedoch nicht hinter einer »genialen« Darstellung zurücktreten.

Diese Forderung wendet sich nicht nur gegen die Eitelkeiten der Schauspieler; sie erklärt sich auch aus Hoffmanns Kampf für die absolute Priorität des Kunstwerks. Ein weiterer wesentlicher Aspekt dieses Kampfes ist in der Polemik gegen die im frühen 19. Jahrhundert grassierende Unsitte der Bearbeitungen von Bühnenstücken gegeben. Hoffmann sieht darin nicht wie die meisten seiner Zeitgenossen und Theaterdirektoren (so etwa auch Goethe) ein praktisches Problem, bedingt durch die Anpassung an die Möglichkeiten einer Bühne oder eines Ensembles, an den Publikumsgeschmack, an die eigenen dramatischen, moralischen oder weltanschaulichen Vorstellungen; auch Aktualisierungsabsichten lehnt er ab. Für ihn handelt es sich um eine prinzipielle Frage: Der Eingriff trifft die Würde und Eigenart des dichterischen Textes. Mit einer Rigorosität wie kaum einer seiner Zeitgenossen tritt Hoffmann für die Integrität des Bühnenwerks gegen jede Veränderung ein und fordert werk- und wortgetreue Aufführungen.

In diesen Zusammenhang gehören auch ausführliche Erörterungen über die Grundbegriffe des Schauspiels: des Tragischen und vor allem des Komischen in seinen Spielarten des Humoristischen, Grotesken usw. Zu diesen Zentralbegriffen der Hoffmannschen Ästhetik enthalten die Theaterschriften – besonders die *Seltsamen Leiden* – grundlegende Betrachtungen, Definitionen und Beispiele.

Die allgemeinen theoretischen und ästhetischen Probleme

werden im Rahmen der Erörterung von Autoren und von Schauspielen des zeitgenössischen Repertoires konkretisiert. Auch hier setzen vor allem die *Seltsamen Leiden* eindeutige Schwerpunkte. Deutsche Autoren werden kaum und nur selten in positiver Weise behandelt. Lediglich Schiller spielt eine wichtigere Rolle, Einwände gelten mehr seinen Nachahmern als ihm selbst. Den bedeutendsten Platz nehmen ausländische Dramatiker ein, insbesondere Shakespeare, Calderón und Gozzi. Damit zeigen sich Vorlieben, die Hoffmann mit zahlreichen Schriftstellern der Romantik – vor allem den Brüdern Schlegel und Tieck – teilt.

Mit seiner Forderung nach werkgetreuen Inszenierungen Shakespeares hebt sich Hoffmann aus der großen Schar derer heraus, die seit dem 18. Jahrhundert das Genie enthusiastisch feierten, aber im Grunde vor allem zur Legitimierung eigener Kunstanschauungen benutzten. Hoffmann argumentiert auch sehr viel präziser und detaillierter als die meisten seiner Vorgänger. Seine Ansichten werden mit zahlreichen Beispielen und durch Interpretationen einzelner Szenen belegt. Das gilt auch für die Bemerkungen über Dramen Calderóns. Hier konnte Hoffmann auf eigene Erfahrungen in Bamberg zurückgreifen. Die Voraussetzungen für seine Beschäftigung mit Gozzi sind davon grundsätzlich unterschieden. Zwar waren auch hier andere Romantiker mit ihrer Hochschätzung vorangegangen, aber es fehlte eine getreue Übersetzung, und daher gab es in Deutschland auch keine vorbildhaften Aufführungen. Hier (und bei der Beschäftigung mit Shakespeares Lustspielen) geht Hoffmanns Schrift über die aktuelle Theaterproduktion hinaus; sie propagiert ein humoristisches, fantastisches, volkstümliches, »romantisches« Theater, das in der deutschen Theaterwirklichkeit kein Vorbild hat. Diese Passagen sind zentrale Zeugnisse der deutschen Gozzi-Rezeption.

Die Kunstverwandten und *Seltsame Leiden eines Theater-Direktors* sind Theaterschriften – aber doch zugleich auch mehr. Das gilt zunächst im thematischen Bereich. Über Fragen des Theaters, des Dramas und der Dramaturgie hinaus geht es immer wieder auch um grundsätzliche Probleme der Kunst und um Bilder des Menschen. Die »Leiden« sind ja letzten Endes Leiden an Menschen, an den Eigenarten und Unzulänglichkeiten der Schauspieler und des Publikums. Der Ausweg, diesen Leiden dadurch zu entgehen, daß man – wie der »Graue« – die Schauspieler durch Marionetten ersetzt, ist nicht nur eine satirische Schlußpointe, sondern auch ein neuer Aspekt eines Motivs, das Hoffmanns ganzes Werk durchzieht. Mensch und Marionette stehen sich stets als Gegensätze gegenüber, die Haltung Hoffmanns jedoch ist ambivalent. Das gilt auch hier, denn die Ersetzung der Schauspieler durch Marionetten bietet ja keine Lösung für die Schwierigkeiten im Umgang mit Menschen. Die positivere Beurteilung der Marionette geht, ähnlich wie bei Kleist, dessen nachmals berühmten Aufsatz *Über das Marionettentheater* (1810) Hoffmann 1812 mit großem Interesse gelesen hatte, auf Kosten des Menschen. Immerhin stehen auf der einen Seite die Menschen mit ihren Emotionen, ihrer Unberechenbarkeit, aber auch mit ihren künstlerischen Fähigkeiten, auf der anderen Seite die leblosen, starren Marionetten, die nur durch den Puppenspieler ihre Existenz erhalten.

Hoffmanns Theaterschriften sind keine in Dialogform gebrachten Traktate oder Essays, sondern literarische Werke. Sie sind auch nicht primär theoretisch oder didaktisch ausgerichtet, sondern trotz ihrer thematischen Ausrichtung unterhaltsam und voller Witz. Die Theaterwelt wird anschaulich geschildert, mit treffenden Details und lebendigen Figuren. Die beiden Protagonisten sind keine personifizierten Meinungen, sondern individuell gezeichnete Charaktere, die durch ihr Reden und ihre Reaktionen Gestalt erhalten und über eine breite Skala von Ausdrucksmöglichkeiten verfügen: Sie wollen nicht nur Probleme darstellen und analysieren, nicht nur Erlebnisse und Anekdoten erzählen, sie zeigen auch Humor, Ironie, Satire und Sarkasmus.

Damit wird die Reflexion über Dichtung, wie es bereits das frühromantische Programm fordert, selbst zur Dichtung. Die Poetik geht aus der Erzählung hervor. Daher sollten die *Kunstver-*

wandten und die *Seltsamen Leiden eines Theater-Direktors* nicht, wie bisher fast ausschließlich, in erster Linie unter dem Aspekt gelesen werden, ob die vorgetragenen Meinungen neuartig oder richtig oder tiefsinnig sind. Vielmehr stellen die Theaterschriften wichtige Vorarbeiten und Zwischenglieder zu den Erzählungen dar, in deren Mittelpunkt die Welt des Theaters und der Schauspieler steht: zu *Signor Formica* und *Prinzessin Brambilla*.

5. Das »nächtliche« Werk: *Die Elixiere des Teufels* – *Nachtstücke*

Kurz nach dem Abschluß der *Fantasiestücke* erschienen 1815 und 1816 die beiden Bände des Romans *Die Elixiere des Teufels* sowie 1816 und 1817 die beiden Teile der Erzählungssammlung *Nachtstücke*. Diese Werke trugen zwar Hoffmanns Namen nicht auf dem Titelblatt, signalisierten aber den Autor deutlich genug durch den Hinweis »herausgegeben von dem Verfasser der Fantasiestücke in Callots Manier«. Ein solcher Rückbezug war in dieser Zeit insbesondere bei Romanen üblich: Man berief sich auf ein bekanntes und beliebtes früheres Werk. In der seriellen Romanproduktion wurde damit an den Erwartungshorizont des Lesers – und des Leihbibliotheksbenutzers, der den Stamm der Lesewelt bildete – appelliert.

Solche Erwartungen enttäuschte Hoffmann offenbar grundlegend: Beide Werke hatten nach Auffassung der Literaturkritik einen deutlich anderen Charakter als das Erstlingsbuch. Die Rezensenten reagierten eindeutig: Dem vielstimmigen, fast ausschließlich positiven Echo der *Fantasiestücke* standen nur sehr wenige Besprechungen der beiden neuen Werke gegenüber. Das Bild Hoffmanns in der literarischen Öffentlichkeit wurde umstrittener: Neben und teilweise vor den vielgelobten »Verfasser der Fantasiestücke« trat der »nächtliche Hoffmann«, der »Teufels-Hoffmann«, der »Gespenster- und Grusel-Hoffmann«.

Der Begriff »Nachtstück« entstammt der bildenden Kunst. Giorgio Vasari nennt in seinen Künstlerbiographien (1550) Gemälde des 15. Jahrhunderts, die Nachtszenen zeigen, »quadro di notte« oder »pittura di notte«. Noch bis in die Mitte des 18. Jahrhunderts begegnet »Nachtstück« fast ausschließlich auf Malerei bezogen, zunehmend für Gemälde mit schaurigen Szenen, etwa von Pieter Bruegel dem Jüngeren (1564-1638), dem

»Höllenbruegel«, oder von Salvator Rosa (1615-1673). Hoffmann erwähnt Rosas »rauhe Wüsteneien« in *Die Jesuiterkirche in G.*[1] und beschreibt in seiner Novelle *Signor Formica* das »Nächtliche« von dessen Bildern: »Betrachtet man seine Einöden, und die Männer von fremdem, wilden Ansehn, die bald einzeln, bald truppweise umherschleichen, so kommen von selbst die unheimlichen Gedanken. Hier geschah ein gräßlicher Mord, dorten wurde der blutige Leichnam in den Abgrund geschleudert u. s. w.«[2]

In England wurde der Begriff »Night Piece« bereits im 17. Jahrhundert auf die Dichtung übertragen. Im Laufe des 18. Jahrhunderts bekommt der englische Schauerroman für die inhaltliche Ausrichtung des »Nachtstücks« besondere Bedeutung. Nach der Jahrhundertmitte findet sich der Begriff in Deutschland häufiger, durch Jean Paul wird er popularisiert. Dabei dominierte nach wie vor das konkrete Verständnis des Nächtlichen, seltener sah man darin im übertragenen Sinn einen geheimnisvollen, unerklärlichen Vorgang.

»Nacht« wurde ein Schlüsselbegriff der beginnenden Romantik, daher breiteten sich Zusammensetzungen mit »Nacht« rasch aus (Nachtwachen von Bonaventura, Nachtseite der Naturwissenschaft usw.). Hoffmann griff mit »Nachtstück« also auf eine relativ geläufige und in populärem Kontext stehende Bezeichnung zurück, auch wenn der Begriff immer noch in erster Linie auf die bildende Kunst angewandt wurde und mehr eine Darstellungstechnik meinte als eine literarische Gattung. Erst Hoffmann verband die verschiedenen Schichten des Begriffs unter starker Betonung der übertragenen Bedeutung. In diesem Sinne wurde »Nachtstück« im 19. Jahrhundert zunehmend verstanden und, nicht selten in direktem Bezug auf Hoffmann, als literarische Gattungsbezeichnung verwendet.

Lange Zeit hat man in der Forschung, wie in der zeitgenössischen Kritik, den Bruch der durch die *Fantasiestücke* eingeschlagenen Linie durch die »nächtlichen« Werke betont, den Kunst-Enthusiasmus des ersten Werkes dem Versenken in das

Unheimliche in den beiden nächsten Büchern gegenübergestellt. Blickt man aus einiger Entfernung auf die drei ersten Bücher und achtet man stärker auf die Kunst der Darstellung als auf die Themen, so kann man jedoch eine Reihe von Verbindungslinien erkennen; deren genauere Analyse läßt dann auch den Kern der Veränderungen präziser bestimmen.

Zusammenhänge deuten sich bereits durch die Werkchronologie an. Anfang 1814 entwarf Hoffmann den Plan für den vierten und letzten Band der *Fantasiestücke*. Als einen der vorgesehenen Texte nannte er die Erzählung *Der Revierjäger*, ein Stück in »Callotts [...] kühnster Manier«;[3] diese Erzählung schrieb er im Mai 1814, sie wurde später Teil der *Nachtstücke*. Bereits im Frühjahr 1814 war der erste Band der *Elixiere des Teufels* entstanden. Erst nach Abschluß dieser beiden »nächtlichen« Werke arbeitete Hoffmann bis Anfang 1815 am letzten Band der *Fantasiestücke* weiter. Zwei der *Nachtstücke* haben den aus den *Fantasiestücken* bekannten »reisenden Enthusiasten« als Ich-Erzähler, auch dies ein Zeichen der Nähe beider Gattungen.

Wichtiger als diese Hinweise auf eine Überlagerung der Werkgenesen sind Ansätze zu »nächtlichen« Themen und Schreibstrategien in den *Fantasiestücken*. Ein Nachtstück im ursprünglichen und konkreten Sinn stellt die mitternächtliche Hexenszene der 7. Vigilie im *Goldenen Topf* dar. Sie spielt im Schein von »blendendem Feuer« und wirkt auf den Betrachter wie der Anblick eines »Rembrandtschen oder Höllenbreughelschen Gemäldes, das [...] ins Leben getreten«.[4] Es geht dabei zunächst um nächtliche Einzelbilder: ein Feuer, das die Hexe um Mitternacht am Kreuzweg anfacht, ein Kater, aus dessen Schweif Funken sprühen, ein Kessel, in dem die Alte einen sonderbaren Sud braut, »indem sie unverständliche durch die Nacht grausig gellende Töne ausstieß und der Kater im unaufhörlichen Rennen winselte und ächzte«. Mindestens ebenso wichtig ist die Einbeziehung des Lesers: Der Erzähler stellt sich vor,

daß du, günstiger Leser! am drei und zwanzigsten September auf der Reise nach Dresden begriffen gewesen wärst; vergebens suchte man, als der späte Abend hereinbrach, dich auf der letzten Station aufzuhalten; der freundliche Wirt stellte dir vor, es stürme und regne doch gar zu sehr und überhaupt sei es auch nicht geheuer, in der Aequinoktialnacht so ins Dunkle hineinzufahren [...]. Wie du nun so in der Finsternis daher fährst, siehst du plötzlich in der Ferne ein ganz seltsames flakkerndes Leuchten.[5]

Die Einführung des Lesers beginnt im Irrealis (gewesen wärst); die Rede geht über in Formen des Imperfekts (suchte, stellte), die sowohl konjunktivisch wie indikativisch gedeutet werden können. Die Passage mündet in den Indikativ des Präsens (fährst), das auf der einen Seite als historisches Präsens die Geschichte unmittelbar vergegenwärtigt und zum anderen als real suggeriert. In der folgenden Hexenszene bleibt diese Blickführung, die den Leser im Modus des Realis zum Beobachter in der Gegenwart macht, erhalten (»Unwillkürlich springst du aus dem Wagen und rennst einige Schritte vorwärts«). Nach einer intensiven Schilderung des grauenvollen Bildes gibt der Erzähler dem Leser noch einmal die Chance zur Distanz, indem er in den Irrealis zurückkehrt: »Ich glaube wohl, daß dir, günstiger Leser! kenntest du auch sonst keine Furcht und Scheu, sich [...] vor Grausen die Haare auf dem Kopfe gesträubt hätten.« Aber er zieht ihn sofort nach derselben Methode wieder in das Geschehen hinein: »Aber dein Blick konnte nicht loskommen von dem im höllischen Treiben befangenen Mädchen, und der elektrische Schlag, der durch alle deine Fibern und Nerven zitterte, entzündete mit der Schnelligkeit des Blitzes in dir den mutigen Gedanken Trotz zu bieten den geheimnisvollen Mächten des Feuerkreises.«[6] Die Schilderung endet mit dem Hinweis an den Leser: »[...] den Spuk des alten Weibes hattest du zerstört und den Bann des magischen Kreises, in den sich Veronika leichtsinnig begeben, gelöset«. Erst dann entläßt der Erzähler den Leser wieder in die Realität der Fiktion: »Weder du, günstiger Leser! noch sonst jemand fuhr oder ging aber am drei und zwanzigsten September in der stürmischen den Hexenkünsten günstigen Nacht des Weges und Veronika mußte ausharren am Kessel in tödlicher Angst.«[7]

Obwohl auch sonst im *Goldenen Topf* unheimliche Dinge geschehen – Tiere werden in Menschen verwandelt, ein Türknauf wird lebendig, der Held in eine Flasche verbannt –, wirken diese durch die Einkleidung in ein Märchen nur punktuell irritierend, verunsichern den Leser nicht durchgehend. Das ist weit mehr der Fall in der Erzählung *Der Magnetiseur*. Da diese Erzählung bereits behandelt wurde, sei hier nur kurz an das zentrale nächtliche Phänomen des »Magnetismus« erinnert, vor allem die bedrohliche Variante, die einem Menschen über das Unterbewußte in Hypnose und Traum Macht über andere gibt. In der Erzählung selbst tauchen immer wieder Kernbegriffe des Nächtlichen auf – grausig, schauerlich, unheimlich. Und in nicht weniger als drei verschiedenen Rezensionen wird *Der Magnetiseur* ein »schauerliches Nachtstück« genannt. Da zwei dieser Rezensionen *vor* dem ersten belegten Wortgebrauch Hoffmanns erschienen, ist nicht auszuschließen, daß er den Begriff hier fand und aufgriff.[8] Doch man kann noch einen Schritt weiter zurückgehen. Auch *Berganza* weist »nächtliche« Züge auf, vor allem in der »schauerlichen Erzählung«[9] des Hundes, in der bösartige und enthemmte Hexen ihr Unwesen treiben und mit Vorliebe nachts Menschen und Tiere quälen, verfluchen, verhexen, dabei »grausige« Lieder[10] singen. Wenn Hoffmann »die Hexenszenen [...] wahre *Callottiana*« nennt,[11] betont er selbst die enge Verbindung der Nachtstücke mit Callot und dessen Manier.

Man kann diese Tradition sogar bereits in den Musikerzählungen *Ritter Gluck* und *Don Juan* (den übrigens die *Allgemeine Literatur-Zeitung* ein »herrliches Nachtstück« nennt, freilich in dem vordergründig-konkreten Sinn, der auf die mitternächtliche Handlungszeit zielt) erkennen. Beide weisen zentrale Merkmale des Nächtlichen auf: Etwas rational nicht Erklärbares bildet den Kern, die Ordnungskategorien der Welt – Zeit und Raum – werden außer Kraft gesetzt; die Identität des Sonderlings und der Tod Donna Annas bleiben rätselhaft; die Erzählerfigur ist selbst in die Geschichte verstrickt, hat also nur eine begrenzte und voreingenommene Einsicht. Ein hilfreicher »objektiver« Erzähler, der Klarheit schaffen würde und auf den wir uns als Leser verlassen könnten, existiert nicht. Die Rätsel bleiben bestehen, kippen ins Unheimliche, irritieren, verstören.

Nach diesem hier entwickelten Verständnis hat Hoffmann mithin von Beginn an Nachtstücke geschrieben. Damit ist der Blick der Lektüre geschärft für das Besondere der Elemente, die in den *Elixieren des Teufels* und in den *Nachtstücken* hinzutreten.

Grundlage des Nächtlichen bilden dessen stoffliche und thematische Reize. Sie wurden innerhalb der europäischen Erzählliteratur erstmals gattungsbestimmend in der britischen »Gothic novel« in der Nachfolge von Horace Walpoles *The Castle of Otranto* (1765). Bevorzugte Handlungsorte des »gotischen Romans« sind wilde Landschaften, Burgen, Ruinen, Klöster, Gewölbe, Verliese; die Handlung wird durch abenteuerliche Szenen, grausame Verbrechen, tragische Verwechslungen, geheimnisvolle Familienbeziehungen bestimmt. Schließlich spielen das Fatum und das Übernatürliche eine wichtige Rolle. In Deutschland wurden die Gattungsmuster aufgegriffen und vielfach angereichert: der »Schauerroman« fand die verschiedensten Ausprägungen wie Räuber-, Geister-, Gespenster-, Geheimbund-, Kloster- und Stammbaumroman. Wichtige Werke dieser Tradition wie Schillers *Geisterseher* und Karl Grosses *Genius*, aber auch Werke von Christian Heinrich Spieß, Carl Gottlob Cramer, Gustav Schilling, Christian August Vulpius lernte Hoffmann bereits seit den neunziger Jahren kennen: Diese von der Kritik als trivial verachteten Werke bildeten das stabile Rückgrat der Leihbibliotheksbestände seit dieser Zeit. Bereits vor der Jahrhundertwende wurde der Schauerroman in das Mutterland des Genres re-importiert. Matthew Gregory Lewis, der sich mit dem Roman *The Monk* (1796) bewußt in diese Tradition stellte (Walter Scott charakterisierte das Werk als Roman »in the German taste«), erzielte damit einen europäischen Er-

folg. Er verdankte ihn dem Einsatz extremer Wirkungsmittel, der Steigerung von Angst und Schrecken, der starken Betonung des Übernatürlichen und nicht zuletzt des Sexuellen. Auch dieser Roman und die an ihn anschließende Tradition war Hoffmann vertraut; das Werk wird in den *Elixieren* erwähnt. In der Bamberger Zeit konnte er nach Belieben in den Schätzen der Kunzschen Leihbibliothek stöbern. Hoffmann half bei der Anfertigung der Kataloge; ein Werbeprospekt von 1812 stammt weitgehend von ihm. Hier preist er unter anderem die Romanabteilung nachdrücklich und ohne Berührungsängste an:
Werke jener Schriftsteller die sich durch ihre Autorschaft ein gewisses *Bürgerrecht* in der Lesewelt erworben haben, wie z. B. Lafontaine, Cramer, Spieß, Schilling, Fr. Laun, Kotzebue, u. s. m. werden nicht nur nicht fehlen, sondern jederzeit vollständig zu haben sein, wie das bis jetzt sämtlich Erschienene derselben denn auch bereits der Bibliothek oft durch 2 auch 3 Exemplare einverleibt ist.[12]
Allein von den sechs genannten Autoren verzeichnet der Katalog 513 Bände. Hoffmann bedient sich in seinen »nächtlichen« Werken ganz selbstverständlich und ohne Scheu vor dem Vorwurf der Trivialität aus diesem umfangreichen Arsenal der europäischen Schauerliteratur. Räuberbanden, Mörder und andere Verbrecher treiben hier ihr Unwesen. Furchtbare Unglücksfälle, Schicksalsschläge und Racheakte treffen nicht nur einzelne, ganze Familien und Sippen werden auf grausame Weise hingerafft. Hinter diesem grauenhaften Geschehen sind, auf einer zweiten Ebene, Kräfte verborgen, die den Menschen bedrohen, verfolgen, irreleiten, psychisch oder physisch zerstören. Häufig sind sie dem Verstand nicht zugänglich; Geheimnisse werden zwar enthüllt, aber selten vollständig, und meistens ergeben sich aus der Lösung sogleich neue Rätsel. Zudem bleibt offen, ob dämonische Mächte für die Verhängnisse und Verbrechen verantwortlich sind oder ob Menschen in teuflischer Weise die Fäden ziehen: Ist der »Sandmann« – die Titelgestalt des ersten »Nachtstücks« – eine ins Leben getretene Gestalt aus dem Ammenmär-

chen, ein »fürchterliches Gespenst«,[13] ein »widerwärtiger *Dämon*«,[14] ein »böses feindliches Prinzip«,[15] das auf Zerstörung aus ist, oder ein bösartiger, sadistischer Mensch? Auf einer dritten Ebene schließlich geht Hoffmann deutlich über die Tradition des »Gotischen« hinaus. Hier steht im Mittelpunkt, was auch Sigmund Freud am Beispiel des *Sandmann* als Kern des »Unheimlichen« bezeichnet hat: Dadurch, daß diese nächtlichen Kräfte dem Verstand nicht zugänglich sind, kann sich der Mensch mit ihnen auch nur unzulänglich auseinandersetzen, das Bedrohliche umgibt ihn von allen Seiten, ja mehr noch: Es ist und bleibt offen, ob diese verderblichen Kräfte in Wirklichkeit existieren oder nur in der Vorstellung des Betroffenen, also Wahngebilde, Zeichen von Irrsinn, von Bewußtseinsspaltung sind.

Immer wieder werden in den Nachtstücken Phänomene naturwissenschaftlich, psychologisch oder medizinisch erklärt, aber man kann nie sicher sein, ob diese Erklärungen hinreichen oder ob sie nicht gar in die Irre führen; und es bleiben stets weitere Teile, die solchen Erklärungen unzugänglich sind. So bedrängt die Unsicherheit nicht nur die Gestalten der Erzählung, sondern auch den Leser, dem der Erzähler weder direkte noch – etwa durch die Erzählweise – indirekte Hinweise darauf gibt, wie er das Geschehen verstehen soll.

Das durchgehende Thema aller Nachtstücke ist mithin die Unfreiheit des Menschen, seine Bedrohung durch das Unbegreifliche und das Unheimliche – eben die Auslieferung an das »Nächtliche«. Nathanael im *Sandmann* spricht davon, daß »jeder Mensch, sich frei wähnend, nur dunklen Mächten zum grausamen Spiel diene«.[16] Dieses Spiel wird mit den Menschen in allen Nachtstücken getrieben – nicht immer gleich grausam, nicht immer tödlich endend, aber stets bedrohlich, rätselhaft, rational nicht vollständig aufklärbar.

Dies verweist auf den weltanschaulichen Hintergrund dieser Werke. Die Aufklärer waren davon überzeugt, daß das Licht der Vernunft im Erkenntnisprozeß dominiere und das Bild des Menschen präge. Dieser Optimismus weicht gegen Ende des Jahrhunderts und vor allem in der Romantik einer größeren Skepsis: Der Glaube, daß die Wissenschaft allein die Welt und den Menschen vollständig erschließen kann, macht der Überzeugung Platz, daß es »Nachtseiten« gibt, die dem Verstand nicht zugänglich sind. Gotthilf Heinrich Schubert machte diesen Begriff mit seinem Werk *Ansichten von der Nachtseite der Naturwissenschaft*, in dem er die verschiedenen Tendenzen zusammenfaßte und naturphilosophisch vertiefte, populär. Die »Nachtseiten« spielen in der romantischen Medizin und Naturwissenschaft eine zentrale Rolle. Davon war im Zusammenhang mit den Wissenschaftsdiskursen in Bamberg ausführlicher die Rede. Hoffmann zeigte ein für seine Zeit ungewöhnliches Verständnis für psychische Phänomene und besaß die Fähigkeit, sie in eindringlicher Weise darzustellen. Dieser Blick in die menschliche Seele erschreckte viele Zeitgenossen so sehr, daß sie Hoffmann selbst und seine Erzählungen als »krankhaft« und »wahnsinnig« bezeichneten – mit denselben Worten, mit denen der »aufgeklärte« Arzt in dem Nachtstück *Das Sanctus* den psychologisch erzählenden »reisenden Enthusiasten« und seine Geschichte beschimpft.[17] Hoffmann und seine Erzähler distanzieren sich deutlich von solchen aufgeklärten Rationalisten; sie zeigen nicht nur Verständnis, sondern auch eine gewisse Sympathie (im Sinne von: Mit-Leiden) für die psychisch Kranken und Wahnsinnigen; aber das bedeutet keineswegs »Romantisieren«, Identifikation oder gar Verherrlichung. Hoffmann maßt sich nicht an, die Grenzlinie zwischen Gesundheit und Krankheit, Normalität und Wahnsinn zu ziehen, weil er an keine klare Grenze glaubt. Seine Erzählweise überläßt es dem Leser, selbst über diese Fragen nachzudenken.

Die fließenden Grenzen zwischen Normalität und Exzentrizität, Gesundheit und Wahnsinn prägen auch das Verständnis der eigenen Identität. Die Beschäftigung mit Identität hat für Hoffmann neben einer spielerischen Seite – die mit den Stichwörtern Rolle, Maskierung, Verwandlung, Metamorphose angedeutet werden kann – auch eine düstere: Ich-Spaltung, Schizophrenie, Ich-Verdoppelung, Doppelgängertum, Wahnsinn. Hoffmann schöpft die gesamte Spannweite aus, besonders gern natürlich auch hier die Kontraste, die schroffen Übergänge, aber ebenso die Ungewißheiten.

Das Identitätsproblem wird in der Frühromantik zu einer zentralen Thematik der Philosophie, insbesondere Fichte befaßte sich intensiv mit diesen Fragen. Er setzte das Ich absolut; es bringt sich in der Reflexion selbst hervor. Es setzt sich als Ich und diesem entgegen die Welt als Nicht-Ich – Gedanken, die bald von der literarischen Intelligenz aufgenommen wurden. Hoffmann hat Fichte zwar wahrscheinlich nicht im Original gelesen, kannte dessen Ideen aber durch popularphilosophische Darstellungen.

Seine intensive Beschäftigung mit dem Ich-Problem und Fragen der Identität zeigt sich bereits in den Briefen der neunziger Jahre: Je mehr seine soziale Identität (als Jurist, Beamter, Staatsdiener) sich festigt, desto stärker rebelliert er gegen die Personen und Instanzen, die ihn vereinnahmen wollen, desto nachdrücklicher betont er seine »Exzentrizität« – ablesbar an den Rollen, die er in seinen Briefen annimmt und den Masken, die er anlegt. Klare Signale sind die Gestalten der Literatur, auf die er sich identifikatorisch bezieht.

Die Briefe zeigen eher die heitere Seite des Problems, den Spiel- und Maskencharakter. Traditioneller Ort der Selbstbeobachtung und Selbstbefragung, die sich nach innen richtet, ist – auch bei Hoffmann – das Tagebuch. Am 6.11.1809 notiert er: »Ich denke mir mein Ich durch ein VervielfältigungsGlas – alle Gestalten die sich um mich herum bewegen sind Ichs und ich ärgere mich über ihr tun und lassen ppp«.[18]

Der Kontext ist nicht unwichtig; die Notiz beginnt mit der Zeile: »Sonderbarer Einfall auf dem Ball vom 6«. Anregung ist also ein Ballbesuch, die Beobachtung steht im Kontext von Maske und Verkleidung, vielleicht auch von Spiegeln in einem Saal; diese vordergründigen Beobachtungen werden Anlaß zu

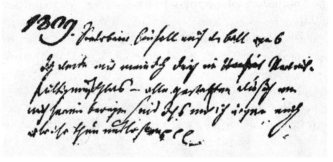

28. Tagebucheintrag vom 6. 11. 1809.

einem tieferen Einblick, zum Durchspielen einer Ich-Dissoziation.

Auch später bleiben Briefe und Tagebücher für Hoffmann Orte der Selbstreflexion über Ich und Identität. Seit der stärkeren Verlagerung seiner künstlerischen Tätigkeit auf die Literatur wird diese jedoch eindeutig zum wichtigsten Ort der Darstellung und der Auseinandersetzung – Selbstreflexion wird damit zu einem zentralen Merkmal seiner Texte.

Das wird bereits bei der ersten im engeren Sinn literarischen Schrift deutlich, *Ritter Gluck*. Der »Sonderling« nennt sich selbst »gestaltlos«, er verweigert Identität und sagt zu der Ich-Figur: »Ich kenne Sie nicht: dafür kennen Sie mich aber auch nicht. Wir wollen uns unsere Namen nicht abfragen: Namen sind zuweilen lästig.«[19] Als er im letzten Satz der Erzählung einen Namen angibt, hat er sich zuvor umgezogen, verwandelt, eine Maske angelegt: die des »Ritter Gluck«.

Die künstlerische Gestaltung bietet Hoffmann zahlreiche Möglichkeiten zum Spiel mit Identitäten. Insbesondere die Ich-Erzähler, aber auch andere Figuren können Träger von Teilidentitäten sein. Der Ich-Verweigerung Glucks entspricht die Identitätsverweigerung des Künstlers am Beginn des *Kreisleriana*-Zyklus: »Wo ist er her? – Niemand weiß es! Wer waren seine Eltern? – es ist unbekannt! – Wessen Schüler ist er? – Eines guten Meisters«[20] – so beginnt der Vorspann. Diese Passage ist eine fast wörtliche Übernahme aus Diderots Dialogroman *Rameaus Neffe*, von dem bereits mehrfach die Rede war. Der Aufklärer Diderot hat schon auf dem Höhepunkt der Aufklärung deren Kernprinzipien in Frage gestellt: Das souveräne Ich, fähig zur Selbstbestimmung und zur Selbstverwirklichung, wird in Zweifel gezogen, die Identität ist kein selbstverständlicher Besitz des Individuums mehr – Gedanken, die in der Romantik aufgegriffen und radikalisiert werden.

Einen letzten zentralen Komplex der »Nachtseiten« bilden – wie bereits im Kontext der Erzählung *Der Magnetiseur* betont – die Erscheinungen des »Mesmerismus«, des animalischen Magnetismus, zu denen z.B. Somnambulismus, Hypnose, Telepathie, Fern- und Hellsehen gehören. Das Unheimliche dieser Phänomene liegt vor allem in ihrer Stellung zwischen wissenschaftlich Erfaßbarem und Wunderbarem. Die Erscheinungen des Magnetismus lassen sich bis zu einem gewissen Grade rational durchschauen, ableiten, erklären; andererseits gehören diese Kräfte – auch nach Hoffmanns Überzeugung – letztlich dem Bereich des Wunderbaren, Dämonischen an. Sinnvoller Gebrauch und Mißbrauch liegen daher oft nah beieinander (bei Hoffmann etwa demonstriert an der Hypnose oder der zerstörenden und heilenden Wirkung des »magnetischen Rapports«), Scharlatanerie und Wunder sind kaum voneinander zu trennen.

Die *Elixiere* und die *Nachtstücke* sind geprägt vom Schauerlichen und Unheimlichen auf den drei genannten Ebenen, wobei die dritte sicher die zentrale ist. Das »nächtliche« Erzählen scheut grelle Effekte nicht, Spannung und Unterhaltsamkeit sind durchgehende Kennzeichen; daß die Handlung zuweilen etwas verworren und nicht frei von Unstimmigkeiten ist, wird in Kauf genommen. Oft beginnt ein Werk mit der Schilderung merkwürdiger Ereignisse, die Folgen unbekannter Ursachen sind. Während jedoch im Schauerroman diese Ursachen allmählich aufgeklärt werden, führt ihre Aufdeckung bei Hoffmann nicht selten zu neuen Rätseln. Weder ein objektiver Erzähler noch eine zeitliche Distanz geben einen festen Orientierungspunkt: Eine Distanzierung ist dem Leser kaum möglich, er wird stark in das Geschehen einbezogen, häufig vom Autor direkt angesprochen.

Die Elixiere des Teufels

In extremer Weise gilt das für den Roman *Die Elixiere des Teufels. Nachgelassene Papiere des Bruders Medardus eines Capuziners. Herausgegeben von dem Verfasser der Fantasiestücke in Callots Manier.* Die dem Haupttitel beigegebenen beiden Hinweise deuten die Konstruktion an: Ein anonymisierter, aber identifizierbarer Herausgeber veröffentlicht »nachgelassene Papiere«, also Schriften eines Verstorbenen. Das »Vorwort des Herausgebers« hat nicht nur die übliche Funktion, die Authentizität der Herausgeberschaft und Niederschrift zu versichern, sondern bereits mit den Eingangssätzen den Blick des Lesers zu lenken:

Gern möchte ich dich, günstiger Leser! unter jene dunkle Platanen führen, wo ich die seltsame Geschichte des Bruders Medardus zum erstenmale las. Du würdest dich mit mir auf dieselbe, in duftige Stauden und bunt glühende Blumen halb versteckte, steinerne Bank setzen; du würdest, so wie ich, recht sehnsüchtig nach den blauen Bergen schauen, die sich in wunderlichen Gebilden hinter dem sonnigten Tal auftürmen, das am Ende des Laubganges sich vor uns ausbreitet. Aber nun wendest du dich um, und erblickest kaum zwanzig Schritte hinter uns ein gotisches Gebäude, dessen Portal reich mit Statüen verziert ist.[21]

Wie in der oben betrachteten nächtlichen Szene im *Goldenen Topf* wird der Leser über den Irrealis (würdest) zum Indikativ des Präsens (du wendest dich um) geführt. In detaillierten Bildern wird ein Kloster vorgeführt und, auch durch Töne (»wunderbare Stimmen«), verlebendigt. Die bevorzugten Adjektive – seltsam, sehnsüchtig, wunderlich, wunderbar, geheimnisvoll – bauen eine Stimmung auf, die eine wesentliche emotionale Voraussetzung für die Lektüre des Buches im Sinne des Herausgebers ist: »In dieser Stimmung liesest du die Geschichte des Medardus, und wohl magst du auch dann die sonderbaren Visionen des Mönchs für mehr halten, als für das regellose Spiel der erhitzten Einbildungskraft.«[22]

Im zweiten Teil des Vorworts berichtet der Herausgeber von einem früheren Besuch in ebendiesem Kloster, bei dem ihm der Prior die nachgelassenen Papiere des Medardus überreicht habe. Und wieder lenkt der Herausgeber Blick und Empfindung des Lesers sehr nachdrücklich:

> Entschließest du dich aber, mit dem Medardus, als seist du sein treuer Gefährte, durch finstere Kreuzgänge und Zellen – durch die bunte – bunteste Welt zu ziehen, und mit ihm das Schauerliche, Entsetzliche, Tolle, Possenhafte seines Lebens zu ertragen, so wirst du dich vielleicht an den mannigfachen Bildern der Camera obscura, die sich dir aufgetan, ergötzen.[23]

Mit der »Camera obscura« wird ein dem Leser wohlbekanntes technisches Medium genannt, das eine objektive und rationale Wirklichkeitsbetrachtung verspricht; dabei hat der Herausgeber längst mit der subjektiven Manipulation der Blickführung begonnen. Nachdem er dem Leser eingangs den eigenen Blick auf die Geschichte des Medardus nahegelegt hat, wird nun eine solche Identifikation des Lesers mit Medardus selbst empfohlen (»als seist du sein treuer Gefährte«); damit wird eine sympathetische Lektüre festgelegt. Diesem emotionalen Deutungsangebot folgt nun noch ein eher theoretisch-philosophisches, dessen Adressat über den Leser hinaus wohl auch der Interpret ist:

> Es kann auch kommen, daß das gestaltloscheinende, so wie du schärfer es ins Auge fassest, sich dir bald deutlich und rund darstellt. Du erkennst den verborgenen Keim, den ein dunkles Verhängnis gebar, und der, zur üppigen Pflanze emporgeschossen, fort und fort wuchert in tausend Ranken, bis *eine* Blüte, zur Frucht reifend, allen Lebenssaft an sich zieht, und den Keim selbst tötet.[24]

Und diese »Erkenntnis« wird abschließend naturphilosophisch

erweitert: Nach der Lektüre des Werkes sei dem Herausgeber gewesen – und auch diese Sichtweise soll der Leser natürlich übernehmen –,
als könne das, was wir insgemein Traum und Einbildung nennen, wohl die symbolische Erkenntnis des geheimen Fadens sein, der sich durch unser Leben zieht, es festknüpfend in allen seinen Bedingungen, als sei *der* aber für verloren zu achten, der mit jener Erkenntnis die Kraft gewonnen glaubt, jenen Faden gewaltsam zu zerreißen, und es aufzunehmen, mit der dunklen Macht, die über uns gebietet.[25]

Wie im ersten Satz des Vorwortes, wird auch im letzten der »günstige Leser« noch einmal angesprochen mit dem Wunsch, es möge ihm ähnlich wie dem Herausgeber gehen.

Das Vorwort gibt zwar auch einige inhaltliche Lektüreanreize – vor allem durch die Stichwörter »das Schauerliche, Entsetzliche, Tolle, Possenhafte seines Lebens« –, vermeidet aber jede Konkretisierung. Die in der »philosophischen« Leseanweisung gegebenen Stichwörter »dunkles Verhängnis«, »dunkle Macht« und der Hinweis des Priors, daß die Papiere eigentlich hätten verbrannt werden sollen, deuten aber Geheimnisse und Untaten an, so daß Spannung auch in einem eher vordergründigen Sinne erweckt wird.

Den ersten Band des Romans schrieb Hoffmann, wie erwähnt, in kurzer Zeit nieder, genauer: vom 5. März 1814 bis zum 4. April 1814; dieser ersten Fassung folgte sogleich die Überarbeitung, am 5. Mai 1814 war »endlich die mühsame Abschrift vollendet«;[26] das »Vorwort« entstand erst später. Kunz, der eine Option auf die künftigen Werke Hoffmanns hatte, lehnte es ab, den Roman zu verlegen, ebenso Rochlitz, der Verleger der *Allgemeinen Musikalischen Zeitung*, sowie Johann Friedrich von Cotta, der berühmte Tübinger Verleger der Klassiker – das positive Echo auf die *Fantasiestücke*, die im Erscheinen begriffen waren, stand noch aus. Auch Hitzig in Berlin konnte nicht weiterhelfen, da er seinen Verlag soeben aufgeben wollte. So erschien der erste Band des Romans mit erheblicher Verzögerung, erst zur Michaelismesse im Herbst 1815 bei Duncker und Humblot, Berlin. Wahrscheinlich intensivierte Hoffmann erst dann die Arbeit am zweiten Band, der schließlich im Mai 1816 erschien.

Hoffmanns nach dem verschollenen *Cornaro* erster Roman ist trotz seines Umfangs, seiner Ereignisfülle und der seiner Handlung zugrundeliegenden verwickelten Verwandtschaftsverhältnisse in den Hauptlinien relativ übersichtlich. Den Handlungskern bildet die Autobiographie des Mönchs Medardus, der nach seiner Rückkehr ins Kloster die Geschichte seines sündigen und abenteuerlichen Lebens niederschreibt. Nur das Vorwort und Zwischenbemerkungen des Herausgebers, der »Nachtrag« eines Paters, der vom Tod des Mönchs erzählt, sowie ein in den Bericht eingeschaltetes »Pergamentblatt«, das Einzelheiten über die Familienschicksale der Vorfahren von Medardus enthält, durchbrechen diese einheitliche Perspektive.

Die Ich-Form des Romans bietet die Möglichkeit, Gedanken und Gemütsbewegungen, Verwirrungen und Ängste detailliert aus der Innensicht des Mönchs zu schildern. Hierin liegt die Voraussetzung für die psychologische Vertiefung, die Hoffmann gegenüber den traditionellen Stoffen und Motiven des Schauerromans vornimmt, und hier liegt auch – bei einer Reihe von Ähnlichkeiten in der Biographie des Helden – der wesentliche Unterschied zu Lewis' *Monk*, wo das Leben des Mönchs Ambrosio in der dritten Person entfaltet wird.

Obwohl Medardus seine Geschichte im Rückblick erzählt, schreibt er nicht aus der distanzierten Einstellung dessen, der den Ausgang kennt; nur selten reflektiert er sein Tun, beklagt sein Verhalten. Noch beim Abfassen seiner Lebensbeichte empfindet er »Schmerz und Wonne, Grauen und Lust – Entsetzen und Entzücken«,[27] daher berichtet er fast durchweg aus der Sicht des unmittelbar Erlebenden und vermittelt damit sein Fühlen und Leiden auf das intensivste. Dieser Perspektive entspricht – für einen Lebensrückblick eher ungewöhnlich – ein fast durchgängig analytisches Vorgehen beim Erzählen: Schritt um

Schritt werden die Geheimnisse, insbesondere die Verwandtschaftsverhältnisse, geklärt, was der Spannung dient und den Leser in die Handlung hineinzieht.

Es wurde bereits angedeutet, in welchem Maße Hoffmann traditionelle Elemente des Nächtlichen verwendet. Für die *Elixiere* sind zunächst die gattungstypischen Orte, Situationen und Requisiten des Schauerromans von Bedeutung. Zahlreiche Szenen spielen an geheimnisvollen Orten, nicht selten nachts, bei unheimlicher Beleuchtung, begleitet von grauenhaften Geräuschen. Bösartige Gegner spinnen Intrigen, Verbrechen werden verübt; häufig jedoch sind die Mächte hinter dem grauenerregenden Geschehen nicht greifbar – »Ein Verhängnis, dem du nicht entrinnen konntest, gab dem Satan Macht über dich«,[28] erfährt der angstgetriebene Medardus. Das Symbol dieser Zwanghaftigkeit sind die Teufelselixiere: Als Medardus sie trinkt, begibt er sich in die Gewalt »dämonischer Mächte«. Auf dem Mönch lastet der »Fluch« seines Geschlechtes, der von einem vor mehr als zwei Jahrhunderten begangenen Frevel des Malers Francesko gegen die heilige Rosalie und von dessen Verbindung mit einem teuflischen Venusbild herrührt: »Nicht Gnade, nicht Ruhe im Grabe soll er finden, so lange der Stamm, den sein Verbrechen erzeugte, fortwuchert, in frevelicher Sünde!«[29] Während Francesko als Revenant umgetrieben wird, verstricken sich seine Nachkommen immer tiefer in Verbrechen. Zahlreiche Kinder werden in »sündigen Verhältnissen«, in Blutschande und durch Vergewaltigung gezeugt, so daß fast alle wichtigeren Personen des Romans in oft komplizierter Weise miteinander verwandt sind. Mit dieser Anlage greift Hoffmanns Werk zurück auf die Tradition des Stammbaumromans. Diese Untergattung des Schauerromans entwickelte sich im letzten Viertel des 18. Jahrhunderts und war besonders in Deutschland beliebt.

Die *Elixiere* benutzen die gängigen Motive und Topoi der Gattung, die Handlung wird von Spannungseffekten, Überraschungen, grellen Höhepunkten, Grausamkeiten, extremen Gefühlsäußerungen geprägt. Das trug dazu bei, daß der Roman von vielen (auch noch im 20. Jahrhundert) der Trivialliteratur zugerechnet wurde. Zweifellos spielen diese Elemente eine wesentliche Rolle, und man sollte diese Züge nicht kleinreden, um dem Roman das Odium der Trivialität zu nehmen: Hoffmann *will* unterhalten, und er setzt die in seiner Zeit geläufigen Mittel dazu virtuos ein. Allerdings ist damit nur das erfaßt, was oben als erste Ebene des Nächtlichen beschrieben wurde. Hoffmann bezieht jedoch auch die »Nachtseite« des Menschen selbst in die Darstellung ein. Damit sind zum einen jene Themenkreise gemeint, die hinter Stichwörtern der Schauerromantik wie »Fatalismus« und »frevelnde Sexualität« stehen: Unfreiheit des Willens und Triebhaftigkeit des Menschen; zum anderen – und wichtiger noch – die Phänomene der gestörten Ich-Struktur.

Zweifellos spielt in den *Elixieren* der Fatalismus eine prägende Rolle. Dabei treten zu der in der Romantik verbreiteten Wiederaufnahme antiker Schicksalsideen die christliche Vorstellung von der Erbsünde und naturwissenschaftliche Erkenntnisse über die Verstärkung negativer Merkmale durch Inzucht. (Dies war eine aktuelle Diskussion, seit Erasmus Darwin um 1795 die Vererbungstheorie wissenschaftlich begründet und dabei auch auf den Zusammenhang von Vererbung und psychischen Problemen hingewiesen hatte. Durch Joseph Mason Cox' Werk *Practical Observations on Insanity* 1804 – deutsch herausgegeben von Reil: *Praktische Bemerkungen über Geisteszerrüttung* 1811 – war Hoffmann über diese Thematik genauer informiert.) Zum Problemkreis des Fatalismus gehören für Hoffmann jedoch auch die Rolle des Zufalls sowie die Fragen der Willensfreiheit und – für den Juristen besonders interessant – der Schuldfähigkeit. Das Werk zeigt die Abhängigkeit des Menschen von Kräften, die er nicht erklären kann und daher als »teuflisch« dämonisiert: Diese »Nachtseiten« der Existenz stehen in deutlichem Widerspruch zu der in der Aufklärung konstatierten Selbstbestimmung des Individuums. Hoffmann läßt den Roman allerdings nicht mit dem Triumph dieser dunklen

Kräfte enden: Dadurch, daß Medardus seine Lebensgeschichte niederschreibt, kommt er, wie vom Papst empfohlen, zum »Bewußtsein«[30] seiner Taten, die Reflexion darüber ist ein Akt des Widerstands gegen die Ergebung in das Unabänderliche des Fluchs. Für Medardus stellt die Niederschrift eine religiöse »Bußübung«[31] dar, auf der Reflexions- und Bewußtseinsebene des Autors ist der Roman die künstlerische Auseinandersetzung mit den »Nachtseiten« der *condition humaine*. Er erkennt deren Existenz an, stellt jedoch zugleich den künstlerischen Akt dagegen. Der Roman ist also nicht – wie ihm vorgeworfen wurde –, ein Zeugnis romantischer Schicksalsgläubigkeit, aber er zeigt deutlich, daß Hoffmann die Probleme des Fatalismus als bedrängend und bedrohlich empfand und durch das Selbstbewußtsein der Aufklärung keineswegs für gelöst hielt.

Der Themenkomplex der Unfreiheit des Menschen wird im Roman in besonderer Weise anhand der Darstellung von Sinnlichkeit vorgeführt. Die Ursünde des Stammes ist eine sexuelle Verfehlung, es ist der Teufel, der Francesko in der Gestalt eines Venusbildes verführt: Dadurch wird der teuflisch-dämonische Charakter triebhafter Sinnlichkeit ganz wörtlich genommen und bildhaft demonstriert. Der ausschweifende, Verbrechen nach sich ziehende Sexualtrieb prägt als »Fluch« alle Angehörigen des Geschlechts. Auch das Leben des späteren Mönchs Franz wird – lange bevor er die Teufelselixiere getrunken hat – von dieser »dämonischen« Macht der Sinnlichkeit und der nicht kontrollierbaren Triebe in seinem Inneren bestimmt. Der Anblick eines Mädchens »im leichten Morgenanzuge, mit beinahe ganz entblößter Brust«[32] erschüttert den Knaben auf das äußerste, das höhnische Lachen der Angebeteten bringt ihn zu »toller Verzweiflung«, er gebärdet sich »wie ein Wahnsinniger«,[33] schließlich entscheidet er sich, in ein Kloster einzutreten. Eine schöne Frau, die ihm ihre Liebe beichtet, weckt die »sündlichsten Begierden, [...] so daß ich mich nicht zu retten wußte, vor wollüstiger Qual«.[34] Das Verlangen wird dadurch gesteigert, daß die Unbekannte einem Altarbild der heiligen Rosalie in der

Klosterkirche zum Verwechseln gleicht. Die Suche nach der geheimnisvollen Heiligen treibt ihn in die Welt hinaus, in neue sexuelle Verstrickungen: Er wird zum Liebhaber seiner Halbschwester Euphemie. Medardus findet die Geliebte, Aurelie, umwirbt sie vergeblich, wird zum Mörder ihres Bruders Hermogen, der sie zu beschützen versucht. Obwohl Aurelie ihn haßt und verhaften läßt, gewinnt er, seinem Doppelgänger die Verbrechen anlastend, schließlich ihr Vertrauen und steht kurz vor seinem Ziel, dem Besitz der Geliebten. Am Hochzeitstag versucht er jedoch in einem Anfall von Wahnsinn, sie zu ermorden, und verliert sie damit endgültig.

In der Schlußszene setzt sein Doppelgänger Viktorin den Mordwunsch in die Tat um, während der Mönch in schweren Kämpfen zur Entsagung findet. Eine irdische Erfüllung des Liebesverlangens ist für Medardus unmöglich – das Dilemma erweist sich als nicht lösbar. Es verweist aber in seinen nicht zu vereinbarenden Extremen von teuflischer Triebgebundenheit (Medardus) und Verklärung zur Heiligen (Aurelie) auf die Dualität des Seins, die zu dieser Zeit noch – ohne die Hoffnung auf Vermittlung oder Überwindung der Gegensätze – Hoffmanns Weltbild prägte.

Die dämonischen Mächte des Schauerromans – Schicksalsgebundenheit und Sinnlichkeit – erweisen sich also auch als Kräfte und Triebe, die der Mensch nicht beherrschen und steuern kann und die sich der restlosen Erklärung durch den Verstand entziehen. Während diese Themen in der zeitgenössischen Literatur auf allen Gattungsebenen – von der romantischen Schicksalstragödie Zacharias Werners bis zu Goethes *Wahlverwandtschaften* – vielfach behandelt wurden, treten bei Hoffmann weitere Seiten des Nächtlichen hinzu, die zwar ebenfalls nicht völlig neu sind, zuvor jedoch keine handlungstragende Rolle spielten: Es sind dies die Phänomene Doppelgängertum und Ich-Spaltung.

In den *Elixieren des Teufels* tritt das Motiv des Doppelgängers – vor Hoffmann nur gelegentlich verwendet, um eine geheimnisvolle oder abenteuerlich-spannende Wirkung hervorzurufen – erstmals als zentrales Handlungsmoment eines literarischen Werkes auf. Medardus trifft auf seiner Flucht aus dem Kloster seinen »Doppelgänger«, den Grafen Viktorin, am Rande der »Teufelsschlucht«. Unwillentlich bewirkt er dessen Sturz in den Abgrund. Er fühlt sich als Mörder, aber er übernimmt, zunächst ebenfalls wider Willen, die Rolle des Grafen, der ihm so ähnlich sieht, daß alle – sogar dessen Geliebte Euphemie – sich täuschen lassen. Sein und Schein geraten Medardus selbst zunehmend durcheinander: »Ich bin das, was ich scheine, und scheine das nicht, was ich bin, mir selbst ein unerklärlich Rätsel, bin ich entzweit mit meinem Ich!«[35] In der Rolle des Grafen wird er zum Verbrecher, zum Mörder.

In einem Forsthaus begegnet Medardus dem Doppelgänger wieder, im Traum spricht er davon, daß sie so lange miteinander kämpfen sollten, bis einer stirbt. Der wahnsinnige Graf hält sich seinerseits für Medardus. Der Mönch sieht im Schicksal des Wahnsinnigen eine Möglichkeit und Spiegelung seiner eigenen Zukunft; er erkennt, daß die Erscheinung Viktorins sein »eignes Ich in verzerrten gräßlichen Zügen reflektierte«.[36]

Auch als Medardus erfährt, daß die unglaubliche Ähnlichkeit Viktorins natürliche Ursachen hat, da dieser sein Halbbruder ist, bannt das seine Verzweiflung nicht. Seine Schreckensträume und Halluzinationen steigern sich wiederholt zu der Vorstellung einer Begegnung mit dem »Brüderlein«. Als der Doppelgänger, verurteilt wegen des Mordes, den Medardus begangen hat, zum Richtplatz gefahren wird, ergreift der Wahnsinn auch den Mönch, er flieht entsetzt. In der wohl schauerlichsten Szene des Romans springt ihm ein Unbekannter – der entflohene Doppelgänger – auf den Rücken und umklammert ihn – »das totenbleiche, gräßliche Gesicht des Mönchs – des vermeintlichen Medardus, des Doppeltgängers, starrte mich an mit dem gräßlichen Blick«.[37] Der Mönch befreit sich, wird wieder durch »des Ungetümes Gewalt« angesprungen: »Aufs neue jene Anstrengungen wilder Wut – aufs neue befreit! – aufs neue umhalst von dem fürchterlichen Gespenst.«[38] Eine Ohnmacht erlöst Medardus aus diesem schauerlichen Abenteuer und Alptraum, nach Wochen kommt er in einem Irrenhaus wieder zu sich. Erst mit dem Tod des Medardus verschwindet auch der Doppelgänger.

Der Roman liefert Krankheitsbilder, Diagnosen, aber keine eindeutigen Erklärungen. Allerdings gibt die Art der Darstellung bereits einen wesentlichen Deutungsansatz, indem auf die ständige und unlösbare Verflechtung von äußerem Geschehen und innerseelischen Vorgängen hingewiesen wird. Sigmund Freud schreibt über die »unheimlich wirkenden Motive« der *Elixiere*:

> Es sind dies das Doppelgängertum in all seinen Abstufungen und Ausbildungen, also das Auftreten von Personen, die wegen ihrer gleichen Erscheinung für identisch gehalten werden müssen, die Steigerung dieses Verhältnisses durch Überspringen seelischer Vorgänge von einer dieser Personen auf die andere – was wir Telepathie heißen würden, – so daß der eine das Wissen, Fühlen und Erleben des anderen mitbesitzt, die Identifizierung mit einer anderen Person, so daß man an seinem Ich irre wird oder das fremde Ich an die Stelle des eigenen versetzt, also Ich-Verdopplung, Ich-Teilung, Ich-Vertauschung.[39]

Carl Gustav Jung deutet das Phänomen als das nach außen projizierte Unbewußte; es gehe

> uns allen so wie dem Bruder Medardus [...]: es existiert irgendwo ein unheimlicher, schrecklicher Bruder, d.h. unser eigenes, leibhaftes, durch das Blut an uns gebundenes Gegenstück, das alles enthält und boshaft aufspeichert, was wir allzu gerne unter dem Tisch verschwinden ließen.[40]

Im Roman gibt es eine Reihe von Stellen – Träume, Fieberfantasien, Angstvisionen des Medardus –, in denen solche Projektionen eine besondere Rolle spielen: »So war es mir, wenn Träume mir die Begebenheiten im Schlosse wiederholten, als wären sie einem Anderen, nicht mir, geschehen; dieser Andere war doch wieder der Capuziner, aber nicht ich selbst.«[41] Umgekehrt zeigen auch Äußerungen Viktorins, in welchem Maße der Doppelgänger eine Projektion des Unbewußten ist: »Aber als ich so recht mit mir zu Rate ging, war es, als träten die heimlichsten Gedanken aus meinem Innern heraus und verpuppten sich zu einem körperlichen Wesen, das recht graulich doch mein Ich war.«[42]

Eine Reihe von Interpreten geht so weit, den Realitätscharakter des Doppelgängers ganz zu leugnen und spricht von einer paranoiden Schizophrenie des Medardus. Dies ist jedoch eine unhistorische Psychologisierung. Verschiedene Szenen sind nur schlüssig unter Annahme der Realität des Doppelgängers. Die Wirkung – Angst und Schrecken – besteht für Medardus ja gerade darin, daß er zu keinem Augenblick weiß, ob der Doppelgänger real ist oder nur in seiner Einbildung existiert. In diesem Problem erkannte auch Freud das Zentrum der »Nachtstücke« Hoffmanns: in der Unsicherheit darüber, ob die dämonischen Kräfte in Wirklichkeit existieren oder nur in der eigenen Vorstellung, mithin Wahngebilde und Folge einer Bewußtseinsspaltung sind. So wird das gesamte Geschehen von Medardus immer mehr als quälender Alptraum empfunden – ein Gefühl, das sich dem Leser in eindringlicher Weise mitteilt.

Eben dies war die Erkenntnis, die Hoffmann aus der wissenschaftlichen Literatur über die Nachtseiten des Geistes und den Gesprächen mit den Bamberger Ärzten gezogen hatte: Es gibt keine klar zu ziehende Grenze zwischen Gesundheit und Krankheit, Normalität und Wahnsinn, Vernunft und Narrheit; die Übergänge sind fließend. Immer wieder zeigt der Roman die große Spannweite der Verhaltensweisen und psychischen Phänomene. So steht neben den grauenvollen Bildern des von Tobsucht zerrissenen Viktorin mit Schönfeld/Belcampo eine bizarr-groteske Erscheinung in der Tradition der von Hoffmann hochgeschätzten Shakespeareschen Narren. Er betrachtet Vernunft als ein »höchst miserables Ding«,[43] und seine geistvolle Apologie der Narrheit enthält Vorstellungen, die den Ansichten Hoffmanns durchaus nahestehen.

Das Problem der Ich-Spaltung ist nicht nur medizinisch-psychiatrischer Natur, sondern betrifft auch die Frage der Identität und damit das Problem der Selbsterkenntnis. Der Weg des Medardus ist auch eine Suche nach sich selbst. Hierin zeigt sich der Zusammenhang zwischen psychiatrischen und erkenntnistheoretischen Fragen mit dem für Hoffmann so zentralen Problem des Dualismus.

Führt dieser Weg Medardus an sein Ziel, findet er seine ungespaltene Identität wieder? Zahlreiche Interpreten bejahen dies. Mit dem Hinweis auf den Schlußsatz des Romans – der Mönch sei »sehr fromm gestorben«[44] – rückten einige das Werk sogar in die Nähe katholischer Bekehrungs- und Heilsgeschichten. Die Erzählung von Medardus' Ende stammt jedoch von dem biederen Pater Spiridion und ist mit dem ausdrücklichen Hinweis versehen, dieser habe »die Umstände« von Medardus' Tod »nicht ohne Mühe ad majorem dei gloriam hinzugefügt«.[45] Die Niederschrift von Medardus selbst endet hingegen mit Zweifeln – »Ich weiß, daß vielleicht noch im Tode der Widersacher Macht haben wird, den sündigen Mönch zu quälen« – und mit dem Wunsch, »daß die Macht der Hölle, der ich so oft erlegen, nicht mich bezwinge und hinabreiße in den Pfuhl ewiger Verderbnis«.[46] Von einer Erlösung des Medardus zu sprechen, verbietet im Grunde der gesamte Charakter der Lebensbeichte. Während eine herkömmliche Autobiographie einen teleologischen Zug aufweist, indem sie den Lebensweg vom Erkenntnisstand her deutet, der zur Zeit der Niederschrift erreicht ist, vermag Medardus, auch nachdem er die Geheimnisse seiner Abstammung und des Fluches kennt, seine Lebensbeschreibung nicht auf ein Ziel und damit auf einen Sinn hin zu ordnen; ebensowenig wie im Augenblick des Erlebens kann er im Rückblick unterscheiden, welche Ereignisse geschehen sind und welche er geträumt hat oder was ihm und was dem Doppelgänger zugestoßen ist.

Der »Herausgeber« selbst weist den Leser darauf hin, daß die Niederschrift uneindeutig, ihr Sinn undeutlich bleiben muß, er spricht von den »verworren aus einander laufenden Fäden der

Geschichte«.⁴⁷ Auch das »Pergamentblatt« des Malers bringt »Aufklärung« nur über einige Zusammenhänge der Vorgeschichte; gerade wo der Bericht über Franz-Medardus beginnt, wird der Text unentzifferbar und bricht ab. Wie die Niederschrift des Mönchs und die Aufzeichnungen des Malers verweigert auch der gesamte Roman eine eindeutige Sinngebung, die Aufhebung der Widersprüche. Diese Ambiguität und Offenheit bildet das formale erzähltechnische Korrelat zur Auflösung des Subjekts in der Ich-Spaltung.

Der Kunstbegriff des Werkes erweist sich unter dieser Perspektive als Abrücken von der Mimesis-Vorstellung. Das wird im Roman beispielhaft an dem Bild deutlich, das Francesko malt und das zum Ursprung aller Verbrechen wird. Das Gemälde stellt die heilige Rosalia dar, aber der Maler nimmt, nach dem Genuß der Teufelselixiere, die Göttin Venus als Modell. Er kann das Gemälde erst fertigstellen, nachdem er die Frau kennengelernt hat, die »er für das Original seines Bildes erkannte«.⁴⁸ Diese bringt ihn zwar zur Vollendung des Gemäldes, aber ihre Schönheit erweist sich schließlich als Schein – sie zerfällt, während ihr Abbild bestehen bleibt. Später geht von diesem Gemälde, das ausdrücklich als das »Original« bezeichnet wird, im Gegensatz zu der in Italien verbliebenen »Kopie«, die Gewalt der Verführung aus, als Medardus das Vor-Bild des Bildes in Aurelie findet – genauer: zu finden glaubt. Zwar gleicht diese dem Bild in ununterscheidbarer Weise, aber sie wird, im äußersten Gegensatz zum wirklichen Vor-Bild des Gemäldes, zur Heiligen. Die Kette der Vertauschungen und Täuschungen ließe sich fortsetzen, die Grenzen zwischen Wirklichkeit und Abbild, Spiegelbild und Trugbild werden in Frage gestellt, die Bildebenen vertauschbar; damit erweist sich die Ansicht von Kunst als Mimesis als nicht mehr haltbar.

Dennoch ist es gerade das Kunstwerk – der Roman –, das gegen die Auslieferung an den Zufall, das Chaos, den Nihilismus gesetzt wird. Zwar hat es sich vom Glauben an die Möglichkeit der Nachahmung ebenso gelöst wie von den Vorstellungen der

Einheit des Subjekts und der Annahme teleologischer Strukturen, aber es stellt Korrelationen zwischen den Phänomenen ästhetischer, existentieller und ethischer Art her, zeigt Polyvalenz und Offenheit als neue ästhetische Werte. Dies ist die Leistung des »Herausgebers« – und damit doch wieder eine Leistung der Kunst.

Der Roman *Die Elixiere des Teufels* behandelt Probleme und Antagonismen von Schuld und Schicksal, Sexualität und Heiligkeit, Wahnsinn und Identität, Selbst- und Welterkenntnis, Abbild und Trugbild, Kunst und Wirklichkeit. Es ist gewiß nicht die geringste Leistung Hoffmanns, daß dies dem Leser bei der Lektüre über weite Strecken kaum bewußt wird. Denn der Erzähler behandelt diese grundlegenden theologischen, philosophischen, ästhetischen Fragen nicht abstrakt, sondern setzt sie in eine abwechslungsreiche Handlung um. Diese führt Menschen unterschiedlichster sozialer Herkunft und Bildung, Charaktere der verschiedensten Art vor; sie bewegt sich durch die »bunte – bunteste Welt«,[49] spielt nicht nur in einem Kloster und in einem Schloß, sondern auch bei Hofe in einer deutschen Residenzstadt und in der Weltmetropole Rom. Statt die Handlung als trivial zu tadeln, sollte man ihre Farbigkeit und Unterhaltsamkeit betonen. Hinter der bunten Oberfläche und dem spannenden Geschehen kommen die genannten gewichtigen Themen zur Sprache, ohne daß die Handlung nur äußeres Reizmittel wäre und die Ernsthaftigkeit der Behandlung unter der Erzählweise litte. Eher gilt das Gegenteil: Durch die unterhaltsam-spannende Art des Erzählens wird der Leser angesprochen und ernstgenommen, dessen Fragen und Ängste der Roman ja letzten Endes spiegelt. So gehören *Die Elixiere des Teufels* zu den gerade in Deutschland sehr seltenen Unterhaltungsromanen von literarischem Rang.

Nachtstücke

Hoffmann schrieb das früheste Nachtstück, *Der Revierjäger* (später: *Ignaz Denner*), unmittelbar im Anschluß an den ersten Band der *Elixiere des Teufels* im Mai 1814; das zweite Nachtstück, *Der Sandmann*, entstand im November 1815, vor Abschluß des zweiten Bandes des Romans – das zeigt die enge werkgeschichtliche Verknüpfung dieser beiden Bücher. Über die Entstehung der beiden anderen Nachtstücke, die den ersten, Ende 1816 erschienenen Band komplettierten – *Die Jesuiterkirche in G.* und *Das Sanctus* – ist nichts Näheres bekannt. Ein zweites Bändchen von Nachtstücken hatte Hoffmann bereits in einem Brief vom 24. 11. 1815 an den Berliner Verleger Georg Andreas Reimer ins Auge gefaßt; über die Entstehung der vier Erzählungen, die dieser zweite Band enthielt – *Das öde Haus*, *Das Majorat*, *Das Gelübde*, *Das steinerne Herz* – ist nichts bekannt. Da der Band im November 1817 erschien, ist davon auszugehen, daß diese Erzählungen weitgehend Ende 1816 und 1817 entstanden.

Hoffmann hat den beiden Bänden kein erklärendes Vorwort beigegeben. Die einigende Klammer der acht Erzählungen bildet der Titel in der ausführlich erläuterten Spannweite vom konkreten Stofflichen bis zum Philosophisch-Metaphysischen. Über die Anordnung der Erzählungen in den beiden Bänden läßt sich nur relativ Allgemeines sagen. Insgesamt scheint die Abfolge durch einen Wechsel der Stimmungslage gekennzeichnet zu sein: Texten, die mit der Katastrophe, dem Triumph der nächtlichen Gewalt, enden, folgen solche, die zumindest nicht mit der völligen Vernichtung schließen, Hoffnungen lassen.

Der Sandmann

Hoffmann hat der Handschrift des *Sandmann* den Titel des Gesamtwerkes, *Nachtstücke*, vorangestellt. Damit hat er diesen Text als geradezu programmatisch für den Band und das neue Genre herausgehoben.

Die Erzählung ist einfach gebaut, die chronologische Darstellung wird nur im ersten Brief, mit dem das Werk beginnt, durch den Bericht des Helden Nathanael über seine Kindheit unterbrochen. (Nathanael ist die hebräische Form von Theodor, damit fügt sich diese Figur in das komplexe Spiel mit den Schriftstelleridentitäten ein.)

29. Handschrift: Beginn der *Nachtstücke* und der ersten Erzählung *Der Sandmann*, 16. Novbr 1815.

In dieser Kindheitsgeschichte liegt der Schlüssel zum Verständnis Nathanaels. In ihrem Mittelpunkt steht der Advokat Coppelius, der von den Kindern als der böse »Sandmann« gefürchtet wurde, der mit Nathanaels Vater geheimnisvolle Experimente durchgeführt und der bei dessen Tod durch eine Explosion eine ungeklärte Rolle gespielt hat.

Nathanael, mittlerweile Student, erkennt in einem Wetterglashändler namens Coppola die Schreckgestalt seiner Kindheit wieder: Ähnlichkeit, die »stechenden Augen« und der Name

30. Szene aus *Der Sandmann*: Nathanael beobachtet seinen Vater und Coppelius, Bleistiftzeichnung, wohl Ende 1815.

sind ihm Belege dafür. Seine Verlobte Clara hingegen hält dies für unmöglich und vermutet eine Wahnvorstellung. Nathanael protestiert zunächst, findet aber sodann als »wohl gewiß« heraus, daß beide Gestalten nicht identisch sein können, da sein Physikprofessor Spalanzani Coppola bereits seit langem kenne und dieser nach seinem Akzent italienischer Herkunft sein müsse. Später spielt die Gestalt eine entscheidende Rolle bei Nathanaels erstem Wahnsinnsanfall: Er hört in Spalanzanis Zimmer »des gräßlichen Coppelius« Stimme und sieht, hinzutretend, den »Italiäner Coppola« mit dem Professor um die künstliche Puppe Olimpia streiten. Spalanzani klagt Coppelius an, sie ihm geraubt zu haben.[50] In der Schlußszene ist es wiederum der Advokat Coppelius, der entscheidend zu Nathanaels Selbstmord beiträgt. Die Frage, ob Coppelius und Coppola identisch sind, bleibt mithin auch am Schluß offen. Die Erzählung gibt dem Leser nur Perspektiven und Meinungen von Erzählfiguren; auch vom Erzähler selbst erhält er keine Hinweise, die zur Klärung der Frage beitragen könnten.

Diese Darstellungsweise ist charakteristisch für die gesamte Erzählung. In den drei Briefen, mit denen das Werk beginnt, werden dem Leser – bevor der Erzähler kommentierend eingreift – Schlüsselszenen der Handlung und die Reaktion der Beteiligten darauf aus der Sicht der beiden Hauptgestalten berichtet. Auch im weiteren Verlauf wechselt die Perspektive mehrfach: Der Erzähler ist nicht allwissend, nur gelegentlich schildert er objektiv, hingegen gibt er häufig – auch widersprüchliche – Meinungen verschiedener Beteiligter wieder. So bleibt für den Leser bis zuletzt in der Schwebe, wie die Vorgänge und die Personen zu sehen und zu bewerten sind.

Die offene Erzählperspektive ist das erzähltechnische Korrelat zu einem Hauptthema der Erzählung: der Perspektivik des Sehens. Das »Perspektiv«, das Nathanael Coppola abkauft, zeigt ihm ein Bild der Welt und der Wirklichkeit, das sich von dem aller anderen Menschen unterscheidet; die normale Perspektive wird umgedreht. So sieht er in der hölzernen Olimpia die lebendige, liebevolle Frau; hingegen wird ihm Clara »verkehrt«, so daß er sich im Wahnsinn auf sie stürzt. Perspektive und Perspektiv gehören zu dem zentralen Motivkomplex der Augen und des Sehens. Die Dichte des Werks wird vor allem dadurch erreicht, daß Hoffmann dieses Leitmotiv in einer Vielfalt von Einzelmotiven abwandelt, einbindet, vernetzt. Das Augenmotiv bildet schon den Kern der nächtlichen Horrorvisionen vom Sandmann. Ausgangspunkt ist die Erzählung der Amme:

> Das ist ein böser Mann, der kommt zu den Kindern, wenn sie nicht zu Bett' gehen wollen und wirft ihnen Händevoll Sand in die Augen, daß sie blutig zum Kopf herausspringen, die wirft er dann in den Sack und trägt sie in den Halbmond zur Atzung für seine Kinderchen; die sitzen dort im Nest und haben krumme Schnäbel, wie die Eulen, damit picken sie der unartigen Menschenkindlein Augen auf.[51]

Die Blutspur der herausgerissenen Augen zieht sich durch die Erzählung: von der mitternächtlichen Szene, in der Coppelius Nathanaels Augen für seine alchimistischen Experimente haben möchte bis zu den blutigen Augen, die Spalanzani nach ihm wirft, Ursache des ersten Wahnsinnsanfalls von Nathanael. Wie sehr Nathanael von dem Kindheitsbild und -trauma besessen ist, zeigt sich auch darin, daß er es in einer Dichtung grausam ausmalt; »oke« (Coppolas Wort für »Augen«) ist schließlich das Wort, mit dem er in den Tod springt.

An dieses Motiv lagern sich weitere Komplexe an: In den Beschreibungen Claras und Olimpias spielen ihre Augen (freundlich, hell, »wie ein See von Ruisdael« – todesstarr, »seelenlos«, »ohne Sehkraft«) und Blicke eine ebenso wesentliche Rolle wie die Änderungen in der gestörten Sicht Nathanaels: Er »blickt in Clara's Augen; aber es ist der Tod, der mit Clara's Augen ihn freundlich anschaut«;[52] »er starrte Olimpia ins Auge, das strahlte ihm voll Liebe und Sehnsucht entgegen«.[53]

Ebenso variantenreich ist die Skala der »künstlichen« Augen. Außer dem Perspektiv gibt es weitere optische Geräte. Der »Wetterglashändler« Coppola zeigt »immer mehr und mehr Brillen«, so »daß es auf dem ganzen Tisch seltsam zu flimmern und zu funkeln begann. Tausend Augen blickten und zuckten krampfhaft und starrten auf zum Nathanael.«[54] Da zu Hoffmanns Zeit optische Instrumente zum einen die wissenschaftlichen Möglichkeiten erweiterten, zum anderen aber häufig noch sehr unzuverlässig waren, wird die Thematik von Schein, Täuschung, Betrug in die Motivkette einbezogen. Das enge Geflecht von Leitmotiven trägt zur thematischen und strukturellen Einheit der Erzählung bei. In kaum einem zweiten Werk der deutschen Literatur ist vor dieser Zeit eine so bewußte, virtuose und vieldimensionale Verwendung der Leitmotivtechnik anzutreffen.

Durch die wechselnde Perspektive bleiben grundlegende Fragen offen, und zwar für die Personen der Erzählung ebenso wie den Leser. Sind Coppelius und Coppola identisch? Ist der Sandmann das »böse Prinzip«[55] oder, wie die vernünftige Clara diagnostiziert, eine Wahnvorstellung einer überhitzten Fantasie, die in Nathanaels »eignem Innern«[56] entsteht und nur deshalb Gewalt über ihn erlangt, weil er an ihre Existenz glaubt? Ist Nathanael Opfer eines blindwütigen Schicksals oder hat er (wie die psychoanalytischen Deuter meinen) eine Schuld auf sich geladen? Ist Clara ein »zartes Gemüt«, ausgezeichnet durch die »lebenskräftige Fantasie des heitern unbefangenen, kindischen Kindes« und einen »gar hellen scharf sichtenden Verstand« – oder »kalt, gefühllos, prosaisch«, also philiströs, wie »andere« behaupten?[57] Für den Druck änderte oder strich Hoffmann mehrere Stellen, die eindeutigere Hinweise auf bestimmte Sachverhalte enthielten. Das macht Erzeugung von Ungewißheit als sehr bewußt eingesetzte Erzählstrategie deutlich. Sie trägt wesentlich zum »Unheimlichen« und »Nächtlichen« der Erzählung bei.

Da Clara von Nathanaels Dichtungen zunehmend abgestoßen wird, beschimpft er sie als »lebloses, verdammtes Automat«.[58] Damit wird ein weiteres zentrales Motiv eingeführt, das vor allem in den Ereignissen um »die Automate« Olimpia entfaltet wird. Nathanael bemerkt sie zunächst kaum – erst das falsche Sehen durch das Perspektiv verlebendigt sie ihm, so daß er sich in sie verliebt. Auf Hoffmanns Interesse an künstlichen Menschen, Marionetten und Automaten wurde bereits bei der Beschäftigung mit seiner Erzählung *Die Automate* hingewiesen. Hoffmann steht hier in einer Tradition, die sich – nach früheren Ansätzen – im 18. Jahrhundert rasch verstärkte und in der Romantik ihren Höhepunkt fand. Seine Olimpia wurde, wie die Wirkungsgeschichte zeigt, einer der bekanntesten Automaten der Weltliteratur.

Olimpia kann die Gesellschaft so lange täuschen, weil sich ihr seelenlos-mechanisches Verhalten kaum von dem der Philister und ihren Ritualen unterscheidet. Noch nach ihrer Zerstörung bemühen sich die Damen – Höhepunkt der satirischen Züge des Werkes –, unaufmerksam, störend, taktlos zu sein, um die eigene »Lebendigkeit« zu demonstrieren.

Zentral ist Olimpia für den Entwicklungsprozeß Nathanaels. Nach seiner Enttäuschung durch Clara ist sie die einzige, von der er sich verstanden fühlt. Die Projektionen seiner Fantasie gehen bereits so weit, daß er aus Olimpia »die Stimme aus seinem Innern selbst« tönen hört.[59] Seine Dichtung ist nur noch Ausdruck seines eigenen Innern, damit lediglich ihm selbst zugänglich, dem einzigen »poetischen Gemüt« unter gefühllosen Philistern. Die Formulierungen, die Nathanael zur Beschreibung seines Dichtens und des dichterischen Prozesses, der Lage des »wahren« Dichters inmitten einer verständnislosen Welt, gebraucht, erinnern an Kunstauffassungen der Frühromantik, vor allem an Novalis (»Hieroglyphe der innern Welt«[60]), und darüber hinaus auch an Wendungen Kreislers, ja Hoffmanns selbst. Daraus wurde oft der Schluß gezogen, in Nathanaels Position spiegele sich jene Hoffmanns. Dem ist entgegenzuhalten: Hoffmann sieht die Voraussetzungen von Nathanaels Kunstbegriff als durchaus problematisch an, er ist keinem Menschen mehr, nur noch einer Automate zu vermitteln. Diese Passagen sind also vielmehr auch als Kritik an ästhetischen Positionen der Zeit zu lesen, vor allem an einer schwärmerisch-gefühlsüberladenen und durch ihre Maximalforderungen zum Hermetischen tendierenden Romantik. Partiell läßt Hoffmann in der Tat Nathanael eigene Anschauungen vertreten – der Grat zwischen »wahrer« und »falscher« Kunst ist schmal, Richtiges wird durch Übertreibungen und Absolutsetzung falsch. Die entscheidenden Unterschiede werden deutlich in der Charakteristik, die – in auktorialer Erzählperspektive – von den Dichtungen Nathanaels gegeben wird. Sie werden »düster, unverständlich, gestaltlos«, ja »sehr langweilig«[61] genannt. Hoffmanns eigenes Erzählen hingegen – und der *Sandmann* ist hierfür ein gutes Beispiel – ist geprägt von der Distanz des Autors zum Erzählten, die sich in Perspektivenvielfalt, Ironie und satirischen Zügen, ferner im klaren und zugleich artistisch-raffinierten Aufbau zeigt; Hoffmann sucht keine Hermetik, sondern über unterhaltsame, spannende Darbietung den Kontakt zum Leser.

Das Zentralmotiv der Erzählung enthält einen weiteren Schlüssel zum Verständnis dieser Frage. Nach der Mitteilung der drei Briefe zu Beginn des Werkes plaudert der Erzähler spielerisch über das richtige Anfangen und endet unversehens bei einer grundlegenden poetologischen Reflexion: Der Dichter könne »das wirkliche Leben« nur »wie in eines matt geschliffnen Spiegels dunklem Widerschein« auffassen.[62] Es kommt also alles darauf an, daß er die Bilder richtig (nicht, wie durch das Perspektiv, »verkehrt«) schaut – das »rechte« Schauen ist die Grundforderung an den »wahren« Dichter. Diese Überzeugung entfaltet Hoffmann wenig später zum »serapiontischen Prinzip«, zu einer vielschichtigen Poetik des Dichtens, die theoretisch faßt, was im *Sandmann* bereits weitgehend erzählerisch umgesetzt ist.

Ignaz Denner

Die Erzählung der Auseinandersetzung des Revierjägers Andres mit dem Räuberhauptmann Ignaz Denner ist geprägt von zahlreichen Elementen der Schauerromantik: Überfälle, Kämpfe, Folterungen, Morde, Menschenopfer, geheimnisvolle Zeremonien, Feuerzauber, gespenstische Erscheinungen und Vorgänge sind die Ingredienzien einer bunten Handlung voller Zufälle und Unwahrscheinlichkeiten. Die Personen dieser Erzählung, vor allem Andres, sind mehr als in den meisten anderen Nachtstükken undurchschaubaren, irrationalen, »dämonischen«, »teuflischen« Kräften hilflos ausgeliefert. Ähnlich wie in den *Elixieren des Teufels* sollen diese »nächtlichen« Elemente zwar für Unterhaltung und Spannung sorgen, sie werden aber auch zu Versatzstücken, die der Autor gezielt einsetzt und mit denen er zu spielen versteht. Ebenso drängt die Allgegenwart der dämonischen Kräfte die möglichen psychologischen Erklärungen zwar zurück, aber verdrängt sie keineswegs ganz. Das gilt vor allem dann, wenn man nicht nur nach individualpsychologischen Gründen für das Verhalten von Andres sucht – seine Naivität und seine Hilfsbereitschaft reichen als Motiv seiner Teilnahme am Raubüberfall oder sein nachgiebiges Verhalten gegen Ignaz Denner am Schluß der Erzählung sicher nicht hin. Nimmt man aber die sozialpsychologische Motivierung hinzu, so verschiebt sich das Bild. Andres' Handeln wird von Treue und Dankbarkeit gegenüber seinem Herrn geprägt, er sieht überhaupt nicht, daß dessen vermeintliche Wohltat, die Ernennung zum Revierförster, sich rasch als die Quelle seiner Armut und seines Elends herausstellt. Diesen »Willen zur Untertänigkeit«[63] überträgt er auf seinen neuen Herrn, Denner, dem er ebenfalls wieder wegen einiger Wohltaten dankbar ist – so dankbar, daß er die deutlichen Zeichen nicht wahrnimmt, die Denner als Verbrecher ausweisen, und ihm schließlich willig folgt, selbst zum Verbrecher wird. Auch nachdem der Mörder ihn mehrfach getäuscht hat, begehrt Andres allenfalls verbal gegen ihn auf und versucht nicht, Widerstand zu leisten oder sich von ihm freizumachen – selbst dann nicht, als er nach Denners Ausbruch aus dem Gefängnis die Mittel dazu besitzt.

Ignaz Denner besteht aus einer Haupthandlung und der Darstellung der umfangreichen Vorgeschichte, in der zahlreiche Erklärungen für die rätselhaften Vorgänge gegeben werden (keineswegs aber ihre durchgehende Auflösung); vor allem verwandtschaftliche Beziehungen, die auch die Verhältnisse der Personen in der späteren Handlung bestimmen, werden dabei offengelegt. So erweist sich der Räuberhauptmann als Vater der Frau des Revierjägers. Wenn Denner das erste Kind von Andres ermordet, das zweite zu töten versucht, trifft er die eigenen Enkel. In dieser Mordlust gleicht er seinem Vater, dem Wunderdoktor und Giftmischer Trabacchio, der mit dem Teufel im Bund steht und seine übrigen Kinder ermordet hat, um ihr Herzblut zu trinken – ein bekanntes Zauberritual, um die dämonischen Kräfte zu erneuern und sich »stete Verjüngung«[64] zu verschaffen. Trabacchio ist der Lehrmeister Denners in den geheimen Wissenschaften, »seine Seele war dem Teufel verschrieben«.[65]

Die Erzählung lebt von ihren Handlungselementen, die Motivtechnik ist weit weniger ausgeprägt als im *Sandmann*. Als ein zentrales Motiv spielt nur ein Juwelenkistchen eine größere Rolle, das Denner von seinem Vater erbt, Andres zur Aufbewahrung übergibt, zurückerhält, wieder bei ihm deponiert und das schließlich am Ende von Andres vernichtet wird. Dieses Kistchen enthält die Mittel der Verführung – die Zaubertränke und das Gold. Die Verführungskraft des Goldes ist ebenso groß wie die der teuflischen Substanz – selbst Andres, der sich so hartnäckig dagegen wehrt, und vor allem seine Frau erliegen ihr zeitweilig. Das Gold Denners wird für Andres, ohne daß er es wahrnimmt, immer wieder zum Verführer und Verderber: die Erbschaft seiner Frau, die von dem Zauberer-Großvater stammt, lockt ihn nach Frankfurt. Während seiner Abwesenheit werden sowohl sein Sohn als auch sein gräflicher Herr von Denner und dessen Bande ermordet; Andres wird, da niemand ihm sein Alibi glaubt, gefoltert und jahrelang eingekerkert. Doch sein Verhalten gegenüber Denner ändert sich auch dann nicht entscheidend, als er dessen Vorgeschichte erfährt.

Am Schluß der handschriftlichen Fassung begründet das Gold des Kästchens Andres' Wohlstand und die Künstlerkarriere seines Sohnes. Ist das eine kitschige Verharmlosung oder das Zeichen der andauernden Blindheit des Revierjägers und der Brüchigkeit der Schlußidylle? Die erste Deutung wäre ein Mißverständnis – wohl um ihm zu entgehen, änderte Hoffmann die Stelle in der Druckfassung: Hier vernichtet Andres das Kästchen und damit symbolisch die Gewalt des Zauberers über seine Seele. Obwohl damit »keine feindliche Macht« mehr Andres »zu zerstören vermochte«,[66] wie wir im Schlußsatz erfahren, fällt es schwer, nach diesen Schicksalen – auch seine Frau ist längst »von dem Grame, von der Angst, von dem Entsetzen [...] aufgezehrt«[67] gestorben – an den »ruhigen heitern« Lebensabend des Revierjägers zu glauben.

Die Jesuiterkirche in G.

In diesem Nachstück berichtet der Erzähler (wie in den *Fantasiestücken* der »reisende Enthusiast«) ein Erlebnis, in dessen Mittelpunkt ein »wunderlicher Mensch«,[68] der geheimnisvolle Künstler Berthold, steht. In einem Schriftstück, das man dem

Erzähler übergibt (und dessen Mitteilung fast ebensoviel Platz einnimmt wie die restliche Erzählung), ist die Vorgeschichte Bertholds niedergelegt; dadurch wird dessen gegenwärtiges Verhalten »ganz erklärt«.[69] Allerdings betreffen auch hier die Aufklärungen nur bestimmte Handlungszusammenhänge und Reaktionen, die Motive der Handelnden und den Ausgang der Geschichte erhellen sie nur teilweise.

In dem Teil der Erzählung, der die Entwicklung Bertholds zum Maler in Italien schildert, werden verschiedene Kunstauffassungen dargestellt und diskutiert. Berthold übt sich zunächst in der Nachahmung der Natur, empfindet daran aber bald Ungenügen und lernt, daß er zum »tiefern Sinn der Natur«, zu den Bildern in seinem »Innern« vordringen muß.[70] Aber erst durch die Erscheinung einer geheimnisvollen Schönen, deren Porträt er fortan ständig in Altarbildern malt, gelingt ihm dies. Allerdings muß er erfahren, daß nur die unbedingte Hingabe an sein Ideal den wahren Künstler ausmacht. Der Versuch, mit dem Idealbild materialiter zu *leben* – er lernt die Frau, die ihm als Ideal begegnet ist, kennen, heiratet sie schließlich – und ein glückliches Liebes- und Familienleben zu führen, ist Verrat an der Kunst und zieht den Verlust des Künstlertums nach sich. Der Konflikt erweist sich als unlösbar: Berthold verstößt Frau und Sohn, aber er bricht zusammen und kann später nur noch als Wandmaler arbeiten – die Tätigkeit, bei der ihn auch der reisende Enthusiast kennenlernt.

Die Erzählung ist weit mehr als die beiden ersten Nachtstücke eine Künstlergeschichte und knüpft als solche an die Thematik an, die in mehreren der *Fantasiestücke* bereits variiert wurde. Auch hier jedoch steht eine geheimnisvolle Macht im Hintergrund, die Entfaltung und Verlöschen seines Künstlertums bewirkt. In einem »Zustand, der dem Wahnsinne gleich zu achten war«, glaubt Berthold den Grund seines Versagens in seiner Frau sehen zu müssen: »*Sie Sie* allein schuf mein Unglück.«[71] Vom Erzähler wird dies nicht kommentiert. Auch die Ursache für das spätere Verhalten Bertholds bleibt im Dunkel. Der Erzähler und der Professor, der Berthold beschäftigt, halten es für wahrscheinlich, daß dieser sich weigert, Porträts zu malen, weil er sich für den Mörder seiner Frau und seines Kindes hält. Als der Erzähler diesen Vorwurf direkt erhebt, leugnet der Maler jedoch. In einer Nachbemerkung erfahren wir, daß Berthold – der nach dem Gespräch »plötzlich ganz heiter«[72] ist und verschwindet – sehr wahrscheinlich den Freitod gewählt hat. Es bleibt allerdings offen, ob dies als Eingeständnis der Schuld aufzufassen ist.

Das Sanctus

Auch diese Erzählung wird – wie *Die Jesuiterkirche in G.* – vom »reisenden Enthusiasten« berichtet. Er stellt eine Sängerin, die nach ihrem Part die Messe verläßt, um zu ihrem nächsten Auftritt zu eilen, zur Rede und sagt ihr im »Scherz«, daß sie zur Strafe »so bald nicht mehr in der Kirche singen« werde.[73] In der Tat verliert sie kurz darauf ihre Stimme – ein entscheidender Schicksalsschlag, weil ihre »ganze Existenz im Leben durch den Gesang bedingt ist«.[74] Das Versagen der künstlerischen Ausdrucksfähigkeit führt ja auch Berthold in der *Jesuiterkirche* in die Nähe von Wahnsinn und Verbrechen.

Auch *Das Sanctus* enthält, wie zahlreiche Werke Hoffmanns, in sich eine weitere umfangreiche Erzählung. Diese dient jedoch nicht, wie sonst meistens, der Aufdeckung der Vorgeschichte und damit der Erklärung des rätselhaften Geschehens. Sie wird vielmehr vom Erzähler bewußt eingesetzt, um, als Parallelgeschichte, die Krankheit der Sängerin zu heilen.

Der Stimmverlust wird auf verschiedene Weise erklärt: magische Kräfte – ein »krankhaftes Prinzip«, ein »körperloser Spuk« – werden bemüht, der Enthusiast sieht sich als unwillentlichen Auslöser eines »Fluchs«, der unbewußte Schuldgefühle in der Sängerin weckt. Der Arzt kann sie mit seinen traditionellen Mitteln nicht heilen, der Enthusiast hingegen ist mit seiner psychologischen Methode erfolgreich. Sie wirkt durch Kunst: dem

Künstler-Dichter wird damit für psychische Erkrankungen eine größere Kompetenz zugesprochen als der Schulmedizin.

Im Rahmen der Kunst- und der Künstlerproblematik, die in der Erzählung eine zentrale Rolle spielt, kommen Themen zur Sprache, die aus Hoffmanns früherem Werk bekannt sind: die »Heiligkeit« der Musik; die Profanierung von religiöser Musik, wenn man sie aus ihrem Raum, der Kirche, und aus dem Kontext des Glaubens löst; die Gefährdung des Künstlers durch die zu große Bereitschaft, den Wünschen der Gesellschaft entgegenzukommen; der Konflikt zwischen Kunst und Liebe. Diese Themen werden in der Gegenwartshandlung und in der Binnenerzählung in sehr unterschiedlicher Weise behandelt. In der Gegenwartshandlung dominieren die humoristischen und satirischen Züge. Dazu trägt vor allem die Gestalt des Kapellmeisters bei, der, durchaus im Gegensatz zu anderen Kapellmeister-Figuren bei Hoffmann, durch sein ausschließlich auf die Musik bezogenes Denken und Reden skurril, ja zuweilen grotesk wirkt. Diese lebendig erzählte Handlung steht stilistisch in deutlichem Gegensatz zu der in pathetischem Ton vorgetragenen Binnengeschichte, die nur durch die Einwürfe des Kapellmeisters gelegentlich ironisch gebrochen wird.

Das öde Haus

Das öde Haus weist eine vielschichtige, aber dennoch übersichtliche Struktur auf. In einer Rahmenerzählung sprechen drei Freunde über das Verhältnis von Alltag und Wunderbarem und über die Fähigkeit, im Gewöhnlichen das Außerordentliche zu sehen. Einer der Freunde, Theodor, erzählt eine Geschichte, die diese »Sehergabe«[75] demonstriert. Der Rahmen schafft Distanz, er gibt Gelegenheit, die Hauptfigur bereits vor der Geschichte aus der Sicht Dritter kennenzulernen; er weist den Leser auf zentrale Begriffe der Erzählung hin und stellt diese von vornherein in eine besondere, wertende Beleuchtung. Schließlich erlaubt die

Ich-Erzählung die psychologische Erfassung der Gedanken und Motive des Helden, der im Mittelpunkt des »nächtlichen« Geschehens steht, von der zauberischen Macht verführt und beinahe zugrunde gerichtet wird.

Das Rahmengespräch bietet dem Leser zwar eine definitorische Unterscheidung zwischen dem Wunderlichen (als dem Merkwürdigen, Besonderen, Außerordentlichen) und dem Wunderbaren (das »die bekannten Kräfte der Natur zu übersteigen [...] scheint«,[76] also dem Übernatürlichen); diese »wissenschaftliche« Unterscheidung wird aber sogleich verwischt, wenn die enge Verbindung betont und vor allem, indem das erzählte Nachtstück als eine »schauerliche« Mischung des Wunderlichen und des Wunderbaren bezeichnet wird. Einer der Haupteffekte des »Nächtlichen« ist auch hier wieder, daß sich das Wunderliche nicht vom Wunderbaren, das Seltsame nicht vom rational Unerklärlichen unterscheiden läßt. Und eines der Signale moderner Fantastik ist abermals und besonders ausgeprägt: ihre Situierung in der Großstadt, dem Zentrum des pulsierenden und rational geordneten Lebens. Dem Erzähler Theodor fällt inmitten der belebten Prachtstraße Unter den Linden in Berlin ein verfallenes ödes Haus auf. Eines Tages sieht er eine Frau am Fenster, Anwohner erzählen ihm seltsame Geschichten, sie berichten von merkwürdigen Geräuschen. Theodors lebhafte Fantasie beginnt, die Mosaiksteine zusammenzufügen, dabei verbinden sich – besonders als er sich in die geheimnisvolle Schöne verliebt – Beobachtetes und Gehörtes, Schein, Fantasie und Wahn immer untrennbarer miteinander.

Von dem Haus, in dem die wahnsinnige Gräfin Angelika von Z. lebt, von den rätselhaften Vorgängen in dem Gebäude und einem verhängnisvollen Fluch sowie von dem undurchschaubaren Wirken einer Zigeunerin geht eine magische Anziehungskraft aus. Dazu kommt ein weiterer Komplex, der zwar auch in anderen Nachtstücken präsent ist, aber nirgends sonst eine so große Rolle spielt: der Magnetismus. Durch die Figur des Arztes, der Theodor mit psychologischen und wissenschaftlichen

Argumenten von seinem »fixen Wahnsinn«[77] zu heilen versucht, und durch die Gesprächsteilnehmer der Abendgesellschaft wird dieser Komplex auch theoretisch breit entfaltet.

Verschiedene Merkmale verbinden *Das öde Haus* mit dem *Sandmann*. Die Eingangserzählung des zweiten Bandes zeigt wie die des ersten, wie und warum sich eine fixe Idee in einem fantasiebegabten Menschen, einem Dichter, festsetzt und wie sie sich entwickelt. In beiden Erzählungen spielt dabei ein optisches Instrument eine Rolle, das der Held von einem italienischen Händler kauft und durch das er eine weibliche Gestalt in einer Herrlichkeit sieht, die keinem anderen Betrachter erkennbar ist; auch Theodor wird, wie Nathanael, vor allem von den belebten Augen der Frau angezogen und verliebt sich besinnungslos in sie. An einem entscheidenden Punkt der Wahnvorstellungen spielt auch bei ihm ein Kindheitserlebnis eine wichtige Rolle, das zu einem verstärkenden Moment wird. Der Hauptunterschied der beiden Erzählungen besteht darin, daß Nathanael im *Sandmann* bis zum Wahnsinn getrieben, während der Held im *Öden Haus* schließlich geheilt wird. Dafür sind mehrere Faktoren maßgebend. Die Fantasie des sensiblen Theodor wird sofort erregt, wenn er etwas Merkwürdiges sieht; sogleich denkt er sich Geschichten darüber aus. So ist er, wie Nathanael, anfällig für fixe Ideen, er verrennt sich in seine Vorstellungen bis in Zustände, die an den Wahnsinn grenzen. Aber im Gegensatz zu Nathanael verfügt er über die Fähigkeit, über Gesehenes nachzudenken, Erklärungen zu suchen und die Deutungen Dritter, wenn sie den seinen entgegengesetzt sind, nicht sofort schroff zurückzuweisen oder zu verspotten, wie Nathanael dies tut. So machen ihn die Äußerungen eines alten Herrn, der seine Wahnideen plausibel erklärt, nachdenklich; so erkennt er bei der Lektüre des Buches von Reil über Geisteszerrüttungen Symptome seines Zustandes. Durch eigene Willensstärke und durch die Hilfe von Freunden kommt er zur Besinnung, die Aussprache mit dem befreundeten Arzt führt dazu, daß die »fixe Idee« zurückgedrängt wird. Allerdings bleiben offene Fragen, etwa:

Welche geheimnisvolle Macht übt die wahnsinnige Angelika auf Theodor auch nach den Aufklärungen des Arztes noch aus? Erst nach ihrem Tod ist er so gefestigt, daß er seine Geschichte niederschreiben und den Freunden vorlesen kann.

Diese Erzählung ist in der Fiktion im Kern eine Dichtung Theodors; sie unterscheidet sich deutlich von dem, was wir über Nathanaels Werke erfuhren. Zwar schildert Theodor seine eigenen Gefühlsregungen besonders eindringlich, aber für ihn gibt es auch eine Außenwelt, die nicht restlos dem Inneren untergeordnet ist. Das beginnt bei den breiten Schilderungen der lokalen Verhältnisse am Anfang, die für den zeitgenössischen Leser als detailgenaue Topographie bekannter Straßen und Gegenden Berlins zu lesen waren; das gilt für die Äußerungen Dritter, die er berichtet und nicht sofort, wie Nathanael, subjektiv interpretiert; das gilt vor allem für die Diskussion und Analyse der »nächtlichen« Kräfte, bei der er sich immer wieder bemüht, dem eigenen Eindruck die Wahrnehmung anderer gegenüberzustellen. Dies bedeutet für ihn nicht, wie für Nathanael, einen Kompromiß, der die wahre Poesie in Frage stellt, sondern es entspricht seiner Auffassung von dem, was Dichtung ist und sein sollte. Das Grundprinzip des »rechten Sehens« (gegenüber dem falschen – verkehrten – durch den »Zauberspiegel«) wird im poetologischen Gespräch des Eingangs besonders hervorgehoben. Das rechte Sehen erweist sich nicht in der freien Erfindung märchenhafter oder zauberischer Ereignisse, sondern in der besonders genauen Beobachtung, die sich auf Alltägliches und Gewöhnliches richtet, auf Menschen und Begebenheiten, die anderen nicht auffallen. Erst an diese genaue Beobachtung knüpft die Fantasie an; diese Art des Sehens entwickelt Hoffmann dann wenig später weiter zum »serapiontischen Prinzip«. Auf die *Serapions-Brüder*, deren Einzelerzählungen teilweise zur gleichen Zeit entstanden, weisen noch weitere Merkmale voraus, vor allem der Name des Erzählers Theodor sowie die Erzählsituation, daß eine Geschichte aus dem Gespräch eines Freundeskreises heraus entwickelt wird.

Das Majorat

Das Majorat berichtet eine Familiengeschichte von den 1750er Jahren bis zum Jahrhundertende mit einem Nachtrag, der bis nahe an die Erzählergegenwart reicht. Dabei folgt die Erzählung nicht der Chronologie, die Vorgeschichte wird vielmehr – wie so oft bei Hoffmann – als Rückblende in einer sehr umfangreichen Binnenerzählung wiedergegeben. Theodor, der zugleich der Ich-Erzähler des Werkes ist, erlebt als Jüngling eine Fülle geheimnisvoller Vorgänge in einem Schloß. Sein Großonkel, der Justitiar der Familie, erzählt ihm die Schicksale des Geschlechts.

Der alte Baron Roderich von R..sitten gründet ein Majorat (der älteste Sohn erbt den gesamten Besitz, damit er ungeteilt erhalten bleibt und die Macht des Hauses vergrößert wird). Er tut dies, um seinen Stamm »mit fester Wurzel für die Ewigkeit zu pflanzen«.[78] Bereits in der dritten Generation stirbt jedoch der letzte Erbe, und der Besitz fällt an den Staat. Die Schlußbemerkung der Erzählung nennt den alten Baron »kurzsichtig«: »[...] welche böse Macht beschworst du herauf, die den Stamm [...] zum Tode vergiftete.«[79] Das »dunkle Verhängnis jenes Hauses«[80] wird auch in der Erzählung selbst oft beschworen. Aber wie in den meisten *Nachtstücken* sind es nicht nur unbegreifliche Mächte, die das Verhängnis herbeiführen, sondern ebenso und in erster Linie menschliche Handlungen und Charaktereigenschaften: Neid, Mißgunst, Stolz, Haß, Rachsucht, Goldgier, Machtstreben.

Das äußere Handlungsgerüst ist überreich mit Elementen der Schauerromantik durchsetzt. Der Gründer des Majorats glaubt an den Einfluß der Gestirne und stirbt auf geheimnisvolle Weise beim Einsturz des Turmes, in dem er seine astronomischen Studien betreibt. Allein sein Diener Daniel, einziger Mitwisser seines nächtlichen Tuns, weiß, wo der Alte seinen Schatz versteckt hat. Der ältere Sohn, Wolfgang, der Erbe des Majorats, geldgierig und herrisch, beleidigt Daniel tödlich. Der jüngere Sohn, Hubert, neidet dem Bruder das Erbe und intrigiert gegen ihn. Wohl mit Huberts Wissen tötet der Diener den Majoratserben und wird fortan als Schlafwandler umgetrieben, der stets an die Stätte seiner Untat zurückkehren muß. Als nach dem Tode Huberts sein Sohn das Erbe antreten soll, taucht ein bisher unbekannter Sohn Wolfgangs auf, Roderich, der schließlich nach einigen Verwirrungen Majoratsherr wird.

Diese »nächtliche« Geschichte von geheimnisvollen Morden und Spukerscheinungen, von einander hassenden Brüdern, die in dieselbe Frau verliebt sind, und undurchsichtigen Erbangelegenheiten ist nicht frei von Unwahrscheinlichkeiten (warum versäumt es der sonst so souveräne Justitiar, ein Bündel mit Nachlaßpapieren zu öffnen, die vieles früher aufgeklärt hätten?). Aber das Tempo des Erzählens, die bunte Fülle der Handlungsstränge lassen dem Leser derartige Schwächen kaum bewußt werden.

Die von Haß und Neid geprägte Geschichte der drei Generationen wirft ihre Schatten auf das Geschehen, in das Theodor und sein Großonkel verstrickt sind. Eine weitere Dimension kommt durch die Liebe des schwärmerischen Theodor zu der sensiblen Majoratsherrin Seraphine ins Spiel, die in der unwirtlichen Einöde jede geistige Anregung vermißt. Theodors Klavierspiel, seine Gespräche über Musik, wirken auf sie in der von Jagd und Festen bestimmten Männerwelt des nordischen Winters verführerisch. Das gemeinsame Musikerlebnis führt zu einer Liebesbeziehung, die ebenso zerstörerisch zu werden droht wie die Macht des Geldes für das Geschlecht von R..sitten. Auch hier erweist sich der Großonkel als der Überlegene; er erkennt die »Narrheit« der Schwärmerei und warnt Theodor: »Wisse, daß dein Beginnen, so harmlos wie es scheint, die entsetzlichsten Folgen haben kann, du stehst in achtlosem Wahnsinn auf dünner Eisdecke, die bricht unter dir ehe du dich es versiehst und du plumpst hinein.«[81]

Die beiden Teile der Erzählung sind in der Darstellungsweise sehr verschieden. Gegenüber dem chronikartigen Bericht ist die Geschichte Theodors sehr viel subtiler erzählt; mit psychologischer Einfühlsamkeit wird das Entstehen einer schwärmerischen Liebe geschildert, die wichtigsten Personen sind differenzierter dargestellt als in der Vorgeschichte. Dennoch werden die beiden Teile von zahlreichen Verbindungslinien durchzogen. Die wichtigsten sind die Gestalt des Großonkels und der Fluch, der auf dem Geschlecht lastet und der auch in der letzten Generation noch fortwirkt. So gelingt es Hoffmann hier wie selten sonst, zwei Haupttypen seines Erzählens zusammenzufügen: das Nachtstück und die Künstler- und Liebesgeschichte. Übersteigerte, schwärmerische Liebe und nur dem Gefühl hingegebene Kunst stellen für »poetische Gemüter« ebensolche Versuchungen und Gefahren dar wie für andere Menschen Gold und Macht. Der übersensible, romantische Ich-Erzähler wird durch Schillers *Geisterseher* für den Spuk besonders empfänglich und in einen ähnlichen Zustand versetzt wie später durch Liebe und Musik, die dazu beitragen, daß er alle Konventionen vergißt und wie von fremden Kräften getrieben handelt.

Mit dem Großonkel hat Hoffmann eine Gestalt entworfen, die an die »Meister« in anderen Erzählungen erinnert: er ist der Erfahrene, Überlegene. Seine Ironie prägt die Gegenwartshandlung auch sprachlich; sie setzt das Gegengewicht zum Gefühlsüberschwang Theodors.

Das Gelübde

Die Erzählung gleicht im Bau vielen anderen Hoffmanns: Ein geheimnisvolles Geschehen – eine unbekannte Frau trägt unter merkwürdigen Umständen ein Kind aus – wird im ersten Teil geschildert und im zweiten Teil, der die Vorgeschichte aufdeckt, erklärt.

Ein wesentliches Moment der Erzählung ist die politische Situation Polens, aus der sich die exzessive Vaterlandsliebe der Heldin erklärt. Die Vorgeschichte zeigt die hübsche polnische Grafentochter Hermenegilda – kompliziert, sprunghaft, leicht erregbar –, deren Liebe zu dem Freiheitskämpfer Stanislaus zur »Verachtung« wird, weil er das Vaterland nicht zu retten vermochte; nachdem er sie verlassen hat, wandelt sich ihr »todkaltes Herz« jedoch in »glühendste Liebe«. Bei der (falschen) Nachricht seines Todes schien ihr »überreizter Zustand [...] übergehen zu wollen in wirklichen hellen Wahnsinn«.[82] Als Xaver, von »wunderbarer Ähnlichkeit« mit seinem Vetter Stanislaus, erscheint, überträgt sie ihre Liebe auf ihn. Nach Aufdeckung des Irrtums zieht sie sich zwar zunächst »ganz vernichtet von Scham und bitterm Schmerz«[83] zurück, wird aber durch Xavers Erzählungen von Stanislaus' Liebe so zu ihm hingezogen, daß beide Männer in ihrer Vorstellung weitgehend verschmelzen. Kurz darauf versinkt Hermenegilda »in einen seltsamen Zustand«, ein »waches Träumen«,[84] in dem sie von Xaver verführt wird, während sie sich Stanislaus zu »vermählen« glaubt. Der Somnambulismus – und damit im Grunde die »Unschuld« Hermenegildas – wird dadurch bestätigt, daß sich zugleich das (in der wissenschaftlichen Literatur der Zeit ebenfalls oft behandelte) »Ferngefühl« einstellt: Hermenegilda *sieht* den zur selben Stunde auf dem Schlachtfeld tödlich getroffenen Stanislaus. Ihrer Familie gilt ihr Verhalten nach Aufdeckung der unerklärlichen Schwangerschaft als »toller Wahnsinn«.[85] Als Xaver die Verführung gesteht, wendet sich Hermenegilda von ihm ab. Später legt sie das Gelübde ab, niemandem mehr ihr Gesicht zu zeigen. Sie tut das zum einen, um zu sühnen, zum anderen aber auch zu ihrem »Trost«, ihrer »Ruhe«, als eine Art Schutz vor dem Wahnsinn: Denn sie verhüllt ihr Gesicht nicht nur mit Schleiern, sondern auch durch eine »weiße, dicht anschließende Maske«.[86] Als ihr Gesicht durch den Verführer im Kampf enthüllt wird, sinkt sie »in einen automatähnlichen Zustand« der Erstarrung und stirbt bald darauf.[87]

Für das Verhalten Hermenegildas werden innerhalb der Erzählung verschiedene Erklärungen angeboten. Die sprunghaften Gefühlsänderungen werden einer Eigentümlichkeit polnischer Frauen zugeschrieben, die »ein eignes launisches Wesen [...] auszeichne«.[88] Ein Arzt führt eine »mehr psychische«[89] Deutung an: Die unglaubliche Ähnlichkeit der Vettern habe Hermenegildas Gefühle so stark erschüttert, daß sie sich für somnambule und magnetische Einflüsse geöffnet habe. Aber verschiedentlich wird auch hier wieder die böse Macht und das »besondere Verhängnis«[90] für Hermenegildas Verwirrung verantwortlich gemacht.

Hermenegildas Schuld liegt in ihrer Anlage, in ihrer Natur, nicht, wie die meisten Menschen ihrer Umgebung nach Aufdeckung der Schwangerschaft vermuten, in Lüsternheit und Verlogenheit. Schuld trägt aber auch und eigentlich in erster Linie diese Umwelt, vor allem ihr Vater. Er hat Hermenegilda mit seinem Patriotismus romantisch-naive Vorstellungen in den Kopf gesetzt; später geht es ihm nicht um das Wohl seiner Tochter, sondern nur darum, sie ohne Aufsehen zu verheiraten, um die Familienehre zu bewahren. Xaver macht sich die Ähnlichkeit zunutze, um Hermenegilda zu umwerben und schließlich zu verführen; von ihm heißt es ausdrücklich, er sei »von dem sichern Takt fürs Böse im Innern geleitet«.[91] Sein völliges Unverständnis für Hermenegilda zeigt sich in seiner Reaktion nach Aufdeckung der Vaterschaft: Er begreift nicht, warum sie sich so entsetzt von ihm abwendet und die Rettung ihrer »Ehre« durch eine Vermählung als völlig unerheblich ansieht.

Täuschung und Selbsttäuschung gehen bei Hermenegilda zusammen. Das »Wunderbare« wird zwar auf natürliche Weise aufgeklärt, aber die Folgen der Vergewaltigung sind nicht wieder gutzumachen. Darin liegt ein entscheidender Unterschied zu Kleists Novelle *Die Marquise von O...* Hoffmann hat die Struktur dieser Geschichte vor allem in zwei Richtungen abgeändert. Zum einen durch Einbeziehung der romantischen Naturwissenschaft: Während die Heldin in Kleists Erzählung während einer Ohnmacht überlistet wird, gibt sie sich bei Hoffmann in einem somnambulen Zustand hin. Zum anderen: Der Verführer ist bei Hoffmann nicht der Geliebte. Bei Kleist wird die zunächst ablehnende Reaktion der Marquise damit erklärt, daß ihr der Offizier nach Aufdeckung der Tat wie ein »Teufel« erschienen sei, gerade weil er ihr zuvor wie ein »Engel« vorgekommen war. Es ist bezeichnend, daß Hoffmann einen Teil dieses Bildes aufgreift: Die Fürstin, die als einzige Hermenegildas Zustand zu verstehen versucht, weiß, daß Xaver »wie der hämische Geist der Hölle, den höchsten Moment ihres Lebens mit dem ungeheuersten Frevel« vergiftet hat;[92] als ein Engel erscheint Xaver der Heldin nur deshalb, weil er sich betrügerisch in die Rolle seines Vetters geschlichen hat. So erklärt sich die Möglichkeit einer Verständigung und Versöhnung bei Kleist, ihre Unmöglichkeit bei Hoffmann.

Das steinerne Herz

Die Erzählung spielt auf mehreren Zeitebenen. Einleitend führt das Erzähl-Ich den »vielgeliebten Leser« zur Besichtigung eines Landgutes und in einen herzförmigen Pavillon. Sodann wird eine fast zwei Jahrzehnte zurückliegende Geschichte erzählt, über zwei »alte« Menschen, den Hofrat Maximilian Reutlinger und die Geheime Rätin Julie Foerd. Vor allem zwei frühere Ereignisse werden in ihrem Gespräch erwähnt: zum einen die lange zurückliegende Liebesgeschichte zwischen beiden, die gescheitert ist, weil Reutlinger ein »träumerischer Glaube an Ahnungen, an seltsame, Unheil verkündende Visionen«[93] von der Geliebten forttrieb, so daß sie einen anderen heiratete; zum anderen das wenige Jahre zurückliegende Verhalten von Max, dem Neffen Reutlingers: Als sich der Hofrat, der sich von seinem Bruder mit bösartigen Ränken verfolgt fühlt, aus Kummer über den Familienzwist einen Pavillon in Herzform als »Grabstätte« für sein »Herz« bauen läßt und er den Neffen mit dem dunkelroten herzförmigen Stein, der den Mittelpunkt bilden soll, spielen sieht, verstößt er ihn.

Die dritte Zeitebene liegt ein gutes Jahrzehnt später und damit nur einige Jahre vor der Gegenwartsebene der Einleitung. Reutlinger feiert, wie alle drei Jahre, das »Fest der alten Zeit«, bei dem die Gäste zur Erinnerung an die Zeit seiner Jugendliebe in Kostümen der Epoche um 1760 erscheinen müssen. Dieses Fest wird ausführlich geschildert, verschiedene exzentrische und überspannte Personen werden vorgestellt, der Leerlauf gesellschaftlicher Rituale satirisch dargestellt und ironisch kommentiert. Schließlich wird Reutlinger ohnmächtig im Pavillon gefunden. Er erklärt dies damit, daß er sich selbst und Julie genau wie »vor dreißig Jahren [. . .] an jenem verhängnisvollen Tage« ihrer Hochzeit gesehen habe.[94] Es stellt sich heraus, wem er eigentlich begegnet ist: dem Neffen Max und Julie, der Tochter der Jugendgeliebten. Das steinerne Herz des Onkels wird gerührt, er nimmt Max als Sohn und Erben an. Als Reutlinger einige Zeit später stirbt, wird er in dem Pavillon begraben.

Das zentrale »nächtliche« Motiv ist der Wahn Reutlingers, sind seine Unheilsvisionen, die er einem »bösen Geschick« zuschreibt. Die Vision im Pavillon, die Wiederholung der Liebes- und Trennungsszene, deutet er als Streich der »dunklen Macht«, die ihm »den nahen Tod verkündet«.[95] Die Lösung des Rätsels bringt ihn zwar zur Einsicht, doch kann man wohl kaum von »Heilung« sprechen, denn direkt nach seiner Aussöhnung mit Max folgt er bereits wieder mysteriösen Winken seines skurrilen Freundes Exter und schickt seinen Doppelgänger, mit dem er sich voll identifiziert (»du bist *ich*«[96]), für ein halbes Jahr nach Konstantinopel. Wenn Max »aller Protestationen der Braut unerachtet« fort »mußte«[97] und er damit nicht mehr, wie bisher, der Stimme des »Herzens« folgt, scheint sich durch die Identifikation mit Reutlinger etwas von der auf diesen wirkenden Macht auf ihn übertragen zu haben.

Reutlinger ist, wie Exter, Mesmerianer. Seine Ahnungen und Visionen, denen er folgt, lassen ihn nach seiner Überzeugung tiefer blicken als andere; dieser Glaube erweist sich jedoch als trügerisch. Hoffmann zeigt hier, im Gegensatz zu anderen Erzählungen der *Nachtstücke*, die verhängnisvollen Seiten des Mesmerismus und damit dessen Ambivalenz.

5. Das »nächtliche« Werk: Die Elixiere des Teufels – Nachtstücke

Die nur lockere Verbindung zwischen den sehr heterogenen Teilen der Erzählung wurde in der Forschung fast durchweg negativ, als Folge sorgloser Arbeitsweise Hoffmanns, gewertet. Allerdings läßt sich auch anders argumentieren. Die Einleitung macht sehr nachdrücklich auf die grotesk-geschmacklose, barock-überladene Anlage des Landsitzes, wo die Handlung spielt, aufmerksam. Diese auf den ersten Blick »regellose Willkür« kann aber auf einen Leser mit »reger Fantasie« wie »das kecke Spiel des Meisters mit Gestaltungen« wirken, »über die er unumschränkt zu herrschen wußte«.[98] Begriffe aus der romantischen Kunsttheorie, die hier verwendet werden, weisen darauf hin, daß diese Beschreibung die Anlage der Geschichte widerspiegelt; demnach könnte man die Form der Erzählung von der Friedrich Schlegelschen »Arabeske« her verstehen.

Der Integration der Teile dient auch hier die Leitmotivtechnik. Das dunkelrote steinerne Herz kommt auf allen Zeitebenen der Erzählung vor; es bezeichnet sowohl das Herz Reutlingers als auch die von ihm dafür geschaffene Grabstelle. Die Begriffe »Herz« und »steinern« stehen für Gefühl und Gefühllosigkeit. Damit greift Hoffmann ein seit der Antike verbreitetes Oxymoron auf, das über Barock und Rokoko (in diesem Zusammenhang stehen verschiedene literarische Anspielungen und Zitate) überliefert und in der Romantik breit entfaltet wird als versteinertes und als »kaltes« Herz. Auch Hoffmanns Erzählung endet mit einer Anspielung: auf Lord Horion, der sich in Jean Pauls Roman *Hesperus oder 45 Hundposttage* (1795) in der Grabkammer seiner Geliebten tötet. Auf dem Grabstein dort steht ein »Aschenherz«, darunter »mit weißen Buchstaben: Es ruht.«[99] Eben das ist die Aufschrift auf dem steinernen Herzen im Pavillon: »Es ruht.« Hoffmann zitiert sie nicht nur wörtlich, sondern auch graphisch – gesperrt und mittelzentriert – und strukturell: hier wie dort endet damit das Buch.

Damit wird am Schluß der *Nachtstücke* noch einmal daran erinnert, daß die spannenden, rätselhaften, geheimnisvollen Erzählungen nicht nur Eingebungen der Fantasie sind und naiver

Erzählfreude entspringen, sondern (auch) überlegt gebaut – komponiert, strukturiert – sind; und daß dabei neben den architektonischen Aspekten (Rahmen, Erzählebenen, Perspektiven) auch eher kompositorische Mittel (Leitmotive, Anspielungen auf der Mikro-Ebene) eine wesentliche Rolle spielen. Nicht selten entstehen so intertextuelle Geflechte – aus *Don Giovanni*, *Berganza* oder *Schlemihl* in den *Fantasiestücken*, aus *The Monk* oder eben *Hesperus* in den »nächtlichen« Werken.

Über ihre strukturelle Funktion hinaus zeigt sich in derartigen literarischen Techniken Hoffmanns artistische Freude am Spiel. Und so ist vielleicht auch das *Hesperus*-Zitat eine subtile Erwiderung auf Jean Paul, der von fast der gesamten zeitgenössischen Kritik zu Hoffmanns literarischem Übervater ernannt worden war. In den *Fantasiestücken* hatte er zu Hoffmanns Mißvergnügen das *erste* Wort gehabt – nun gibt ihm Hoffmann in den *Nachtstücken* freiwillig das *letzte*. Dies allerdings nicht eben als Hommage, sondern in so raffinierter und mehrdeutiger Weise, daß Hoffmann Jean Paul auf eben dem Terrain übertrifft, das dieser der deutschen Literatur seit den 1790er Jahren erschlossen hatte und in dem er der (auch von Hoffmann) bewunderte Meister war: dem Terrain der vieldeutigen virtuosen, beziehungsreichen literarischen Anspielungen und Kryptozitate.

Das »Nächtliche« findet in den *Elixieren* und den *Nachtstücken* seine Höhepunkte innerhalb des Hoffmannschen Werkes. Es bleibt jedoch auch in den nächsten Jahren ein Grundelement seines Schreibens, ist für einige weitere Erzählungen prägend und zumindest in Form einzelner Züge in vielen späteren Werken präsent. Zweifellos ist es also ein dominierender Aspekt des Hoffmannschen Schreibens. Und ebenso zweifellos ist es der Aspekt, der in der Wirkungsgeschichte am häufigsten negativ beurteilt und gegen ihn gewendet wurde. Erst die Psychoanalyse und, unter völlig anderen Vorzeichen, das Interesse an Wirkungsästhetik und an gelesener Literatur hat diesem Teil seines Œuvre größere Aufmerksamkeit und Wertschätzung gebracht.

Sigmund Freuds Urteil von 1919, Hoffmann sei »der unerreichte Meister des Unheimlichen in der Dichtung«,[100] hat sich in den letzten Jahrzehnten bei Lesern wie in der Forschung mehr und mehr durchgesetzt.

6. Erzählungen und Märchen (1815-1818)

»Taschenbuch«-Erzählungen

Durch den Erfolg der *Fantasiestücke* wurde Hoffmann nicht nur beim Lesepublikum beliebt, sondern auch bei Verlegern literarischer »Taschenbücher« bekannt. Unter dieser Bezeichnung wurden periodische Sammelwerke zusammengefaßt, die meistens jährlich erschienen, kurz vor oder in der Zeit der Michaelismesse (Ende September/Oktober), in jedem Fall rechtzeitig für das Weihnachtsgeschäft.

Taschenbücher waren die Nachfahren der Musenalmanache, die in deutscher Sprache seit etwa 1770 erschienen und im späten 18. Jahrhundert zur Mode wurden. Im frühen 19. Jahrhundert löste die Bezeichnung »Taschenbuch« den Begriff »Almanach« allmählich ab, ohne daß die Inhalte sich wesentlich änderten. Taschenbücher richteten sich an ein breites, überwiegend (wie gelegentlich die Titel bereits zeigten) weibliches Lesepublikum. Einige waren bestimmten Gattungen gewidmet, die meisten boten jedoch einen gemischten Inhalt: Lyrik, gelegentlich mit Vertonungen, Skizzen, Essays, Rätsel, nur selten Dramatik – das Rückgrat jedoch bildeten in den meisten Fällen eindeutig Erzählungen. Da die Taschenbücher im allgemeinen etwa 200-300 Seiten umfaßten und Erzählungen für verschiedene Leserinteressen enthalten sollten, ergab sich eine durchschnittliche Länge von 2-4 Bogen (32-64 Seiten, meistens in Kleinoktavformat, lesefreundlich bedruckt, also mit einem großzügigen Satzspiegel).

Bei der Vielzahl konkurrierender Unternehmungen gab es einen großen Bedarf an derartigen Erzählungen; die beim Publikum beliebten und bekannten Schriftsteller wurden dementsprechend umworben, mit guten Honoraren und mit größeren Freiheiten bei den erlaubten Umfängen. Hoffmann erhielt be-

6. Erzählungen und Märchen (1815-1818)

reits kurz nach seiner Übersiedlung nach Berlin zwei derartige Anfragen: von der Redaktion der *Urania. Taschenbuch für Damen* des renommierten Brockhaus-Verlages, Leipzig und Altenburg, sowie, durch Fouqué, vom *Frauentaschenbuch* des Nürnberger Verlages Schrag. Im *Frauentaschenbuch für das Jahr 1816* erschien im Herbst 1815 Hoffmanns Erzählung *Die Fermate* (Taschenbücher führten das kommende Jahr, *für* das sie bestimmt waren, im Titel oder Impressum); es war die erste von über 20 derartigen »Taschenbuch«- bzw. »Almanach«-Erzählungen, die Hoffmann in den nächsten Jahren veröffentlichte. In den Jahren bis zu seinem Tod, 1815-1822, erschienen weitere Erzählungen von ihm außer in den beiden genannten Taschenbüchern unter anderem in *Der Wintergarten*, im *Taschenbuch für das Jahr 18.. Der Liebe und Freundschaft gewidmet*, im *Taschenbuch zum geselligen Vergnügen*, im *Berlinischen Taschenkalender* und im *Rheinischen Taschenbuch*. Ferner erschienen Erzählungen in Sammelwerken, kürzere Texte auch in Zeitschriften, vor allem in *Der Freimüthige oder Unterhaltungsblatt für gebildete, unbefangene Leser.*

Hoffmann folgte den Anfragen und Bitten um Mitarbeit vor allem aus drei Gründen gern: Zum einen hatten Taschenbücher eine große Verbreitung und einen weitgespannten Leserkreis, trugen also zur Bekanntheit eines Autors bei. Zum anderen, und dies war wichtiger: Die Herausgeber zahlten gute Honorare – etwa doppelt so viel pro Bogen wie bei einem Buch. Dazu kam ein Drittes: Man konnte die Erzählungen in einem eigenen Sammelwerk ein zweites Mal veröffentlichen und honorieren lassen.

Hoffmann eröffnete sich diese Chance Anfang 1818 mit dem Vorschlag des Verlegers Reimer zu einer derartigen Sammlung, der schließlich zu den *Serapions-Brüdern* führte. Hoffmann bettete hier die Erzählungen in Gesprächszusammenhänge ein, gab ihnen sehr unterschiedliche Funktionen. Durch den Kontext gerät die Entwicklung bestimmter Problemfelder, Schreibweisen und Erzählstrategien aus dem Blick, zumal Hoffmann die Erzählungen nicht in der Reihenfolge der Entstehung oder Veröffentlichung einfügte. Um den Prozeßcharakter und die ursprüngliche Selbständigkeit deutlicher hervortreten zu lassen, werden daher hier die Erzählungen, die *vor* der Konzeption des Erzählrahmens und damit des »serapiontischen Prinzips« entstanden und weitgehend in die beiden ersten Bände der *Serapions-Brüder* eingegangen sind, zunächst separat, bei der Analyse der Sammlung noch einmal in ihrem neuen Kontext betrachtet. Die Erzählungen, die *nach* der Entscheidung für die Art des Rahmens entstanden sind, dürften mehr oder weniger bereits im Blick auf die Wiederveröffentlichung in den *Serapions-Brüdern* geschrieben worden sein.

Die chronologische Behandlung der Erzählungen, die 1815 bis Anfang 1818 entstanden, macht auch Querverbindungen zu in derselben Zeit erschienenen weiteren Texten (also vor allem den »Nachtstücken« und »Kindermärchen«) deutlich.

Anfang 1815 schrieb Hoffmann innerhalb kürzester Zeit (in jeweils ein bis zwei Wochen) drei Erzählungen: *Die Abenteuer der Sylvester-Nacht* (für die *Fantasiestücke*), *Die Fermate*, *Der Artushof*, im November dann *Der Sandmann*; 1816 entstanden wohl die beiden weiteren Nachtstücke des ersten Bandes, *Die Jesuiterkirche in G.* und *Das Sanctus*, sowie die Erzählungen über Rat Krespel und *Ein Fragment aus dem Leben dreier Freunde*, ferner das Märchen *Nußknacker und Mausekönig*; 1816/1817 die vier Nachtstücke des zweiten Bandes, 1817 die Erzählungen *Erscheinungen!* und *Doge und Dogaresse* sowie das Märchen *Das fremde Kind*; Ende 1817/Anfang 1818 folgten schließlich *Meister Martin der Küfner und seine Gesellen* und *Der Kampf der Sänger*. Die nicht in die *Fantasiestücke* und in die *Nachtstücke* aufgenommenen hier genannten zehn Erzählungen und Märchen bildeten den Grundstock der *Serapions-Brüder*, neun davon gingen in die beiden ersten Bände ein.

Der Blick auf diese insgesamt 18 (innerhalb von nur drei Jahren entstandenen) Werke zeigt verschiedenartige Versuche des Erzählens in mittlerer Länge, insbesondere der Strukturierung und der Entwicklung von Erzählmitteln. Dies gilt unabhängig von der

Thematik, deren Schwerpunkte in den Komplexen Nächtliches, Künstlertum, Künstler und Frauen, Märchen und Wirklichkeit, Geschichte liegen. Diese Themen überschneiden und überlagern sich vielfach, sie können als Haupt- oder Nebenmotiv auftauchen. Unter den *Nachtstücken* sind einige, wie gezeigt, auch Künstler- und Liebesgeschichten. Die Künstlerthematik dominiert in *Die Fermate, Der Artushof, Rat Krespel*, die Liebesthematik in allen dreien sowie im *Fragment aus dem Leben dreier Freunde*. Die beiden Märchen stehen in einem etwas anderen, wenn auch eng verwandten Kontext. Die drei historischen Erzählungen behandeln teils die Künstler-, teils die Liebesthematik in »Bildern« aus der deutschen und italienischen Geschichte.

Die Fermate

Hoffmann wählte für *Die Fermate* einen Ausgangspunkt, der später für eine ganze Reihe seiner Erzählungen charakteristisch werden sollte: ein Bild. In diesem Falle ist es ein Gemälde, das auf der Berliner Kunstausstellung 1814 zu sehen war; Ort und Zeit liegen also nachprüfbar in der unmittelbaren Gegenwart: »Gesellschaft in einer italienischen Lokanda« von Johann Erdmann Hummel.

Die beiden Freunde Eduard und Theodor kommen darüber ins Gespräch. Während Eduard sich davon animiert fühlt, in ein italienisches Lokal zu gehen und dort Wein zu trinken, wird Theodor still und »tief in sich gekehrt«,[1] weil ihn die Szene – eine Sängerin, eine Gitarrespielerin, ein Dirigent – an ein Erlebnis in seiner Jugendzeit erinnert. Er erzählt nun diese lange zurückliegende Jugendgeschichte: seine Liebe zur Musik, seine Ausbildung als Musiker, schließlich seine Faszination durch zwei italienische Sängerinnen, Lauretta und Teresina, in die und in deren Gesang er sich immer mehr verliebt, besonders, als die ältere Schwester seine eigenen Kompositionen singt. Obwohl er auch unter den Launen und Eitelkeiten der beiden leidet, verfällt

31. Johann Erdmann Hummel: *Gesellschaft in einer italienischen Lokanda*. Ölgemälde, 1814.

er ihnen immer mehr. Schließlich erlebt er, wie Lauretta, um ihre Virtuosität auszukosten, die letzte Fermate vor dem Orchesternachspiel einer Opernarie endlos ausgestaltet, und er schneidet ihr den Ton mit einem lauten Akkord ab. Obwohl die drei noch eine Zeitlang miteinander weiterziehen und konzertieren, erweist sich dies als Anfang eines Zerwürfnisses, das schließlich zur Trennung führt. Der Nachtrag der Geschichte spielt 14 Jahre später. Theodor, mittlerweile ein bekannter Künstler, trifft in einer italienischen Locanda auf die Szene, an die er sich bei der Betrachtung des Bildes von Hummel erinnert fühlte: Die beiden gealterten Künstlerinnen, nach wie vor Virtuosinnen, nach wie vor launisch, bringen noch immer den Dirigenten zur Verzweiflung. Die Wiederbegegnung führte Theodor zu der Erkenntnis, daß die Sängerinnen bei aller Virtuosität in ihrer Routine steckengeblieben waren und er sich von ihnen hatte freimachen müssen, um seinen eigenen Weg als Musiker zu finden.

In *Die Fermate* fügt Hoffmann zum erstenmal in einer Erzählung die drei Künste zusammen: Er rückt in seinem *Text* ein *Bild* in den Mittelpunkt, das seinerseits *Musik* darstellt. Dieser intermediale Aspekt findet seine Entsprechung in den verschiedenen Rollen und Perspektiven des Künstlers: Theodor ist der Erzähler, er geht selbst (als Zuhörer und Zuschauer) in das Bild hinein, und er sieht in dem dirigierenden Abbate seine eigene frühere Rolle als Musiker widergespiegelt.

Während Eduard konstatiert, daß Theodor den Künstlerinnen immerhin das »Erwachen« seines »innern Gesanges zu verdanken«[2] habe, betont dieser vor allem die Tatsache seiner Emanzipation und daß er dem Zauber der Sängerinnen nicht mehr verfallen sei, denn dies halte er für die größte Gefährdung des wahren Künstlers: wenn er durch die Liebe zu einer Frau hinabgezogen werde

in die irdische ärmliche Beengtheit. So wird die Sängerin unsere Geliebte – wohl gar unsere Frau! – Der Zauber ist vernichtet und die innere Melodie, sonst herrliches verkündend, wird zur Klage über eine zerbrochene Suppenschüssel oder einen Tintenfleck in neuer Wäsche. – Glücklich ist der Komponist zu preisen, der niemals mehr im irdischen Leben *die* wiederschaut, die mit geheimnisvoller Kraft seine innere Musik zu entzünden wußte. [...] Was ist sie denn nun aber anders als das höchste Ideal, das aus dem Innern heraus sich in der äußern fremden Gestalt spiegelte.[3]

Mit dem Schlußkommentar Eduards: »Sonderbar aber ziemlich plausibel« wird der Leser entlassen. Deutlicher noch als in der wenig später entstandenen *Jesuiterkirche* wird Liebeserfüllung und Künstlertum für unvereinbar erklärt.

Der Artushof

Diese unmittelbar im Anschluß an *Die Fermate* geschriebene Erzählung rückt ebenfalls die Thematik Künstlertum und Liebe, nun variiert am Beispiel eines Malers, in den Mittelpunkt. Auch diese Erzählung beginnt damit, daß ein Bild – die Wandbemalung des »Artushofes«, der Danziger Börse – buchstäblich ins Leben tritt: So empfindet es der junge Kaufmann Traugott, der in diesem Saal arbeitet. Eines Tages kopiert er, anstatt einen Geschäftsbrief zu schreiben, unbewußt Teile des Gemäldes und erlebt plötzlich, wie zwei der Personen des Bildes hinter ihm stehen und ihn ansprechen. Diese Erscheinung wird zu einer künstlerischen Initialzündung; Traugott fragt nach dem Sinn seines Lebens und Arbeitens und glaubt sich zum Maler berufen. Ebenso wie seinem Beruf entfremdet er sich seiner Verlobten Christina, die ihm nun als ein Ausbund an Philistrosität erscheint: Sie lebt in Konventionen, Regeln und Ritualen, ist eine Verkörperung spießiger Normalität, der auch ihre Einstellung zur Kunst entspricht. Traugott hingegen sieht seine künstlerische Berufung als unvereinbar mit seinem bisherigen Kaufmannsleben an, er will ganz seiner Kunst leben. Seine Ausbildung erfährt er bei dem blinden Maler Berklinger (der Name erinnert an Wackenroders Musiker Berglinger). Als Muse und Thema benötigt er eine weibliche Idealfigur, auf die er seine Sehnsucht und Liebe richten kann: die Tochter Berklingers, Felizitas. Als er erfährt, daß sie mit ihrem Vater nach Sorrent gereist sei, fährt er nach Italien und malt jede weibliche Gestalt mit dem Gesicht der verlorenen Geliebten. Schließlich findet er die Felizitas fast völlig gleichende Dorina, in die er sich verliebt; er zögert allerdings mit der Heirat, die er als »Verrat an seiner ersten Liebe«[4] empfindet. Während Berthold in der *Jesuiterkirche* seine ideale Geliebte heiratet und damit seinen künstlerischen Impuls verliert, wird hier gleichsam ein Trick – das gleiche Aussehen – als Ausweg gewählt. »Um das Antlitz der Felizitas als ideellen Urbesitz Traugotts zu erweisen, muß Hoffmann die Identität von Gesicht und Seele auflösen, die ein Grundbestandteil spontaner anthropologischer Erfahrung ist.«[5] Traugotts Verhältnis zu der idealen Geliebten wird am Schluß komödienhaft-banal aufgelöst. Als er in seine Heimatstadt zurückkehrt, erfährt er: Felizitas war gar nicht nach Sorrent in Italien gereist, sondern in ein gleichnamiges Landhaus nahe Danzig; sie hat längst einen gutbürgerlichen Hof- und Kriminalrat geheiratet und »diverse Kinder in Cours gesetzt«.[6] Die Desillusionierung bringt Traugott zu der Einsicht, daß Felizitas stets ein Ideal war: »[...] nie habe ich dich verloren, du bleibst mein immerdar, denn du selbst bist ja die schaffende Kunst, die in mir lebt. Nun – nun erst habe ich dich erkannt. Was hast du, was habe ich mit der Kriminalrätin Mathesius zu schaffen!«[7]

Ebenso wie die beiden Frauenfiguren in übersteigerter Banalität dargestellt werden, fehlt in der Künstlerexistenz von Traugott eine Spannung. Sein Lehrer Berklinger hingegen ist so fanatisch der Kunst hingegeben, daß er Züge eines Wahnsinnigen hat – er hält sich für den Schöpfer der spätmittelalterlichen Gemälde im Artushof, sitzt starren Blicks vor der leeren Leinwand und glaubt, die Kunstwerke, die sein Geist geschaffen hat, verwirklicht zu haben. Ähnlich wie »Ritter Gluck« ist er ein Künstler ohne Werk. Bei Traugott ist nichts von solchen Zerrissenheiten und Gefährdungen zu spüren.

Nach dem Ende der Selbsttäuschung reist Traugott zurück nach Italien, wo ihn – so sein letzter Satz und der Schluß der Erzählung – »eine geliebte Braut sehnlichst erwartet«.[8] Dieser Schluß klingt nach einem Happy-End, wenn dem Leser auch die Bestätigung – die tatsächliche Heirat und ein glückliches Eheleben ohne Versiegen der Künstlerschaft – vorenthalten bleibt.

Ein Fragment aus dem Leben dreier Freunde

Die in Hoffmanns Erzählungen bereits mehrfach angetroffene Dialogstruktur wird hier zur Gesprächssituation dreier sehr unterschiedlicher Freunde erweitert, die über ihre Erlebnisse, vor allem übernatürliche Phänomene, sprechen. Alexander, der nüchterne Aufklärer, wird durch eine Spukerscheinung verunsichert; Marzell ist eher wundergläubig, obwohl sich seine Gespenstergeschichte durch einen natürlichen Vorgang aufklärt. Auch Severin will von einer Vision erzählen, als die Freunde auf ein Mädchen am Nebentisch aufmerksam werden. Gemeinsam versuchen sie die Geschichte dessen, was sie aus der Entfernung wie in einer Pantomime sehen, zu ergründen. Die gemeinsame Anstrengung der Fantasie führt dazu, daß sich alle drei in die unbekannte Schöne verlieben: Jeder steigert sich in andere Liebesvorstellungen hinein.

Nach zwei Jahren treffen sich die Freunde wieder und erzählen sich ihre Geschichten: Marzell hat sich in die Illusion einer unglücklichen Liebe zu der Unbekannten versenkt und wurde enttäuscht, als er feststellte, daß es einen Nebenbuhler um die Gunst der Fremden gar nicht gab. Severin hat das Mädchen zu einem Ideal, einem »Himmelsbild« erhoben und sich durch sein Benehmen lächerlich gemacht. Beide Freunde haben zwar unter diesen Erlebnissen gelitten, aber längst soviel Distanz gewonnen, daß sie daraus in ihrem Erzählen einen »Roman«, eine »Posse«[9] – also Literatur – machen konnten. Alexander erzählt von seiner zwischenzeitlich erfolgten, durchaus bürgerlichen Heirat. Schließlich kreuzt die schöne Fremde wie vor zwei Jahren wieder auf: Sie ist Alexanders Frau.

Der empfindsame und der romantische Liebhaber werden verspottet, aber sie haben ihre Exaltation soweit überwunden, daß sie ihre Geschichten selbstironisch erzählen können. Der realistische Alexander hat der Schönen schlicht einen Heiratsantrag gemacht und war erfolgreich – aber das ist offensichtlich keineswegs als Sieg des Nüchtern-Bürgerlichen über die Schwärmer zu verstehen. Im nachhinein wird sein merkwürdiges Benehmen während der Erzählungen der Freunde verständlich: Da er in ihren Liebes-»Romanen« nicht zwischen Realität und Fantasie unterscheiden kann, ist er auf die beiden Verehrer eifersüchtig. Damit wird auch seine Position in eine kritisch-komische Beleuchtung gestellt.

Der Erzähler zeigt zum einen bei jedem der drei Freunde andere Verhaltensweisen: zwischen aufgeklärter Bürgerlichkeit, exaltierter Empfindsamkeit und exzentrischer Romantik; aber er macht zugleich die Kehrseiten deutlich, sowohl im Bereich der Geisterseherei als auch und vor allem in dem der Liebe – so erweist es sich, daß die einfachen Zuordnungen nicht aufgehen, daß jeder Gewinn mit einem Verlust verbunden ist. Es bleibt dem Leser überlassen, für sich zu entscheiden, welches Schicksal er am erstrebenswertesten findet.

Ein Brief von Hoffmann an Herrn Baron de la Motte Fouqué (über Rat Krespel)

Der seltsame Titel des Erstdrucks weist auf die merkwürdige Entstehung und zugleich auf die raffinierte Struktur des Werkes hin. Nachdem Fouqué Hoffmanns *Fermate* im *Frauentaschenbuch für das Jahr 1816* veröffentlicht hatte, bat er auch für den nächsten Jahrgang um einen Beitrag. Hoffmann schickte am 22.9.1816 (also zu spät für diesen Jahrgang) einen Entschuldigungsbrief an Fouqué, in dem er das Ausbleiben damit begründet, ihm sei nichts Poetisches eingefallen: »[...] seit der Zeit, da ich wieder in dem Triebrad des Staats lustig zutrete«, sieht es »mit meiner poetischen Gabe höchst miserabel« aus.[10] Er zitiert zwei seiner Lieblingsbücher herbei – den »hinkenden Teufel« (*Le Diable boiteux*) von Lesage und *Rameaus Neffen* von Diderot –, aber auch sie verhelfen ihm nicht zu einer Inspiration. Diesem Brief setzt Hoffmann ein Postskriptum hinzu, in dem er dem

Empfänger mitteilt, daß und wie ihm soeben doch noch die poetische Idee zu einer Geschichte gekommen sei. Hochinteressant für Hoffmanns Poetik ist die Beschreibung dieses Wie, die bei aller Ausschmückung doch Kernpunkte seines Inspirationsprozesses (soweit man diesen rationalisieren und theoretisch fassen kann) erkennen läßt. Ausgangspunkt sind verschiedene Sinneseindrücke – »ein blasser Schimmer«, der »feuriger und feuriger strahlend sich zu gestalten begann«, ein Bild als »Reflex der heißen unaussprechlichen Sehnsucht«, die im »eigenen Innern aufgegangen«. Verbunden ist dieser Schimmer synästhetisch mit einem »wunderbaren« Ton, der die Fantasie in Gang setzt; »ein gewisses neckendes, hohnlächelndes Teufelchen« erinnert ihn an »Lauretta oder Teresina«, also die beiden Künstlerinnen aus der Erzählung des Vorjahrs, *Die Fermate*.[11] Dies ist die Stimme der Selbstkritik, die ihn vor der Wiederholung warnt. Solcher Gefahr setzt er einen anderen Namen entgegen: »Antonie!« »Das Teufelchen ging nun in sonderbarer Gestalt zur Stubentüre heraus, nämlich als ein nicht zu großer, aber sehr hagrer Mann in einem grauen Kleide so zugeschnitten, wie ihn jetzt unsere Jünglinge tragen, und die Tracht deutsch nennen, jedoch mit vielen Schnüren besetzt.« Diese Beschreibung einer Physiognomie wird fortgesetzt bis zu der rhetorischen Frage: »Wie sollte ich denn nicht gleich auf den ersten Blick den Rath Krespel erkannt haben?«[12] Mit dem nächsten Satz – »Dieser Rat Krespel war nehmlich in der Tat einer der allerwunderlichsten Menschen, die mir jemals im Leben vorgekommen«[13] – folgt nun die Erzählung, in deren Mittelpunkt Krespel steht. Der Brief wird schließlich nach vielen Seiten mit einem »Postscripti postscriptum« abgeschlossen, der Frage des Absenders Hoffmann, ob sich aus dieser »etwas langen« Nachschrift eine Erzählung anfertigen ließe oder ob man den Text vielleicht schon »in der jetzigen Gestalt« drucken könne.[14] Fouqué nahm den umrahmenden Brief gleichsam als poetologischen Kontext ernst und druckte im nächstjährigen Jahrgang des *Frauentaschenbuchs* den gesamten Text als Beitrag Hoffmanns ab.

6. Erzählungen und Märchen (1815-1818) 323

Rat Krespel wird als »gewandter Jurist« und »tüchtiger Diplomatiker«, zugleich aber auch als »einer der allerwunderlichsten Menschen« mit einer Reihe von sonderbaren und verrückten Spleens vorgestellt.¹⁵ Das erste Beispiel dafür ist seine wahrhaft »abenteuerliche Art« des Hausbaus – ohne Plan, nach Laune und Gefühl, kein Teil dem anderen gleich, Türe und Fenster läßt er nachträglich herausbrechen. Goethes Mutter berichtet ihrem Sohn in einem Brief von 1796 von den neuesten Eigenarten seines Jugendfreundes, des Rates Crespel, als Bauherrn; Hoffmann könnte dies durch Brentano erfahren haben. Namen und Schilderung sind die Realitätspartikel, an denen Hoffmanns Fantasie ansetzt. Hoffmann erfindet weitere »wunderliche« Züge seines Helden, der so völlig unterschiedliche Einstellungen und Gemütshaltungen aufweist, daß ihn viele für wahnsinnig halten. Zwei Marotten sind besonders auffällig: Krespel kauft oder baut herrliche Violinen, spielt darauf und zerlegt sie dann in barbarischer Weise; und: Er hält eine junge Sängerin namens Antonie mehr oder weniger gefangen und hindert sie am Singen.

Theodor, der Erzähler, möchte beiden Geheimnissen auf die Spur kommen. Er wird zwar von Krespel freundlich empfangen, es gelingt ihm jedoch nicht, Antonie zum Singen zu bringen; als er nicht davon abläßt, wirft Krespel ihn aus dem Haus.

Der zweite Teil der Geschichte spielt zwei Jahre später. Antonie ist tot, Krespel wird des Mordes beschuldigt. Der Rat erzählt Theodor, der sich den Beschuldigungen zunächst anschließt, sein Leben und klärt einige der Geheimnisse: Antonie war seine Tochter, diese litt an einer Krankheit, die zur Folge hatte, daß jede stimmliche Anstrengung sie dem Tod rasch näherbrachte. Krespels rätselhaftes Verhalten entsprang nach seiner Aussage der Fürsorge. Der empfindsame Theodor ist »gerührt und beschämt« über diese Auskünfte.¹⁶ Aber für den Leser bleiben offene Fragen: So berichtet Krespel, daß er seiner kurzen, von Streit geprägten Ehe mit einer berühmten Sängerin dadurch ein Ende setzte, daß er diese aus dem Fenster warf. In seiner Erzählung klingt das schwankhaft-komisch. Aber seine Frau war bereits mit Antonie schwanger, so daß Krespel vielleicht an deren Krankheit nicht schuldlos ist. Ferner verhindert er eine Begegnung Antonies mit ihrer Mutter und – als abgöttisch liebender, aber auch egoistischer Vater – die Heirat und den Wegzug der Tochter; so bringt er sie dazu, nur noch für ihn zu »leben«.[17]

Am Schluß sind einige Rätsel gelöst, etwa der angebliche Mord und das Schwanken des Rats zwischen Freundlichkeit und Wahnsinn; das zentrale Geheimnis der Kunst Antonies erfährt jedoch ebensowenig eine Erklärung wie das Zerbrechen jener Geige, die Antonie mit ihrer eigenen Stimme identifiziert, im Augenblick ihres Todes. Ungeklärt bleibt damit der Zusammenhang zwischen höchster Kunst und Tod. Deren Verbindung ist ein urromantischer Gedanke. Daß diese Kunst jedoch auf einem physischen Defekt, einer Krankheit beruht, weist weit über die Romantik hinaus auf die Décadence-Ästhetik des späten 19. Jahrhunderts. Der frühe Thomas Mann hat Hoffmann seine intertextuelle Reverenz erwiesen: Die »kleine Antonie«, Tony Buddenbrook, ist eine begeisterte Leserin der *Serapions-Brüder* (in die »Rat Krespel« aufgenommen wurde).

Erscheinungen!

Diese kurze Erzählung – Hoffmann spricht von einem »Traumbild«[18] – stellt mit Anselmus den Helden des *Goldenen Topfes* in den Mittelpunkt. Der Erzähler begibt sich in den »Zaubergarten«[19] der Erinnerung zurück und schildert eine zwei Jahre zurückliegende Episode aus der Zeit des belagerten Dresden. Der Bericht über einen geplanten Ausfall der Franzosen kommt »Freunden«, darunter Anselmus, zu Ohren. Auf dem nächtlichen Heimweg trifft dieser einen Greis, der merkwürdige Dinge tut und seltsame Reden führt. Ein geheimnisvolles Mädchen steigt aus der Elbe, redet für Anselmus ebenfalls Unverständliches. Er erkennt in ihr ein Bauernmädchen, das bei seinem Hauswirt wohnt. Als der Alte Anselmus entdeckt und erschlagen will, rettet sie ihn. Schließlich erweist sie sich als die Tochter des Greises, eines Russen.

Am nächsten Tag wird der Ausfall der Franzosen durch die belagernden Russen zurückgeschlagen, der Plan ist auf geheimnisvolle Weise verraten worden. Der Alte und seine Tochter werden als Verräter verhaftet. Im Schlußabsatz erfahren wir jedoch, daß das Mädchen gerettet wird und Anselmus ein »Hochzeitsbrot« schenkt, das sie selbst gebacken hat. »Mehr war aus dem störrischen Anselmus von dieser wunderlichen Begebenheit nicht herauszubringen.«[20] Dieser Schlußsatz legitimiert – ziemlich gekünstelt – die zahlreichen Lücken und offenen Fragen der Erzählung. So bleibt nicht nur die Identität des Mädchens und ihr Verhältnis zu Anselmus ungeklärt, sondern auch die Frage, inwieweit Fragmentierungen und Verwirrungen gewollt oder doch nur auf handwerkliche Schwächen, mangelnde Konzeption, unkonzentrierte Ausführung zurückzuführen sind. Für die Leser des Erstdrucks dieser Erzählung, in einer Art Benefizpublikation für Veteranen der Freiheitskriege (*Gaben der Milde*. Für die Bücher-Verloosung »zum Vortheil hilfloser Krieger«, Berlin 1817), war dies gewiß ein seltsamer und ziemlich unverdaulicher Brocken.

Kinder-Märchen

Hoffmann hatte mit seinem ersten Märchen, *Der goldene Topf*, ein Werk geschrieben, das die Gattungsgrenzen erweiterte und vielfach überschritt: insbesondere in der Struktur, im Gebrauch von Selbstreflexion und Ironie, im Spiel der Intertextualität.

1816/17 initiierte Hoffmann zwei Sammelbände mit dem Titel *Kinder-Märchen*, zu denen er jeweils ein eigenes Märchen beisteuerte. Im Gegensatz zu dem »Märchen aus der neuen Zeit« stellen sich »Kinder-Märchen« – so scheint es auf den ersten Blick – in andere Zusammenhänge. Die wichtigsten sind geprägt vom romantischen Kindheitskult: Kindheit als die mythische Urzeit, als eine Art bessere Welt und Gegenentwurf zur rationalistischen und bürokratischen Gegenwart der Erwachsenen. Dieser Kindheitsauffassung, die sich, in Weiterführung von Vorstellungen Rousseaus und Herders, in der Romantik entfaltet, entsprechen archaische Literaturformen, geprägt von Einfachheit, Schlichtheit und Naivität, wie Lied, Ballade, Sage, Märchen. Sie gelten als Zeugnisse einer »Volks«-Literatur aus der Kindheitsphase der Menschheit und zugleich als die für Kinder geeigneten Literaturgattungen. Daraus folgt zum einen der Weg der wissenschaftlichen Bewahrung des Alten, den die Brüder Jacob und Wilhelm Grimm eingeschlagen haben, zum anderen der Versuch, Märchen und Kinderliteratur im Geist der alten schlichten Märchen neu zu schreiben. Dazu kommt als dritte Möglichkeit die bewußte Aufnahme von Elementen subjektiven und reflexiven Schreibens in die Märchenform, so in den »Kunstmärchen« bei Novalis, Tieck, Brentano oder eben auch im *Goldenen Topf*; aber kaum eines dieser Märchen ist zugleich besonders für kindliche Leser geeignet, auch wenn die Verfasser dies gelegentlich signalisieren (etwa Tieck, der seine ironische, in hohem Grade selbstreflexive Komödie *Der gestiefelte Kater* ein »Kindermärchen in drei Akten« nennt). So bilden die Hoffmannschen Kindermärchen den ersten, durchaus programmatisch zu verstehenden Versuch, einen neuen Typus des Genres zu schaffen.

Die »Kindermärchen« sind im Kreis der Berliner Schriftstellerrunde um Hoffmann entstanden, die sich seit dem ersten Treffen im Oktober 1814 »Seraphinenorden« nannte. Vorausgegangen waren bereits zwei Versuche, ein Gemeinschaftswerk zu verfassen: das »Kreislerianum« von Hoffmann und Fouqué Ende 1814 und ein Roman (Hoffmann nannte ihn den Roman »vom Hrn. Freiherrn von Vieren«[21]) von Hoffmann, Fouqué, Contessa und Chamisso 1815, der 1816 aufgegeben worden war. Im selben Jahr 1816 fanden sich Hoffmann, Contessa und Fouqué zu dem Band mit Märchen zusammen. 1817 folgte ein zweiter Band mit gleichem Titel und denselben Beiträgern. Obwohl die Sammlung keinen Herausgeber nennt, ist Hoffmanns Rolle als Initiator klar belegt: Er verhandelte mit dem Verleger (nach Verzögerungen bei Duncker, der die *Elixiere* herausgebracht hatte, übernahm Reimer, in dessen Verlag die *Nachtstücke* erschienen waren, das Projekt) und zeichnete die Vignetten, zu jedem Märchen zwei, insgesamt also zwölf.

Der lapidare Titel »Kindermärchen« war zu dieser Zeit eigentlich besetzt. Den gleichen Titel, *Kindermärchen*, führte die rasch populär gewordene Sammlung von Albert Ludwig Grimm (1809), den gleichen Gattungsbegriff auch die Sammlung der Brüder Jacob und Wilhelm Grimm. Obwohl der große Erfolg, der ihre *Kinder- und Hausmärchen* (2 Bände, 1812-1815, ebenfalls bei Reimer erschienen) zum dominierenden Paradigma des Märchens und der Kinderliteratur machte, erst mit der zweiten Auflage von 1819 und vor allem der Auswahlausgabe von 1825 einsetzte, war mit diesen Sammlungen der Begriff populär geworden und auf das alte, daher als echt empfundene, naivschlichte Erzählen der Brüder Grimm oder die im romantischen Sinn schlicht und naiv erzählten Märchen in der Art von Albert Ludwig Grimm festgelegt. Hoffmann setzt sich mit seinen beiden Sammlungen und vor allem mit den eigenen Beiträgen sehr deutlich von diesen beiden Gattungstypen ab.

Er nennt auf dem Titelblatt die drei Beiträger in alphabetischer Folge und ordnet die Märchen entsprechend. Aber vielleicht signalisiert das nicht nur Höflichkeit (denn in der zweiten Sammlung wählt er trotz des gleichen Titelblatts eine andere Reihenfolge, was – da die Märchen selbst nicht mit Namen gezeichnet waren – zu Zuordnungsproblemen führte und noch heute führt), sondern ein Fortschreiten: vom traditionell-romantischen Kindermärchen Contessas über die Durchmischung des Märchenhaft-Naiven mit Ironischem und Satirischem bei Fouqué zum eigenen radikalen Bruch mit den eben erst etablierten Erzählformen des »Kindermärchens«.

Nußknacker und Mauseköönig

Das Märchen *Nußknacker und Mausekönig* beginnt an einem Weihnachtsabend und mit der Bescherung der Kinder Marie und Fritz unter dem Weihnachtsbaum – gewiß ein kindgemäßer Anfang, aber zugleich ein Verweis auf die unmittelbarste Gegenwart, denn diese Art, ein »bürgerliches« Weihnachtsfest zu feiern, begann sich in Deutschland soeben erst durchzusetzen.

Unter den vielen Spielsachen ist auch ein »wehmütig-freundlicher« Nußknacker, über den Marie sich besonders freut. Um Mitternacht werden die Spielsachen lebendig, der Nußknacker führt das Kommando in einer grotesken Schlacht gegen das Heer des Mausekönigs – Marie fällt in Ohnmacht und erkrankt, es bleibt offen, ob der Spuk in der Geisterstunde stattfand oder eine Fieberfantasie Maries ist. Im Mittelteil des Werkes erzählt der Pate Droßelmeier der kranken Marie das »Märchen von der harten Nuß«. Der Erzähler erfindet gleichsam die Vorgeschichte des nächtlichen Kampfes; in dem grotesken Märchen spielen der Mausekönig, eine Prinzessin, Droßelmeier selbst und sein in einen Nußknacker verzauberter Neffe seltsame Rollen. Im letzten Teil wird das Märchen in Träumen Maries weitergeführt, bis der Nußknacker schließlich den Mausekönig ersticht und durch Marie erlöst wird, als sie verspricht, ihn zu heiraten – woraufhin der schmucke Neffe Droßelmeiers auftritt und das Märchen zu einem märchenhaften Ende führt.

Eine derartige Zusammenfassung reduziert das Märchen *Nußknacker und Mausekönig* inhaltlich wie formal um wesentliche Elemente. Denn das Märchen ist auch ein Nachtstück (es entsteht im zeitlichen Umkreis des ersten Bandes dieser Sammlung, kurz nach dem *Sandmann*). Bereits im *Sandmann* wird eine Kindheitsgeschichte erzählt, die von Grauen, Angst, Entsetzen geprägt ist. Damit stellte sich Hoffmann in eine zu dieser Zeit noch schwach ausgeprägte Linie der Kindheitsliteratur, deren erste markante Zeugnisse Goethes *Erlkönig* (1782) und Mo-

32. *Nußknacker und Mausekönig.* Titelvignette.

ritz' *Anton Reiser* (1785-1790) sind: Gegen die aufklärerisch-pädagogische Bekämpfung kindlicher Fantasien und Traumata standen hier erstmals Darstellungen der »höllischen Qualen« (Moritz) durch die Schreckgebilde der Ammenmärchen und Figuren des Volksaberglaubens. Nathanaels Kindheit ist von ähnlichen Schreckensbildern, eben denen des Sandmanns, verdüstert. Trotzdem liebt er es, »schauerliche Geschichten von Kobolten, Hexen, Däumlingen u. s. w. zu hören oder zu lesen«, sich den Sandmann »in den seltsamsten, abscheulichsten Gestalten«[22] und sich selbst als gequältes und zerstückeltes Opfer auszumalen.[23] Derart traumatisiert und in seinen Fantasien befangen ist Nathanael allen vernünftigen und rationalen Erklärungen Claras unzugänglich.

Wesentliche Elemente dieses Horrorszenarios überträgt Hoffmann in sein »Kindermärchen«. Während sein erstes Märchen, *Der goldene Topf*, nur einige wenige »nächtliche« Szenen aufwies, erhalten hier bedrohliche Zeichen und Vorgänge ein weit größeres, stellenweise dominierendes Gewicht. Bereits im zweiten Satz wird das Nächtliche intoniert: Den Kindern wird beim Warten auf die Bescherung »recht schaurig zu Mute, als man, wie es gewöhnlich an dem Tage geschah, kein Licht hereinbrachte«.[24] Als Marie nach der Bescherung allein ist, erfüllt ihre Fantasie die Spielsachen mit Leben und verwandelt die vertraute Umgebung in eine Schreckensszene. Das Mädchen schneidet sich an einer Glasscheibe, das Blut zieht eine Spur durch das Märchen; Träume werden zu Alpträumen; vom Mausekönig gehen »unterirdische Gewalt«, Ekel und Gefahr aus, »Angst und Grauen« setzen Marie zu.[25] Die »Blutspur«, die Ohnmachten, die am Schluß erwachende Liebe zu dem Neffen Droßelmeiers zeigen, daß ihr Entwicklungsgang von sexuellen Konnotationen begleitet ist; Hoffmann zeichnet »das Szenario einer Initiation, eines Bildungs- und Reifungsweges, der von der anarchischen Triebwelt der Natur über die schmerzhaften Krisen der Rollenfindung und kulturellen Bedeutungsstiftung für das heranwachsende Mädchen einen Weg in die Welt der Erwachsenen öffnet«.[26]

Die vielschichtigste Figur des Märchens ist der Pate Droßelmeier. Man hat in ihm vielfach ein freundliches Selbstporträt Hoffmanns gesehen, zumal das Märchen einen autobiographischen Hintergrund hat: Hoffmann beschenkte die Kinder Marie und Fritz seines Freundes Hitzig und schrieb das Märchen für sie. Der Uhrmacher und Mechanikus wird ein »künstlicher Mann« genannt, er fertigt »schönes künstliches Werk«.[27] »Künstlich« wird in der Romantik zwar auch noch als das Adjektiv zu »Kunst« empfunden, heißt also künstlerisch, artifiziell, artistisch; aber Droßelmeier ist auch »künstlich« als Produkt der Kunst Hoffmanns, also ein alter ego allenfalls in einem sehr vermittelten Sinn. Ebenso sehr oder wenig wie dem Autor gleicht der Pate dem häßlichen Nußknacker, der lebendig wird und spricht – in den Träumen und Alpträumen Maries, in der Erzählung Droßelmeiers, dann auf dem Papier als »Kunstwerk« Hoffmanns.

Der Nußknacker ist zwar freundlich und hilfsbereit, aber er wird unwillentlich der Auslöser für den Haß des Mausekönigs und damit des Grauens und der Gefahr für Marie. Droßelmeier rettet Marie aber auch, und zwar durch seine Erzählung. Ähnlich wird das Erzählkunstwerk Hoffmanns durch die doppelte Ausrichtung als Nachtstück voller Grauen und als Märchen, als beglückende Idylle mit Happy-End getragen. Beides gehört hier untrennbar zusammen, erstmals wird bei Hoffmann (und erstmals in solchem Ausmaß in der Gattungsgeschichte) das Nächtliche integraler Teil des Märchens.

Nußknacker und Mausekönig besitzt eine komplexe Struktur, vor allem in den Beziehungen zwischen der Rahmenerzählung und dem »Märchen von der harten Nuß« als Binnenerzählung, wobei Droßelmeier eine besondere Rolle zukommt, einmal als Figur der Rahmenhandlung, zum anderen als Erzähler des Märchens. Näher dem »fantastischen« Erzählen als dem, was bis dahin Märchen hieß, sind auch die grotesken und skurrilen Elemente, vor allem der durchgehend ironische Ton, der sich insbesondere auf den Wirklichkeitscharakter des Geschehens bezieht; nicht zuletzt der Anspielungsreichtum, die Fülle der auch hier zu erkennenden intertextuellen Bezüge. Diese Eigenarten und Schreibweisen verbinden *Nußknacker und Mausekönig* mit dem *Goldenen Topf*, aber ebenso mit den *Nachtstücken* und den *Fantasiestücken*.

Eine offene Frage ist es, inwieweit diese Elemente einem Kindermärchen angemessen sind. Hoffmann selbst hat dazu eine klare Meinung: Da Kinder mit dem gleichen Sinn für das Fantastische ausgestattet sind wie Erwachsene (eigentlich sogar einen größeren Fantasiereichtum aufweisen), können auch sie solche Märchen genießen. Für unterschiedliche Verstehensweisen baut er unterschiedliche Identifikationsfiguren ein: für die Kinder

Marie und Fritz, die das Geschehen weitgehend naiv erleben, für die Erwachsenen (und, wie die Forschungsliteratur zeigt, für die Literaturwissenschaftler) die Gestalt des Paten Droßelmeier. Die Abweichung von den eben etablierten Normen des Kindermärchens führte in der zeitgenössischen Kritik in diesem Punkt fast ohne Ausnahme zu einer scharfen Ablehnung, und mit dem Siegeszug der »Gattung Grimm« verstärkte sich dieses Urteil noch. Erst die moderne internationale Märchenforschung kommt zu einer völlig anderen Bewertung: Sie sieht in *Nußknakker und Mausekönig* ein neues Modell in der europäischen Kinderliteratur, den Prototyp des »phantastischen Kindermärchens«, das erst bei Lewis Carroll und George MacDonald ein halbes Jahrhundert später aufgegriffen und im 20. Jahrhundert vielfach weitergeführt wurde; als Beispiel sei die Einschätzung von Hans-Heino Ewers angeführt:

> E. T. A. Hoffmanns Kindermärchen stehen am Beginn einer Kinderliteratur, die eben diese Erfahrung der Kinder [die Duplizität des kindlichen Lebens] zur Sprache bringt, die den Gegensatz zwischen Kindheitsraum und erwachsenendominierter Wirklichkeit thematisch werden läßt. [...] In E. T. A. Hoffmanns Kindermärchen hat das Muster einer bedeutenden Gattung der europäischen Kinderliteratur seine erstmalige Ausprägung erfahren. [...] Der Einbruch des Wunderbaren oder des Gespenstig-Dämonischen löst in ihr keine Bewußtseinskrise, keine psychotischen Schocks, keine Destruktionen des Realitätsverhältnisses aus. Die Helden wie die Leser phantastischer Kinderliteratur bewegen sich auf beiden Diskursebenen noch mit einer gewissen Selbstverständlichkeit.[28]

Unabhängig von den Kontroversen der Märchenexperten wurde *Nußknacker und Mausekönig* zu einem der Werke, die Hoffmanns Namen in die Welt trugen und bis heute auch in der Populärkultur verankerten. Das meist auf die Binnenerzählung von der harten Nuß reduzierte Märchen wurde in zahlreichen Bearbeitungen und Vertonungen (am berühmtesten das Nußknacker-Ballett von Tschaikowskij), Übersetzungen, illustrierten Ausgaben, Filmen zu einem der »Weihnachtsklassiker« des 20. Jahrhunderts.

Das fremde Kind

Das fremde Kind, Hoffmanns Beitrag für den zweiten Band der »Kinder-Märchen« von 1817, ist in vielem traditioneller, nach seinem eigenen Urteil »wunderbar kindlich und fromm«,[29] »reiner, kindlicher und eben deshalb für Kinder [...] brauchbarer«.[30] In der Tat ist der Aufbau chronologisch-geradlinig, die Schreibweise einfacher. Dennoch sollte man dies nicht, unter Berufung auf die Hoffmann-Zitate, als erschreckte Reaktion des Autors auf die herbe Kritik an seinem revolutionären Märchenkonzept deuten. »Signalisiert« die Eingangsformel »Es war einmal« wirklich, hier werde »insgesamt schlichter und volksmärchenhafter« erzählt?[31] Diese Ansicht hat Hoffmann in einer Reflexion des Erzählers über den besten Anfang einer Erzählung im *Sandmann* bereits ironisch unterlaufen, und auch sein letztes Märchen, *Meister Floh*, wird mit dieser Wendung beginnen, Auftakt eines virtuosen Verwirrspiels zwischen Gegenwart und Märchenwelt.

Auch *Das fremde Kind* hat Kinder als Helden, Felix und Christlieb, Land- und Naturkinder nach Rousseaus Herzen, unverbildet, unschuldig, naiv – mit dem Spielzeug der Vettern aus der aufgeklärten städtischen Verwandtschaft wissen sie ebensowenig anzufangen wie mit deren »feinen« Kleidern. Sie kennen und schätzen das Selbsterlebte und Selbsterfahrene, nicht das lebensfremde Buchwissen. Daran kann auch der aufgeklärte Hofmeister aus der Stadt, Magister Tinte, wenig ändern. In diese Welt bricht das fremde Kind ein, eine Märchenfigur aus dem goldenen Zeitalter. Es hat die Gabe, »magisch« zu sehen, das Leben im Unbelebten, in der Natur zu schauen, Tiere sprechen zu hören; und es vermittelt diese Fähigkeit den Landkin-

33. *Das fremde Kind*. Aquatintazeichnung. Frontispiz.

dern. Im Märchenreich des fremden Kindes werden allerdings auch die Gefahren einer extremen Hingabe an die Fantasie gezeigt. Zum Gegenspieler der Märchenfiguren wird der penetrant vernünftige Magister. Er entpuppt sich im Märchenwald als der böse Gnom Pepser und wird zu einer »großen scheußlichen Fliege«, die das fremde Kind verjagt. Als Felix und Christlieb mit diesen Erzählungen aus dem Wald und dem Märchenland zurückkehren, setzt sich das Wunderbare fort: Der Vater treibt Tinte mit einer Fliegenklatsche in einer grotesken Szene aus dem Haus. Damit ist die Idylle jedoch nicht wieder hergestellt, im Gegenteil: Die verschmähten Spielsachen werden lebendig und peinigen die Kinder, der Vater stirbt – möglicherweise an einem Fluch Tintes –, die Familie wird aus dem Haus vertrieben. In diesem Elend erscheint das fremde Kind noch einmal und sagt ihnen: »Behaltet mich nur treu im Herzen, wie ihr es bis jetzt getan, dann vermag der böse Pepser und kein anderer Widersacher etwas über euch! – liebt mich nur stets recht treulich.«[32] Die zuvor im Gegensatz zu ihrem Mann skeptische Mutter glaubt nun ebenfalls an das »Märchen«, und auch in Zukunft begegnet das fremde Kind Felix und Christlieb »in süßen Träumen« und läßt sie das Leben als schön empfinden. In den Schlußsätzen werden die Kernbegriffe »Märchen«, »Traum« und »Wunder«[33] so deutlich wiederholt, daß dem Leser – vielleicht sogar dem kindlichen – bewußt bleibt: Hier wird keine Lösung der Konflikte in der Wirklichkeit suggeriert, das Märchen stellt seinen Märchencharakter aus.

Man hat versucht, *Das fremde Kind* allegorisch oder symbolisch zu deuten. Solche Interpretationen gehen allerdings nicht auf. Gewiß hat das Kind die zentralen Eigenschaften der Fantasie (Tiecks Elfe »Phantasus« aus dem Gedicht »Die Elfen« könnte ein Vorbild des fremden Kindes sein), des Schöpferischen, des Poetischen, die sich in die Gegenwart der »wirklichen Welt« übertragen lassen. Aber es steht auch für eine paradiesische Welt, in der Unterschiede des Eigentums oder des Geschlechts (es ist androgyn) keine Rolle spielen. Das Adjektiv »fremd« signalisiert allerdings das Schicksal eines jeden, der aus diesem Paradies der Kindheit vertrieben, also erwachsen wird: Fremdheit und Entfremdung. Das erfahren auch die Kinder in dem Märchen.

Der Gegenspieler des Kindes ist Magister Tinte, der als Fliege ein typisches Teufelsattribut trägt, aber doch in erster Linie als trockener Aufklärer und pedantischer Wissenschaftler auftritt, der Kinder zu Puppen und zu Automaten abrichtet. Daß Hoffmann hier nicht vulgärromantisch die Kindheit verklärt, sondern sehr konkret fortschrittliche Positionen der Pädagogik – etwa ein ganzheitliches Lernen – gegen die Anhäufung abfragbarer Bildungsgüter und vom Bürgertum übernommene aristokratische Erziehungsideale setzt, erkennt man allerdings nur, wenn man Hoffmanns Texte auf die verschiedensten Sinnbezüge hin zu lesen versteht.

Historische Erzählungen

1817 schrieb Hoffmann seine erste historische Erzählung, *Doge und Dogaresse* (sie spielt im 14. Jahrhundert in Venedig), kurz darauf – Ende 1817/Anfang 1818 – entstanden *Meister Martin der Küfner und seine Gesellen*, eine Geschichte aus dem Nürnberg des 16. Jahrhunderts, und – wohl im März 1818 – *Der Kampf der Sänger*, im Thüringen des 13. Jahrhunderts angesiedelt. Weitere historische Erzählungen werden in den nächsten Jahren folgen.

Das zeitlich sehr weit verstandene Mittelalter war bereits in der frühen Romantik als Handlungszeit beliebt geworden. In dem verbreiteten triadischen Geschichtsmodell wurde der als unzulänglich empfundenen Gegenwart eine ideale Vergangenheit gegenübergestellt, mit Vorliebe das christliche, »romantisch« genannte Mittelalter, das, analog zu der vorwärtsgewandten Utopie eines Goldenen Zeitalters, gleichsam als rückwärtsgewandte Utopie das verlorene Paradies verkörperte.

In der beginnenden Restaurationszeit griff das historische Erzählen noch weiter um sich. Seine Beliebtheit hatte sehr unterschiedliche Gründe. Zum einen diente es weithin als Rückzug aus einer nun auch vor allem politisch als unerquicklich erlebten Gegenwart; zum anderen wurde es zu einer national bestimmten Verklärung der Vorgeschichte; schließlich trat das Bedürfnis nach Reflexion der Vergangenheit hinzu, mit dem Ziel einer Positionsbestimmung des Bürgers in der Gegenwart. Das wachsende Interesse an Historischem zeigte sich in Deutschland wie in vielen anderen Ländern Europas sowohl im wissenschaftlichen als auch im literarischen Bereich. Gemeinsame Grundlage war der bereits von Herder ausformulierte, nun ständig populärer werdende Historismus, der jeder Epoche ein Eigenrecht und damit ein eigenes Interesse zusprach. Im Bereich der Literatur profitierte von dieser Haltung am meisten der historische Roman Walter Scotts und seiner vielen Nachfolger, der in den

6. Erzählungen und Märchen (1815-1818)

1820er Jahren zum erfolgreichsten Gattungsmodell in Europa wurde, sowie das historische Erzählen im allgemeinen.

Wichtigstes Anzeichen für die Ausbreitung der historistischen Einstellung, die das Genre im 19. Jahrhundert immer populärer macht, ist das Verschwinden der Erzählgegenwart. Ähnlich wie das Grimmsche Märchen eine eigene, in sich geschlossene Welt bildet, so auch die »historistische« Erzählung. Hoffmann hält deutlich und sehr bewußt Abstand zu solch wissenschaftlich-reiner Trennung der Bereiche. Ähnlich wie er die Geschlossenheit der Märchenwelt aufbricht, öffnet er auch die erzählte Geschichtsepoche für die Gegenwart: etwa durch einen Rahmen, durch kommentierende oder ironische Erzählerbemerkungen, aktualisierende Bezüge, bewußte Anachronismen.

Das bedeutet allerdings keineswegs, daß Hoffmann die ferne Geschichtsepoche nur als Projektionsfläche aktueller Probleme benutzt hätte. Seine Bilder des Mittelalters etwa beruhen – verglichen mit auf geringer Faktenkenntnis gründenden Fantasieprodukten, wie sie noch in der frühen Romantik nicht selten waren – auf oft ausgiebiger historischer Recherche. Die meisten historischen Erzählungen Hoffmanns sind geprägt durch intensive Quellennutzung, die bis in die fast wörtliche Übernahme ganzer Absätze reicht. Hoffmann ist allerdings nie primär Wissenschaftler, er bewahrt sich stets die Freiräume der Fantasie, die auch und gerade mitten im historischen Zitat einsetzen kann. Der enge Anschluß an Quellen ist vor allem bei äußeren Ereignissen gegeben, beim Lokalkolorit, bei der Benennung und Beschreibung von Personen; die Fantasie bezieht sich vor allem auf das innere Leben und die emotionalen Seiten dieser Personen, auf die Bereiche Liebe und Kunst. Allerdings hat Hoffmann auch keinerlei Skrupel, Personen zu einem historischen Tableau hinzuzuerfinden oder historische Personen mit Charakterzügen auszustatten, die den überlieferten Quellen zuwiderlaufen, wenn es für seine Zwecke sinnvoll und wichtig ist. Leitfragen an seine Erzählungen können daher sein: Wie stark historisch sind sie, welche Funktionen hat das Historische? Und: wieviel Platz bleibt der Fantasie, dem Wunderbaren? Wie werden beide Phänomene miteinander verbunden?

Doge und Dogaresse

Für die Erzählung *Doge und Dogaresse* benutzte Hoffmann ausgiebig ein geschichtliches Werk, Johann Friedrich Le Brets vierbändige *Staatsgeschichte der Republik Venedig* (Riga 1769-1777). Ihr entnahm er zahlreiche historische Fakten, Zusammenhänge, topographische Schilderungen. Der historische Hintergrund bietet eine Reihe von politischen Spannungsmomenten: Macht und Gefährdung Venedigs, Verschwörung und deren Niederschlagung, die teils politische, teils mythische Wahl des Dogen.

Der Einstieg in die Geschichte erfolgt jedoch über die Gegenwart, und zwar ähnlich wie im Fall der Erzählung *Die Fermate* durch ein Gemälde: Bereits im ersten Satz erfahren wir, daß dieses Bild, *Doge und Dogaresse* von Carl Wilhelm Kolbe, im September 1816 in der Akademie der Künste zu Berlin ausgestellt war.[34]

Es zeigt einen alten Dogen neben einer jungen Frau, im Hintergrund eine ältere Frau, an der Seite ein junger Mann, das Ganze vor der Kulisse Venedigs und des Meeres. Schließlich werden die Verse aus dem Bilderrahmen zitiert, die auf die fehlende Liebe zwischen dem ungleichen Paar hinweisen. Der Erzähler führt uns vor dieses Bild und berichtet von der Diskussion zweier Freunde über die Frage, ob diese Verse eine allgemeine Liebestragödie andeuten oder ob der Künstler »eine wirkliche geschichtliche Begebenheit habe darstellen wollen«. Ein Fremder tritt hinzu und erklärt, ein Künstler sehe oft in seinem Gemüt Bilder, die sich dort »zum Leben zu formen und ihre Heimat zu finden scheinen. Und plötzlich verknüpft sich das Bild mit der Vergangenheit oder auch wohl mit der Zukunft, und stellt nur dar, was wirklich geschah oder geschehen wird.« Das Bild ver-

6. Erzählungen und Märchen (1815-1818)

34. Carl Wilhelm Kolbe: *Doge und Dogaresse*. Ölgemälde.

weise, vielleicht Kolbe unbewußt, auf die Geschichte des Dogen Marino Falieri und seiner Gattin Annunziata. Der Fremde kündigt an, er wolle von Dingen reden, die ihm »so lebendig vor Augen« stünden, als habe er sie »selbst erschaut«; als Historiker sei er ja nun einmal »eine Art redendes Gespenst aus der Vorzeit«.[35]

Die Binnengeschichte der Erzählung wird genau datiert, auf August 1354. In die politische Geschichte wird das auf dem Bild »dargestellte« oder angedeutete private Geschehen hineinverflochten: Ihre Handlungsträger sind die junge Frau, Annunziata, der der Greis keine Liebe geben kann und will, sowie der Mann an der Seite des Bildes, Antonio, ihr Jugendgeliebter. Dazu kommt die alte Frau im Hintergrund, die der Erzähler als die (historisch nicht belegte) Amme Margaretha vorstellt. Antonio, aus vornehmem Hause, lebt nach einer Krankheit ohne Erinnerung, isoliert, als Außenseiter, verachtet, ärmlich. Die Dogaresse findet in ihm das Idealbild des Geliebten aus ihrer Jugend, nun unerreichbar sowohl durch die Standesschranken als auch durch ihre Verheiratung. Die alte Margaretha, die frühere Amme Annunziatas und nun Helferin der Liebenden, ist Teil des verlorenen

Paradieses, aber in der Gegenwart häßlich, entstellt, verelendet, auch eine Vorbotin des Todes. Die Liebe endet tragisch, die Liebenden finden den Tod im Meer, Tod und Liebe werden auf das engste verflochten, es ist dies eines der ersten bedeutenden Beispiele des Liebestodes in der romantischen Literatur. Diese mystische Idee entnahm Hoffmann Schuberts *Ansichten*, ihm folgte er auch in der Metaphorik, wenn er die »Blumen der Liebe, Myrten und Rosen«, zugleich als Blumen des Todes ausgestaltet. Mit dem Tod im Meer gewinnt der Liebestod eine weitere mythische Dimension, denn das Meer galt als die Braut des Dogen, der er sich in einer symbolischen Handlung vermählte. Die prachtvolle Meereskulisse des Kolbeschen Bildes wird bereits im Eingang der Binnenerzählung mit »Todesschrecken« und die Schiffe mit »hungrigen Raubtieren« assoziiert,[36] so vorausdeutend auf die ambivalente Rolle des Meeres als geheimnisvolle Verlockung und zugleich als unheimliche, nächtliche Macht des Schicksals.

Diese Geschichte von Politik und Liebe, Verschwörung und Betrug spielt vor einer detailreich ausgestalteten historischen Kulisse, schildert Vorgänge von großer historischer Bedeutung quellennah und anschaulich. Zahlreiche Elemente tragen zu einer bewegten und spannenden Handlung bei, immer wieder geht das Geschehen in Dialoge über, wird szenisch und dramatisch vergegenwärtigt. So werden sowohl die Geschichtsdarstellung Le Brets als auch das Bild Kolbes im wahrsten Sinne des Wortes lebendig, das zeigt auch die Schlußszene, in der die Freunde noch einmal vor das Gemälde treten: »Die tiefere Bedeutung des anmutigen Bildes ging ihnen klar auf, aber auch alle Wehmut der Liebesgeschichte Antonio's und Annunziata's kehrte, so oft sie das Bild auch noch anblicken mochten, wieder und erfüllte ihr innerstes Gemüt mit süßen Schauern.«[37]

Meister Martin der Küfner und seine Gesellen

Meister Martin der Küfner und seine Gesellen nimmt – wie *Doge und Dogaresse* – zwei Quellen als Ausgangspunkt: ein Bild und einen historischen Text. Das Bild »Böttcher Werkstatt« stammt ebenfalls von Kolbe; der Hinweis darauf und ein die Vorlage recht frei behandelnder Stich von H. Schmidt waren dem Erstdruck im *Taschenbuch zum geselligen Vergnügen auf das Jahr 1819* beigegeben.

Dazu kommt ein historisches Werk: *De Sacri Rom. Imperii libera civitate Noribergensi commentatio. Accedit, De Germaniae Phonascorum origine, praestantia, utilitate, et institutis, sermone vernaculo liber [...] Buch Von der Meister-Singer Holdseligen Kunst Anfang, Fortübung, Nutzbarkeiten und Lehr-Sätzen* von Johann Christoph Wagenseil (1697). Diesem Werk entnahm Hoffmann zahlreiche topographische Einzelheiten, Namen, Schilderungen von Ereignissen, Versen usw., ihm verdankt die Erzählung die Atmosphäre der Reichsstadt Nürnberg, die der Autor auch aus eigener Anschauung – von einem Besuch 1812 – kannte.

Ebenfalls wie in *Doge und Dogaresse* setzt eine Rahmenerzählung in der Gegenwart ein: Der Erzähler führt den Leser »mitten in alle Herrlichkeit der alten Reichsstadt«, in »süßer Träumerei« steigen Bilder »des tüchtigen Bürgerlebens zu jener Zeit, wo Kunst und Handwerk sich in wackerm Treiben die Hände boten«, in ihm auf – »eins dieser Bilder [...] in Meister Martins Hause [...] bei seinen Kufen und Kannen« will uns der Schreiber vor Augen führen, es ist eben dieses »Bild«, das Kolbe gemalt hat.[38]

Die Handlung selbst wird genau datiert, sie beginnt am 1. Mai 1580. Der angesehene Küfnermeister Martin schätzt sein Handwerk und dessen Ethos über alles. Daher will er seine Tochter Rosa nur dem geben, der ein von ihm genau beschriebenes Meisterstück herstellen kann. Drei Bewerber – der Ritter Conrad,

35. Stich von H. Schmidt nach Carl Wilhelm Kolbes *Bötticher Werkstatt*.

der Maler Reinhold und der Goldschmied Friedrich – unterwerfen sich aus Liebe zu Rosa dieser Forderung und versuchen, ihre individuellen Fähigkeiten mit den Erfordernissen des bürgerlichen Handwerks zu verbinden. Conrad und Reinhold scheitern, verlassen die Werkstatt und behalten Rosa als Ideal in Erinnerung. Der bürgerliche Friedrich liebt als einziger Rosa mit dem »Herzen«, zugleich entwickelt er sich im Handwerk zum Künstler. Auch er scheitert jedoch zunächst an den rigorosen Forderungen des Meisters, bis sich bei ihm in wunderbarer Weise dessen Auflage doch erfüllt. Der Konflikt, der auf der Spannung zwischen Handwerk auf der einen, autonomer Kunst auf der anderen Seite beruht, wird von dem erfolgreichen Bewerber gelöst, ihm gelingt im Kunst-Handwerk die Einheit von bürgerlichem

Beruf und Kunst, er bleibt nicht Außenseiter. Bei der Hochzeit feiern auch die Rivalen mit – so scheint dies eine der wenigen Erzählungen Hoffmanns zu sein, bei der am Schluß eine Idylle steht. Aus diesem Grund ist *Meister Martin* auch von den Kritikern Hoffmanns meistens aus ihrer Verurteilung ausgenommen, als »bürgerlich« und »gesund« und auf dem rechten Wege zum realistischen Erzählen gerühmt worden. Der mit Hoffmanns ambivalenter Schreibart vertraute Leser erkennt aber auch die beschränkte Spießigkeit des Meisters, dem sein Handwerk »längst zur Ideologie geworden«[39] ist. Der bürgerliche Stand muß sich ebenso wandeln wie der Adel und das Künstlertum, für den die beiden anderen Gestalten stehen, wenn er nicht erstarren und überheblich werden, sondern sich als geschichtliche Kraft für die Zukunft bewähren soll. »Den Künstlern und ihren Werken fällt bei dieser notwendigen Selbstbesinnung des Bürgertums eine zentrale Rolle zu. Sie sind es mit ihren besonderen Begabungen, mit ihrer Begeisterung und ihren Ideen, die Innovationen ins Bürgertum einbringen und es damit zum Umdenken anregen.«[40] Diese gesellschaftskritische Botschaft ist deutlich von einer Verklärung des altdeutschen Bürgertums verschieden, wie sie weit mehr Richard Wagner in seiner Adaption dieser Erzählung in den *Meistersingern von Nürnberg* durchgeführt hat. Allerdings bleibt auch festzuhalten: Ähnliche Utopien von der Funktion der Kunst bei der Reform der Gesellschaft hat Hoffmann nicht entworfen; und völlig offen bleibt, welche Art *Literatur* Friedrichs kunst-handwerklichem Meisterstück entspräche.

Der Kampf der Sänger

In dieser Erzählung wendet sich Hoffmann einer noch ferneren Zeit zu, dem in der frühen Romantik, vor allem bei Tieck und Novalis so beliebten hohen Mittelalter. Seine historische Quelle ist wiederum Wagenseils Chronik. Diesmal folgt er ihr in noch wesentlich höherem Maße, abschnittsweise nahezu wörtlich.

Das wird ebenso charakteristisch für seinen Umgang mit historischen Quellen wie die Tatsache, daß er sich in derselben Erzählung völlig frei davon machen kann, also Figuren und Episoden hinzuerfindet, die er in den historischen Kontext einschreibt.

Hoffmann nähert sich der Binnengeschichte diesmal in zwei Zeitschritten: Der (spätere) Erzähler liest die Chronik Wagenseils, er versenkt sich dabei, beflügelt durch seine Fantasie, so in die Welt des Gelesenen, daß ihm im Halbtraum Wagenseil selbst entgegentritt – ähnlich wie der Maler Berklinger im *Artushof* Traugott erschienen war – und ihm die Bilder zeigt und erklärt, die er vor sich sieht und von denen er liest. Wagenseil stellt ihm die mittelalterlichen Sänger vor, er macht ihn zum Zeugen eines Wettsingens: Schon will die Landgräfin Mathilde den Siegerkranz an Wolfframb von Eschinbach geben, als Heinrich von Ofterdingen auftritt. Er singt ein seltsames Lied, gewaltig, fremd, dissonant, spielt auf einer »Laute von wunderlichem Bau«, so stark, daß die Saiten springen. Eine plötzlich auftauchende »finstre entsetzliche Gestalt« umfaßt Heinrich und entführt ihn »hoch empor in die Lüfte«.[41]

Dieser erzählte Traum erweist sich als eine Art Vorwegnahme der Erzählung selbst, die dem Kampf von sechs bekannten Minnesängern am thüringischen Hofe gilt. Protagonist ist auch hier Wolfframb von Eschinbach, der als das Idealbild des christlichen Sängers geschildert wird, ein Künstler aus dem Geist von Wackenroder und Tieck, ausgezeichnet durch frommen Sinn, Innigkeit, christlichen Glauben. Seine Lieder sind einfach und gehen zu Herzen. Seine Kunst ist anerkannt, er genießt Ehre und Ruhm seiner Mitstreiter und des Hofes, Kunst und Religion haben sich bei ihm bruchlos verbunden. Heinrich von Ofterdingen hingegen ist gekennzeichnet durch sein »unruhiges zerrissenes Wesen«, er ist ein Außenseiter in dieser Welt, seine Kunst, sein Lied wird als etwas völlig Ungewohntes beschrieben,

> dessen Weise so ganz anders als alles, was die andern gesungen, so unerhört war, daß alle in die größte Verwunderung, ja zuletzt in das höchste Erstaunen gerieten. Es war als schlüge

er mit seinen gewaltigen Tönen an die dunklen Pforten eines fremden verhängnisvollen Reichs und beschwöre die Geheimnisse der unbekannten dort hausenden Macht herauf.[42] Dieses Lied ist nicht christlich gebunden, sondern wird als »heidnisch« charakterisiert, als lockend und lüstern empfunden, es ist artistisch, artifiziell. Wie im vorweggenommenen Traum werden Verbindungen zum Teufel nahegelegt. Ofterdingens Sieg ist jedoch nicht von Dauer, in einer zweiten Runde wird er von allen besiegt. Ein geheimnisvoller »Schwarzer«, Nasias, gab ihm ein Buch mit Regeln und Liedern – darunter heidnisch-erotischen Gesängen – des »Meister Klingsohr«. Diese verlockende, »dämonische« Kunst wird von Wolfframb nicht nur besiegt, er hilft Heinrich sogar, sich aus der Macht der Dämonen zu befreien; damit erweist sich die Überlegenheit des Christlichen auch im ethischen Bereich.

Die Kunstthematik wird durch die der Künstlerliebe ergänzt: Landgräfin Mathilde erliegt eine Zeitlang den Verlockungen Heinrichs, »alles vernachlässigend, was zur Zierde holder Frauen dient«: Sie wird selbst zur Sängerin – solcher »Wahnsinn« führt dazu, daß der Landgraf allen Damen das Dichten bei Strafe verbietet, »wofür ihm die Männer, denen Mathildens Schicksal Schrecken eingejagt, herzlich dankten«.[43] Das klingt sehr ironisch, paßt aber – zumindest in diesem Kontext – durchaus in das hier dominierende »fromme«, konservative Kunstprogramm.

In dieser Erzählung fügt sich einiges schwer zusammen. Heinrich von Ofterdingen, der am Anfang im Mittelpunkt steht, reist schon bald ab und meldet sich erst am Schluß in einem Brief als »geheilt« noch einmal. Der Hauptteil der Erzählung besteht im Kampf zwischen Wolfframb und Klingsohr (darin folgt Hoffmann seiner Quelle Wagenseil); aber auch Klingsohr ändert, ähnlich wie Mathilde, während der Erzählung seinen Charakter weitgehend und etwas unmotiviert. Diese strukturellen und erzählerischen Mängel liegen auf der Hand.

Durch die Art der Behandlung von Heinrich von Ofterdingen

wird auch dessen Kunst desavouiert; aber ob man dies als Bekenntnis Hoffmanns zu Wolfframbs Kunst lesen soll, bleibt doch fraglich. Zu weit weicht dieses harmonische, von keinerlei Spannungen gezeichnete Kunstideal von dem ab, was Hoffmann in anderen Erzählungen aus derselben Zeit zu diesem Komplex entwickelte. Wahrscheinlich liegt das Hauptproblem dieser Erzählung in der außerordentlich engen Bindung an die Quelle: Innerhalb der mittelalterlichen Ästhetik ist nur eine Kunst wie die Wolfframbs akzeptabel, keinesfalls aber die Heinrichs (oder Klingsohrs und Nasias'). Hoffmann hat eine Reihe der Probleme des modernen und speziell des romantischen Künstlers in die Gestalt Heinrichs hineingelegt, aber dessen Gefährdungen können im Rahmen des mittelalterlichen Kontextes nur negativ gesehen und verurteilt werden, nicht als Chance, ja Grundbedingung für das Entstehen einer »anderen« Kunst, die »fremd« und dissonant ist. Sie wird mit dem Beistand des Teufels in Verbindung gebracht, ein Muster, an das Thomas Mann im *Doktor Faustus* anknüpfen konnte.

Zu den heidnisch-erotischen Liedern des teuflischen Nasias gehört auch eines über die »überschwenglichen Freuden des Venusberges«.[44] Damit verbindet Hoffmann die Erzählung mit einem weiteren Minnesänger, der bereits im Mittelalter zu einer Sagenfigur wurde: dem »Tannhäuser«, der von Venus in ihren Berg gelockt wird und auch vom Papst keine Vergebung erlangen kann. Tieck hatte die Sage in der Erzählung *Der getreue Eckart und der Tannenhäuser* aufgegriffen, die Hoffmann aus dem *Phantasus* kannte. Richard Wagner knüpfte dann an Hoffmann und dessen Zusammenführung der beiden Überlieferungen in seiner Oper *Tannhäuser und der Sängerkrieg auf der Wartburg* (1845) an. Durch die beiden »altdeutschen« Opern Wagners erhielt in der Wirkungsgeschichte von Hoffmanns Erzählungen der historische Aspekt in einer von diesem nirgendwo intendierten nationalen Ausrichtung einen starken Akzent.

III. Fantastische Werke eines »humoristischen Schriftstellers« (1819-1822)

Nach der Aufführung der *Undine* und dem Erscheinen der *Nachtstücke*, der *Kinder-Märchen* und mehr als einem halben Dutzend Taschenbucherzählungen war der Kammergerichtsrat Hoffmann in Berlin ein bekannter Künstler und in ganz Deutschland ein beliebter und vielgelesener Erzähler. Jahr für Jahr erschienen mehrere neue Werke von ihm; nicht selten arbeitete er an mehreren zugleich. Das gilt in verstärktem Maße für seine letzten Lebensjahre. Das zeitliche Nebeneinander verschiedenster Projekte läßt einen Einschnitt in seinem künstlerischen Werk in diesem Zeitraum kaum erkennen. Am ehesten wäre ein gewisser Neuansatz im Jahr 1819 zu sehen, in dem drei größere Werkkomplexe erscheinen oder zu erscheinen beginnen. Das erste Projekt ist das Unternehmen, die Erzählungen und Märchen der vergangenen Jahre in einen großen Rahmen einzufügen: Von den *Serapions-Brüdern* werden 1819 die beiden ersten von vier Bänden veröffentlicht. (Weitere Erzählungen entstehen bis zu Hoffmanns Tod, werden jedoch nicht mehr, wie geplant, gesammelt.) 1819 erscheint auch *Klein Zaches*, das erste Märchen in Buchform, dem Roman auf das engste verwandt; zwei weitere »Roman-Märchen« folgen kurze Zeit später, *Prinzessin Brambilla* und *Meister Floh*. Das dritte Projekt, *Kater Murr*, ebenfalls 1819 begonnen, ist, als Hoffmann stirbt, nicht beendet; die beiden bis dahin erschienenen Bände machen den Roman dennoch zum umfangreichsten Einzelwerk des Autors.

Als Symptom eines Einschnitts 1819 kann wohl auch gelten, daß der Künstler sich von diesem Jahr an selbst auf dem Titelblatt der Bücher nennt: »E.T.A. Hoffmann«. Wenn man den überaus bewußten und differenzierten Umgang mit dem Autornamen, für den die bisherige Darstellung zahlreiche Beispiele gegeben hat, überblickt, wird man darin keine Zufälligkeit sehen.

Als ästhetische Begriffe, die als gemeinsamer Nenner der

Werke aus den letzten Lebensjahren dienen könnten, schlage ich die Koppelung »Fantasie und Humor« vor, dabei Hoffmanns eigener Charakterisierung seines letzten Märchen-Buches folgend: Er spricht von der »phantastischen Geburt eines humoristischen Schriftstellers« (»spricht« ist wörtlich zu verstehen: Hoffmann hat diesen Satz diktiert, daher ist hier »phantastisch« geschrieben, nicht wie sonst bei ihm üblich, »fantastisch«). Während »Fantasie« einen Leitbegriff seines gesamten Werkes seit den Anfängen bildet, tritt die Charakterisierung »humoristisch« – obwohl bereits früher hin und wieder sinnvoll und angebracht – erst in einigen der letzten Erzählungen, vor allem den drei Romanmärchen und dem *Kater Murr*, in den Mittelpunkt der Interpretation. So begründet in erster Linie die Entwicklung des Humors zur zentralen ästhetischen Kategorie den zusammenfassenden Blick auf das Werk der Zeit ab 1818/19.

Auch historisch-politisch liegt 1819 die tiefste Zäsur in der frühen Restaurationszeit. Die »Heilige Allianz« der konservativen Monarchen von Preußen, Habsburg und Rußland faßt die berüchtigten »Karlsbader Beschlüsse« zur Bekämpfung liberaler und nationaler Bewegungen und zur Einschränkung bürgerlicher Freiheitsrechte. Das politische Ereignis hat direkte Auswirkungen auf Hoffmanns berufliche Situation: Der König entbindet den Kammergerichtsrat von seiner juristischen Alltagsarbeit und ernennt ihn zum Mitglied einer »Immediat-Untersuchungs-Kommission zur Ermittlung hochverräterischer Verbindungen und anderer gefährlicher Umtriebe«. Die damit verbundene Arbeit erwies sich als äußerst unerquicklich und mit vielen politischen Fallstricken versehen.

Während Hoffmann in den letzten Jahren seines Lebens nur noch selten komponiert und zeichnet, wird eine andere Seite seines Werkes erstmals deutlicher greifbar: Hoffmann als Verfasser juristischer Texte. Dokumente seiner juristischen Arbeit vor 1819 sind selten, seine Tätigkeit in der »Immediat-Untersuchungs-Kommission« ist hingegen in einer Reihe von Gutachten und Stellungnahmen belegt und überliefert. Diese juristischen

Schriften und die vor allem im Spätwerk vielfach verflochtenen Schreibweisen des literarischen und des juristischen Diskurses werden in einem Exkurs vorgestellt und erörtert.

7. Die Serapions-Brüder

Entstehung

Anfang 1818 schlug Georg Andreas Reimer – der kurz zuvor die *Nachtstücke* und die *Kinder-Märchen* veröffentlicht hatte – Hoffmann vor, die in den zurückliegenden Jahren in Zeitschriften und Taschenbüchern erschienenen Erzählungen und Märchen zu sammeln und herauszugeben. Hoffmann ging sofort darauf ein und nannte auch gleich vier dafür geeignete Texte: *Der Dichter und der Komponist, Die Fermate, Der Artushof* sowie *Fragment aus dem Leben dreier Freunde*. Diesen wolle er zwei neue hinzufügen. Er schloß die Frage und Überlegung an, ob es »geratener« sei, »die Sachen unter dem simplen Titel: Erzählungen gehn zu lassen oder eine Einkleidung zu wählen nach Art des Tiekschen Phantasus?«[1] Er entschied sich schon bald für die zweite Möglichkeit. Unter dem von Hoffmann genannten Titel »Die Seraphinen-Brüder. Gesammelte Erzählungen und Märchen« kündigte Reimer das Werk im Ostermeßkatalog 1818 an.

Da Hoffmann zu dieser Zeit außer den genannten Werken noch eine Reihe weiterer Erzählungen veröffentlichte, fertigstellte oder in Arbeit hatte, schlug er – noch bevor er die Arbeit an der »Einkleidung« und den Reimer versprochenen »neuen« Texten aufnahm – ein zweites Bändchen vor. Darauf verweist Reimers Anzeige der *Seraphinen-Brüder* im Katalog der Michaelismesse 1818 als »15 Bändchen«. Wie bei Hoffmann häufig, eilte die Ankündigung (»fertig geworden«) den Tatsachen weit voraus – der erste Band erschien unter dem neuen Titel *Die Serapions-Brüder* im Februar 1819, der zweite dann im Herbst 1819.

In den Jahren 1818/19 schrieb und veröffentlichte Hoffmann zahlreiche weitere Erzählungen in Taschenbüchern und Zeitschriften: *Das Fräulein von Scuderi, Der unheimliche Gast, Der Baron von B., Spieler-Glück, Aus dem Leben eines bekannten Mannes, Die Brautwahl, Signor Formica, Der Zusammenhang der Dinge.* Zusammen mit dem unveröffentlichten Märchen *Die Königsbraut* und einigen kürzeren Texten bildeten sie die Bände 3 und 4 der *Serapions-Brüder*, die 1820 und 1821 erschienen.

Insgesamt enthalten die vier Bände etwa 30 Erzählungen und kürzere Texte, die sich – so die Einkleidung – einige Freunde in geselliger Runde an acht Abenden erzählen oder vorlesen. Die Geschichten sind skurril und romantisch, spannend und versponnen, gespenstisch und märchenhaft, sie spielen in alten Zeiten und in der Gegenwart, handeln vom Alltag und von dem Reich des Traums, von Künstlern und Verbrechern, braven Bürgern und Exzentrikern. Die Freunde plaudern und diskutieren über diese Erzählungen, kommentieren und kritisieren sie, sprechen über Fragen der Kunst, der Wirklichkeit, der Gesellschaft.

Die Zeitgenossen, späteren Leser und auch die Literaturwissenschaftler und Forscher befaßten sich – mehr oder weniger intensiv – mit einzelnen dieser Erzählungen; nur selten wurde das Gesamtwerk in den Blick genommen. Für diese Einstellung berief man sich meistens auf Hoffmanns Vorwort, in dem er den Verlegerwunsch als Motiv für die Zusammenstellung genannt hatte. Das »serapiontische Prinzip«, das Hoffmann mehrfach im Verlaufe des Werkes anspricht, wurde demgegenüber als der etwas gekünstelte Versuch angesehen, nachträglich eine gewisse Einheit zu behaupten. Erst in den letzten Jahren finden sich Ansätze in der Literaturwissenschaft, dieses »Prinzip« als solches ernster zu nehmen.

Den autobiographischen Hintergrund der Sammlung und ihren merkwürdigen Titel erklärt Hoffmann teilweise im Werk selbst. Beides geht auf gesellige Runden zurück, in denen sich Hoffmann mit Dichterfreunden und Bekannten – Fouqué, Chamisso, Contessa, Hitzig, Koreff und anderen – traf. Das erste dieser Treffen fand am 12. Oktober 1814, also bereits kurz nach

Hoffmanns Übersiedlung nach Berlin statt. Da dies der Tag des heiligen Seraphinus von Montegranaro (gestorben 1604) war, nannte man sich »Seraphinenorden« (darauf spielt Hoffmanns oben zitierter Titelvorschlag von Anfang 1818 an). Dieser Kreis hatte sich Ende 1816 oder 1817 aufgelöst und sich dann, nach längerer Unterbrechung, wiedergetroffen und zwar am 14. November 1818, dem Tag des heiligen Serapion. Hoffmann bat den Verleger daraufhin um die Titeländerung des fast bereits fertig vorliegenden ersten Bandes. Die Eingangserzählung über den Einsiedler Serapion kann zwar erst nach diesem Zusammentreffen entstanden sein; aber die Art der Einkleidung hat Hoffmann bereits früher geplant. Denn bereits am 4. September 1818 erbat er sich »Zimmermanns Werk: *Ueber die Einsamkeit* oder in Ermanglung dessen ein anderes historisches Werk, welches über Heilige, Märtyrer und Einsiedler Auskunft gibt«.[2]

Die ältere Forschung hat versucht, den sechs Erzählern (Theodor, Ottmar, Lothar, Cyprian, später treten Sylvester und Vinzenz hinzu) der *Serapions-Brüder* Gestalten aus dem Freundeskreis zuzuordnen, aber diese Versuche können letzten Endes nicht gelingen. Zwar ist durchaus denkbar, daß Hoffmann den Serapionsbrüdern des Werkes einzelne Eigenschaften und Charakterzüge von Freunden aus dem realen Gesprächskreis mitgegeben hat, aber das ist etwas ganz anderes als die Ausprägung zu Typen von Geschichtenerzählern und -schreibern, die auf solche Eigenschaften zurückzuführen wären. Die Freunde im Werk (und vielleicht auch ihre Vorbilder) sind teils extro-, teils introvertiert, spontan und bedächtig, vernünftig-rational und anfällig für »Geisterseherei«, haben Freude oder fühlen Verdruß an Exaltiertem, Wahnsinnigem. Aber dies alles prägt nicht die Erzählweise, die Sprache, die Struktur. Die Eigenarten des Erzählten sind ausnahmslos dem Erzähler Hoffmann zuzuschreiben. Offensichtlich kann er viele Erzählerrollen spielen, viele Themen behandeln – seine Vielseitigkeit und Wandlungsfähigkeit hatte er ja bereits in den *Fantasiestücken* bewiesen. Er hat auch *nach* Festlegung der Werkkonzeption mit der Erfindung individueller Erzähler nie den Versuch gemacht, eine Geschichte so zu erzählen wie Fouqué oder Contessa – von ihnen liegen ja Erzählungen vor, an denen sich das zeigen lassen müßte.

Die Gespräche der Freundesrunde verbinden die verschiedenen Geschichten und motivieren sie. Darüber hinaus bestimmen sie eine gewisse Abfolge: Man möchte gern, daß das Schauerliche mit dem Heitern abwechselt, daß man, entsprechend den acht Abschnitten des Werkes, jeden Abend mit einer freundlichen Geschichte oder einem Märchen beschließt, damit man in gehobener Stimmung auseinandergeht. Außerdem sind die Übergänge zwischen den Gesprächen der Freunde und den Erzählungen fließend. Nicht nur kürzere Stücke werden als Gesprächsbeiträge erzählt, auch längere schließen sich mehrfach ohne Zwischenüberschrift an ein Gespräch an.

Mit der Schaffung eines Gesprächsrahmens, einer geselligen Unterhaltungsrunde, die sich Geschichten erzählt, stellt sich Hoffmann in eine große europäische Tradition, an deren Beginn Boccaccios *Decamerone* steht und die, in Deutschland von Wieland und Goethe (*Unterhaltungen deutscher Ausgewanderten*, 1795) aufgegriffen, von Hoffmanns unmittelbarem Vorbild Tieck (*Phantasus*, 1812-1816) populär gemacht wurde. Ausgangspunkt ist der Wunsch nach Unterhaltung und Geselligkeit; darüber berichtet der Autor im Rahmen, er beschreibt das anregende Ambiente und die Gesprächsteilnehmer und überläßt dann einzelnen Erzählern das Wort.

Gesellige Unterhaltung

Literarisch-ästhetische Leitbegriffe der Gespräche in der Freundesrunde sind: Geselligkeit, Unterhaltung, Lebendigkeit und Gemütlichkeit. Es sind Lebensideale und zugleich Merkmale und Ziele des Erzählens. Dieses Erzählprogramm geht von der Existenz von Zuhörern (und übertragen: von Lesern) aus, es setzt sie voraus und bezieht sie in den Erzählprozeß ein. Solches

Erzählen ist uns in Hoffmanns Werk schon häufig begegnet – sehr ausgeprägt etwa im *Goldenen Topf* oder im *Sandmann*. Ein Gegenmodell dieses dialogischen, kommunikativen Erzählens wäre die Kunstauffassung Kreislers, der nur für sich allein »fantasiert«, also ohne Zuhörer spielt und das Gespielte nicht aufschreibt, auf diese Weise also andere nicht daran teilhaben läßt. Dieser esoterische Begriff von Kunst hat seine Wurzeln in deren religiöser Hochschätzung einerseits, in der Verachtung des Philisterpublikums andererseits, das durch seinen Umgang mit Kunst diese profaniert und den Gesetzen der Nützlichkeit unterwirft.

Für den geselligen, kommunikationsorientierten Umgang mit Kunst ist das Unterhalten ein selbstverständlicher Wert. Der Begriff hat in dieser Zeit noch viel von seiner ursprünglichen Bedeutung bewahrt: miteinander sprechen, »Conversation« treiben. Allerdings nehmen die Elemente einer neuen Bedeutung zu, die seit dem späten 18. Jahrhundert erkennbar sind und im 19. Jahrhundert ihren Siegeszug antreten: Unterhaltsamkeit als angenehmer Zeitvertreib. Hier wäre für Hoffmann die Grenze eines positiv gesehenen Unterhaltungsbegriffs erreicht; gegen Kunst als »angenehme Unterhaltung«[3] polemisierte und spottete er zeitlebens ebenso scharfzüngig wie sein Kreisler; und die institutionelle Form solcher Unterhaltung, der »ästhetische Tee«, war ihm ein ebensolcher Greuel wie dem Kapellmeister, dessen »Leiden« (im ersten Kreislerianum) mit der Schilderung eines solchen bürgerlich-gesellschaftlichen Rituals einsetzen.

»Unterhaltung« und »Unterhaltsamkeit« werden im frühen 19. Jahrhundert noch nebeneinander in einer größeren Spannweite von Bedeutungen und Wertungen gebraucht. Das zeigt sich etwa darin, daß das wichtigste Nachschlagewerk der Zeit, der »Brockhaus«, sich den Titel »Conversations-Lexicon« zulegt (der 1822 geändert wird in »Real-Encyclopädie«); die wichtigste Literaturzeitschrift, aus dem gleichen Verlage, heißt »Literarisches Conversations-Blatt« (seit 1820) und nennt sich ab 1826 »Blätter für literarische Unterhaltung« (bis 1898). Bald

7. Die Serapions-Brüder

überwiegt allerdings gerade in Deutschland eine an den klassischen Idealen orientierte Kulturkritik, die zum einen die neuen Konnotationen – Zeitvertreib, Zerstreuung – moralisch negativ wertet, zum anderen die Eigenarten attackiert, an denen ihrer Auffassung nach Unterhaltsamkeit vor allem haftet: minderwertige Inhalte und Themen, effekthaschend dargeboten, auf den Geschmack einer breiten Masse zielend. So rückt nach dem Urteil der tonangebenden Kritik Unterhaltungsliteratur rasch in die Nähe von Trivialliteratur, Massenliteratur, »Lesefutter« für den Massengeschmack.

Dieses Verdikt traf auch weite Teile des Hoffmannschen Werkes, vor allem die »nächtlichen« Erzählungen, zumal diese, wie gezeigt, literarische Traditionen aufgreifen, die bereits im 18. Jahrhundert als trivial angefeindet und abgelehnt wurden. Wenn Hoffmann im Kreis der Serapionsbrüder Unterhaltsamkeit und Lebendigkeit als positive Werte des Erzählens proklamieren läßt, setzt er damit also die Akzente deutlich anders als die dominierende klassizistische Ästhetik seiner Zeit. Ihm geht es durchaus um Anschaulichkeit und vor allem um Spannung – wobei für die Unterhaltungsliteratur die oft als vordergründig gescholtene »Was«-Spannung selbstverständlich von größter Bedeutung ist. Der negative Gegenbegriff einer solchen Erzählweise lautet: Langeweile. Dieses Verdikt traf schon die Dichtungen Nathanaels im *Sandmann*, und es führt in den *Serapions-Brüdern* dazu, daß Leander, dessen Aufnahme in den Kreis diskutiert wird, ausgeschlossen bleibt: Seine Erzählungen verbreiten nämlich »die tödlichste Langeweile«.[4]

Das letzte genannte Stichwort, »Gemütlichkeit«, ist noch stärkeren Mißverständnissen ausgesetzt, weil es den deutlichsten Bedeutungswandel durchgemacht hat. Im 18. Jahrhundert – und so auch noch fast durchgehend bei Goethe – bedeutet »Gemüt« (im Gegensatz zu: Leib) das Innere in seiner Ganzheit, die seelischen Kräfte, die emotionalen Seiten (zu denen auch Fantasie und Traum gehören), aber auch den »Geist«. In diesem Sinn heißt Anselmus ein »poetisches Gemüt« (eine fast tautologische Bezeichnung, bereits Friedrich Schlegel und Tieck setzten Gemüt und Poesie gleich). Im Laufe des 19. Jahrhunderts verengt sich »Gemüt« immer mehr auf »Empfindung«. Das zu Gemüt gebildete Adjektiv »gemütlich« ist bis Ende des 18. Jahrhunderts noch relativ selten zu finden. Die enge Anbindung an das Substantiv im älteren Sprachgebrauch wird in der chiastischen Selbstcharakterisierung der Serapionsbrüder deutlich: »bei uns poetischen Gemütern und gemütlichen Poeten«.[5] Beim Gebrauch des Adjektivs im 19. Jahrhundert geht die Verengung noch rascher voran: »Gemütlich« (ursprünglich: gemütvoll, gefühlvoll) heißt das, was das Gemüt, die Empfindung anspricht, befriedigt, immer mehr im Sinne des Behaglichen, wobei Geist und Vernunft weitgehend ausgeblendet werden. In der Biedermeierzeit wird »Gemütlichkeit« in diesem Sinne zu einem Schlüsselwort, lange Zeit positiv gemeint, erst im Laufe des 20. Jahrhunderts kritisch gewendet.

Daß der Begriff der Gemütlichkeit – »das schönste Band [...], das uns verknüpft«[6] – bei Hoffmann noch nicht mit biedermeierlicher Behaglichkeit und dem Rückzug aus der Öffentlichkeit konnotiert ist, zeigt nicht zuletzt der Ort der Geselligkeit. Es ist zwar ein zumindest teilweise privater Raum, dieser liegt jedoch mitten in einer »großen Stadt«[7] – so erfahren wir bereits im Eingangsgespräch –, und dies bleibt im gesamten Werk bewußt. Darin liegt ein deutlicher Gegensatz zu den genannten literarischen Vorbildern. Bei Boccaccio und Goethe zieht sich ein zufällig durch ein gemeinsames Schicksal – Flucht vor der Pest, vor dem Krieg – verbundener Kreis von Menschen auf das Land zurück. Bei Hoffmann hingegen trifft sich ein Kreis von Freunden freiwillig in der Großstadt, die leicht als Berlin zu erkennen ist. Sie gehen in ihren Gesprächen auch auf die dadurch geprägte Alltagswelt ein, die Beschwernisse, das Gewühl, die Hast, auf – wie es der einzige Anhänger des Landlebens in diesem Kreis formuliert – »das ewige rastlose Gewühl, die leere Geschäftigkeit der großen Stadt«; aber selbst dieser eine gesteht, daß er »als Dichter und Schriftsteller [...] mancher Anregung bedarf, die ich nur hier finde«.[8] Die Angebote der Stadt, ihre neuen Möglichkeiten stehen im Vordergrund: Kunstausstellungen und Musikaufführungen, das Zusammenleben von Menschen unterschiedlichster Stände und Herkünfte, das Miterleben von Zeitereignissen, über die man durch Medien unterschiedlichster Art sofort erfährt. Durch dieses Ambiente erhalten auch Rezeption und Produktion von Kunst neue Impulse. Während man sich ein Bild – so Lothar – auch allein auf dem Lande ansehen und sich von ihm zu einer Erzählung inspirieren lassen könne, schaffe die Begegnung mit demselben Bild in einer Kunstausstellung einen anderen Kommunikationszusammenhang: Es kommen die »lebendigen Personen« der Betrachter dazu, »in die hinein jene gemalten Personen des Bildes« treten. Daraus wird gefolgert, Dichter »dürfen sich nicht zurückziehen in die Einsamkeit, sie müssen in der Welt leben, in der buntesten Welt, um schauen und auffassen zu können ihre unendlich mannigfachen Erscheinungen!«[9] Das erinnert an die Wendung, die der Herausgeber der *Elixiere des Teufels* in seinem Vorwort gebraucht: Er fordert die Leser auf, mit Medardus und seinem Roman »durch die bunte – bunteste Welt zu ziehen«.[10] Die »große Stadt« wird hier zu einer der wesentlichen Chiffren der modernen Welt; hier stößt man auf die verschiedenartigsten Erscheinungen, hier trifft das Heterogenste aufeinander. Damit bedingt sie eine Ästhetik des Heterogenen und findet in dieser ihren angemessenen Ausdruck.

Hoffmanns Geselligkeits- und Unterhaltungskreis ist zwar aus einer realen Freundesrunde entwickelt, aber dennoch weit eher ein Ideal als eine Nachbildung. Im Vergleich zu frühromantischen Zirkeln, wie sie auch zur literarischen Form wurden (etwa in Friedrich Schlegels »Gespräch über die Poesie«), ist das Themenspektrum weit, es geht deutlich über Kunst und Wissenschaft hinaus. Im Vergleich zu den jüdischen Berliner Salons hingegen mit ihrer weiteren gesellschaftlichen Zusammensetzung und thematischen Öffnung ist die Konzentration auf die literarischen Texte auffällig. In der Zusammensetzung der Gruppe ist vor allem eines deutlich: die Abwesenheit von Frauen. Im Vorwort weist der »Herausgeber« – der sich auf dem Titelblatt, entgegen dem früheren Verfahren, »E. T. A. Hoffmann« nennt – selbst auf diese Besonderheit hin: »Auch fehlen der Gesellschaft die holden Frauen, die im Phantasus ein mannigfaltiges anmutiges Farbenspiel anzuregen wissen«;[11] aber die Abwesenheit wird weder begründet noch gerechtfertigt, auch in den zahlreichen Gesprächen über vielerlei Themen wird dies nie diskutiert. Die Beschränkung auf männliche Teilnehmer teilt die Serapionsrunde mit Geselligkeitskreisen wie der Berliner deutschen Tischgesellschaft, zu deren Merkmalen die Stoßrichtung gegen die Philister und die Betonung des Deutschtums gehörten. Während tagespolitische Fragen in der Serapionsrunde weitgehend und nationalistische Töne völlig fehlen, bleibt das Antiphiliströse wichtig, allerdings in einer sehr abgemilderten Form.

Dieses Thema wird bereits im Eingangsgespräch der Serapionsbrüder angeschnitten. Ein Hauptkennzeichen des Philisters ist sein Vergnügen an Ritualen des Alltags, an den »Wonnen der Gewöhnlichkeit«; aber was tut die Freundesrunde anderes, wenn sie einen Klub gründet mit Regeln und aller »Philisterei, die damit notwendig verknüpft ist«?[12] Man spricht über verschiedenste Arten von geselligen Zusammenschlüssen und bürgerlichen Vereinigungen – einerseits kritisch, andererseits und vor allem: selbstkritisch. Denn man sieht durchaus, daß regelmäßige Treffen wie die geplanten auch etwas Bürgerlich-Philiströses haben können. Lothar zieht das Fazit der Diskussion mit der Frage: »Sollte denn bei uns [...] jemals eine Art Philistrismus einbrechen können?« und seiner eigenen Antwort: »Einen gewissen Hang dazu tragen wir wohl in uns, streben wir nur wenigstens nach der sublimsten Sorte; ein kleiner Beischmack davon ist zuweilen nicht ganz übel!«[13] Zwar ist das nur eine Meinung aus der Runde, sie sollte aber auch den Interpreten Hoffmanns die Berührungsängste vor dieser Thematik nehmen. Philistertum und (später) Biedermeier sind ja vor allem Kampfbegriffe der geistigen und künstlerischen Elite gegen bestimmte

Erscheinungsformen des Bürgertums – so dessen Nützlichkeitsdenken, seine Selbstzufriedenheit, seine Vorliebe für die Normalität und seine Gegnerschaft gegen das Ungewöhnliche, Exzentrische. Hoffmann teilt diese Vorwürfe, ist aber zunehmend bereit zu differenzieren, vor allem das Bürgertum nicht einseitig mit diesen Tendenzen gleichzusetzen. Er erkennt einerseits, daß Philistrosität auch in anderen Gesellschaftsschichten zu finden ist, andererseits, daß es Verhaltensformen des Bürgerlichen gibt, die nicht gleich einen Verrat an den eigenen künstlerischen Prinzipien bedeuten müssen. Die von Hoffmann vollzogene Öffnung der Literatur für viele Leser unterscheidet sich deutlich von frühromantischer Exklusivität, wie sie noch das Rezeptionsideal in *Don Juan* oder den *Kreisleriana* prägte. Auch eine derartige Einstellung kommt letzten Endes aus »bürgerlichem« Denken.

Serapion – das »serapiontische Prinzip«

Neben den vielfältigen Verbindungen zwischen den einzelnen Geschichten und dem Rahmen der Erzählrunde soll das erwähnte Erzählprinzip, das nach dem wahnsinnigen Einsiedler Serapion aus dem Eingangsgespräch benannt ist, die Einheit der *Serapions-Brüder* verbürgen.

Cyprian erzählt die merkwürdige Geschichte seiner Begegnung mit einem Wahnsinnigen: einem früher geistreichen, intelligenten, dichterisch begabten Diplomaten, der plötzlich von der fixen Idee besessen wurde, er sei der Märtyrer Serapion aus dem 4. vorchristlichen Jahrhundert. Er lebt – offenbar friedlich und glücklich – als eine Art Einsiedler und Priester im Wald, den er für die Wüste Thebens hält. Cyprian versucht, ihn mit rationalen Argumenten davon zu überzeugen, daß Serapion in einer anderen Zeit und an einem anderen Ort gelebt habe; der Wahnsinnige läßt sich davon nicht irritieren und beruft sich darauf, daß jede angebliche Wirklichkeit subjektive Einbildung sei. Serapion unterhält sich mit großen Dichtern aller Zeiten, er schafft sich in seiner Fantasie Bilder, er erzählt schließlich eine Novelle, wie sie nach Cyprians Auffassung

> nur der geistreichste, mit der feurigsten Phantasie begabte Dichter anlegen, durchführen kann. Alle Gestalten traten mit einer plastischen Ründung, mit einem glühenden Leben hervor, daß man fortgerissen, bestrickt von magischer Gewalt wie im Traum daran glauben mußte, daß Serapion alles selbst wirklich von seinem Berge erschaut.[14]

Was Serapion »selbst wirklich [...] erschaut« – oder zu erschauen glaubt –, das eben ist seine Wirklichkeit und ist damit Dichtung. Fragen der Vernunft ist seine Welt nicht zugänglich.

Der Freundeskreis ist zunächst skeptisch, Ottmar tadelt den »närrischen Hang zur Narrheit«, die »wahnsinnige Lust am Wahnsinn«,[15] die aus Cyprians Geschichte spreche. Theodor hingegen fühlt sensibler, daß Wahnsinn der Ausdruck eines Mißverhältnisses zwischen innerem Gemüt und äußerem Leben sein kann, das der reizbare Mensch besonders fühle. Um diese Ansicht zu erhärten, erzählt er die Geschichte vom Rat Krespel, einem Menschen mit »tollem Humor«, den viele ebenfalls für »wahnsinnig« hielten. Es handelt sich um die 1817 erschienene Erzählung *Ein Brief von Hoffmann an Herrn Baron de la Motte Fouqué* ohne den brieflichen Rahmen. Über das seltsame Verhalten Krespels, seine »Spleens«, die Art seines »Wahnsinns« und dessen Ursachen war bei der Behandlung des Erstdrucks die Rede.

Theodor betrachtet den Rat als eine tragische, bis zur Verzweiflung zerrissene Gestalt mit Sympathie, Lothar hingegen nennt ihn »grauenhaft« und »widrig«. Während der Diskussion der Freunde über die Formen des Wahnsinns stellt sich heraus, daß der Tag, an dem man sich getroffen hat, der Todestag des wahnsinnigen Serapion und ebenso der seines antiken Vorbildes ist. Diese merkwürdige Entdeckung entzündet das Gespräch erneut. Die Kontrastgeschichte vom Rat Krespel bringt die Freunde dazu, Serapions Wahnsinn in einem anderen Licht zu sehen; er erscheint Lothar nun als der »Geist des vortrefflichsten oder vielmehr des wahren Dichters«.[16] Serapion glaube an das, was er erzählt; er glaube daran, weil er es gesehen habe. Die alte Formel vom Dichter als »Seher« wird in einem neuen Sinn gefaßt: »Dein Einsiedler, mein Cyprianus, war ein wahrhafter Dichter, er hatte das wirklich geschaut was er verkündete, und deshalb ergriff seine Rede Herz und Gemüt.«[17] In der Folge wird nun entfaltet, was bei Hoffmann schon früher eine der Grundlagen seines Weltbildes gewesen war: die Überzeugung von der Duplizität der Welt, der Spaltung in eine Ebene der Wirklichkeit und eine Sphäre der Fantasie:

> Armer Serapion, worin bestand dein Wahnsinn anders, als daß irgend ein feindlicher Stern dir die Erkenntnis der Duplizität geraubt hatte, von der eigentlich allein unser irdisches Sein bedingt ist. Es gibt eine innere Welt, und die geistige Kraft, sie in voller Klarheit, in dem vollendetsten Glanze des regesten Lebens zu schauen, aber es ist unser irrdisches Erbteil, daß eben die Außenwelt in der wir eingeschachtet, als der Hebel wirkt, der jene Kraft in Bewegung setzt. [...] Aber du, o mein Einsiedler! statuiertest keine Außenwelt, du sahst den versteckten Hebel nicht, die auf dein Inneres einwirkende Kraft [...]. Dein Leben [...] war ein steter Traum, aus dem du in dem Jenseits gewiß nicht schmerzlich erwachtest.[18]

Der wahnsinnige Serapion ist der absolute Dichter der Fantasie – das ist ein romantisches Bild, dem auch die Freunde gern anhängen. Aber, und dies ist entscheidend, sie wollen dafür nicht mit Serapions grundlegendem Mangel, dem Verlust der Erkenntnis von der Duplizität des Lebens, bezahlen.

Der Welt der reinen Fantasie, die in den Wahnsinn führt, muß ein Gegengewicht in der Wirklichkeit entgegengesetzt werden. Das einseitige Verharren in der Realität, in der »Außenwelt«, ist das Zeichen des Philisters, des Alltäglichen, Banalen; dem steht das Reich der Fantasie und des Traums entgegen. Während diese Entgegensetzung Hoffmanns früheres Werk prägt, verstärkt sich in den *Serapions-Brüdern* die Einsicht, daß die ausschließliche Betonung dieses »zweiten« Reiches ebenfalls verhängnisvoll einseitig wäre. Dominiert die »Innenwelt«, so kommt es zu Spleens und Schrullen bis hin zu psychischen Erkrankungen, wie sie in vielen der Geschichten eine Rolle spielen. Erstrebt wird daher stärker als früher ein Ausgleich, ein »Gleichgewicht« zwischen Wirklichkeit und Fantasie, zwischen Körper und Geist, Außenwelt und Innenwelt. Theodor faßt dieses angestrebte Verhältnis in ein schönes Bild:

> Ich meine, daß die Basis der Himmelsleiter, auf der man hinaufsteigen will in höhere Regionen, befestigt sein müsse im Leben, so daß jeder nachzusteigen vermag. Befindet er sich dann immer höher und höher hinaufgeklettert, in einem fantastischen Zauberreich, so wird er glauben, dies Reich gehöre auch noch in sein Leben hinein, und sei eigentlich der wunderbar herrlichste Teil desselben.[19]

Ottmar spinnt das Bild und den Gedanken allerdings weiter und wendet halb spöttisch, halb warnend ein, daß »mancher gar nicht die Leiter besteigen mag, weil das Klettern einem verständigen gesetzten Manne nicht ziemt, mancher schon auf der dritten Sprosse schwindligt wird, mancher aber auch wohl die auf der breiten Straße des Lebens befestigte Leiter, bei der er täglich, ja stündlich vorübergeht, gar nicht bemerkt!«[20] Diese Menschen sind die Philister, die Rationalisten, die Pragmatiker, die nur nach Nützlichkeitserwägungen leben, die für die Kunst Blinden, aber auch die Möchtegern-Künstler, die Hoffmann so oft sarkastisch-satirisch verspottet und die nicht nur die Feinde der wahren Künstler sind, sondern auch die Gegner all derer, die sich den serapiontischen Prinzipien verpflichten.

Der Freundeskreis bekennt sich zu dem serapiontischen Prinzip des »Gleichgewichts« und entwickelt daraus Folgerungen für die Erzählweise:

> Jeder prüfe wohl, ob er auch wirklich das geschaut, was er zu verkünden unternommen, ehe er es wagt laut damit zu werden. Wenigstens strebe jeder recht ernstlich danach, das Bild, das ihm im Innern aufgegangen recht zu erfassen mit allen seinen Gestalten, Farben, Lichtern und Schatten, und dann,

wenn er sich recht entzündet davon fühlt, die Darstellung ins äußere Leben [zu] tragen.[21]

In der Folge werden die Erzählungen immer wieder unter diesen Gesichtspunkten diskutiert, sie werden daraufhin überprüft, ob sie diesen Vorstellungen gerecht werden. Das serapiontische Prinzip ist also in der Tat ein durchgehendes Erzählprinzip, das eine bestimmte Weltsicht und Kunstanschauung ausdrückt. Wenn man nach der Einheit des Werkes fragt, so wird man sie nicht im thematischen Bereich und nur teilweise in der Anordnung und in bestimmten Formeigentümlichkeiten finden, sondern in erster Linie in diesem Erzählprinzip.

Wie tragfähig ist das serapiontische Prinzip? Zunächst ist noch einmal festzuhalten: ein Teil der Erzählungen, die unter diesem Begriff versammelt werden, lag vor, *ehe* Hoffmann den Namen des Einsiedlers als einigendes Band heranzog. Wenn hinter dem Prinzip tatsächlich eine ästhetische Kategorie steht, kann dies nur bedeuten, daß Hoffmann hierunter Tendenzen und Merkmale seines Erzählens faßt, die sich bereits vorher zum mindesten im Ansatz herausgebildet hatten. Es gibt demnach also auch keine klaren Trennlinien zwischen den Erzählprinzipien der Fantasie- und der Nachtstücke und den serapiontischen Erzählungen. Das heißt zum einen, daß sich in den frühen Werken bereits »Serapiontisches« findet, zum anderen, daß es in den *Serapions-Brüdern* Fantasiestücke (deren dritter und vierter Band ja bereits solche »in Callot's kühnster Manier« sein sollten) und Nachtstücke gibt.

Im vorangegangenen Kapitel wurden die Erzählungen und Märchen behandelt, die Hoffmann *vor* der Planung des »serapiontischen« Rahmens geschrieben hatte. Aus den dort getroffenen Beobachtungen lassen sich die stärksten Argumente dafür ableiten, daß die zentralen Aspekte des serapiontischen Erzählens bereits vor dieser Namensgebung ausgeprägt waren: die Forderung nach einem bestimmten »Schauen«, der Ausgangspunkt beim Schauen von Bildern oder bei historischen Texten (deren Szenen »veranschaulicht« werden wie bei Wagenseils

Führung zu den mittelalterlichen Sängern); das gesellige Erzählen mit Zuhörern und Kommentatoren – all das muß in die meisten der in das Sammelwerk integrierten Texte nicht nachträglich hineingelesen werden, es liegt von Beginn an in ihnen.

Natürlich ist dies in unterschiedlichem Maße der Fall. Hoffmann nimmt den Einwand, daß hier nicht nur Mustererzählungen des serapiontischen Prinzips gesammelt sind, vorweg und thematisiert ihn in den Gesprächspassagen, denn die Freunde sind sich zwar über die Grundzüge einig, aber es bestehen im einzelnen zahlreiche Differenzen in der Ausgestaltung. Diese werden als Unterschiede der verschiedenen Erzählercharaktere psychologisch erklärt und in den teils kontroversen Diskussionen der Runde auch durchaus unterschiedlich bewertet. Zum anderen weicht Hoffmann in einem wichtigen Punkt von den klassischen Erzählzyklen ab, wo die Geschichten in den Gesprächsrunden frei vorgetragen werden. Er wählt diese Fiktion für die beiden Anfangserzählungen, später aber nur noch selten und vor allem bei kurzen Texten. Alle anderen Erzählungen werden vorgelesen, und es wird gelegentlich ausdrücklich vermerkt, daß einige von ihnen aus der Zeit vor der Gründung des Serapionsbundes stammen. Damit öffnet sich Hoffmann den Spielraum für eine große Breite der Schreibweisen, oder, anders gewendet, für die Integration sehr unterschiedlicher Geschichten.

Das »serapiontische Prinzip« trägt das Werk und gewährleistet die Integration seiner heterogenen Teile. Seine Benennung ist allerdings nicht unproblematisch und hat zu einigen Verwirrungen und Fehldeutungen geführt. Denn Serapion ist nun einmal wahnsinnig – nicht nur in den Augen einer ignoranten Umwelt, einer konservativen Medizin, sondern auch nach dem Urteil der fortschrittlichen Ärzte in »B.« (worin man eine biographische Reminiszenz – »Bamberg« – sehen mag) und des gesamten Freundeskreises. Nach Cyprians Zeugnis ist er friedlich, sympathisch, geistvoll – das glaubt man ihm gern. Aber auch dafür, daß er der wundervollste Dichter sei, haben die Freunde (und wir) nur die

Meinung Cyprians, denn dieser gibt uns kein einziges konkretes Beispiel von Serapions Erzählkunst. Sie wird von den Freunden zunächst auch mit Hinweis auf die Einseitigkeit von Cyprians und Serapions Dichterbild deutlich bezweifelt. Nichtsdestoweniger stimmt die Runde dem feurigen Plädoyer Lothars zu, Serapion zum »Schutzheiligen« des Bundes zu erklären und seinen Prinzipien zu folgen. Theodor, dessen Erzählung von Rat Krespel auf soviel Kritik gestoßen war, stimmt einerseits zu, bemerkt aber andererseits, daß dies »eben nichts weiter heißen wollte, als daß sie überein gekommen sich durchaus niemals mit schlechtem Machwerk zu quälen«.[22] Damit hat er (zunächst) das letzte Wort, das zudem durch den auktorialen Hinweis »sehr richtig« aufgewertet wird.

Wie sehr auch immer die ursprüngliche Einstellung Serapions durch die Diskussion uminterpretiert oder ins Allgemeine aufgelöst wird, der Begriff bleibt an die Ästhetik eines Wahnsinnigen gebunden, und damit erhalten Vorurteile gegen Hoffmanns Schreiben und seine Poetik Nahrung. Der Kern der »serapiontischen« Ästhetik allerdings hat mit Wahnsinn nichts zu tun. Er liegt zwar im »Sehen«, aber gerade nicht in dem mit dem Wahnsinn verwandten priesterlich-mystischen Sehertum des »vates«, sondern ganz konkret im »Schauen« als einem genauen Hinsehen.

Was bedeutet es, daß man »in der Wirklichkeit«, »wirklich« oder »recht« geschaut haben müsse, was man erzählen wolle? Es setzt zunächst die Fähigkeit zum Beobachten voraus und dies wiederum, daß der Dichter sich nicht in den Elfenbeinturm seiner Fantasie zurückzieht, sondern im Leben steht. Daraus folgt nun allerdings nicht, daß man selbst erlebt haben muß, was man erzählt. Das eigene Erlebnis ist nur eine – keineswegs eine besonders wichtige – Möglichkeit der Wirklichkeitserfahrung. Die Fantasie kann auch von anderen Anregungen ausgehen: von Bildern, von literarischen Werken, von älteren Chroniken, von historischen Darstellungen, von Personen und Ereignissen der Zeitgeschichte. Wie der Blick auf die bis 1818 entstandenen Erzählungen gezeigt hat, lagen für alle diese Möglichkeiten Beispiele bereits vor, ehe das serapiontische Prinzip formuliert wurde.

Serapiontisches Erzählen: Band 1 und 2

Eine besonders wichtige Rolle spielen Bilder als Anregung und »Triebrad« der Fantasie. So ist es fast selbstverständlich, daß Hoffmann als ersten mit einem Titel überschriebenen Text – der ein Gegengewicht gegen die Defekte der Künstlergestalten Serapion und Krespel setzen will – *Die Fermate* auswählt, die mit einer Bildbeschreibung einsetzt: »Hummels heitres lebenskräftiges Bild, die Gesellschaft in einer italiänischen Lokanda, ist bekannt worden durch die Berliner Kunstausstellung im Herbst 1814.« Das vorangestellte Gespräch weist zusätzlich und explizit auf das »serapiontische« Verständnis hin: »So wie ich nehmlich dieses Bild anschaute, wurde mir eine Bedeutung klar an die der Künstler gewiß nicht gedacht hatte, nicht hatte denken können, da Rückerinnerungen aus meinem früheren Leben auf seltsame Weise aufgingen und eben erst jene Bedeutung schufen.«[23] Autobiographie, Selbsterlebtes verbindet sich hier also mit dem Geschauten, dem Bild.

Im Kommentar des Freundeskreises wird *Die Fermate* trotz einigen Lobs als »nicht im eigentlichsten Sinn [...] serapiontisch« bezeichnet, obwohl der Erzähler »Bild und Gestalten die er beschrieben [...] mit leiblichen Augen geschaut«.[24] Das »Bild«, das Ausgangspunkt des Erzählens sein soll, muß also nicht (nur) konkret verstanden werden, es ist, wie zitiert, das Bild, das »im Innern aufgegangen«, vom »inneren Auge« geschaut wurde, »aus der Tiefe deiner Fantasie«[25] hervorgegangen ist. Die bildkräftige, »imaginierende Fantasie«,[26] die »visionäre Anschauung« – das ist der Kern des serapiontischen Prinzips.

Den Abschluß der Erzählungen des ersten Tages bildet der bereits 1813 erstmals erschienene Dialog zweier Künstler *Der*

Dichter und der Komponist. Er erhält hier die Funktion, die Reihe der Künstlerfiguren vom Wahnsinn über Exzentrität und Spleen zu einer gewissen Normalität zu führen.

In ähnlicher Weise wie die Erzählungen des ersten Tages werden die Geschichten der weiteren sieben Abende zusammengestellt: in lockerer Folge oder zu Reihen komponiert, als Beispiel- und Gegenerzählungen.

Die Erzählungen des zweiten Abends beginnen mit dem älteren Text *Ein Fragment aus dem Leben dreier Freunde*. In dem neuen Zusammenhang wird die Gesprächssituation des Freundeskreises potenziert. Die Freunde bemängeln, daß die Geschichte zu wenig fantastisch sei, hervorgehoben wird die »ironische Tücke«, mit der das Mädchen behandelt werde.

Solche »ironische Tücke« nimmt der Erzähler der nächsten Geschichte, *Der Artushof*, von vornherein für sich in Anspruch. Damit wird diese ältere Erzählung in eine Beleuchtung gestellt, die sich außerhalb des neuen Zusammenhangs wohl kaum ergäbe. Oben wurde kritisch auf eine gewisse Didaktisierung und Überdeutlichkeit und die fehlende Spannung in der Künstlergestalt Traugotts hingewiesen. In der anschließenden Diskussion wird zum einen der »heitere, gemütliche Ton« gerühmt, der »in dem Ganzen herrsche« – das entspricht mit anderen Wertungsvorzeichen durchaus dem, was oben eher negativ gesehen wurde. Sodann wird jedoch abermals die »tiefe Ironie« des Schlußstücks betont.[27] Worauf bezieht sich dies? Auf die überraschende Gleichsetzung des Idealbildes Felizitas mit der biederen Kriminalrätin Mathesius? Auf die Haltung und Annahme Traugotts, in Rom erwarte ihn deren Ebenbild als »geliebte Braut«? Oder ist der Hinweis auf die Ironie der Versuch des Autors Hoffmann, einer insgesamt eher schlichten Erzählung eine weitere Dimension zu geben oder unterzuschieben (was ja durchaus legitim wäre, der Leser muß ihm ja nicht folgen)?

Ein solcher Leser, der die Ironie nicht erkennt und sie ärgerlich findet, wird in der Gesprächsrunde zugleich imaginiert, genauer: eine Leserin. Ihr – ja sogar fast allen Leserinnen – wird schnurstracks »wenigstens in der Regel« der Sinn für Ironie und auch gleich für Humor abgesprochen. Diesem Pauschalurteil wird zwar teilweise widersprochen – darüber ließe sich »noch gar vieles sagen« –, aber es ist deutlich: Die oben vorgenommene Charakterisierung der Serapionsbrüder als einer rein männlichen Runde hat nicht nur einen biographischen Hintergrund, sie hat auch Folgen, zum Beispiel in einem sehr einseitigen Frauenbild. Und es ist sicher kein Zufall, daß auf die zugespitzte satirische Verspottung einer Frau als Philisterin eine eher chauvinistische als ästhetische Diskussion der Männerrunde zu der Frage folgt, »in wiefern der Humor den Weibern anstehe oder nicht«. Das Argument, eine »humoristische Frau« sei als Gesprächspartnerin für »einige Zeit« denkbar, als »Geliebte oder Gattin« aber gewiß nicht wünschenswert, wird allerdings als eine der »gewagtesten Behauptungen« lachend zurückgewiesen.[28] Die ästhetische Dimension der für Hoffmanns späteres Werk zentralen Thematik Ironie/Humor sowie das Verhältnis von Frauen zum Humor wird vor allem an *Kater Murr* und *Prinzessin Brambilla* ausführlich zu diskutieren sein. In diesen nur wenig später entstandenen Werken ist die Darstellung wesentlich differenzierter, auch die Wertungsakzente werden deutlich anders gesetzt.

Die Bergwerke zu Falun

Die auf den *Artushof* folgende Erzählung *Die Bergwerke zu Falun* ist als einzige des ersten Bandes der *Serapions-Brüder* zuvor nicht veröffentlicht worden. Während also die übrigen in die Gesamtkonzeption eingefügt werden mußten, hatte Hoffmann hier die Möglichkeit, besondere Akzente im Blick auf das serapiontische Prinzip zu setzen.

Diese Erzählung ist ein Beispiel dafür, daß auch *literarische* Texte Anregung einer serapiontischen Geschichte sein können. Die Erzählung geht auf Berichte aus dem 18. Jahrhundert zurück, die durch das Referat in Gotthilf Heinrich Schuberts *Ansichten von der Nachtseite der Naturwissenschaft* bekannt wurden und die Achim von Arnim in einem Gedicht sowie Johann Peter Hebel in seiner Kalendergeschichte *Unverhofftes Wiedersehen* bereits 1810/11 verarbeitet hatten: Der Leichnam eines 50 Jahre zuvor verunglückten Bergmannes wird fast völlig unversehrt aufgefunden, so daß ihn seine ledig gebliebene Braut wiedererkennt. Hoffmann verstärkt einerseits den sachlichen Aspekt dieser Erzählung, erklärt naturwissenschaftlich, wie es zu dieser Unversehrtheit habe kommen können, und zeigt durch realistische Details, daß er sich mit der Welt des Bergbaus beschäftigt hat. Dahinter aber steht das Reich der Träume und dunklen Ahnungen, die Welt der Metalle und Steine, die verlockend und bedrohlich zugleich ist.

Im Gegensatz zu seinen Quellen ist Hoffmann vor allem an der Lebensgeschichte des Bergmanns interessiert: Der Tod seiner Mutter bringt den Seemann Elis Fröbom um seinen Halt im Leben, stürzt ihn in Trübsinn und Lebensekel. Ein geheimnisvoller alter Bergmann malt ihm die faszinierende Welt unter Tage aus. In einem Angsttraum verschmelzen für Elis die Tiefe der Bergwerkswelt und die des Meeres, und in einer beglückenden Vision sieht er die Wunder im Inneren der Erde. Elis wird Bergmann – Schrecken und Faszination der Tiefe begleiten seine im Detail geschilderte Arbeit, prägen seine Träume und Alpträume. Der Abstieg in den »ungeheueren Schlund«[29] und in das Unbewußte des eigenen »Innersten« gehen ineinander über. Die Liebe zu seiner Braut Ulla scheint ihm wieder den Weg zur Außenwelt zu öffnen, aber die Versuchung durch den Berg bleibt übermächtig. Am Hochzeitsmorgen steigt Elis trotz Ullas Bitten in das Bergwerk ein, um einen kostbaren Edelstein für sie zu holen (»auf den unsere Lebenstafel eingegraben«[30]); die »Bergkönigin« bezaubert und verzaubert ihn, er wird vom Berg verschüttet. Damit wird das romantische Bergwerksbild in Novalis' *Heinrich von Ofterdingen* – das Bild verklärter Natur, der ursprünglichen Einheit von Lebendigem und Anorganischem, der Ankündigung von erfüllter Liebe und von Künstlertum, ja des Goldenen Zeitalters – »nächtlich« unterminiert. Elis' Geschichte, wie bei vielen früheren Künstlerjünglingen Hoffmanns ein Entwicklungsroman mit einer Adoleszenzkrise, ist begleitet von Selbsttäuschungen, geprägt von erotischen Sehnsüchten und Ängsten. Sein Weg hat mehrfach psychoanalytische Deuter angezogen. Ihre Sichtweisen – ob an Freud orientiert (in Elis vollziehe sich die Trennung des Ich vom Es) oder an Jung (die Bergkönigin verkörpert den archaischen Typus der »großen Mutter«) – erweitern das Verständnis und vereinseitigen es zugleich. Das bei Hoffmann so häufig zu findende Schema der Stellung des Helden zwischen imaginierter, idealisierter Geliebter und heiratswilliger Bürgertochter wird hier unterlaufen und zerstört: Von der Bergkönigin gehen auch sexuelle Verlokkung und tödliche Gefährdung aus, Ulla hingegen wird mit idealisierten Attributen (»leuchtender Engel«[31]) ausgestattet. Aber auch die Liebe zu Ulla kann Elis' Kommunikationsunfähigkeit nicht aufbrechen, nicht einmal mit ihr kann er über seine Liebe, seine Ängste, sein Verlangen sprechen:

> Es war als verschlösse ihm eine unbekannte Macht mit Gewalt den Mund, als schaue aus seinem Innern heraus das furchtbare Antlitz der Königin, und nenne er ihren Namen, so würde, wie bei dem Anblick des entsetzlichen Medusenhaupts sich alles um ihn her versteinen zum düstern schwarzen Geklüft![32]

Die Angstvision wird zur Vordeutung des eigenen Schicksals. Als Elis' Leiche nach 50 Jahren gefunden wird, hält man sie für »versteinert«, doch auch dies ist Täuschung: Als Ulla, nun »ein steinaltes eisgraues Mütterchen auf Krücken«, hinzukommt, den »Leichnam des erstarrten Bräutigams« berührt und stirbt, beginnt auch er »in Staub zu zerfallen«.[33]

Im Kontext der *Serapions-Brüder* zeigt die Erzählung *Die Bergwerke zu Falun* abermals die Gefährdung durch die Übermacht der »inneren Welt«. Um die dadurch bewirkte »trübe Stimmung«[34] zu vertreiben, wird im Anschluß das ironische

Märchen *Nußknacker und Mausekönig* vorgelesen, das den zweiten Abend und damit das erste Buch des Werkes beschließt und die Freunde »fröhlich« voneinander Abschied nehmen läßt. Die Erstveröffentlichung des Märchens hatte zu überwiegend negativen Reaktionen der Kritik geführt, die insbesondere das Kindgemäße dieses »Kindermärchens« bestritten. Im Gesprächskreis der Serapionsbrüder werden einige dieser Argumente aufgegriffen. Hier zeigt sich eine weitere Funktion der Gespräche: Hoffmann benutzt sie nicht nur, um sich selbstkritisch zu eigenen Werken zu äußern, sondern auch, um in seinen Augen verfehlte Kritik zurückzuweisen. Hoffmann hat gelegentlich in seinen Briefen (und wahrscheinlich auch in Gesprächen) erwähnt, er lese keine Rezensionen. Hitzig hat das wie so vieles andere auch für bare Münze genommen. (»Gegen die öffentliche Kritik seiner Schriften war er gleichgültig. [...] wenn man ihm von der Rezension eines seiner Werke sagte, sie mochte lobend oder tadelnd seyn, so bezeigte er nicht die geringste Lust, sie zu sehen.«[35]) Die Forschung hat ihrerseits Hitzigs Hinweise unkritisch übernommen. Die Diskussionen der Serapionsbrüder zeigen demgegenüber eine subtile, aber gründliche Auseinandersetzung mit Rezensionen, teilweise sogar in wörtlichen Zitaten, natürlich ohne daß dies vermerkt wäre. So wird im Gespräch über die Aufnahme von *Nußknacker und Mausekönig* die Ansicht vorgetragen, die »viele sehr vernünftige Leute, vorzüglich solche die niemals Kinder gewesen, welches sich bei manchen ereignet« teilten, dies alles sei »tolles, buntscheckiges, aberwitziges Zeug«, dem Autor müsse »ein tüchtiges Fieber zu Hülfe gekommen sein [...], da ein gesunder Mensch solch' Unding nicht schaffen könne«.[36] Das referiert fast wörtlich die anonyme Rezension des *Literatur-Blattes* zum *Morgenblatt*, die von Adolph Müllner stammte. Durch den Mund Lothars läßt Hoffmann eine solche Ansicht nicht nur »lachend« zurückweisen, sondern er setzt auch ein abermaliges Bekenntnis seines Verständnisses vom Verhältnis von Inspiration, Traum und Kunstwerk dagegen: Auch wenn einem Autor »wie im wirren Traum allerlei fantasti-

sches aufgehe«, helfe ihm das wenig; dergleichen sei, wenn es nicht
> der ordnende richtende Verstand wohl erwäge, durcharbeite, und den Faden zierlich und fest daraus erst spinne, ganz und gar nicht zu brauchen. Zu keinem Werk würd ich ferner sagen, gehöre mehr ein klares ruhiges Gemüt, als zu einem solchen, das wie in regelloser spielender Willkür von allen Seiten ins Blaue hinaus blitzend, doch einen festen Kern in sich tragen solle und müsse.[37]

Das »künstliche«, kunstvoll artistisch gefügte Märchen zeigt, in welchem hohen Maße Hoffmann dieses selbstgesetzte Ziel erreicht hat.

Der zweite Band beginnt mit einem längeren Gespräch über den Magnetismus, da mit Vinzenz »der eifrigste Verfechter des Magnetismus, den es gibt«,[38] die Runde erweitern soll. Hoffmann knüpft hier an seine eigene Beschäftigung mit dieser medizinisch-naturphilosophischen Lehre an, die 1813 ihren ersten wichtigen literarischen Niederschlag in der Erzählung *Der Magnetiseur* gefunden hatte. Dieses Interesse wurde noch gesteigert, da die Diskussion um die Wissenschaftlichkeit des Magnetismus gerade in Berlin und in den ersten Jahren nach Hoffmanns Übersiedlung besonders heftig war. Obwohl eine wachsende Zahl von Medizinern dieser Lehre skeptisch oder ablehnend gegenüberstand, gelang den Befürwortern ein wichtiger Erfolg. David (seit 1816: Johann Ferdinand) Koreff, einer der eifrigsten Verfechter des Magnetismus, wurde Leibarzt des Staatskanzlers und, gegen den Widerstand der Fachkollegen, 1816 zum Professor für diesen Zweig der Medizin ernannt.

Da Koreff einer der realen »Serapionsbrüder« war (und nach Hippel und Devrient der dritte Duz-Freund Hoffmanns), ist Hoffmanns anhaltendes Interesse an dieser Thematik verständlich; die Diskussion darüber in den *Serapions-Brüdern* wird zu einer der ausführlichsten des gesamten Werkes. Hoffmann bedient sich der Mittel des »romantischen« Gemeinschaftsgesprächs, um das Thema so facettenreich wie möglich darzustellen: Austausch unterschiedlicher Meinungen, Erzählen von Beispielen und von medizinischen Fallgeschichten, zum Teil unter Nennung der einschlägigen wissenschaftlichen Speziallitatur, öfter anhand damals bekannter Fälle (deren Quellen durch die Forschung mittlerweile weitgehend ermittelt sind). Es handelt sich also für zeitgenössische Leser um eine sehr aktuelle wissenschaftliche und politische Diskussion von großem öffentlichen Interesse.

Zwar findet einer der Serapionsbrüder das Gespräch »langweilig und lästig«[39] und liest eine Erzählung völlig anderer Art vor – *Der Kampf der Sänger* –, aber nach kurzer Diskussion kehrt die Runde zum ursprünglichen Thema zurück, es folgen weitere Beispiele, Fälle von merkwürdigen Geschehnissen, unerklärlichen Erscheinungen und Einflüssen, so daß man schließlich feststellt, es sei eigentlich nur noch ein ganz kleiner Schritt »bis zu den wirklichen Gespenster- und Spukgeschichten, die sehr bequem in der Einwirkung eines fremden psychischen Prinzips ihren Grund finden können«.[40]

Beispiel einer solchen Spukgeschichte ist die titellose Erzählung von der Erscheinung der »weißen Frau«, einer bekannten Figur des Aberglaubens, und von der Reaktion der Betroffenen, eines Mädchens, seiner aufgeklärten Familie und des hinzugezogenen Arztes. Dieser greift zur Heilung zu einem Trick, der sich bereits in Schillers *Geisterseher* findet: Er läßt alle Uhren verstellen, so daß der Spuk nicht zur üblichen Stunde auftauchen kann. Als er dann doch stattfindet, von weiteren unerklärlichen Erscheinungen begleitet, hat das auf einige der Beteiligten eine katastrophale Wirkung, während, als satirische Pointe, das Mädchen geheilt wird. Wieder werden die fließenden Grenzen zwischen Übernatürlichem und Natürlichem, Krankheit und Normalität gezeigt, das Unerklärliche bleibt letzten Endes unerklärt.

Um, ohne das Thema zu wechseln, das Grauen zu zerstreuen, liest ein Serapionsbruder die Erzählung *Die Automate* vor, die er einleitend so charakterisiert: »Es kommt viel Mystisches darin vor, an psychischen Wundern und seltsamen Hypothesen ist auch gar kein Mangel, und doch lenkt es hübsch ein ins gewöhnliche Leben.«[41] Die Erzählung, die zuerst 1814 erschienen war, wird durch diesen Kontext in eine besondere Beleuchtung gerückt. In ihr spielen Musikautomaten eine besondere Rolle: Während diese eine technisch perfekte Kunst produzierten, sei es das Wesen »wahrer« Kunst, das, was in der »tiefsten Tiefe [des Gemüts] erklungen, in das rege Leben zu bringen«; erst dadurch werde »das wundervolle Reich« erschlossen, »aus dem jene Töne wie entzündende Strahlen hervordrangen«.[42] Das ist im Grunde eine frühe Formulierung eines Grundaxioms des serapiontischen Prinzips – insofern fügt sich die älteste Erzählung des Bandes gut in den gesamten Kontext ein.

Automaten sind zwar von Menschen hergestellt, auf den Betrachter machen sie dennoch den Eindruck von etwas Lebendigem: Die Grenze zwischen den Automatenbauern als geschickten Handwerkern und Magiern scheint fließend zu sein. Professor X. in *Die Automate*, Professor Spalanzani im *Sandmann* und der Pate Droßelmeier in *Nußknacker und Mausekönig* sind Angehörige dieser Spezies mit durchaus unterschiedlichem Profil. Auch in *Die Automate* werden die Rätsel und Geheimnisse nicht aufgelöst, insofern ist auch sie fragmentarisch, sowohl konkret als auch in dem allgemeineren Sinn der Romantik, daß jede Dichtung fragmentarisch ist.

Dieser nicht auflösbare Rest wird als grundlegend für die Kunst angegeben. Theodor faßt dies zusammen:

Nichts ist mir mehr zuwider als wenn in einer Erzählung, in einem Roman der Boden, auf dem sich die fantastische Welt bewegt hat, zuletzt mit dem historischen Besen so rein gekehrt wird, daß auch kein Körnchen, kein Stäubchen bleibt, wenn man so ganz abgefunden nach Hause geht, daß man gar keine Sehnsucht empfindet noch einmal hinter die Gardinen zu kukken. Dagegen dringt manches Fragment einer geistreichen Erzählung tief in meine Seele und verschafft mir, da nun die Fantasie die eignen Schwingen regt, einen lange dauernden Genuß.[43]

Damit ist die Brücke geschlagen zu der folgenden historischen Erzählung *Doge und Dogaresse*, aber zugleich auch zurück zu der vorher erzählten Geschichte *Der Kampf der Sänger*: Trotz einer breiten, durch Quellen abgesicherten Basis verbleiben Aspekte des Unerklärlichen, Mystischen, gelegentlich auch Teuflischen. Die oben in den Einzelinterpretationen aufgeworfenen Fragen an die beiden Erzählungen und die vermerkten künstlerischen Schwächen werden in ähnlicher Weise, teils allgemein, teils an Einzelbeispielen, auch in der Gesprächsrunde vorgetragen – im Fall der Erzählung *Der Kampf der Sänger* in sehr scharfen negativen Wendungen, dies eines der deutlichsten Beispiele von Selbstkritik Hoffmanns.

Das Eingangsgespräch des vierten Abends behandelt zunächst unterschiedliche Bedingungen des Schreibens, stellt insbesondere das Leben auf dem Lande und in der Stadt gegenüber. Man hebt die »Anregung« hervor, die eine »große Stadt« biete mit ihren vielen unterschiedlichen Erscheinungen, mit ihren Menschen und Kunstangeboten.[44]

Zu letzteren gehören auch »die mannigfachen musikalischen Produktionen«.[45] Mit dem Grundprinzip des schroffen Wechsels – »ist es denn nicht eben recht serapionsmäßig, daß Ernst und Scherz wechsele?«[46] – wird die Verlesung einer »kleinen Abhandlung« über Beethovens C-Dur-Messe und anschließend eines Beitrages über »Alte und neue Kirchenmusik« begründet. Hoffmann konnte hier Auszüge aus zwei musikkritischen Beiträgen aus der *AMZ* von 1813/14 verwenden. In diesem Kontext erhalten sie zusätzlich die Funktion, das Leitthema Geschichte und Gegenwart aus den vorangegangenen Erzählungen zu variieren, insbesondere zu erörtern, was die jeweiligen Rahmenbedingungen für die Kunst bedeuten. Konkret geht es in beiden Fällen um religiöse Musik, die, dem allgemeinen Prozeß der Säkularisierung unterworfen, in der Moderne ihren ursprünglich dienenden Charakter verloren hat. Die alte, großartige Einfachheit und schlichte Frömmigkeit steht gegen die moderne Komplexität. Diese berge zwar die Gefahr der bloßen Virtuosität, aber die Beispiele von Haydn und Mozart, denen sich in der Gegenwart Beethoven anreihe, zeigten, wie man auch in der Moderne im Rahmen einer ursprünglich religiösen Gattung bedeutende Kunst schaffen könne. Zur Veranschaulichung fügt Cyprian ein »gewagtes Gleichnis« an: Die ältere Kirchenmusik der Italiener verhalte sich zu der neueren deutschen »wie die Peterskirche zum Straßburger Münster«.[47] Mit diesem Vergleich zitiert der Erzähler (natürlich ohne darauf hinzuweisen) Kreisler, der in den *Höchst zerstreuten Gedanken*, dem 5. Kreislerianum der *Fantasiestücke*, seinerseits damit die Ansicht eines »Freundes«[48] wiedergibt – es ist allerdings Hoffmann selbst, der dieses Bild im Erstdruck der Rezension von Beethovens Messe Mitte 1813 geprägt hatte.[49] Mit der folgenden Erläuterung paraphrasiert Cyprian Kreislers Kommentar zu diesem Gleichnis:

Die grandiosen Verhältnisse jenes Baues erheben das Gemüt, indem sie kommensurabel bleiben; aber mit einer seltsamen inneren Beunruhigung staunt der Beschauer den Münster an, der sich in den kühnsten Windungen, in den sonderbarsten Verschlingungen bunter phantastischer Figuren und Zieraten hoch in die Lüfte erhebt. Allein selbst diese Unruhe regt ein, das Unbekannte, das Wunderbare ahnendes Gefühl auf und der Geist überläßt sich willig dem Traume, in dem er das Überirdische, das Unendliche zu erkennen glaubt.[50]

Diese Passage formuliert eine Position, die im folgenden Beitrag über *Alte und neue Kirchenmusik* nicht so eindeutig zu erkennen ist. Diese Abhandlung ist grundsätzlicher und historisch breit fundiert. Sie zeichnet dabei die Entwicklung des Genres im Mittelalter bis zu seinem Höhepunkt im 16. Jahrhundert bei Palestrina nach. Das Wesen der Kirchenmusik wird aus ihrem Ursprung im religiösen Kultus des Mittelalters hergeleitet. Mit dem Schwinden des religiösen Sinns, besonders seit der Aufklärung, sei die Kirchenmusik in eine Krise geraten; selbst Mozarts sonst von Hoffmann hochgerühmte Messen werden nicht ausgenommen. Aus dieser Analyse folgt allerdings nicht, wie von der älteren Forschung unterstellt, ein restaurativer Wunsch Hoffmanns nach einer Rückkehr zur alten Vokalmusik, sondern die Absage an Verweltlichung, an Eitelkeit, Prunk, Virtuosität.

Deutlicher als im Erstdruck von 1814 bekennt sich dieser Text zur Moderne und ihren Möglichkeiten. Das geschieht zum einen durch Art und Umfang der Auswahl (nur etwa ein Viertel des älteren Beitrags wurde wieder verwendet), zum anderen durch die Kontexte, in deren Rahmen Ernst und Pathos des Textes aufgelockert und relativiert werden.

Zugleich wird dieses ausgiebige Musikgespräch zu einer Folie der im Anschluß verlesenen Erzählung *Meister Martin der Küfner und seine Gesellen*. Die bei der Behandlung der Erzählung als Einzeltext bis vor kurzem vorherrschende Lesart, es handele sich um die Beschwörung und Verklärung eines vergangenen Zustandes der Kunst, an die sich der heutige Künstler nur wehmütig erinnern könne, wird damit von vornherein in Frage gestellt.

Der zweite Band endet mit einem Märchen, wie der erste: *Das fremde Kind*. Es variiert insofern das Hauptthema des Bandes, das Verhältnis von alter und moderner Kunst, als dieses ja auch der Kontroverse um das Volks- und Kindermärchen vom Typus Grimm und das moderne, »romantische« Kunstmärchen zugrunde liegt. Der Erzähler Lothar gibt vor, er wolle sich gegenüber dem fantastischen Märchen aus der neuen Zeit, *Nußknacker und Mausekönig*, dem alten Typus stärker annähern, also »frömmer, kindlicher«[51] sein (das sind die Adjektive, die zuvor auch zur Charakterisierung der alten Kirchenmusik der Italiener und der Malerei in der Dürerzeit gebraucht worden waren). Die Freunde meinen anschließend, daß ihm das durchaus nicht gelungen sei, was aber der Geschichte keineswegs zum Nachteil gereiche. Wenn Lothar daraufhin »in komischen Zorn« schwört, »daß da die Freunde ihn nun einmal verloren gäben, er sich im nächsten Märchen rücksichtslos aller fantastischen Tollheit überlassen wolle«,[52] dann ist dies als wiederholtes Bekenntnis zum Eigenwert der modernen Kunst zu verstehen und ebenso als Ankündigung künftiger Märchenproduktion: *Prinzessin Brambilla* und *Die Königsbraut*, beide im folgenden Jahr 1820 entstanden, werden in der Tat die Grenzen der Gattung nochmals hinausschieben, »rücksichtslos« gegenüber allem, was bis dahin »Märchen« hieß, und selbstverständlich auch gegenüber dem Zeitgeschmack.

Die Serapions-Brüder: Band 3 und 4

Während Hoffmann für die beiden ersten Bände der *Serapions-Brüder* weitgehend auf vorliegende Texte zurückgreifen konnte, lag für die beiden folgenden Bände, die im Herbst 1820 und im Frühjahr 1821 erschienen, nur noch eine kleine ältere Erzählung vor (*Erscheinungen!*), die ihm zur Aufnahme geeignet schien. Weitere acht Erzählungen schrieb und veröffentlichte Hoffmann 1819 und 1820, übernahm sie also unmittelbar nach den Erstdrucken in die Sammlung; dazu kam als einziger Originalbeitrag das Märchen *Die Königsbraut*.

Die Tatsache, daß Hoffmann die Erzählungen für die beiden abschließenden Bände *nach* Ausarbeitung des serapiontischen Prinzips und im Blick auf die Einfügung in das Sammelwerk schrieb, macht sich innerhalb des gesamten Werks nicht als Bruch bemerkbar. Das spricht zum einen dafür, daß die Erzählungen des ersten Teiles sehr gut in das Gesamtgeschehen integriert wurden und die Grundsätze des serapiontischen Prinzips schon vor dessen Formulierung verwirklichten; es zeigt zum anderen, daß Hoffmann sich keine besondere Mühe gab, nun Mustererzählungen des serapiontischen Prinzips zu schreiben. Die Heterogenität der Erzählansätze, Themen, Darstellungsformen ist nicht erkennbar geringer.

Die erste in das Eingangsgespräch eingebettete titellose Erzählung des fünften Abends zeigt, wie »skurrile Fantasie« und Auswertung alter Chroniken zusammengehen können. (Im Erstdruck lautete der Titel *Aus dem Leben eines bekannten Mannes*.

Nach einer märkischen Chronik.) Im Gespräch nennt der Erzähler die Quelle genauer, das *Microchronicon marchicum* (Kleine märkische Chronik) von Peter Hafftiz aus dem späten 16. Jahrhundert, das Hoffmann als Manuskript in der Königlichen Bibliothek benutzte. Auf der einen Seite ist dies eine Berliner Geschichte, die sich eng an die Chronik und an Akten hält, auf der anderen Seite steht der Teufel im Mittelpunkt, der sich unerkannt im Alltag bewegt, nur gelegentlich durch merkwürdiges oder unheimliches Benehmen die Bürger verschreckt. Die Teufelfigur schwankt zwischen Komik und Groteske; ein längeres Gespräch der Freunde über Teufelsdarstellungen, auch in verschiedenen Literaturen, über das Grauenhafte und Unheimliche in der Kunst schließt sich an.

Die Brautwahl

Für die folgende Geschichte *Die Brautwahl* benutzte Hoffmann ebenfalls die Chronik von Hafftiz und entnahm ihr zahlreiche historische Begebenheiten und Berichte. Ausführlich, zum Teil wörtlich, werden vor allem zwei Ereignisse aus dem Berlin des späten 16. Jahrhunderts nacherzählt: die Geschichte des Münzjuden Lippold, dem vorgeworfen wurde, er bediene sich »böser Künste«, um den Kurfürsten zu beherrschen, und der hingerichtet und verbrannt wurde;[53] und die Geschichte des Goldschmieds und Astrologen Leonhard Turnhäuser zum Thurm, der beim Kurfürsten angezeigt wurde, weil er »allerlei zauberische Possen und jüdische Händel« treibe, und der Berlin heimlich verließ, »um dem Schicksal des Juden Lippolt zu entgehen«.[54]

Beide Gestalten kehren – als Wiedergänger – in das Berlin der Gegenwart zurück: in den Personen des Juden Manasse und des Goldschmieds Leonhard. Beide verfügen über einige magische Fähigkeiten; bereits in ihrem ersten kleinen Duell – das an eine Szene zwischen Zauberer und Fee in *Klein Zaches* erinnert – erweist sich Leonhard als der Überlegene. Er lenkt als »guter« Magier diese »Geschichte, in der mehrere ganz unwahrscheinliche Abenteuer vorkommen«,[55] wie der Untertitel der *Brautwahl* etwas marktschreierisch, aber durchaus richtig verheißt.

Die Gegenwartshandlung bietet ein Lustspiel und eine Liebesgeschichte, mit den entsprechenden Hindernissen, bis zum glücklichen Ende. Ein junger Maler, Edmund Lehsen, liebt die schöne Albertine, für die der Vater, Kommissionsrat Voßwinkkel, jedoch bereits einen wohlhabenden Ehemann, den schon etwas ältlichen Geheimen Kanzlei-Sekretär Tusmann, ausgesucht hat. Schließlich taucht ein weiterer reicher Konkurrent um die Hand Albertines auf: der Neffe Manasses, der reiche Stutzer Bensch, Baron Benjamin von Dümmerl. Der Vater der Umschwärmten schwankt zwischen den reichen Bewerbern, lehnt den armen Maler hingegen dezidiert ab. Leonhard, der diesem zum Erfolg verhelfen will, bringt den Vater dazu, eine Brautwahl nach Art des *Kaufmanns von Venedig* durchzuführen, und manipuliert diese so, daß der junge Maler die Geliebte gewinnt. Diesem zu erwartenden banalen Komödienende folgt jedoch ein weiterer Schluß, der dem Thema Künstlerliebe eine neue Variante hinzufügt: Der junge Maler gehorcht den eindringlichen Mahnungen seines Mentors und geht vorerst zur weiteren Ausbildung nach Italien. Der letzte Absatz berichtet, daß Lehsen bereits ein Jahr im Süden lebe, seltener und »kälter« schreibe und die schöne Albertine sich mittlerweile mit Wohlwollen von einem jungen Referendarius umwerben lasse.

Der trotz der Schlußpointe traditionelle Handlungsstrang wird durch eine sprunghafte, farbige, komische, teilweise groteske – wahrlich »abenteuerliche« – Handlung und ebensolche Charaktere in die Tradition der erzählten Komödie, der Commedia dell'arte oder der Wiener Zauberposse, gestellt. Gleichzeitig enthält diese Erzählung jedoch mehr an Details und an Atmosphäre aus dem Berlin der Gegenwart als jede frühere Geschichte: von topographischen Einzelheiten wie Straßen, Plätzen, bestimmten Läden oder Weinhäusern bis hin zu aktuellen Anspielungen auf Theater, Politik, Mädchensozialisation – »eine Berlinische Geschichte [...]« lautete der Untertitel des Erstdrucks dieser für den *Berliner Taschenkalender auf das Schaltjahr 1820* geschriebenen Erzählung (einige der lokalen Details hat Hoffmann für den Buchdruck gestrichen). Die wichtigsten der Personen, die aus der Commedia dell'arte in die gute Berliner Gesellschaft verpflanzt, entsprechend karikiert und verspottet werden, sind der Vater und die beiden erfolglosen Liebhaber. »Kommissionsrat« Voßwinckel, ein Kaufmann mit Staatstitel und als Stadtverordneter Lokalpolitiker, erweist sich als von »grenzenloser Habsucht«, »Charakter- und Gewissenlosigkeit«.[56] Tusmann, als »Geheimer Kanzlei-Sekretär« Staatsbeamter, titelbesessen und lebensfremd, ein wackerer und etwas borniter Aufklärer, steht den übernatürlichen Erscheinungen besonders fassungslos gegenüber. Als »lebendiges Konversations-Lexikon«[57] bezieht er auch seine Verhaltensnormen aus Zeitschriften und Büchern; das gilt nicht zuletzt für seine Frauenkenntnis, die er in langen Zitaten einschlägiger Paragraphen aus der *Politischen Klugheit* des Thomasius beweist. Benjamin Dümmerl, »den man seiner unglaublichen Verdienste halber in Wien baronisiert«, vereint in Aussehen und Benehmen – »dummdreist, vorlaut, zudringlich« – »im ganzen Wesen den ausgesprochensten Charakter des Volks aus dem Orient«.[58]

Zum gewissenlosen und habsüchtigen Vater und dem pedantischen, lebensfremden Aufklärer gesellt sich hier die Karikatur des geldgierigen jüdischen Stutzers, zusammengesetzt aus einer Reihe antisemitischer Klischees. Das muß zunächst einmal festgehalten werden, weil es in der Hoffmann-Literatur fast stets übergangen oder in einem Nebensatz abgetan wurde. Zwar spielt Dümmerl nur eine kleine Rolle, aber seine Karikatur wird weniger als die der gleichfalls lächerlichen anderen Bewerber durch Skurrilität oder Komik differenziert. In dem umfangreichen Werk Hoffmanns taucht nur noch eine weitere ebenfalls kurze Judendarstellung auf, und dies ebenfalls in einer »Berliner« Erzählung (*Die Irrungen / Die Geheimnisse*). So wird man als Kontext auf die Berliner Gesellschaft zu Beginn der Restaurationszeit verwiesen, zu der auch das neureiche und assimilationswillige jüdische Bürgertum gehört. Den Judendarstellungen in Inszenierungen des Berliner Schauspielhauses kommt wohl ebenfalls eine wesentliche Rolle für Hoffmanns Judenbild zu. Sein Freund Devrient brillierte sowohl in der berüchtigten Judenposse *Unser Verkehr* von Carl Sessa als auch in Shakespeares *Kaufmann von Venedig*; Shylock war eine seiner Paraderollen (in den *Seltsamen Leiden eines Theater-Direktors* wird die grandiose Darstellung Devrients gerühmt, auch im Vergleich mit der Ifflands, »der ins gemeine Jüdeln fiel, dadurch aber das hoch Poetische der Rolle gänzlich zerriß«[59]). Der Vergleich mit den beiden bekanntesten »Judenstücken« des Theaterrepertoires dieser Zeit zeigt den großen Unterschied in der Darstellung der Juden. Da der *Kaufmann von Venedig* ein Intertext ist, der wesentliche Teile der Erzählung durchzieht – nicht nur in der direkten Übernahme des Kästchenmotivs –, kann man in den beiden Judenfiguren der *Brautwahl* auch die banal-komische Kontrafaktur zu den tragischen Gestalten Shakespeares sehen. Das wird in der Erzählung selbst angekündigt, wenn Leonhard den zögernden Kommissionsrat zu der Kästchenwahl dadurch überredet, daß er – im Gegensatz zu Shakespeares Tragödie (die diesem freilich bezeichnenderweise unbekannt ist) – ein glückliches Ende für alle Bewerber garantiert.

Dies trifft in der Tat zu. Der Bücherwurm Tusmann findet in dem gewählten Kästchen ein wunderbares Buch, das zugleich »die reichste, vollständigste Bibliothek« ist, »die jemals einer besessen« – es wird »jedesmal das Werk sein, das Ihr eben zu lesen wünscht«.[60] Und auch der Jude Bensch ist mit seinem Schicksal sehr zufrieden, denn er erhält eine Feile mit einer ebenso wunderbaren Eigenschaft: Feilt man den Rand von Dukaten ab, erneuert sich dieser ständig. Der Maler, der das Miniaturporträt der Geliebten findet, geht hingegen ironischerweise leer aus, da er dem Magier für den Fall seines Sieges versprochen hat, ein Jahr nach Italien zu ziehen – mit dem angedeuteten Ausgang.

7. Die Serapions-Brüder

Die erste umfassende neuere Untersuchung »Über E. T. A. Hoffmanns Verhältnis zum Judentum« kommt zu dem Ergebnis, daß die wenigen aus dem Zusammenhang genommen antisemitisch klingenden Formulierungen in den Berliner Erzählungen Figuren-, nicht Autorrede sind.[61] Das ist sicher ebenso richtig wie die hier angedeutete Funktionalisierung und der karikaturistische Charakter der Judendarstellungen. Allerdings bleibt festzuhalten: Hoffmann gibt sich keine erkennbare Mühe, seine Porträts durch Vielschichtigkeit vor einseitiger Rezeption zu bewahren.

Andererseits steht außer Frage, daß Hoffmanns Ansichten weit entfernt waren vom alltäglichen Antisemitismus der Berliner Gesellschaft dieser Jahre. Er zeigt sich beispielhaft in der Einstellung der angesehenen »Deutschen Tischgesellschaft«, der eine Reihe prominenter Schriftsteller, Professoren und Politiker angehörten, zum »Itzig-Skandal«. Dieser nahm 1811 im Salon von Sara Levi seinen Ausgang, in den Hitzig Hoffmann 1807 eingeführt hatte. Achim von Arnim war, wohl aufgrund eines Mißverständnisses, uneingeladen und in Alltagskleidung im Salon Levi erschienen, was als Beleidigung galt. Moritz Itzig, ein Vetter Hitzigs, verteidigte seine Tante, der Streit eskalierte, als Itzig Arnim in einem Badehaus angriff und von diesem verletzt wurde. Arnim lehnte ein Duell als unstandesgemäß ab. Im weiteren Verlauf der Auseinandersetzung hielt er mehrere Reden vor der Tischgesellschaft, die zu den beschämendsten Zeugnissen des literarischen Antijudaismus in Deutschland gehören. Durch diese gegen seine Familie gerichteten Attacken war Hitzig sensibilisiert für antijüdische Töne und Untertöne. Die Tatsache, daß er an Hoffmanns Äußerungen und Erzählungen nie antisemitische Spuren monierte (ebensowenig die anderen jüdischen Serapionsbrüder Koreff und Ludwig Robert, der Bruder Rahel Varnhagens), kann zumindest als Zeugnis zeitgenössischer Rezeption festgehalten werden.

Der unheimliche Gast

Die letzte Erzählung des Abends, *Der unheimliche Gast*, knüpft noch einmal an die Thematik des Mesmerismus an, im Gespräch der Serapionsbrüder werden die Parallelen zum *Magnetiseur* tadelnd hervorgehoben. Sie zeigt zwar wiederum eine Fülle von möglichen Ansichten, läuft aber letzten Endes doch auf eine wesentlich deutlichere und stärkere Kritik hinaus. Jenseits der spannenden, wenn auch ziemlich belanglosen Handlung ist die Geschichte wegen des großen Arsenals an Unheimlichem interessant: Hier wird noch einmal der gesamte Motivkomplex des »Nächtlichen« vorgeführt, von den äußeren Elementen Nacht, Sturm, Geräuschen aller Art bis zu unerklärlichen Ereignissen und Spukgeschichten. Auf der anderen Seite wird deutlich, warum dieses Unheimliche auch so anziehend wirkt, wie es zu der gerade durch die Aufklärung geförderten Lust an der Angst kommt, insbesondere an der simulierten, erzählten, »erlesenen« Angst. Wie das Unheimliche dadurch entsteht, daß die Grenze zwischen (Vor-)Gelesenem und Erlebtem verschwimmt, wird hier besonders eindrucksvoll vorgeführt. Die Geschichte ist gerade an einem besonders spannenden und unheimlichen Punkt angekommen – Bogislav Moritz beschwört den Verruchten, um es mit ihm »und mit allen Geistern der Hölle« aufzunehmen[62] –:
   Nun geschah ein gewaltiger Schlag. –
   In dem Augenblick sprang die Türe des Saals auf mit dröhnendem Gerassel.
   – So wie Ottmar diese Worte las, sprang auch die Türe des Gartensaals wirklich dröhnend auf und die Freunde erblickten eine dunkle verhüllte Gestalt, die sich langsam mit unhörbaren Geisterschritten nahte. Alle starrten etwas entsetzt hin, jedem stockte der Atem.[63]
Es stellt sich heraus, daß hinter der unheimlichen Erscheinung Cyprian steckt, der freilich den Zufall arrangiert hat, denn er kannte die Geschichte und ist daher im richtigen Moment einge-

treten. Nichtsdestoweniger wird das Schaurige durch die Parallelisierung der Erzählebenen potenziert. »Wie man später erfährt, signalisiert auch der Schlag, von dem Moritz in seiner Geschichte erzählt, das Überschreiten der Schwelle zwischen verschiedenen Sphären, nämlich den Eintritt der Geisterwelt in die Realität. So daß die Verunsicherung der Grenze zwischen den Sphären insgesamt eine dreifache ist.«[64]

Das Fräulein von Scuderi

Die drei am sechsten Tag vorgelesenen Erzählungen umfassen zwar abermals eine größere Spannweite der Formen und Themen, aber sie sind durch ein Leitthema verbunden: extreme Leidenschaften und ihre Folgen in Kunst und Spiel.

In der ersten Erzählung, die in das Gewand einer historischen »Erzählung aus dem Zeitalter Ludwigs des Vierzehnten« gekleidet ist, geht es um eine Kunstleidenschaft, die bis zum Mord führt. Auch im *Fräulein von Scuderi* folgt Hoffmann bei der Darstellung politischer Ereignisse und Hintergründe historischen Quellenwerken, vor allem Voltaires Geschichtswerk *Le Siècle de Louis XIV.* und Wagenseils Chronik. Eine darin berichtete Anekdote über die Schriftstellerin Madeleine de Scudéry (1607-1701) liefert den erzählerischen Kern, ein Schlüsselzitat wird wörtlich französisch wiedergegeben. Es läßt sich Schritt für Schritt verfolgen, wie sich die erzählerische Fantasie Hoffmanns von diesen Realitätspartikeln anregen läßt und aus einigen trokkenen Bruchstücken eine spannende Geschichte macht, wie er historische Personen psychologisch ausgestaltet, historisch nicht belegte Personen hinzuerfindet.

Der Goldschmied Cardillac – »einer der kunstreichsten und zugleich sonderbarsten Menschen seiner Zeit«[65] – ist so sehr Künstler, daß das Kunstwerk Teil seiner selbst wird. Wenn er einen Schmuck, den er geschaffen hat, abliefern soll, ist es ihm, als müsse er einen Teil von sich selbst weggeben. Im Laufe der Erzählung erfahren wir, daß er die Besteller ermordet, um wieder in den Besitz seiner Werke zu gelangen. Ihm gegenübergestellt ist das Fräulein von Scuderi, als höfische Romanschriftstellerin des 17. Jahrhunderts eine geschichtliche Persönlichkeit, eine Künstlerin, deren Kunstbegriff dem Cardillacs geradezu entgegengesetzt ist: Gegen seine radikal asoziale Kunst ist die ihre gesellschaftlich verankert bis hin zur Anpassung an die Erfordernisse des Hofes. Solche Kunst bringt ihr die Huld des Auftraggebers und Ansehen. Beide Kunstbegriffe werden im Verlauf der Erzählung in Frage gestellt. Die Scuderi, die in ihren Dichtungen Humanität predigt, verweigert konkrete Hilfe: Als der verzweifelte Geselle Cardillacs, Olivier, sie bei Nacht aufsucht und ihr ein Schmuckkästchen bringen will, entzieht sie sich ihrer Verantwortung und weist ihn ab. Ihre geistreichen Verse im galanten Stil verharmlosen die Mordserie, zeigen damit ihre Wirklichkeitsverkennung und die Lebensferne, ja die Verantwortungslosigkeit ihrer Kunst.

Als Cardillac, dessen Verbrechen noch unbekannt sind, erstochen aufgefunden wird, verhaftet die Polizei Olivier als Täter. Dies stürzt die Scuderi in tiefe Verzweiflung: »Ganz zerrissen im Innern, entzweit mit allem Irdischen«[66] erkennt sie den Zusammenbruch ihres bisherigen idealistischen Weltbildes (und damit ihrer Kunstideale). Sie öffnet sich Oliviers Bekenntnis, der ihr Cardillacs wahren Charakter, dessen Besessenheit und Verbrechertum enthüllt, aber auch seine eigene Mitwisserschaft gesteht: aus Liebe zu Cardillacs Tochter Madelon habe er den Goldschmied nicht angezeigt. Die Scuderi ist von Oliviers Unschuld überzeugt und setzt sich für ihn ein. Aber auch nachdem sich ihr der Mann anvertraut, der Cardillac getötet hat, fehlen die Beweise. In dieser ausweglos scheinenden Situation findet sie zu einer neuen Kunst: Ihre an den König gerichtete Erzählung über die Mordfälle ist geschickt inszeniert, rhetorisch eindrucksvoll, spannend vorgetragen. Ihr großes Plädoyer ist gesellschaftsbezogen und auf Wirkung ausgerichtet – wie ihre frühere Literatur –, aber sie stellt ihre Kunst nun in den Dienst humaner Zwecke, will der Gerechtigkeit zum Durchbruch verhelfen. In der Tat gelingt ihr das fast Unmögliche: Der König ist »hingerissen von der Gewalt des lebendigsten Lebens, das in der Scuderi Rede glühte«,[67] so daß er bereit ist für die »Wahrheit« und Olivier schließlich freiläßt. So kann die Erzählung mit der Heirat Oliviers mit Madelon schließen. Auch dieses Happy-End hat freilich einige Widerhaken: Olivier verschweigt seiner Braut die Wahrheit über ihren Vater und seine Mitwisserschaft an dessen Morden; und der Spruch des Königs ist letzten Endes ein Willkürakt, der Sieg der Gerechtigkeit ein Zufall.

Auch wenn man im Fräulein von Scuderi keine Amateurdetektivin entdecken kann, wie dies viele Interpreten taten (als Detektivin scheitert sie gerade), wird man die Erzählung mit Recht auch als Kriminalerzählung (und zwar als die erste, zwei Jahrzehnte vor Edgar Allan Poes *The Murders in the Rue Morgue*) bezeichnen können. Denn wesentliche Merkmale dieses Genres sind bereits vorhanden: ein geheimnisvolles Verbrechen, das nach mancherlei Hindernissen und falschen Spuren schließlich aufgeklärt wird; Spannung, die gleich mit einem packenden Medias-in-res-Eingang und fragwürdigen Vorgängen einsetzt; eine detektorische Erzählweise, die den Leser mit Geheimnissen konfrontiert, ihm aber auch Hinweise gibt, die es ihm ermöglichen könnten, selbst die Lösung zu finden. Allerdings stehen bei Hoffmann nicht nur – und eigentlich nicht primär – das Verbrechen und seine Aufklärung im Mittelpunkt, sondern die Motive des Mörders und die Geschichte des unschuldig verdächtigten Olivier, der die Verbrechen aufklären könnte, aber dabei seinen zukünftigen Schwiegervater verraten müßte.

Hoffmann hat der Erzählung noch eine weitere Dimension hinzugefügt, mit der er zugleich eine der Nachtseiten des Handlungsortes »große Stadt« zeigt. Der Leser erfährt ausführlich von den Zuständen im Paris jener Zeit: von Greueltaten, von einem Chaos, das alle Menschen in Angst und Schrecken versetzt, von geheimnisvollen Mordserien und von der überharten Reaktion des Staates durch Einsetzung eines eigenen Gerichtshofs, der wahllos Schuldige und Unschuldige verfolgt, Geständnisse erpreßt, Menschen hinrichtet.[68] Für die Aufklärung des Mordfalls legt Hoffmann damit eine falsche Fährte; im Rahmen der Erzählung hat die breite Schilderung jedoch eine wichtige Funktion: Sie zeigt den gesellschaftlichen und sozialen Hintergrund, in dem die Scuderi zur Retterin wird, weil sie der Gesellschaft den Druck, das Mißtrauen, die Angst nimmt. Mit dieser Justizkritik und diesem Künstlerbild bezieht sich die Erzählung natürlich auch auf Hoffmanns eigene Gegenwart. Gezeigt wird, daß eine Justiz versagt, die angesichts der Verbrechen nur an der Aufgreifung und Bestrafung Schuldiger interessiert ist (auch Olivier ist als Mitwisser juristisch mitschuldig); die Kunst hingegen kann, wenn sie sich dem »lebendigsten Leben« öffnet und geeignete Kunstmittel einsetzt, die das »Interesse« (des Königs, des Lesers) an der Erzählung erwecken, zum Sieg des Humanen führen.

Die Freunde nennen diese Erzählung »deshalb wahrhaft serapiontisch, weil sie auf geschichtlichen Grund gebaut, doch hinaufsteige ins Fantastische«.[69] Gegenüber dieser vielschichtigen, überlegt gebauten Geschichte fallen die beiden anderen, weit kürzeren, deutlich ab. *Spieler-Glück* handelt von der Spielleidenschaft und rückt die zentrale Rolle des Zufalls in den Mittelpunkt. Der Zufall ist sowohl innerhalb eines philosophischen oder religiösen Weltbildes als auch innerhalb einer Dichtung das Element, das die Geschlossenheit des Systems, das Voraussehbare, das dem Verstand Zugängliche sprengt. Das Glücksspiel beruht auf Zufall, die Spieler sind fasziniert von der »geheimnisvollen Lust« zu ergründen, wie der Zufall arbeitet und ob man ihn nicht doch überlisten kann.

In der anschließenden Diskussion werden verschiedene Beispiele seltsamer Marotten wunderlicher Käuze erzählt – Beiträge »zur gemeinsamen Serapions-Fantasie-Kasse«, wie einer aus der Runde dies selbstironisch nennt.[70] Die letzte dieser Fallgeschichten (im Erstdruck hieß sie: *Der Baron von B.*) variiert abermals die Künstlerproblematik, angelehnt an eine historische Figur, Baron von Bagge. Er wird als sehr menschlich und freundlich dargestellt, aber er ist eine der vielen Künstlerfiguren mit einem Spleen, der zum Wahn wird. Er ist ein vorzüglicher Musikkenner und Kritiker, versagt aber als ausübender Künstler. Das wird im wesentlichen komisch dargestellt, dahinter verbirgt sich jedoch nicht nur Narrheit, sondern auch die Tragik des Kunstenthusiasten, der nicht Künstler werden kann. Seine Enttäuschung muß um so größer sein, als er in Kunst mehr sieht als erlernbare Virtuosität: Ihr Gelingen läßt sich nicht erzwingen; und es gibt keine Grade des Gelingens. Damit wird ein zentraler Aspekt des Künstlertums in einer Epoche, die den Autonomiegedanken der Kunst immer stärker betont, deutlicher als in früheren Erzählungen: die Angst vor dem Fehlen des Genies, damit die Furcht vor dem Versagen. (Dieser Aspekt spielt in Künstlergestalten des 19. Jahrhunderts – etwa bei Balzac oder Grillparzer – eine zunehmende Rolle.)

Der vierte Band beginnt mit einer Unterhaltung über das Wetter – wie bei den »alten Muhmen am Kaffeetisch«,[71] spottet einer der Serapionsbrüder. Ein anderer verteidigt die Konversation, die beim Alltäglichen ansetzt, als gesellschaftliches Bindemittel: der »leicht bewegliche Geist« finde dann rasch andere Themen.[72] So findet auch dieses Gespräch als nächstes Thema: das Gespräch. Dessen Möglichkeiten, Chancen, Ärgernisse, Fehler werden anhand von Beispielen und Anekdoten vorgeführt und diskutiert, Eigenheiten von Nationen und Gesellschaftsschichten erörtert, schließlich die Rolle des Talents, die das »Haupt-Prinzip jeder Unterhaltung« bildet: »nicht allein zu sprechen, sondern auch zu hören«.[73] Verschiedene Typen von Gesprächsteilnehmern werden charakterisiert – vom ständig sich Wiederholenden bis zum Sprunghaften –, immer wieder werden Unterhaltsamkeit und Langeweile als zentrale Kriterien zur Beurteilung genannt, die Rolle des Geistreichen, Humoristischen, Witzigen wird erörtert. Das zeigt: Dies ist nicht nur in gut romantischer

Manier der Selbstreflexion ein Gespräch über das Gespräch, sondern ebenso über das Erzählen. Unterhaltsamkeit ist auch hier das wichtigste Kriterium des Gelingens. So mündet denn auch dieses Gespräch wieder in eine Erzählung, *Signor Formica*.

Signor Formica

Signor Formica führt als einziger Text des Bandes den Untertitel »Novelle«. Aber wie mit vielen seiner Gattungszuweisungen verfährt Hoffmann auch hier eher leger. In keinem Fall will Hoffmann eine Musternovelle schreiben. (Überhaupt ist der oft und vor allem in der Novellenforschung vorgenommene Versuch, in Hoffmanns Erzählwerk zwischen »Novellen« und bloßen »Erzählungen« zu unterscheiden, unergiebig.) Der Erzähler der Serapionsrunde erklärt als sein Ziel, angeregt durch Ort und Zeit seines Beitrags – das Italien des 17. Jahrhunderts – eine Novelle in der Art der alten Italiener, etwa Boccaccios, zu schreiben; er sei aber zu weitschweifig geworden und habe den »Novellenton«[74] nur selten getroffen. Man hat darin eine Selbstkritik Hoffmanns gesehen. Wie wenig das zutrifft, zeigt dessen Brief an den Verleger des Taschenbuchs, bei dem der Erstdruck erschien: Die Erzählung sei zwar »lang«, aber, so hoffe er, »nicht *langweilig*«.[75] Das ist Hoffmann in der Tat wesentlich wichtiger als irgendeine Gattungsnorm. Auch das an die Vorlesung der Novelle anschließende Gespräch zeigt einen eher spielerischen Umgang mit den Forderungen der Gattung, wie sie von den Ästhetikern in diesen Jahren gerade entwickelt wurden. Prügeleien gälten als gattungskonform, weil sie auch bei Boccaccio anzutreffen seien, während die Feingeistigkeit der Gegenwart, wie sie bei »Tees und Taschenbüchern« herrsche, derlei in die Kategorie »komische Geschichte« verbanne.[76]

Signor Formica ist die einzige von Hoffmanns zahlreichen Künstlererzählungen, in der ein historisch belegter Künstler im Mittelpunkt steht: Salvator Rosa, der den titelgebenden Beinamen aus unbekannten Gründen führte. Hoffmann hatte ihn und seine »nächtlichen« Bilder bereits früher mehrfach erwähnt. Bei der Vorbereitung der Novelle informierte er sich außergewöhnlich gründlich in biographischen, kunsthistorischen und historischen Werken über Rosa, seine Zeit und die Topographie Roms. *Signor Formica* ist also auch eine historische Erzählung. Allerdings hielt Hoffmann sich viele Freiräume der eigenen Gestaltung und Erfindung offen. Sein Interesse an Rosa gilt nicht nur dem Maler des »Nächtlichen«, sondern auch dem weniger bekannten Schriftsteller (von kunstkritischen Satiren) sowie dem Musiker – er sah und schuf in ihm eine Künstlergestalt, die Züge seines eigenen, die Einzelkünste übergreifenden Ideals enthielt. Von zahlreichen anderen Künstlergestalten Hoffmanns und partiellen Selbstbildern unterscheidet sich Rosa darin, daß er nur selten als zerrissen und bis zum Wahnsinn exaltiert erscheint – sehr viel stärker wird das Komödiantische seines Wesens, das Schauspielerische hervorgehoben. Er spielt nicht nur in einer erzählten Komödie mit, er ist auch selbst Arrangeur und Mitspieler einer Commedia dell'arte innerhalb der Komödie.

Einer solchen Commedia dell'arte im Sinne Gozzis ist die Erzählung streckenweise nachgebildet, sowohl in einer Reihe von Figuren als auch in Thematik und Durchführung: Die Liebe eines jungen Paares wird bedroht durch einen alten verliebten Mann (Pasquale Capuzzi, eine Pantalone-Figur). Salvator Rosa setzt eine Intrige in Gang, die nach vielen Wirren und Hindernissen zum Erfolg führt: Das liebende Paar findet zusammen, der junge Mann setzt sich zudem als Künstler durch, der eitle Alte hat das Nachsehen. Doch die Handlung ist nicht nur von Commedia-Elementen durchsetzt, das Theater spielt auch ganz konkret eine zentrale Rolle: Rosa führt durch sein paradoxes Spiel Capuzzi in komischer Weise seine Schwächen und Laster vor und bringt ihn zur Einsicht: Den Prahler gibt er bescheiden und ehrlich, den Intriganten als Helfer, den Geizhals als Wohltäter. So spielt er das Theaterthema von Sein und Schein durch, das Spiel vertauschbarer und vertauschter Identitäten.

Die bunte, intrigenhafte, teilweise komische und groteske Handlung läßt leicht übersehen, wie viele wichtige Fragen der Kunst in dieser Novelle behandelt werden: neben der dominanten Theater- und Komödienthematik auch Grundfragen der Malerei (wie etwa die Auseinandersetzung zwischen Landschafts- und Historienmalerei), des Schauspiels, der Darstellungstechniken. Rom wird hier zum topographisch genau geschilderten Fantasieort, in dem die Commedia dell'arte zugleich Kunst ist und den Alltag prägt. Dabei dominieren, dem Genre gemäß, Karikatur und Groteske. Viele dieser Schauplätze, Spielorte und Themen greift Hoffmann wenig später in dem Capriccio *Prinzessin Brambilla* auf.

An die verschiedenen kunstkritischen Themen knüpft auch das anschließende Gespräch der Serapionsbrüder an, insbesondere geht es um die Bedingungen eines Lustspiels in der Gegenwart. Dessen Mängel in Deutschland werden mit dem Fehlen jenes Elements begründet, auf dem die Komik in *Signor Formica* und in der Commedia dell'arte gründet: »der Lust [...], die mit sich selbst spielt« und »dem Sinn dafür«.[77] Über Geschichten aus dem Theaterleben, die sich wie eine Fortsetzung der *Seltsamen Leiden eines Theater-Direktors* lesen, wendet sich das Gespräch der Tragödie und dem Tragödiendichter zu, insbesondere Zacharias Werner, der noch wenige Jahre zuvor als einer der größten Dramatiker der Epoche gegolten hatte, aber nun schon fast wieder vergessen war. Dieses Gespräch ist das umfangreichste des gesamten Werkes über einen lebenden Künstler (so daß es in Inhaltsverzeichnissen moderner Ausgaben der *Serapions-Brüder* als eigener Abschnitt ausgewiesen wird). Das Porträt Werners erweist sich als bewußt dem Rosas nachgestellt, denn wie dieses beruht es auf einer partiellen Selbstidentifikation, nun mit Überbetonung der in dem früheren Rosa-Bild weitgehend fehlenden Züge der Zerrissenheit, der Gefährdung, der Nähe zum Wahnsinn. Hoffmann war mit dem Schriftsteller, wie früher erwähnt, von Kindheit an in merkwürdiger Weise verbunden: Er wuchs in

36. Porträt Zacharias Werner. Bleistiftzeichnung, ca. 1804-1808.

demselben Haus auf, in dem Werner, auch er früh vaterlos, zusammen mit seiner an schwerer Hysterie leidenden Mutter (sie wurde 1789 entmündigt) lebte. Da Hoffmann acht Jahre jünger als Werner war, lernten sich beide jedoch erst in der gemeinsamen Warschauer Zeit näher kennen, als Werners Ruhm bereits begonnen hatte.

Hoffmann sah die Ähnlichkeiten der jeweiligen Lebensläufe und läßt von den Serapionsbrüdern an Werners Beispiel auch eine allgemeinere Frage diskutieren, die in deren Gesprächen von Beginn an im Vordergrund stand: Wieviel Exzentrizität braucht ein Künstler, um kreativ zu sein, wieviel verträgt er andererseits höchstens, ohne dem Wahnsinn zu verfallen oder künstlerisch zu scheitern? Werner war für Hoffmann ein solcher

Fall des Scheiterns, trotz ähnlicher Voraussetzungen und hoher Begabung. An ihm sah er die Gefährdungen, die auch ihn selbst aus der Bahn als Künstler hätten werfen können. Das Gespräch über Werner zieht sich so lange hin, daß nur noch Zeit und Raum für eine kurze Geschichte bleibt. Deshalb wird ein älterer Text, *Erscheinungen*, wiederverwertet, der in den ersten Bänden keinen Platz gefunden hatte. Da der Erzähler selbst ihn als »Lückenbüßer« und »Zwischenspiel« ankündigt,[78] nimmt er der Kritik weitgehend den Wind aus den Segeln. In der Freundesrunde werden die (bei der Behandlung der Erzählung oben angedeuteten) Unwahrscheinlichkeiten und Unzulänglichkeiten diskutiert. Da man aber nichts Rechtes mit der Geschichte anzufangen weiß und der Erzähler sich in Schweigen hüllt, versucht man die ratlose Stimmung aufzulokkern, um den Abend fröhlich enden zu lassen. In einer parodistischen Groteske wird das Thema der Commedia dell'arte aus *Signor Formica* aufgegriffen und ein Beispiel gegeben für die im deutschen Lustspiel vermißte spielerische Lust am Unsinn: Der Freundeskreis singt und spielt ein opernhaftes Potpourri auf den Text des *Indice de' teatrali spettacoli* von 1791, des Jahresverzeichnisses der Opern, Komponisten, Sänger auf dem Theater von Mailand, wobei stets einige typische Opernphrasen wie »Oh dio« oder »Ah cielo«, vom Chor gesungen, den Namen folgen. Dieser satirisch überdrehte Schluß wird so kommentiert: »Die Freunde schieden diesmal mehr gewaltsam aufgeregt zu toller Lust, als im Innern wahrhaft gemütlich froh, wie es sonst wohl geschehen.«[79]

Der Zusammenhang der Dinge

Der letzte Abend und damit der Schlußteil des gesamten Werkes enthält die beiden schon zuvor angekündigten, aber zurückgestellten Erzählungen *Der Zusammenhang der Dinge* und *Die Königsbraut*.

Der Zusammenhang der Dinge bietet zwar erzählerisch wenig Neues, setzt jedoch die vertrauten Mittel und Schreibweisen routiniert ein und zieht auch die Summe aus einer in den *Serapions-Brüdern* zentralen Diskussion: Zusammenhang und Heterogenität, Schicksal und Zufall. Die Folie dafür sind Ansichten Goethes, auf die an zwei Stellen angespielt wird. Schon im Eingangsabschnitt wird dem »fatalen, längst veralteten mechanistischen« Denken das berühmte Bild aus Goethes *Wahlverwandtschaften* »vom roten Faden, der sich durch unser Leben zieht«, gegenübergestellt.[80] Bereits über ein Jahrzehnt zuvor hatte es in den *Lehrjahren* geheißen: »Das Gewebe dieser Welt ist aus Notwendigkeit und Zufall gebildet, die Vernunft des Menschen stellt sich zwischen beide, und weiß sie zu beherrschen, sie behandelt das Notwendige als den Grund ihres Daseins, das Zufällige weiß sie zu lenken, zu leiten und zu nutzen.«[81] Diese weltanschauliche und philosophische Thematik wird in mehreren Schritten entfaltet: Ludwig, der Anhänger des Mechanismus, sieht die Welt als Uhrwerk, das seinen Gang geht, Euchar hält ihm Goethes Vorstellung entgegen. Ludwig wirkt ständig exaltiert und engagiert, er gilt als poetisches Gemüt, Euchar hingegen ist eher zurückhaltend, daher hält man ihn für kalt und prosaisch. Erst im Laufe der Erzählung wird deutlich, daß diese Zuordnungen von äußeren Eindrücken abgeleitet sind, während sich die wahren Charaktere der beiden eher als die erweisen, die dem jeweils anderen zugesprochen wurden. Die Erzählung zeigt schrittweise die Überlegenheit Euchars und damit der zweiten Weltsicht, die einen »waltenden höheren Geist« sowohl über als auch in uns annimmt. Dies wird in verschiedenen Situationen durchgespielt, am ausführlichsten in der fragmentarischen Erzählung spanischer Kriegserlebnisse und dann bei dem erneuten Zusammentreffen der Personen zwei Jahre später.

In die weltanschauliche Kontroverse ist eine Liebesgeschichte gesponnen: Ludwig heiratet nach vielen Wirrnissen Viktorine, die aber eigentlich Euchar geliebt hat. Obwohl er in dieser Ehe leidet, spielt er dem Freund sein Eheglück vor – hier genauso wirklichkeitsfremd wie in seiner philosophischen Weltsicht. In komplizierter Weise wird die Kriegserzählung Euchars in diese Thematik eingeflochten, da sich herausstellt, daß es seine eigene Geschichte ist, die er zunächst fragmentarisch und ohne Zusammenhang mit dem Gegenwartsgeschehen erzählt und die schließlich gleichsam von der Wirklichkeit zu Ende geschrieben wird. Der Zusammenhang der Dinge hat in dieser Erzählung eine ethisch-moralische Dimension, mit der auf die Notwendigkeit zur Selbsterkenntnis als Voraussetzung jedes Zusammenhanges hingewiesen wird, eine zeitgeschichtlich-politische Dimension, die auf die Tat als Korrektiv zum blinden Schicksal verweist, vor allem aber eine poetologische Dimension, die auf die Integration des Heterogenen zielt: Poesie und Wirklichkeit sollen und können miteinander versöhnt werden.[82]

Im Anschluß an die Würdigung der Episode aus dem spanischen Krieg erörtern die Freunde nochmals die Rolle des Historischen. Gefordert und gerühmt wird das »geschickte Benutzen der historisch wahren Gebräuche, Sitten, herkömmlichen Gewohnheiten irgend eines Volkes oder einer besondern Klasse desselben [...], das Erfassen des geschichtlich Wahren, der Wirklichkeit in einer Dichtung deren Begebnisse ganz der Fantasie angehören«.[83] Als Beispiel wird ein Schriftsteller angeführt, der gerade begann, mit seinen historischen Romanen in Deutschland und Europa bekanntzuwerden: Walter Scott. »Wahrheit« und vor allem »Lebendigkeit« werden als die wichtigsten Züge seiner Romane hervorgehoben. (Kritisiert wird nur die »flache«, »blasse« Darstellung weiblicher Figuren, »etwas mehr Körper« wird auch einem der »geistreichsten« deutschen Dichter, Jean Paul, gewünscht;[84] allerdings hatte Hoffmann selbst hier sehr lange große Defizite, erst ab 1819 findet er mit Hedwiga in *Kater Murr* und Giacinta in *Prinzessin Brambilla* zur Darstellung komplexer, vielschichtiger, differenzierter Frauengestalten.) Scott werden als Gegenmodell die »Gothic Novel« und ihre Nachfolger gegenübergestellt. Ausgehend von einer soeben erschienenen Schauergeschichte, *Der Vampir* (1819; die in der deutschen Übersetzung als Erzählung Byrons ausgegebene Geschichte stammte von dessen Arzt Polidori), wird diese Modelliteratur erörtert und dabei vor allem über die Grenze zwischen dem nur geschmacklos Ekelhaften und dem noch poetisierbaren Greulichen gesprochen: »[...] der richtige poetische Takt des Dichters wird es hindern, daß das Grauenhafte nicht ausarte ins Widerwärtige und Ekelhafte.«[85] Kleists *Bettelweib von Locarno* und Tiecks *Liebeszauber* werden als gelungene Beispiele solcher Poetisierung genannt. Zugleich verweist einer der Erzähler darauf, daß hinter derartigen Phänomenen – wie ja auch in vielen Fällen in den *Nachtstücken* und den *Elixieren* von Hoffmann selbst – häufig menschliche Bosheit, Anfälligkeit für das Böse, Machtstreben steht:

> Ja wohl ist das Entsetzliche, was sich in der alltäglichen Welt begibt, eigentlich dasjenige, was die Brust mit unverwindlichen Qualen foltert, zerreißt. Ja wohl gebärt die Grausamkeit der Menschen das Elend, was große und kleine Tyrannen schonungslos mit dem teuflischen Hohn der Hölle schaffen, die echten Gespenstergeschichten.[86]

Die Behandlung der Thematik wird durch eine Erzählung abgerundet, die der Vorlesende »eine gräßliche Geschichte«[87] nennt (sie steht in den meisten Ausgaben unter dem Titel »Vampirismus«). Diese wühlt nun allerdings tief in der Motivik der ekelhaften Aspekte des Nächtlichen; die Besessenheit »von den abnormsten Gelüsten«[88] wird in einer in bewährter Routine erzählten Geschichte entwickelt.

Ein Graf heiratet Aurelie, die Tochter einer geheimnisvollen Baronesse, die öfter Zustände von Starrkrampf erleidet. Diese stirbt am Hochzeitstag, hinterläßt der Tochter aber als Erbe gräßliche Kindheitsbilder und einen Fluch: Sie wird getrieben, in einem Wahnzustand Leichen auszugraben und wolfsähnlich »schmatzend« zu verzehren. Als dem Grafen das merkwürdige Benehmen seiner Frau auffällt und er ihr eines Nachts folgt, sieht er sie im Kreise von anderen Frauen bei dieser mitternächtlichen Orgie. Als er sie zur Rede stellt, fällt sie ihn an, beißt ihn »mit der Wut der Hyäne«, sie stirbt »unter grauenhaften Verzuckungen. – Der Graf verfiel in Wahnsinn.«[89]

Die Reaktion der Freundesrunde ist geteilt. Die Geschichte wird von einem der Serapionsbrüder als »scheußlich interessant« bezeichnet.[90] Damit wird ein Kernbegriff der Ästhetik Friedrich Schlegels genannt, das »Interessante« als Symptom der Krise der Moderne und einer auf das Subjektive, Manieristische, auf Reize und Wirkung abgestellten Poesie. Hoffmann führt also hier bewußt innerhalb seiner eigenen Ästhetik des Grauens ein Extrembeispiel ein, um die Grenzen des Poetisierbaren zu erkunden. Daß er bei dieser Geschichte, die auf den ersten Blick so wild zusammenfantasiert erscheint, seinen bewährten Erzählmustern folgt, zeigt nicht nur die Art der Spannungserzeugung und der Auflösung des Geschehens, sondern die Tatsache, daß auch hier sich dem zweiten Blick (oder der Nachforschung) ein literarisch-wissenschaftliches Bezugsnetz öffnet: Hoffmann übernahm Grundzüge einer Erzählung aus *Tausendundeiner Nacht* und für die Wahnsinnssymptome ein Fallbeispiel aus Reils *Rhapsodieen*. Schließlich ergeben sich Bezüge bis ins Motivische hinein zu der im vorangegangenen Band entworfenen Figur eines auf der Skala der Poetisierbarkeit ähnlichen Extrems, des Massenmörders Cardillac. Hier wie dort wird der Fluch in ein Erlebnis bei oder vor der Geburt zurückverlegt.

Um von dem »Höllenbreughel« wegzuführen (diese Bezeichnung hatte Hoffmann bereits einer nächtlichen Szene im *Goldenen Topf* gegeben), wird eine kleine satirische Skizze über eine »ästhetische Teegesellschaft« eingeschaltet, jener kulturellen Institution, die auch sonst häufig als Inbegriff philisterhafter Unterhaltung und dilettantischer Gesellschaftskunst Gegenstand von Hoffmanns Spott ist. Um die Hohlheit der literarischen Ansichten dieser Gesellschaft bloßzustellen, liest der Erzähler einige harmlos-dümmliche Verse vor, die als witzig und schelmisch gefeiert werden. Dieses erzählerische »Zwischenspiel«

erweist sich zugleich als »Prolog«[91] zu der bereits mehrfach angekündigten Schlußerzählung, dem Märchen *Die Königsbraut*, in dem ebenfalls ein von der Gesellschaft hochgerühmter Poet im Mittelpunkt steht.

Die Königsbraut. Ein nach der Natur entworfenes Märchen

Hoffmann hatte geplant, jeden der vier Bände der *Serapions-Brüder* mit einem Märchen abzuschließen. Für die beiden ersten Bände konnte er dabei auf die vorliegenden Kindermärchen zurückgreifen, für den dritten Band begann er im Herbst 1820 an einem »funkelnagelneuen Märlein« zu schreiben.[92] Es wurde allerdings nicht rechtzeitig fertig, so daß dieser Band mit einem anderen Text endete und das neue Märchen *Die Königsbraut* an das Ende des vierten Bandes rückte. Mit seiner Gestaltungsabsicht folgte Hoffmann großen Vorbildern – wie Goethes *Unterhaltungen deutscher Ausgewanderten* –, unterläuft die damit verbundene Intention allerdings bereits im Untertitel. Für Goethe wie für die frühe Romantik gilt das Märchen als »echte Naturform«, während Hoffmanns Bezeichnung »nach der Natur« eher auf die äußerst prosaische »Natur« eines Gemüsegartens verweist – wie er in der *Königsbraut* eine wichtige Rolle spielt. Dessen Herrin ist das Edelfräulein Anna (Ännchen) von Zabelthau, die energisch und pragmatisch ihren Garten bestellt. Zusammen mit ihrem Vater, der sich ganz der Astrologie und Kabbalistik verschrieben hat, und ihrem Bräutigam Amandus von Nebelstern, der herzlich schlechte Verse drechselt, bildet sie ein Panoptikum adliger Beschränktheit und Skurrilität. Der Möhrenkönig Daucus Carota I. mit seinem grotesken Hofstaat aus heimischen und exotischen Kohlsorten blendet Ännchen durch seinen Rang, so daß sie seinem Liebeswerben folgt. Bräutigam Amandus schickt zwar aus der Ferne feurigste Liebesschwüre, läßt sich aber gern von seinem Rivalen als Hofpoet einstellen.

Nichtsdestoweniger kommt die Rettung durch seine Kunst: Als Amandus vor seinem Herrn die erste »Probe seines Talents«[93] gibt, erfaßt diesen solches Bauchgrimmen, daß er entsetzt verschwindet. Ännchen, die ihre Gartentätigkeit wieder aufnehmen will, trifft Amandus mit ihrem Spaten so wunderbar am Kopf, daß dieser von seiner Dichtkunst geheilt wird und beide ein glückliches Paar werden.

Die Eigenart der *Königsbraut* als *Märchen* wird im Zusammenhang mit den späten Märchen, vor allem in der Verwandtschaft mit *Prinzessin Brambilla*, später erörtert. Hier genügt es, nachdrücklich auf die Aspekte des Humoristischen und des Surrealistischen und auf die Lust am Unsinn hinzuweisen, um das Märchen im Spektrum zentraler Darstellungsverfahren der *Serapions-Brüder* als einen Zielpunkt zu erkennen.

Der Vorlesung des Märchens folgt eine kurze Schlußdiskussion, mit der dieser Abend, der vierte Band der Sammlung und damit *Die Serapions-Brüder* insgesamt schließen. Das Gespräch geht noch einmal auf die Heterogenität des Erzählten, Vorgelesenen, Diskutierten ein, insbesondere auf die Vorwürfe des Übertreibens, des Anarchischen, des Sinnverwirrenden, die ja auch ganz konkret gegen verschiedene Erzählungen in den Vorabdrucken wie auch gegenüber den früher erschienenen Bänden erhoben worden waren. In einer Schlußbemerkung wird, ohne den leichten Gesprächston zu verlassen, ein letztes Mal das Programm dieses Erzählens entfaltet. Wie bereits in früheren poetologischen Äußerungen wird unterschieden zwischen dem Ausgangszustand der Exaltation und des Enthusiasmus, der die Fantasie in Gang setzt, und der Besonnenheit, die hinzutreten muß, um daraus ein Kunstwerk zu komponieren. So wird das Schlußgespräch zugleich zu einem programmatischen Plädoyer für die Freiheit des Geistes und des Erzählens:

mag jeder tragen was er kann, jedoch nur nicht das Maß *seiner* Kraft für die Norm dessen halten, was dem menschlichen Geist überhaupt geboten werden darf. Es gibt aber sonst ganz wackre Leute, die so schwerfälliger Natur sind, daß sie den raschen Flug der erregten Einbildungskraft irgend einem krankhaften Seelenzustande zuschreiben zu müssen glauben und daher kommt es, daß man von diesem, von jenem Dichter bald sagt, er schriebe nie anders, als berauschende Getränke genießend, bald seine fantastische Werke auf Rechnung überreizter Nerven und daher entstandenen Fiebers setzt. Wer weiß es denn aber nicht, daß jeder auf diese jene Weise erregter Seelenzustand zwar einen glücklichen genialen Gedanken, nie aber ein in sich gehaltenes, gründetes Werk erzeugen kann, das eben die größte Besonnenheit erfordert.[94]

8. Die späten Erzählungen (1819-1822)

In *Die Serapions-Brüder* nahm Hoffmann seine bis Anfang 1820 erschienenen Erzählungen auf (mit Ausnahme von *Haimatochare*). 1820-1822 entstanden elf weitere Erzählungen: *Die Marquise de la Pivardiere, Die Irrungen, Die Geheimnisse, Der Elementargeist, Die Räuber, Die Doppeltgänger, Datura fastuosa, Des Vetters Eckfenster, Meister Johannes Wacht, Die Genesung, Der Feind*.

Die meisten dieser Texte fanden bei der Forschung weit weniger Interesse und Wertschätzung als die früheren Erzählungen. Sie wurden fast durchweg als trivial und am Publikumsgeschmack orientiert bezeichnet, abgetan als hastig geschrieben, vor allem der guten Honorare wegen. Wie sind solche negativen Urteile zu erklären, die sich kaum gegen die unter den gleichen Vorzeichen entstandenen Erzählungen der *Serapions-Brüder* finden? Hier spielen offenbar Vorurteile gegen ein Schreiben im Blick auf die Honorierung mit – dies paßt nicht zu den Klischees einer als romantisch angesehenen Künstlerexistenz. Hoffmann hat durch eine scherzhafte Wendung in einem Brief den Gegnern seiner späten Erzählungen ein immer wieder zitiertes Argument geliefert. Er klagt bilderfreudig über seine Überbeschäftigung:

man müßte vier Hände haben wie der Floh und da zu vier Händen zwei Köpfe gehören, so würd' es nötig sein, daß der Kopf einen Vizekopf ernenne als Vizekönig [...]. Und auf wen anders könnte die Wahl fallen als auf den Teil der gewissermaßen die geringer geprägte Rückseite der bessern Antlitz-Seite ist. Aber wie die Arbeit verteilen? I nun! Der unten da bekäme die Taschenbücher!

Im gleichen Brief spottet Hoffmann allerdings auch über »das unselige Vorurteil« der Verleger, daß er »an der schriftstellerischen Diarrhee leide und daß mir bei jeder schicklichen Ausleerung ganz leicht und anmutig ein Histörchen, ein Romänchen abgeht!«¹ Dieser Brief ist an einen Redakteur gerichtet, dem Hoffmann klarmachen will, daß er zugesagte Abgabetermine unmöglich einhalten kann. Der Verleger Josef Max, bei dem *Prinzessin Brambilla* erschienen war und dem Hoffmann einen neuen Roman *Jacobus Schnellpfeffers Flitterwochen vor der Hochzeit* zugesagt hatte, verstand den Brief im Gegensatz zu den meisten späteren Interpreten richtig. Das zeigt sich darin, daß er als Antwort seine Bitte wiederholte, »die neuesten in Taschenbüchern zerstreuet gedruckten Erzählungen in Art der SerapionsBrüder sammeln und drucken« zu lassen.² Zu einem solchen weiteren Sammelband, der auch die späten Erzählungen in einem Zusammenhang hätte sehen lassen, kam es durch Hoffmanns Tod nicht mehr. Dies hatte zur Folge, daß man Eigenarten der späten Erzählungen, die man in den gleichzeitig geschriebenen Werken *Prinzessin Brambilla* und *Kater Murr* mittlerweile als ästhetische Kunstgriffe erkannt hat, als Mängel ansah und zur Begründung negativer Urteile anführte: vor allem die »wirre« und »chaotische« Form, aber auch den »Eklektizismus«, den man in der Anlehnung an andere Werke der Literatur sah, schließlich die Wiederholung von Themen und Motiven, die bereits das frühere Werk prägten. Ein vertieftes Formverständnis und eine neue Bewertung intertextueller Verfahren bringen auch den späten Erzählungen Hoffmanns allmählich größere Aufmerksamkeit und Hochschätzung.

Haimatochare

In einem Vorwort, unterzeichnet »E.T.A. Hoffmann«, erfährt der Leser: »Nachfolgende Briefe: welche über das unglückliche Schicksal zweier Naturforscher Auskunft geben, wurden mir von meinem Freunde A.v.C. mitgeteilt, als er eben von der merkwürdigen Reise zurückgekommen, in der er den Erdball anderthalbmal umkreist hatte.«³ In der Tat verdankt Hoffmann die Kenntnis von Namen, Örtlichkeiten und Bräuchen Hawaiis

Adelbert von Chamisso, der im Oktober 1818 von einer über dreijährigen »Reise um die Welt« zurückgekommen war. Die Geschichte, die vor diesem exotisch-realistischen Hintergrund spielt und die in 15 Briefen entfaltet wird, ist allerdings allein der Fantasie des Autors entsprungen. So führten die Informationen Chamissos und Hoffmanns Interesse an Fremdem zu dem Kuriosum, daß ein Autor, der Deutschlands Grenzen fast nie überschritten hat, zum Verfasser des ersten literarischen Textes über die erst vier Jahrzehnte zuvor von Europäern entdeckte Trauminsel wurde.

Zwei befreundete Naturwissenschaftler begleiten eine Expedition nach Hawaii. Der Briefwechsel zwischen beiden enthüllt ihre wachsende Rivalität, die schließlich in beider Tod im Pistolenduell endet. Der Erzähler versteht es, durch zweideutige Wendungen den Leser lange Zeit im Unklaren darüber zu lassen, worum es bei dem Streit eigentlich geht. Die immer wieder angesprochene »Liebe« der beiden zu einer »schönen Insulanerin« läßt an eine Eingeborene und ein Eifersuchtsdrama denken. Ihr wissenschaftlicher Forscherdrang steigert sich durch Egoismus und Neid zum rücksichtslosen Fanatismus. Das Ganze kippt in die Groteske, als sich herausstellt, worin das Objekt der Besitzgier beider Naturwissenschaftler bestand: einer Laus einer bisher unbekannten Art.

Kennt man die Pointe, so kann man eine bereits im dritten Brief erzählte Geschichte von einem fanatischen Forscher, dem seine Insekten wichtiger sind als die Menschen, als Vorausdeutung erkennen. Das Hauptthema der Erzählung wird zusammengefaßt in der Frage des Gouverneurs, der dem Streitobjekt »den unglücklichen Naturforschern zur Ehre« die »gewöhnlichen Honneurs« einer Seebestattung zuteil werden lassen heißt: »Ist es möglich, daß der Eifer für die Wissenschaft den Menschen so weit treiben kann, daß er vergißt, was er der Freundschaft, ja dem Leben in der bürgerlichen Gesellschaft überhaupt schuldig ist?«[4] *Haimatochare* reiht sich ein in die satirischen Erzählungen über Forscher, deren enger, von Eitelkeit und Ruhmsucht getrübter Wissenschaftsbegriff bereits kurz zuvor in *Klein Zaches* Gegenstand des Spottes war. Und sie weist voraus auf das letzte Märchen, *Meister Floh*, wo ebenfalls Insektenforscher eine Rolle spielen, die sich bekämpfen und schließlich aus einem vergleichbar nichtigen Grund mit Fernrohren duellieren.

Die Marquise de la Pivardiere

Hoffmann gibt hier seine Quelle bereits im Untertitel an: »nach Richer's Causes célèbres«.[5] Es handelt sich um die berühmte Sammlung von Kriminalfällen, die François Gayot de Pitaval zusammengestellt und François Richer erweitert hatte; in deutscher Übersetzung war sie unter dem Titel »Sonderbare und merkwürdige Rechtsfälle« erschienen; Hoffmann hatte sie bereits für *Das Fräulein von Scuderi* herangezogen. Er hält sich hier ungewöhnlich eng an die Vorlage, die »Geschichte des Herrn de la Pivardière«. Das ist ihm als Nachlassen seiner Erfindungsgabe ausgelegt worden. Gerade durch die große Nähe werden jedoch die Unterschiede um so wichtiger. Der wichtigste zeigt sich bereits im Titel.

Die Erzählung setzt an einem Höhepunkt der Handlung ein, der mutmaßlichen Ermordung des Marquis, augenscheinlich durch seine Frau und ihren Beichtvater; sodann wird die Vorgeschichte bis zu diesem Punkt nachgeholt und bis zur Aufklärung des Mordes weitergeführt.

Die Vorgeschichte berichtet von der Erziehung Franziskas durch ihren Vater, der sie rigoros von jungen Männern und der Liebe fernhält, so daß sie bis zu seinem Tode ledig bleibt. Als Bekannte sie verheiraten wollen, berichtet sie von einem Liebeserlebnis im Alter von 16 Jahren, das der Vater energisch unterbunden hatte. Es gelingt dem Marquis de la Pivardière schließlich durch geschickte Verstellung, die reiche Erbin zu heiraten; beide führen einige Jahre lang eine gleichgültige Ehe. Als der Marquis zum Kriegsdienst einberufen worden ist, erkennt die Marquise in ihrem neuen Beichtvater die Jugendliebe; es stellt sich heraus, daß der Vater durch Intrigen das Verhältnis gestört und den Jüngling ins Kloster getrieben hat. Die Marquise erfährt, daß ihr Mann inzwischen einer anderen Frau die Ehe versprochen hat und von den Behörden verfolgt wird. Als er nach langer Zeit nach Hause zurückkehrt, verhält sie sich abweisend, es fällt ein Schuß, am nächsten Tag ist der Marquis verschwunden, Zeugen verdächtigen die Marquise, das ihr unterstellte Verhältnis zum Beichtvater liefert das Motiv. Mißverständnisse erhärten den Verdacht, die Untersuchungen ziehen sich hin – da erscheint der ermordet geglaubte Marquis. Er erklärt sein Verschwinden als Flucht vor einer Anklage wegen des zweiten Eheversprechens, gilt aber zunächst als bestellter Doppelgänger. Schließlich kann er seine Identität jedoch nachweisen, die gegen die Angeklagte sprechenden Zeugenaussagen werden berichtigt, die Marquise wird rehabilitiert.

Die Geschichte ist fast ausnahmslos als Kriminalerzählung gelesen worden, das legt die Quelle in der Tat nahe. Hoffmanns Änderungen gegenüber Richer zeigen jedoch, daß diese Einordnung zu kurz greift. Das Hauptinteresse Hoffmanns liegt in der Darstellung der Entwicklung Franziskas und den möglichen Motiven für ihr Verhalten. Die von ihm dem Kriminalfall neu hinzugefügte Jugendgeschichte liefert die Motive für das merkwürdige Benehmen der Marquise, vor allem für ihr Verhältnis zur Liebe: das Trauma des Jugenderlebnisses, der tyrannische Vater, die dadurch bewirkten Verklemmungen. Die Erinnerung an das lange Zeit verdrängte Jugenderlebnis und die Wiederbegegnung mit dem früheren Geliebten führten zu extremen körperlichen und seelischen Folgen. Franziska erkennt ihr verfehltes Leben, klagt ihren Vater an, sieht jedoch ihre eigene Mitschuld nicht ein und ist daher auch nicht fähig, ihr Leben zu ändern. Ihr Rückzug ins Kloster ist eine abermalige Flucht vor der Liebe. Der Weg der Marquise wird sowohl individualpsychologisch – die Prägung durch den autoritären Vater – als auch sozialpsychologisch – die Zwänge des gesellschaftlichen Verhaltens – begründet. Letzten Endes geht es darum, warum individuelles Dasein, Selbstverwirklichung und Selbsterkenntnis in der geschilderten Gesellschaft unmöglich sind.

Die Irrungen – Die Geheimnisse

Die Erzählung *Die Irrungen. Fragmente aus dem Leben eines Fantasten* entstand 1820 und erschien im gleichen Jahr im *Berlinischen Taschen-Kalender auf das Gemein-Jahr 1821*. Im nächsten Jahrgang des *Taschen-Kalenders* erschien die Erzählung *Die Geheimnisse* als »Fortsetzung des Fragments aus dem Leben eines Fantasten: Die Irrungen«.

Die Doppelerzählung kann als Beispiel für die genannten Vorurteile gegen die Almanach-Erzählungen dienen. Sie wurde allgemein wegen ihrer »sprunghaften, zerrissenen Darstellung«[6] und als »Literatur, die das Triviale streift«,[7] abgewertet. Richtig ist, daß der Ablauf einer Handlung im traditionellen Sinn nur noch eine geringe Rolle spielt: Eine griechische Fürstin soll einen zum Freiheitshelden bestimmten Fürstensohn heiraten; ein feindlicher Magus versucht, dies zu verhindern, indem er die Fürstin nach Berlin bringt und dort an den Baron Theodor v. S. zu verheiraten versucht, der sich in die schöne Unbekannte unsterblich verliebt. Die Intrige scheitert jedoch immer wieder, vor allem an Ungeschicklichkeiten des Barons wie des Magus. Dieser Handlungskern wird, durch zahlreiche Verwicklungen und Episoden angereichert und kompliziert, gegen jede Chronologie und Logik dargeboten. Blätter, die Teile der Vorgeschichte enthalten, werden eingeschaltet, die Entstehung der Erzählung selbst wird thematisiert: Der Autor E.T.A. Hoffmann tritt auf, mehrere Briefe von Personen der Handlung an ihn werden abgedruckt, fragmentarische und teilweise schwer lesbare »Blättlein« vom verzweifelten Verfasser in eine mutmaßliche Reihenfolge gebracht. Die Autorfigur Hoffmann ist bei diesem Durcheinander nicht nur in Kommentaren und Fußnoten präsent, sondern auch als reale Person mit den der Leserschaft bekannten Eigenheiten und Eigenschaften bis hin zur Kleidung und zu seinen Berliner Lieblingsstätten.

Der Held der beiden Erzählungen wird im Untertitel als »Fantast«[8] bezeichnet. Von Beginn an trifft man auf Situationen – Liebesbegeisterung, Kunstenthusiasmus, Traumfantasien –, die man aus früheren Werken Hoffmanns ganz ähnlich kennt und die dort teilweise wörtlich so geschildert wurden. Der älteren Deutung, der Autor sei bei nachlassender Fantasie gleichsam zu seinem eigenen Plagiator geworden, ist die Einsicht entgegenzuhalten, daß die Erzählung von Beginn an unter den Vorzeichen von Parodie und Ironie steht. Der Baron erweist sich geradezu als Karikatur des »Enthusiasten«, seine Liebe zu der Unbekannten und zur Kunst parodieren entsprechende Bilder und Passagen früherer Werke. Das gilt auch für das Verhältnis Theodors zu dem geheimnisvollen Kanzleisekretär Schnüspelpold, der Züge der Meister-Figuren früherer Hoffmannscher Werke hat. Dieser erweist sich allerdings als ebenso ungeschickt wie der Baron, so daß die Bemühungen beider immer wieder scheitern.

Die Doppelerzählung zeigt, wie schmal der Grat ist, der wahre Begeisterung und echte Traumgebilde von albernem Getue und überspannten Einbildungen trennt. Die Ambivalenz zahlreicher Einzelszenen und Formulierungen macht deutlich, daß die Grenzen zwischen wahrer Fantasie und überspannter Einbildungskraft sich nicht aus isolierten Partikeln, sondern nur aus Kontexten heraus erkennen lassen.

Als Garant für die »Echtheit« gilt traditionellerweise der Autor selbst. So erfahren wir aus dieser Geschichte ungewöhnlich viel über Hoffmann, seine Lebensgewohnheiten, seine dichterische Werkstatt.[9] (Damit werden *Die Geheimnisse* zu einem der ergiebigsten Texte für unsere Kenntnis von Hoffmanns Arbeitsweise überhaupt, die Erzählung enthält eine der schönsten werkinternen Poetiken der Romantik.) Allerdings ist auch eine derartige »Echtheit« noch Teil der Fiktion. Der Autor, selbst Teil der Erzählung, verliebt sich ein wenig in die von ihm erfun-

8. Die späten Erzählungen (1819-1822)

dene schöne Fürstin, er folgt der Aufforderung Schnüspelpolds, ihn zu besuchen, um sich die Fortsetzung der seltsamen Geschichte erzählen zu lassen. Unter dem Namen Schnüspelpold findet er jedoch einen Menschen, der ihm selbst völlig gleicht, einen »Doppeltgänger«. Der Schreck des Autors wird mit Formulierungen grauenvollen Entsetzens wiedergegeben, die Reaktionen früherer Erzählfiguren in ähnlichen Situationen zitieren. Allerdings bleibt es bei diesem Blick in den Abgrund: Was sich hier spaßhaft auflöst, führte in früheren Werken zu Schizophrenie und Wahnsinn.

Die beiden Erzählungen enthalten noch fantastischere Erfindungen als die meisten früheren Werke Hoffmanns, aber sie sind zugleich auch stärker im Realen verankert, im Berlin der Zeit. Bekannte Straßen, Plätze, Ereignisse, Adressen werden genannt, dadurch wird der Übergang zum Wunderbaren um so schroffer und merkwürdiger, der Eindruck entsteht, daß die geheimnisvollen Gestalten aus anderen Welten mitten unter uns leben.

Die vielen Realien der Stadtphysiognomie bilden den Rahmen für die Darstellung der Berliner Gesellschaft. Hauptziele der Kritik sind, in Fortsetzung der früheren Gesellschaftssatiren, der funktionslos gewordene Adel und das aufstrebende neureiche Bürgertum, das durch Überanpassung an die Verhaltensformen und -normen der etablierten Klassen Aufstieg und gesellschaftliche Anerkennung abzusichern versucht. Zu diesen bürgerlichen Parvenüs gehört eine neureiche jüdische Bankiersfamilie, die zwar selbst – wie in der *Brautwahl* – Gegenstand der Satire wird. Wesentlich deutlicher als in der früheren Berliner Erzählung wird der Antisemitismus der Zeit jedoch nicht nur in Personenrede abgebildet, sondern zugleich bloßstellt; in geradezu modellhafter Weise wird hier die Ausbildung eines Sündenbock-Syndroms gezeigt und satirisch entlarvt: Als der eitle und geckenhafte Baron als Bewerber der Bankierstochter erfolglos bleibt, macht er als Begründung aus, daß an all seinem »großen Ungemach [. . .] niemand anders Schuld sei, als der alte Nathanael Simson und seine Eroberungssüchtige Tochter«. An dieser Vorstellung

»erhitzte« er »sich immer mehr, so daß er zuletzt dem Bankier alles, was er erlitten in die Schuhe schob und fürchterliche Rache beschloß.«[10]

Wie sehr Hoffmann in dieser Doppelerzählung auf ganz aktuelle Ereignisse reagierte – 1819 fanden in Deutschland die antisemitischen »Hep-hep«-Krawalle statt –, zeigt auch die Behandlung der Griechenlandschwärmerei als Modetorheit der blasierten Berliner Gesellschaft. In *Die Irrungen* werden karikierend Überspanntheiten vorweggenommen, zu denen der Philhellenismus in Deutschland in der Folgezeit, nach Ausbruch des Aufstandes der Griechen im Frühjahr 1821, tatsächlich führte. In *Die Geheimnisse* hingegen arbeitet Hoffmann bereits aktuelle Nachrichten über den Aufstand und die Situation in Griechenland ein. Dabei wird der Leser – verhüllt in Rollenrede, in grotesk klingende Berichte – mit politischen Bewertungen bekannt gemacht, die er unschwer auf seine deutsche Gegenwart beziehen konnte: Begeisterung für den Freiheitskrieg, die Freiheitsrechte eines unterdrückten Volkes. Der Text wird damit zu einem der frühesten Beispiele der literarischen Beschäftigung mit diesem zentralen Ereignis der europäischen Geschichte dieser Zeit.

Der Elementargeist

Die Erzählung gleicht in ihrer einfachen Struktur zahlreichen anderen Geschichten Hoffmanns: Der erste Teil schildert, genau datiert und lokalisiert, das Zusammentreffen zweier preußischer Offiziere, Albert und Viktor, im Landhaus eines Barons in der Nähe von Aachen, kurz nach der Schlacht bei Belle Alliance im November 1815. Albert findet Viktor merkwürdig verändert, überreizt vor. Im zweiten Teil erzählt Viktor die Geschichte seiner Verstörung, die über 20 Jahre zuvor begann: Er berichtet von den Verführungen durch einen gespenstischen Magier, von seiner Liebe zu dem Elementargeist Aurora und seiner Rettung vor deren teuflischen Machenschaften. Der kurze Schlußteil

8. Die späten Erzählungen (1819-1822)

knüpft an den Eingang an: Viktor erklärt seine Verwirrung damit, daß er in der ältlichen Baronin Aurora wiedererkannt habe. Albert bewegt Viktor zur Abreise aus der für ihn verhängnisvollen Umgebung.

Die Gegenwartsebene des Anfangs und des Schlusses bettet die individuelle Geschichte einer Fremdbestimmung durch dämonische Kräfte ein in ein Weltgeschehen, das in ähnlicher Weise von einer »verhängnisvollen« Macht geprägt wurde: Napoleon. Dieser heroischen Perspektive steht schroff eine groteske Schilderung von Ereignissen und Personen gegenüber. Der sprunghafte Wechsel des Ausdrucks, der Darstellungs- wie der Sprachebenen bildet zugleich ein Strukturprinzip der Erzählung. Die Rahmenhandlung nimmt gegenüber dem Suggestiv-Unheimlichen der Binnenhandlung ebenfalls eine derartige Kontrastfunktion ein. Auch in diese selbst werden mehrfach ironische und damit distanzierende Bemerkungen des Erzählers oder des Zuhörers eingeblendet.

Viktor charakterisiert sich in seiner Erzählung selbst als »poetischen Geist«, begeisterungsfähig, mit Hang zum Wunderbaren, beeindruckt von der geheimnisvollen Welt in Schillers *Geisterseher* und einer von dessen Quellen, Cazottes Roman *Teufel Amor*. So erlebt er merkwürdige und geheimnisvolle Ereignisse seiner Jugend gleichsam literarischen Szenen nachgestellt, Literatur wird zitiert und regt zugleich die Fantasie an. Das Liebesverhältnis des Romanhelden zu der schönen Teufelin versucht er mit Hilfe des Magiers auf den »Elementargeist« – die Salamanderin, die er Aurora nennt – zu übertragen. Hoffmann geht hier virtuos mit den beiden Prätexten Schillers und Cazottes um, sie werden zum Teil der Verführungsstrategie. Die Gründe für die Anfälligkeit Viktors, diesem selbst auch bei der rückerinnernden Erzählung nicht bewußt, liegen für den Leser auf der Hand: Es ist seine gestörte und verdrängte Sexualität, die Lektüre erweckt in ihm sinnliche Begier, die sich auf ein Idealbild richtet und die, wie der Schlußsatz – »Der Obrist blieb unvermählt«[11] – nahelegt, auch später nicht bewältigt wird.

Die gesamte Erzählung hält eine Schwebelage ein, die offenläßt, ob die Salamanderin als reale Gestalt zu sehen ist oder als Gebilde von Viktors poetischer und sexueller Fantasie. Hingegen ist die Existenz des magischen Verführers durch andere beglaubigt. Er gehört in die Reihe dämonischer Gestalten wie Alban im *Magnetiseur* oder der Graf im *Unheimlichen Gast*. Allerdings ist der Wechsel der Perspektive wichtig: Nicht mehr der Verführer selbst und seine Motive stehen im Mittelpunkt, sondern das Opfer, seine seelische Situation, die Gründe und der Prozeß seiner Verführung.

Die Erzählung behandelt sowohl in ihrer Gesamtanlage – dem kalkulierten Wechsel der Töne, dem intertextuellen Geflecht – als auch in zahlreichen Details artistisch durchgeformt und zugleich spielerisch mehrere der Grundthemen Hoffmanns. Der selbst von Heine vermißte »Geist« des *Elementargeistes* erschließt sich dem Leser, der die Erzählung mit den am *Kater Murr* geschärften Augen liest.

Die Räuber

Zwei Berliner, Willibald und Hartmann – junge Männer, die mit ihrer Eindrucksfähigkeit und ihrer Fantasie an den reisenden Enthusiasten früherer Erzählungen erinnern –, erleben in Böhmen bei einer gräflichen Familie seltsame Abenteuer. Ausgehend von den Namen der Schloßbewohner, drängen sich ihnen Ähnlichkeiten zwischen der Figurenkonstellation der Schillerschen *Räuber* und dem Geschehen auf dem Schloß auf. Was als literarischer Scherz beginnt, wird rasch zu einem wesentlichen Moment der Handlung. Denn dadurch, daß die Freunde ihre Beobachtungen anderen mitteilen, treten sie aus ihrer Zuschauerrolle heraus und greifen selbst nachhaltig in das Geschehen ein. Zwar fragen sie Graf Franz, ob es ihn verdrieße, wenn er in einem Drama »einen schlechten Charakter darstellen«[12] müsse, worauf dieser lachend erwidert, Bösewichter hätten meistens die interessantesten Rollen; aber als Willibald dem Grafen daraufhin die Beobachtung mitteilt, im Schlosse seien die »Hauptpersonen der Schiller'schen Räuber versammelt«, erleidet dieser einen Schock, »furchtbare Totenblässe« überzieht sein »Antlitz«, »eine Art von Schwindel« ergreift ihn. Auf die Freunde wirkt diese Reaktion »schuldbelastet«.[13] Wenig später handelt Franz wie sein böser Namensvetter: Er dringt wild, ungestüm und rücksichtslos auf seine Cousine Amalie ein, »indem seine Augen funkelten in wilder Glut: [...] Ja ich bin Franz! ich will es sein! ich muß es sein.« Die Freunde sind nun »überzeugt« davon, »daß der Graf in seinem Tun wirklich jenem satanischen Bösewicht ähnlich« ist.[14] Der Leser, der ihrer Perspektive folgt, übersieht, daß die Freunde den Grafen durch ihren Hinweis erst in die Rolle des Schillerschen Bösewichts hineingetrieben haben. Denn später erfahren sie, daß Franz zwar Amalie bereits seit langem leidenschaftlich liebt, sich ihr gegenüber aber noch nie zudringlich benommen hat.

In ähnlicher Weise ändert sich Amalies Verhalten, als sie von der Beobachtung der Freunde erfährt. In ihrem zunehmenden Wahn identifiziert sie sich immer mehr mit Schillers Dramengestalt. In der Schlußszene wird deutlich, wie weit sich diese fixe Idee festgesetzt hat:

> Ja ich bin jene unglückliche Amalia, Gräfin von Moor, aber die schwärzeste Verleumdung ist es, daß mein Carl mich selbst getötet haben solle. [...] Es war nur ein Theaterdolch, den er mir auf die Brust setzte. [...] Schweizer und Kosinski, die edlen Menschen, haben mich gerettet.[15]

Die Freunde führen durch ihren literarischen Scherz mithin einen rascheren Ausbruch der Krisen herbei. Die Leser hingegen, die ihrer Sichtweise folgen, sehen in erster Linie die Parallelen zu Schillers Drama. So hat auch eine Reihe späterer Interpreten entweder von einer »Parodie« gesprochen (in der Erzählung selbst ist von »allerlei, jenes große aber entsetzliche Trauerspiel parodierenden Ideen«[16] der Freunde die Rede) oder von der Umsetzung der dramatischen Handlung in eine epische, mithin einer Nachahmung, ja einem Plagiat.

Diese Sichtweise verkennt jedoch das komplexe Verhältnis der Erzählung zu Schillers Tragödie. Zwar tragen die vier Hauptpersonen die gleichen Namen und stehen in fast der gleichen Konstellation zueinander, aber ihre Eigenschaften und Lebenswege sind teilweise deutlich voneinander unterschieden. Der alte Graf ist bei Hoffmann nicht ohne Schuld, da er – zumindest nach der Aussage seines Sohnes Carl – seine Frau einem anderen Mann entrissen und sodann verführt hat. Der ältere Sohn, Graf Carl, weist zwar in seiner Jugend die »seltensten Fähigkeiten des Geistes«, ja »eine schimmernde Genialität« auf; nach allem, was wir über ihn erfahren, ist er jedoch durch seinen »Hang zu Ausschweifungen«, aus Schwäche und persönlicher Gewinnsucht auf die Verbrecherlaufbahn geraten.[17] Kein edler Zug, keine Rebellion gegen die Gesellschaftsordnung verbindet ihn mit Schillers gleichnamigem Räuber. Nur an einer Stelle werden zwei Motive für seinen Lebensweg angedeutet: Carl sieht sich als Kind einer sündhaften Verbindung seines Vaters, und er glaubt, daß der Vater ihm das Erbe habe vorenthalten wollen. Während der jüngere Bruder Franz bei Schiller ein Bösewicht und Intrigant ist, handelt er bei Hoffmann so, wie es Schillers Dramenfigur nur vorgibt: Als besorgter und liebender Sohn hält er die bösen Nachrichten über Carl vom Vater fern. Franz verzehrt sich in echter Liebe zu Amalie, ohne ihr – bis zu der erwähnten Szene, wo er gleichsam aus seiner eigenen Rolle in die der Schillerschen Dramenfigur fällt – je nahezutreten. Amalie schließlich liebt Carl »mit einer grenzenlosen wahnsinnigen Inbrunst«[18] seit ihrem 12. Lebensjahr – hoffnungslos, unglücklich, aber unbeirrbar, bis hin zu ihrer Flucht zu den Räubern und Zigeunern, um dem Geliebten näher zu sein; sie steigert sich immer mehr in den Wahnsinn hinein, dem sie schließlich rettungslos verfällt.

Nur die Leserlenkung durch das Freundespaar (und damit durch Hoffmann) läßt trotz dieser gravierenden Unterschiede die Ähnlichkeiten so stark hervortreten. Diese Lenkung wird bereits bei der ersten Erwähnung des Schillerschen Dramas deutlich: Als man die Gleichheit der Namen erkannt hat, warten die Freunde auf den Auftritt des Dieners; als dieser wirklich, wie bei Schiller, »Daniel« heißt, gilt das als Beweis für die Gleichheit der Situationen. In Wahrheit zeigt gerade diese Gestalt die Kompliziertheit der Verhältnisse: Daniel ist zwar wie bei Schiller der Vertraute Carls, aber böse und untreu. Er gleicht andererseits seinem Namenvetter aus Hoffmanns früherer Erzählung *Das Majorat* bis in physiognomische Einzelheiten.

Auch sonst lassen sich zahlreiche Verbindungslinien zu dieser Erzählung ziehen, in der neben Spuren der *Räuber* auch solche des Schillerschen *Geistersehers* zu finden sind. Aber auch mit anderen Erzählungen Hoffmanns wie *Ignaz Denner* und *Die Jesuiterkirche in G.* bestehen Ähnlichkeiten bis zum Selbstzitat; dazu treten Anspielungen auf weitere literarische Werke und Gestalten, etwa Tassos Liebespaar Armida–Rinaldo, so daß ein enges Geflecht literarischer Beziehungen entsteht. Hinter dem Verfahren, das man früher als Arbeiten mit Klischees und Versatzstücken, als Zeichen mangelnder Originalität und nachlassenden Einfallsreichtums betrachtete, steht der außergewöhnlich vielgestaltige, virtuos-spielerische Versuch, neue Erzählverfahren zu erproben, wie sie in dem gleichzeitig entstandenen *Kater Murr* strukturtragend werden.

Die Doppeltgänger

1815, im ersten Jahr nach seiner Übersiedlung nach Berlin, begann Hoffmann, mit seinen Freunden Chamisso, Hitzig und Contessa einen Gemeinschaftsroman zu schreiben, nach dem Muster des 1808 erschienenen Romans von vier Romantiker-Freunden, des »Doppelromans« *Die Versuche und Hindernisse Karls*. Das Gemeinschaftswerk wurde nach acht Kapiteln abgebrochen. Hoffmann erinnerte sich offensichtlich im ersten Halbjahr 1821 (als er insgesamt vier Taschenbucherzählungen fertigstellen mußte) des früheren Plans und arbeitete das von ihm verfaßte Romankapitel zu der Erzählung *Die Doppeltgänger* um. Sie erschien im Herbst 1821 in dem Taschenbuch *Feierstunden*.

Die Erzählung ist ähnlich gebaut wie zahlreiche andere Werke Hoffmanns: Sie setzt mit einem spannenden Geschehen ein, dann werden die dargebotenen Bruchteile der Vorgeschichte durch geheimnisvolle Bemerkungen eher verschleiert als entwirrt, erst gegen Ende werden die Zusammenhänge aufgeklärt.

Der Ausgangspunkt des Konflikts, die Existenz von zwei Jünglingen, die sich wie Doppelgänger gleichen, wird hier nicht wie üblich auf unbekannte verwandtschaftliche Beziehungen zurückgeführt, sondern auf eine Art gedanklichen Ehebruch: Der Sohn einer Fürstin gleicht dem zur gleichen Stunde geborenen Sohn ihrer Freundin, weil die Fürstin, verleitet durch ein »dunkles Verhängnis«, in deren Mann verliebt ist. Der Fürst verweist Frau und Sohn vom Hof, der Sohn wird jedoch vom angeblichen Vater vertauscht, nachdem er ihm, um eine Identifikation zu ermöglichen, vor Zeugen ein Mal hat einbrennen lassen. Dieser Tausch wird der Beginn einer Fülle von Verwechslungen, bis beide nach dem Tod des Fürsten zum erstenmal aufeinandertreffen. Während sich durch das Mal unschwer klären läßt, wer der wahre Thronfolger ist, führt beider Liebe zu der gleichen Frau zu einer Kontroverse, der sich diese nur durch Entsagung und den Rückzug in ein Stift entziehen kann.

Die Erzählung arbeitet mit einer Reihe von Klischees und Banalitäten. In der Forschung wurde sie als »Machwerk« und als ein schwächliches Plagiat von Jean Pauls *Titan* bezeichnet. Ein genauerer Blick auf Struktur und Erzählweise kann jedoch auch hier zu einer anderen Bewertung führen.

Der Text ist in ungewöhnlichem Maße von Szenen geprägt, die Theaterauftritten gleichen und inszeniert wirken. Dem Helden wird das Problem der Identität im Theaterspiel bewußt, es ist dies ein erster Schritt zur Selbsterkenntnis. Auch die erste Begegnung der beiden Doppelgänger gleicht der Szene auf einer Marionettenbühne: Unvermittelt werden sie einander gegenübergestellt, so daß sie beide »vor Entsetzen erstarrt in den Boden festgewurzelt stehen«.[19] Ausgerechnet an dieser zentralen Stelle der höchsten Spannung hält Hoffmann es für angebracht, die Vorgeschichte in provozierender Umständlichkeit nachzuholen. Erst einige Seiten später wird mit der Erzählung fortgefahren: »Also! – vor Entsetzen erstarrt, in den Boden festgewurzelt standen die beiden Doppelgänger sich gegenüber.«[20] Der Erzähler kann souverän, wie der Arrangeur des Marionettenspiels, seine Geschöpfe nach Belieben anhalten und wieder in Bewegung setzen. Man sollte auch die komischen Aspekte dieser Erzähltechnik nicht übersehen, die an entsprechende Szenen in Sternes *Tristram Shandy* erinnern.

Das durchgehende Strukturprinzip der Erzählung bildet die Verdoppelung: nicht nur bei dem Titelhelden, sondern auch in verschiedenen Figurenkonstellationen und Szenenanordnungen. Hoffmann führt hier das Doppelgängermotiv, das bereits in den *Elixieren des Teufels* und *Prinzessin Brambilla* eine zentrale Rolle spielte, weiter: Die Identitätsthematik wird zur Erkenntnisproblematik, die »Lösung« erfolgt wie im Capriccio durch das Theater, sie ist allein dem manipulierenden Autor und dessen Darstellungsmitteln, dem Spiel und dem Humor, zu verdanken. Dies rückt die Erzählung noch näher an das Capriccio, beide Werke entstanden in der Pause, die Hoffmann zwischen dem ersten und dem zweiten Band des *Kater Murr* einlegte.

Datura fastuosa

Spuren der Erzählung reichen bis 1818 zurück, einen Teil des Manuskripts lieferte Hoffmann im Mai 1820 dem Herausgeber des *Taschenbuchs der Liebe und Freundschaft gewidmet* ab, den vollständigen Text jedoch erst im Juli 1821; daher erschien das Werk erst kurz nach Hoffmanns Tod, im Herbst 1822, im Druck.

Datura fastuosa ist einfacher gebaut als die meisten anderen

Erzählungen Hoffmanns: Die Handlung wird chronologisch, fast ohne Rückgriffe mitgeteilt. Auch die Erzählperspektive von außen, nur durch gelegentliche Kommentare unterbrochen, wird durchgehalten. Da das Milieu der Erzählung das eines bürgerlichen Wissenschaftlerhaushaltes ist, in dem Unheimliches und Magisches weitgehend fehlen müssen, wurde *Datura fastuosa* häufig als Dokument von Hoffmanns Streben nach einem realistisch-objektiven Erzählen verstanden.

Ausgangspunkt der Erzählung war eine Idee, die Chamisso Hoffmann zur Ausarbeitung überließ: Das Herz des jungen Gehilfen eines verstorbenen Professors hängt an einer besonders seltenen exotischen Pflanze; um Zutritt zu ihr zu erhalten, entschließt er sich, die alte Witwe des Professors, die dessen kostbare Pflanzensammlung pflegt, zu heiraten. Dies klingt nach dem Stoff eines Schwankes und einer Wissenschaftlersatire. Davon hat sich auch in der ausgearbeiteten Erzählung, vor allem in der ersten Hälfte, einiges erhalten. Hier ist der alte Professor ein Wissenschaftler voller »Phlegma«, der die Pflanzen säuberlich in einem Treibhaus züchtet; der junge Student Eugenius eifert ihm nach »in dem steifen Gewande einer gewissen kleinlichen Pedanterie, in das ihre Wissenschaft sie einhüllt«;[21] die »Klasse und Ordnung«[22] einer Blume und ihr lateinischer Name sind ihm wichtiger als ihre Schönheit, ihr Duft und ihr Leben. Dieses künstliche Reich erscheint ihm als sicherer Halt »in der großen unwirtbaren freudenleeren Wüste«[23] der Wirklichkeit und des Lebens, gegen die er sich solcherart abschirmt. Ihren Heiratsantrag begründet die Witwe damit, daß Eugenius nicht die »Not der unbequemen Wirklichkeit fühlen«[24] solle. Der erste Satz der Erzählung nennt das »Glashaus« des Professors – es ist die Chiffre einer solchen wissenschaftlichen Weltfremdheit. Das Treibhaus schützt die Pflanzen vor der rauhen Wirklichkeit und verzärtelt sie; es setzt den natürlichen Zeitablauf außer Kraft – ein Vorgang, der sich bei Eugenius wiederholt.

Als die Professorenwitwe Eugenius die Heirat vorschlägt, setzt sie hinzu, daß sich in ihrem Beisammensein in keiner Hinsicht etwas ändern solle, es trete »die *Mutter* in die Stelle der *Frau*«.[25] In einem Traumbild sieht Eugenius eine Szene, in der er zum einzigen Mal einer verführerischen Frau begegnet war: extreme Gefühle – »glühendste Sehnsucht, das dürstendste Verlangen« – erfüllen ihn; es scheint ihm, daß eine Stimme ihn warne, diesem »Frühling der Liebe und Lust«[26] zu entsagen. Doch selbst als ihn sein einziger Freund Sever auf das Problematische einer derartigen Verbindung und den zu erwartenden Spott der Umwelt hinweist, bleiben der Versorgungsdrang und die Bequemlichkeit stärker, er übernimmt die Rolle des alten Professors zugleich mit dessen altmodischer Kleidung und den mit botanischen Bildern verzierten Schlafröcken und Nachtmützen. Dieses Bild des wissenschaftlichen Philisters und seiner biedermeierlichen Tätigkeiten und Ansichten wird insbesondere in dem Abschnitt mit der ironischen Überschrift »Stilles Familienleben« karikiert.

Folgt Hoffmann bis zu dieser Stelle dem episodischen Kern der Anregung Chamissos, so führt er das Geschehen im zweiten Teil darüber hinaus; er macht die Konfliktlinien deutlich, die in der Konstellation einer solchen – in der damaligen Zeit als unnatürlich angesehenen – Verbindung liegen. Das von Eugenius in seinem »klösterlichen einfachen Leben«[27] Verdrängte bricht in die Philisteridylle ein: die Außenwelt und vor allem die Sexualität. Der geheimnisvolle Spanier Fermino eröffnet ihm durch seine Erzählungen eine neue Welt des gesellschaftlichen Lebens, dadurch werden ihm das biedere Heim und die mütterliche Gattin immer mehr entfremdet. So ist er reif für die Verführungskünste der schönen Gräfin Gabriela, die in ihm die »Raserei wildflammender Liebesglut«[28] entfacht. Eine Begegnung mit ihr um Mitternacht endet mit feurigen Küssen, hinterläßt ihn »besinnungslos vor Entzücken«[29] und mit dem Wunsch, sich von seiner die Verbindung mit Gabriela verhindernden Frau zu befreien. Fermino hat ihm bereits zuvor einen Mordplan suggeriert und Gift zugesteckt. Erst als Eugenius den Spanier und die Gräfin bei einer Umarmung überrascht, erwacht er aus seiner sinnlichen Verwirrung und kehrt reumütig zu seiner »Mutter« zurück. Als diese bald darauf stirbt, verfällt Eugenius schuldbeladen in Depressionen, entdeckt dann aber plötzlich seine Liebe zu Gretchen, die sich bis dahin ziemlich unscheinbar durch Haus, Garten und die Erzählung bewegt hatte. Eugenius belehrt das vierzehnjährige »gute, fromme, liebe Kind« lange Zeit recht gönnerhaft – »Nütze meinen Unterricht!«[30] –; der Unterschied der Charaktere und der Reife erscheint ähnlich groß wie der zwischen Eugenius und der Witwe.

Auch die Gegenfiguren und ihr Handeln entbehren nicht der merkwürdigen und etwas kolportagehaften Züge. Der Spanier erweist sich zwar nicht, wie von Gretchen angenommen, als der Teufel, aber – fast ebenso schlimm – als Jesuit, die Gräfin als italienische Tänzerin; ihr Komplott sollte dazu dienen, Eugenius durch ein Verbrechen in Abhängigkeit von den Jesuiten zu bringen.

Die Geschichte des verzehrenden, bis zum (geplanten) Verbrechen gehenden sinnlichen Rausches wird nicht nur mit einem selbst für Hoffmann ungewöhnlich extremen, superlativisch geprägten, etwas formelhaften Vokabular beschrieben; sie wird auch, wesentlich subtiler, indirekt durch eine durchgehende Metaphorik aus dem Pflanzenreich beleuchtet. Auf diese zentrale Rolle weist bereits die im Titel genannte Datura fastuosa. Die Pflanze aus der Familie der Nachtschattengewächse wird durch das Adjektiv »fastuosa« als prächtig, aber auch als kalt und stolz charakterisiert. Der deutsche Name »Stechapfel« bezieht sich auf die stacheligen Früchte, läßt aber auch die Assoziation zum Apfel der Verführung zu. Die Daturae sind durch ihren Alkaloidgehalt giftig und galten im Volksglauben als Narkotika und sexuelle Stimulantien. Daß diese Pflanze zum Mordwerkzeug präpariert wird, charakterisiert auch das Wesen der südländisch-verführerischen Gabriela.

In ähnlicher Weise ist das nächtliche Treffen durch die Pflanzenmetaphorik sexuell konnotiert: Es findet bei einer aufblühenden Fackeldistel statt. In der zweiten deutschen Bezeichnung dieser Pflanze als »Feigenkaktus« wird der sexuelle Bezug noch verstärkt. Die Deutung der Fackeldistel als Verbindung von ekstatischer Liebesstunde und raschem Tod (dem Verblühen im Morgengrauen) ist im Volksglauben ebenfalls verbreitet und findet sich in Schuberts *Ansichten* auch mit wissenschaftlichem Anspruch formuliert.

Diesen beiden Zentralmetaphern aus dem Pflanzenreich sind zahlreiche andere Pflanzen und Lebensräume zugeordnet: Im Garten des Professors stehen vor allem deutsche Pflanzen, die freilich nur das unverbildete Gretchen mit ihren deutschen Namen benennt, wofür sie dann auch anfangs von Eugenius zurechtgewiesen wird; die exotischen Pflanzen werden im Glashaus domestiziert. Der Garten der südländischen Gräfin hingegen wird von fantastisch-exotischen Pflanzen bevölkert, die ein »mächtiger Zauber [...] hieher versetzt zu haben« schien; selbst Blumen, die im eigenen Treibhaus standen, »erblickte er hier in einer Fülle und Vollendung, wie er sie nie geahnet«.[31]

Eugenius' Verführung durch das Exotische wird in der Pflanzenmetaphorik gespiegelt und vorweggenommen. Das Künstliche und Fremde wird als das Unnatürliche (und Unmoralische) abgelehnt – wie zu Beginn von dem alten Professorenehepaar, so am Schluß auch durch den Helden. Allerdings fällt es schwer, diesen Gedanken konsequent zu Ende zu führen: Denn die Welt, in die Eugenius nach diesen Versuchungen zurückkehrt, wurde in den ersten Kapiteln der Erzählung so satirisch gezeichnet, daß man kaum glauben kann, Eugenius habe sich nach Überwindung der Versuchungen so gewandelt, daß auch seine ausgeprägte Anlage zum Philiströsen und Biedermeierlichen überwunden sei. Andererseits gibt es in den Schlußabschnitten keine Ironiesignale, die das erreichte Glück in Frage stellen. So bleibt festzuhalten, daß das Bekenntnis zum Natürlichen und zur Normalität gegen das Künstliche und Fremde im Gegensatz zur Grundhaltung fast aller übrigen Hoffmannschen Erzählungen steht und eine sonst seltene Nähe zu biedermeierlichen Ansichten zeigt.

Des Vetters Eckfenster

Anfang 1822 zeigten sich bei Hoffmann Lähmungserscheinungen an Füßen und Händen, die sich rasch verschlimmerten; bald konnte er kaum noch aufstehen und schreiben (Medizinhistoriker sind sich über die Art der Krankheit nicht im klaren). So diktierte Hoffmann die letzten Texte, die vor seinem Tod im Juni entstanden. An *Des Vetters Eckfenster* begann Hoffmann im März zu arbeiten, die Erzählung erschien im April und Mai in dem »Zeitblatt« *Der Zuschauer.*

Der Text berichtet vom Besuch des Ich-Erzählers bei seinem kranken »Vetter«, einem Schriftsteller, der wegen einer Lähmung seine Wohnung in einer Dachkammer nicht mehr verlassen kann. Aus deren Eckfenster blickt er auf einen Markt in Berlin. Die Bilder und Eindrücke werden geschildert und erläutert, der Vetter erklärt dem Erzähler, was er sieht und warum er das Gesehene so deutet.

In die Situation des Vetters (der Begriff bezeichnet in Hoffmanns Zeit einen nicht genauer bestimmten weitläufigen Verwandten oder auch einen guten Freund) ist die des Schriftstellers Paul Scarron (1610-1660) eingegangen, der seit seinem 30. Lebensjahr gelähmt war und das Leben der Außenwelt fast nur noch durch den Blick aus seiner Wohnung wahrnehmen konnte, ein Schicksal, das mehrfach, so von Carl Friedrich Kretschmann 1798/99, literarisch gestaltet worden war. Dazu kommen autobiographische Momente: die Lähmung Hoffmanns, das Aussehen des Vetters bis hin zur Kleidung, die Lage der Wohnung, die auf den Gendarmenmarkt in Berlin weist. Ähnlichkeiten wurden vor allem in den Kunstanschauungen gesehen. Da der Vetter sich kaum noch bewegen kann, intensiviert er die »Kunst zu schauen« und führt den jungen Erzähler in sie ein. Dieser erkennt im panoramatischen Blick auf den Wochenmarkt zunächst nur ein ungeordnetes Durcheinander, »eine einzige, dicht zusammen gedrängte Volksmasse« – ein Anblick, den er »zwar recht artig, aber auf die Länge ermüdend« nennt.³² Der Vetter stellt daraufhin fest, daß ihm das erste Erfordernis eines Schriftstellers fehle: »ein Auge, welches wirklich schaut«. Er selbst hingegen sehe im Marktgewühl – wie »ein wackerer Callot, oder moderner Chodowecki« – »die mannigfachste Szenerie des bürgerlichen Lebens«. Daher wolle er dem Freund »die Primitien der Kunst zu schauen beibringen«.³³ Mit einem Fernglas greift er einzelne Personen heraus, verfolgt ihren Weg durch die Menge, ihre Tätigkeiten, und allmählich füllt seine Fantasie die Bewegungen mit Sinn, erfindet Gespräche, Gefühle, kleine Szenen. Die »lebendige Darstellung« macht dem Erzähler »alles so plausibel«, daß er »daran glauben muß«, er »mag wollen oder nicht«,³⁴ und bald gibt auch er Proben des Erlernten. Am Schluß zieht der Vetter ein Fazit seiner Beobachtungen: Das Berliner Volk habe an äußerem »Anstand« gewonnen – statt Schnoddrigkeit, Roheit und Frechheit biete es nun »das anmutige Bild der Wohlbehaglichkeit und des sittlichen Friedens«.³⁵

Lange Zeit wurde in der Forschung diese Einführung in die »Kunst zu schauen« als Einübung in frührealistische Schreibweisen angesehen. Eine autobiographische Deutung und die erkennbare Nähe mehrerer Formulierungen zum serapiontischen Prinzip des »rechten Schauens« ließ darin den Weg Hoffmanns zum Realismus erkennen, zumal sich der Blick ganz ausdrücklich auf das »bürgerliche Leben« richtet. Doch dieses verbreitete Lob verkennt die Widerhaken des Textes.

Von grundsätzlichen poetologischen Erwägungen zunächst einmal abgesehen, weicht die Situation des Vetters als Schriftsteller von der Hoffmanns in wesentlichen Punkten ab. Der Vetter war früher bekannt und wurde viel gelesen. Zwar kann die Krankheit den Flug seiner Fantasie nicht beeinträchtigen – er erzählt der Ich-Gestalt weiterhin »anmutige Geschichten« –, aber dann geschieht etwas Unerklärliches: Der Weg zur Niederschrift ist »versperrt. So wie mein Vetter etwas aufschreiben wollte, versagten ihm nicht allein die Finger den Dienst, sondern der Gedanke selbst war verstoben und verflogen.« Der Vetter konstatiert resigniert: »mit mir ist es aus«, er zieht sich völlig von den Menschen, auch von dem Erzähler, zurück.[36] Der Fensterblick scheint ihn jedoch wieder mit Realien, mit dem Leben zu verbinden. Allerdings: nachdem sich der Markt Schlag »Ein Uhr« (wie am Ende einer in den Tag projizierten Geisterstunde) entleert, »verödet« hat, werden ihm seine Schmerzen und auch seine Schreibhemmung wieder bewußt.[37] Für Hoffmann selbst bedeutete seine Lähmung hingegen in keiner Weise eine Lähmung des Gedankens oder der Fähigkeit, das »Geschaute« und »Fantasierte« zu Papier zu bringen, und sei es durch Diktat.

Der Erzähler wird im Text ebenfalls als »Vetter« angesprochen. Das führte zu der Deutung, Hoffmann habe sein Schriftstellerideal und seine ästhetischen Vorstellungen gleichsam aufgespalten in zwei Personen. Allerdings fühlt sich der Erzähler selbst in keiner Weise als Schriftsteller, er ist auch an Literatur nicht interessiert, kennt nicht einmal die Werke des Vetters. Andererseits stammt der (zweifellos literarisch gelungene) Text von ihm. Wie ist dieser Widerspruch zu erklären?

Wie bei vielen der Spätwerke führt ein Blick auf die Struktur der Erzählung weiter. Diese beginnt mit einem Bericht des Erzählers über den Vetter, dann folgt ein Besuch bei dem Kranken. Die Bemerkungen bei dem Blick aus dem Eckfenster gehen in einen Dialog über, der den größten Teil der Erzählung einnimmt. Erst die Schlußszene wird wieder durch Beschreibung und Kommentar gestaltet. Das dominierende Thema der Kunstproduktion stellt die Geschichte in die Reihe poetologischer Dialogerzählungen wie *Der Dichter und der Komponist* und *Seltsame Leiden eines Theater-Direktors*. Ebensowenig wie diese ist *Des Vetters Eckfenster* jedoch ein didaktischer Text, in dem ein Gesprächspartner überlegen den anderen belehren kann; der Text erschließt sich vielmehr erst in der Kritik beider Positionen. Diese Kritik liegt, wie meist, im Unausgesprochenen. Gegensätze und Widersprüche bleiben im Gespräch ungeklärt und damit dem Leser zur Reflexion überlassen. So erleben die Betrachter die Marktszenen durch das Fernglas wie im Marionettentheater ohne Ton, die »Fantasie« kann sie beliebig interpretieren – zum Beispiel mit einigen Sätzen einen »widrigen zynischen deutschen« Menschen in einen »gemütlichen französischen« umschaffen.[38] Dem Leser bleibt es überlassen, den geheimen Bezugspunkt der Einzelbilder zu erkennen, der zum Beispiel darin liegen könnte, daß das unausgesprochene Ordnungsprinzip hinter dem Gewimmel des Marktes der Markt im übertragenen Sinn – Handel, Geldwirtschaft – ist. Die Menschen zeigen die Auswirkungen dieser Prägung; sie werden überwiegend negativ ausgedeutet, als widrig, boshaft, borniert, ihre karikaturistische Darstellung überwiegt. Wenn der Vetter daraus dennoch ein Gesamtbild der wachsenden »Wohlbehaglichkeit« und sittlichen Reifung des Volkes ableitet, so ist das eigentlich schwer nachzuvollziehen und kann wohl auch ironisch verstanden werden. Dennoch haben viele Interpreten das Fazit des Vetters unkritisch akzeptiert und – auch dies in selbstverständlicher Weise autobiographisch deutend – Hoffmann als Lobredner des Berliner Volkslebens gefeiert oder, seltener, Walter Benjamin folgend, getadelt, weil er seine Großstadtbeobachtungen biedermeierlich-idyllisch abgebogen und nicht wie Balzac realistisch-kritisch zugespitzt habe.

Ob Hoffmann durch den Mund des Vetters die realistisch erzählte Biedermeieridylle propagiert, ist mehr als fraglich. Wohl aber zeigt er einmal mehr seine Darstellungs- und Kompositionskunst, und seine Lust am intertextuellen Spiel ist ungebrochen: Gleichsam als Motto der Erzählung kann der lateinische Satz gelten, der »mit großen Buchstaben« am Bettschirm des Vetters geschrieben steht: »Et si male nunc, non olim sic erit« (auch wenn es jetzt schlecht steht, wird es dereinst nicht mehr so sein). Der junge Besucher versteht ihn als Trost: er deute auf »wiedergekehrte Hoffnung«, »neuerweckte Lebenkraft«.[39] Der Hintergrund des Satzes ist jedoch ein anderer. Hoffmann zitiert (ungenau) aus einer Horaz-Ode. Dort bezieht sich die Stelle nicht auf Krankheit und das Leben allgemein, sondern auf ein Ausbleiben der Inspiration durch Apollo. Allerdings erweist sich der Wahlspruch des Vetters als trügerisch: Die Schreibhemmung löst sich ja keineswegs; im Gegenteil wirkt er beim Abschied hinfälliger denn je, und der Kommentar des Erzählers, mit dem dieser auf das nunmehr ausgeprochene Zitat reagiert und der den Beginn der Erzählung rahmend aufgreift, erweist die Vergeblichkeit der in ihm formulierten Hoffnung: »Armer Vetter!«

Die Erzählung *Des Vetters Eckfenster* wurde erst um die Jahrhundertwende in ihrer Bedeutung erkannt und seither fast ausnahmslos und oft hoch gelobt. Diesen Ruhm verdankt sie ihrer überwiegend autobiographischen und realistischen Deutung. Obwohl die Begründungen weitgehend hinfällig sind, muß damit nicht die Hochschätzung zurückgenommen werden: Das Autobiographische wird von Hoffmann souverän und in vielfacher ironischer Brechung integriert; und die in der Zeit gerade modern werdenden realistischen Schreibweisen, wie etwa die Werke Scotts – auf die ihn besorgte Freunde hinwiesen, um ihn aus seinen romantischen Sackgassen herauszulocken und ihm den Anschluß an die Moderne zu zeigen – werden vorgeführt und in ihrer Begrenztheit gezeigt.

Meister Johannes Wacht

Sofort nach Abschluß von *Des Vetters Eckfenster* im April 1822 begann Hoffmann, bereits weitgehend gelähmt, mit dem Diktat der Erzählung *Meister Johannes Wacht*. Er schloß das Werk in wenigen Wochen ab und ließ es an den Verleger Max schicken. Es erschien im Jahr nach Hoffmanns Tod.

Die Titelfigur von *Meister Johannes Wacht* steht in der Tradition der handwerklich-bürgerlichen Meistergestalt des Küfners Meister Martin. Seine Fähigkeiten als Zimmermann werden ebenso gerühmt wie seine Sittlichkeit; sein hohes Ansehen in Bamberg, wo er sich niedergelassen hat, wird hervorgehoben. Der Witwer kümmert sich um die Söhne seines verstorbenen Vorarbeiters, nimmt den älteren, Sebastian in die Lehre, während Jonathan, der jüngere, schwächliche, einem Advokaten zur Ausbildung gegeben wird. Wacht verweigert strikt die Zustimmung zur Heirat seiner Tochter Nanni mit Jonathan. Nach vielerlei Wirren und Zwischenfällen kommt es schließlich doch zur Versöhnung Wachts mit dem jungen Advokaten und zur zuvor verhinderten Hochzeit.

Die Erzählung verbindet sehr unterschiedliche Schreibweisen: detailrealistische Passagen – etwa die liebevolle Beschreibung des Bamberger Alltagslebens bis hin zu Kleidung und Speisen sowie der präzisen Darstellung der Zimmermannsarbeiten –, humoristische Abschnitte um den pfiffig-liebenswürdigen Domizellar, ein grotesk-komisches Nebenspiel um den bunten Narren Leberfink, der Wachts zweite Tochter heiratet, schließlich die nicht selten mit rhetorisch-pathetischer, in Superlativen schwelgender Wucht geschilderten Mißgeschicke und Gemütsverfassungen Wachts – das alles verpackt in eine farbige Handlung mit überraschenden Wendepunkten, nicht selten leicht ironisch vorgetragen.

In Wachts Charakter liegen extreme Gegensätze nebeneinander. Der sittlich-musterhafte Meister besitzt auch unheimliche, irrationale Wesenszüge. Bei der schroffen Zurückweisung Jonathans, die auch seine geliebte Tochter ins Unglück stürzt, spielt zwar sein Handwerkerethos eine Rolle; aber der abgewiesene Bewerber ist – im Gegensatz zu Friedrich im *Meister Martin* – kein unbürgerlicher Künstler, sondern Jurist. Gegen diesen Stand hegt Wacht einen geradezu pathologischen Haß. Ein Hinweis auf den Ursprung dieses rätselhaften Verhaltens könnte in einer intertextuellen Anspielung auf Wachts Lektüre des *Götz* gefunden werden: Er sieht sich selbst als einen solchen »ungemeinen Geist«, dessen Jahre »vorüber« sind[40] und der sich nicht in die Zukunft fügen kann. Götz ist eine von Goethe überwiegend positiv gezeichnete Gestalt, vor allem im Vergleich mit seinen intriganten, bürokratischen Gegnern; aber als Repräsentant einer untergehenden Zeit muß er scheitern, darin liegt seine Tragik. Die neue Zeit, die bei Goethe als »unredlich« abqualifiziert wird, sieht Wacht im Juristenstand verkörpert. Er rationalisiert seine Haltung dadurch, daß er dessen Angehörigen vorwirft, das Recht zu ihrem eigenen Vorteil zu verwalten. Wachts Verhalten wird jedoch bereits auf der Handlungsebene durch Kontrastfiguren desavouiert: In der Erzählung werden zwei sympathische, fähige und tolerante Advokaten gezeigt, insbesondere Jonathan erweist sich – vor allem in einer »episodischen Novelle«[41] – als scharfsinnig, findig und sensibel zugleich. Wachts Ethos stammt aus der Epoche eines Meister Martin und Dürers, die ihre bedeutendste Ausprägung im (in der Romantik seit Wackenroder und Tieck als »mittelalterlich« verklärten) Nürnberg des 16. Jahrhunderts gefunden hatte. Sein Selbstbewußtsein beruht wie das Martins auf seiner handwerklichen Kunstfertigkeit. Aber ist Martins Haltung bereits zu seiner Zeit ideologisch, so gilt das über 200 Jahre später um so mehr. Ging es bei Martin um die Vorherrschaft von Kunstanschauungen, so bei Wacht umfassender um ein Weltbild. In der Welt des Handwerkers gilt das Konkrete, Meßbare, Anschauliche: Das Ergebnis seiner Meisterschaft steht sichtbar – solide, funktional, vielleicht sogar »schön« – vor aller Augen. Die »neue Zeit« findet für Wacht hingegen ihren symptomatischen Ausdruck im Stand des Juristen, als Symbol der verwalteten Welt. Vor allem aber: Das Denken der Juristen ist theoretisch, ihre Werke sind abstrakt, nach Ansicht Wachts »nichts anders als künstlich ergrübelte Menschensatzung [...], die nur dazu diene, das wahre Recht, das in jedes Tugendhaften Brust geschrieben stehe, zu verwirren«.[42]

Die Bekehrung Wachts am Schluß wird durch einen Akt der Großmut Jonathans ausgelöst (er hat seinen nach einem Mordanschlag auf ihn im Zuchthaus sitzenden Bruder finanziell unterstützt). Freilich gab es am edlen Charakter des Bewerbers ohnehin nie einen Zweifel. So löst die Wende bei den Mitbürgern tiefste »Verwunderung« aus und kann auch den Leser zu der Frage führen, wie dauerhaft die überraschende Aussöhnung mit Jonathan und damit die Anerkennung von dessen Berufsethos ist. Und es bleibt offen, inwieweit man dem zitierten Fazit des

Schlusses folgen kann und darf, der »wahre fromme Glaube« habe über ein verhärtetes Gemüt gesiegt und alles habe sich, »wie der liebe Gott es will, zum Guten«[43] gewendet. In keinem Fall sollte man diesen Satz als abschließenden Kommentar und als Beleg für ein Abbiegen in die Idylle lesen. Denn er stammt von einer Randfigur der Erzählung, dem »alten frommen Andres«, dem »Altgesell« Wachts, der seinem Meister »mit einer Liebe ohne gleichen« anhängt[44] und gewiß nicht als unbefangener Beobachter gelten kann. Nachdem sonst derartige pathetische Wendungen mehrfach ironisch kommentiert wurden, ist nunmehr die Entscheidung über die Tragfähigkeit oder Brüchigkeit des idyllischen Schlusses dem Leser überlassen.

Die Genesung

Hitzig berichtet, der an sich der Natur wenig zugewandte Hoffmann sei kurz vor seinem Tod von »Sehnsucht nach dem Grünen« erfaßt worden; der bereits Gelähmte habe sich noch einmal ins Freie tragen lassen, geweint und nach der Rückkehr sogleich die Erzählung *Die Genesung* diktiert. Dieser Hintergrund brachte dem Text zwar gelegentlich bewegte Kommentare ein – die »seelenvollste« Erzählung nennt sie Ricarda Huch[45] –, in erster Linie aber das ergriffene (oder ratlose) Schweigen der Kritik. In der Tat kombiniert der kurze Text im wesentlichen bekannte Themen und Bilder.

Die Genesung behandelt die erfolgreiche Heilung eines »Wahnsinnigen« durch eine magnetische Behandlung. Die »gewagte Kur« wird durchgeführt von einem jungen Doktor und der Nichte des Kranken, Wilhelmine. Damit ist die Erzählung die letzte in einer Reihe, die mit *Der Magnetiseur* (1814) beginnt. Ähnlich wie der Arzt in dem Nachtstück *Das Sanctus* wird hier der Erzähler Theodor »zum Zuschauer einer sorgsam vorbereiteten Therapie«.[46]

Bereits im *Magnetiseur* war die auch in der *Genesung* angewandte Heilmethode von Puysegur erwähnt worden, von der Hoffmanns viel benutzte Quelle Kluge in seinem *Versuch einer Darstellung des animalischen Magnetismus als Heilmittel* rühmte, »dass sie auf eine glückliche Art die *physische* und *psychische* Behandlung miteinander vereinigte«.[47] In der Behandlung des Kranken vollzieht der Doktor das »magnetische« Streichen, die Tochter setzt auf sein Geheiß hin den Gesang ein, die »Natur« vollendet die Genesung.

Der durch Puysegur »romantisierte« Mesmerismus verbindet Wissenschaft und Kunst; die Heilung wird an einem Ort geradezu inszeniert, den der Doktor einen »romantischen Platz« nennt, eine Lieblingsstelle des Kranken in der Einsamkeit des Waldes unter einem markanten Baum. Während der Erzähler den »wunderlichen Baum« nur als Objekt seiner Malkunst betrachtet (wie wir bereits im ersten Satz erfahren), nennt ihn der Doktor »wunderbar« und weist ihm damit eine besondere Qualität zu – und in der Tat fällt von ihm »ein blühender Zweig« herab, den der Kranke als »das Grün«, »die Hoffnung« empfindet.[48]

Friedhelm Auhuber hat in seiner Deutung den Blick nicht nur auf Einzelheiten dieses Heilungsprozesses gelenkt, sondern auch auf die Krankheit des Alten. Seine »fixe Idee« besteht darin, daß er davon überzeugt ist, die Natur habe, weil die Menschen sie oberflächlich behandelten und ihre »tiefere Erkenntnis verschmähten [...] ihnen zur Strafe das Grün genommen«. Es geht also auch um die »Krankheit einer Gesellschaft: den geschichtlich begründeten Verlust der ursprünglichen Harmonie von Mensch und Natur«,[49] der »Sympathie der Menschen mit der Natur« – so ein Grundgedanke Schellings, der die Vorstellungen des Magnetismus in ein größeres naturphilosophisches System integrierte. Der Kranke, und insbesondere der seelisch Kranke, empfindet den Verlust, die Heilung erfolgt bezeichnenderweise nicht in einem Gebäude, sondern in der Natur und durch die Natur. Dabei greift Hoffmann auch weitere bereits in früheren Werken vorkommende Elemente des Magnetismus auf, so vor allem die Rolle des Schlafes und des Traumes. Früher meist ein wesentliches Mittel der Heilung, wird beides nun in seiner Ambivalenz gesehen: Die fixe Idee ist auch ein Alptraum, aus dem der Alte erwacht und in den der Doktor ihn nicht wieder zurückfallen lassen darf.

Eine tiefere Beziehung zu Hoffmann als die biographische seines eigenen Ausflugs ins »Grüne« besteht in verschiedenen Motiven seines früheren Werkes, die hier in Anspielungen und Kryptozitaten aufgegriffen werden. Dies geschieht meistens verdeckt, an einer für die Erzählung zentralen Stelle jedoch deutlich: Das Lied, das wesentlich zur Heilung beiträgt, ist das Lisidas aus Calderóns Schauspiel *La banda y la flor*, das Hoffmann (in A. W. Schlegels Übersetzung) in der Oper *Liebe und Eifersucht* vertont hat.[50] Das Lied Lisidas, das die grüne Farbe des Frühlings und der Blumen rühmt, ist in der Oper Teil eines Sängerinnenwettstreites, den Lisida mit ihrer Schwester Cloris austrägt – ein Zug, den Hoffmann stark betonte, als er in der Partitur dem »Streit« folgenden Dialog voranstellte: »Lisida: ›Ich wähl' grün!‹ Cloris: ›Und ich das Blau!‹«[51] Dem Grün der Blume stellt Cloris das Blau der Schärpe, des Himmels, den blauen Schleier des Frühlings entgegen; Lisida antwortet darauf, daß Grün die Hoffnung und die Liebe sei, Blau die Eifersucht.

Vor diesem Hintergrund wird verständlich, warum der Arzt die »Hypochondrie« des Alten mit der Wendung kommentiert: »Dahin ist das Grün, dahin die Hoffnung, dahin alle Seligkeit der Erde, denn verschmachtend, weinend verschwimmt das Blau, das Alles mit liebenden Armen umschloß.«[52]

Liest man die Erzählung nicht nur autobiographisch und erkennt man die angedeuteten Subtexte, wird man auch fragen können, ob der idyllische Schluß – der Kranke wird geheilt, der Arzt wird sein Gutsverwalter und heiratet Wilhelmine – nicht doch auch mit Fragezeichen gelesen werden muß (so Claudio Magris, Auhuber) wie die Scheinidyllen am Ende der Nachtstücke *Der Sandmann* oder *Ignaz Denner*.

Die kurze Erzählung wurde zwar mit dem Untertitel »Fragment aus einem noch ungedruckten Werk« veröffentlicht (in der Woche nach Hoffmanns Tod), aber noch von Hoffmann selbst in der vorliegenden Form zum Druck gegeben.

Der Feind

Durch Hoffmanns Tod ein Fragment blieb hingegen seine letzte Erzählung *Der Feind*. Sie steht in einigen wichtigen Zügen *Meister Martin* nahe: Auch sie spielt im Nürnberg des ausgehenden Mittelalters, zeigt Handwerker, Bürger und Künstler als handelnde Personen. Wie in *Meister Martin* ist Nürnberg auch hier der historische und zugleich utopische Ort, an dem Kunst und Handwerk fast zusammenfallen, wo die »Grenzlinie, welche begann, Kunst und Handwerk zu trennen, wieder beinahe ganz verschwindet und beide sich als Kinder einer Mutter freundlich die Hand bieten«.[53] Während in der früheren Erzählung jedoch die großen Künstler der Epoche nur in ihren bewunderten Werken präsent waren, tritt hier der »größte Mann der Zeit«[54] selbst auf: Albrecht Dürer. Die wenigen Interpreten der Erzählung waren primär an der ästhetischen »Botschaft« der Dürerfigur interessiert: Sie faßt sie vor allem in einer großen Rede zusammen, die mit dem Satz schließt: »Hier habt Ihr [...] mit wenigen Worten die ganze Tendenz meiner Kunst.«[55] Da mit diesem Satz auch die Erzählung endet und da *Der Feind* Hoffmanns letztes Werk überhaupt war, wollten viele Forscher hierin eine Art Vermächtnis sehen. Folgt man dieser Sichtweise, so verkörpert Dürer das Idealbild eines Künstlers schlechthin: in ihm ist der Gegensatz von Künstler und Bürger aufgehoben, er ist der Künstler »des biedern bürgerlichen Standes, in dem Treuherzigkeit herrscht und freier unbefangener Sinn«. Ein so verstandenes Bürgertum hebt auch die Schranken zu den anderen Klassen auf: Dürer ist zugleich ein »Mann des Volks«, und er ist anerkannt und geehrt von den Fürsten – alle finden sich ein, um ein Ehrenfest für ihn zu feiern.[56]

Zudem vereint Dürer in seiner Person Künstlertum und Moralität: Er ist wahrhaftig, tugendhaft, fleißig, fromm. Dieses positive Bild wird durch eine Kontrastfigur – den »Feind« – verschärft: durch Dietrich Irmshöfer, einen Jugendfreund Dürers, der seine künstlerische Begabung nicht genutzt hat, weil er, durch Sinnlichkeit und weltliche Lust verführt, statt frommer Themen lieber die »heidnische Fabelwelt« als Gegenstand seiner Bilder wählte.[57] Da ihn sein Lehrer Wohlgemuth zurückwies – während Dürer zu dessen Lieblingsschüler wurde –, wandte er sich dem italienischen Maler Solfaterra zu, der als »ein verworfener, allen bösen Lüsten, allen Verbrechen ergebener Mensch« bezeichnet wird. Er verstärkt die Laster in Dietrich und verführt ihn zur »italischen Kunst«. Damit werden die Gegensätze Moral/Unmoral und echte Kunst/falsche Kunst durch einen weiteren Kontrast ergänzt: deutsche Kunst/italienische Kunst. Die Abneigung gegen Dürer wird zum Haß – sowohl gegen den Künstler wie gegen den Moralisten, »weil ein sündhaftes Gemüt Ärgernis nimmt, an dem frommen Sinne, der Werke schafft, die aus dem Gemüte kommen, und zum Gemüte strömen«.[58] Kein Wunder also, daß Dietrich einerseits ein Dilettant bleibt und nur falsche Kunst produziert und daß er andererseits eine tugendhafte Patrizierstochter verführt und sie mit dem gemeinsamen Kind dem Elend überläßt.

Setzt man, wie fast alle Interpreten, die ästhetischen Vorstellungen der Dürerfigur und die Entgegensetzung zur »italischen« Kunst mit Ansichten Hoffmanns gleich, so muß man eine deutliche Abweichung von früheren Positionen feststellen: Eine derartige Verbindung von Kunst mit Moralität, religiösen Werten und Deutschtum erinnert weit eher an die Anfänge der romantischen Dürerverehrung bei Wackenroder in seinen *Herzensergießungen eines kunstliebenden Klosterbruders* und an Ideale der deutschen Maler, die sich in Italien unter dem Namen »Lukasbrüder« (Nazarener) zusammengeschlossen hatten. Eine Interpretation der Erzählung, die versucht, ihre »ästhetische Botschaft« kunsthistorisch einzuordnen, kommt daher zu dem Schluß: »Der späte Hoffmann [...] distanziert sich mit seiner letzten Erzählung von seiner früheren Idolatrie der künstlichen Paradiese und von seiner Künstlerdissoziation.«[59]

An dieser Deutung sind jedoch grundsätzliche Zweifel angebracht. Zunächst gilt generell, wie stets bei Hoffmann: Eine primär inhaltliche Nachzeichnung unter Vernachlässigung des Kunstcharakters eines Werkes und erst recht die Gleichsetzung von Figurenrede mit den Ansichten eines Autors beruht auf einer falschen Voraussetzung. Bei den späten Erzählungen Hoffmanns hat sich die Analyse der Struktur häufig als ein sinnvoller Zugang zum Verständnis eines Werkes gezeigt, wobei meistens ein Spannungsverhältnis zum Inhalt besteht, den die Struktur oft ironisch unterläuft. Da *Der Feind* jedoch ein Fragment ist, kennen wir nicht nur den von Hoffmann geplanten Fortgang und Schluß der Erzählung nicht, sondern wir können auch nur ansatzweise Äußerungen zur Struktur machen. Diese können sich nur auf Binnenstrukturen innerhalb der einzelnen Kapitel beziehen.

Das erste Kapitel führt den Leser in eine Nürnberger Weinstube, enthält »wundersame« Geschichten und Anekdoten, die in das wiederholte Lob der Stadt und ihres größten Sohnes, Dürer, einmünden. Dieses breit entfaltete, etwas betuliche Tableau wird nachhaltig gestört durch einen Fremden, den italienischen Künstler Solfaterra, der auf eine bedrohliche und unheimliche Weise in die gesellige Runde einbricht und die Bürger verärgert und verstört.

Das zweite Bild ist ähnlich angelegt: Die sonntägliche Idylle auf der Festwiese mit fröhlichem Spiel wird zerstört durch einen Zweikampf; Raphael, der Pflegesohn Dürers, sticht mit einem »italischen Messer«[60] auf einen Patriziersohn ein, der ihn beleidigt hat. Der erste Auftritt Dürers wird durch das Zusammentreffen mit Raphael getrübt, sodann wird der Künstler durch die Begegnung mit dem Fremden aufs tiefste irritiert. Weiter: In die Familienidylle des Patrizierhauses Harsdorfer platzt die Nachricht, daß Raphael der Tochter Mathilde in der Öffentlichkeit der Festwiese mit einem feurigen Lied seine Liebe offenbart hat, und schlimmer noch: Mathilde gesteht, daß sie Raphael liebt. Die Eltern enthüllen ihr – und uns – das Schicksal Irmshöfers, seine Wendung von Dürer zur italienischen Kunst, zum Verbrechen, schließlich: daß Raphael das Kind Irmshöfers und der von ihm verstoßenen Verführten ist. Alle zitierten negativen Äußerungen über den Zusammenhang von italienischer Kunst mit Gottlosigkeit, Außenseitertum und Verbrechen stammen von dem sittenstrengen und besorgten Vater, der seine Tochter von dem Umgang mit dem mißliebigen Verehrer abhalten will; als situativ motivierte Rollenrede können sie gewiß nicht als ästhetische Ansicht Hoffmanns angesehen werden.

Das letzte, wohl bereits fragmentarische Kapitel beginnt wieder im Weinhaus, und wie zuvor feiern die Bürger und Handwerker (»Meister«) die Tugenden Nürnbergs und die Kunst Dürers. Bei zunehmendem Weingenuß findet – wie bereits im Eingangskapitel – ihr lokalpatriotischer Stolz zu immer neuen Superlativen: Indem sie Dürer zu einem der ihren erklären, fällt auch etwas von dessen Ruhm auf sie. Der Kontrast zu dieser wein- und redseligen Wirtshausatmosphäre erfolgt durch Szenenwechsel: zu Dürer selbst, der entgegen dem glänzenden äußeren Bild, wie es die Bürger sehen und feiern, innerlich voller Zweifel und Zerrissenheit ist. Aufgewühlt durch die Begegnung mit der Vergangenheit ist er in Sorge um die Entwicklung Raphaels; vor allem aber quälen ihn Zweifel an seiner Kunst, »fremde, verworrene Bilder, die sich eindrängen wie feindliche Geister, in die Werkstatt meiner Gedanken«; so erfahren wir von einer »seltsamen Traurigkeit und Befangenheit des Geistes«, die »Entsetzen« vor der eigenen Kunst hervorruft.[61] Bereits früher war von einem »gewissen krankhaften Zug« die Rede gewesen, der »Andeutung eines innern geheimen Übels«.[62] Das alles sind nicht nur Vorzeichen des nahen Todes, sondern Hinweise darauf, daß das schwärmerisch-idealisierte Dürerbild der bürgerlichen Betrachter einseitig und oberflächlich ist: die Gleichung »sittliche Kunst gleich geniale Kunst« geht nicht ohne weiteres auf. Die Schlußwendung über die »Tendenz« seiner »Kunst« ist in diesem Kontext weniger eine pathetisch-selbstgewisse Kunstlehre als eine Rechtfertigung gegenüber einem alten Freund und der Versuch, seine Identität als Künstler festzuhalten. Dazu kommt, daß man diese Rede Dürers nicht mit dem Gewicht der letzten Worte des großen Künstlers – und gewiß nicht Hoffmanns – belasten darf; denn nach allem, was wir wissen, ist *Der Feind* kein geplantes Fragment, das Hoffmann mit dieser Szene abbrechen wollte.

Der oben als wesentliches Zeichen der Kontrastästhetik benannte abrupte Wechsel der Stimmungen und Töne in den verschiedenen Bildern zeigt sich auch in der Nahsicht von Teilszenen. In dem idyllischen Eingangsbild überwiegen zwar die oben skizzierten Farben, aber neben »behaglichen« stehen schrille Töne, neben bürgerlichen Szenen derbe. Die Sprache dieser Passagen, in denen das Bürgertum und seine Geselligkeit geschildert werden, wirkt häufig etwas altväterlich-bieder. Der Weinwirt leitet seine umfangreiche Erzählung, mit der *Der Feind* beginnt, mit der Bemerkung ein, er erzähle »nicht wie mir gerade das Maul steht, sondern so viel möglich, mit denselben zierlichen Frasen, Redensarten, Wörtern und Ausdrücken, wie der alte Chroniker«.[63] Ähnlich geht Hoffmann selbst nicht selten mit der historischen Patina um: als bewußtes (nicht immer geglücktes) Rollenspiel, das ironisch ausgestellt wird.

Der Blick auf die letzten Erzählungen von Hoffmann zeigt, daß er hier im wesentlichen Positionen seiner bisherigen Ästhetik fortführt, daß auch die stilistischen und strukturellen Mittel weitgehend an die früheren Arbeiten anschließen. Von einer Wendung zum Biedermeier oder zum Realismus hin kann mithin wohl nicht die Rede sein.

Für die Kontinuität in der Schreibweise sei ein letztes Argument angeführt: der mögliche Schluß des *Feindes*. Es ist ein Merkmal der Kontrastästhetik, daß Kausalität und Stringenz auch in den Bauformen destruiert werden. Dadurch bleiben zum

8. Die späten Erzählungen (1819-1822)

einen viele Erzählschlüsse mehrdeutig, zum anderen ergibt sich häufig die Unmöglichkeit, sie vorherzusagen. Sie lassen sich eben nicht aus der Logik der Handlung ableiten. Das zeigen die zahlreichen kontroversen Vorschläge, die den dritten Teil des *Kater Murr* betreffen, der das Werk hätte abschließen sollen. Ebenso unmöglich ist es, den Schluß des *Feindes* mit einiger Sicherheit anzugeben. Das gilt für die Identität und Rolle des »Feindes« Irmshöfer, das Verhältnis Dürers zu ihm und die Auseinandersetzung der verschiedenen Kunstvorstellungen. Und es gilt ebenso für die Fortsetzung der Beziehung Raphaels – in dem ja Anlagen beider »Väter« zusammentreffen – zu Mathilde. Ein glückliches Ende beider Erzählstränge ist allerdings schwer vorstellbar.

Hoffmann war durch seine Krankheit offensichtlich kaum in seiner Erfindungsgabe und Erzählfreude beeinträchtigt. Aber durch die Notwendigkeit zu diktieren und die Unmöglichkeit, das Diktierte selbst zu verbessern, war er wohl nicht mehr imstande, verschiedene Arbeitsgänge so intensiv durchzuführen, wie es für sein früheres Schreiben charakteristisch ist: die sprachliche Feinarbeit, vor allem aber die Vernetzung durch Leitmotive und intertextuelle Bezüge, die Binnenstruktur. Nichtsdestoweniger fallen diese Erzählungen gegenüber den vorangegangenen nicht in einer Weise ab, daß sie, wie bisher üblich, in übergreifenden Darstellungen nur marginal behandelt werden sollten.

9. Humoristische Roman-Märchen

Hoffmanns erstes Märchen, *Der goldene Topf*, erschien 1814, die Kindermärchen *Nußknacker und Mausekönig* sowie *Das fremde Kind* folgten 1816 und 1817. In den nächsten Jahren, 1818-1822, schrieb er vier weitere umfangreiche Märchen, von denen drei als eigene Bücher erschienen: *Klein Zaches genannt Zinnober. Ein Märchen* wurde Anfang 1819 veröffentlicht, *Prinzessin Brambilla. Ein Capriccio nach Jakob Callot* im Herbst 1820, *Die Königsbraut. Ein nach der Natur entworfenes Märchen* Ostern 1821 (im letzten Band der *Serapions-Brüder*), *Meister Floh. Ein Märchen in sieben Abenteuern zweier Freunde* im April 1822, als letztes größeres Werk vor seinem Tod.

Hatten bereits die drei frühen Märchen eine große Spannweite an Gestaltungsmöglichkeiten gezeigt, so erweiterte sich diese mit jedem weiteren Werk um neue Dimensionen. In ihrer Fülle und Vielfalt des »Märchenhaften« und der Schreibweisen bilden sie den denkbar größten Gegensatz zu jener »einfachen« Form, der (später so genannten) »Gattung Grimm«, die zu dieser Zeit ihren Siegeszug in der Gattungsgeschichte antrat. Wenn man mit der Schlegelschen Definition den Roman als »ein romantisches Buch« versteht und »Romantik« in Schlegels wie in Hoffmanns Sinn als Mischung und Aufeinanderprall des Heterogenen, kann man die drei Märchen-Bücher auch Romane nennen.

Klein Zaches genannt Zinnober

Hoffmann begann die Arbeit an *Klein Zaches* wohl im Sommer 1818. Im Januar 1819 erschien das Werk bei Ferdinand Dümmler, dem Verlagsnachfolger Hitzigs. *Klein Zaches* entstand also etwa gleichzeitig mit den Rahmenteilen des ersten Bandes der *Serapions-Brüder*.

9. Humoristische Roman-Märchen

Hoffmann wies – bei ihm ziemlich ungewöhnlich – mehrere Bekannte brieflich auf das Märchen und seine Eigenarten hin. Dabei stellte er erstmals programmatisch neben den Begriff des »Fantastischen« den des »Humoristischen« – eine Koppelung, die für das Werk der letzten Jahre prägend blieb. Pückler-Muskau gegenüber nannte er *Klein Zaches* »die Geburt einer etwas ausgelassenen ironisierenden Fantasie«, ein »Fantasiestück«, und empfiehlt ihm den »humoristischen Wechselbalg«; in einem Brief an Hippel nennt er »das tolle Märchen [...] das humoristischte, was ich geschrieben, und von meinen hiesigen Freunden als solches anerkannt«; einige Tage später bezeichnete er *Klein Zaches* seinem Leihbibliothekar Kralowsky gegenüber als ein »superwahnsinniges Buch«.[1] Diese Äußerungen zeigen zum einen eine für Hoffmann ungewöhnliche Zufriedenheit mit diesem Werk, zum anderen seine eigene Sicht und vielleicht den Versuch, die Lektüre ein wenig zu steuern.

Der Titelheld ist ein mißgestalteter, häßlicher Däumling, dem eine Fee, Rosabelverde, aus Mitleid eine besondere Gabe verleiht: Was in seiner Nähe an Bedeutendem gedacht, gesprochen und getan wird, rechnet man ihm zu. Dies verhilft ihm zu gesellschaftlichem Ansehen und zur raschen Karriere bei Hof. Gegenspieler von Zaches ist der Student Balthasar, der die schöne Candida liebt. Als der Zwerg sich mit ihr verlobt, sucht Balthasar die Hilfe des Zauberers Prosper Alpanus. Dieser gewinnt den Machtkampf gegen die Fee. Balthasar entlarvt Zaches, der sein Ministeramt verliert und schließlich umkommt. Balthasar hingegen heiratet Candida und erhält Alpanus' Landgut zum Geschenk.

Das Märchen spielt in der Gegenwart an einem kleinen Hof, wie er für Deutschland vor dem Wiener Kongreß typisch, aber auch danach durchaus noch anzutreffen war. Aus diesem Zeit- und Milieuzusammenhang entwickelt Hoffmann das zweite zentrale Merkmal des Werkes: das Satirische.

Die märchenhaften Züge konzentrieren sich im wesentlichen auf den Umkreis der Fee und des Zauberers. Beide Märchenge-

37. *Klein Zaches*: Deckelzeichnung der Erstausgabe von 1819.
Klein Zaches auf dem Schoß der Fee Rosabelverde.

stalten erweisen sich allerdings auch darin als modern, daß sie bei weitem nicht alle Wunder tun können, die sie vollbringen möchten, und daß ihrem Wissen Grenzen gesetzt sind. Vor allem die Fee hat nur wenige ihrer früheren übernatürlichen Gaben behalten. Sie handelt aus Mitleid und bewirkt Zaches' Wandlung, setzt damit aber eine Fülle von unbeabsichtigten Ereignissen in Gang. Prosper Alpanus hat wesentlich mehr von seiner Zaubermacht bewahrt. Sein Anwesen ist mit märchenhaften Wesen und Gegenständen ausgestattet, er reist in Zauberfahrzeugen durch die Luft. Und er kann Bilder in einer Weise beleben, die einer Computeranimation überlegen ist. Als Balthasar Zaches identi-

fizieren soll, zeigt ihm Prosper einen Folianten, in dem Wurzelmänner auf illuminierten Kupfertafeln abgebildet sind.
Aber so wie Prosper eins dieser Männlein auf dem Blatt berührte, wurd' es lebendig, sprang heraus und gaukelte und hüpfte auf dem Marmortisch gar possierlich umher, und schnippte mit den Fingerchen [...] und sang dazu Quirr, Quapp, Pirr, Papp, bis es Prosper bei dem Kopfe ergriff und wieder ins Buch legte, wo es sich alsbald ausglättete und ausplättete zum bunten Bilde.[2]

Die Satire hat ihren Mittelpunkt in den Beschreibungen der Menschen und des Lebens an der Universität und am Hof von Kerepes. Die Satire gegen das aufgeklärte Gelehrtentum gipfelt in den Schilderungen des Forschers Mosch Terpin. Für ihn hat die Natur keine Geheimnisse mehr, er faßt ihre Erscheinungen in einem System von Kategorien, erforscht sie durch Experimente, durch Zergliedern und Zerlegen. Die Satire richtet sich in erster Linie gegen eine Aufklärung, die keinen geistigen Prozeß, keinen Weg zur Selbständigkeit und Freiheit des Menschen darstellt, sondern von oben verordnet wird und sich in reinem Nützlichkeitsdenken erschöpft: »mit der Aufklärung vorschreiten« heißt für den Fürsten »die Wälder umhauen, den Strom schiffbar machen, Kartoffeln anbauen, die Dorfschulen verbessern, Akazien und Pappeln anpflanzen«.[3] Zugleich wird das Wunderbare als unnütz und gefährlich bekämpft: Poesie wird als »heimliches Gift« angesehen, Feen gelten als Inbegriff von »gefährlichen Personen« mit »polizeiwidrigen Gewohnheiten«. Sie sollen ausgewiesen oder domestiziert, ihre Zauberinsignien eingezogen werden; »mit den geflügelten Pferden kann man aber auch Versuche machen, sie zu kultivieren und zu bilden zu nützlichen Bestien, indem man ihnen die Flügel abschneidet und sie zur Stallfütterung gibt, die wir doch hoffentlich zugleich mit der Aufklärung einführen werden«.[4] Die »Aufklärung« verwandelt so das anmutige, friedliche Ländchen mit zufriedenen, freien Bewohnern in ein straff geordnetes, von einem Despoten regiertes absolutistisches Fürstentum.

Das Auftreten von Zaches läßt die ohnehin lächerlichen Verhältnisse am Hof nur noch deutlicher und grotesker erscheinen: die Dummheit des Herrschers, die Unfähigkeit und Eitelkeit, die ihn wie seinen Hofstaat kennzeichnen, die Banalität und Hohlheit ihrer Tätigkeiten. Zaches wird von dieser Gesellschaft bewundert und gefördert, erhält ein Ministeramt und schließlich den höchsten Orden vom grüngefleckten Tiger »mit zwanzig Knöpfen« – ein Höhepunkt der Hofsatire. Daß die groteske Täuschung durch den eitlen Zwerg, der in diesem Milieu eine Blitzkarriere hinlegt, gerade einer Gesellschaft widerfährt, die sich der »Aufklärung« als höchstem Wert verschrieben hat, stellt eine der vielen satirischen Pointen des Märchens dar.

Die Satire trifft jedoch nicht nur Vorstellungen und Klischees der Aufklärung, sondern auch solche der Romantik und des Wunderbaren. Bekannte Muster werden bewußt trivialisiert: die Naturbelebung, das Ende des Zauberduells, bei dem die Gegner Kaffee miteinander trinken, und Zaches' Tod im Nachtgeschirr. Das Spiel erstreckt sich schließlich auch auf Gattungstraditionen (Feenmärchen, Hofsatire, »vertraute Briefe«). Es wird nicht zuletzt durch die Erzählhaltung deutlich. Im Gegensatz zu zahlreichen früheren Werken wird nur noch selten in wechselnden Perspektiven erzählt, die den Leser irritieren und die Ebenen zwischen den beiden Welten verwischen. Im Gegenteil ist das Bild, das man von Zaches erhält, von Beginn an eindeutig und bleibt dies auch, während sich die Sicht der Personen im Märchen zunehmend trübt. Dadurch gewinnt der Leser Distanz zu den Figuren und zum Geschehen, die es ihm ermöglicht, Ironie und Satire der Darstellung zu erkennen, genereller: das Spiel mit den Erzählelementen, allerdings auch mit dem Leser selbst.

In ungewohnter Weise nahm Hoffmann im Jahr nach Erscheinen von *Klein Zaches* noch einmal zu seinem Werk und dem ihm zugrundeliegenden Märchenbegriff Stellung: öffentlich, an herausgehobener Stelle, im Vorwort seines nächsten Märchens *Prinzessin Brambilla*. Wenn der Versuch, *Klein Zaches* zu rechtferti-

9. Humoristische Roman-Märchen 445

gen und das Capriccio vor einem ähnlichen »Mißverständnis« zu bewahren, ernst gemeint gewesen sein sollte, ist er allerdings – betrachtet man die ersten 150 Jahre der Wirkungsgeschichte beider Werke – weitgehend mißlungen. Denn Hoffmann spricht auch hier alles andere als eindeutig. So betont er zunächst, *Klein Zaches* enthalte »nichts weiter, als die lose, lockre Ausführung einer scherzhaften Idee«.⁵ Der »leicht hingeworfene Scherz« sei kein Buch »für Leute, die alles gern ernst und wichtig nehmen«. Sein Ziel sei es gewesen, dem Ausspruch Gozzis gerecht zu werden, die »Seele« erhalte das Märchen erst »durch den tiefen Grund, durch die aus irgend einer philosophischen Ansicht des Lebens geschöpfte Hauptidee«.⁶ Die Interpreten haben sich lange Zeit für *einen* Aspekt entschieden: entweder Scherz und Komik hervorgehoben, rühmend oder eher abfällig, oder nach den »philosophischen« Ideen gesucht – und sie meistens, ähnlich wie in den Weltschöpfungsmythen des *Goldenen Topfes*, in natur- und geschichtsphilosophischen Weltmodellen Schelling-Schubertscher Provenienz gefunden. Das Paradoxon löst sich auf, wenn man es zum einen ernst nimmt, zum anderen Hoffmanns legeren, unwissenschaftlichen Umgang mit Begriffen wie »philosophisch« und »Idee« berücksichtigt: Der »Scherz« *ist* die »Idee«, der Einfall nämlich, eine Figur wie Zaches zu schaffen und mit dem »märchenhaften« Geschenk der Fee auszustatten.

Klein Zaches ist ein »Wechselbalg«, ein »Däumling«, ein »Alräunchen«, also eine Märchen- und Sagenfigur. Unter den Anspielungen seines Namens ist die wichtigste wohl die auf den Zinnober, ein Quecksilbererz, als »Allegorie auf die Alchemie«: Zinnober ist das Wertlose, das als wertvoll angesehen wird, und in der Tat »tut und redet [Zaches] nur Zinnober, der aber als Gold erscheint« – bzw. in der Alchemie in Gold verwandelt werden soll.⁷

Zaches ist zwar ein Mensch, doch weist er eine Reihe tierischer Züge auf, mehrfach wird er mit einer Katze und einem Affen verglichen. So ist er ein entfernter Verwandter von Kater Murr und von Milo und erinnert an »Callots aus Tier und

Mensch geschaffne groteske Gestalten«.[8] Auch der Begriff der »Groteske« fällt in diesem Kontext, der sich auf Gestalt und Bewegungsweise von Zaches ebenso anwenden läßt wie auf die gesamte »Grundidee«. Diese groteske Grundidee erweist sich als sehr geeignet, gesellschaftliche Strukturen und Rituale aufzudecken. Zaches bricht in die Wirklichkeit und Gegenwart ein, wird Parasit, der sich die Eigenschaften anderer aneignet, und so zum Abbild einer Gesellschaft, in der Egoismus, Ausbeutung, Rücksichtslosigkeit verbunden mit Prunksucht und Banausentum dominieren. Der Minister, der sich für die ausgezeichnete Arbeit, die von einem seiner Beamten angefertigt wurde, loben läßt, verhält sich aus Berechnung ebenso wie Zaches dank seiner Wundergabe. Zaches' Erfolg zeigt: Die Gesellschaft wird betrogen, weil sie betrogen werden will. Noch sein Tod bestätigt dies, denn obwohl Zaches mit Hilfe von Prosper Alpanus »entlarvt« wurde, bleibt er Bürgern und Volk in ehrfurchtsvoller Erinnerung und erhält ein ehrenvolles Begräbnis, da doch der Staat mit ihm »seine beste Stütze verloren« hat.[9]

Sein Kontrahent Balthasar ist in der Forschung mehrfach mit seinem Kommilitonen Anselmus verglichen worden. Auch er ist verträumt, melancholisch, etwas ungeschickt, gutherzig, ein poetisches Gemüt, verliebt in ein Bürgermädchen. Auch sein Weg führt mit Hilfe eines guten Geistes aus dem Zauberreich zum Sieg über den Widersacher. Allerdings gibt es von Beginn an auch Ironiesignale: seine Natur- und Liebesschwärmerei, die Klischees häuft, überhaupt seine übertriebene, gefühlstriefende Sprache. Zwar lernen wir keine seiner Dichtungen im Wortlaut kennen, zwar versichert uns der Erzähler, daß Balthasars Gedicht von der Nachtigall und der Purpurrose »in der Tat aus wahrhaftem Dichtergemüt, mit voller Kraft mit regem Leben hervorgeströmt« sei; aber Prosper Alpanus, der ihn ebenfalls als Dichter würdigt, sagt ihm recht deutlich, daß es mit seinen Versuchen »nicht weit her« sei, er attestiert ihm »historischen Styl« sowie »pragmatische Breite und Genauigkeit«, während Balthasar selbst stolz das Gedicht für das »fantastischte hielt, das er

9. Humoristische Roman-Märchen

jemals aufgeschrieben«.[10] Wenn Prosper Alpanus kein ästhetischer Ignorant ist – kann man das bei einem Zauberer vermuten? –, sollte das zu denken geben.

Ohne Zweifel ironisch sind zahlreiche Wendungen des Erzählers, die das Dargestellte zwar zu betonen und zu belegen scheinen, aber mit Formulierungen und Beispielen, die dies zugleich unterminieren. Dieser Erzähler, der sich von Beginn an gelegentlich selbst in das Geschehen einmischt – so beglaubigt er etwa die Existenz der Fee durch eigenen Augenschein –, ergreift im letzten Kapitel ausführlicher das Wort. Er breche die Erzählung des Märchens ab, obwohl er noch viel mehr zu erzählen habe, denn er fühle »wohl, daß darin schon so viel Wunderliches, Tolles, der nüchternen Vernunft Widerstrebendes enthalten« sei,

> daß er, noch mehr dergleichen anhäufend, Gefahr laufen müßte, es mit dir, geliebter Leser, deine Nachsicht mißbrauchend, ganz und gar zu verderben. Er bittet dich [...], du mögest mit recht heitrem unbefangenem Gemüt es dir gefallen lassen, die seltsamen Gestaltungen zu betrachten, ja sich mit ihnen zu befreunden, die der Dichter der Eingebung des spukhaften Geistes, Phantasus geheißen, verdankt, und dessen bizarrem launischem Wesen er sich vielleicht zu sehr überließ.[11]

Die Souveränität des Erzählers als Arrangeur wird überdeutlich, wenn er nach dieser Anrede zum »Geschehen« des »letzten Kapitels« überleitet:

> Eigentlich hätte die Geschichte mit dem tragischen Tode des kleinen Zinnober schließen können. Doch, ist es nicht anmutiger, wenn statt eines traurigen Leichenbegängnisses, eine fröhliche Hochzeit am Ende steht?[12]

Die »fröhliche Hochzeit« beschert dem Märchen »nun wirklich ganz und gar ein fröhliches *Ende*«.[13] Diese Fröhlichkeit verdankt sich auf der Handlungsebene dem Zauberer Alpanus, der Landhaus und Ehe stiftet, auf der künstlerischen Ebene jedoch dem ästhetischen Wunsch des Erzählers, auf *diese* Weise zu schließen. Das gilt vor allem für den in Hoffmanns Werk einmaligen Fall, daß ein ernstzunehmender Dichter eine gute bürgerliche Ehe führt, ja mehr noch: »die glücklichste Ehe in aller Wonne und Herrlichkeit [...], wie sie nur jemals ein Dichter mit einer hübschen jungen Frau geführt haben mag«.[14]

Wie ironisch dieses wahrhaft märchenhafte Ende ist, wird nicht nur aus der superlativischen Wucht dieses Satzes deutlich, sondern von Prosper Alpanus selbst enthüllt, dem dieses Glück zu verdanken ist. Unter der Überschrift »Vorteilhafter Einfluß eines wohl eingerichteten Landhauses auf das häusliche Glück«[15] erläutert der Zauberer dem Studenten sein Geschenk: die Zaubergabe, die »das Glück« der Ehe sichern wird, besteht auch darin, daß im Garten alles wächst,

was das Haus bedarf; außer den herrlichsten Früchten, der schönste Kohl und tüchtiges schmackhaftes Gemüse überhaupt, wie man es weit und breit nicht findet. Deine Frau wird immer den ersten Salat, die ersten Spargel haben. Die Küche ist so eingerichtet, daß die Töpfe niemals überlaufen, und keine Schüssel verdirbt, solltest du auch einmal eine ganze Stunde über die Essenszeit ausbleiben. Teppiche, Stuhl- und Sopha-Bezüge sind von der Beschaffenheit, daß es bei der größten Ungeschicklichkeit der Dienstboten unmöglich bleibt, einen Fleck hineinzubringen [...]. Kurz, mein Balthasar! es ist dafür gesorgt, daß du das häusliche Glück an deiner holden Candida Seite ruhig und ungestört genießest![16]

Was hier, möglichen Alltagskonflikten vorbeugend, als Garant des Eheglücks versprochen wird, erinnert an verschiedene Passagen in anderen Erzählungen Hoffmanns: Dort waren sie allerdings eindeutig als Satire auf bürgerliche Philistrosität zu erkennen, auf weibliche Ehevorstellungen und damit als Warnung an Künstler, sich in solche »Ehstandsgefängnisse« zu begeben, die nur fatale Auswirkungen auf die künstlerische Potenz haben können.

Das von Hoffmann mehrfach »toll« und »wahnsinnig« genannte Märchen ist satirisch und ironisch. In zwei der eingangs zitierten Briefe nannte er es jedoch »humoristisch«. Trifft auch das zu? Der Begriff wird im Märchen selbst nur an *einer* Stelle gebraucht, in ironischer Ambivalenz. Der Leibarzt des Fürsten doziert in einer langen Suada voll wissenschaftlichen Kauderwelschs über die physischen und die ihm viel wichtigeren psychischen Gründe des Todes von Zaches, der in einen gefüllten Nachttopf gestürzt ist:

ich könnte sagen, der Minister sei an dem gänzlichen Ausbleiben des Atems gestorben, dies Ausbleiben des Atems sei bewirkt durch die Unmöglichkeit Atem zu schöpfen, und diese Unmöglichkeit wieder nur herbeigeführt durch das Element, durch den Humor, in den der Minister stürzte. Ich könnte sagen, der Minister sei auf diese Weise einen humoristischen Tod gestorben, aber fern von mir sei diese Seichtigkeit.[17]

Der Text jongliert hier mit der ursprünglichen Bedeutung des Begriffs Humor – Feuchtigkeit, Flüssigkeit – und der Annahme der antiken Medizin, es gebe vier »humores«, deren Mischungsverhältnisse die unterschiedlichen Gemütsstimmungen bewirken sollten. Deswegen bedeutete Humor im Deutschen ursprünglich »Stimmung, Laune«, ehe das Wort zu einem ästhetischen Kernbegriff wurde. Zaches ertrinkt also konkret im eigenen Humor, übertragen – wenn man so will – im Humor des Märchens.

Hoffmann gebraucht die Begriffe Satire, Ironie und Humor in eigenwilliger Weise, sie rücken – unter zunehmender Betonung des Humors – im weiteren Werk immer mehr in den Mittelpunkt seiner Schreib- und Darstellungsweisen. In den folgenden Märchen und Romanen – *Prinzessin Brambilla*, *Meister Floh* und *Kater Murr* – wird die Thematik des Humors selbst ausführlich diskutiert, und Hoffmann rückt im Anschluß an sein letztes Märchen in seiner umfangreichsten poetologischen Schrift, die eine Art Summe seines Schreibens zieht, den Begriff »Humor« in den Mittelpunkt. Daher kann es hier bei diesem Hinweis bleiben und bei der aus diesem Gesamtzusammenhang sich ergebenden Behauptung, daß hier zum erstenmal der Humor – dessen Bedeutung und Rolle seit Hoffmanns frühesten Briefen gezeigt wurde – in den Mittelpunkt eines Werkes tritt.

Klein Zaches ist ein Märchen, aber Hoffmann öffnet hier die Grenzen der Gattung in der komplexen Handlungsführung, der Selbstreflexivität noch stärker als im *Goldenen Topf* zum Roman. So ist der satirische und humoristische Text zugleich Märchen-Roman und Roman-Märchen.

Prinzessin Brambilla. Ein Capriccio nach Jakob Callot

Der Serapionsbruder Johann Ferdinand Koreff schenkte Hoffmann zum 44. Geburtstag am 24.1.1820 eine Serie von 24 Radierungen Callots, »Balli di Sfessania«. Diese »fantastisch karikierten Blätter« wurden zur Keimzelle des Capriccios *Prinzessin Brambilla*,[18] das Hoffmann in den nächsten Monaten schrieb. Bereits im Mai waren die ersten vier Bogen des Werkes gedruckt. Die Vorrede ist unterzeichnet »im September 1820«, das Buch erschien Ende Oktober.

In einem Brief betonte Hoffmann, *Prinzessin Brambilla* sollte »nach der Anlage das kühnste meiner Märchen« werden.[19] Lange Zeit sah die Forschung das Capriccio eher als das verwirrendste und chaotischste Werk Hoffmanns an. Erst in den letzten Jahrzehnten wird seine Selbsteinschätzung »kühn« auf die innovative Schreibweise und Struktur bezogen und das Werk als einer der am weitesten in die Moderne vorgetriebenen Versuche der Romantik, ja der gesamten europäischen Literatur des frühen 19. Jahrhunderts gesehen und gewürdigt. Jenseits von Wertungen steht fest: Dieses Werk sprengt noch deutlich radikaler als die vorangegangenen die Grenzen dessen, was bis dahin »Märchen« hieß.

Die Gattungsbezeichnung »Märchen«, die Hoffmann in dem zitierten Brief gebrauchte, taucht im Untertitel nicht auf; statt dessen nennt er den Text ein *Capriccio nach Jakob Callot*. Es geht also noch konkreter als bei den *Fantasiestücken* »in Callots Manier« um Anregungen durch Bilder dieses Künstlers: Das Märchen ist »Mit 8 Kupfern nach *Callot*schen Originalblättern« (so kündigt es die Titelei an) geschmückt. Hoffmann bringt jedoch einen weiteren Aspekt ein, wenn er den Leser auffordert, »auch daran zu denken, was der Musiker etwa von einem Capriccio verlangen mag«.[20] In der Tat übergreift die Bezeichnung »Capriccio« die drei Künste. Sie findet sich zuerst im 16. Jahrhundert in Italien, bezieht sich zunächst auf Werke der Malerei und Musik und bezeichnet das Außergewöhnliche, das Geistreiche, das nicht den tradierten Regeln Entsprechende, das anieristische – »a capriccio« heißt soviel wie »nach Laune«. Eine der ersten bedeutenden Arbeiten, die diese Bezeichnung führten, war Jacques Callots Bilderfolge »Capricci di varie figure« (bzw. »Les Caprices«, Capricci verschiedener Gestalt, ca. 1617; eine andere Folge führt den Titel »Les Fantaisies«). Etwa zur gleichen Zeit, 1619, verwendet Michael Praetorius den Begriff für die musikalische Variation nach eigenem Geschmack und geleitet von der »Fantasie«. In diesem Sinn ist Capriccio in der Folgezeit, und nun zunehmend auch in der Literatur, der launige Einfall, der sich absichtlich von der schlichten Nachahmung absetzt und damit die Überlegenheit der Kunst über die Natur zeigt. Seit Tommaso Ceva (1690) sprechen viele – etwa Bodmer, Lessing, vor allem Wieland – auch in der Literatur vom »Geist Capriccio« als dem Geist des Humors und der kecken, heiteren Laune. Daß Hoffmann diese Tradition kennt und sich bewußt in sie hineinstellt, zeigt die Vorrede, die diese Vorstellungen zitiert und paraphrasiert – etwa wenn vom »kecken launischen Spiel eines [...] Spuckgeistes« die Rede ist.[21]

In dem ersten Fantasiestück über Callot hatte Hoffmann besonders auf dessen groteske Gestalten hingewiesen. Das Groteske rückt auch ins Zentrum der Callotschen »Balli«-Paare: Die Masken zeigen häufig schnabel- und rüsselartige Nasen, Kopffedern, Hörner. Ihre Bewegungen bieten oft »ein groteskes Schauspiel«.[22] Diese groteske Szenerie wird von Hoffmann in ein Ambiente verlegt, das durch Callots Bilder *nicht* vorgegeben wird: in den Karneval. Dies wurde in der älteren Forschung vor allem im Lichte verschiedener Anspielungen im Text auf Goethe gesehen. Dessen Schrift *Das Römische Carneval* war als erste Teilpublikation aus dem Umkreis der italienischen Reise bereits 1789 erschienen, 1816/17 veröffentlichte Goethe unter dem Titel *Aus meinem Leben* (2. Abteilung) die beiden ersten Bände der Italienreise mit der Beschreibung des zweiten römischen Aufenthaltes. Hoffmann folgt ihm zwar bei einigen Einzelheiten in der Beschreibung des Karnevals, aber die Darstellungsweise ist völlig unterschiedlich. Goethes Schrift hat vorwiegend beschreibenden Charakter – er gesteht, er müsse »den Einwurf befürchten: daß eine solche Feierlichkeit eigentlich nicht beschrieben werden könne. Eine so große lebendige Masse sinnlicher Gegenstände sollte sich unmittelbar vor dem Auge bewegen«[23] – Hoffmann hingegen versucht eben das Unmögliche: das karnevalistische Leben sinnlich darzustellen. Dadurch verschieben sich auch die Schwerpunkte der Rombilder wesentlich; während bei Goethe Kunst und Bildung im Mittelpunkt stehen, wird Rom für Hoffmann die Stadt des Volkslebens und der Volkskunst, des Spiels und der Heiterkeit. Im Karneval werden Leben und Kunst im Spiel eins; er ist ein Schauspiel, der Commedia dell'arte nicht nur in seinen Masken eng verwandt, in ihm wird der Unterschied zwischen Schauspielern und Zuschauern aufgehoben, die Zuschauer werden selbst aktiv, das Volk ist gleichberechtigter Teil des Spieles.

»Karneval« wurde durch Michail Bachtins Untersuchung *Literatur und Karneval* zu einem prominenten literaturwissenschaftlichen Topos: Am Modell von Rabelais zeigt Bachtin die »Karnevalisierung« der Literatur durch die Groteske, die in der Umkehrung des Tragisch-Erhabenen zum Ventil des unterdrückten Leiblich-Sinnlichen, zum Prototyp der antiklassischen Literatur wird. Erst in neuester Zeit hat die Hoffmann-Forschung (Elena Nährlich-Slatewa, Detlef Kremer) versucht, *Prinzessin Brambilla* vor diesem Hintergrund zu lesen, mit eindrucksvollen Ergebnissen. In der Zusammenfassung Kremers sind die grotesken Elemente im literarischen Karneval der *Prinzessin Brambilla*

die Vermischung menschlicher und tierischer Züge in der grotesken Gestalt; der Hang zur Bildhäufung, zu Figurenverwandlung und Figurenverdopplung; die Bedeutung von Hohlkörpern als phantasmagorische Gebärmütter; die ganz zentrale Figur der Inversion, die alle normalen Bezüge chiastisch verkehrt, innen und außen, unten und oben, links und rechts, und damit zur Chimäre neigt, der, wie Bachtin feststellt, »Quintessenz der Groteske«. Alle diese grotesken Merkmale fügen sich in den szenischen Rahmen des Karnevals, in dem das Leben seine »eingefahrene Bahn« verläßt, d. h. »exzentrisch« wird.[24]

Was sich in der Ausnahmesituation des Karnevals konzentriert und übersteigert zeigt, findet sich in seinen Grundformen im und auf dem Theater: Kostüme, Masken, Verwandlung, Tanz, Spiel. Die Eingangsszene des Capriccios zeigt die junge Putzmacherin Giacinta, die, beauftragt von dem Schneidermeister Bescapi, ein kostbares Kostüm für den Karneval näht: Das herrliche Kleid ist gedacht für eine unbekannte Auftraggeberin – Giacinta mutmaßt eine Prinzessin. Als sie es anprobiert, paßt es ihr wie angemessen; ihre alte Vertraute, Beatrice, spricht sie sogleich als »gnädigste Prinzessin« an. Auch Giacintas Freund, der Schauspieler Giglio, rühmt ihr Aussehen – »noch nie bist du mir so reizend erschienen, ich möchte dich nie anders sehen«.[25] Damit erzürnt er Giacinta jedoch, weil er mehr das Kostüm als sie liebe. Zu seiner Verteidigung berichtet er von einem Traum: Nach einem Streit mit seinem Impresario habe dieser »Truffaldinos Flinte« auf ihn abgedrückt – ihr Blitz sei aber auf einmal eine wunderschöne Prinzessin gewesen. Sie sei »gerade so gekleidet gewesen, wie er eben seine Giacinta getroffen«. Als er seine Chancen bei der »Traumprinzessin« ausmalt, gibt ihm die eifersüchtige Giacinta eine Ohrfeige und läßt ihn stehen. Der Fürst von Pistoja (in der Maske des Marktschreiers und »Scharlatans« Celionati) gibt Giglio den Rat, seine Prinzessin auf dem Corso zu suchen und dabei eine Maske der Commedia dell'arte anzulegen. Diese Anfangsszenen enthalten bereits wesentliche Elemente des Theaterstücks, dem wir als Leser zuschauen: Kostüm und Verwandlung, Commedia-Figuren, den bruchlosen Übergang von Leben in Rollenspiel. Da Giglio in den nächsten Tagen unablässig sein Traumbild Brambilla sucht, verliert er seine Stelle beim Theater. Er schwärmt in seiner tollen Maske den Corso auf und ab, tanzt mit seinem Ich, wird vom Volk verlacht und vertraut sich dem Abbate Chiari an, der ihm eine Rolle in einem Trauerspiel anbietet. Wiederum greift Celionati ein: Er arrangiert Giglios Besuch einer Pantomime im Theater Argentina, wo man sich statt der sonst üblichen »pathetischen Aktionen« dem »freien Scherz, der anmutigen Neckerei unserer Masken« hingibt.[26] Dieses Spiel und die kritischen Bemerkungen zweier Maskierter über Giglios gekünsteltes und eitles »Tragieren« bringen ihn zu ersten Zweifeln an sich. Nach verschiedenen Abenteuern in unterschiedlichsten Masken kämpft er in der Maske des Capitan Pantalon (also einer Commedia dell'arte-Figur) gegen sein Ich in der Prinzenmaske. Der »alte« Giglio wird getötet, damit triumphiert der »neue«, komödiantische Giglio. Zum Spiel der Illusionen und Illusionsdurchbrechungen gehört auch: Die Gestalten werden in gefährlichen Situationen daran erinnert, daß die ganze Geschichte, in der sie vorkommen, »nicht wahr« ist, sondern ein »durchaus erlogenes Capriccio«.[27] So erfährt Giglio: Auch sein Tod ist einer der »Karnevalsspäße«, so daß er danach, wie nach einem Theatertod, sofort wieder aufstehen kann.

Für das Verständnis der Theateraspekte des Capriccios ist insbesondere der Streit Gozzis mit Pietro Chiari um die Vorherrschaft auf dem Theater wichtig. Dieser theatergeschichtlich bedeutsame und in der Romantik weithin bekannte Streit entzündete sich an der Theaterreform Goldonis in den fünfziger Jahren des 18. Jahrhunderts in Venedig. Goldoni wollte die Komödie erneuern, indem er zwar noch einige Masken der Commedia dell'arte beibehielt, aber an die Stelle der Stegreifkomö-

9. Humoristische Roman-Märchen

dien ausgearbeitete Stücke setzte, die in Anlehnung an die Charakterkomödie moralisierende Züge zeigten. Pietro Chiari war zunächst Gegner Goldonis, bald fanden sich beide aber in gemeinsamer Gegnerschaft zu Gozzi. Dieser plädierte, da die Schauspieltruppe seines Freundes Antonio Sacchi durch Goldonis Reform arbeitslos zu werden drohte, für die Erneuerung der traditionellen Commedia dell'arte. Gozzis erste Märchenkomödie *L'amore delle tre melarance*, aufgeführt 1761, ist weithin als Satire auf Goldoni und Chiari angelegt.

In dieser Komödie geht es darum, wie Melancholie durch spontanes Gelächter geheilt wird. Prinz Tartaglia (in dem man das venezianische Publikum sehen kann) wird melancholisch, weil ihn eine heimtückische Fee (Chiari) mit martellianischen Versen (eine Spezialität Chiaris wie Goldinis) vergiftet. Der Prinz wird geheilt durch Truffaldino – eine Figur der Commedia dell'arte also –, der ihn zum Lachen bringt. Hoffmann übernahm dieses Grundmotiv von Gozzi und führte es in der Handlung aus. Der Fürst von Pistoja kämpft für eine Theaterreform; gegen den pathetischen, steifen, lebensfernen Tragödienstil, der durch den Abbate Chiari repräsentiert wird, will er die Commedia dell'arte, also das natürliche, volksnahe, unmittelbare, lebendige, humoristische Spiel durchsetzen.

Auf der Handlungsebene versucht der Fürst, sein Ziel durch eine Bekehrung des Schauspielers Giglio Fava zu erreichen: Er will den eitlen Darsteller tragischer und pathetischer Rollen zu einem Komödianten machen. Dazu führt er ihn und dessen Freundin Giacinta aus ihrer normalen Existenz heraus, greift tief in beider Leben ein, manipuliert sie in der angedeuteten Weise. An zahlreichen Stellen wird das Märchen auf das engste mit der Commedia dell'arte verknüpft. Das wird am Schluß fast zum Programm, wenn der Fürst die angestrebte Theaterreform als Teilaspekt des Zieles bezeichnet, den Menschen zum Humor und zur Erkenntnis seiner selbst zu führen:

> In der kleinen Welt, das Theater genannt, sollte nämlich ein Paar gefunden werden, das nicht allein von wahrer Fantasie,

von wahrem Humor im Innern beseelt, sondern auch im Stande wäre, diese Stimmung des Gemüts objektiv, wie in einem Spiegel, zu erkennen und sie *so* ins äußere Leben treten zu lassen, daß sie auf die große Welt, in der jene kleine Welt eingeschlossen, wirke, wie ein mächtiger Zauber.[28]

In engstem Zusammenhang mit dem auf das Theater bezogenen Themenkomplex der Verwandlungen steht ein weiterer, der ebenfalls bereits früher bei Hoffmann eine zentrale Rolle spielte: die vertauschbaren Identitäten, der »chronische Dualismus«,[29] am deutlichsten greifbar in der Figur des Doppelgängers. Giglio sieht im Traum Brambilla und verliebt sich in sie. Als er tags darauf seine Geliebte Giacinta in einem prächtigen Kleid erblickt, glaubt er, das Traumbild wiederzuerkennen. Er ist nicht fähig zu sehen, daß ihm im Traum das wahre Wesen und die wahre Schönheit gezeigt wurde, so wie die Liebe sie enthüllt. Auch Giacinta versteht dies nicht. Dennoch verwandelt ihr eigener Traum Giglio seinerseits in die Gestalt des Prinzen Cornelio Chiapperi. Beide erkennen in dieser Phase nur die Diskrepanz zwischen dem wirklichen und dem geträumtem Partner, nicht aber die geheime Identität beider Wahrnehmungen. Sie entfernen sich immer weiter voneinander, weil sie die Traumgestalt in der realen Welt zu suchen beginnen. Die fortgesetzte Spiegelung der Traumbilder und der Identitäten führt zu immer größeren Verwirrungen. Sie lassen nicht nur den Geliebten bzw. die Geliebte nicht mehr erkennen, sondern schaffen auch eine wachsende Unsicherheit über die eigene Identität.

In die komplizierte und vielfach verschachtelt erzählte Gegenwartshandlung, deren Hauptkomplexe, aufs engste miteinander verschränkt, eine Liebes- und eine Theatergeschichte sind, ist ein dritter Bereich eingefügt, durch den das Capriccio eine mythische Dimension erhält: die »Geschichte von dem Könige Ophioch und der Königin Liris«. Unter diesem Titel erzählt Celionati eine Begebenheit aus einer fernen Vergangenheit in dem mythischen Land Urdargarten. Dessen Idylle wird dadurch gestört, daß der König immer mehr von Melancholie ergriffen

9. Humoristische Roman-Märchen

wird, die sich auch durch seine Heirat mit der stets hektisch-fröhlichen Prinzessin Liris nicht bessert. Der Magus Hermod hilft durch eine Weissagung:

> Der Gedanke zerstörte die Anschauung, aber dem Prisma des Krystalls, zu dem die feurige Flut im Vermählungs-Kampf mit dem feindlichen Gift gerann, entstrahlt die Anschauung neugeboren, selbst Fötus des Gedankens![30]

Zwar kann niemand diese Sätze deuten, aber der Magier erschafft auch eine Zauberlandschaft mit einer wunderbaren Quelle, der »Urdarquelle«: Als das Königspaar erwacht und beide in das Wasser blicken, sehen sie sich und die Welt im Spiegel, »sahen einander an und – lachten«. Sie sind erlöst, »des Gedankens eignes Spiegelbild« hat »dem Gedanken selbst« die Erkenntnis geschaffen, »daß er *ist*«.[31]

Mit dieser Deutung des Magus endet die rätselhafte Geschichte. Wie hängt sie mit der Gegenwartshandlung zusammen? Der Erzähler gibt einen Hinweis: eine scheinbar abschweifende Episode könne durchaus »in den Kern der Hauptgeschichte«[32] hineinleiten. Seit die Interpreten überhaupt so weit gehen, das Capriccio nicht von vornherein als Unsinn abzutun, sondern in ihm die in Hoffmanns Vorwort angedeutete philosophische »Hauptidee« zu suchen, hat man sie fast durchweg hier gefunden. Ein textinterner Zuhörer der erzählten Geschichte, der deutsche Maler Franz Reinhold, formuliert selbst, die Urdarquelle sei, wenn er recht verstehe,

> nichts anders, als was wir Deutschen Humor nennen, die wunderbare, aus der tiefsten Anschauung der Natur geborne Kraft des Gedankens, seinen eignen ironischen Doppelgänger zu machen, an dessen seltsamlichen Faxen er die seinigen und – ich will das freche Wort beibehalten – die Faxen des ganzen Seins hienieden erkennt und sich daran ergetzt.[33]

Celionati wehrt solch tiefsinnige Deutung allerdings ab, verweist aber zugleich darauf, daß der Magus Hermod sein Freund Rufiamonte sei, der im Palast Pistoja wohne.

Die Fortsetzung der Geschichte wird dann in eben diesem Palast vorgelesen, unter den Zuhörern befindet sich auch Giglio, dem es vorkommt, »als sei er in irgend einem burlesken Schauspiel«.³⁴ Wir erfahren, daß sich nach dem Tod des Königspaars die Urdarquelle wieder trübte und zum Sumpf wurde. Auf Bitten der Weisen half der Magus abermals: Er schickte die Prinzessin Mystilis, die im Kelch einer Lotosblume lag, als neue Regentin. Da sie eine unbekannte Sprache sprach, sollte der Magier noch einmal um Rat gefragt werden. Die Weisen merkten jedoch nicht, daß diesmal der böse Geist Typhon dessen Maske angenommen hatte. Als sie seinem Rat folgten, schrumpfte Mystilis zum Porzellanpüppchen und die Quelle blieb trübe. Als Rufiamonte ankündigt, nun endgültig das Geheimnis zu lösen, erhebt sich ein Tumult, in dessen Folge Giglio in einen Vogelkäfig eingesperrt wird.

Nach vielen weiteren Verwirrungen erfahren wir im letzten Kapitel den Schluß der Geschichte, in dem sich nun endgültig das mythische Geschehen mit den Gegenwartsfiguren auf das engste verbindet. Der »Zauberer Rufiamonte« alias Magus Hermod und der Fürst Bastianello alias Celionati versammeln alle Teilnehmer des mythischen und gegenwärtigen Verwirrspiels im Palast, der Magus liest aus demselben Buch ein Gedicht, das die Lösung bringt: Karneval, Fantasie, Theater können und sollen in der Gegenwart die Spaltung des Ichs aufheben, so daß die Geliebten sich selbst erkennen können, »wenn sie sich selbst erschaut im Liebesbronnen!«³⁵

Das Liebespaar Giglio und Giacinta, nun Prinz Chiapperi und Prinzessin Brambilla genannt, erwachen am Ende dieses Schauspiels aus der Betäubung, in die sie versunken waren, und schauen in den See, in dem der Magus, der Fürst und die Porzellanpuppe Mystilis verschwunden waren:

Doch wie sie sich in dem See erblickten, da *erkannten* sie sich erst, schauten einander an, brachen in ein Lachen aus, das aber nach seiner wunderbaren Art nur jenem Lachen König Ophioch's und der Königin Liris zu vergleichen war, und fielen dann im höchsten Entzücken einander in die Arme.³⁶

Während das Paar zu lachen beginnt, wächst aus dem Kelch der Lotosblume, in dem Mystilis verschwunden war, eine wunderschöne Frau, die Königin Mystilis; Giacinta/Brambilla hat deren Erbe angetreten. Der Chor des Volkes schließt das Gedicht und damit die mythische Geschichte in der Gegenwart ab mit den Versen:
 Das wahre Sein im schönsten Lebenskeime
 Verstanden die, die sich erkannten – lachten! –[37]
In diesem mythischen Märchen steht eine der Zentralmetaphern Hoffmanns und der gesamten Romantik im Mittelpunkt: der Spiegel, traditionelles Bild im Diskurs von Identität, Dualismus, Verkehrung, Selbstreflexion. Das Königspaar des Urdarlandes wird durch den Blick in den Spiegel geheilt – der Spiegel ist jedoch der einer Quelle, also der Flüssigkeit, deren Beziehung zum »Humor« wir bereits am Beispiel des Nachttopfes kennenlernten, in den Klein Zaches stürzte. Die verkehrte Abspiegelung, die Perspektive der Groteske, steht gegen die Melancholie und den Tiefsinn des Königs. Innerhalb der mythischen Erzählung werden die Philosophen zitiert, die »das Hineinschauen in den Wasserspiegel gänzlich widerrieten, weil der Mensch wenn er sich und die Welt verkehrt erblicke, leicht schwindligt werde«.[38] Für das Verständnis des Märchens und damit für die Selbsterkenntnis wird jedoch der verfremdende Blick zur Voraussetzung. Auf der Handlungsebene ist dies die Einsicht von Giglio Fava, daß sich etwas in seinem »Augenspiegel verrückt haben« muß; »denn ich sehe leider meistens alles verkehrt und so kommt es, daß mir die ernsthaftesten Dinge oft ganz ungemein spaßhaft, und umgekehrt die spaßhaftesten Dinge oft ganz ungemein ernsthaft vorkommen.«[39]

 Wie endet das Märchen *Prinzessin Brambilla*? Die kommentierende Inhaltsangabe des letzten Kapitels verspricht: »Wie [...] das Capriccio, Prinzessin Brambilla genannt, ein fröhliches Ende erreicht.«[40] Es beginnt mit dem erwähnten großen Finale im Palast Pistoja, mit dem Lachen und damit der »Erkenntnis« der Liebenden. Die Wiederholung zeigt: Jede Generation, jedes

Paar, jeder Einzelne muß diesen Weg selbst finden und gehen; auf der Gegenwartsebene hat das Theater, die Commedia, die Funktion übernommen, zum »Humor« zu führen.

Damit ist das Capriccio jedoch nicht zu Ende. Denn diesem »fröhlichen Ende« folgt übergangslos eine weitere Szene, ein Jahr später: Das Schauspielerehepaar Giglio und Giacinta kommt nach einer Theatervorstellung nach Hause und feiert den Jahrestag ihrer Heirat, zusammen mit der alten Beatrice, dem Schneider Bescapi und dem Fürsten von Pistoja. In dieser Szene, in der Giglios und Giacintas Verwandlung zu Komödianten vollzogen ist, werden auch viele wichtige Motive des Capriccios noch einmal aufgegriffen und zusammengeführt. Insbesondere wird auf die enge Verwandtschaft von Märchen und Commedia dell'arte hingewiesen (und damit auch zwischen dem Capriccio/Märchen, in dem wir dies lesen, und der Commedia). Giglio und Giacinta erinnern sich ihres Blickes in den »herrlichen hellen Urdarsee«, sie

> lachten laut auf und riefen durcheinander! »dort liegt Persien – dort Indien – aber hier Bergamo – hier Frascati – unsere Reiche grenzen – nein nein, es ist ein und dasselbe Reich, in dem wir herrschen, ein mächtiges Fürstenpaar, es ist das schöne herrliche Urdarland selbst – Ha, welche Lust! –«[41]

Persien – Indien ist die Heimat Brambillas, der Märchenfigur, damit die Heimat der Märchen, der Träume, der Fantasie. Bergamo hingegen ist das Herkunftsland einiger Masken der Commedia dell'arte, damit des Humors. Frascati ist ein Städtchen in der Nähe Roms. Giglio und Giacinta können also, ohne die gewohnte Gegend, Frascati, zu verlassen, im Reich der Märchen und der Fantasie, in Persien und Indien, leben, denn es ist dasselbe wie das Reich der Commedia dell'arte (Bergamo) – es ist das Urdarland, in dem Humor und Fantasie im Heute und Hier, in der Gegenwart und der alltäglichen Umgebung vereint sind.

Der Gedenktag endet mit der Ankündigung des Fürsten, er werde jedes Jahr zu diesem Anlaß wieder erscheinen. Malte sich der Leser die vom Fürsten angekündigten jährlichen Wiederholungen der Schlußszene aus, so würde er gleichsam selbst zum Dichter, nähme die Rolle des Volkes im Karneval ein, das selbst aktiv wird und den Unterschied zwischen Schauspielern und Zuschauern verwischt. Wenn man will, kann man noch weitergehen: Die beiden vorangegangenen Märchenromane, *Der goldene Topf* und *Klein Zaches*, endeten mit den Worten »Ende des Märchens« und »Ende«. (Das wird auch für den letzten Märchenroman, *Meister Floh*, gelten.) Hier schickt die Ankündigung des Fürsten, auf weiteren Erinnerungsabenden zu erscheinen und das Gesamtgeschehen wieder vor sich hinzustellen und zu »erklären«, den Leser gleichsam zurück an den Beginn der Erzählung, nun mit zusätzlichem Wissen, aber längst nicht mit dem Schlüssel versehen, der alle Geheimnisse, Rätsel, Verwirrungen restlos erschließen würde. Kremer hat dies treffend mit dem Begriff der Endlosschleife verglichen:

> Wie die ironische Selbstreflexion, die Hoffmann verfolgt, nur als Prozeß und Wiederholung möglich scheint, ohne je zu einem Ende zu gelangen, so muß auch der Text der *Prinzessin Brambilla* als endlose Schleife eingerichtet sein, der die fiktive Welt der Imagination und die fiktive Realität des Lesers immer wieder verschränkt, ohne sich zur einen oder zur anderen Seite hin aufzulösen.

Der Spielleiter Celionati/Pistoja macht dem Leser klar, »daß er nicht zur ›Entzauberung‹ der Erzählung zurückgekommen sei, sondern um ihn, den Leser, zur dauernden Selbsterkenntnis einzuladen«.[42]

Daß der Fürst von Pistoja das Schlußtableau dominiert, ist verständlich, denn er ist der Oberspielleiter. Aber warum taucht neben ihm Bescapi auf? Nur der aufmerksame Leser (oder der Leser in der zweiten Lektüreschleife) wird sich erinnern, daß der Schneider Giacinta in der Eingangsszene den Auftrag gegeben hatte, das Prinzessinnen-Kostüm zu schneidern. Sein Handwerkszeug, die »Nadel«, wird zu einem der zentralen Leitmotive des Märchens. Im letzten Kapitel heißt es im Gedicht des Magus: »Erschlossen hat das Reich die Wundernadel / Des Meisters«;[43]

im Schlußgespräch ist von der »schöpferischen Nadel«[44] die Rede. Bescapi erklärt sich selbst als zuständig für »Form und Styl«[45] der Fantasiegewänder. Damit ist Pistoja gleichsam verantwortlich für die Metaebene des Märchens, den Gesamtentwurf, die »Hauptidee«, Bescapi hingegen für die konkrete Ausarbeitung; in seiner Hand, in seiner Feder liegt die künstlerische Umsetzung. Auf der Handlungsebene zeigt sich das darin, daß der Schneidermeister zum »Impresario« – also zum Schauspiel-Direktor – des neuen Theaters wird, dessen Stars Giglio und Giacinta sind.

Dieses erstrebte neue Theater wird am Schluß des Capriccios als eine Stätte bezeichnet, wo »Ironie gilt und echter Humor«.[46] Beide Begriffe kennzeichnen normalerweise einen Gegensatz; so sieht das auch die traditionelle Ästhetik der Zeit (wie dies aufzulösen ist, wird in dem gleichzeitig entstandenen *Kater Murr* gezeigt). Gegen Ende des Werkes gibt der Fürst eine Deutung, die Hoffmanns Humorbegriff etwas genauer faßt. Die Prinzessin sei die »Fantasie, deren Flügel erst der Humor bedürfe um sich emporzuschwingen, aber ohne den Körper des Humors wärst du nichts, als Flügel und verschwebtest, ein Spiel der Winde, in den Lüften«.[47] Die im Vorwort angesprochene »Hauptidee« des Capriccios könnte also etwa lauten: Die Fantasie erreicht nur zusammen mit dem Humor die Überwindung des »chronischen Dualismus« und der Spaltung in verschiedene Identitäten, führt hin zur Selbsterkenntnis und zur Welterkenntnis, zur wahren Kunst. Dieser Weg ist jedoch nicht durch Reflexion und Analyse zu begehen, sondern als (zweckfreies) Spiel des »Spuckgeistes« Capriccio. Bezogen auf Hoffmanns künstlerische Entwicklung bedeutet dies, daß Humor ein notwendiges Korrelat für sein von der Fantasie dominiertes Frühwerk wird: Durch den Humor erreicht die Kunst der Fantasie ihre höchste Stufe.

Auch mit der Ankündigung des Fürsten ist das Märchen noch nicht zu Ende. Es folgt eine Erklärung des Erzählers, mit der das Capriccio nach den Abschlüssen auf der Erzählebene endgültig abbricht, und so im Grunde Fragment bleibt: »Hier versiegt plötzlich die Quelle, aus der, o geneigter Leser! der Herausgeber dieser Blätter geschöpft hat. [. . .] Meister Callot wäre der Einzige, der darüber fernere Auskunft geben könnte.«[48] Diese Wendung setzt einen ironischen Schlußpunkt hinter das komplexe Verhältnis der Bilder und des Textes. Zunächst gilt für den »geneigten Leser«: Wenn er dieser Einladung folgt, der »Quelle« Callot nachzuspüren, erschließt sich ihm eine Dimension des Capriccios, die jenseits des Textes (und der in ihn eingefügten Bilder) liegt. Erst bei der Betrachtung der »Callotschen Originalblätter« kann er erkennen, wie und in welch hohem Maß Hoffmann mit seiner »Quelle« spielt. Zum einen zeigt es sich, daß die acht Bilder zu einer Serie gehören, den »Balli di Sfessania«. Anregungen dazu hatte Callot von der Commedia dell'arte erhalten, die der Mediceer Cosimo II. von Florenz, sein Mäzen, durch Aufführungen in seinen Palästen förderte. »Balli di sfessania« (»Tänze der Wahnsinnigen«) ist der Name eines neapolitanischen Volkstanzes; das weist darauf hin, daß Callot verschiedene Motive in seine Darstellungen einbezogen hat. Insgesamt gibt es zu den *Balli* über 60 Vorzeichnungen und Studien, meistens von grotesken Einzelgestalten. Der (wohl 1622 ausgearbeitete) Zyklus umfaßt ein Titelblatt und 23 Blätter, alle nach dem Prinzip aufgebaut, jeweils zwei Personen einander gegenüberzustellen, Tänzer, oft lustig und skurril, gelegentlich bedrohlich wirkend, mit Masken, Fratzen, Schnabelnasen. Die Unterschriften nennen ihre Namen. Im Hintergrund sind Figuren mit ähnlichen Masken und kleine Volkszenen zu sehen.

Hoffmann wählt von den 24 Bildern der Folge 8 aus, die er von dem Berliner Kupferstecher Carl Friedrich Thiele nachstechen läßt, entfernt die Namen und bezieht die Figuren in seinen Bildbeschreibungen, mit einer Ausnahme, auf seine beiden Hauptgestalten Giglio (bzw. dessen Doppelgänger) und Giacinta. Zudem werden die Figuren, entgegen den Vorlagen, auf eine Art ovaler Plattform gestellt, die den Eindruck einer Theaterbühne macht (»klein zum Ei geründet« heißt die Bühne im Capriccio selbst). Die Menschen und Gebäude im Hintergrund

38. Radierungen von Jacques Callot; die beiden unteren Bilder sind die Vorlagen für die Stiche von Carl Friedrich Thiele (Abb. 39) zur Erstausgabe der *Prinzessin Brambilla*.

sind fortgelassen; auch diese Veränderungen verstärken die Konzentration auf die Hauptgestalten.

Schließlich wird der aktive Leser noch feststellen, daß die Bilder seitenverkehrt wiedergegeben sind. Die ältere Forschung hat dies entweder nicht beachtet, da es die normale Folge beim Nachstechen nach einer Vorlage ist, oder als Beleg dafür angesehen, daß Hoffmann die Bilder eher als Auflockerung betrachtet und ihnen nicht viel Sorgfalt gewidmet habe. Dieser hatte jedoch bei der Niederschrift die (ihm von Koreff geschenkten) Originale vor sich, noch nicht die Stiche Thieles. Dennoch erklärt er umständlich, warum beim Kampf Giglios mit seinem Doppelgänger beide das Schwert in der Linken tragen (wie in Thieles seitenverkehrtem Stich). Daraus läßt sich eigentlich nur folgern, daß Hoffmann Thiele entsprechend angewiesen (oder nicht korrigiert) hat – denn so werden die Stiche zum »verkehrten« Bild, zum Spiegelbild der Originale Callots. Und wenn diese Origi-

9. Humoristische Roman-Märchen

39. Stiche von Carl Friedrich Thiele nach Radierungen von Jacques Callot zur Erstausgabe der *Prinzessin Brambilla*.

nale die »Quelle« des Märchens genannt werden, dann ist in raffinierter Ambivalenz zum einen eine Analogie zur »Urdarquelle« hergestellt, zum anderen wird dem literaturwissenschaftlichen Fachbegriff, einer längst verblaßten Metapher, seine ursprüngliche Bedeutung wiedergegeben. Man kann außerdem diese Beobachtung mit der ambivalenten Ausdeutung des Humors verbinden, der hier nicht wie bei *Klein Zaches* zum humoristischen (feuchten) Tod im Nachttopf führt, sondern im Blick in die mythische Urdarquelle zum humoristischen Leben und im Blick auf Callots Bilder zum humoristischen Werk.

Der Umgang mit Bildern im literarischen Werk hat bei Hoffmann eine lange Vorgeschichte, deren wichtigste Stationen in den vorangegangenen Kapiteln gezeigt wurden. Eine erste Zusammenfassung gab die poetologische Skizze *Jaques Callot* am Eingang der *Fantasiestücke*, dann durchzog das Thema die Gespräche der Serapionsbrüder (deren erste Bände ja bereits vorlagen, während der dritte Band in den gleichen Monaten, in denen

Prinzessin Brambilla entstand, fertiggestellt wurde und erschien). Dabei spielen zum einen fiktive Bilder eine Rolle, die beschrieben werden und eine Funktion in den Erzählungen erhalten wie z. B. das Frauenbild Franceskos in den *Elixieren des Teufels* oder das Gemälde des unbekannten Meisters im Danziger *Artushof*. Zum anderen sind es reale Bilder, die genannt, teilweise auch beschrieben werden, so daß sie beim Leser bestimmte Vorstellungen erwecken, etwa die Bilder von Mieris, die in den *Abenteuern der Sylvester-Nacht* genannt werden, um einen Frauentypus anschaulich zu machen, ferner die Gemälde Rembrandts und Bruegels, die die Fantasie dazu anregen sollen, sich die mitternächtliche Szene im *Goldenen Topf* vorzustellen, oder die Bilder Salvator Rosas, die in der *Jesuiterkirche* und in *Signor Formica* erwähnt werden, um eine Atmosphäre zu veranschaulichen. Schließlich geht es um – wiederum reale – Bilder, die nicht nur zitiert werden, sondern in Reproduktionen beigegeben sind und Ausgangspunkt serapiontischen Sehens werden, wie in den Erzählungen *Meister Martin der Küfner und seine Gesellen* und *Doge und Dogaresse*. (Eine weitere Möglichkeit – Hoffmanns eigene Illustrationen, vor allem in Form von Umschlagbildern – wird im nächsten Kapitel näher beleuchtet.)

In *Prinzessin Brambilla* fügt Hoffmann Elemente dieser drei Möglichkeiten zusammen zum dichtesten Geflecht von Wort-Bild-Beziehungen in seinem Werk überhaupt. Teils beschreibt er fiktive, teils reale Bilder, die beigefügten acht Kupferstiche sind nicht die Callots, sondern »nach Callot« gearbeitet, wie der Untertitel signalisiert.

Zwar beschreibt Hoffmann im Text mehrfach Details der Bilder (stets bezogen auf sein Märchenpersonal); aber hinter dieser Ebene kommen die wichtigeren Bezüge in den Blick: die Vielfalt der Verkleidungen und Masken, die täuschende Ähnlichkeit der Figuren, die verdeckten Identitäten, die überraschenden Spiegelungen; dazu sehen wir die Mehrzahl der Figuren in Bewegung, im Tanz. Diese Bilder werden in das Spiel des Capriccios einbezogen, sie werden vertauscht, umgedeutet, sind ihrerseits Wirklichkeitspartikel, mit denen in fantastischer Weise gespielt wird.

Die erzählerische Artistik, das humoristische Spiegelkabinett der *Prinzessin Brambilla* traf auf weitgehendes Unverständnis der zeitgenössischen Kritik: Mit Bezeichnungen wie »toll« oder »verwirrend« zitiert sie häufig Begriffe aus dem Werk selbst und zeigt damit ihre Hilflosigkeit; nur Abwege des »Nebelns und Schwebelns« erkannte selbst der sonst fast immer zum Lob bereite Freund Hitzig.[49] Einer der wenigen, die den Befund »verwirrend« ins Positive wandten, war der junge Heine mit der Bemerkung: »Prinzessin Brambilla ist eine gar köstliche Schöne, und wem diese durch ihre Wunderlichkeit nicht den Kopf schwindligt macht, der hat gar keinen Kopf.«[50] Dieser Satz, später häufig zitiert, war jedoch ein Aphorismus, keine Begründung eines Werturteils. Eine erste derartige Begründung suchte eine Generation später Charles Baudelaire in der poetologischen Schrift *De l'essence de rire* (1857; *Über das Wesen des Lachens*). Er unterscheidet darin zwei Formen der Komik: »le comique significatif«, also das gewöhnliche Komische, das zweckbezogen ist, vor allem der Kritik und Satire dient; und »le comique absolu«, das absolut Komische, eine zweckfreie Komik: Die erste Form sei vordergründiger, benutze eine deutlichere Sprache, das absolut Komische hingegen sei schwer analysierbar, die angemessene Reaktion darauf sei das Lachen des Lesers. Hoffmann ist für Baudelaire »bis jetzt derjenige, der von den hier entwickelten Ideen am tiefsten durchdrungen war und deren einige sowohl in seinen rein ästhetischen als auch in seinen schöpferischen Arbeiten in die Tat umgesetzt hat«.[51] Bei Hoffmann vereinige »die französische signifikante Spottsucht sich mit der närrischen, überschäumenden leichten Fröhlichkeit der sonnigen Länder und zugleich mit der germanischen tiefen Komik«.[52] Hoffmanns Märchen gehören daher für Baudelaire zu den schönsten Beispielen des Komischen überhaupt, der Mischung beider Komikarten und insbesondere der höchsten Form des absolut Komischen. *Prinzessin Brambilla* wird für ihn zu dem zentralen Beleg dafür und damit »ein wahrer Katechismus der hohen Ästhetik«.[53] Über hundert Jahre folgten nur wenige Literaturwissenschaftler dieser Fährte; erst dann begann eine intensivere Beschäftigung mit dem Capriccio und damit seine sich noch immer verstärkende Wertschätzung.

Die Königsbraut

Im gleichen Zusammenhang wie *Prinzessin Brambilla* rühmt Baudelaire auch des »wunderbaren Hoffmann« wenig später geschriebenes Märchen *Die Königsbraut*, das in der Rezeption sonst zumeist im Rahmen der *Serapions-Brüder* unterging, als Beispiel der absoluten Komik. Diese Wertschätzung verfocht er ebenfalls lange Zeit, bis in die siebziger Jahre des 20. Jahrhunderts (Alfred Behrmann, Gisela Vitt-Maucher), nahezu allein. Aber *Brambilla* wirft auch ein anderes Licht auf dieses Werk.

In der *Königsbraut* kehren viele zentrale Themen von Hoffmanns Gesamtwerk wieder, so die Konflikte zwischen höherer Welt und Alltag, die Liebe des Künstlers und eine romantischen Vorbildern verpflichtete Naturphilosophie. Aber diese Themen werden durchweg durch die Wahl der Akteure und die Art der Darstellung banalisiert und parodiert. Das Reich der »höheren« Geister besteht aus Gemüse, das zunächst würdevoll-wissenschaftlich in feierlicher Prozession unter lateinischen und anderen fremdländischen Namen auftritt, sich dann bald jedoch in seiner komischen Alltäglichkeit enthüllt – so auch König Daucus Carota I., der sich als Möhre erweist.

Wer in diesem Märchen ähnlich wie in *Prinzessin Brambilla* eine philosophische »Hauptidee« suchte, lehnte das Werk verärgert als banal oder gar als albern ab. Diesem gängigen Unmut wurden in der Forschungsgeschichte lange Zeit allenfalls etwas mühsame Erklärungen entgegengestellt, etwa: Ein liebendes

Paar werde von seinen Skurrilitäten und Verrücktheiten »märchenhaft« geheilt. Baudelaires Hinweisen folgend kann man sagen: Die von diesem gerühmten künstlichen Paradiese sind auch Paradiese der Kunst. Das Komische ist dabei nicht nur ein durchgängiges Gestaltungsmerkmal, sondern wird zur Grundsignatur des Textes. Der Sinn liegt nicht im Inhaltlichen und ist in keiner Ausdeutung des Endes zu finden, sondern in der entfesselten Lust am Un-Sinn. Das Märchen steht Carrolls *Alice in Wonderland* näher als allem, was zur Zeit Hoffmanns Märchen hieß. Es spielt, weitgehend von Bedeutungen gelöst, mit den Elementen, ja den Fundamenten und Zentralthemen von Hoffmanns Werk und seiner eigenen früheren Ästhetik. Aber auch wenn die Naturphilosophie von Schubert und Novalis durch Verlebendigung von Gemüse dargestellt, wenn Künstlerliebe und Wirkungsmacht von Kunst durch den Dichter Amandus und seine an die poetischen Ergüsse des Katers Murr erinnernden Verse demonstriert werden, ist eine derartige Banalisierung und Parodie doch keine Widerlegung oder gar satirische Vernichtung. Es zeigt vielmehr, daß alles zum Gegenstand des Spiels werden kann, da das Spiel zum Selbstwert geworden ist.

Von einer an den traditionellen Normen der Rhetorik und der Stilistik orientierten Kritik ist für Hoffmanns Sprache (vor allem wegen vieler toposhafter Wiederholungen) der Begriff der »Formelhaftigkeit« eingeführt worden; selbst im Grundtenor positive und intelligente Darstellungen von Hoffmanns Dichtungen registrieren dies häufig als Schwachpunkt seines Schreibens. Bei der Analyse früherer Werke ist dazu am Rande bereits einiges gesagt worden, unter anderem, daß Hoffmann Formeln gezielt und in verschiedenen Funktionen einsetzt, daß für ihn die Wirkung auf Leser wichtiger ist als jene auf Sprachwissenschaftler. Im Spätwerk – und das gilt ebenso für *Prinzessin Brambilla* und *Kater Murr* wie für die *Königsbraut* – erfaßt das Spielmoment auch den Umgang mit Sprache, Bildern, Wörtern: Sie werden auf komische Laute reduziert, auf den Kopf gestellt und durcheinandergewirbelt, vom sophistischen Wortspiel bis zum Kalauer; wie im Inhaltlichen ist auch im Sprachlichen jede »realistische« Vorgabe aufgelöst. In diesem Sinn kann man die *Königsbraut* ein »surrealistisches« Märchen nennen.[54]

Meister Floh. Ein Märchen in sieben Abenteuern zweier Freunde

Bereits während der Arbeit an *Prinzessin Brambilla*, im März 1820, kündigte Hoffmann den Verlegerbrüdern Wilmans »ein artiges Weihnachtsbüchlein«[55] an; dann schoben sich zunächst einige andere Projekte in den Vordergrund. Am 25.8.1821 meldete Hoffmann, er habe

> vor einiger Zeit ein Märchen begonnen, das den Titel: *Meister Floh* führen und durchaus humoristisch wie ungefähr: Klein Zaches gehalten sein wird. Dies Märchen (ungefähr im Umfange von 15 Druckbogen, nach dem Format und Druck des Katers Murr) würde ich in weniger Zeit vollenden, so daß [...] das kleine Buch wohl als WeihnachtsGeschenk erscheinen könnte.[56]

Für Anfang Dezember hatte Hoffmann allerdings auch dem Verleger Dümmler das Manuskript des zweiten Bandes von *Kater Murr* versprochen, von dem er zu diesem Zeitpunkt noch nichts in Druck gegeben hatte. In den folgenden Wochen schrieb er im Wechsel an beiden Werken. Da er durch eine Krankheit an der Einlösung der ohnehin kaum erfüllbaren Aufgabe gehindert wurde, schloß er jedoch erst den zweiten Band des *Katers* ab und schrieb bzw. diktierte (da seine Lähmung rasch zunahm) in den Wochen danach das Märchen zu Ende; es erschien im April 1822.

Die Entstehungszeugnisse verweisen auf einige Bezugspunkte innerhalb von Hoffmanns eigenen Werken, insbesondere *Klein Zaches* als satirisches und *Prinzessin Brambilla* als humoristisches Märchen. Die Bezeichnung »Weihnachtsmärchen« schlägt den Bogen zurück zu *Nußknacker und Mausekönig*. Ein Tier als

9. Humoristische Roman-Märchen 471

40. *Meister Floh.* Deckelzeichnung der Erstausgabe von 1822. Vorderdeckel.

Titelheld verbindet das Werk mit der Linie, die von *Berganza* und *Milo* zu *Kater Murr* führt. Solche Bezüge ließen sich innerhalb des Textes selbst fortsetzen; hier sei nur auf den Anfang verwiesen, der in humoristisch-ironischer Form vom richtigen Beginnen eines Märchens handelt, für die wahre Naivität und das traditionelle »Es war einmal« plädiert, aber daraus ein poetologisches Kabinettstück macht, das die entsprechenden Passagen im *Sandmann* weiterführt:

Es war einmal – welcher Autor darf es jetzt wohl noch wagen, sein Geschichtlein also zu beginnen. – Veraltet! – Langweilig! – so ruft der geneigte oder vielmehr ungeneigte Leser, der nach des alten römischen Dichters weisen Rat, gleich *medias in res* versetzt sein will. Es wird ihm dabei zu Mute, als nehme irgend ein weitschweifiger Schwätzer von Gast, der eben eingetreten, breiten Platz und räuspre sich aus, um seinen endlosen Sermon zu beginnen und er klappt unwillig das Buch zu, das er kaum aufgeschlagen. Gegenwärtiger Herausgeber des wunderbaren Märchens von Meister Floh, meint nun zwar, daß jener Anfang sehr gut und eigentlich der beste jeder Geschichte sei, weshalb auch die vortrefflichsten Märchenerzähler, als da sind, Ammen, alte Weiber u. a. sich desselben jederzeit bedient haben, da aber jeder Autor vorzugsweise schreibt, um gelesen zu werden, so will er (besagter Herausgeber nämlich) dem günstigen Leser durchaus nicht die Lust benehmen, wirklich sein Leser zu sein. Er sagt demselben daher gleich ohne alle weitere Umschweife [. . .].[57]

Der Schreiber erfüllt scheinbar den längst zur Gattungsnorm gewordenen »Rat« aus der Horazischen Poetik, unterläuft ihn dann sofort, zeigt Verständnis für die Leserreaktion, verteidigt zwar den traditionellen Beginn, beugt sich aber dem Leserwillen, da er ja schreibe, »um gelesen zu werden« (bei aller Ironie eine auch für Hoffmann wichtige Aussage und Selbstverständlichkeit). In dieser Passage werden alte Formeln (»geneigter Leser«) wie neue Funktionsbestimmungen (Leserbezug) zitiert und parodiert. Damit wird als Grundeinstellung zum Schreiben ein Spiel deutlich, in das auch noch der »Herausgeber« und der (scheinautonome) Leser einbezogen werden; auch in diesem Werk strukturiert die spielerische Selbstreflexion das Erzählen.

Die anschließende Eingangsszene zeigt eine Bescherung am Weihnachtsabend: »Peregrinchen« erfreut sich des geschmückten Baumes und der neuen Spielsachen. Nach einigen Seiten erfährt der Leser, daß der Bescherte, Peregrinus Tyß, bereits 36 Jahre alt ist. Er hat also zwar sein »kindliches Gemüt« bewahrt, erscheint aber als ein weltfremder und menschen-, besonders frauenscheuer Sonderling. (Peregrinus heißt: der Fremde, der Nichtbürger, auch: der in der Fremde Umherreisende.)

In einer für einen Märchenhelden (auch für einen Hoffmannschen) ungewohnten Ausführlichkeit lernen wir die Vorgeschichte von Peregrinus kennen – ein Bildungsroman samt Lehr- und Wanderjahren in Kurzfassung, in dem allerdings, ähnlich wie gleichzeitig im *Kater Murr*, die Topoi der Gattung spielerisch unterminiert und destruiert werden. Wir erfahren prägnante Szenen aus Tyß' Kindheit und Jugend in einer bürgerlichen Kaufmannsfamilie in Frankfurt – der deutschen Handelsstadt im 19. Jahrhundert, zugleich der Stadt, von der ein Leser aus *Dichtung und Wahrheit* weiß, wie dort ein anderes poetisches Gemüt sozialisiert wurde; darüber hinaus war Frankfurt das politische Zentrum des Deutschen Bundes (und schließlich auch Sitz des Verlages, in dem der Roman erschien).

Peregrinus verweigert in seiner Kindheit wesentliche Entwicklungsschritte und Lebensformen. Am auffälligsten ist »eine ganz besondere Gemütsart« des Kindes: Nach wochenlangem Schreien verstummt es plötzlich, »das kleine Automat« verweigert Sprache.[58] Genauer: Es spricht »für sich«, heimlich, nachts, entzieht sich also der Kommunikation. In radikaler, fast autistischer Ichbezogenheit lehnt das Kind jede Öffnung zu anderen Menschen, zur Gesellschaft, zur Welt ab. Auch als Peregrinus schließlich mit »einigem Widerwillen« zu sprechen beginnt, interessiert er sich nur für das »Wunderbare, alles was seine Fantasie erregte, in dem er dann lebte und webte«.[59] Dieses kindliche, poetische Gemüt ist selbstverständlich für den bürgerlichen Handel, für Geschäft und Profit untauglich – »Peregrinus wollte von der wirklichen Welt nichts wissen«[60] –, eines Tages verschwindet er »nach fernen Gegenden«, vielleicht nach Indien. Als er nach drei Jahren zurückkehrt – die Eltern sind gestorben –, lebt er zurückgezogen, umsorgt von seinem früheren Kindermädchen, mit dem er die alten Familienfeste nachstellt und nachspielt – ein groteskes Zeichen seiner andauernden Isolation. Auch wenn er, als Fortsetzung des eingangs geschilderten Weihnachtsabends, eine arme Familie beschert, folgt er mehr einem Ritus, als daß er irgendeine soziale oder humane Empfindung damit verbände. Sein einziger Freund George Pepusch – der zweite im Untertitel genannte Held des Märchens – hält ihm in aller Deutlichkeit vor, wie egoistisch, ja widerlich solche »Armenabfütterungen« seien, da das, »was an einem Tage verspendet wird, hinreichen würde, sie Monate hindurch zu ernähren auf mäßige Weise!«[61]

Das erste Abenteuer des menschenscheuen Sonderlings, dessen seltsame »Idiosynkrasie gegen das weibliche Geschlecht«[62] bereits angedeutet wurde, beginnt, als während der Bescherung eine bezaubernde fremde Dame auftaucht, die ihn umgarnt und die er schließlich – erfaßt vom »wilden Taumel brünstiger Lust«[63] – mit nach Hause nimmt. Bald zeigt sich, daß die geheimnisvolle Schöne das Liebesspiel nur inszeniert hat, um an einen Gefangenen zu kommen, den Peregrinus besitze. Als dieser sich nichtsahnend zeigt, stürzt sie zornig davon.

Die hier angedeuteten Geheimnisse werden in den folgenden Abenteuern immer verwirrender ausgesponnen. Zwar erfahren wir, daß die unbekannte Schöne Dörtje Elverdink, die Nichte des Flohbändigers Leuwenhoek, ist, der in Frankfurt mit seinem Flohzirkus gastiert, aber die Geschichte, die dieser George Pepusch, dem Liebhaber Dörtjes, erzählt, häuft neue Geheimnisse und Rätsel. In der komplizierten und komplexen mythischen Erzählung von der Prinzessin Gamaheh aus dem Königreich Famagusta (einem bekannten Märchenort auch bei Tieck und Brentano), die hier begonnen wird, treten die wichtigsten Akteure der Gegenwartshandlung in anderer Gestalt und unter anderem Namen auf.

Spezialstudien haben im einzelnen entwickelt, wie der Mythos von Famagusta gebaut und zu verstehen ist, aus welchen Quellen er geschichtlich entstand, wie er sich zu den anderen mythologischen Entwürfen in den Märchen Hoffmanns – also vor allem im *Goldenen Topf* und in *Prinzessin Brambilla* – verhält. Hier genügt ein kurzer Blick auf die Struktur des Mythos und seine Funktion innerhalb des Märchens. Kern sind verschiedene Liebesbeziehungen zu der Prinzessin Gamaheh, die einem mythischen Verhältnis zwischen Mensch und Blume, dem König Sekakis (später – in der Gegenwartshandlung – Peregrinus Tyß) und der Blumenkönigin entstammt. Gamaheh (später: Dörtje) liebt die Distel Zeherit (später: George Pepusch). Neben dem pflanzlichen hat sie jedoch noch einen tierischen Liebhaber, Meister Floh; ferner spielt der böse »Egelprinz« eine Rolle, der sie liebt und zugleich tötet; schließlich gibt es eine vierte Liebesgeschichte, die des Dämons Thetel, der sich in die Tote verliebt und sie vergeblich wiederzubeleben versucht. Thetel entführt sie und den Floh, der sich an der Prinzessin festhält. Der Naturwissenschaftler Leuwenhoek richtet sein Fernglas auf die Vorüberfliegenden, blendet damit den Floh, der auf die Erde fällt und gefangen genommen wird.

In dem damit einsetzenden Handlungsstrang geht es um Naturwissenschaft und Pseudoaufklärung. »Wahnsinnige Detailhändler der Natur«[64] werden deren Repräsentanten genannt. Ihnen bleibt nicht nur das Wunderbare, sondern auch das Menschliche verschlossen. Meister Floh repräsentiert also das Wunderbare, das in die Hände der Aufklärung gefallen ist. Er steht aber auch für ein alternatives Gesellschaftsmodell, ein »republikanisch« organisiertes Flohreich mit dem »beinahe unzähmbaren Freiheitssinn« seiner Mitglieder,[65] während der aufklärerische »Flohbändiger« sein Reich »kultivieren« will, in Wahrheit aber durch Hierarchien und Gefangenschaft dirigiert. Die Schilderung des Flohzirkus durch Meister Floh ist Satire der menschlichen Zivilisation im allgemeinen, der bürgerlichen Welt im besonderen. Meister Floh zettelt eine Rebellion an, entflieht und flüchtet zu Peregrinus. Ihm folgt Dörtje, die ebenfalls von Leuwenhoek gefangene und zur Abendunterhalterin gezwungene Prinzessin, die von den Magiern zu einem Scheinleben wiedererweckt wurde, das allerdings nur fortwährt, wenn sie sich regelmäßig von Meister Floh stechen läßt – dies der Grund, der sie zu Peregrinus führt.

Diese Geschichten, die zahlreiche weitere Verästelungen haben, werden nun einerseits bruchstückhaft und auch in der Chronologie springend erzählt, der Leser kann sie nur mit Mühe und zumindest beim ersten Lesen kaum vollständig zusammensetzen. Zum anderen werden wesentliche Aspekte aus verschiedenen Perspektiven erzählt, so daß an die Stelle der Aufklärung über einen Tatbestand mögliche Sichtweisen treten.

Die Konstruktion des Mythos unterscheidet sich von den früheren Beispielen vor allem in zwei Punkten: Es ist keine Welt jenseits der historischen des Hier und Jetzt wie Atlantis; und es ist keine Idylle, denn hier finden sich auch Eifersucht, Intrige, Verfolgung, Vergewaltigung, Tod. Nächtliches bietet auch die Gegenwartshandlung, so erfahren wir über eine Veranstaltung mit dem Flohbändiger, die »totenbleiches Entsetzen« unter den Besuchern auslöst:

Alles lebte darin, ein ekelhaftes Gewirr der scheußlichsten Kreaturen erfüllte den ganzen Raum. Das Geschlecht der Pucerons, der Käfer, der Spinnen, der Schlammtiere bis zum Übermaß vergrößert, streckte seine Rüssel aus, schritt daher auf hohen haarigten Beinen, und die gräulichen Ameisenräuber faßten, zerquetschten mit ihren zackigten Zangen die Schnacken, die sich wehrten und um sich schlugen mit den langen Flügeln, und dazwischen wanden sich Essigschlangen, Kleisteraale, hundertarmigte Polypen durch einander und aus allen Zwischenräumen kuckten Infusions-Tiere mit verzerrten menschlichen Gesichtern.[66]

Wir erfahren freilich, daß diese Abscheulichkeiten auf einem optischen Trick Leuwenhoeks mit einem »Nachtmikroskop« beruhen, auf Vergrößerungen und »fantasmagorischen« Manipulationen. Auch sonst ist im Umkreis von Leuwenhoek und seinem Magierkollegen Swammer/Swammerdam mehrfach von den seltsamsten und wunderbarsten optischen Instrumenten die Rede. Geheimnisvolle optische Tricks stehen auch hinter der Wiedererweckung der Prinzessin Gamaheh, um sie wie den Floh in ihrem Zirkus gefangenzuhalten. Mit den beiden Magiern, die zugleich Wissenschaftler sind, findet die Wissenschaftssatire in Hoffmanns Werk ihren Höhepunkt. Dabei spielen optische Geräte – wie bereits in zahlreichen Schriften zuvor – eine wesentliche Rolle. Sie gehören zum einen zu den technischen Wunderwerken einer naturwissenschaftlich geprägten Epoche, wobei sich nach langer Technikgläubigkeit seit Ende des 18. Jahrhunderts Ernüchterung wegen der relativ geringen qualitativen Fortschritte verbreitete; sie besitzen aber auch zauberische Eigenschaften. Daher haben sie Anteil am Bereich der Wissenschaften wie auch an dem der Magie, oft in ambivalenten Funktionen: das schärfere Sehen und die optische Täuschung, der Blick und seine Verkehrung, das Bild, das auf den Kopf gestellt wird, die Metamorphose von klein in groß und umgekehrt. Dieses Wechselspiel von Entstellung und Wiederherstellung, die Anamorphose, das die dioptrischen Medien zeigen, wird – wie bereits früher mehrfach – bei Hoffmann zu einem wichtigen ästhetischen Prinzip.[67]

Die beiden Kontrahenten tragen Namen von berühmten Naturwissenschaftlern und geben sich auch als diese aus, nennen dabei ihre Todesjahre 1735 und 1680. Lange Zeit hat die Forschung die Namenswahl als Kuriosum und die Frage nach dem Verhältnis der Romanfiguren zu den historischen Personen als unergiebig abgetan. In letzter Zeit haben technik- und wissenschaftsgeschichtlich orientierte Arbeiten gezeigt, welche große Rolle beide Forscher bei der Entwicklung von optischen Instrumenten, besonders Mikroskopen, und bei deren Anwendung in der Erforschung der Kleinstlebewesen gespielt haben. So baut Hoffmann auch in die so grotesk klingenden Passagen um die streitsüchtigen und eitlen Naturforscher erstaunlich genaue wissenschaftliche Bezüge ein.

Die Naturwissenschaften sind die eine große prägende Kraft der Moderne, die andere bildet die Politik. Hoffmann behandelt sie in einem ähnlich grotesken Kontext und in einer ähnlich satirisch gezeichneten Figur, dem Hofrat Knarrpanti. Knarrpanti will Tyß als Entführer einer vom Hofe seines Herrn, eines Duodezfürsten, verschwundenen Prinzessin verhaften lassen. Er ersucht den Frankfurter Rat um Amtshilfe. Auf den Einwand, daß überhaupt niemand entführt worden sei, legt er seine juristisch-politischen Grundsätze dar:

daß, sei erst der Verbrecher ausgemittelt, sich das begangene Verbrechen von selbst finde. Nur ein oberflächlicher leichtsinniger Richter sei, wenn auch selbst die Hauptanklage wegen Verstocktheit des Angeklagten nicht festzustellen nicht im Stande dies und das hineinzuinquirieren, welches dem Angeklagten doch irgend einen kleinen Makel anhänge und die Haft rechtfertige.[68]

Aus den beschlagnahmten Papieren von Tyß kann der Abgeordnete des Frankfurter Rats zwar nichts Verdächtiges entnehmen, Knarrpanti entdeckt jedoch in einem Tagebuch

eine Menge verfänglicher Stellen, die Rücksichts der Entführung junger Frauenzimmer nicht allein auf seine Gesinnungen ein sehr nachteiliges Licht warfen, sondern ganz klar nachwiesen, daß er dies Verbrechen schon öfters begangen. – So hieß es: Es ist doch was hohes, herrliches um diese Entführung! [...] – Ferner: ich liebe diese Entführungen. [...] Alle die erwähnten Worte nebst hundert andern Phrasen, waren nur die Wörter: Entführung, entführen, entführt, darin enthalten, hatte der weise Knarrpanti [...] mit Rotstift dick unterstrichen.[69]

Mehr noch, er entnimmt dem Tagebuch sogar Mordabsichten unter Verweis auf die Eintragung:

Heute war ich leider *mord*faul. – Die Sylbe *mord* war dreimal unterstrichen und Knarrpanti meinte ob jemand wohl verbrecherischere Gesinnungen an den Tag legen könne als wenn er bedauere, heute keinen Mord verübt zu haben?[70]

Der Abgeordnete liest die unterstrichenen Zitate im Kontext und entnimmt ihm beispielsweise, daß sich das erste auf Mozarts *Entführung aus dem Serail* bezieht, das zweite auf ein Lustspiel von Johann Friedrich Jünger, *Die Entführung*. Damit beeindruckt er Knarrpanti jedoch wenig,

da es eben arglistige Schlauheit der Verbrecher sei solche Äußerungen so zu verhüllen daß sie auf den ersten Blick für ganz indifferent, für ganz unschuldig gelten könnten. Als besonderen Beweis solcher Schlauheit machte der tiefsinnige Knarrpanti

9. Humoristische Roman-Märchen

41. Handschrift von *Meister Floh*. Aus der von der Zensur beschlagnahmten Passage.

den Abgeordneten auf einen Vers aufmerksam der in Peregrinus Papieren vorkam und worin von einer *end*losen Führung des Schicksals die Rede war. Nicht wenig tat sich Knarrpanti auf die Sagazität zu gute mit der er sogleich herausgefunden, daß das Wort Entführung in jenem Vers getrennt worden um es der Aufmerksamkeit und dem Verdacht zu entziehen.[71]
Bei dem Verhör selbst setzt sich Knarrpanti das Ziel zu erforschen was Peregrinus [...] bei dem Aufschreiben der verdächtigen Worte in seinen Papieren, *gedacht* habe. Das Denken, meinte Knarrpanti sei an und vor sich selbst schon eine gefährliche Operation und würde bei gefährlichen Menschen eben desto gefährlicher.[72]
Im Kontext der Entwicklung von Tyß hat der Knarrpanti-Prozeß eine wichtige Funktion: Er zeigt den Pol der größten Annäherung an das reale Leben. Der Träumer, dem Pepusch zu Beginn der Szene deutlich wie niemand zuvor sein asoziales und weltfremdes Wesen vorgeworfen hatte, erweist sich hier als geschickt und wendig. (Die Ausführlichkeit und Schärfe, mit der die Motive Knarrpantis enthüllt werden, geben der Szene darüber hinaus ein Eigengewicht als satirische Entlarvung eines Staatsdieners, der sich bei seinem Herrn einschmeicheln möchte.)

Die in Tyß' Entwicklung erstmals zu erkennende Weltklugheit verdankt er der wunderbaren Einsicht in die Gedanken und Pläne Knarrpantis, die ihm ein mikroskopisches Augenglas ermöglicht, ein Geschenk des dem Zirkus entflohenen Flohs als Dank für den Schutz vor seinen Verfolgern. Dieses Wahrheitsglas ist das wichtigste der optischen Geräte des Märchens, es hat als einziges kein reales Vorbild in der naturwissenschaftlich-technischen Forschung der Zeit. Es macht den Floh zum »Meister«, der zwar nicht allmächtig ist, aber doch zeigt, warum er zu Recht diesen Ehrennamen führt und im Titel des Märchens steht.

Peregrinus Tyß lernt durch das Glas die Menschen und die Welt kennen und durchschauen. Dadurch legt er seine lebensfeindliche Weltfremdheit ab, setzt sich gegen die politische Bedrohung durch. Aber er steckt damit zugleich in der Falle der didaktisch verstandenen Aufklärung: Diese bedarf der Lehrer, der Führer, der »Meister«. Das Kantische Ziel des Selbstdenkens wird im Märchen in einer bezeichnenden Variation zum Schlüssel seiner Entwicklung zur Fähigkeit des Selbst*fühlens*. Das Glas zeigt Tyß, daß Dörtje ihm nur Liebe vorspielte, ihn nicht begehrte. Diesen Test möchte er auch auf Röschen anwenden, die Tochter des Buchbinders Lämmerhirt, dessen Familie Tyß am Weihnachtsabend zu Beginn des Märchens beschert hatte. Röschen erscheint ihm bei einer späteren Begegnung zwar als »holdes liebes Engelsbild«, aber er möchte keine neue Enttäuschung erleben. »Böse Zweifel« steigen in ihm auf, er greift zu dem Wunderglas des Flohs, um »Röschens Gedanken zu durchschauen«.[73] Im letzten Moment zuckt er jedoch zurück, schämt sich seines Mißtrauens, glaubt ihr die Liebesbeteuerung. Diese Bekehrung bringt ihm die »wahre« Liebe und Menschlichkeit. Dieses Ende wird noch übertrumpft durch die Aufdeckung der mythischen Identität von Peregrinus Tyß: Er ist der König Sekakis aus Famagusta. Seine mythische Tochter, Prinzessin Gamaheh, heiratet die Distel Zeherit, im Gegenwartsgeschehen also Dörtje und George Pepusch. Dieses Paar stirbt in der Hochzeitsnacht den Liebestod. Damit erweist sich die Entwicklung des im Untertitel genannten zweiten Märchenhelden als Kehrspiegel zu der des Peregrinus: Der anfangs so pragmatisch-lebenstüchtige George wird durch die mythische Liebe immer stärker in eine mythisch-lebensferne Figur rückverwandelt: »Das Mysterium ist erschlossen, der höchste Augenblick alles erfüllten Sehnens war auch der Augenblick deines Todes.«[74]

Das Liebesglück des Peregrinus hingegen wird nach einem Jahr durch einen Sohn noch gesteigert, so daß am Schluß des Märchens »ein fröhliches und erwünschtes *Ende*«[75] steht. Dieser Sieg der Liebe und der Humanität, das bürgerliche Eheglück in einem »schönen Landhaus« hat viele Leser erfreut, andere als biedermeierliche Idylle irritiert. In der Tat sind in der Schlußszene die Ironiesignale nur schwach ausgeprägt. Aber abgesehen davon, daß die mythische Enthüllung von Tyß als Märchenkönig eine allzu realistische Lesart ohnehin verhindern sollte: Bei der kitschnahen und biedermeierverdächtigen Darstellung der Liebesszenen und den mythologischen Enthüllungen zieht der Erzähler alle Register ironischer Darstellungsweise, lustspielhafter Komik und des Spiels mit den Elementen des Liebes- und Mythosdiskurses – hier wird die Schreibart des poetologischen Anfangs weitergeführt, bei der Aussagen zugleich gemacht und unterlaufen werden. So teilt uns Hoffmann bei der Beschreibung von Liebesszenen zunächst mit, wie ein »tüchtiger handfester Romanschreiber« diese ausmalen würde:

> Viel ließe sich da sagen vom sinnlichen Triebe, von dem Fluch der Erbsünde und von dem himmlischen Prometheusfunken, der in der Liebe die wahrhafte Geistergemeinschaft des diversen Geschlechts entzündet, die den eigentlichen notwendigen Dualismus der Natur bildet. Sollte nun auch besagter Prometheusfunken nebenher die Fackel des Ehegottes anstecken, wie ein tüchtiges hellbrennendes Wirtschaftslicht, bei dem es sich gut lesen, schreiben, stricken, nähen läßt, sollte auch eine fröhliche Nachkommenschaft sich eben so gut die Mäulchen gelegentlich mit Kirschmus beschmieren, als jede andere, so

ist das hienieden nun einmal nicht anders. Überdem nimmt sich eine solche himmlische Liebe als erhabene Poesie sehr gut aus.[76]

Im Anschluß daran teilt uns der Verfasser jedoch mit, daß er eben dies nicht beschreiben wolle, weil er es für altbekannt und langweilig halte:

> Wenigen Dank würde aber gegenwärtiger Referent des tollsten, wunderlichsten aller Märchen einernten, wenn er, sich steif und fest an den Paradeschritt der daher stolzierenden Romanisten haltend, nicht unterlassen könnte, hier, die jedem regelrechten Roman höchst nötige Langeweile sattsam zu erregen. Nämlich dadurch, daß er bei jedem Studium, das das Liebespaar, nach gewöhnlicher Weise, zu überstehen hat, sich gemächliche Ruh und Rast gönnte.[77]

In ähnlicher Weise werden später Höhepunkte des Hochzeitsfestes dezidiert *nicht* erzählt. Und dort wo eine ausführlichere Erzählung notwendig ist, um bestimmte Fäden zu entwirren, wie in der großen mythologischen Schlußszene, wird diese in »ein träumerisches Delirium«[78] verlegt, dem unmittelbar eine Episode vorausgeht, in der sich Tyß in seiner weißen Nachtmütze »ins offene Fenster legte, um, wie es Liebenden ziemlich ist und wohl ansteht, in den Mond kuckend, noch ein wenig den Gedanken an seine holde Geliebte nachzuhängen«; dabei kommt es, weil er »trotz seiner Seligkeit, zweimal so übermäßig und so laut gähnte«,[79] zu einem Streit mit einem Betrunkenen vor dem Hause – eine antiromantische Desillusionierung und zugleich eine Art Leseanweisung vor dem märchenhaften Schlußakt.

Satire, die oft bis zur Groteske geht, Spaßhaftes und Märchenhaft-Mythisches nicht ohne Pathos – das sind die Pole, zwischen denen der Roman hin und her wechselt, mit Blick auf seinen Titelhelden könnten man auch sagen: hüpft. Damit würde zugleich die spielerische Leichtigkeit des Wechsels der Schauplätze, Ebenen, Erzählhaltungen, Schreib- und Sprechweisen betont. Mit der Wahl des Flohs zum Helden nimmt Hoffmann, wie angedeutet, der »Meister«-Figur ihre weltanschauliche Schwere.

Zudem steht der Floh in zwei großen gegensätzlichen historischen Traditionen. Zum einen ist dies in der Geschichte der Naturwissenschaft die Erschließung des Mikrokosmos, wo der Floh von Anfang an ein beliebtes Forschungsobjekt war; das Mikroskop wurde geradezu »vitrum pulicarium« (Flohglas) genannt. Zum anderen spielt der Floh seit langem in der erotischen Literatur eine wichtige Rolle. Der »Meister« stellt sich voll Lust und Wollust in diese Reihe: »Man wirft überhaupt unserm Geschlecht eine ganz besondere, die Schranken des Anstandes überschreitende Vorliebe für das schöne Geschlecht vor.«[80] So erhält das Märchen eine durchgehende sexuelle Färbung: Meister Floh hält sich gern am Hals schöner Frauen auf, rutscht noch lieber in deren Busen, sticht sie an intimen Stellen und genießt ihr süßes Blut. Zugleich jedoch ist sein Biß lebensspendend, wie Dörtje-Gamaheh erfährt. Ein solcher Begleiter bringt den Frauenfeind Peregrinus auch in amoribus auf den rechten Weg. Daß dessen märchenhaft verklärte Liebe zu Röschen nicht notwendigerweise in biedermeierlich-bürgerliche Bahnen mündet, garantiert das Schlußwort des Flohs, das junge Paar solle auch künftig seine Gegenwart auf »ergötzliche Weise verspüren«; und ebenso das darauf folgende Schlußtableau, das den Floh in der Tat als »guten Hausgeist«[81] zeigt.

Die extreme Heterogenität der Teile, Episoden und Sprechweisen hat auch wohlwollende Leser oft ratlos gelassen. Der Meister belehrt Peregrinus, daß sein Volk »aus lauter leichtsinnigen Springinsfeldern besteht, die geneigt sind, sich jeder soliden Gestaltung zu entziehen durch fortwährendes Hüpfen. Was für ein Talent dazu gehört, von einem solchen Volk Meister zu sein, werdet Ihr einsehen, Herr Peregrinus.«[82] Auch Hoffmanns Text entzieht sich jeder soliden Gestaltung durch fortwährendes Hüpfen, das Talent seines Verfassers, das aus vielen widerstrebenden Elementen einen Text schafft, ist – wie zuvor in *Prinzessin Brambilla*, wie zugleich in *Kater Murr* – der Humor. In welchem Sinne der Kernbegriff von Hoffmanns Werk der letzten Lebensjahre zu verstehen ist, wird im Schlußkapitel präzisiert, in dessen Mittelpunkt Hoffmanns »Erklärung« von Februar 1822 steht: Hier weitet er eine Selbstdeutung des Märchens zu einer Charakterisierung seines Schreibens und seiner Kunst unter dem Zeichen des Humors.

Diese »Erklärung« steht im Zusammenhang mit einem dienstlichen und einem Zensurverfahren, das wegen der Knarrpanti-Passagen im Januar 1822 gegen Hoffmann eingeleitet worden war. Die Untersuchung hatte zur Folge, daß das Werk in einer von der Zensur verstümmelten Fassung erschien. Davon ist später in einem Exkurs ausführlicher die Rede.

10. Kater Murrs Lebens-Ansichten: Hoffmanns Lebens-Werk

In den letzten drei Jahren seines Lebens beschäftigte sich Hoffmann mit dem Roman *Kater Murr* – in einer Zeit also, in der auch die beiden Abschlußbände der *Serapions-Brüder* und über ein Dutzend Erzählungen entstanden, ferner die Märchenromane *Prinzessin Brambilla* und *Meister Floh*. *Kater Murr* bildete die Hauptarbeit Hoffmanns in seinen letzten Lebensjahren, und sie war bei seinem Tod nicht abgeschlossen. Daher steht der Roman am Ende dieser Darstellung.

Dem *Kater Murr* galt nicht nur Hoffmanns Haupt*arbeit*, er wurde auch zum Haupt*werk* des Künstlers, zur Summe seiner Kunst und seines Lebens.

Entstehung

Einzelne Gestalten, Szenen und Vorstellungen des *Kater Murr* haben ihren Ursprung in Hoffmanns Jugend und den Anfängen seines musikalischen und schriftstellerischen Œuvre. Insbesondere eine der beiden zentralen Gestalten des Romans, der Kapellmeister Johannes Kreisler, spielt in diesem Werk seit 1810 eine wichtige Rolle. Für die Frage nach den Anfängen ist vor allem wichtig, welche Rolle Hoffmanns Pläne eines »musikalischen Romans« bzw. einer Aufsatzsammlung »Lichte Stunden eines wahnsinnigen Musikers« für die Kreisler-Gestalt in *Kater Murr* spielen.[1] In den Tagebüchern und Briefen erwähnt Hoffmann zwischen 1812 und 1815 gelegentlich die Arbeit an diesem Werk. Hitzig schreibt, die »lichten Stunden eines wahnsinnigen Musikers« hätten sich »unmittelbar« an den dritten Band des *Kater Murr* »anschließen« sollen.[2] Gegenüber diesen und ähnlichen Behauptungen kann man festhalten: Es gibt dafür keiner-

lei Belege. Im übrigen ist es schon vom Ansatz her verfehlt, die
»Biographie« des Roman-Kreisler durch Angaben aus den
Kreisleriana zu ergänzen, und das nicht nur, weil Hoffmann die
Biographie sehr bewußt und aus guten Gründen fragmentarisch
gibt. Die vielfachen Beziehungen zwischen den *Kreisleriana* und
den Kreisler-Teilen des Romans werden mit dieser Feststellung
natürlich nicht in Frage gestellt. Hoffmann beschäftigte sich in
der zweiten Jahreshälfte 1818 intensiv mit den *Fantasiestücken*,
die er für die geplante Neuauflage (sie erschien Anfang 1819)
gründlich durchsah und in Teilen überarbeitete. So waren ihm
die Kreisler-Texte in frischer Erinnerung, als er an die Konzeption des Romans ging. In einer Reihe von Details kehren biographische Einzelaspekte oder Reflexionen wieder; in anderen
Zügen unterscheidet sich der Kreisler des Romans allerdings
auch – zum Teil deutlich – von dem der frühen Erzählungen; die
Rückbezüge (bis hin zu einem Zitatbeleg in einer Fußnote) werden zum selbstreferentiellen Spiel.

Die konkrete Arbeit an dem Roman nahm Hoffmann sehr
wahrscheinlich im Frühjahr 1819 auf, nach Abschluß des ersten
Bandes der *Serapions-Brüder*. Seinen Haupttitel verdankt er
dem »Katerjüngling« Murr, den Hoffmann seit 1818 besaß. Der
Grundgedanke, einen Kater zur literarischen Figur zu machen,
kann auf eine Reihe literarischer Anregungen zurückgehen.
Auch die Technik, intelligente, sprechende und schreibende
Tiere in dichterische Werke einzuführen, hatte Hoffmann bereits in den *Fantasiestücken* erprobt. Trotzdem mag der reale
Murr der äußere Anlaß für Konzeption und Form des Romans
gewesen sein.

Im Juli 1819 übergab Hoffmann dem Berliner Verleger Ferdinand Dümmler den Anfang des Manuskripts. Offensichtlich
machte er Dümmler noch keine genaueren Angaben über Umfang und Charakter des Romans, denn dieser kündigte ihn im
Katalog der Leipziger Michaelismesse (unter »Fertig gewordene
Schriften«) als Werk in *einem* Band an unter dem Titel: »Lebensgeschichte des Kater Murr«. Von September bis November 1819

schrieb Hoffmann den Rest des ersten Bandes, das Vorwort ist datiert »November 1819«. Der Band erschien im Dezember 1819 mit der Jahreszahl 1820.

Bereits zu Beginn des Jahres 1820 kündigte Hoffmann dem Verleger den zweiten Band des Romans an. In einem Ende 1820 geschriebenen Artikel für die Zeitschrift *Der Zuschauer* nennt er unter den literarischen Arbeiten, die ihn beschäftigen, als wichtigste *Kater Murr*. Aber erst am 2.9.1821 schickte er Dümmler den Anfang der Fortsetzung mit folgendem Begleitschreiben:

Endlich, Verehrtester Freund! erhalten Sie den Anfang des zweiten Teils vom Kater Murr. Das Manuskript wird über sechs Bogen betragen, und da der schnellste Setzer wohl nicht gut mehr liefern kann als drei Bogen wöchentlich, so würde ich einen Vorsprung von vierzehn Tagen haben, und so viel Zeit habe ich auch nur nötig um im Gange zu bleiben, so daß gar keine Stockung und zwar um so weniger erfolgen soll, als ich mit der übrigen Arbeit gänzlich aufgeräumt und eben deshalb so lange gewartet habe, um mich mit dem schwürig angelegten Buche, dessen Credit ich auf alle Weise bewahren muß, ganz ausschließlich zu beschäftigen.

Fangen Sie daher getrost mit dem Druck in folgender Woche an und es kann das Buch wohl Anfangs November fertig werden. Der dritte und letzte Teil könnte dann wohl, da ich nun nicht mehr abbreche, zur Neujahrsmesse fertig werden.[3]

Von dieser Zeit an scheint Hoffmann wirklich kontinuierlich an dem Band gearbeitet zu haben, wenn auch keineswegs, wie er dem Verleger versicherte, durch keine anderen Arbeiten gehindert (in den nächsten Wochen schrieb er auch die ersten beiden Kapitel des *Meister Floh*). Zwar arbeitete er noch Anfang Dezember am Romanschluß, da aber Dümmler, im Vertrauen auf die Arbeitsgeschwindigkeit seines Autors, das gelieferte Manuskript stets sofort drucken ließ, konnte der Roman wenige Tage nach dem Abschluß der Niederschrift bereits ausgeliefert werden. Dümmler zeigte in der *Vossischen Zeitung* vom 13.12.1821

»den vielen Freunden des Buches« an, daß der zweite Band soeben die Presse verlassen habe.

Hoffmann schrieb und sprach in den ersten Monaten des Jahres 1822 wiederholt von seiner Arbeit am dritten Teil des Romans (»Murr *Tom:* 3. ist angefangen«[4]). Als er im Juni 1822 starb, fand sich im Nachlaß kein Manuskriptteil einer Fortsetzung. Es ist daher sehr wahrscheinlich, daß er mit der Niederschrift des dritten Teils zu dieser Zeit noch nicht begonnen hatte. Hitzig schreibt in seiner Hoffmann-Biographie, daß der Roman »mit dem dritten, leider auf dem Papier nicht angefangenen, aber im Kopfe schon ganz vollendeten [Bande], schließen sollte«.[5] Diese Angabe wurde lange Zeit von der Forschung nicht bezweifelt. Erst seit den sechziger Jahren des 20. Jahrhunderts wurden verschiedentlich Bedenken gegen diese Ansicht formuliert. Ausgehend von der romantischen Theorie des Fragments entwickelte Herbert Singer 1963 in einer geistvollen Interpretation des Romans ausführlich und grundsätzlich die Argumente, die seiner Ansicht nach dafür sprechen, daß *Kater Murr* als Fragment geplant, »ein in sich vollendetes Fragment« sei; dieses »Oxymoron« ist seiner Meinung nach der paradoxen Struktur des Romans adäquat.[6] Obwohl sich diese These einige Zeit einer gewissen Beliebtheit erfreute, ist sie wohl doch nicht haltbar. (Dieser Überzeugung hat sich mittlerweile die deutliche Mehrzahl der Hoffmann-Forscher angeschlossen.) Hoffmanns Aussagen über den Stand eines Werkes unterscheiden sich auch sonst häufig deutlich vom Stand der Niederschrift. Denn er betrachtete die gedankliche Planung als ganz wesentlichen Teil des Produktionsprozesses, gleichsam als Schreiben im Kopf, dem dann »nur« noch die Niederschrift auf dem Papier zu folgen habe. Daß diese Aussagen den Tatsachen entsprechen, zeigen einige gut (vor allem durch Tagebucheintragungen) belegte Einzelfälle, z.B. die Arbeit am *Goldenen Topf*. Diese Arbeitsweise erklärt auch die häufig fast unglaubliche Geschwindigkeit der Niederschrift.

Ein starkes Argument gegen die These vom geplanten Fragment ist auch Hoffmanns Verhalten gegenüber dem Verleger Dümmler, mit dem er seit längerem gut und erfolgreich zusammenarbeitete. Er ließ sich zweimal Vorschüsse für Band 3 auszahlen – es ist sehr unwahrscheinlich, daß er dies getan hätte, ohne eine Ausführung überhaupt zu planen. Daß er mit der Niederschrift noch nicht begonnen hatte, läßt sich unschwer aus seinen Lebensumständen in der ersten Hälfte des Jahres 1822 erklären: Das gegen ihn laufende Verfahren wegen des *Meister Floh* hielt ihn in Atem, einige aufgeschobene und neue Arbeiten beanspruchten ihn, schließlich und vor allem: seine Krankheit erlaubte ihm schon seit dem Frühjahr nur noch wenig Schreib- bzw. Diktierarbeit. So spricht wenig dafür, Hoffmanns Absicht, einen dritten Band zu schreiben, in Zweifel zu ziehen.

Die wenigen überlieferten Zeugnisse Hoffmanns zum *Kater Murr* zeigen mit einiger Wahrscheinlichkeit, daß der Dichter, wie auch sonst fast immer, ohne ein schriftliches Konzept arbeitete (allenfalls mit »Collektaneen«). Die Niederschrift erfolgte sehr schnell; Hoffmann konzipierte wohl auch die Murr- und die Kreisler-Teile des Romans nicht getrennt und fügte sie dann zusammen, sondern schrieb das Werk sofort so, wie es vorliegt: im Wechsel der Teile und in einer komplizierten chronologischen Schichtung.

Paratexte

Der Begriff »Paratext«, den Gérard Genette 1982 prägte, hat sich in der Literaturwissenschaft rasch durchgesetzt. Genette bezeichnet damit alle Elemente, die zwar zum Buch, nicht aber zum Text (im engeren Sinn) gehören, z. B.: Autorname, Titel, Widmung, Motto, Vorwort, Anmerkungen, Bilder. Seit die Vorstellungen von Werk und Text ihre Statik verloren haben, sind auch die Grenzen zu Paratexten fließend geworden. Das galt lange, bevor sich die Textwissenschaft des späten 20. Jahrhunderts mit diesen Phänomenen befaßte, für jene Autoren, denen die verschiedenen Textelemente zugleich Spielmaterial waren –

insbesondere also für Schriftsteller der literarischen Traditionslinie, in der E. T. A. Hoffmann steht.

Bei der bisherigen Beschäftigung mit Hoffmanns künstlerischem Gesamtwerk ist deutlich geworden, welche Rolle darin Kunstwerke anderer (aber auch eigene) spielen: Kompositionen, Bilder, Dichtungen. Hinzu kommt, bei den literarischen Werken, der Text selbst, als Ergebnis des künstlerischen Prozesses. Bereits in den *Kreisleriana* und im *Don Juan* beobachten wir als Leser Kreisler und den Enthusiasten bei der Niederschrift der Texte, die wir lesen; im *Goldenen Topf* spielt die Entwicklung von Anselmus zum Schreiber und zum Dichter sowie die Entstehung des Märchentextes, den wir vor uns haben, eine zentrale Rolle. Ähnliches gilt für eine Reihe weiterer Werke. Diese Selbstreflexion der Texte macht aus den schreibenden Subjekten stets zugleich beschriebene Objekte. Hinter diesen Autoren taucht nicht selten ein »Herausgeber« auf, der sich als Instanz in den Prozeß der Entstehung und Publikation einschaltet: der »reisende Enthusiast«, der ungenannte Herausgeber in den *Elixieren des Teufels* oder in *Meister Floh*, der »Hoffmann« genannte Herausgeber in den *Abenteuern der Sylvester-Nacht* oder den *Geheimnissen*. Dieser Herausgeber versieht das Werk mit Paratexten wie Vorwort und Anmerkungen. Die teilweise hochkomplizierten Verhältnisse und Schichtungen in einigen dieser Texte wurden in früheren Kapiteln dargestellt und analysiert.

In all diesen Beziehungen stellt *Kater Murr* die Summe und den Höhepunkt des Hoffmannschen Gesamtwerkes dar. Wie intensiv, geradezu ausschweifend und lustvoll spielend er all die genannten Elemente benutzt, wird in den folgenden Abschnitten deutlich. Zunächst soll die Aufmerksamkeit zwei Paratextsorten gelten, die bei den früheren Werken zwar vermerkt, aber nicht intensiver betrachtet wurden: Titelbildern und Titeln.

Die verschiedenen Funktionen von Bildern *für* Texte und *in* Texten Hoffmanns wurden mehrfach behandelt, zusammenfassend in dem Kapitel über *Prinzessin Brambilla*. Ein Spezialfall wurde dabei ausgeklammert: die Titelbilder, die von ihm selbst

42. *Kater Murr.* Bd. 1, Vorderdeckel. 43. *Kater Murr.* Bd. 1, Rückendeckel.

stammen oder nach seinen Zeichnungen angefertigt wurden. Sie finden sich auf den Werken *Die Maske*, *Fantasiestücke in Callot's Manier*, *Klein Zaches*, *Meister Floh* und *Kater Murr*. Bei all diesen Büchern, mit Ausnahme der *Fantasiestücke*, finden sich auch Bilder auf dem rückwärtigen Deckel. Ferner zeichnete Hoffmann, wie erwähnt, auch für das Gemeinschaftsprojekt der *Kindermärchen* für jeden Text die Titel- und Schlußvignette, also für *Nußknacker und Mausekönig* und *Das fremde Kind* sowie zu den Texten von Contessa und Fouqué. In einigen dieser Fälle steht neben dem Bild auch der Titel auf dem Deckel, so daß beide eine optische Einheit bilden. Die Funktion dieses Bild-Text-Deckels wurde am Beispiel der *Fantasiestücke* ausführlicher erörtert.

Bei *Kater Murr* trennt Hoffmann beide Elemente: Das Bild ziert den Deckel, das Titelblatt folgt. Der erste Deckel zeigt einen

Kater, die Schreibfeder in der rechten Pfote, in eine Art Toga gehüllt. Er steht an einem Pult, offensichtlich auf einem Dach, da es einen Kirchturm überragt; dahinter ist der freie Himmel zu sehen. Der Rückendeckel zeigt einen Mann, der, in einem Buch lesend, unter Bäumen spazierengeht. Die Figur steht in einer Art Kreis, der Symbolfigur Kreislers. Man könnte das Bild der Szene im vorletzten Absatz des ersten Romanbandes zuordnen, wo Kreisler »in den Laubgängen des Parks«[7] beschrieben wird. (Eine andere Hypothese schlägt vor, darin Meister Abraham im Kreis astrologischer Zeichen zu sehen.[8]) Die Zeichnungen werden von jeweils denselben grotesken Figuren umrahmt. Die obere Leiste zeigt einen feisten Mann mit einer Krone, auf einem thronartigen Sessel, umgeben von zwei symmetrisch zugeordneten nackten Figuren; ihre Körper laufen in ein Rankenwerk aus, das sich in den schmalen Seitenleisten in einer Art Weinlaub fortsetzt. Die untere Leiste gruppiert in gleicher Weise zwei Ziegenböcke neben und über einer sphinxartigen Gestalt, barbusig, mit Flügeln und Pfoten, ebenfalls umgeben von Ranken. Diese Verzierungen zitieren einen Kernbegriff der romantischen Ästhetik: die Arabeske. Sie galt vor allem Friedrich Schlegel als Inbegriff von Kombinatorik, Mannigfaltigkeit, anscheinender Willkür, »künstlich geordneter Verwirrung«.[9] Im zweiten Band behielt Hoffmann den arabesken Rahmen bei, zeichnete für den Vorderdeckel wieder eine Szene mit Murr, für den Rückendeckel einen Mönch im Kloster.

Das Titelblatt des Romans lautet: »Lebens-Ansichten des Katers Murr nebst fragmentarischer Biographie des Kapellmeisters Johannes Kreisler in zufälligen Makulaturblättern. Herausgegeben von E.T.A. Hoffmann«. Damit kündigt der Titel zwei Geschichten an: die Memoiren eines Katers sowie die Biographie eines Musikers; ferner wird etwas über deren Form angedeutet, das auf eine seltsame Überlieferungslage hinweist. Es handelt sich offenbar um Abfallblätter, die durch Zufall erhalten sind. Neben diesen inhaltlichen Elementen gehört zum Paratext des Titels jedoch auch dessen graphische Gestaltung und Anordnung. In der deutlich größten Type, damit aus dem Gesamttitel

10. Kater Murrs Lebens-Ansichten: Hoffmanns Lebens-Werk

44. *Kater Murr*. Bd. 1, Titelblatt.

herausspringend, ist »Katers Murr« gedruckt, als zweitgrößtes das Anfangswort »Lebens-Ansichten«; der restliche Titel erscheint deutlich kleiner. Damit werden die durch den Deckel signalisierten Verhältnisse nachdrücklich bestätigt: Der Kater spielt die Hauptrolle, seine Lebensansichten bilden den wesentlichen Inhalt des Werkes.

Der Hoffmann-Leser weiß allerdings: Wie jedes Element des Textes kann auch jedes Element des Paratextes Gegenstand des Spiels und raffinierter Umpolungsstrategien werden. Je sicherer ein Faktum zu sein scheint, desto stärker ist der Leser gewarnt, auf ironischen Umgang, satirische Umkehrung gefaßt. Eben das gilt für das letzte Element des Titelblattes, obwohl es eindeutiger kaum sein könnte: »Herausgegeben von E. T. A. Hoffmann«.

Daß der Autor sich als Herausgeber ausgibt, ist so weit verbreitet, daß es auch einen traditionellen Leser kaum irritieren dürfte. Diesem Herausgeber verdanken wir das dritte paratextuelle Element, das sich vor den Beginn des »Textes« schiebt: das Vorwort, unterzeichnet und datiert »Berlin, im November 1819«. Dieses weist eine Reihe von Realien auf, die den Herausgeber als die reale Schriftstellerpersönlichkeit E. T. A. Hoffmann erkennen lassen: Genannt wird die Verfasserschaft zweier Werke, *Nachtstücke* (mit der Erwähnung eines veritablen Druckfehlers auf Seite 326) sowie *Das Fräulein von Scuderi*, einige biographische Details, der Verleger des Romans, Herr Dümmler. Andererseits berichtet dieser Herausgeber in seinem Vorwort jedoch eine Geschichte von einem schreibenden Kater und der Entstehung des vorliegenden Buches, die mit der uns vertrauten Realität nicht in Übereinstimmung zu bringen ist. Das gilt ebenso, wenn die Paratextsorte »Vorwort« weiter strapaziert wird: durch eine »Vorrede des Autors«, also des Katers, eine zweite Vorrede aus dessen Feder, die eigentlich hätte unterdrückt werden sollen und versehentlich abgedruckt wurde, sowie eine Nachschrift des Herausgebers (»N. S. [...] d. H.«), der dies Versehen entschuldigt. Die vielfältigen Funktionen dieses merkwürdigen Herausgebers, die sich auch in weiteren Paratexten niederschlagen, werden uns in den folgenden Abschnitten begegnen.

Es wird zweierlei sehr deutlich: Der Urheber (Autor) dieses Werkes kennt die Bedeutung und Wirkung von Paratexten sehr gut, er benutzt sie in großem Umfang, zieht sie in sein Verwirrspiel ein, parodiert sie. Und: Eben dadurch sind die Paratexte nicht nur Teil des Textes bzw. des Werkes, sondern ein integraler Teil, das heißt: unerläßlich zu seinem Verständnis. Hier wird gleichsam der (Noten-) Schlüssel gesetzt, der den Ton der folgenden Komposition bestimmt.

Erzähltraditionen

Hoffmanns Roman kündigt bereits im Titel sowohl eine Autobiographie (»Lebens-Ansichten«) als auch eine »Biographie« an: zwei zentrale Gattungen subjektzentrierten Schreibens.

Die Autobiographie des Katers orientiert sich im Bestimmungswort des Titels, »Lebens-Ansichten«, an feststehenden Mustern, die sich insbesondere im 18. Jahrhundert ausgeprägt haben. Das berühmteste Beispiel ist allerdings keine Autobiographie, sondern ein Roman, Sternes *Life and Opinions of Tristram Shandy, Gentleman* (1759-1767; dt.: *Leben und Meinungen von Tristram Shandy, Gentleman*). Er hat mit Hoffmanns *Kater Murr* neben vielem anderen auch gemein, daß bereits die Titelankündigung in die Irre führt: Sterne berichtet in der Hauptsache weder vom Leben Tristrams (sondern von dessen Onkel Toby) noch von dessen Meinungen (sondern von denen Walter Shandys). Auch in der deutschen Literatur waren Titel mit den Bestimmungswörtern »Leben« und »Meinungen« oder »Ansichten« beliebt: Christoph Friedrich Nicolais *Das Leben und die Meinungen des Herrn Magister Sebaldus Nothanker* (1773-1776) war einer der bekanntesten Romane der Aufklärung; Ernst Wagners Roman *Wilibald's Ansichten des Lebens* (1805) galt Kritikern als bedeutendster Nachfahr des Goetheschen *Wilhelm Meister*.

Hoffmann hat sich intensiv mit autobiographischer Literatur befaßt, vor allem mit Rousseau, Hamann, Lichtenberg, Moritz, Goethe. Zitate daraus, Anspielungen auf diese Autoren und ihre Ansichten finden sich bereits in zahlreichen Briefen und Werken vor dem *Kater Murr*, und auch der Roman selbst ist voll von derartigen Spuren. Der gelehrte Kater stellt sich gern und sehr bewußt in diese literarische Tradition. Insbesondere Rousseau und dessen *Bekenntnisse* werden ihm zum Vorbild, von der Schreibsituation – Rousseau schloß sich in ein verdunkeltes Zimmer, Murr schreibt nachts – bis zum Ziel, der Rechtfertigung des Schreibens, mit dem Anspruch auf Wahrheit, zur Offenbarung seines »wahren« Ichs. Auch in Details bezieht sich Murr auf den »verehrten Selbstbiographen«.[10] Er teilt diese Vorliebe mit Kreisler wie mit Hoffmann, der am 13. 2. 1804 im Tagebuch notierte, er habe die *Bekenntnisse* »zum 30sten mal« gelesen und finde sich Rousseau »in manchem ähnlich«.[11]

Die Autobiographie Murrs orientiert sich an den genannten großen Mustern der Gattung. Bis in einzelne Wendungen hinein werden sie zitiert, nach ihrem Vorbild reflektiert der fiktive Autor über die Gattung, in der er sich versucht. Doch gerade dadurch wird, da eine fiktive Figur und zudem ein Tier das Subjekt ist, die Grundidee der Gattung – ein Schreibender versucht, sich über sein Ich klarzuwerden und sich und der Welt über sein Wesen und seine Entwicklung Rechenschaft abzulegen – auf den Kopf, die Gattung selbst in Frage gestellt.

Eingelagert in Murrs »Autobiographie« erhalten wir die Biographie des Kapellmeisters Kreisler. Auch eine Biographie versucht (oder gibt vor), das Wesen einer Person so objektiv und vollständig wie möglich zu erfassen und zu beschreiben. Und auch hier werden die Bedingungen der Gattung im Text selbst diskutiert, ihre – nicht nur materialbedingten – Grenzen reflektiert, wobei natürlich, wie bei Murr, die Kategorien Objektivität und Wahrheit Teil der Fiktion sind.

Hoffmanns Roman benutzt also die beiden literarischen Grundmodelle, die Leben und Entwicklungen, Meinungen, Gefühle und Gedanken in den Mittelpunkt rücken, durch seine Art der Behandlung werden jedoch beide Gattungen in Frage und zur Disposition gestellt. Das trifft in zweierlei Hinsicht zu: sowohl für das Problem, ob und in welchem Umfang man das Ich einer Person, ihre Identität, ihr Wesen, ihren Lebensweg überhaupt erkennen kann, als auch für die Frage, wie das Erkannte im Schreibakt – als Literatur – adäquat festzuhalten ist. Die Tradition autobiographischen und biographischen Schreibens stellt die Folie dar, vor deren Hintergrund diese beiden Kernprobleme entfaltet werden. Dabei kündigt der Titel bereits die Destruktion der bekannten Muster an, denn die Autobiographie ist die eines Tieres und die Biographie bleibt fragmentarisch. Diese Art des Umgangs mit Schreibtraditionen wurde oft parodistisch genannt, aber dieser Begriff erfaßt das Verfahren nur partiell und wird seiner Komplexität nicht gerecht.

Hoffmann kompliziert den Umgang mit den Mustern der Autobiographie und der Biographie noch weiter dadurch, daß er eigene autobiographische Materialien in den Roman einarbeitet: Das gilt zum einen für den »Herausgeber« E. T. A. Hoffmann; zum anderen für die Person Kreislers. Denn Hoffmann war in den zurückliegenden Jahren wiederholt unter dem Namen seines Kapellmeisters aufgetreten, hatte von sich als »Kreisler« gesprochen, Erzählungen und Privatbriefe mit diesem Namen unterzeichnet. Noch im April 1819 veröffentlichte er eine Musikkritik im *Freimüthigen* als Offenen *Brief des Kapellmeisters Johannes Kreisler (Mitgeteilt von E. T. A. Hoffmann).*[12] So überrascht es nicht, bereits in zeitgenössischen Zeugnissen Hoffmann mit Kreisler identifiziert zu finden. In Hitzigs Hoffmann-Biographie wird diese Ansicht gleichsam offiziell festgeschrieben:

Der Held der Dichtung, Johannes Kreisler, schon aus den Fantasiestücken der lesenden Welt bekannt und werth geworden, war aber eine Personificirung seines humoristischen Ich's, weshalb auch in keinem seiner Werke so viel, auf Wahrheit gegründete, Beziehungen auf sein eigenes Leben, zu finden sind, als in diesem.[13]

Die auffälligste Parallele besteht darin, daß Kreisler als Verfasser mehrerer Kompositionen genannt wird, die wir als Werke Hoffmanns kennen. Auch die familiären Verhältnisse, in denen der junge Kreisler aufwächst, weisen eine Reihe von Ähnlichkeiten zu Hoffmanns Kindheit und Jugend auf; wesentliche Ereignisse aus Hoffmanns erster Lebensphase finden sich in ähnlicher Form in Kreislers Biographie. Jenseits solcher Daten und Fakten werden die lebensgeschichtlichen Bezüge zunehmend komplizierter. Das gilt z. B. für Kreislers Verhältnis zu Julia, in dem einerseits Spuren der Beziehung Hoffmanns zu Julia Mark zu finden sind, andererseits aber die literarischen Umgestaltungen dieses Verhältnisses weitergeführt werden. Selbstverständlich bleibt, wie bereits bei der diffizilen Verschränkung der Biographien Hoffmanns, Kreislers und Mozarts in den *Kreisleriana* festgehalten wurde, das Gefüge der Beziehungen viel zu komplex, um mit der Formel des Autobiographischen erfaßt werden zu können.

Die literarische Gattung, in die autobiographisches und biographisches Schreiben in eindeutig fiktionalisierter Form am stärksten Eingang gefunden hat, ist der Bildungsroman, wie er sich, nach Anfängen bei Wieland und Moritz, bei Goethe in *Wilhelm Meisters Lehrjahre* ausgeprägt hat. Bereits die Zeitgenossen sahen in diesem Werk das »unübertreffliche Muster« der Gattung, die zudem in besonderem Maße als »deutsch« empfunden und bezeichnet wurde.

Der Dorpater Ästhetikprofessor Karl Morgenstern, der 1810 für Romane vom Typus des *Wilhelm Meister* den Begriff »Bildungsroman« geprägt hatte, sprach im Dezember 1819 (also – aber das ist wohl wirklich ein Zufall – im gleichen Monat, in dem *Kater Murr* erschien) erstmals programmatisch »Ueber das Wesen des Bildungsromans«. Der Name sei passend

> erstens und vorzüglich wegen seines Stoffs, weil er des Helden Bildung in ihrem Anfang und Fortgang bis zu einer gewissen Stufe der Vollendung darstellt; zweytens aber auch, weil er gerade durch diese Darstellung des Lesers Bildung, in weiterm Umfange als jede andere Art des Romans, fördert. An sich gefallende, schöne und unterhaltende Darstellung der Bildungsgeschichte eines ausgezeichnet Bildungsfähigen wird sein objectiver, im Kunstwerke überall sich aussprechender Zweck des Dichters eines solchen Romans seyn; [...] so wird der Romandichter mit dem Zwecke der Kunst, durch Schönes zu gefallen und zu erfreuen, die reinmenschliche Absicht zu nützen, zu belehren, zu bessern, – mit Einem Worte, zu *bilden*, weise verbinden.[14]

Man könnte kaum besser ausdrücken, was Murr mit seinen *Lebens-Ansichten* – wenn auch in dialektischer Verkehrung – intendiert. Seine Autobiographie folgt in zahlreichen Stationen bis in die Terminologie hinein den typischen Wegmarken des Bildungsromans. Bereits die Überschriften künden an (wobei man für Kater-Monate Menschen-Jahre lesen kann): »Die Monate der Jugend«, »Auch ich war in Arkadien«, »Die Lehrmonate«, »Ersprießliche Folgen höherer Kultur«, »Die reiferen Monate des Mannes«.

Ziel des Bildungsromans ist die »harmonische Ausbildung des Reinmenschlichen«,[15] die »Reifung« zur »Persönlichkeit«.[16] Daher liegt bereits in der Transponierung der Ideale in die Tierwelt ein parodistischer Zug. Da aber die Gattung eine zentrale künstlerische Ausdrucksform der deutschen Klassik darstellte und auch in der Frühromantik hoch geschätzt wurde, richtet sich Hoffmanns Roman indirekt auch gegen deren Menschen- und Geschichtsvorstellungen, gegen den Begriff der Bildung und der Bildbarkeit des Menschen, gegen die Bildungsgüter und -ziele. All das wird im *Kater Murr* beliebig verfügbar. Die Destruktion der Bildungsidee wird durch die Gestalt des Katers besonders scharf und unerbittlich, denn die Gattung und ihre Ideale werden der Groteske und dem Gelächter preisgegeben. Immer wieder wird ihr hoher Anspruch durch eine banale, oft materialistische Konkretisierung desavouiert. Bildung, im Selbstverständnis des Katers, verfolgt hier stets bürgerlich-konkrete Zwecke, handfeste Vorteile, äußeres Ansehen, ein besseres und bequemeres Leben.

Auch Kreislers Biographie läßt sich auf der Folie des Bildungs- und Entwicklungsromans lesen, auch sie zeigt – in anderer Weise, aber genauso radikal – die Unmöglichkeit der Bildung eines Menschen zur Persönlichkeit im Sinn der Klassik. Der für den Bildungsroman konstitutive Konflikt zwischen Ich und Welt wird hier verschärft, und seine Lösung, die auf Ausgleich und Anpassung angelegt ist, wird ebenso wie jede Angleichung des Individuums an die Gesellschaft verworfen und verspottet.

Diese Ablehnung der Bildungsutopie wird durch die Darstellungsform unterstrichen: Der Lebensroman wird nicht chronologisch, sondern fragmentiert, sprunghaft, zerrissen geboten. Daß der Weg durch desillusionierende Welterfahrung zu sinnerfüllter Existenz hinführen könnte, ist für Hoffmann zu einem nicht mehr nachvollziehbaren Gedanken geworden, die Voraussetzungen des Goetheschen und Hegelschen Bildungsbegriffs sind für ihn aufgehoben.

Mit dem Bildungsroman ist ein (wenn auch negierter, in der Parodierung doch erkennbarer) Gattungskontext des *Kater Murr* genannt. Positiv formuliert steht dieser Roman in einer Traditionslinie der europäischen Literatur, die mit Rabelais' *Gargantua* und mit Cervantes' *Don Quixote* beginnt, in Shakespeares Schauspielen eine gattungsüberschreitende Fortsetzung und in Sternes *Tristram Shandy* ihren Höhepunkt findet; auch Tiecks *Gestiefelter Kater* und Jean Pauls Romane gehören in diese Tradition. Es sind vor allem die Schreibweisen und Strategien des satirisch-humoristischen Erzählens, die Hoffmann hier kennenlernte, in seinem Roman anwandte und in vielfacher Weise weiterentwickelte.

Einen *Gargantua* plante Hoffmann bereits 1804 zu schreiben, *Don Quixote* gehörte zu seinen Lieblingsbüchern. Das Neben- und Gegeneinander von Erhabenem und Lächerlichem, die Dissonanzen, teilweise verkörpert in den beiden Hauptgestalten, gaben seinem Roman wichtige Anregungen.

Auch Spuren von Shakespeares Werken sind bei Hoffmann allgegenwärtig. Ähnlich wie August Wilhelm Schlegel in seinen Vorlesungen *Über dramatische Kunst und Litteratur* sah er die große Nähe zwischen Komödien und Tragödien und betrachtete das gesamte Werk als tragikomisch – auch hier spielt das Verhältnis heterogener Einzelteile und die Verflechtung des Unterschiedlichen eine wichtige Rolle. Robertson hat gezeigt, daß es möglich ist, wesentliche Aspekte des *Kater Murr* mit Merkmalen der Shakespeareschen Schauspiele, in Schlegels Interpretation, in Einklang zu bringen, den Roman als »a novel in the tragi-comic mode« zu lesen: »Schlegel has unwittingly provided an excellent description of Hoffmann's technique in *Kater Murr*.«[17]

Das wichtigste Vorbild für Hoffmanns Schreibweise, Sternes *Tristram Shandy*, ist das bedeutendste Experimentierfeld erzähltechnischer und formaler Kabinettstücke vor dem *Kater Murr*, Funktionen traditioneller Erzählelemente werden in Frage oder auf den Kopf gestellt, das kontinuierliche Erzählen wird ständig durch Digressionen und chronologische Sprünge aufgesprengt – das Werk wurde zu Recht als Roman über die Unmöglichkeit des Romanschreibens im traditionellen Sinne beschrieben.

Den Humor Tiecks schätzte Hoffmann von Beginn seines Schreibens an, während der Arbeit am *Kater Murr* wurde für ihn insbesondere *Der gestiefelte Kater* als Vorbild wichtig. Das gilt vor allem für die Grundidee, einen gewitzten sprechenden Kater in die Welt der Menschen zu versetzen, aber auch für zahlreiche aus dieser Begegnung entstehende komische Konflikte sowie für deren literarische Umsetzung.

Die humoristischen Romane Jean Pauls spielen für Hoffmanns Schreiben ebenfalls eine bedeutende Rolle – so das Jonglieren mit Vorworten, die Erfindung von Entstehungsgeschichten, die Autoreingriffe. Die meisten zeitgenössischen Rezensionen verwiesen auf die Nähe des *Kater Murr* zu Jean Paul – fast durchweg zum Nachteil Hoffmanns. Vergleichspunkte waren Humor und Erzähltechniken, aber auch die Idee der Gesamtkomposition als Doppelroman, eines heiteren und eines ernsten Teiles, wurde auf Jean Paul zurückgeführt. Solchen nach Einflüssen und Abhängigkeiten suchenden Kritikern (und damit auch zahlreichen späteren Forschern) mußte das Innovative, Moderne, Artistische der Texte Hoffmanns verborgen bleiben. Gerade weil Hoffmann Jean Pauls Werke gut kannte, wurden sie für ihn Gegenstand intertextuellen Spiels; interessanter als die Berührungspunkte sind die Unterschiede und Weiterentwicklungen. Zwar weisen beide Autoren in einigen Erzähltechniken Gemeinsamkeiten auf, aber Hoffmann übertrifft Jean Paul nicht nur an

Virtuosität, sondern gibt den technischen Mitteln und erzählerischen Kabinettstücken auch einen neuen Kontext und ein anderes Ziel: Denn durch ihn wird das geschlossene Erzähluniversum, das bei Jean Paul trotz aller Experimente noch gilt, aufgebrochen und in Frage gestellt.

Intertextualität: Zitate

Hoffmann bezieht von Beginn an, seit seinen frühen Briefen, Kunstwerke – Kompositionen, Bilder, vor allem Dichtungen – anspielend, zitierend, parodierend in seine Texte ein. Diese Intertextualität avant la lettre steigert sich, seit Literatur in der eigenen Kunstproduktion einen immer wichtigeren Platz einnimmt. Bei der Analyse einer Reihe von Werken Hoffmanns wurden die Fülle und die zahlreichen Funktionen intertextueller Darstellungsmittel aufgezeigt.

Auch in diesem Bereich stellt *Kater Murr* die Summe der Hoffmannschen Schreibweisen dar. Lange bevor die Theorie der Intertextualität versucht hat, die verschiedenen Arten der Bezüge zwischen Texten in einen größeren Zusammenhang zu stellen, registrierte die Forschung den übermäßigen Zitatgebrauch in diesem Roman, sah darin allerdings fast ausschließlich eine Marotte Murrs (oder Hoffmanns).

In der Tat ist es eines der auffälligsten Merkmale von Murrs Schreibart, daß er immer wieder Zitate einflicht, von Dichtern der Weltliteratur ebenso wie von Trivialautoren, gelegentlich wörtlich, oft leicht variiert, nicht selten stark verändert bis ins Gegenteil verkehrt. Die zitierten Autoren verteilen sich über die gesamte Literaturgeschichte von der Antike (Vergil, Ovid) über das Mittelalter (Kirchenväter) bis zur Neuzeit (Shakespeare, Rousseau, Lessing, Lichtenberg, Goethe, Schiller, Jean Paul) – insgesamt lassen sich über drei Dutzend Schriftsteller und über hundert Zitate nachweisen. Die ältere Forschung hat dies lediglich als Zeichen dafür angesehen, daß die Bildung Murrs aus zweiter Hand stamme, daß der Kater unoriginell, sein Wissen eklektisch sei: »Plagiat« wirft bereits der »Herausgeber« dem Kater mehrfach vor.[18] So hat man Murr immer wieder einen »Bildungsphilister« genannt, der sich nach Nietzsches *Unzeitgemäßen Betrachtungen* »von der allgemeinen Idee der Gattung ›Philister‹ durch einen Aberglauben« unterscheidet: »Er wähnt selber Musensohn und Kulturmensch zu sein.«[19] Wesentlich grundsätzlicher in der Deutung dieses Phänomens geht die dekonstruktivistische Forschung der Moderne vor, in der Murr teilweise zur reinen Literaturfigur avanciert:

> Die Plagiate des Katers machen aus seiner Schrift eine Zitatenschrift, die parodistisch den Zitatcharakter jeder Schrift hervorkehrt. [...] Die Art Murrs zu lesen impliziert notwendigerweise Enteignung, denn er verschlingt alle Werke [...]. Man kann sogar sagen, daß das ganze »Leben« des Katers, seine gesamte Erfahrung, ein einziges literarisches Zitat ist, eine Wiederholung dessen, was er in den Büchern gelesen hat.[20]

So interessant dieser Ansatz ist, teilt er doch einen generellen Mangel mit zahlreichen *Murr*-Studien: die Konzentration auf nur einen der Roman-Teile. Bezieht man auch die Kreisler-Abschnitte ein, so findet man darin ebenfalls eine nicht geringe Anzahl von Zitaten (wie in vielen Werken Hoffmanns). Die für die Zitierfreude des Bildungsphilisters Murr angeführten Begründungen genügen mithin nicht, die ungewöhnliche Menge an Zitaten in diesem Roman zu erklären.

Herman Meyer widmete in seinem grundlegenden Buch *Das Zitat in der Erzählkunst* (1961) dem *Kater Murr* mit Recht ein ausführliches Kapitel, das solchen Verfahren im einzelnen nachgeht, den geistigen Horizont des Autors Hoffmann umreißt und einige unterschiedliche Verwendungsweisen von Zitaten zeigt. Über diese einzelnen Erklärungs- und Deutungsversuche hinaus muß die Analyse jedoch zwei weitere Dimensionen einbeziehen: Zitate haben eine wesentliche Funktion innerhalb der Gesamtstruktur des Werkes und sind Zeugnisse einer Erzählweise des

Zitierens, die über Einzelstellen hinausreicht und ganze Erzähltraditionen integriert.

Die strukturelle Funktion sei beispielgebend an den jeweiligen Erzähleingängen gezeigt (dieses Erzählelement eignet sich dafür besonders, zumal Hoffmann selbst verschiedentlich – vor allem im *Sandmann* und später im *Meister Floh* – ausführlich auf die große Bedeutung des Erzählanfangs hingewiesen hat); dabei können zugleich verschiedene Arten der Zitatverwendung deutlich werden.

Hoffmanns Kater beginnt seine Lebensaufzeichnungen mit einem wohlgeformten Satz voller Empfindsamkeit und Pathos: »Es ist doch etwas schönes, herrliches, erhabenes um das Leben!«[21] Diesem Bekenntnis, das seine Einstellung zum Leben und zur Wirklichkeit in nuce enthält, läßt Murr ein klassisches Zitat folgen, das gleich zu Beginn Zeugnis von seiner Bildung ablegen soll: »›O du süße Gewohnheit des Daseins!‹ ruft jener niederländische Held in der Tragödie aus.«[22] Murr zitiert Goethes Egmont, ohne das Werk selbst zu nennen, denn er schreibt – wie uns die Vorrede bereits signalisiert hat – für »verwandte« Herzen,[23] für Gebildete, die ihren Goethe ebenso kennen wie er und stolz sind, daß sie die Anspielung verstehen. Hier ist der Gebrauch, den das Bildungsbürgertum des 19. Jahrhunderts von »klassischen« Werken machen wird, bereits durchschaut und satirisch porträtiert. Ein wesentliches Merkmal solchen Gebrauchs ist die Beliebigkeit der Verwendung des Zitats, denn die Worte Egmonts stehen in einem sehr ernsten Zusammenhang (es sind die ersten Worte nach der Erkenntnis, daß er sterben muß), während sie in der Feder des Katers zur Bestätigung von dessen naiver Lebensfreude dienen. Schon mit diesem Anfang seiner Autobiographie charakterisiert Murr sich, das Zitat entlarvt ihn als Bildungsphilister.

Das erste der Makulaturblätter, auf denen die Lebensgeschichte Kreislers aufgezeichnet ist, beginnt mit der Schilderung eines merkwürdigen Sturmes, die als literarische Entlehnung gekennzeichnet wird durch den Hinweis: »Ähnliches steht im Rabelais«.[24] Diese Bemerkung führt zunächst in die Irre, denn die Erzählung ist eine freie Wiedergabe (mit einigen wörtlichen Zitaten) des Kapitels »Das Fragment. Paris« aus Laurence Sternes Roman *Empfindsame Reise durch Frankreich und Italien* (*A Sentimental Journey through France and Italy*, 1768). Dieses Fragment gibt den Inhalt eines alten Abfallblattes (»waste paper«; »ein Stück Makulatur« in Johann Joachim Bodes Übersetzung) wieder, das durch Zufall in die Hände des Helden geraten ist. Von diesem Blatt erfahren wir, daß es in altem Französisch geschrieben sei und aus Rabelais' Zeiten stamme, vielleicht von Rabelais selbst. Auf versteckte Weise erhält der Leser bereits hier den Hinweis, daß entscheidende Struktureigentümlichkeiten – Fragment, Makulaturblatt – nicht willkürlich gewählt sind, sondern einen illustren literarischen Ahnherrn haben: Sterne. Dieser Verweis auf Sterne ist zugleich eine Hindeutung auf das zentrale Gestaltungsprinzip des Romans: den Humor.

Diese strukturelle Analogie der Erzähleingänge durch Zitate gibt auch einen ersten Anhaltspunkt für das Verhältnis der beiden Biographien. Der Anfang von Murrs Aufzeichnungen zeigt die Prägung durch Sentimentalität und Pathos, das eifrige Studium der später erwähnten Lehrmeister der Rhetorik und Stilistik, den geordneten Beginn einer chronologischen Schilderung. Hingegen beginnt die Kreisler-Biographie mit einem Satzfetzen, das Fragment mit einem fragmentarischen Satz. Erst später wird deutlich, daß dies eine Rede von Meister Abraham ist, noch später, daß Abraham sich sozusagen selbst zitiert, wenn er diese Rede seinem Freund Kreisler berichtet. Nimmt man hinzu, daß Abraham seinerseits eine Sternesche Anekdote erzählt, die dieser Rabelais zuschreibt, so erkennt man, wie sich die Fiktionsebenen mehrfach überlagern. Eine solche Verschachtelung ist für die Biographie Kreislers ebenso bezeichnend wie der im ersten Satz erwähnte »große Sturm«,[25] der als Zitat im ersten Abschnitt noch viermal wiederkehrt. (Damit wird zugleich auf einen weiteren zentralen Bezugstext des Romans angespielt – Shakespeares *Der Sturm*. Abraham sieht sich selbst in der Rolle des Prospero, während er den Luftgeist Ariel auf Kreisler bezieht.)

Werden auf diese Weise die Biographien auch im Medium des Zitatgebrauchs scharf gegeneinander abgesetzt, so werden sie im weiteren Verlauf des Romans doch zunehmend miteinander verschränkt. Das geht so weit, daß ein Protagonist den anderen zitiert und der Herausgeber sich sogar genötigt fühlt, seinen Kater in einer Anmerkung zurechtzuweisen, weil er sich »so oft mit fremden Federn« schmückt.[26] Noch subtiler allerdings ist der Einsatz von Zitaten, bei denen nicht mehr entscheidbar ist, wer der Gebende und wer der Nehmende ist. Von Kreislers Gefühlen beim Hören von Julias Gesang heißt es, »ein unnennbar süßes Weh durchbebte sein Inneres«,[27] nur kurz darauf von Murr über die Wirkung des Gesanges von Miesmies: »O der Ton durchbebte mein Innerstes mit süßen Schauern, [...] alles unnennbar schmerzliche Entzücken, das mich außer mir selbst setzte, strömte heraus.«[28]

Man hat bei solchen in beiden Biographien gleich oder ähnlich lautenden Stellen Hoffmann mangelnde Fähigkeit zur sprachlichen Differenzierung, insbesondere zwischen »echten« und »unechten« Gefühlen, angelastet. Meyer schreibt in seiner subtilen Untersuchung der Zitatverwendung bei Hoffmann:

Offenbar sind solche Wendungen fertige Versatzstücke, die sich, je nach dem Zusammenhang, in »echter« oder in »unechter« Bedeutung, in ernstem oder in parodistischem Sinne verwenden lassen. Nicht der Wortlaut als solcher, der sich ja gleichbleibt, sondern nur der Kontext ist ausschlaggebend für den gemeinten Sinn. [...] Was im einen Bereich echte Sprache der Seele ist, wird im anderen in seichter Eitelkeit zerredet.[29]

Gewiß zeigen solche wiederkehrenden Wendungen auch die Sprachnot des Schriftstellers, der in vergleichbaren Situationen zu vergleichbaren Wendungen greifen muß. Allerdings macht Hoffmann selbst aus dieser nicht zu leugnenden Not teilweise eine Tugend, indem Murrs Mißbrauch Auge und Ohr des Lesers für falsche Töne und Bilder schärft.

Wie bewußt das Sprachproblem reflektiert wird, zeigt eine Bemerkung Kreislers, der von der »ewigen Liebe« und der Sehnsucht spricht, »die nichts will als sich selbst und von der jeder Narr zu schwatzen weiß«.[30] Bei Hoffmann steht ähnlich wie wenig später beim jungen Heine dem Wunsch, echte Gefühle in romantischer Weise in poetischer Sprache zu fassen, die Gewißheit gegenüber, daß dies nicht mehr möglich ist – ein Zwiespalt, der meistens ironisch durch einen Stimmungsbruch aufgefangen wird.

Erst wenn man den Zitat- und Anspielungsreichtum des gesamten Romans (und auch bereits früherer Werke) überblickt, wird deutlich: Hoffmann bekennt sich sehr bewußt zur innerliterarischen Referentialität – ein Teilbereich der intertextuellen Verfahren, die er seit seinen frühen Werken angewendet hat und im *Kater Murr* auf die Spitze treibt.

Erzähler, Erzählperspektiven

Hoffmann führt in seinen Roman mehrere Erzählerfiguren ein, dadurch erreicht er vielfältige, sich teilweise überlagernde oder gegenseitig in Frage stellende Erzählperspektiven.

Das erste Medium des Erzählers ist ein »Herausgeber«. Er trägt den Namen »E. T. A. Hoffmann« und hat mit dem Autor einige Gemeinsamkeiten, so die Verfasserschaft zweier Werke, ist aber erzähltheoretisch gesehen eine fiktionale Figur. (Die Verfasserschaft gleicher Werke wäre auch dann kein Gegenargument, wenn Hoffmann nicht der zweifelsfrei fiktionalen Figur Kreisler ebenfalls eine Reihe eigener Werke – Kompositionen – zugeschrieben hätte.) Von diesem »Herausgeber« stammt eine Reihe von Paratexten: das erste Vorwort, die Anmerkung zur unterdrückten Vorrede Murrs, die Klammerhinweise, die den Anfang eines Manuskriptteils markieren, einige weitere Klammerbemerkungen und Fußnoten, das Nachwort. Daraus ergeben sich einige Charakterzüge des Herausgebers, vor allem eine gewisse Naivität. So entschuldigt er sich für eine »Lücke« von acht Kolumnen, fügt aber zur Beschwichtigung des Lesers hinzu, diese schienen »nichts besonders wichtiges enthalten zu haben [...], da das Folgende sich im Ganzen noch so ziemlich an das Vorhergegangene reiht«.[31] Allerdings fehlt dem Leser durch die Lücke die weitere Aufklärung über das wichtige Verhältnis Abraham – Chiara; Hoffmann ironisiert also seinen Herausgeber, der auch hier das Wesentliche vom Unwesentlichen nicht trennen kann.

Eine zweite Erzählerfigur ist der Kater, von dem zwei Vorreden und ein in 17 Einzelteile zerlegtes Manuskript herrühren. Über diese Figur erfährt der Leser sehr viel: über Biographie, Bildungsgang, Weg als Schriftsteller, zumeist aus der Ich-Perspektive, aber auch aus der Sicht Dritter. In der Kreisler-Biographie taucht zudem Murr als Objekt auf, das in Außenperspektive geschildert wird. In Murrs Autobiographie sind verschiedene weitere Erzähler eingeblendet, denen in Teilbereichen das Wort und damit die Erzählperspektive übergeben wird. Die umfangreichsten Einschübe sind Pontos Erzählung über das Freundespaar Walter und Formosus sowie Hinzmanns Trauerrede über den verstorbenen Kater Muzius. Auch längere, relativ selbständige Geschichten dieser Art dienen nicht (nur), wie die ältere Forschung annahm, der episodenhaften Erweiterung oder dem romantischen Ziel der Gattungsmischung im Roman, sondern besitzen auch wesentliche Funktionen im Spiel von Kontrast und Variation. Zum Beispiel ist die Trauerrede ein weiteres Beispiel für die parodistische Destruktion eines biographischen Genres – Hinzmann »kann nicht zusammenhängend erzählen, die Wirklichkeit entzieht sich stets seinem erzählerischen Zugriff«.[32]

Weit komplizierter ist die Schichtung in der Kreisler-Biographie. Diese stammt von einem Biographen, der zwar namentlich nicht genannt wird, aber keineswegs hinter sein Werk zurücktritt; vielmehr meldet er sich öfter zu Wort, beklagt die mangelhafte Überlieferung, kommentiert Einzelheiten; sein Erzähl-Ideal ist das Murrs: die »schöne chronologische Ordnung«.[33] Er erreicht sie allerdings, wiederum ganz ähnlich wie der Kater, nur in kurzen Passagen, während die von ihm geschriebene Biographie insgesamt ein chaotisches Durcheinander bietet, das Murrs vandalischer Akt lediglich verstärkt. Resigniert vergleicht der Biograph sein Verfahren mit dem Ritt auf einem »wilden Füllen«: »immer nach gebahnten Wegen trachtend, niemals sie erreichend«,[34] dies »verrät die Verwandtschaft zur erzählerischen Praxis Tristram Shandys, der ja auch immer wieder durch sein historisches Maultier vom geraden Wege abgelenkt wird«.[35] Der Biograph entschuldigt die Lückenhaftigkeit seiner Quellen, das »total Abrupte der Nachrichten, aus denen er gegenwärtige Geschichte zusammenstoppeln muß«;[36] andererseits hofft er noch während der Niederschrift auf weitere Informationen, auf die er die Leser vertröstet. Der Biograph genießt seinen (gelegentlichen) Wissensvorsprung vor den Figuren, z. B. teilt er den Lesern den Inhalt eines Briefes mit, den Meister Abraham ungeöffnet läßt, um ihn später zu lesen. Bei dieser Gelegenheit tritt er aus der Rolle des Berichterstatters heraus, flicht Betrachtungen über den Brief und sogar persönliche Erlebnisse mit Briefen und Briefträgern ein. Daraus ergibt sich das Bild eines beflissenen, aber geistig etwas begrenzten Schriftstellers, der nicht alles versteht, was er überliefert und beschreibt, der insbesondere der Komplexität der Kreisler-Gestalt nicht so recht gewachsen ist. Die Haltung des Biographen zu seinem Helden ist zudem schwankend: So charakterisiert er Kreisler mehrfach distanziert – er erscheine ihm »wie ein Wahnsinniger« – oder wertet sein Kunsturteil ab;[37] andererseits würdigt er seine Kompositionen verständnisvoll.[38] Der Biograph benutzt eine Reihe von Quellen (besonders ausgiebig die Historiographie des fürstlichen Hauses), die ebenso weitere Perspektiven in seine Niederschrift hineintragen wie die zahlreichen Szenen, in denen die Gestalten selbst – durch direkte Rede oder einen Brief – zu Wort kommen.

Es wird also eine Reihe von Erzählerfiguren eingeführt, die nur Teilbereiche überblicken, vieles nicht oder nur einseitig kennen, sich nicht selten widersprechen oder in Frage stellen. Dieses Spiel beginnt bereits bei dem Geflecht der Vorreden. Hoffmann schafft auf diese Weise von Beginn an eine Distanz zum Erzählten, die Ironie zum wichtigsten Darstellungsmittel des Werkes werden läßt. Diese Kompliziertheit der Erzählweisen und -perspektiven führt Schreibtraditionen Sternes fort und übertrifft sie noch.

Bei der Vielzahl der Erzählerfiguren und Perspektiven stellt sich die Frage nach der Einheit des Romans nicht nur als eine der Struktur, sondern auch des Textes. Schreiben und Text werden im Roman in ganz ungewöhnlichem Maße selbst zum Thema, mehr noch als im *Goldenen Topf* und in den *Elixieren des Teufels*. So ist es verständlich, daß sich Textwissenschaftler und »Grammatologen« sehr intensiv mit dem Roman auseinandergesetzt haben. Die »Dekonstruktion« des Schreibprozesses durch eine Katze steht im Mittelpunkt der Arbeit von Sarah Kofman, die bereits durch ihren Titel *Autobiogriffures* das Hoffmannsche Spiel mit- und weiterspielt – der Titel kontaminiert die Begriffe »autobiographie« und »griffes« (Krallen) bzw. »griffer« (mit den Krallen ergreifen, fassen). Sie analysiert die üblichen Kategorien »Werk« und »Autorschaft« und deren Zersetzung durch Hoffmanns Erzählmedium Murr. Sie sieht hierin eine extreme Gegenposition zu den Genie- und Schöpfungsvorstellungen des 18. Jahrhunderts und vor allem der Romantik, die ja auf Originalität, Einmaligkeit und Individualität beruhen.

Struktur, Handlung

Hoffmanns Werk gibt – wie im Abschnitt »Paratexte« gezeigt – durch seine Deckelzeichnung und seinen Titel (auch in dessen graphischer Gestalt) erste Hinweise auf seinen Inhalt und seine Form: Es handelt sich um zwei verschiedene Biographien, von denen die des Katers im Vordergrund steht. Die Verbindung zwischen den beiden Bestandteilen des Titels wird durch die Konjunktion »nebst« hergestellt, die einen Anhang kennzeichnet. Sie kündigt an, daß hier ein gestuftes Nebeneinander zweier Schriften geboten wird. Es scheint sich in der Gesamtanlage um einen »Doppelroman« zu handeln, die Vereinigung zweier verschiedener Romane unter einem Titel in einem Buch. Dieser in der Gattungsgeschichte recht seltene Typus wurde meistens benutzt, um ein inhaltlich unbedeutenderes Werk durch die Koppelung mit einem anderen aufzuwerten oder um ein Buch auf einen verkaufstechnisch günstigen Umfang zu bringen. Der Zusammenhang der beiden Teile konnte dabei ganz locker sein und nur Grundelemente betreffen, beide konnten aber auch eng aufeinander bezogen sein.

Hoffmanns Werk enthält – so scheint es auf den ersten Blick – zwei Romane, die nur sehr wenig miteinander zu tun haben, in ständigem Wechsel der beiden Teile. Dieses Verfahren wird im »Vorwort des Herausgebers« erklärt und als Versehen und »Leichtsinn« bezeichnet, für den der Herausgeber um »gütige Verzeihung« des Lesers bittet. Der Autor der Autobiographie, der Kater, habe ein anderes Werk, die Biographie des Kapellmeisters Kreisler, bei der Niederschrift seiner »Lebens-Ansichten« zerrissen und teils zur Unterlage, teils zum Löschen verwendet. Durch die Unachtsamkeit des Herausgebers und des Druckers seien diese zufällig in das Manuskript geratenen Makulaturblätter mit abgedruckt worden. Sie werden als »fremde Einschiebsel« in das Kater-Manuskript bezeichnet, das Gesamtwerk, das auf diese Weise entstanden sei, als »das verworrene Gemisch fremdartiger Stoffe durcheinander«.[39] Diese Formulierungen entsprechen durchaus der ersten Reaktion vieler überraschter Leser (und finden sich in unterschiedlicher Paraphrasierung zur Kennzeichnung der chaotischen Form in der älteren Forschungsliteratur). Die fiktive Druckgeschichte klärt zwar darüber auf, daß das Buch kein Nebeneinander zweier Werke enthalte, sondern daß eine Vermischung stattgefunden habe; aber die Erklärung weist zunächst einmal jede Vermutung des Lesers zurück, es könne sich dabei um die in der romantischen Ästhetik so hochgeschätzte Vermischung und Synthese des Heterogenen zu einer neuen Einheit handeln. Diese Desillusionierung trifft auch die beiden Begriffe »fragmentarisch« und »zufällig« im Titel – ebenfalls Kernbegriffe der romantischen Ästhetik, zentrale Forderungen an Form und Konstruktion, von denen Erwartungshaltungen ausgehen, die das Vorwort durch ihre Banalisierung enttäuscht.

Die Ratlosigkeit über dieses Verfahren und seine Einschätzung spiegelt sich nicht nur in den meisten zeitgenössischen Stellungnahmen, sondern auch weit über ein Jahrhundert lang in zahlreichen literaturwissenschaftlichen Arbeiten. Wenn man für das Werk Bezeichnungen wie »verworren«, »zufällig« oder »Gemisch«, »Durcheinander« wählte, griff man ja auf Formulierungen aus Titel und Vorwort des Herausgebers zurück und glaubte, so die Autorintention zu referieren. Eine völlig andere Einschätzung wurde erst möglich, als man zur Kenntnis nahm, daß bereits diese Teile des Werkes zur Fiktion gehören und daß das ironische Spiel mit dem Leser und seinen Erwartungshaltungen bereits bei diesen Erzählelementen (und noch zuvor bildlich-graphisch) eingesetzt hat.

Der Wechsel der Murr- und der Kreisler-Teile führt ein Erzählprinzip fort und zu einem Höhepunkt, das Hoffmanns Werk von Beginn an durchzieht: den abrupten Wechsel der Schreibweisen, der (mit einem Begriff der Schulrhetorik) »Töne«. In den *Fantasiestücken* findet dieser Umschlag in erster Linie im Wechsel der verschiedenen Teile eines Gesamtwerkes statt, aber bereits im *Goldenen Topf* und dann erstmals ausgeprägt in den *Elixieren des Teufels* erfolgen die Umschwünge auch innerhalb eines Einzelwerks. In *Kater Murr* bestimmt diese Erzähltechnik zum erstenmal die Gesamtkomposition.

Die Erklärung, wie das Durcheinander der Biographien zustande gekommen sei, ist ebenso fantastisch-grotesk wie die Erfindung des schreibenden Katers selbst. Die ältere Forschungsliteratur führt dafür als Begründung fast durchweg entweder kritisch die Zerstörung der Form oder entschuldigend die Lust am Spiel mit der Form an. Hoffmann schien mit diesem Einfall die Romantikerscherze eines Tieck und Brentano und sogar die Skurrilität Jean Pauls noch übertreffen zu wollen. Ein Vergleich mit diesem Meister in der Erfindung seltsamster Verwicklungen und Entstehungsgeschichten zeigt, wie weit Hoffmann über sein früheres Vorbild hinausgeht. So ist in *Leben Fibels* (1812) die »Biographie« des Helden zusammengesetzt aus einem dem »Herausgeber« Jean Paul vorliegenden Band von Fibels »Lebens-Historie« und zahlreichen Papierschnitzeln aus weiteren Bänden, die vor Zeiten zerrissen, verstreut und als »Papierfenster« und »Feldscheuen« benutzt worden sind und die er mühsam zusammensuchen muß.[40] *Leben Fibels* und *Kater Murr* bestehen also in gleicher Weise aus der Montage einer Anzahl loser Blätter. Bei Jean Paul fügen sich die Fragmente aber fast nahtlos zu *einer* Lebensbeschreibung; der Herausgeber ordnet die Teile, soweit dies möglich ist, chronologisch, und die Entstehungsgeschichte ist nicht mehr als ein skurriler Einfall, der in der eigentlichen Biographie kaum Spuren hinterläßt. Hoffmanns Roman hingegen hat zwei Hauptfiguren, der Herausgeber beläßt ihre Biographien in dem wirren Durcheinander, das der »Zufall« fügte; die Fiktion der Entstehungsgeschichte prägt den Gesamttext.

Hoffmanns Verfahren wurde von einem klassizistischen Formbegriff aus scharf verurteilt; auch eine gegenüber romantischen Skurrilitäten nachsichtigere Kritik wußte wenig damit anzufangen. In der Tat sind die beiden Biographien inhaltlich nur ganz locker miteinander verbunden. Das wichtigste inhaltliche Verbindungsglied ist Meister Abraham, Murrs Herr und zugleich der engste Vertraute Kreislers. Abrahams Lebenswelt verbindet die Teile.

Eine inhaltliche Verflechtung wird vor allem im ersten Kreisler-Abschnitt hergestellt: Meister Abraham erzählt Kreisler von einem skandalös verlaufenen Hoffest. Auf dem Heimweg habe er einen jungen Kater gefunden, den er Murr genannt und aufgezogen habe. Abraham bringt Murr zu Kreisler, damit dieser ihn versorgt, während er verreist ist; zugleich hofft er, daß Kreisler dem Tier die »höhere Bildung« vermittle. Die weiteren Murr- und die Kreisler-Teile enthalten inhaltlich nur wenige Berührungspunkte, denn jene spielen *nach*, diese *vor* dem Hoffest; es gibt nur wenige Personen, die in beiden Zeitabschnitten präsent sind, und kaum Vorgänge, die weiterwirken oder erinnert werden.

Erst in den letzten Jahrzehnten hat die Forschung allmählich hinter dem Durcheinander die Zusammenhänge und hinter dem scheinbaren Chaos die überlegte Struktur beschrieben und erkannt, daß beide Teile strukturell von Beginn an eng aufeinander bezogen sind. Den entscheidenden Hinweis gibt Hoffmann in der »Nachschrift des Herausgebers«: Hier werden wir zunächst über die noch vorhandenen »Materialien« informiert. Die Lebens-Ansichten des Katers müßten zwar wegen seines Todes »Fragment bleiben«, aber es seien doch noch »manche Reflexionen und Bemerkungen« wohl aus der Zeit, »als er sich bei dem Kapellmeister Kreisler befand«, erhalten. Ebenso sei »auch noch ein guter Teil des von dem Kater zerrissenen Buchs vorhanden, welches Kreislers Biographie enthält«.[41] Als zweites – und wichtigstes – teilt uns der Herausgeber mit, wie er mit diesen vorgefundenen Materialien verfahren wolle:

Der Herausgeber findet es [...] der Sache nicht unangemessen, wenn er in einem dritten Bande [...] dies von Kreislers Biographie noch vorgefundene den geneigten Lesern mitteilt und nur hin und wieder an schicklichen Stellen das einschiebt, was von jenen Bemerkungen und Reflexionen des Katers der weitern Mitteilung wert erscheint.[42]

Obwohl nach dem Tode des Katers dessen »Vandalismus« nicht mehr als Begründung für die Vermischung der Biographien angegeben werden kann, will der Herausgeber im dritten Band weiterhin zwischen den beiden Biographien hin und her wechseln, lediglich mit einer neuen quantitativen Schwerpunktsetzung. (Allerdings nehmen, entgegen den Ankündigungen des Vorworts, bereits in den beiden ersten Bänden die Kreisler-Teile deutlich mehr Raum ein – ca. 60 Prozent – als die Murr-Teile.) Der Herausgeber will ferner auswählen, was (ihm) der weiteren Mitteilung wert erscheint und dies an bestimmten Stellen einfügen. Damit reklamiert er volle Souveränität in der Auswahl und Anordnung der Texte und bekennt seine Eigenverantwortung für den »Vandalismus« des Katers: (Spätestens) der letzte Satz enthüllt die Montage der Biographien als künstlerische Absicht. So rückt die Struktur des Romans in den Mittelpunkt des Interesses und wird zu einem Schlüssel für sein Verständnis.

Noch deutlicher als die Inhalte oder die Reflexionen des Problems zeigt die Struktur, daß die literarischen Gattungen Autobiographie, Biographie und Bildungsroman in der herkömmlichen Weise für Hoffmann nicht mehr möglich sind. Die Autobiographie des Katers ist traditionell, der Chronologie folgend, erzählt. Die kontinuierliche Erzählung wird jedoch durch die eingeschobenen Makulaturblätter unterbrochen, diskontinuierlich gemacht. Dagegen ist Kreislers Biographie sprunghaft angelegt, »kreiselnd«, und sie wird durch den vandalischen Akt des Katers noch chaotischer und zerrissener. Die Destruktion der Gattung verweist auf Probleme des Erzählens: Leben und Wirklichkeit haben ihre als selbstverständlich angenommenen Kontinuitäten verloren und sind daher »unerzählerisch« geworden – so wird es über 100 Jahre später bei Robert Musil heißen. Als das »ordentliche Nacheinander« des Lebens und Erzählens in Frage gestellt war, begann man Lösungen, die der Inhalt nicht mehr geben konnte, in die Form zu verlegen: »Es kommt auf die Struktur einer Dichtung heute mehr an als auf ihren Gang«.[43]

Hat man die Makrostruktur – das Verhältnis der beiden Biographien – als absichtsvoll geplante Zuordnung erkannt, so wird man auch in der Mikrostruktur eine Reihe von Bezügen erkennen können: inhaltlich, sprachlich und strukturell. Als übergreifendes Beispiel wurde der Beginn der beiden Biographien mit einem Goethe- bzw. Sterne-Zitat im Blick auf deren strukturelle Funktion analysiert.

Inhaltliche Bezüge ergeben sich vor allem durch ähnliche

Konstellationen in meistens aufeinander folgenden Fragmenten, zum Beispiel die Liebesduette Kreisler–Julia und Murr–Miesmies; die Kämpfe Kreislers mit dem Adjutanten und Murrs mit dem feindlichen Kater; die Gespräche über die Anredeformen zwischen Murr und Muzius sowie zwischen Meister Abraham und der Rätin Benzon.

Die sprachlichen Bezüge zwischen den Teilen wurden bereits oben unter anderem Aspekt als »Zitate« angesprochen. Hier ist der strukturelle Gesichtspunkt zu ergänzen. Gerade die erwähnten Szenen mit inhaltlicher Entsprechung weisen in besonderer Häufung auch sprachliche Entsprechungen auf. Julia möchte mit Kreisler »das schöne Duett versuchen«, das dieser komponiert hat, Miesmies will »ein kleines Duett versuchen«,[44] Julia beginnt »schüchtern«, Miesmies »furchtsam«[45] usw.; Murrs Duellgegner, der »im Felde gedient« hat und »eine reiche fremde Uniform« trägt,[46] wird in gleicher Weise beschrieben wie der geckenhafte neapolitanische Prinz; und wie Kreisler durch einen Seitensatz den Angreifer täuscht, springt Murr »seitwärts« und packt den Gegner am Hals.[47]

Die strukturellen Bezüge zeigen sich sowohl in der Zuordnung solcher Szenen als auch in der Anordnung der Fragmente: Die ersten drei Abschnitte umfassen je fünf, der letzte Abschnitt enthält zwei Fragmente. Die Spezialforschung hat eine Reihe von internen Bezügen festgehalten, z. B.: Mit einer Ausnahme beginnen und enden alle 17 Kreisler-Fragmente mit fragmentarischen Sätzen; die Murr-Teile, die zugleich Anfänge von Abschnitten sind, beginnen stets mit vollständigen Sätzen, ebenso enden die jeweils letzten Teile von Abschnitten mit einem Punkt; die jeweils sechsten, siebten und neunten Fragmente enden mit dem gleichen Wort (die achten Fragmente: mit fast gleichen Wörtern). Einige Übergänge – insgesamt fünf – schließen sogar syntaktisch korrekt an. Diese und andere »erzähltechnische Kunststücke« hat u.a. Werner Keil zusammengestellt und aus der Sicht des Musikwissenschaftlers als verbreitete kompositorische Verfahren beschrieben.[48]

Wichtige Anregungen für die komplexe Struktur seines Romans verdankt Hoffmann Sternes *Tristram Shandy*. Dieser handelt in einem poetologischen Kapitel[49] vor allem von der Technik der »Abschweifungen« (digressions) und vom »Fortschreiten« (progression). Hoffmann geht im Experiment mit der Struktur noch weiter als Sterne: Im *Tristram Shandy* gibt es noch einen zusammenhängenden Erzählfluß, während im *Kater Murr* von Beginn an das Fragmentarische dominiert.

Scher, der in einem Aufsatz über »Erzähltechnische Affinitäten« beider Autoren in überzeugender Weise die Poetik Sternes »zum besseren Verständnis von Hoffmanns erzählerischer Doppelstruktur in *Kater Murr*« heranzieht, kommt zu dem Schluß:
Für beide, Sterne und Hoffmann, ist daher das »main business« nicht, eine zusammenhängende Handlung zu erfinden und zu realisieren, sondern [...] eine Konfiguration denkwürdiger Charaktere darzustellen, die beständig ihre nicht weniger denkwürdigen Meinungen geltend machen.[50]

Die Struktur des Romans wird noch weiter kompliziert dadurch, daß Hoffmann diesem abschweifenden Vorwärtsschreiten zusätzlich eine Kreisbewegung eingeschrieben hat. Auf die zentrale Bedeutung des »Kreiselns« weist Kreisler in seiner scherzhaften Namensetymologie und in ausführlichen Selbstdeutungen hin – in »diesen Kreisen kreiselt sich der Kreisler«.[51] Aber auch bei Murrs erster Begegnung mit Kreisler heißt es, gewiß nicht zufällig: Er »umkreiste schwänzelnd, und knurrend den neuen Herrn«.[52] Die deutlichste strukturelle Entsprechung findet diese Kreisbewegung in der bereits in anderem Zusammenhang erwähnten Tatsache, daß das erste Fragment dort beginnt, wo das letzte endet – der Kreislauf der Handlung und der Struktur wird geschlossen. Allerdings wäre es falsch, daraus zu folgern, der Roman habe deswegen mit dem zweiten Band sein notwendiges und logisches Ende gefunden (so lautet ein Hauptargument Singers und anderer für die These vom »vollendeten Fragment« und gegen die Möglichkeit eines dritten Bandes). Die Kreisbewegung ist bei aller Wichtigkeit nicht allein dominierend, so daß Hoffmann sie durchaus hätte aufbrechen können (das zeigen andere Werke), wie ja auch für Kreisler das In-sich-Kreiseln eine Selbstdeutung darstellt, kein abschließendes Wort des Autors.

Zusammenfassend läßt sich zur Struktur und ihrer Bedeutung für den Roman und innerhalb der Gattungsgeschichte sagen: *Kater Murr* ist einer der ersten Versuche im europäischen Roman, einen entscheidenden Akzent des Werkes vom Inhalt auf die Kompositionsweise zu verlagern. Die übersteigerte Formlosigkeit als durchdachte Form: Diese scheinbar paradoxe literaturwissenschaftliche Einsicht konnte erst entstehen, als in Romanen des 20. Jahrhunderts ähnliche Erscheinungen erneut auftraten. Der vorgebliche »Doppelroman« erweist sich also als *ein* Werk, kunstvoll gebaut, kunstvoll verwirrt, ohne Vorgänger in der Gattungsgeschichte.

Die geringere Bedeutung der traditionellen, zusammenhängenden Handlung gegenüber der neuen Struktur und Erzählweise bedeutet keineswegs, daß Inhalte und Handlungen unwichtig würden. Sie sind es ja bei Hoffmann – und nicht nur bei ihm –, die den Leser primär ansprechen, seine Leselust wecken. Das gilt auch für *Kater Murr*. Der Lebenslauf Murrs enthält viel Unterhaltsames und Komisches, obgleich seine Linearität und die Erlebnisumwelt des Tieres nur wenige Komplikationen und außergewöhnliche Handlungselemente bieten. Hingegen sind Kreisler und Meister Abraham in eine Reihe von Geheimnissen und Abenteuern verstrickt, die den Leser in Spannung und Ungewißheit versetzen und die – nach dem von Hoffmann häufig angewandten analytischen Verfahren – nach und nach aufgeklärt werden. Das geschieht zwar im *Kater Murr* unvollständiger als in den meisten früheren Werken, aber es ist zu vermuten, daß der ungeschriebene dritte Teil einige weitere Aufklärungen gebracht hätte. Die Lebenswelt Meister Abrahams wird im Rückblick entfaltet: die magischen und magnetischen Fähigkeiten des Mechanicus und Taschenspielers; seine Heirat mit der Meisterin eines magischen Tricks, der geheimnisvollen Zigeunerin Chiara; deren Entführung vom Hof Sieghartsweiler, die Abraham dazu zwingen soll, von Geheimnissen des Hofes keinen Gebrauch zu machen. In ähnlicher Weise bleibt die Herkunft Kreislers im Dunkel; aus Gründen, die er nicht kennt, wird er verfolgt, ja man versucht, ihn zu ermorden.

Das undurchsichtige genealogische Geflecht, das – wie in den *Elixieren des Teufels* – auf »sündige«, außereheliche Beziehungen der fürstlichen Vorfahren schließen läßt (so haben der Fürst und die Rätin ein Kind, das vom Hof entfernt wurde und dessen Schicksal Meister Abraham kennt), führt zu geheimnisvollen Abhängigkeiten der Romanfiguren untereinander. Figuren, die von außen kommen, tragen zur Verwirrung bei: so der Maler Ettlinger, der die Fürstin liebte und wahnsinnig wurde und dem Kreisler in einer erschreckenden Weise gleicht; der bösartige Prinz Hektor, der Julia umwirbt und Hedwiga heiraten will, dessen Geheimnisse (sein Verhältnis mit Angela, der Mordversuch an seinem Bruder) aber Meister Abraham aus gemeinsamer Vergangenheit in Neapel kennt, so daß er ihn in Schach halten kann; Hektors Bruder Cyprianus, der Mörder Angelas, der als Klostervisitator Kreisler bedrängt; Hedwiga, die magnetischen Einflüssen als hochempfindliches Medium zugänglich ist und insbesondere mit Kreisler in einem geheimnisvollen »magnetischen Rapport« steht; die Rätin Benzon, die zur Gegenspielerin Kreislers und Meister Abrahams wird, mit dem sie ebenfalls in der Vergangenheit in einer nicht näher bekannten Weise in Verbindung stand.

Die zahlreichen unaufgelösten Geheimnisse haben zu vielen Spekulationen geführt – nicht nur bei Außenseitern der Forschung, sondern bis heute auch in ernsthafter wissenschaftlicher Literatur. So wurde z.B. gefragt: Ist Kreisler fürstlichen Geblüts? Steht er in verwandtschaftlicher Beziehung zu Ettlinger, dem er so sehr gleicht? Ist die von Cyprianus ermordete Angela Benzoni die Tochter der Benzon und des Fürsten Irenäus? Oder hat die Benzon ihre eigene Tochter gegen die der Fürstin vertauscht? Oder hat gar Chiara ihre Tochter mit Angela vertauscht? Ist Chiara die geheimnisvolle Frau, die Hedwiga pflegt? Alle diese Spekulationen, die zum Teil auf Analogieschlüssen zu anderen Erzählungen Hoffmanns beruhen (vor allem den *Elixieren des Teufels* und den *Doppeltgängern*), ignorieren das Kompositionsprinzip des Romans: Bereits die Neugier auf die Auflösungen der Rätsel unterstellt jene logisch-kausale Ordnung der Welt, die durch den Roman so eindrucksvoll ad absurdum geführt wird.

Das Personal des Romans wird in eine abenteuerliche Handlung versetzt: Entführung, nächtliche Schießerei, Raub, Mord – hinter jedem entdeckten Geheimnis tut sich ein neues auf. Die Handlungsfülle überdeckt einzelne Unstimmigkeiten. (So lebt Abraham in Sieghartsweiler in einem Häuschen im Park, als Herr Murrs aber offensichtlich in einem größeren Haus in einer belebten Stadt.) Der Leser kommt – zumindest bei der ersten Lektüre –, verwirrt durch die Anordnung der Teile und die chronologischen Sprünge, kaum dazu, solche Widersprüche zu bemerken, er wird von der Fülle des Geschehens, der Handlung und den Charakteren gepackt. So läßt sich der Roman jenseits der artistischen Gesamtplanung und gewichtiger Inhalte auch als ein Stück Unterhaltungsliteratur lesen. Er benutzt dabei nicht nur traditionelle Muster des Unterhaltenden und Spannenden, sondern erweitert auch deren Spielräume durch die künstlerische Fragmentierung der Geschehensabläufe. Mit dem ständigen Abbruch von Handlungssträngen (oft an besonders spannenden Stellen oder unmittelbar vor der Aufklärung eines Geheimnisses) nimmt er Techniken des späteren Feuilletonromans vorweg. Ein prägnantes Beispiel hierfür stellt der Schluß des ersten Bandes dar: Ein Komplott gegen Kreisler wird geschmiedet, der Attentäter verfolgt ihn in den Wald, ein Schuß fällt, der Auftraggeber reist in der Nacht überstürzt ab. »Als am andern Morgen der Gärtner mit seinen Leuten den Park durchsuchte, fand er Kreislers Hut, an dem blutige Spuren befindlich. Er selbst war und blieb verschwunden. – Man – «.[53] Hier wird durch die Anlage der fragmentarisierten Kreisler-Biographie motiviert, was in den meisten Fortsetzungsgeschichten und Serien reine Effekthascherei ist: der Abbruch an der spannendsten Stelle. So wurde dieser Schluß ein später kaum wieder erreichtes Vorbild pointierter, spannungserregender Abschlüsse (»cliff hanger«). Zudem hat wohl selten ein Autor seine Leser länger auf die Fortsetzung eines Satzes und die Auflösung eines Rätsels (Kreislers Verbleib) warten lassen, nämlich volle zwei Jahre (ein Effekt, der für heutige Leser des Romans in *einem* Band natürlich verloren geht).

Wie das Beispiel zeigt, gelingt es Hoffmann auch in diesem Roman – und besser denn je –, eine vielschichtige poetische Anlage mit einer spannenden Darstellung zu verbinden, ohne sich dem Publikumsgeschmack zu unterwerfen.

Die Protagonisten: Kreisler und Murr

Der Kapellmeister Kreisler ist zweifellos die am vielschichtigsten gezeichnete Gestalt des Romans. Obwohl seine Kindheit und Jugend nur bruchstückhaft mitgeteilt werden, genügen diese Fragmente, um Kreislers Entwicklung zum Künstler in Umrissen anzudeuten. Wie Hoffmann selbst verliert Kreisler durch die Invasion Napoleons seine Stellung als Beamter; die verwitwete Rätin Benzon verschafft ihm eine Stelle als Kapellmeister bei Hofe, die er nach einigen Jahren aufgibt. Sein alter Lehrer Meister Abraham fordert ihn auf, an den Hof von Sieghartsweiler zu kommen. Dort trifft er auf die Prinzessin Hedwiga und auf Julia, die Tochter der Rätin Benzon; er erteilt beiden Musikunterricht. Prinz Hektor, der um Hedwiga wirbt und Julia verfolgt, läßt auf Kreisler schießen, dieser tötet seinen Angreifer und flieht in das Benediktinerkloster Kanzheim. Dort komponiert und musiziert er in Ruhe, bis ihn Meister Abraham nach Sieghartsweiler zurückruft, um mit seiner Hilfe die geplante Doppelhochzeit zwischen Hektor und Hedwiga sowie zwischen Julia und dem geistesschwachen Fürstensohn Ignaz zu verhindern. Mit der An-

45. Kreisler, wohl Februar 1822, Bleistiftzeichnung.
(Nach Hitzig: »Kreisler, wahnsinnig«).

kündigung des Festes zum Namenstag der Fürstin schließt der zweite Band, im ersten Kreisler-Fragment hatte Meister Abraham Kreisler bereits vom chaotischen Ende dieses Festes berichtet.

Die Deutung der Kreisler-Gestalt wurde von Beginn an wesentlich durch eine Äußerung Hitzigs über den geplanten dritten Band geprägt. Er hatte geschrieben:

> Der dritte Band sollte Kreislern bis zu der Periode führen, wo ihn die erfahrnen Täuschungen wahnsinnig gemacht, und, unmittelbar an diesen Band sich die [...] lichten Stunden eines wahnsinnigen Musikers anschließen.[54]

Ferner nahm Hitzig in seine Hoffmann-Biographie eine Zeichnung des Dichters (wohl vom Februar 1822) auf, die nach seiner Angabe »Kreisler, wahnsinnig« zeigt; er schreibt dazu, sie sei für den Rückendeckel des dritten Bandes gedacht gewesen.

Wie sehr sich Hitzig im Besitz der Wahrheit glaubte, zeigt sich auch in der Art, wie er Willibald Alexis' vorsichtige Frage nach der möglichen »geistigen Entwickelung« Kreislers in einer Fußnote des Herausgebers beantwortete: Der dritte Band habe »Kreisler nicht auf die Stufe vollendeter geistiger Entwickelung geleiten [sollen], sondern vielmehr ihn in Wahnsinn enden lassen«.[55] Kreislers Wahnsinn, der die Deutung seiner Persönlichkeit in zahlreichen Interpretationen entscheidend prägt, ist jedoch keineswegs eindeutig belegbar; seine Annahme läßt sich durch keine überlieferte Äußerung Hoffmanns stützen. Eine Erörterung der Frage muß sich mithin auf den Roman konzentrieren.

Zweifellos ist Kreisler vom Wahnsinn bedroht. Seit seinen »frühen Jugendjahren« beherrscht ihn eine »unbeschreibliche Unruhe«, die ihn mit sich selbst entzweit; »ein wüstes wahnsinniges Verlangen bricht oft hervor nach einem Etwas, das ich in rastlosem Treiben außer mir selbst suche, da es doch in meinem eignen Innern verborgen, [...] und diese Ahnung ängstigt mich mit den Qualen des Tantalus«.[56] Kreisler wird geschüttelt von Angst vor einem geheimnisvollen »Doppelgänger«. Die »fixe Idee« beherrscht ihn, »daß der Wahnsinn auf ihn laure, wie ein nach Beute lechzendes Raubtier, und ihn einmal plötzlich zerfleischen werde«.[57] Insbesondere der wahnsinnige Maler Ettlinger steht ihm als bedrohliche Warnung vor Augen.

Die Szene, in der Kreisler zum erstenmal Julia und Hedwiga begegnet, entwickelt den ihm zugeschriebenen Wahnsinn im Kontext der beiden für ihn zentralen Themenkomplexe: Musik und Künstlerliebe. Kreisler wird in dieser Szene als romantischer Künstler gezeichnet, wenn man die Definition aus der Schrift *Der Dichter und der Komponist* zugrunde legt: »Nur im wahrhaft Romantischen mischt sich das Komische mit dem Tragischen so gefügig, daß beides zum Totaleffekt in Eins verschmilzt, und das Gemüt des Zuhörers auf eine eigne, wunderbare Weise ergreift.«[58] In dieser Weise wirkt Kreisler auf die beiden Mädchen: Sie hören Gitarrentöne,

> verbunden durch die seltsamsten Übergänge, durch die fremdartigste Akkordenfolge. Dazwischen ließ sich eine sonore

männliche Stimme hören, die bald alle Süßigkeit des italiänischen Gesanges erschöpfte, bald, plötzlich abbrechend, in ernste düstere Melodien fiel, bald rezitativisch, bald mit starken kräftig accentuierten Worten drein sprach. –
Die Guitarre wurde gestimmt – dann wieder Akkorde – dann wieder abgebrochen und gestimmt – dann heftige, wie im Zorn ausgesprochene Worte – dann Melodieen – dann aufs neue gestimmt. –[59]
Die Mädchen belauschen sodann einen längeren Monolog des »seltsamen Virtuosen«, ein Gespräch mit seiner Gitarre, das damit endet, daß er das geliebte Instrument verächtlich von sich wirft. Während Julia die Szene belustigend findet, erregen bei Hedwiga Kreislers Gestalt, »seine wunderlichen Reden ein inneres Grauen«, ein »Gefühl, das, seltsam und entsetzlich zugleich«, alle ihre Sinne gefangen nimmt, es erweckt die Erinnerung an einen spukhaften Traum, eine »fürchterliche Begebenheit«, die ihr »Herz zerfleischte«: »[...] der Mensch mit seinem seltsamen Beginnen, mit seinen wirren Reden, deuchte mir ein bedrohliches gespenstisches Wesen, das uns vielleicht verlocken wollte in verderbliche Zauberkreise.«[60]

Julia ergreift das Instrument, singt und spielt darauf, Hedwiga hofft, daß damit »die bösen, feindlichen Geister, die Macht haben wollten über mich«,[61] vertrieben werden. Von den Tönen angelockt, tritt Kreisler auf, in seltsamer, närrisch wirkender Kleidung; als die Prinzessin ihn anspricht, verschwindet »der Ausdruck schwermütiger Sehnsucht«[62] aus seinem Gemüt, »ein toll verzerrtes Lächeln steigerte den Ausdruck bitterer Ironie bis zum Possierlichen, bis zum Skurrilen. – Die Prinzessin blieb, als träfe sie ein elektrischer Schlag, mitten in der Rede stecken.«[63] Während Kreisler Julias himmelsgleiche Musik rühmt, steigert er sich Hedwiga gegenüber in skurrile und verrückte Reden hinein, so daß beide Mädchen »unter dem lauten Ausruf: Es ist ein Wahnsinniger, ein Wahnsinniger, der dem Tollhause entsprungen«,[64] davoneilen.

Kreisler, eine Gestalt voller Abgründe und Zwiespälte, extremen Stimmungen unterworfen, steht als Außenseiter gegen die ihn umgebende Welt und insbesondere gegen die bürgerliche Gesellschaft. Der Abt bezeichnet ihn als einen der Menschen,

> die Fremdlinge in der Welt sind und bleiben, weil sie einem höheren Sein angehören und die Ansprüche dieses höheren Seins für die Bedingung des Lebens halten, so aber rastlos das verfolgend, was hienieden nicht zu finden, ewig dürstend in nie zu befriedigender Sehnsucht, hin und her schwanken und vergeblich Ruhe suchen und Frieden.[65]

Kreisler hat nur höhnische Verachtung für die ihm feindliche Welt, diese schließt ihn ihrerseits als Außenseiter aus, sie gönnt ihm »keine Freistatt, kein Plätzchen [...] auf dieser Erde«.[66] Meister Abraham verteidigt Kreislers Verhalten und klagt die Gesellschaft ihrer Feindseligkeit wegen an:

> der Kreisler, trägt nicht eure Farben, er versteht nicht eure Redensarten, der Stuhl den ihr ihm hinstellt damit er Platz nehme unter euch, ist ihm zu klein, zu enge; ihr könnt' ihn gar nicht für eures Gleichen achten, und das ärgert euch. Er will die Ewigkeit der Verträge die ihr über die Gestaltung des Lebens geschlossen, nicht anerkennen [...]. Ihr möget den Kreisler nicht, [...] weil ihr ihn, der Verkehr treibt mit höheren Dingen als die gerade in euern engen Kreis passen, fürchtet.[67]

Kreislers skurriles und fremdartiges Benehmen gegenüber der Gesellschaft und der Zwiespalt in seinem Wesen finden in diesem Dualismus eine gemeinsame Begründung. Er kennt und durchleidet die unüberbrückbare Kluft zwischen sich und der Welt, zwischen Kunst und Leben, zwischen irdischem und höherem Sein. So spielt er wie Hamlet und wie die melancholischen Narren Shakespeares, mit denen er wiederholt verglichen wird, der Welt Verrücktheit und Wahnsinn vor, er ängstigt und belustigt sie mit seinen seltsamen Scherzen. Als genialer Künstler, der sich ganz der Fantasie hingibt, ist er sensibel, reizbar – so wirkt er auf viele verrückt. Spiel und Naturanlage lassen sich kaum noch trennen. Mit schrillen Dissonanzen und dem abrupten Wechsel vom Erhabenen zum Lächerlichen, von Pathos und Ernst zu Tollheit prägt Kreislers Wesen auch die Darstellungsweise seiner Biographie. (Daß der abrupte Wechsel der Töne und Schreibweisen darüber hinaus die Gesamtkomposition bestimmt, wurde oben gezeigt.)

Kreisler entwickelt im Verlauf des Romans mehrfach seine Vorstellungen von der höchsten Kunst, einem Ideal, das unter den gegebenen sozialen Verhältnissen nicht zu verwirklichen ist. Kunst ist für ihn etwas Absolutes, sie gibt ihm »das rege Gefühl des höhern Seins«.[68] Diese höchste Kunst wird vor allem im Gesang Julias beschworen, in Metaphern des Poetischen, ja Religiösen.

Von einem Duett mit Julia heißt es: Die Stimmen erhoben sich »auf den Wellen des Gesanges wie schimmernde Schwäne, und wollten bald mit rauschendem Flügelschlag emporsteigen zu dem goldnen strahlenden Gewölk, bald in süßer Liebesumarmung sterbend untergehen in dem brausenden Strom der Akkorde«.[69] Julia bannt die Dämonen in Kreisler durch ihren Gesang. Wenn sie singt, erwacht »der Trost, die Hoffnung«[70] in ihm: »Nur einen Engel des Lichts gibt es, der Macht hat über den bösen Dämon. Es ist der Geist der Tonkunst, der oft aus mir selbst sich siegreich erhebt, und vor dessen mächtiger Stimme alle Schmerzen irdischer Bedrängnis verstummen.«[71] Julia regt ihn als Muse an, »mit der Begeisterung des Himmels, herrliche Werke«[72] zu schaffen, erscheint ihm im Traum und singt ihm »mit Tönen des Himmels«[73] die Komposition des Agnus Dei vor, die er nach dem Erwachen nur noch niederschreiben muß.

Mehrere Künstler in Hoffmanns Werk – von Berthold in der *Jesuiterkirche* bis zu Ettlinger im *Kater Murr* – malen ein weibliches Idealbild; wenn sie sich in sein menschliches Vorbild verlieben und es besitzen wollen, verlieren sie ihr Künstlertum. Die »Liebe des Künstlers«, die sich in der Sympathie der Seelen erweist – so heißt es im Roman selbst –, muß »ein schöner herrlicher Traum des Himmels« bleiben.[74]

In einer ähnlich intensiven – wenn auch ganz anders gearteten – Verbindung steht Kreisler mit Hedwiga. Ihre Berührung wirkt auf ihn wie ein elektrischer Schlag. Sie ist eine zerrissene Natur wie er, leidet an ähnlichen Wahnvorstellungen und bleibt in ihrer Dämonie gefangen. Während Kreisler Julia liebt, liebt Hedwiga ihn, sie steht im engsten magnetischen Rapport mit ihm, bis zu dem Punkt, daß sie aufgrund des Schusses, der im Park auf Kreisler abgegeben wird, in einen tagelangen Starrkrampf verfällt. Diese geheimnisvolle dämonische Verbindung deutet auf eine innere Zusammengehörigkeit, vielleicht auch eine (im vorhandenen Teil des Romans jedoch nicht belegte) verwandtschaftliche Beziehung.

Im Gespräch der beiden Freundinnen über die Liebe wird auch deren unterschiedliche Einstellung zu Kreisler deutlich. Julia schwindelt es vor der Intensität der Leidenschaft als »höchster Stufe der Seligkeit«. Sie hält sie für entsetzlich und sündhaft, sie möchte in der Nähe eines Mannes lieber »wahre Bewunderung« und ein »Wohlbehagen« empfinden.[75] Hedwigas Liebe hingegen ist fordernd, sinnlich, von extremen Leidenschaften geprägt. In scharfem Kontrast zu dieser erotischen Nähe steht Hedwigas Unverständnis für die unkonventionellen Kompositionen Kreislers. Hedwiga ist in ihrer Widersprüchlichkeit eine der vielschichtigsten (kritisch formuliert: eine der wenigen vielschichtigen) Frauengestalten in Hoffmanns Werk.

Hauptursache des Konfliktes zwischen Kreisler und der Gesellschaft sind grundverschiedene Einstellungen zur Kunst. Während sie für Kreisler das höchste Prinzip ist, dient sie der Gesellschaft zur Unterhaltung, zur Verschönerung des Alltags und von Festen, ist Mittel zu untergeordneten Zwecken. Solange sich Kreisler in den Dienst dieser Gesellschaft stellt, ihr als Kapellmeister dient, fühlt er sich und seine Kunst korrumpiert.

Im Benediktinerkloster findet Kreisler zunächst den inneren Frieden. Er vergißt den gespenstischen Doppelgänger, beginnt an sich selbst zu glauben, fühlt sich »geborgen, wo nie mehr der schöne Traum zerstört werden kann, der nichts anders ist, als die Begeisterung der Kunst selbst«.[76] Aber diese Art der Kunstproduktion, abgesondert von der Gesellschaft, bleibt nicht das letzte Wort. Als der Abt Kreisler auffordert, Mönch zu werden, empfindet der Künstler das als ein Abschneiden vom Leben, als Verbannung in eine »öde unwirtbare Wüste«.[77] Argumentiert er dem Abt gegenüber mit seinem Wunsch, nicht der Liebe zu entsagen, so gegenüber Bruder Cyprian mit der Unmöglichkeit, sich selbst aus der Gesellschaft auszuschließen. Gegen dessen Einwand, Kunst in der und für die Gesellschaft sei weltlicher »Klingklang«, entwickelt Kreisler seine Vorstellung von Kunst, deren Aufgabe darin bestehe,

> die ewige Macht zu preisen in der Sprache die sie uns selbst gab, damit das Himmelsgeschenk die Begeisterung der brünstigsten Andacht, ja die Erkenntnis des Jenseits in unserer Brust erwecke, [...] sich auf den Seraphsfittigen des Gesanges hinwegzuschwingen über alles Irdische und in frommer Sehnsucht und Liebe hinaufzustreben nach dem Höchsten.[78]

Instrumentalwerke schätzte Hoffmann sehr hoch. Aber es ist sicher kein Zufall, daß alle Kompositionen Kreislers, die im Roman genauer benannt sind (und die wir als Kompositionen Hoffmanns kennen), Vokalwerke sind, geschrieben für Sänger und im Blick auf konkrete Bedürfnisse (vor allem des Klosters). Auf diese Weise bekennt sich Kreisler zu gesellschaftlichen Aufgaben der Kunst.

Kreisler verläßt das Kloster wieder, um seinen Platz in der Gesellschaft zu suchen, er will seine Kompositionen öffentlich vorspielen, obwohl er weiß, daß dies wahrscheinlich abermals zu Mißverständnissen führen wird. In den früheren *Kreisleriana* der *Fantasiestücke* wurde der Konflikt zwischen Künstler und Gesellschaft so gelöst, daß der Künstler sich von der Welt abwandte und sich ausschließlich dem »überirdischen Reich« der Kunst widmete. Im *Kater Murr* wird dieser rigorose Standpunkt in verschiedener Hinsicht modifiziert. Kreisler vernichtet seine Musik nicht mehr, um sie vor dem Mißbrauch durch die Welt zu schützen, er schreibt seine Kompositionen auf und spielt sie der Umwelt vor. Hoffmann betont diesen Unterschied stark, wenn er den Biographen Kreislers darauf hinweisen und zusätzlich noch den Herausgeber die betreffende Stelle aus den *Fantasiestücken* in einer Fußnote belegen läßt. Allerdings bricht der Roman ab, als Kreisler an den Hof zurückkehrt. So erfahren wir nur, welche Wirkung seine Musik auf dem Gartenfest hat, nicht aber, wie er selbst als Künstler nach dieser Klärung seiner Positionen gewirkt hätte.

Die Gestalt Kreislers wurde bereits in den zeitgenössischen Rezensionen eindeutig in den Mittelpunkt der Deutungen des Romans gerückt. Die Wiederentdeckung des Werkes im Zeichen der Neuromantik in den ersten Jahrzehnten des 20. Jahrhunderts war noch einseitiger an die Person des Kapellmeisters gebunden, der als der romantische Künstler schlechthin gefeiert wurde. Das »Kreislerbuch« Hans von Müllers (1903), Oswald Spenglers hymnisches Lob in seinem kulturkritischen Werk *Der Untergang des Abendlandes* (1919) und die Interpretation des Romans durch Hermann August Korff unter dem Titel »Der Kreisler-Roman« (1953) markieren Stationen dieser Phase der Beschäftigung mit dem Werk. Auch in zahlreichen neueren Arbeiten steht der »Künstlerroman« und seine Bedeutung für die Gattungsgeschichte im Mittelpunkt.

Die Bewunderer Kreislers ärgerten sich über die ständigen Unterbrechungen der Biographie des Helden durch Murr – Hans von Müller gab sie konsequenterweise ohne die störende »Katerzutat« heraus. In den letzten Jahrzehnten hat sich die oben entwickelte Ansicht einer engen strukturellen Zusammengehörigkeit und Verflechtung der beiden Teile in der Forschung zwar allgemein durchgesetzt, das bedeutet jedoch meistens nur, daß die kompositorische Funktion der Murr-Autobiographie im Romanganzen anerkannt wird, hingegen nicht oder nur selten, daß man dem Kater als Hauptfigur größere Aufmerksamkeit geschenkt hätte; fast alle Interpretationen widmeten und widmen Kreisler ein Mehrfaches an Raum. Vertiefte Einsichten in die Struktur und die kompositorische Notwendigkeit der Murr-Teile gingen mit einem weiterhin negativen Urteil über die Titelfigur einher. Denn hatte man zuvor den Kater meistens mit nichtssagenden Bezeichnungen abgetan, so sah man in ihm nun den Gegenspieler Kreislers, insbesondere in seiner Kunst- und Lebensauffassung.

In der Tat lassen sich Murrs Lebensstationen und seine Lebensansichten zu einem Porträt zusammenfügen, das ihn zum Gegenbild Kreislers macht, so wie die Autobiographie des Katers in ihrer Anlage zweifellos ein Gegenbild der Biographie des Kapellmeisters darstellt: Das Wohlgeordnete, Lineare steht gegen das Verschlungene, Wirre, Chaotische. In ähnlicher Weise fielen den meisten Interpreten im Charakter des Katers vor allem die Gegensätze zu Kreisler auf: Murr ist von ruhiger, ausgeglichener Gemütsart, unkompliziert, ohne Zweifel an sich, erfüllt vom Glauben an die eigene Bedeutung und die gute, sinnvolle Ordnung des Daseins. Er ist der sicheren Überzeugung, »daß die Welt mit ihren Freuden, als da sind Bratfische, Hühnerknochen, Milchbrei etc. die beste sei und er das allerbeste in dieser Welt, da ihre Freuden nur für ihn und seinethalber geschaffen sind«.[79] Murr ist daher unbeschwert und optimistisch, unlösbare Probleme kennt er nicht, trotz aller Stürme des Katerlebens verliert er nie den Boden der Realität unter den Pfoten. Schon früh erkennt er die Notwendigkeit, sich den Konventionen der Gesellschaft anzupassen. Auch wenn ihm ihre »Normalprinzipien«, denen er sich unterzuordnen hat, mittels eines Birkenreises nahegebracht werden, lobt er die darauf gegründete Gesellschaftsordnung und ist bemüht, sich ihr einzufügen. Sein Realitätssinn läßt ihm diese Anpassung nicht nur als notwendig, sondern auch als nützlich scheinen. Murr erkennt die Wahrheit des Satzes: »Je mehr Kultur, desto weniger Freiheit«,[80] und da er nach den Segnungen der höheren Kultur strebt, nimmt er eine Einschränkung seiner Freiheiten durch die gesellschaftlichen Normen gern in Kauf. Er vertraut auf die Macht der Bildung: Literatur und Philosophie werden für ihn zu zentralen Bildungserlebnissen. Seine Dichtungen dienen ihm zur Bestätigung seiner Persönlichkeit, zur Verschönerung des Lebens und zum Trost in schweren Stunden. Die Poesie hilft ihm bei der Erringung schöner Katzenseelen und tröstet ihn über deren Treulosigkeit hinweg. So erweist sich ihm die »Göttlichkeit der Poesie« in ihrem mannigfachen Nutzen und vor allem als »wunderbares inneres Wohlbehagen«, das »jedes irdische Leid« wie Liebeskummer, »Hunger und Zahnschmerzen« überwinden hilft.[81] Das schwerste Schicksal, das den Künstler treffen kann, besteht nach seiner Meinung in der mangelnden Anerkennung durch die Umwelt.

Orientiert sich der Kater in seinem Bildungsgang in erster Linie an der Philosophie der Aufklärung, ihrem Optimismus und Glauben an die unbegrenzte Bildbarkeit des Menschen, so plündert er in der Literatur ebenso bedenkenlos das Arsenal der Empfindsamkeit und der Klassik und sucht, als »junger Romantiker« seinen Dichterruhm zu vermehren.

In dieser Sichtweise wird Murr zum kunstfeindlichen, banausenhaften, sich anpassenden Philister. Seit die Literaturwissenschaft dem Kater so weit entgegenkommt, ihm überhaupt eine Funktion im Roman zuzubilligen, sieht sie im Katerleben, der »schamlosen Travestie des Kreislerschicksals«, ein »Mittel schärfster Kontrastwirkung«,[82] ein »parodierendes Gegenstück«.[83] Singer faßt diese Ansichten über Murr zusammen:
der Autor [...] legt es geradezu darauf an, jedermann gegen Murr einzunehmen. Murr erscheint unerträglich selbstgefällig; seine aufdringliche Zurschaustellung von Talenten, Bildung, Leistung und Verstand ist geeignet, jeden Leser für seine Verdienste blind zu machen. Seine Eitelkeit ist maßlos, seine Selbstgerechtigkeit unerschütterlich, seine Heuchelei empörend. Die Unvorsichtigkeit, mit der er seine bedenklichen Eigenschaften enthüllt, zwingt jeden Leser, ihm sein Lebensziel zu mißgönnen: die Würde eines akademischen Lehrers.[84]
Dieses Bild Murrs zeigt nur eine Seite seines Wesens und verkennt insbesondere die Vielschichtigkeit seiner Funktionen. Und auch wenn man an der strikten Trennung zwischen Leben und Fiktion festhält, müßte man doch einen offensichtlichen Gegensatz erklären. Hoffmanns romanexterne Äußerungen zeu-

gen ausnahmslos von Sympathie und Liebe für seinen (realen) Kater. (Das zeigen besonders eindrucksvoll die Todesanzeigen, die Hoffmann in drei Versionen am 30.11. und 1.12.1821 an seine Freunde verschickte.)

46. Todesanzeige für Kater Murr, 1. Dezember 1821.

Warum sollte er seinen »teuren, geliebten Zögling« als egoistisch-arroganten Philister dem Spott der Nachwelt überliefern? Aber auch die romaninternen Bemerkungen des »Herausgebers« zeigen neben einiger Kritik am »etwas stolzen Ton« des Vorworts[85] oder an den »Plagiaten« viel Sympathie: Im Vorwort nennt er das Tier einen »Mann von angenehmen milden Sitten«,[86] in der Nachschrift den »klugen, wohlunterrichteten philosophischen, dichterischen Kater Murr«;[87] wenn er schreibt, seine Trauer über Murrs Tod komme »aus dem Herzen«, denn er habe ihn »lieb gehabt und lieber als manchen«,[88] so ist dies mit Sicherheit nicht ironisch oder gar zynisch zu verstehen. Diese Sicht des Katers wird von seinen beiden Herren im Roman geteilt. Meister Abraham nennt ihn »das gescheuteste, artigste, ja witzigste Tier der Art, das man sehen kann«.[89] Und obwohl Kreisler »Katzen nicht sonderlich leiden mag«, muß er zugeben, daß Murr »etwas besonderes, ungewöhnliches im Antlitz trage«;[90] bereits bei der ersten Begegnung attestiert er ihm Verstand und Klugheit und spricht ihn liebevoll an: »du kluger, artiger, witziger, poetischer Kater Murr«.[91] (Es zeigt einmal mehr den überlegten Aufbau des Romans, daß die oben zitierte Charakterisierung Murrs in der »Nachschrift des Herausgebers« ebenfalls viergliedrig ist und die gleichen Bestimmungswörter am Anfang und Schluß – klug und dichterisch/poetisch – verwendet.)

Angesichts dieser Bewertung Murrs durch die Herausgebergestalt, Meister Abraham und Kreisler, ist die Einschätzung des Tieres als Negativfigur durch die große Mehrzahl der Interpreten fragwürdig. Den Verurteilungen Murrs liegt die Überzeugung zugrunde, er sei sozusagen ein Mensch in Tierkleidung und als solcher das Abbild des philiströs-selbstzufriedenen Bürgers und Banausen. Demgegenüber ist festzuhalten, daß das Werk weder Fabel noch Allegorie und auch kein Märchen ist.

Ist Murrs Autobiographie wirklich eine naiv erzählte optimistische Erfolgsgeschichte? Man könnte im Gegenteil das Leben des Katers sogar als eine Folge ständiger Desillusionierungen bezeichnen. Sein Hauptziel – die Autobiographie der Nachwelt zu überliefern – scheitert, weil die wohlgeordnete Beschreibung seines Lebenslaufs durch die Makulaturblätter ständig unterbrochen wird. Was sich im Formalen zeigt, ist auch im Inhaltlichen zu erkennen: Enttäuschungen durch Mitkatzen, Pudel und Menschen, Neid und Verfolgungen. Die wenigen Interpreten, die dies erkannt haben, standen vor der Frage: Wie verträgt sich diese Sichtweise mit dem naiv-optimistischen Grundton der Schilderungen derartiger Gegebenheiten? Die Antwort, daß dem eine ironische oder gar zynische Sicht zugrunde liege, überzeugt ebenfalls nicht ohne weiteres, denn auch hier wird der Kater vermenschlicht und psychologisch gedeutet.

Eine Antwort auf die Frage nach dem Kater als Objekt der Satire oder als Ironiker geht sinnvollerweise von der Funktion der Tiere in Hoffmanns Erzählkosmos aus. Wie durch den redenden Hund Berganza und den briefschreibenden Affen Milo entsteht durch den schriftstellernden Kater eine Distanz zum Erzählten. Dieser Kater ist mithin nicht Objekt der Satire, sondern ihr

Medium, nicht Gegenstand der Ironie oder gar selbst Ironiker, sondern Medium der Ironie. Diese Sichtweise gilt auch für den dritten Kernbegriff der Darstellung, den Humor: der Kater ist Medium des Humors. (Was das im einzelnen heißt und in welchem umfassenden Sinn es gilt, wird noch zu erörtern sein.) In dieser Funktion liegt die wichtigste Rechtfertigung nicht nur von Murrs romanhafter Existenz, sondern auch der Tatsache, daß er auf dem Buchdeckel prangt, daß sein Name im Titel am größten geschrieben ist und daß seine Lebensansichten im Romanganzen auch quantitativ der Kreisler-Biographie nahekommen.

Das Ergebnis einer unvoreingenommenen Betrachtung von Kreisler und Murr ist also: Die Antagonisten müssen auch in ihrer Beziehung zueinander betrachtet werden. Dabei erweist sich nicht Murr als negative Folie für das künstlerische Idealbild Kreisler, vielmehr werden beide in ihrer Unvollkommenheit und Einseitigkeit gezeigt. Das gilt selbst für den zentralen Bereich der Kunst.

In den *Kreisleriana* hatte es an einer Stelle – auf die der »Herausgeber« des *Kater Murr* nachdrücklich und mit genauer Stellenangabe hinweist – geheißen: Kreislers überreizbarem »Gemüte, seiner bis zur zerstörenden Flamme aufglühenden Fantasie« sei »zu wenig Pflegma beigemischt und so das Gleichgewicht zerstört worden, das dem Künstler durchaus nötig sei, um mit der Welt zu leben und ihr Werke zu dichten, wie sie dieselbe, selbst im höhern Sinn, eigentlich brauche«.[92] Phlegma ist in der zeitgenössischen Alchimie, die im *Kater Murr* eine große Rolle spielt, der Rückstand, der bleibt, wenn sich das Phlogiston, der Feuerstoff, ins Unsichtbare verflüchtigt hat. Das Phlegma, das die »Flamme der Fantasie« hinter sich zurückläßt, ist das Irdische, die Erdgebundenheit, die Wirklichkeit. Zumindest über Spuren solcher Wirklichkeitsverbundenheit verfügt der Kreisler des Romans. Der andere Künstler des Werkes, der Kater, besitzt eine solche Wirklichkeitshaftung hingegen im Übermaß. Er steht mit seinen vier Pfoten fest auf dem Boden der

Erde und der Wirklichkeit, hingegen wird er nur in geringem Maße von der Flamme der Fantasie erfaßt. Beide Künstlertypen sind also einseitig, beiden fehlt das Gleichgewicht zwischen Fantasie und Phlegma. (Dies aber wäre nach der Ästhetik des Romans der wahre Humor, der den Dualismus überwinden und große Kunstwerke schaffen könnte.) Ein derartiger Ausgleich ist inhaltlich unmöglich. Kreisler läßt sich als braver Kapellmeister und nützlich-angepaßtes Glied der Gesellschaft ebenso schlecht denken wie umgekehrt ein von der Fantasie entflammter Murr. Allenfalls gewisse Schritte der Extreme aufeinander zu scheinen nicht ausgeschlossen, eine Annäherung wird vage angedeutet dadurch, daß Abraham den Kater Kreisler übergibt, damit dieser ihn zum Abschluß seines Bildungsweges die »höhere Bildung« lehre, die er, Kreisler, im höchsten Grade besitze: die Fantasie.

Es wurde bereits darauf hingewiesen, wie die erste (und als einzige im Roman geschilderte) Begegnung der beiden Protagonisten verläuft: Murr kreiselt um Kreisler, dieser rühmt die Eigenschaften des Katers. Kreislers letzter Satz im Roman (es überrascht nicht, daß er ebenso fragmentarisch bleibt wie der erste Satz seiner Biographie) lautet: »Nun so komm denn [...] Kater Murr, laß uns –«.[93] Der Plural des Personalpronomens führt die beiden zum erstenmal auch grammatisch zusammen: Dies ist der Auftakt des gemeinsamen Lebens beider Künstler. Im letzten Murr-Abschnitt erfahren wir, daß der Künstler Murr offensichtlich rasch von Kreisler lernt: Er formuliert seine neueste »Lebensweisheit« sowie Einsichten in die Kunst in einer Weise, daß diese »gerade hin aus dem Munde des Kapellmeisters Johannes Kreisler« zu kommen scheinen[94] – der »Herausgeber« weist nachdrücklich in einem Klammereinschub darauf hin und tadelt das Vorgehen des Katers als Plagiat. Ebensogut könnte man vielleicht von einem ersten Lernerfolg auf dem Wege, durch Kreisler die »höhere Bildung« zu erwerben, sprechen.

Der Leser erfährt nichts (mehr) darüber, ob in diesem Zusammenleben der Protagonisten umgekehrt auch Kreisler von Murr gelernt, etwas von dessen Wirklichkeitsverhaftung, Realitätssinn und Pragmatik angenommen hätte. Weiter als solche inhaltlichen Spekulationen führt die strukturelle Analyse des Romans, die als das übergreifende Kunstprinzip Hoffmanns die Verklammerung beider Erzählstränge erweist.

Satire, Ironie, Humor

Satire, Ironie und Humor prägen, wie im Abschnitt über Kreisler und Murr bereits angedeutet, den Roman in entscheidendem Maße. Die Darstellungsweisen sind zugleich Erzählweisen, sie charakterisieren als poetologische Grundbegriffe den Roman, und sie bezeichnen darüber hinaus Einstellungen zur Welt und zur Gesellschaft. Zwar wurde oft einer dieser Begriffe isoliert zur Kennzeichnung des Romans verwendet, es ist aber wichtig, die vielfältigen Vermischungen und Überschneidungen zu beachten: Gerade in ihnen liegt ein wesentliches Merkmal des Werkes.

Man kann den gesamten Kater-Teil als Satire auf die Gesellschaft der Hoffmann-Zeit, ihre Einrichtungen, ihr Denken und Tun lesen. Drei Bereiche sind jedoch von besonderer Bedeutung. Der eine umfaßt Fragen der Kunst, insbesondere der Literatur. Es wurde bereits am Beispiel des Zitatgebrauchs und der Traditionen des Bildungs- und Entwicklungsromans gezeigt, wie umfassend diese Satire angelegt ist: Sie trifft viele Formen des Kunstbetriebs sowie literarische Anschauungen und Werke der Aufklärung und Klassik, aber auch der Romantik. Bereits durch die Transponierung in die Katerwelt und den Gebrauch, den Murr von ihnen macht, werden sie der Satire preisgegeben.

Hoffmann ergreift nicht Partei für eine These oder Ansicht, er setzt durch die satirische Art der Darstellung jede Position der Relativierung (und dem Nachdenken) aus. Das gilt auch für den zweiten wichtigen Komplex der Satire, der philosophische und pädagogische, vor allem aber naturwissenschaftliche Grundpositionen und -diskussionen des 18. und frühen 19. Jahrhunderts betrifft. Gegen den Glauben an die Einzigartigkeit des Menschen war eine Reihe von Theorien und Lehren entstanden, die nur graduelle Unterschiede zwischen Mensch und Tier gelten lassen wollten. Diese gegen das anthropozentrische Weltbild gerichtete, teilweise materialistisch begründete These wurde in vielen Feldern (z. B. Vernunftbegriff, unbegrenzte Bildungsfähigkeit, biologischer Ursprung der Sprache) diskutiert – Erörterungen, die im Roman sowohl von Murr als auch von verschiedenen Figuren geführt werden. Murrs ungewöhnliche Fähigkeiten treiben in der naturwissenschaftlichen Diskussion der Zeit erörterte Positionen parodistisch auf die Spitze. Charakteristisch ist der Widerspruch in der Haltung des Professors Lothario: Einerseits wehrt er sich vehement gegen die Anerkennung menschenähnlicher Fähigkeiten bei Murr, andererseits glaubt er soweit daran, daß er in ihm einen Konkurrenten sieht, den er beseitigen müsse.

Der dritte zentrale Bereich der Satire umfaßt konkrete Zeiterscheinungen, vor allem das Treiben der Studentenschaften und deren Behandlung durch die staatlichen Organe. Die Trink- und Pauksitten des Komments und vor allem das deutschtümelnde Verhalten der Studenten werden durch die Umsetzung in die Welt der »Katzburschen« der Lächerlichkeit preisgegeben. Diese geben sich ihren Ritualen mit ebensolch feierlichem Ernst hin wie ihre menschlichen Vorbilder, vom Händedruck – »einem biedern deutschen Pfotendruck nach altvörderischer Sitte«[95] – bis zum Duellwesen. Die Kritik der Deutschtümelei betrifft auch den Nationalismus, Murrs empfindsames Lob des »heimatlichen Bodens« – doppeldeutig bezogen auf seinen Dachboden wie auf das »schöne Vaterland« – und des »patriotischen Mutes« entlarvt das hohe Pathos des Nationalismus und seine Hintergründe.[96]

Es ist aber bezeichnend, daß die Satire sich keineswegs nur und nicht einmal in erster Linie gegen die Studentenbünde richtet, sondern an Schärfe gewinnt, wo es um die Reaktion der Obrigkeit auf deren Treiben geht: Die Machthaber, die sich durch das Treiben der Burschenschaften gestört fühlen, hetzen ihre Schergen auf sie. Diese erbarmungslose Verfolgung macht die Unverhältnismäßigkeit der polizeilichen Mittel deutlich. (Über diese Satire und ihre Aktualität vor dem Hintergrund der »Demagogenverfolgungen« wird im nächsten Kapitel – im Exkurs »Politische Satire« – ausführlicher gehandelt.)

Auch im Kreisler-Teil spielt die Satire eine wesentliche Rolle. Sie konzentriert sich vor allem auf den Hof von Sieghartsweiler und damit auf die Adelsgesellschaft. Der Hof ist einem der typischen Duodezstaaten des 18. Jahrhunderts nachempfunden, die durch Napoleons Sieg 1806 politisch aufgelöst wurden, deren Herrscher ihr Ende jedoch nicht wahrnehmen oder wahrhaben mochten. In dieser Scheinwelt dominieren die leeren Formen; der frühere Fürst lebt noch immer so, als regiere er, und die Bevölkerung spielt aus Gewohnheit, Gutmütigkeit oder Dummheit mit. Diese Grundkonstellation gibt Gelegenheit zur satirischen Darstellung leerer Rituale, höfischen Zeremoniells ohne alle Funktion: Das »seltsam halb lächerliche, halb widrige Ungeheuer, Etikette genannt«, dominiert, legt sich auch einer Person wie der Fürstin, die früher »Gemüt und Herz« hatte, auf die Brust »wie ein bedrohlicher Alp, und keine Seufzer, kein Zeichen des innern Lebens sollte mehr hinauf steigen aus dem Herzen«.[97] Der geistig unbedarfte Fürst Irenäus, der diese hohlen Formen sorgsam pflegt, und sein blöder Sohn Ignaz, der Tassen sammelt und feierlich einen Vogel als Revolutionär exekutiert, zeigen in karikierender Übersteigerung, wie anachronistisch die alte Herrschaftsform geworden ist. Die einzige Person am Hofe, die das lächerliche Treiben durchschaut, die Rätin Benzon, unterstützt es, weil sie Vorteile daraus zieht. Die »konventionellen Verhältnisse« und »Formen« sind für sie »durch die richtige Ansicht des wirklichen Lebens bedingt, und als unsere Zufriedenheit begründend anerkannt«.[98]

Die große Distanz Kreislers zu dieser Gesellschaft wird von Beginn an immer wieder deutlich gemacht. Er gilt als Außenseiter, der »nichts anstiften« wolle »als Unruhe – Verwirrung – völlige Dissonanz aller konventionellen Verhältnisse wie sie nun einmal bestehen«.[99] Meister Abraham stellt zu Recht fest, Kreisler werde gehaßt, weil er sich außerhalb dieser Gesellschaft bewege, sie durch seine Kritik in ihren Grundlagen in Frage stelle.

Wichtiger noch als die Satire sind für das Verständnis des Romans und seine Gesamtcharakterisierung Ironie und Humor. Eine Reihe von Detailstudien hat ihre philosophische Herleitung und den Wortgebrauch bei verschiedenen Autoren von der Frühromantik, vor allem Friedrich Schlegel, über Jean Paul bis zu Karl Wilhelm Ferdinand Solger belegt. Gegen die Definitionen der zeitgenössischen Ästhetik setzt Hoffmann seinen eigenen, teils eigenwilligen Begriffsgebrauch. Nur selten hat er sich ausführlicher mit ästhetischen Fragen dieser Art beschäftigt – am deutlichsten in seiner Erklärung von 1822 als dem zentralen poetologischen Zeugnis der Spätzeit, in dem er sein eigenes Verständnis als humoristischer Schriftsteller definiert. Wesentlich komplexer und komplizierter ist die Verwendung dieser Begriffe im Roman selbst. Dabei bleibt freilich der fiktionale Kontext der entsprechenden Äußerungen zu berücksichtigen, die mithin, was in der Forschungsliteratur zuweilen geschieht, nicht als Definitionen des Autors gelesen werden dürfen. Das erklärt auch begriffliche Unschärfen und widersprüchliche Begriffsverwendungen.

Die Kritik der Hofgesellschaft und ihrer Sitten und Konventionen erfolgt in gleicher Weise durch verhöhnenden Spott wie mit »bitterer Ironie«;[100] sie wird in erster Linie von den Außenseitern der Gesellschaft – Murr, Kreisler, Meister Abraham – geleistet. Insbesondere Kreislers Reden sind häufig geprägt von einem »Geist der Ironie«,[101] der sich in einem sonderbaren Muskelspiel des Gesichtes ankündigt und durch ein gespenstisches Lachen begleitet wird. Für Dritte wirkt das als »fantastische Überspanntheit«. Die Rätin Benzon erkennt darin den Versuch, »in bittern Hohn zu vernichten«, was der Gesellschaft »wert« ist.[102] In der Tat richtet sich Kreislers Ironie gegen die Konventionen und die Werte dieser Gesellschaft, aber sie entspringt keineswegs einem »romantischen Nihilismus«,[103] sondern ist ein Schutzwall gegen eine als feindlich empfundene Welt. Kreisler gehört zu denen, »deren offne Brust jeder abgeschossene Pfeil trifft, für deren Wunden es keinen Balsam gibt, als die bittre Verhöhnung des stets wider sie bewaffneten Feindes«.[104] Doch die Ironie ist nicht nur Ausdruck der Verbitterung und Verachtung. In einer ihrerseits ironischen Selbstdeutung erklärt Kreisler der Rätin Benzon, daß sein Name von den Kreisen abzuleiten sei,

in denen sich unser ganzes Sein bewegt, und aus denen wir nicht herauskommen können, wir mögen es anstellen wie wir wollen. In diesen Kreisen kreiselt sich der Kreisler, und wohl mag es sein, daß er oft, ermüdet von den Sprüngen des St. Veits Tanzes, zu dem er gezwungen, rechtend mit der dunklen unerforschlichen Macht, die jene Kreise umschrieb, sich [...] hinaussehnt ins Freie. Und der tiefe Schmerz dieser Sehnsucht mag nun wieder eben jene Ironie sein, die Sie Verehrte! so bitter tadeln, nicht beachtend, daß die kräftige Mutter einen Sohn gebar, der in das Leben eintritt wie ein gebietender König. Ich meine den Humor, der nichts gemein hat mit seinem ungeratenen Stiefbruder, dem Spott![105]

Kreisler stellt Ironie und Humor in ein enges Verwandtschaftsverhältnis, und auch wenn es sich um eine Rollenrede handelt, ist dies sicher eine Kernstelle für die Bedeutung der Begriffe. Die Rätin kann zwar auch in diesem Humor nichts anderes sehen als den »Wechselbalg einer ausschweifenden grillenhaften Fantasie«,[106] aber ihre Tochter Julia glaubt, daß Kreislers Humor »aus dem treusten herrlichsten Gemüte«[107] kommt. In dieser »Stimmung des Gemüts, die aus der tieferen Anschauung des Lebens in all' seinen Bedingnissen, aus dem Kampf der feindlichsten Prinzipe sich erzeugt«,[108] soll der Ursprung des wahren Humors liegen. Das bestätigt auch Meister Abraham, wenn er von Kreislers »Scherz« spricht, »der sich aus der tiefern Anschauung des menschlichen Seins erzeugt und der die schönste Gabe der Natur zu nennen, die sie aus der reinsten Quelle ihres Wesens schöpft«.¹⁰⁹ Abrahams Urteil hat besonderes Gewicht, wird von ihm doch gesagt, er sei geeignet, »den Keim des tiefern Humors«¹¹⁰ in seinem Schüler Kreisler zu pflegen.

Ironie im Hoffmannschen Sinn zeigt die Unzulänglichkeit des Bestehenden, die Kluft zwischen Ideal und Wirklichkeit, und besitzt damit Erkenntnisfunktion. Sie negiert allerdings die vorgegebene Wirklichkeit und verharrt in dieser kritischen Haltung. Der Humor ist darüber hinaus in der Lage, einen Weg zur Überwindung des erkannten Dualismus zu zeigen. Er steht als Antwort auf die Einsicht, daß es keine heile Welt mehr gibt, daß das Sein in Erfordernisse des irdischen Lebens und in eine überirdische Sphäre gespalten ist. Diese Überwindung kann Personen der Romanwelt nicht gelingen, und so bleibt auch Kreisler in erster Linie ein Ironiker, der die Hohlheit der Gesellschaft und die Mängel der Welt entlarvt.

Kreislers »Humor«, von dem im Roman mehrfach gesprochen wird, ist weit mehr der Ironie verwandt als dem »wahren Humor«. Er heißt »schneidend«, es ist vom »Zorn«¹¹¹ seines Humors die Rede. Diesen kritisch-ironischen Humor meinte auch Börne in erster Linie in seinen harten Attacken gegen den »kranken« Humor und die »Humoralpathologie« (so der Titel seiner Besprechung) des Romans.¹¹²

Der Hegelsche Begriff des »objektiven Humors« führt ebenfalls nicht zum adäquaten Verständnis des Romans, auch nicht in der modifizierten Form, die ihm Preisendanz in seiner bedeutenden Untersuchung *Humor als dichterische Einbildungskraft* gegeben hat, nach der »der Humor [...] die poetische Synthese [ist], in der die Wahrheit der Negation und die Wahrheit der Positivität vermittelt und aufgehoben werden kann«.¹¹³ Mit diesem »versöhnenden« Humor wäre die Radikalität des Textes entschärft, die einen wesentlichen Aspekt seiner Modernität ausmacht.

Dennoch geht es nicht an, den Begriff Humor als Deutungskategorie zu eliminieren, wie dies verschiedene neuere Untersuchungen vorschlagen, die auf der Verweigerung jeden Sinns durch und in Kunst bestehen und gerade darin die Modernität des Romans sehen wollen. In dieser Deutung einer »prinzipiellen Verweigerung von Positivität« und vollkommenen »Desillusionierung«[114] kommt dem Abbruch des Romans nach dem zweiten Band eine zentrale Stellung und innere Konsequenz zu, die er, wie gezeigt, nicht besitzt.

Was im Roman inhaltlich (im Gegensatz zum Märchen) nicht möglich ist, wird durch die Erzählweise und die Struktur von *Kater Murr* denkbar: ein Kunstwerk des »wahren Humors«. Hoffmann hat mit dem Roman nicht ein Werk der reinen Fantasie geschaffen, und seine Beziehung zur Wirklichkeit besteht nicht einfach in deren ironischer Ablehnung: Der Schritt über frühere Formen von Vermittlung hinaus besteht in der Verlagerung des narrativen Zentrums vom Inhalt in die Form. Hoffmann benutzt dazu als erstes Medium die Herausgeberfigur, der er verwirrenderweise seinen eigenen Namen gibt, sodann, als Erzählmedien, den Kater und den Kreisler-Biographen. Diese mehrfache Brechung und Distanzierung ermöglicht ein virtuoses Spiel ironischen Erzählens, das man humoristisch nennen kann, weil es die heterogenen Teile nicht vorfindet, sondern bewußt schafft und in eine Beziehung zueinander setzt, die aus dem Romanganzen nicht nur mehr macht als die Summe der Teile, sondern auch etwas qualitativ Neues. So zeigt der Roman, in welch umfassendem Sinn die Selbstcharakterisierung Hoffmanns als »humoristischer Schriftsteller« zu verstehen ist, und erweist ihn als wahren Nachfahren Sternes, zu dem er sich zu Beginn des Werkes bekannt hat.

11. Exkurse: Juristerei, Politik, Zensur

Der Jurist und seine Schriften

Hoffmann war seit seiner Jugend zum Beruf des Juristen bestimmt. Die wichtigsten beruflichen Stationen und Tätigkeiten wurden bereits genannt: 1792-1795 Studium in Königsberg, 1795-1800 Referendarausbildung in Königsberg, Glogau und am Kammergericht in Berlin, 1800-1802 Assessor bei der Regierung in Posen, 1802-1807 Regierungsrat in Płock und Warschau, Entlassung nach Auflösung der preußischen Behörden durch Napoleon; nach über sieben Jahren als »freier Künstler« Wiedereinstellung in den preußischen Justizdienst am 1. Oktober 1814 als Mitarbeiter beim Kammergericht, seit 1. Mai 1816 wirkliches Mitglied von dessen Kriminalsenat. Erst ab dieser Zeit ist die Arbeit des Juristen Hoffmann durch Akten genauer zu belegen.

Basis und Ausgangspunkt für den Juristen Hoffmann war das Denken der Aufklärung, insbesondere die Ethik und Rechtsphilosophie Kants – sie gehören zu den geistigen Grundlagen des Allgemeinen Preußischen Landrechts, das 1794 in Kraft trat. Es ist naturrechtlich begründet und vernunftrechtlich aufgebaut, geht kasuistisch vor und behandelt alle Felder vom Individuum und der Familie bis zu Kirche und Staat. Es führte in Preußen in zahlreichen Gebieten erstmals Rechtssicherheit ein. Bis dahin wurden in der Rechtsprechung im wesentlichen Taten beurteilt, nach formalen, objektiven Vorgaben; nun rückten auch die Täter und ihre Motive in den Horizont der Rechtsprechung. Dieser Aspekt interessierte Hoffmann stärker als die meisten seiner juristischen Zeitgenossen, vor allem, seit er in Berlin als Richter tätig war.

Seine Alltagsarbeit am Kammergericht bestand – wie er selbst ironisch schreibt – in Untersuchungen und Prozessen gegen »allerlei Diebe, Notzüchtiger, Betrüger«.[1] Konkret war der Kriminalsenat in erster Instanz mit Straftaten befaßt, die im Fall einer Verurteilung ein bestimmtes Strafmaß (»vier Wochen Gefängnis, 50 Taler Strafe oder leichte Züchtigung«) überschritten. Ferner fungierte der Kriminalsenat auch als zweite Instanz für Untergerichte und war »für die Strafvollstreckung verantwortlich. Damit trug das Kammergericht in Berlin die Hauptlast der Strafjustiz in Preußen.«[2]

Der Schriftsteller Hoffmann zeigt große Skepsis hinsichtlich der Frage, inwieweit sich die Motive von Handlungen wirklich »aufklären« lassen, und er weiß, daß auch nicht rational kontrollierbare (»nächtliche«) Kräfte auf einen Menschen einwirken können. Für den Juristen Hoffmann bedeutet das auch, daß das Problem der Schuldfähigkeit neu durchdacht werden muß. Wenn – wie er von der »romantischen« Medizin und Philosophie gelernt hat – die Grenzen zwischen Gesundheit und Wahnsinn nicht klar zu bestimmen, sondern fließend sind, erhält dieses Problem ein weit größeres Gewicht als früher.

Diese Thematik steht in einem der wenigen Prozesse Hoffmanns im Mittelpunkt, dessen Akten erhalten sind: dem Verfahren gegen Schmolling, einen Handwerker in Berlin, der ohne erkennbares Motiv seine Geliebte erstochen hatte (Büchner hat diesen aufsehenerregenden – 1825 von Hitzig dokumentierten – Fall später als eine Quelle für seinen *Woyzeck* benutzt). Ein Gutachter hatte auf Unzurechnungsfähigkeit plädiert und dies gewissermaßen modern – mit dem Hinweis auf den Wahnsinn einer solchen Tat – begründet. Hoffmann hingegen kam als Ergebnis seines Gutachtens zu dem auf den ersten Blick überraschenden, konservativ anmutenden Schluß, die Todesstrafe zu fordern. Seine Begründung ist jedoch bezeichnend. Er zieht aus seinem Umgang mit Medizin und Psychologie eine andere Folgerung: Die Grenzen der »Normalität« sind für ihn weiter gespannt, als das verbreitete Bewußtsein das wahrhaben will. So könne das Gesetz nicht bloß deshalb »für unanwendbar« erklärt werden, »weil der Bewegungsgrund zur Tat nicht zu ermitteln war, und der übrigens geistig und körperlich gesunde Verbrecher bloß sagt, daß ihn ein blinder unwiderstehlicher Drang dazu getrieben habe«.[3] Das heißt verallgemeinert, daß ein nicht erkennbares Motiv nicht schon auf Krankheit, ein Verbrechen, dessen Motive unklar sind, nicht schon auf Wahnsinn verweist. Als Schriftsteller ist Hoffmann selbstverständlich an den psychologischen Hintergründen einer Tat interessiert, aber er will die Rechtsprechung nicht »Vermutungen über die Freiheit oder Unfreiheit des Willens zur Zeit der Tat« und der subjektiven Ansicht von Ärzten, Philosophen und Psychologen überlassen. Nichtsdestoweniger prüft er auch die Beispiele dieser Sachverständigen, seine intensive Beschäftigung mit der einschlägigen Literatur, die er auch in seinen literarischen Werken zitiert und ausgewertet hatte (wie Pinel oder Reil), kam ihm dabei zugute.

Der Rechtshistoriker Hartmut Mangold attestiert Hoffmann zum einen die typischen preußischen Juristentugenden – unvoreingenommene Rationalität, Humanität, Abneigung gegen Willkür –, zum anderen und vor allem »eine ausgeprägte Skepsis gegenüber der Kompetenz des menschlichen Erkenntnisvermögens«; dies habe ihn in schwierige Situationen geführt, denn als Richter habe er »definitive Entscheidungsvorschläge liefern« müssen.[4]

Hoffmanns 1814 gefaßter Entschluß, in den Staatsdienst zurückzukehren, ist sicher in erster Linie mit seiner wirtschaftlichen Situation zu erklären. Sein Verhältnis zu seinem juristischen Beruf und dessen Beziehung zu seinem Künstlertum ist eine in der Forschung kontrovers diskutierte Frage. Zweifellos bedeutete die Wiederaufnahme der juristischen Tätigkeit für Hoffmann den Abschied vom Lebenstraum einer Existenz als Nur-Künstler. Aus dem ersten Berliner Jahr stammen mehrere Briefe an Hippel, in denen er mit starken Worten die Behinderung seiner Kunst durch den ungeliebten Justizberuf beklagt. Wenn er schon gezwungen sei, damit Geld zu verdienen, so wünsche er sich eine Stelle als »Expedient«, also in einer untergeordneten Position, die besser mit seinem »litterarischen und künstlerischen Streben zu vereinen« sei. Das Schreiben und Komponieren könne und wolle er auch in Zukunft nicht lassen, derlei »*Allotria*« könne er als Expedient durchaus treiben, während sie dem »*Rat* verdacht werden«.[5] Noch weiter geht der Traum, am Königlichen Schauspielhaus als »Theaterkomponist oder Kapellmeister« (beide Stellen waren im Frühjahr 1815 vakant) engagiert zu werden. Sein mehrfach variiertes Fazit: »Von der Kunst kann ich nun einmal nicht mehr lassen«; hätte er nicht seine Frau zu versorgen, würde er »lieber abermals den musikalischen Schulmeister machen, als mich in der juristischen Walkmühle trillen lassen!«[6] Kurz darauf erinnert er den Freund daran, daß es nie seine »Idee war, zur Justiz zurückzukehren, denn zu heterogen ist sie der Kunst, der ich geschworen«.[7]

Solche Äußerungen wurden und werden immer wieder zitiert, um Hoffmanns Abneigung gegen seinen Justizberuf und den unüberwindbaren Gegensatz zwischen dem Künstler und dem Bürger zu belegen. Diese Behauptungen sind allerdings vorschnell und einseitig. Gerade dem Freund Hippel gegenüber hatte Hoffmann ein ähnliches Bild schon in der Jugendzeit gern vermittelt, und im ersten Berliner Jahr bot ihm der Justizdienst in der Tat noch keinerlei gesicherte Zukunft. Erst die Ernennung zum Kammergerichtsrat 1816 brachte ihm eine feste Stelle und ein beachtliches Monatsgehalt. Da zudem im Frühjahr 1816 auch die zweite der attraktiven Vakanzen am Schauspielhaus anderweitig besetzt wurde, verstummten seine Klagen allmählich bis auf gleichsam rituelle Reste. Das so grundsätzlich klingende »zu« in der Formulierung, Justiz und Kunst seien »zu heterogen«, ist daher wohl ähnlich zu verstehen wie die Klage gegenüber demselben Adressaten, Hippel, über das »zu« Tolle des Warschauer Lebens ein Jahrzehnt zuvor. Das Justizamt brachte Hoffmann nicht nur finanzielle Sicherheit, es ließ ihm auch in nicht geringem Umfange zeitliche Freiräume. Wichtiger aber ist: Hoffmann verstand es, wie in seiner Ästhetik, die Spannung des Heterogenen nicht nur auszuhalten, sondern auch für seine Kunst fruchtbar zu machen.

Hoffmanns Persönlichkeit als Jurist, die Art seines Denkens und Argumentierens wird außer in seinen Voten und Selbstzeugnissen am deutlichsten durch die Jahresberichte seines unmittelbaren Vorgesetzten, des Vizepräsidenten des Kammergerichts und zweiten Präsidenten des Instruktionssenats und Kriminalsenats, Friedrich von Trützschler und Falkenstein. Aus seinen Berichten an den Justizminister von Kircheisen geht hervor, wie hoch er Hoffmann und seine Arbeit von Beginn an schätzte. Im Bericht Ende 1815 heißt es über den Regierungsrat Hoffmann: »Die eigenthümliche [ihm eigene] Präcision, womit er arbeitet, thut der Gründlichkeit keinen Abbruch, und wenn es auf eine zarte Behandlung des Gegenstandes, auf eine lichtvolle Darstellung und elegante Ausführung ankommt, so würde ich mich vergeblich nach jemandem umsehen, der es ihm zuvorthäte.« Zugleich bittet Trützschler um eine Gehaltszulage für Hoffmann; seine Begründung zeigt, wie er von Anfang an dessen höheren Orts mit Mißtrauen betrachtete künstlerische Tätigkeit geschickt herunterspielte: Hoffmann sei fast mittellos und müsse »die Stunden der Muße und der Nacht dazu verwenden, sich durch litterarische und musikalische Arbeiten die nöthigsten Subsistenz-Mittel zu verschaffen«.[8]

Anfang 1817 heißt es in Trützschlers Bericht: »Vorzüglichen Gewinn gewährt er aber dem Collegio durch seine Arbeiten, die sich durch edle Schreibart, durch eine geschickte und klare Darstellung und tiefes Eindringen in den Geist der Gesetze eben so vortheilhaft auszeichnen, wie ihm das Lob gebührt, daß keine Sache bey ihm veraltet.«[9] Im Jahr darauf würdigt er Hoffmann, der unter den »wirklich *activen* Mitgliedern« des Kriminalsenats »würdig den ersten Platz« einnehme:

Selten ist die Kunst rasch und mit der höchsten Präcision zu arbeiten, mit dem Talent, tief in den *Geist* der Gesetze einzudringen, in so hohem Grade vereinigt, wie bey ihm und nicht oft läßt ihn die Lebendigkeit seines Geistes eine die Form und Verfassung geltende positive Vorschrift übersehen. Ich würde sein ausgezeichnetes Talent schlecht zu benutzen verstehen,

wenn ich ihn mit Diebes- und ContraventionsSachen und anderer loser Kost ermüden wollte. Aber in schwierigen Sachen, wobey sein Geist Nahrung findet, thut es ihm an klarer Darstellung und scharfsinniger Entwicklung keiner zuvor. Sachen dieser Art versteht er meisterhaft von allen Seiten zu beleuchten und in solchen Sachen wird ihn auch der Vorwurf der [mangelnden] Gründlichkeit niemals treffen.[10]
Schließlich urteilt Trützschler Anfang 1819, nach einem Lob für Hoffmanns Leitungsfähigkeiten während der eigenen Abwesenheit:

Sein hervorstechendes Talent, sein Scharfsinn und die Präcision seiner Arbeiten sind Ew. Exz. eben so bekandt wie die Gründlichkeit derselben und das angenehme Gewand, worin er auch die abstraktesten Sachen zu kleiden weiß.
Seine schriftstellerischen Arbeiten, denen er zuweilen noch die Stunden der Erholung und Muße widmet, thun seinem Fleiße keinen Eintrag und die üppige zum Komischen sich hinneigende Phantasie, die in denselben vorherrschend ist, kontrastirt auf eine merkwürdige Art mit der kalten Ruhe, mit dem Ernst, womit er als *Richter* an die Arbeit geht.[11]

Trützschler zieht hier und in anderen Berichten einen sehr klaren Trennungsstrich zwischen dem Schriftsteller Hoffmann, dessen Werke durch Fantasie und Komik bestimmt sind, und dem Juristen. Zusammen mit einigen gelegentlichen kräftigen Äußerungen des Unmuts von Hoffmann gegen seinen juristischen Brotberuf (wie in den oben zitierten Briefen an Hippel) wurden die Zeugnisse Trützschlers Grundlage des gängigen Bildes der Forschung von Hoffmanns Doppelleben: bei Tag der korrekte Jurist, der seinem bürgerlichen Broterwerb nachgeht, nach Dienstschluß und bei Nacht der exaltierte, fantasievolle Künstler. Freilich kann man Trützschlers Bemerkungen auch anders interpretieren. Mit seinen Hinweisen schützte er seinen geschätzten Kollegen geschickt vor Angriffen der Unseriosität. Erst die neuere Forschung hat diese Vorstellung vom strikten Gegeneinander von Beruf und Kunst aufgrund derartiger Überlegungen gelegentlich zu korrigieren und die enge Verbindung beider Bereiche zu zeigen versucht. Die juristischen Schriften gehören in der Tat zur Signatur von Hoffmanns Werk.

Selbstverständlich folgen diese Schriften einem eigenen Diskurs mit klar geprägten Regeln der Syntax, der Sprache, des Argumentationsganges. In diesem Bereich übernimmt Hoffmann keinerlei »belletristische« Anleihen. Wenn Trützschler das »angenehme Gewand« der Schriftsätze hervorhebt, sieht er dennoch deutliche Unterschiede zu den üblichen Voten der Juristenkollegen.

Wichtiger jedoch: Das Juristische ist in sehr unterschiedlichen Ausprägungen in vielen Texten Hoffmanns präsent. Auf den Vorwurf, er habe in *Meister Floh* »juristische Rügen in ein Märchen« gebracht, antwortete Hoffmann im Blick auf die Dichterjuristen Rabener, Hippel und Scott, »daß jeder Schriftsteller von seinem Metier nicht abläßt«. Er selbst habe »schon in mehreren« seiner Werke »wie zum Beispiel in den Elixieren des Teufels u[nd] in den Nachtstücken Prozesse auf das Tapet gebracht und durchgeführt«.[12] Ungeachtet der Bemerkung Hoffmanns zu Hippel, der Juristenberuf und die Kunst seien »zu heterogen«, kann man festhalten: Das Eindringen von Juristischem in das literarische Werk beginnt spätestens in der Zeit, in der Hoffmann als Kriminalrichter tätig war. Am deutlichsten greifbar sind die Spuren in Handlungselementen wie Prozessen, Verhören, Gerichtsszenen, Erbstreitigkeiten und bei Personen, die entweder Angehörige des Justizapparates, wie Richter und Anwälte, oder aber Verbrecher, Täter, Angeklagte sind. So wird Medardus bei seiner Flucht mehrfach festgenommen und verhört. Dabei werden die Methoden von drei sehr unterschiedlichen Typen von Untersuchungsrichtern exemplarisch vorgeführt: die eines biederen und bestechlichen Dorfrichters, eines unfähigen und arroganten sowie eines scharfsinnigen und souveränen Kriminalrichters. Im *Sandmann* spielt ein bösartiger Advokat, im *Majorat* ein kluger Justitiarius eine wesentliche Rolle. Von da an zieht sich eine lange Spur durch das Werk: von dem geheimnisvollen Obergerichtsrat Droßelmeier bis zu dem sympathischen Rechtsanwalt Jonathan in *Meister Johannes Wacht*, von bösartigen, hinterhältigen, tückischen Verbrechern, Mördern, Räubern, Vergewaltigern bis hin zu geistigen und politischen Wirrköpfen und Revolutionären. Meistens sind dies Teile größerer Erzählkomplexe, gelegentlich – so in *Das Fräulein von Scuderi* und *Die Marquise de la Pivardiere* – prägen Rechtsfragen das gesamte Werk. In diesen Zusammenhängen geht das Juristische häufig auch in die Struktur von Szenen ein: im Gespräch oder Verhör wird »inquiriert«, wird etwas »ausgemittelt«. Hoffmann bedient sich mit Vorliebe – wie an vielen Beispielen gezeigt – analytischer Darstellungsweisen: Eine Tat, ein Verbrechen ist geschehen, eine seltsame, rätselhafte Situation entstanden – die Erzählung entwickelt die Vorgeschichte, deckt Zusammenhänge auf, spürt Motiven nach. Solche analytischen Verfahren und Vorgehensweisen entsprechen den Erfahrungen des Juristen zur Zeit des spätaufklärerischen »Allgemeinen Landrechts«: Nach der Abschaffung der Folter müssen Geständnisse durch geschicktes Verhör und psychologischen Druck gewonnen, Indizienbeweise durch Recherchen und Kombinationen zusammengetragen werden. Selbstverständlich spiegelt sich das Handeln und Denken dieser Juristen ebenso wie die Schilderung juridischer Vorgänge auch oft in einer entsprechenden Sprache, deren Syntax und Grammatik der in den Aktenstücken üblichen entspricht, die mit lateinischen Fachausdrücken nicht spart und damit – ähnlich wie seit den frühesten Briefen – die sprachliche Spannweite der Texte erweitert und die Elemente des Heterogenen, die schroff nebeneinandergestellt werden können, vergrößert.

Mitglied der »Immediat-Untersuchungs-Kommission«

Im Herbst 1819 erhielt Trützschler von König Friedrich Wilhelm III. die ehrenvolle, allerdings auch delikate Aufgabe, Vorsitzender einer neu eingerichteten »Immediat-Untersuchungs-Kommission« zu werden; er schlug seinen bewährtesten Mitarbeiter Hoffmann als Mitglied dieser Kommission vor. Damit geriet Hoffmann in eine politisch hochbrisante Situation, Ergebnis der restriktiven und restaurativen Innenpolitik Preußens und des Deutschen Bundes in der nachnapoleonischen Zeit. Bereits im Herbst 1815 hatte sich der preußische König mit den Monarchen Rußlands und Habsburgs zur »Heiligen Allianz« zusammengefunden, die sich auf eine restaurative Politik und damit die Bekämpfung der neuen politischen Strömungen, vor allem des Liberalismus und Nationalismus, verständigten. Neben den Liberalen waren davon in Preußen insbesondere die Burschenschaften betroffen, die 1817 auf dem Wartburgfest ihre politischen Ideen von Freiheit und Einheit der deutschen Nation öffentlichkeitswirksam bekannten. Metternich nahm die allgemeine Revolutionsfurcht der Herrschenden und die Ermordung Kotzebues (der bekannte Dichter war zugleich russischer Staatsrat) durch den Studenten Sand zum Anlaß, im August 1819 die »Karlsbader Beschlüsse« durchzusetzen, die der Bundestag in Frankfurt am 20. September 1819 einstimmig billigte. Sie sahen unter anderem die scharfe Überwachung der Universitäten sowie die Vorzensur für Druckschriften von weniger als 20 Bogen vor und ebenso die Einrichtung einer Zentralkommission in Mainz zur Untersuchung der »revolutionären Umtriebe und demagogischen Verbindungen«. Wie sehr Preußen bei dieser »Demagogenverfolgung« vorpreschte, zeigt sich darin, daß die genannte Berliner Kommission unter Vorsitz von Trützschler durch Kabinettsordre bereits am 16. September 1819 eingesetzt wurde.

Die Arbeit der »Königlich Preußischen Immediat-Untersuchungs-Kommission« zur Ermittlung »hochverräterischer Verbindungen und anderer gefährlicher Umtriebe«, die am 1. Oktober 1819 offiziell begann, ist aktenmäßig gut belegt, darunter sind auch zahlreiche Gutachten (Voten) Hoffmanns. So ist erstmals seine juristische Tätigkeit im einzelnen dokumentiert; bereits vom Oktober und November 1819 sind mehrere Gutachten Hoffmanns überliefert. Schon bald wurde klar, daß die für Recht und Ordnung zuständigen Behörden – vor allem das Innen- und Polizeiministerium – die Kommission dazu benutzen wollten, die Verfolgung und Verurteilung von oppositionellen »Staatsfeinden« juristisch zu legitimieren. Dies waren vor allem liberal, national und patriotisch gesonnene Studenten, Turner, Professoren, Schriftsteller, Verleger, die sich auf die Versprechen der Herrschenden aus der Zeit der Freiheitskriege und des Wiener Kongresses beriefen, gelegentlich aber auch republikanische Ideen vertraten. Obwohl Hoffmann die Gesinnungen und die Vorgehensweise der Angeklagten oft nicht teilte, argumentierte er in Übereinstimmung mit den geltenden Gesetzen und erreichte in der Mehrzahl der Fälle die Entlassung der Beschuldigten. Bereits im November 1819 kam es zu einer ersten Auseinandersetzung zwischen der Kommission und der politischen Macht: Der schon seit Monaten verhaftete »Turnvater« Friedrich Ludwig Jahn strengte eine Beleidigungsklage gegen den Direktor im Polizeiministerium Karl Albert von Kamptz wegen öffentlicher Vorverurteilung und Verunglimpfung an.

Hoffmann war Ermittlungsführer der Kommission. Obwohl er Jahn persönlich durchaus nicht schätzte, ja früher satirisch verspottet hatte, setzte er sich vehement für den nach seiner Überzeugung zu Unrecht Inhaftierten ein. Trotz massiver Drohungen aus dem Ministerium stellte er in seinem Gutachten die Zulässigkeit der Klage fest. Im Gegensatz zu seinem Vorgesetzten sah er in Kamptz' Stellung geradezu einen strafverschärfenden Tatbestand. Und Kamptz ärgerte sich gewiß besonders darüber, daß Hoffmann sich dabei ausgerechnet auf eine juristische Publikation von Kamptz selbst berief. Hoffmann brachte die

Kommission dazu, sich seiner Beurteilung anzuschließen. Damit schuf er sich endgültig mächtige Feinde, insbesondere den Innen- und Polizeiminister Friedrich von Schuckmann, als dessen rechte Hand Kamptz fungierte.

Um die unbotmäßige Kommission zu zügeln, setzte der König durch Kabinettsordre am 6. Dezember 1819 eine Ministerial-Kommission ein, die der Immediat-Untersuchungs-Kommission zunächst neben-, später übergeordnet war; ihr gehörten unter anderem Staatskanzler Carl von Hardenberg und die beiden zuständigen Minister sowie als Referent Kamptz an. Im Januar 1820 protestierte Hoffmann namens der Kommission in einem Schreiben an den Justizminister gegen den Befehl, das eingeleitete Verfahren der Beleidigungsklage Jahns gegenüber Kamptz einzustellen. Die Ministerial-Kommission bestand weiterhin nachdrücklich darauf, die Klage Jahns abzuweisen, aber die Immediat-Untersuchungs-Kommission weigerte sich, dieser Anweisung Folge zu leisten. In dieser spannungsvollen Atmosphäre schrieb Hoffmann ein Votum im Hauptverfahren gegen Jahn, in dem er dessen Freilassung forderte.[13] Dieses umfangreichste Gutachten, das von Hoffmann überhaupt bekannt ist, wurde zu einer Generalabrechnung mit den Verfahren und Methoden der politischen Justiz. Das Votum ist wohl *der* juristische Text Hoffmanns, der am deutlichsten literarische Schreibstrategien verwendet und sogar die in juristischen Texten sonst eher verpönten Mittel der Ironie und der Satire einsetzt.

Im ersten Teil geht Hoffmann sehr detailliert auf die verschiedenen Anklagepunkte und deren Haltlosigkeit ein. Er diskutiert insbesondere ausführlich den zentralen Aspekt, Jahn habe als Angehöriger des »Deutschen Bundes«, einer staatsgefährdenden geheimen Gesellschaft, Hochverrat begangen. Er zerpflückt akribisch die Zeugenaussagen gegen Jahn, ordnet den »Bund« historisch-politisch als antinapoleonische Freiheitsbewegung ein und führt einen Präzedenzfall an, in dem der König selbst zwischen einem erlaubten Geheimbund in Besatzungszeiten und dessen staatsgefährdendem Tun im Frieden unterschieden hatte.

Der größere Teil der Vorwürfe gegen Jahn bezog sich auf dessen Schriften und Reden, Auftreten und Gesinnungen. Hoffmann zitiert ausführlich aus den Belegen und Zeugenaussagen und entwirft so das Bild eines skurrilen, deutschtümelnden, »teutomanischen« Wirrkopfs voller abstruser Ideen. Er greift die »paradoxesten Sätze« und »Ideen« heraus, etwa den Plan einer künstlichen Wüste mit wilden Tieren »zu dem Wohl des Vaterlandes«. In Hoffmanns ironischer Zusammenfassung wirkt der Plan noch absurder als bei Jahn selbst:

> Hungrige Wölfe, Bären und dergl: passen Einschleichern, Kundschaftern und Landstreichern auf den Dienst. Beginnen die reißenden Tiere sich einander selbst zu verspeisen, so werden sie mit Dreher[n] und Segler[n] von Schafen, Franzosenkühen, unbrauchbaren Pferden u. s. gefüttert und der beständige Kampf, den die an der Wüste wohnenden Leute mit ihnen zu führen genötigt, ist die beste Vorschule zur Landwehr pp[14]

Hoffmann legt dem Leser des Gutachtens die Folgerung nahe: Wer einen Querkopf, der sich solch abstrusen Unsinn ausdenkt, für einen gefährlichen Staatsfeind hält, ist nicht viel zurechnungsfähiger als Jahn selbst.

Daneben führt Hoffmann auch eine Reihe feuriger Bekenntnisse Jahns zur Republik an, Schmähungen gegen die Monarchie, das monarchische System. Als Jurist betont er zwar, daß sie gegen die herrschenden Ordnungsvorstellungen verstoßen und daher nicht zu billigen seien; zugleich aber lehnt er die Strafverfolgung bei einem solchen Phantasten ab. Im Verlauf dieser Argumentation finden sich immer häufiger Passagen, die Hoffmann mit scheinbarem Ernst und doch kaum verhüllter Ironie vorträgt. So begegnet er dem Vorwurf, Jahn habe revolutionäre und unangemessene Lieder gesungen, dadurch, daß er einen dieser Texte als von Goethe stammend identifiziert und den scheinnaiven Kommentar anschließt: »Warum der von Pachelbel [der Regierungs-Chefpräsident] dieses naive Goethesche Lied für besonders unangemessen hält, ist nicht wohl abzusehen.«[15] Oder:

Hoffmann zitiert eine Flut von Schmähungen Jahns und seiner Anhänger gegen Kamptz, die in dem Aufruf, diesen umzubringen, gipfeln, auch dies – wie die republikanischen Parolen – in einer für einen Beleg nicht erforderlichen Ausführlichkeit und eigentlich sogar ohne jede Notwendigkeit, weil er anschließend feststellt: Der Hauptbelastungszeuge, von dem die übelsten Zitate stammen, habe im Krieg eine »Ohrenkrankheit« erlitten und das Gehörte zudem aus dem Gedächtnis niedergeschrieben, so daß alle seine Ausführungen irrelevant seien. Seinem kritischen Kommentar zum Wert von Zeugenaussagen fügt er hinzu, daß »überhaupt aus weitläuftigeren Gesprächen einzeln herausgerissene Stellen leicht einen andern entstellten Sinn zu geben vermögen«.[16] (An diese Passagen wird der Leser erinnert, wenn er im *Meister Floh* von den Untersuchungsmethoden Knarrpantis und seinen grotesken »Interpretationen« lesen wird.)

Hoffmanns Votum beeindruckte mehr als ein Jahrhundert später Juristen und kann auch Nichtjuristen ansprechen (und stellenweise sogar vergnügen): Es erschütterte die vorgefaßten Meinungen der Ministerial-Kommission jedoch in keiner Weise. Kamptz gab eine scharf und kritisch gehaltene Beurteilung von Hoffmanns Gutachten zu den Akten. Nichtsdestoweniger verfaßte Hoffmann im Mai ein neues Votum über Jahn, in dem trotz der ministeriellen Verfügungen abermals auf dessen Freilassung gedrungen wird; folge man dem nicht, »so würden wir uns genöthigt finden Se. Majestät den König [...] sofort um unsere Entlassung von der uns übertragenen richterlichen Commission zu bitten.«[17] (In diesen Tagen arbeitete Hoffmann übrigens intensiv auch an *Prinzessin Brambilla*.) Trotz dieser Einlassung setzte die Ministerial-Kommission durch, daß Jahn auf die Feste Kolberg transportiert wurde.

Hoffmann äußerte sich öfter sehr deutlich und drastisch über die Untersuchungs-Kommission und die »heillosen dämagogischen Umtriebe (ein barbarisches Wort)«.[18] Sogar in einem seiner Voten wendet er sich gegen den »barbarischen« Begriff, weniger aus ästhetischen, als aus rechtlichen Bedenken. Er fragt nach, ob nicht »der schwankende kein bestimmtes Verbrechen bezeichnende Ausdruck: dämagogische Umtriebe, der schon Mißverständnisse und seltsame Deutungen veranlaßt hat«, künftig »zu vermeiden« sei.[19] Hoffmann weiß zu dieser Zeit längst, daß die Verfasser der Karlsbader Beschlüsse diesen Begriff gewählt haben, *weil* er jeder willkürlichen Auslegung dienlich ist. In einer Offenheit, die wohl nur gegenüber dem Jugendfreund Hippel möglich war, prangerte er das Verhalten der restaurativen preußischen Politiker an: »[...] wie Du mich kennst, magst Du Dir wohl meine Stimmung denken, als sich vor meinen Augen ein ganzes Gewebe heilloser Willkür, frecher Nichtachtung aller Gesetze, persönlicher Animosität, entwickelte!«[20]

Im Laufe des Jahres 1820 hatte Hoffmann es vor allem ausführlich mit den Fällen von Follenius und Dr. Mühlenfels zu tun; auch der Antrag, diesen nach längerer Haft freizulassen, wurde im November 1820 nicht genehmigt.

Im Herbst 1821 gelang es Hoffmann endlich, aus der Kommission auszuscheiden, am 8. Oktober 1821 wurde er mit Wirkung vom 1. Dezember an in den Oberappellationssenat des Kammergerichts versetzt. Das war eine Beförderung in das oberste Gremium des preußischen Strafgerichts und damit auf eine der höchsten juristischen Positionen des Landes. Zugleich war es wohl auch der Versuch, den unliebsamen Störenfried einer politischen Justiz davon abzuhalten, das Verhalten der zuständigen Minister weiter zu kontrollieren und zu kritisieren.

Zu diesem Zeitpunkt hatte Hoffmann allerdings bereits die »demagogischen Verfolgungen« zum Gegenstand einer scharfen Satire gemacht. Sie gab seinen politischen Gegnern die Gelegenheit, ein Dienstenthebungsverfahren gegen ihn einzuleiten. Es enthielt drei zentrale Anklagepunkte: »Verletzung der Sr Majestät und seinen Vorgesetzten schuldigen Treue und Ehrfurcht«, »gebrochene AmtsVerschwiegenheit« und »öffentliche, grobe Verläumdung eines StaatsBeamten«.[21]

Politische Satire

Mit der Versetzung in die »Untersuchungs-Kommission« wurde Hoffmann unwillentlich in zentrale politische Konflikte der Zeit hineingezogen. Sein Verhalten zeigt ihn keineswegs als einen weltfremden, an Politik desinteressierten Künstler. Dieses Bild wurde vor allem von Hippel und von Hitzig verbreitet und bis heute immer wieder nachgeschrieben. Allerdings verfolgten die beiden Freunde, die ja selbst höhere Justizbeamte waren, mit Nachdruck das Ziel, der Anklage wegen schwerer Vergehen gegen König und Staat und dem Vorwurf, Hoffmann sei ein Sympathisant von Terroristen und Staatsfeinden gewesen, entgegenzutreten, unter anderem, indem sie ihn als unpolitischen, harmlosen, in Fantasiewelten schwebenden Künstler hinstellten. Hoffmann war wohl in der Tat nie sehr an Tagespolitik interessiert, nicht engagiert in politischen Tagesdebatten (das zeigen seine Briefe); aber er wußte auch, daß ein Künstler, der sich mit Menschen seiner Gegenwart befaßt, deren Prägungen durch die Zeit und damit politische Bedingungen nicht ausklammern kann. Das wird in Hoffmanns Werk insbesondere deutlich, seit er in Sachsen mit dem Kriegsgeschehen und mit dem faszinierendsten und zerstörerischsten Machtphänomen der Epoche konfrontiert wurde, der Person und dem Wirken Napoleons. Die in diesem Zusammenhang stehenden Sätze des Künstlers Kreisler wurden im Kapitel über die »politischen Werke« 1813- 1814 bereits zitiert: »[. . .] eine verhängnisvolle schwere Zeit hat den Menschen mit eiserner Faust ergriffen und der Schmerz preßt ihm Laute aus, die ihm sonst fremd waren« – »ihm«, das heißt: selbst dem Künstler, der sich in seiner Kunst früher nicht um die »politischen Ereignisse des Tages« gekümmert hat.[22] Diese Ereignisse greifen in das Werk des Komponisten wohl am wenigsten ein; der Maler und Schriftsteller kann sich ihnen hingegen nicht entziehen, wenn er die ethische Verpflichtung seiner Kunst nicht aufgeben will. So setzt Hoffmann sicher nicht zufällig an das Ende seines ersten veröffentlichten programmatischen Textes als *Schriftsteller*, des Eingangstextes der *Fantasiestücke* über den *bildenden Künstler* Jacques Callot, eine Anekdote über dessen ethisch-politisches Bekenntnis: Callot lehnt den Wunsch des Kardinals Richelieu ab, die Eroberung seiner Heimatstadt Nancy in einem Kunstwerk zu verewigen. Callots politische Kunst gilt nicht dem Ruhm der Staatsmacht, sondern den Schrecken des Krieges und der Karikatur der Mächtigen.[23]

47. Die beiden ältesten Räte der Warschauer Regierung als Hunde, 1804-06, Federzeichnung.

Der Maler und Zeichner Hoffmann wählt auch in seiner »politischen« Kunst vorwiegend die Form der Karikatur: Ihre Gegenstände, ihre Opfer sind unter anderen die Posener militärische und aristokratische Gesellschaft, seltsame und komische Beamte, Napoleon. Der Karikatur entsprechen im Bereich der Literatur die Satire und die Groteske. Als Hoffmann 1815 eine verantwortliche Position im Justizdienst erhält und damit selbst Teil des Staatsapparates wird, schärft sich sein Blick für Schwächen und Eitelkeiten von dessen Angehörigen. Zugleich werden literarische Texte immer häufiger zu der künstlerischen Form, in der er sich damit politisch auseinandersetzt, meistens in Form der Satire. Im Mittelpunkt stehen auch hier insbesondere Staatsdiener in ihrer Dummheit, Bosheit, Anmaßung und Willkür. Bereits vor Beginn seiner Arbeit in der »Untersuchungs-Kommission«, die ihm vollends die Augen öffnete, sah Hoffmann, daß die Institution »Justiz« nicht nur das Instrument des Rechtes war, sondern auch eines der Macht und damit des Machtmißbrauchs. Daher ist die Darstellung von korrupten Richtern, Rechtsbeugungen, Gesinnungsschnüffelei unausgesprochen (und gelegentlich auch ausgesprochen) Kritik am Staat und an dessen Zustand bis hin zu den systembedingten Mängeln der »aufgeklärten« Monarchie.

Neben deren juristischen und bürokratischen Handlangern treten daher verstärkt auch die Spitzen des Systems – Minister, Präsidenten, Fürsten, Könige – in das Visier von Hoffmanns Kritik. Auf die bissige politische Satire in *Klein Zaches* wurde bereits hingewiesen: den »aufgeklärten« Despotismus des Fürsten, der geprägt ist von Willkür und Dummheit und der Verfolgung Andersdenkender und der getragen wird von machtversessenen und schmeichlerischen Ministern. *Kater Murr*, dessen erster Band 1819 entstand, konnte mit seiner Hofsatire hier in verschärftem Ton anknüpfen. Aber auch in auf den ersten Blick völlig unpolitischen Werken verbergen sich nicht selten politische Seitenhiebe. So geht es z.B. in der mythischen Geschichte des melancholischen Königs in dem Capriccio *Prinzessin Brambilla* nicht nur um Fragen der Identität und der Erkenntnis. Als der König erstmals in einen Dauerschlaf verfällt, regiert – so lesen wir – der Staatsrat weiter »und wußte dies so geschickt anzufangen, daß niemand die Lethargie des Monarchen auch nur ahnte«.[24] Ähnlich verfährt der Staatsrat, als der König stirbt: Er läßt »ein zierliches Gestell von Buchsbaum« anfertigen, das dem König »unter den Steiß geschoben« wurde, »so daß er ganz staatlich dasaß; vermöge eines geheimen Zuges, dessen Ende wie eine Glockenschnur im Konferenzzimmer des großen Rats herabhing, wurde aber sein Arm regiert, so daß er das Szepter hin und her schwenkte. Niemand zweifelte, daß König Ophioch lebe und regiere.«[25] (Wenn ältere Ausgaben das Adjektiv »staatlich« korrigierten in »stattlich«, entschärfen sie die Boshaftigkeit der ambivalenten Wortwahl.) Der König ist hier im eigentlichen Wortsinn die Marionette des Staatsrates, der ihn nach Belieben manipulieren kann. Dieses groteske Bild wird noch übertrumpft durch ein schlimmes »Unheil«: »Der böse Holzwurm hatte unbemerkt das Gestell zernagt und plötzlich stürzte die Majestät im besten Regieren um, vor den Augen vieles Volks, das sich in den Thronsaal gedrängt, so daß nun sein Hinscheiden nicht länger zu verbergen.«[26] Schärfer und grotesker kann man das »Verfaulen« der Basis, auf der Königsherrschaft beruht, kaum ins Bild setzen. Wenn Hoffmann wegen solcher politischen Satiren nicht bereits früher Ärger mit der Zensur bekam, so liegt das wohl in erster Linie daran, daß man in Märchen und fantastischen Erzählungen politische Ausfälle nicht vermutete und suchte.

Daß man in den Kreisen um Hoffmann von der Bedeutung wußte, die politische Satire für ihn vor allem nach den Karlsbader Beschlüssen und dem Beginn seiner Arbeit in der Kommission besaß, zeigt ein Brief Ludwig Roberts vom 20.1.1820, in dem dieser Hoffmann um einen Beitrag für ein Taschenbuch bittet und in diesem Zusammenhang schreibt: »Märchenstoff mögen Ihnen Ihre jüngsten Amtsgeschäfte wohl genugsam geben. Der Kampf mit den dämagogischen Umtrieben könnte ja *Halle*gorisch und *Jena*logisch dargestellt werden«.[27] Das mäßige Wortspiel zielt auf Halle als die preußische Universität mit den meisten Burschenschaften und Jena als die Universität, in der 1818 die Allgemeine deutsche Burschenschaft gegründet worden war. Wenn man will, kann man hierin den Keim der Katzburschenszenen im *Kater Murr* sehen. Im zweiten Teil des Romans, geschrieben wohl Mitte 1821, wird das Leben der »Katzburschen« – Murrs und einer Gruppe von Katern, die burschenschaftliche Sitten und Umgangsformen angenommen haben – geschildert. Die köstliche Satire erfährt eine abrupte Wendung, als, ausgelöst durch ihr nächtliches Lärmen, der bösartige

Hofhund Achilles und seine Helfer, die Spitze – die Assoziation des Lesers wird deutlich auf den Begriff »Spitzel« geleitet –, die Verfolgung der Katzburschen aufnehmen. Hier wird, eigentlich deutlich erkennbar, die Verfolgung der »demagogischen Umtriebe« der Burschenschaften durch Kamptz und seine Spitzel nachgestellt. »Diese kleinen wedelnden, schmatzenden [...] Kreaturen, nimm dich für sie in Acht Kater! trau ihnen nicht. Glaube mir, eines Spitzes Freundlichkeit ist gefährlicher, als die hervorgestreckte Kralle des Tigers!«[28] Für die Leser, die solche politischen Bezüge trotz ihrer Eindeutigkeit nicht sahen oder sehen wollten, fügte Hoffmann ein Gespräch ein, das in einer bei ihm sonst seltenen Direktheit den entscheidenden Punkt noch einmal deutlich macht. Professor Lothario (dessen Geisteszustand und Stupidität bereits dadurch gekennzeichnet ist, daß er gegen Murr intrigiert, weil er befürchtet, er könne durch ihn seinen Lehrstuhl für Ästhetik verlieren) verficht die harte staatliche Position rücksichtsloser Verfolgung, nicht zuletzt, weil er fürchtet, daß ihm aufsässige Studenten die Fensterscheiben einwerfen könnten. Der gelassene liberale Meister Abraham plädiert hingegen für die Verhältnismäßigkeit der Mittel. Er glaubt,

> daß es mit jugendlichen exaltierten Gemütern so gehe, wie mit Partiell-Wahnsinnigen, die der offne Widerstand immer wahnsinniger mache, wogegen die selbst errungene Erkenntnis des Irrtums radikal heile und nie einen Rückfall befürchten lasse.[29]

Es überrascht, daß der Zensor an diesen Passagen und dem gesamten Komplex politisch-aktueller Anspielungen keinen Anstoß nahm: Offensichtlich wurde die Stelle als Teil einer auf den ersten Blick harmlosen Tiergeschichte gar nicht wahrgenommen.

Die *Meister Floh*-Affäre

Obwohl die Justiz-Satire in *Meister Floh* größeren Raum einnimmt, ist es durchaus denkbar, daß auch sie nicht die Aufmerksamkeit der staatlichen Stellen auf sich gezogen hätte, wenn nicht Hoffmann selbst etwas zu laut und einmal zu oft darüber gesprochen hätte. Darauf weist die erste Notiz von Varnhagen von Ense über diesen Komplex in seinem Tagebuch vom 10. Januar 1822 hin: »Hr. Kammergerichtsrath Hoffmann schreibt an einem humoristischen Buche, worin die ganze demagogische Geschichte, fast wörtlich aus den Protokollen, höchst lächerlich gemacht wird.«[30] Solche Äußerungen waren offensichtlich auch einem Zuträger der preußischen Polizei zu Ohren gekommen, dessen Meldung das Verfahren gegen Hoffmann auslöste.

Der Innenminister von Schuckmann und sein eifrigster Helfer von Kamptz veranlaßten die Beschlagnahmung des Manuskripts (obwohl sich dieses im Ausland – bei dem Verleger Wilmans in Frankfurt – befand). Kamptz stieß darin auf die Karikatur des beschränkten Hofrats Knarrpanti, in dem er sich selbst zu erkennen glaubte. Dies allein hätte durch die Verkleidung wohl keinen rechtlichen Tatbestand ergeben. Er fand jedoch auch die satirische Schilderung von Szenen, die er auf die Untersuchungskommission bezog. Insbesondere identifizierte er eine Wendung als wörtliches Zitat aus einer Akte, und wie bei der Kenntnis von Hoffmanns Arbeitstechnik fast zu ahnen: Ausgerechnet der irrwitzigste Beleg für die Dümmlichkeit Knarrpantis entstammt nicht der komischen Fantasie des Satirikers Hoffmann, sondern dem Arbeitsfeld des Juristen – es ist der Tagebucheintrag des Märchenhelden Peregrinus, er sei heute wieder »mordfaul« gewesen, den der borniert-bösartige Hofrat wörtlich nimmt, als Eingeständnis eines Mörders, er sei zu faul zum Morden.

Kamptz schaffte aus Breslau die Untersuchungsakten mit dem Tagebuch des von der Kommission verhörten Studenten As-

11. Exkurse: Juristerei, Politik, Zensur

48. Karikatur; wohl Hoffmann, auf Kater Murr reitend, im Kampf gegen preußische Bürokraten, vielleicht Kamptz.

verus heran, in dem sich tatsächlich die Eintragung »Mordfaul« fand, wie im Märchen mehrfach unterstrichen. Damit war nach Auffassung von Kamptz und seines Dienstherrn der Tatbestand »Verletzung der Amtsverschwiegenheit« gegeben.

Schuckmann stellte am 4.2.1822 den Vorgang in einem von Kamptz konzipierten Schreiben an den Staatskanzler, Fürst von Hardenberg, da »dringende Gefahr im Verzuge« sei, ausführlich dar und sparte nicht an Wendungen schärfster Polemik gegen die »verläumderische und pasquillantische Satyre«: Hoffmann habe

die Seiner Majestät dem Könige schuldige Ehrfurcht und Treue in einem ausgezeichneten Grade verletzt, indem er die von Allerhöchst Denenselben angeordnete, ihm selbst zur Ausführung mit übertragene Maßregel lächerlich darzustellen und zu compromittiren versucht und zu dem Ende sie zum Gegenstande einer hämischen Satyre und der Verläumdungssucht gemacht hat; er hat mit diesem Vergehen das der gebrochenen Amtstreue und der Propalirung [Veröffentlichung] von Actenstücken und Amtshandlungen verbunden und in al-

len diesen Beziehungen als einen pflichtvergessenen, höchst unzuverlässigen und selbst gefährlichen Staatsbeamten sich bewiesen.[31]
Da über die »offizielle und moralische Unwürdigkeit dieses Mannes ein Zweifel kaum obwalten« könne, eine Verurteilung »auf dem gerichtlichen Wege« aber »wohl sehr zweifelhaft« sei, schlug er eine Strafversetzung »in eine entfernte Provinz, z. B. nach Insterburg« vor.[32]
Auf Hardenbergs Veranlassung wies König Friedrich Wilhelm III. in einer Kabinettsordre den Justizminister an, Hoffmann vernehmen zu lassen; als sich die Ausführung des Befehls wegen Hoffmanns Krankheit verzögerte, mahnte Hardenberg den Minister: »Allerhöchstdieselben widmen dieser Sache die größte Aufmerksamkeit.«[33] Die durch den Kammergerichtspräsidenten Woldermann am 22. 2. 1822 durchgeführte Vernehmung war sehr rücksichtsvoll; in einem dem Protokoll beigelegten Begleitschreiben fügte er ungefragt – unter Berufung auch auf frühere »Conduiten-Listen« – hinzu,

daß der Kammergerichts-Rath Hoffmann, sich durch vorzüglich gründliche Arbeiten, in den allerwichtigsten *Criminal*-Sachen eben so sehr, als durch Ernst und würdiges Betragen in seinen Amtshandlungen ausgezeichnet hat, auch nicht einmal eine Spur seines *comi*schen Schriftsteller-Talents blicken ließ.[34]

Dieser Wendung zu Hoffmanns Gunsten trat Schuckmann in einem erneuten Schreiben an Hardenberg entgegen. Er verwies auf die verheerende Wirkung »unter den Staatsdienern«, wenn »eine so auffallende Verletzung der Amtstreue und der Amtsverschwiegenheit und eine durch solche Thatsache bekundete Theilnahme zu Gunsten der Demagogen dem Mann ohne nachdrücklichste Bestrafung nachgesehen« würde. Bei dem Bekanntheitsgrad Hoffmanns und der Aufmerksamkeit der »öffentlichen Blätter« für den Fall sei zudem zu befürchten, daß eine glimpfliche Behandlung »Gegenstand des Triumphs aller Gleichgesinnten« Hoffmanns, also der Staatsfeinde, werde.[35]

Unabhängig von dem Verfahren gegen die Person lief das Zensurverfahren: Auf die Weisung aus Berlin hin veranlaßte der preußische Gesandte in Frankfurt die Streichung der »blos eingelegten, allerdings höchst pasquillarischen Prozeßgeschichte«, was nach seinem Urteil »ohne besondere Unterbrechung des Werks, ausführbar erscheine.«[36] Der Verleger Wilmans schickte diese zensierte Fassung an Hoffmann mit der Bitte, die durch die Streichungen verursachten Härten auszugleichen; Hoffmann sandte das Manuskript am 18.2.1822 ohne jede Korrektur zurück. So konnte das Buch wenige Wochen darauf erscheinen.

Das Verfahren gegen Hoffmann lief allerdings weiter, Hoffmann starb, bevor eine Entscheidung gefallen war. Sehr wahrscheinlich wäre der Ausgang für den Kammergerichtsrat unerfreulich gewesen: Als die Kommission 1828 aufgelöst wurde und der Nachfolger des Justizministers den Mitgliedern eine Vergütung zahlen wollte, protestierte der Innen- und Polizeiminister, Hoffmann habe die an sich ehrbare Kommission »zu irrigen Ansichten hingerissen«; der Verstorbene wird als »Aussätziger« und »Wüstling« beschimpft, »dessen von Sr. Majestät befohlne Rüge nur durch seinen Tod abgeschnitten worden« sei.[37] Daraufhin wurde Hoffmanns Witwe von der »Remuneration« ausgeschlossen.

Die Vorgänge um *Meister Floh* und das Verfahren gegen Hoffmann stellen eine der größten Zensuraffären in Deutschland im 19. Jahrhundert dar. Sie läßt, auf höchster staatlicher Ebene verhandelt, das Bild des Juristen und des Menschen Hoffmann deutlich erkennen und zeigt ihn als unbeugsamen Kämpfer gegen das Unrecht, als Streiter für die verfassungsmäßigen Rechte von Angeklagten auch gegen den Druck übergeordneter Stellen, ohne Rücksicht auf Folgen für die eigene Person, als Anwalt für die Unabhängigkeit der Justiz von der Politik, der Exekutive von der Legislative. Man erhält ferner Einblick in die Waffen Hoffmanns: das Vertrauen in das Recht und in die Macht des juristischen und logischen Arguments, das Vertrauen in das Wort, die Fähigkeit, auch noch die eigene Rolle in diesen Auseinandersetzungen ironisch zu beobachten, die Komik der Streitigkeiten und Verfahren zu erkennen, die Gesellschaftskritik in Literatur zu verwandeln.

Die *Meister Floh*-Affäre hat bis in die Gegenwart immer wieder besonderes Interesse gefunden, weil eine fehlgeleitete Justiz und Bürokratie sich hier selbst entlarven. Diese Wirkung konnte der Text nur entfalten, weil er das Allgemeine am speziellen Fall erkennen läßt. Es hätte Hoffmann sicher sehr erfreut, die ironische Pointe der Geschichte mitzuerleben: Kamptz und von Schuckmann sorgten dafür, daß der Fall und seine Hintergründe »aktenkundig« gemacht wurden. Denn das Besondere hätten höchstens einige Insider unter den zeitgenössischen Lesern erkannt, kaum ein Kommentator hätte wahrscheinlich je herausgefunden, daß der irrsinnige und irrwitzige Beleg Knarrpantis – »mordfaul« – wörtliches Aktenzitat ist, wenn nicht Kamptz soviel »Sagazität« (die Knarrpanti mehrfach ironisch attestiert wird) auf die Ermittlung angewandt und wenn die preußische Bürokratie nicht so märchenhaft-gründlich funktioniert hätte, daß entsprechende Aktenfaszikel aus Berlin, Frankfurt und Breslau noch nach fast hundert Jahren aufzufinden gewesen wären.

Das Zensurverfahren und die Maßnahmen gegen Hoffmann waren – wie der Innenminister dem Staatskanzler warnend Anfang Februar 1822 mitteilte – in der Öffentlichkeit »bereits sehr bekannt«.[38] Allerdings gibt es darüber nur wenige Belege. So schrieb der junge Berliner Student Harry Heine im ersten seiner *Briefe aus Berlin* (datiert 26.1.1822), daß Hoffmanns neuer Roman »sehr viel politische Sticheleien enthalten soll«.[39] Im zweiten *Brief* vom 16.3.1822 berichtet er, erstaunlich gut informiert, darüber, daß

> der neue Hoffmannsche Roman: »Meister Floh und seine Gesellen« auf Requisition unserer Regierung konfisziert worden sei. Letztere hatte nämlich erfahren: das fünfte Kapitel dieses Romans persifliere die Kommission, welche die Untersuchung der demagogischen Umtriebe leitet. [...] Hoffmann ist

daher jetzt zur Rechenschaft gezogen worden; »der Floh« wird aber jetzt mit einigen Abänderungen gedruckt werden.[40] Im nächsten Brief (vom 7.6.1822) geht Heine ausführlich auf das Märchen ein, recht kritisch und enttäuscht über die politische Harmlosigkeit: »*Keine Zeile* fand ich darin, die sich auf die demagogischen Umtriebe bezöge.«[41] Heine brachte die »Abänderungen«, von denen er wußte, nicht mit den vermißten politischen Passagen in Verbindung – ob als Folge der Zensur oder Selbstzensur oder aus anderen Gründen: Darüber kann man nur Mutmaßungen anstellen.[42]

Auch die wenigen Mitwisser unter den Freunden Hoffmanns erwähnten aus unterschiedlichen Motiven diesen Vorgang nicht oder höchstens andeutungsweise. So betont Hitzig in seiner Hoffmann-Biographie von 1823 die literarische Wertlosigkeit des Märchens und fügt hinzu: »Auch die, durch die bekannte Verstümmelung deßelben, daraus verschwundene Episode, würde ihm keinen erhöhten Reiz gegeben haben. Sie enthielt Anspielungen, die nur ein sehr bedingtes, zum Theil lokales, Intereße hatten«; eine »strafbare politische Gesinnung« könne man daraus nicht ableiten.[43] Die »Episode« blieb »verschwunden« – und damit völlig unbekannt –, bis Georg Ellinger 1906 die im Jahr 1822 konfiszierten Passagen sowie die begleitenden Briefe und Erlasse im preußischen Staatsarchiv auffand und veröffentlichte.

12. Hoffmanns juristisch-poetologisches Vermächtnis

Zu den von Ellinger aufgefundenen Anlagen gehörte auch eine »Erklärung«, die Hoffmann dem Protokoll seiner Vernehmung durch Woldermann vom 22.2.1822 am folgenden Tag beifügen ließ.[1] Dieser Text wird in der Hoffmann-Literatur allgemein als »Verteidigungsschrift« oder »Rechtfertigungsschrift« bezeichnet.[2] Allerdings handelt es sich keinesfalls um eine systematische »Verteidigung«, denn Hoffmann berührt den gravierendsten Anklagepunkt überhaupt nicht: die Benutzung eines Zitats aus den geheimen Untersuchungsakten und damit den Bruch der Amtsverschwiegenheit. Der Grund dafür liegt auf der Hand, denn formaljuristisch ist Hoffmann hier im Unrecht. Das wußten natürlich auch seine juristischen Freunde. Hoffmann befaßt sich, genau besehen, nur mit dem dritten Anklagepunkt: Der Knarrpanti-Prozeß sei eine Satire auf eine bestimmte Person und ausschließlich in das Märchen eingefügt worden, um diese Person und die Institution, der sie angehört (also Kamptz und das preußische Justizwesen sowie die Untersuchungs-Kommission), lächerlich zu machen. Als konkreten Beleg führte die Anklage einen Brief Hoffmanns an den Verleger Wilmans von Mitte Januar (also nachdem Gerüchte über die Einleitung des Verfahrens bekannt geworden waren) an, in dem er um die Streichung zweier spöttischer Details über Knarrpanti gebeten hatte – in den Augen der Behörde ein klares Schuldeingeständnis. Hoffmann gibt Erklärungen für den Wunsch zur Streichung an, die von den Interpreten, je nach Einstellung, fadenscheinig oder fantasievoll genannt wurden.

Wie sollte man mit derartigen Aussagen Hoffmanns in der »Rechtfertigungsschrift« umgehen? Die Forschung hat meistens bestimmte Fragen an die Schrift herangetragen wie: Hat in diesem Verfahren Hoffmann recht oder – nach geltenden Gesetzen – die Anklage? (Schuldig im Sinne der Anklage befand Ellinger im Kommentar der Aktenpublikation den Dichter, billigt ihm allerdings »mildernde Umstände« zu; viele sind ihm in dieser Einschätzung gefolgt.[3]) Sind Hoffmanns Einlassungen ernst zu nehmen oder versucht er – wie die meisten Interpreten feststellen – sich taktisch herauszuwinden, mit gespielter Naivität, mit Argumenten, die man freundlich als »Schutzbehauptungen« und weniger freundlich als Ausreden oder gar Lügen bezeichnet hat? Ist der Knarrpanti-Komplex wirklich »Teil des Ganzen« oder – wie es fast stets, auch noch heute, heißt – eine bloße »Episode«? Ist Knarrpanti eine Personalsatire auf Kamptz oder nicht?

Andererseits: Führen Fragen dieser Art weiter? Sollte die »Erklärung« nicht vielmehr, jenseits ihres apologetischen Charakters, als zentrales Zeugnis von Hoffmanns künstlerischem Selbstverständnis, als poetologische und literarische Schrift gelesen werden?

Hoffmann hat nur wenige poetologische Texte im engeren Sinn geschrieben. Die Gründe liegen in einem Kunstbegriff, der sich dem primär wissenschaftlich-rationalen, systematischen Zugang verschließt. Zwar hat er zeit seines Lebens über die Kunst und ihre Entstehungs- und Wirkungsbedingungen nachgedacht und geschrieben, in zahlreichen Briefen, in vielen poetischen Werken, die dadurch ihren selbstreflexiven Charakter erhalten. Aber Schriften Hoffmanns, die ausschließlich Fragen der Ästhetik und Poetik in den Mittelpunkt stellen, sind selten, nur gelegentlich weiten sich Kritiken von Einzelwerken zu Bemerkungen über Gattungen. Durch Titel wie »Zufällige Bemerkungen« (». . . beim Erscheinen dieser Blätter«) wird deren Bedeutung bewußt heruntergespielt.

Hoffmanns »Erklärung« ist als poetologische und literarische Schrift bisher kaum wahrgenommen worden. Wenn sie überhaupt in Werkausgaben aufgenommen wurde, dann allenfalls versteckt im Kommentar zu *Meister Floh*. In der Forschung wurde sie fast ausschließlich als Dokument der Rechtfertigung im *Meister Floh*-Skandal beachtet. Nur selten hat man weiterführende Ideen darin gesehen und hervorgehoben, am deutlichsten hat Segebrecht darauf hingewiesen, daß Hoffmanns Erklärung auch wesentliche Aspekte zum Verständnis des Märchens enthält:

> Vor allem liegt hier der Ansatz zu einer Selbstinterpretation des *Meister Floh* vor, der in seiner Tragweite bisher völlig übersehen wurde. [...] erst [...] nach diesem Weg der Erkenntnis, der im Märchen dargestellt ist und den der Leser nachzuvollziehen hat [...] entfaltet sich der *Meister Floh* als ein humoristisches Märchen, das seine scheinbar so heterogenen Teile – die Wunderwelt und die Welt des Alltags, die Kritik an Wissenschaft, Justiz und unsozialer Vereinzelung, die Probleme des Erkennens und der Selbsterkenntnis, die Thematik der Liebe und die der Kunst – zu einer künstlerisch überzeugenden Ganzheit vereint.[4]

Segebrecht beschränkt seine Argumentation zwar weitgehend auf *Meister Floh*, deutet aber an, daß einige Einsichten noch weiter reichen könnten. In welchem Maße dies auf weite Teile insbesondere des späten Werkes zutrifft, haben die vorangehenden Kapitel gezeigt.

Hier soll aber darüber hinaus deutlich gemacht werden, daß die »Erklärung« auch als eine Art poetologische Summe und Vermächtnis wichtig ist und mehr noch: als literarisches Werk. Es ist nach meinem Verständnis *der* Text Hoffmanns, in dem juristische und literarische Schreibart auf das engste zusammenfinden. Die Schrift ist zum einen, als Erklärung zu einem Verhörprotokoll, ein juristischer Text, zum anderen zugleich auch ein Text, in dem die Schreibarten und -strategien, die Hoffmann im Laufe von über 25 Jahren in seinem künstlerischen Werk entwickelt hat, voll ausgebildet erscheinen. Das gilt auch für die Schreibperspektiven, die wechselnden Teilidentitäten, die verschiedenen Masken, die der Autor auf wenigen Seiten anlegt und virtuos wechselt. Natürlich muß er zunächst einmal die ihm zugewiesene Rolle des Angeklagten einnehmen: In dieser Funktion muß er sich in der Tat rechtfertigen. Er spielt diese Rolle aber nun gerade nicht in seiner Eigenschaft als Jurist, denn er handelt die Anklagepunkte nicht systematisch ab, gebraucht keine juristischen Termini, zitiert keinen einzigen Paragraphen; juristisch ist allenfalls die Spitzfindigkeit und taktische Raffinesse der Argumentation zu nennen. Seine Gewährsleute sind neben einem Ästhetiker ausschließlich andere Schriftsteller, darunter mehrere Dichterjuristen und der Komödienschreiber Kotzebue (mit einigem Hintersinn gewählt, denn dessen Ermordung durch den Studenten Sand war, wie erwähnt, der Auslöser – oder Vorwand – für die Demagogenverfolgungen). Neben dieser Rolle des in Poetik und Literaturgeschichte Beschlagenen spielt Hoffmann auch immer wieder den Naiven, etwas Weltfremden, der von dem Aufsehen, das seine harmlosen Sätze und Bilder erregt haben, völlig überrascht ist. Im Kern schreibt er jedoch als humoristischer Schriftsteller, als Artist, der in ambivalenten, anspielungsreichen Formulierungen und in Subtexten die Anklagepunkte ironisch unterläuft, die Kläger selbst zu Angeklagten macht.

Das soll zunächst am Umgang mit den beiden konkretesten Vorwürfen, den brieflichen Streichungswünschen, gezeigt werden.

Bei der ersten Stelle, die ihm – so schrieb Hoffmann dem Verleger am 19.1.1822 – »gewisser Umstände halber großen Verdruß machen könnten«, handele es sich um den Satz: »Knarrpanti habe die verdächtigen Stellen aus Peregrinus Papieren zusammengestellt und sich dieser Zusammenstellung sehr gefreut.«[5] Am Tag vor Abfassung des Briefes – so Hoffmann nun in der »Erklärung« – sei er von einem jungen Mann angesprochen worden, daß in seinem Märchen »hübsche Portraits vorkommen sollen«. Nach langem Grübeln sei ihm eingefallen, daß sich dies auf einen früheren Kollegen beziehen könnte, der gern den Ausdruck »Zusammenstellung« verwendet habe; um diesen Kollegen nicht ungewollt zu beleidigen, habe er um die Streichung gebeten. Freilich habe er mittlerweile längst eingesehen, daß dies eine überflüssige und übervorsichtige Bitte gewesen sei: »[...] denn las jener Kollege mein Werk, so konnte er eben so wenig, wie irgend ein vernünftiger Mann in dem aufgestellten Zerrbilde sich wieder erkennen, u[nd] jeder Verdacht gegen mich mußte schwinden.«[6] Insinuiert Hoffmann schon mit dieser Wendung, daß kein vernünftiger Leser eine Karikatur auf sich selbst beziehen würde (wodurch Kamptz also sogar in dieser »Verteidigungsschrift« einen Seitenhieb erhält), setzt er noch eine Absurdität an das Ende seines »Beweisganges«: Er habe sich ungenau erinnert, das inkriminierte Wort »Zusammenstellung« (das nun wirklich an Harmlosigkeit kaum zu überbieten ist) habe er überhaupt nicht geschrieben, wie der Verleger anhand des Manuskriptes mittlerweile festgestellt habe.

Die zweite zur Streichung genannte Stelle aus dem Schluß des Knarrpanti-Komplexes berichtet, »die Leute hätten sich die Nase zugehalten, wenn Knarrpanti vorbeigegangen« sei. Die Stelle sei ihm zum einen überflüssig vorgekommen, daher habe er sie auch erst »später an den Rand des Manuskripts hinzugefügt« – eine kecke Begründung, denn durch eine spätere Hinzufügung will man ja normalerweise etwas ergänzen oder betonen. Noch kühner das zweite Argument: »Überdem hätten mich die Rezensenten auch eines Plagiats beschuldigen können, denn etwas ganz ähnliches oder vielmehr gleiches kommt im Peregrine Pickle vor, wo Pipes sich aus Ekel u[nd] Abscheu gegen den Maler Pallet die Nase zuhält.«[7] Der Virtuose der literarischen Anspielung, des Jonglierens mit Zitaten fürchtet den Vorwurf des Plagiats! Das müßte eigentlich auch schon bei geringer Kenntnis von Hoffmanns Werken grotesk wirken. Nimmt man hinzu, daß der formaljuristisch zweifellos gravierendste Anklagepunkt genau dies – nämlich die Verwendung eines Zitats (des Begriffs »mordfaul«) – betrifft, wird eine weitere subversive Pointe deutlich (auf diesen Punkt geht Hoffmann, wie erwähnt, wohlweislich in seiner Schrift mit keinem Wort ein).

Solchen direkt oder indirekt komischen, ironischen und vieldeutigen Partien stehen andererseits Passagen gegenüber, in denen Hoffmann selbstbewußt, klar und gelegentlich nicht ohne Pathos bestimmte Grundüberzeugungen formuliert – die aus vielen Texten bekannte Spannweite und Heterogenität der Schreibweisen und Töne ist auch hier zu erkennen. Die drei wichtigsten dieser allgemeinen poetologischen Aspekte sind die Frage der Form, die Rolle des Fantastischen und des Humoristischen sowie die Freiheit der Kunst.

Das Problem der Form – konkret der »Ganzheit« (oder Einheit) eines Werkes – ist der Ausgangspunkt der Schrift, weil sich der »Argwohn« der Ankläger ausschließlich auf einen kleinen Teilkomplex richtete: den »Prozeß der dem Helden der Geschichte wegen Entführung eines Frauenzimmers« gemacht wird. Die Anklageschrift behauptete, der Knarrpanti-Komplex habe keinerlei Funktion im Märchen, Hoffmann habe ihn vielmehr ausschließlich aus politischen Gründen eingefügt. Die damit angesprochene Frage nach der epischen Integration und dem Zusammenhang der Teile wurde natürlich nicht zum ersten Mal an ein Werk Hoffmanns gestellt. Dieser Vorwurf begleitete seine Schriften vielmehr von Beginn an und ist in zahlreichen Rezensionen zu finden. Er wurde eben in dieser Zeit, unmittelbar nach Erscheinen des *Kater Murr*, intensiv diskutiert, überwiegend mit dem Tenor, die Zusammenstellung der Teile sei beliebig und zufällig. Es ist bei der Behandlung des *Kater Murr* ausführlich dargelegt worden, daß und wie Hoffmann bereits in der Vorrede die zu erwartenden Einwände aufgreift, gleichsam im Vorhinein ironisch entschuldigt und mit diesen Vorstellungen spielt. Ferner wurde gezeigt, daß diese Urteile über das Werk nicht nur der Kurzsichtigkeit der zeitgenössischen Kritik zuzurechnen sind, sondern von der seriösen Hoffmann-Forschung noch bis weit in die zweite Hälfte des 20. Jahrhunderts verbreitet wurden. Der Vorwurf der Behörde war also keineswegs nur Zeichen amtlicher Ignoranz (wenn man auch die »Beliebigkeit« der Form zum politischen Angriff nutzte). Das belegt die weitere Wirkungsgeschichte des Märchens: Die Zufälligkeit der Teile wurde von vielen gerügt. Selbst der sonst Hoffmanns Erzählen gegenüber so aufgeschlossene Heine gestand resignierend: »Wenn der Buchbinder die Blätter [des Buches] willkürlich durcheinander geschossen hätte, würde man es sicher nicht bemerkt haben.«[8] Und der stärkste postume Beleg für diese Sichtweise ist zweifellos, daß Kritiker und Literaturwissenschaftler, denen die bereinigte Ausgabe vorlag, das Fehlen eines Teils dieses Märchenromans überhaupt nicht bemerkten.

Der Grund für diese weitgehende Übereinstimmung besteht darin, daß die herrschenden Formvorstellungen, die nach 1800 durch die Ästhetik und die Vorbilder der Klassik noch einmal bestätigt und – trotz abweichender Konzepte der Frühromantiker – zementiert worden waren, von einem bestimmten Begriff des ästhetisch »Ganzen« ausgehen. Dieser wird am deutlichsten in Goethes Organismus-Denken, im Bild der Pflanze: Das Werk als Ganzes ist erwachsen aus den Einzelteilen, deren jeder seine Notwendigkeit für das Gesamtgebilde hat. Hoffmann scheint auf den ersten Blick das Verhältnis der Teile zum Ganzen ähnlich zu verstehen, wenn er betont, daß der Komplex um den Prozeß »ein integrierender Teil des Ganzen« sei, »und daß kein einziges Wort darin enthalten ist, was nicht dazu beitrüge, jene Charakteristik des Ganzen in ein helleres Licht zu stellen«.[9] Er entfernt sich jedoch weit von *organischen* Ganzheitsvorstellungen, wenn er mit Nachdruck die Gegensätzlichkeit der Teile betont, die in ein Werk eingehen können, aus denen es zusammengesetzt ist und die ihm seine innere Spannung geben. Diese Vorstellungen entwickelt Hoffmann keineswegs erstmals in dieser Schrift, als Argument zu seiner Verteidigung. Er beschreibt und wiederholt vielmehr Prinzipien, die sich bereits in seinen frühesten Briefen finden und von Beginn an wesentliche Teile seines Œuvre prägen. Die zentralen Elemente dieser Kontrastästhetik zeigten bereits die Analyse des großen Geburtstagsbriefes des 20jährigen Hoffmann von 1796 sowie sein erster veröffentlichter poetologischer Text, das Eingangsstück der *Fantasiestücke in Callot's Manier* mit dem Bekenntnis zu den »aus den heterogensten Elementen geschaffenen Kompositionen« des Malers; und nicht zuletzt die zahlreichen Äußerungen über das serapiontische Prinzip. Eine solche Heterogenität kann zu Spannungen führen, zur Zerrissenheit, bei Personen zum Wahnsinn, bei Werken zum scheinbar anarchischen Durcheinander; auf der anderen Seite kann versucht werden – und das wird zunehmend der Weg Hoffmanns –, aus dieser Heterogenität eine neue Form zu entwickeln. Die verschiedenen Methoden, die er dafür erprobte, wurden insbesondere bei der Analyse der *Serapions-Brüder*, von *Prinzessin Brambilla* und am ausführlichsten von *Kater Murr* beschrieben und analysiert.

Diese Prinzipien gelten selbstverständlich auch für *Meister Floh*. Gleich im zweiten Satz beruft sich der »Herausgeber des wunderbaren Märchens von Meister Floh« auf »des alten römischen Dichters weisen Rat«, ein Werk »gleich *medias in res*« zu beginnen.[10] Wie oben bereits dargelegt, erfüllt und unterläuft Hoffmann dieses sprichwörtliche Postulat der Horazischen Poetik zugleich (denn er hat das Märchen mit dem traditionellsten aller Anfänge, »Es war einmal«, begonnen), und er unterläuft auch dieses Gegenmodell durch seine unmärchenhaft-spielerische Reflexion über das poetologische Element Anfang. Der mit Hoffmanns intertextueller Arbeitsweise vertraute Leser, der zugleich seinen Horaz kennt, weiß: Bevor Horaz in seiner *Ars poetica* sein Modell einer Literatur, so wie sie sein sollte, entwickelt, entwirft er als Kontrast und abschreckendes Beispiel das Gemälde eines aus unterschiedlichsten Teilen zusammengesetzten Monstrums. Einem solchen Gemälde gliche »librum / [...] cuius velut aegri somnia vanae / fingentur species« (»ein Buch [...] / Welches phantastisch zusammenhanglose Gebilde vereinte, / Haltlos wie Träume im Fieber«;[11] »Feverish dreams« – bewußt oder unbewußt Horaz zitierend – wirft Walter Scott wenig später, 1827, in seiner großen Streitschrift Hoffmann vor, »fieberhafte Träume« übersetzt Goethe.[12]) Solch ein Gemälde, ein so geschriebenes Buch würde zum Gelächter anreizen (»spectatum admissi risum teneatis«). Eben das, allerdings unter anderen Vorzeichen, erstrebt Hoffmann: »den lachlustigen Leser zu ergötzen« – so hat er selbst das Ziel seines Schreibens in der »Erklärung« charakterisiert.[13] Und er erreicht dies mit denselben Mitteln, die Horaz als regelwidrig verabscheut: Er fügt sein Buch »fantastisch« aus (auf den ersten Blick) »zusammenhanglosen Gebilden« zusammen; eben das ist die Einheit des »Heterogenen«.

Ein wesentliches Strukturmoment für diesen alternativen – modernen – Einheitsbegriff ist Komik. Carl Friedrich Flögel, auf den Hoffmann in seiner Erklärung hinweist, betont in seiner *Geschichte der komischen Litteratur*, »daß die Vereinigung heterogener Dinge oder Ideen eine Hauptsache beym Lächerlichen ist. Die Neuern haben dieses Kontrast, Gegensatz, Mißhelligkeit, Unförmlichkeit, Disproportion, Unschicklichkeit genennt.«[14] Flögel argumentiert gegen diese negative Sichtweise, denn es handele sich nicht um Heterogenität aus »Unwissenheit, Unschicklichkeit«, sondern »nach der Absicht des Schriftstellers«, also als Kunstwollen. In diesem Falle sind nach seiner Auffassung »heterogene Theile nothwendig, zur Erhaltung des Produkts nothwendig; und je heterogener die Theile sind, desto besser«.[15] Damit werden nicht nur neue Schreibweisen begründet, sondern auch die bisherigen Gattungsgrenzen als unzureichend erkannt. Das hat Hoffmann mit der Gattung des »Märchens« von Beginn an gezeigt, das »Märchen in sieben Abenteuern« von *Meister Floh* ist auch hier nur die Fortsetzung und der Endpunkt einer seit langem angelegten Entwicklung.

Mit diesen Überlegungen zielt Hoffmann bereits auf den zweiten Themenkomplex, den des Humoristischen, an den er sich über eine Reihe verwandter Begriffe herantastet. Im Zentrum steht zunächst das Komische, dessen »Grundbasis« der Kontrast sei – allgemein der einer »inneren Gemütsstimmung mit den Situationen des Lebens«.[16] Speziell für den *Meister Floh* heißt das: Ausgerechnet der »weiberscheue« Peregrinus Tyß wird angeklagt, eine Frau entführt zu haben. Da es jedoch keine Entführung gegeben habe, sei es notwendig gewesen – um die Handlung in Gang zu halten –, einen Gegenspieler zu erfinden, einen »Quälgeist«, der zugleich so übertrieben beschränkt und lächerlich wie möglich sein mußte. Gerade durch Extremeffekte, wie sie sich in der Realität nicht finden, werde Komik produziert. Knarrpanti sei ein »Zerrbild« (ein Begriff, den Joachim Heinrich Campe als Eindeutschung von »Karikatur« geprägt hat), nicht Abbild oder Nachbildung einer realen Person. Ein Zerrbild vergrößert und vergröbert komische, negative Züge: Der Dichter denkt sie sich in der Fantasie aus und damit auch in der wichtigsten Gattung des Fantastischen, dem Märchen. Hoffmanns Beispiele dafür zeigen allerdings, daß die Fantasie durchaus in der Realität ansetzt, im Vorgefundenen die negativen Züge heraustreibt; mit diesem Verfahren wird die der Realität innewohnende objektive Komik sichtbar gemacht. Ebenso ging Hoffmann in *Kater Murr* vor: Seine Grundbauform ist, wie gezeigt, die Gegenüberstellung von zwei extrem entgegengesetzten Helden – mindestens so weit voneinander entfernt wie Peregrinus Tyß und Knarrpanti –, des Künstlers Kreisler und des dilettierenden Katers Murr.

Als wichtige Darstellungsziele nennt Hoffmann in seiner Schrift Anschaulichkeit und Lebendigkeit durch Konkretisierung, Ergötzen des Lesers. Hoffmann betont mithin im alten Horazischen Prinzip des »prodesse *aut* delectare« die zweite Funktion – das Erfreuen, Unterhalten –, und man sollte das nicht als Schutzbehauptung und Verharmlosung abtun; aber er behauptet auf der anderen Seite auch nicht, daß dies das *alleinige* Ziel seines Schreibens sei.

Von der Karikatur und der Groteske als Ausprägungen des Komischen ausgehend rückt Hoffmann im Laufe seiner Argumentation immer stärker den Begriff des Humoristischen in den Mittelpunkt. Insgesamt verwendet er ihn in dem Text siebenmal – er wird damit eindeutig zu dessen Leitbegriff und Leitmotiv – auch dies ein Argument dafür, die »Verteidigungsschrift« als poetologischen und literarischen Text zu lesen. Nachdem Hoffmann anfangs mit Flögel einen Theoretiker des Komischen genannt und zitiert hatte, führt er in der weiteren Folge eine

Reihe von Dichtern an, die er als »humoristisch« bezeichnet und in deren Tradition er sich stellt: Hippel, Rabener, Hamann, Lichtenberg, Kästner, Jean Paul. Schließlich faßt er zusammen: ich bitte

Den Gesichtspunkt nicht aus dem Auge zu lassen, daß hier nicht von einem satyrischen Werke, dessen Vorwurf Welthändel u[nd] Ereignisse der Zeit sind, sondern von der phantastischen Geburt eines humoristischen Schriftstellers, der die Gebilde des wirklich[e]n Lebens nur in der Abstraktion des Humors wie in einem Spiegel auffassend reflektiert, die Rede ist. Dieser Gesichtspunkt läßt mein Werk in dem klarsten Lichte erscheinen, u[nd] man erkennt, was es sein soll, u[nd] was es wirklich ist.[17]

In diesem Schlußbekenntnis wird noch einmal der enge Zusammenhang von Fantasie und Humor hervorgehoben. Auch diese Linie haben wir von den Anfängen in Hoffmanns Werk bis zu den zentralen Ausformungen – in *Prinzessin Brambilla*, in *Kater Murr* – immer wieder betont: Die Flügel der Fantasie ermöglichen es dem Humor sich aufzuschwingen, aber ohne den »Körper des Humors« wäre die Fantasie nichts als Flügel.[18] In der Erklärung hebt Hoffmann an diesem Aufschwung und Flug des Humors und der Fantasie noch einen besonderen Aspekt hervor: die Freiheit der Bewegung.

Dem humoristischen Dichter muß es freistehen, sich in dem Gebiet seiner phantastischen Welt frei und frisch zu bewegen. Soll er sich in tausend Rücksichten, in mißtrauische Zweifel darüber, wie seine Gedanken gemißdeutet werden könnten, wie in das Bett des Procrustes einengen? Wie würde es ihm möglich sein, geistreich, anmutig zu schreiben, u[nd] Gemüt u[nd] Herz seiner Leser zu ergreifen?[19]

Hier wird die absolute Freiheit des Künstlers und der Kunst proklamiert – eine Freiheit gegenüber Regeln und Konventionen, in der Form wie im Inhalt. Die Bedeutung dieser Freiheit zeigt sich in der Formulierung des ersten Satzes: Was wie eine rhetorische Ungeschicklichkeit aussehen könnte – die Wiederholung des

Begriffs »frei« –, kann durchaus als eine geplante Provokation verstanden werden. Die Begriffe »frei«, »Freiheit« hatten vor dem Hintergrund der politischen Gesamtlage explosive Bedeutung; sie galten als revolutionär und waren daher unerwünscht (aus diesem Grund wurde auch die Sprachregelung »Befreiungskriege« – statt, wie bis dahin üblich, »Freiheitskriege« – eingeführt). Auf den ersten Blick seltsam wirkt in diesem Zusammenhang das zweite Adjektiv »frisch«. Der mit Hoffmanns Zitatakrobatik Vertraute wird sich an das Motto der Turn-Bewegung des »Turnvaters« Jahn erinnern – »Frisch, fromm, fröhlich, frei«. Vor dem Hintergrund der Tatsache, daß Jahn und dessen Gesinnung im Mittelpunkt des langen erbitterten politischen Streits zwischen der Untersuchungskommission und besonders Hoffmann einerseits, der politischen Macht und damit seinen Anklagevertretern andererseits standen, wird die Keckheit, ja Provokation dieser Wendung deutlich. *Freye Stimmen frischer Jugend* war auch der Titel einer verbreiteten Sammlung revolutionärer »Turnerlieder«, die in dem Verfahren der Kommission gegen den Herausgeber Adolf Ludwig Follenius eine größere Rolle spielte.[20]

Die »Freiheit« des Schriftstellers ist auch Voraussetzung seiner Wirkung auf die Leserschaft – Hoffmann betont im gleichen Kontext, wie zitiert, das Ziel, »Gemüt und Herz seiner Leser zu ergreifen«. Solche »Unterhaltsamkeit« macht die Freiheit der Kunst, die einerseits ihre Autonomie begründet, andererseits zu einer politischen Gefahr für das restaurative System: nicht nur, weil sie politische Aussagen, Karikaturen und Satiren ermöglicht, sondern vor allem, weil sie damit ein großes Publikum erreicht. Das erkannten auch die staatlichen Behörden. Einer der Gründe, warum durch Hoffmanns »kleinen komischen Roman« (so nannte er das Werk im Brief an den Staatskanzler Hardenberg vom 8.2.1822)[21] für den Staat »Gefahr im Verzuge« war, lag in der Popularität des Künstlers bei den Lesern. 13 Jahre später, als es zum ersten großen *öffentlichen* Zensurskandal in Deutschland kam, wurde dieses Argument ausdrücklich in den Mittelpunkt der Verbotsgründe gerückt. Im Verbotsantrag gegen das Junge Deutschland wurde als besonders staatsgefährdend die »halb witzige, halb poetische Einkleidung und die gewählte verführerische Form des Romans« betont, weil die Autoren damit jene »unermeßliche Menge« erreichten, »die in Deutschland zur Unterhaltung liest«.[22] Heine, der in erster Linie Gemeinte, bestätigte ironisch, sein »Verbrechen« sei die »populare Form« seiner Werke gewesen.[23] Die zitierten Passagen des Verbotes stammten von der preußischen Zensurbehörde in Berlin und wurden in Frankfurt vom Bundestag wörtlich übernommen. Dieser Parallele läßt sich noch eine Pointe hinzufügen: Der preußische Justizminister zu dieser Zeit, 1835, hieß Karl Albert von Kamptz.

An wen richtete sich Hoffmanns Erklärung? Bei einer »Verteidigungsschrift« sind dies selbstverständlich die Vertreter der Anklage: König, Minister, Polizeidirektor. Hoffmann war wohl kaum weder politisch noch menschlich so naiv anzunehmen, seine Gegner ließen sich durch diesen kleinen Traktat von seiner Lauterkeit und Unschuld überzeugen. Das Fräulein von Scuderi in Hoffmanns Erzählung bringt König Ludwig XIV. durch die Lebendigkeit ihrer spannenden und unterhaltsamen Geschichte zur Begnadigung des Angeklagten – es ist nicht wahrscheinlich, daß Hoffmann sich vorstellte, seine Schrift würde auf König Friedrich Wilhelm III. oder Polizeidirektor Kamptz in gleicher Weise wirken, wie sich dies eine Hoffmann verklärende Biographik unter dem Einfluß von einigem Wunschdenken über den Einfluß von Kunst auf Macht ausgemalt hat.

Wie wenig Hoffmann an *diese* Personen als Leser dachte, zeigt sich auch darin, daß er sich eine Reihe von ironischen Doppeldeutigkeiten, Anspielungen, Seitenhieben gegen sie und die von ihnen repräsentierten staatlichen Institutionen erlaubte. Er konnte dies nur tun, weil er ziemlich sicher war, daß sie seine Werke kaum oder nicht kannten, daß sie es in ihrem juristischen oder politischen Tagewerk selten oder nie mit literarischen Textsorten und Schreibarten zu tun hatten.

Für wen also war die Schrift gedacht? Die ironisch-pointierte Antwort könnte vielleicht lauten: für künftige Leser und an seinem Werk interessierte Kritiker und Künstlerkollegen. Hoffmann kannte das System der preußischen Verwaltung – Bürokratismus, Formalismus, penible Ordnung von Ablagen –, dessen Teil er seit langem und dessen Opfer er selbst soeben geworden war. Er wußte, daß eine Erklärungsschrift, die er in seiner Schublade eingeschlossen hätte, wohl kaum auf die Nachwelt gekommen wäre; aber auf das Funktionieren der preußischen Bürokratie und ihre Archivsysteme war Verlaß. Als Beilage zum Verhörprotokoll hatte die Erklärung selbst Aktenrang. Daher konnte er davon ausgehen, daß sie aufbewahrt blieb, solange der Staat existierte und das Gesetz es befahl.

IV. Hoffmann-Spuren

13. Wirkungen – Wertungen

Die ersten überlieferten Wirkungs- und Wertungszeugnisse von Werken Hoffmanns sind die Urteile Hippels in den Briefen seit 1795 und die Besprechungen von Kompositionen Hoffmanns durch Zacharias Werner (1806) und Friedrich Rochlitz (1808). Die Flut der Rezensionen und Äußerungen Dritter über Hoffmann setzt mit dem Erscheinen der *Fantasiestücke* 1814 ein. Die Wirkungsgeschichte Hoffmanns umfaßt mithin etwa 200 Jahre. Es gibt zwar eine Fülle von Studien zu Hoffmanns »Wirkung« auf einzelne Künstler, zu seiner »Rezeption« in bestimmten Epochen und verschiedenen Ländern, zur Wertungs- bzw. Forschungsgeschichte einzelner Werke; aber der Versuch, dies zusammenzufassen, historisch zu vervollständigen und zu systematisieren, steht noch aus.

In die vorliegende Darstellung und Analyse der Werke Hoffmanns wurden gelegentlich Aspekte der Wirkung und Wertung eingeblendet, um Kontinuitäten oder Brüche mit bisherigen Sichtweisen anzudeuten. Um mehr als einige Schlaglichter kann es auch in diesem Abschlußkapitel nicht gehen, dessen Sinn vor allem darin liegt, die eigenen Positionen, Wertungen, Vorlieben, Vorbehalte auch historisch und kritisch zu sehen, in ihren Voraussetzungen und Prägungen zu reflektieren.

Hoffmann wollte unterhaltsam und »lebendig« schreiben; wichtig war ihm Lesernähe – daß er diese Ziele in ganz ungewöhnlichem Maße erreicht hat, zeigt die Wirkungsgeschichte seiner Werke. Das gilt bereits für sein erstes Buch, die *Fantasiestücke*. Das Werk fand ein ungewöhnlich vielfältiges und fast ausnahmslos positives Echo in der Literaturkritik. Zwar wiederholte sich dieser überwältigende Erfolg bei den beiden nächsten Werken nicht – *Die Elixiere des Teufels* und die *Nachtstücke* wurden überwiegend in die von den Rezensenten wenig geschätzten Traditionen des »gotischen«, auf Spannungseffekte gerichteten, trivialen Schreibens gestellt –, aber Hoffmanns mit den *Fantasiestücken* einsetzender Popularität bei den Lesern tat dies keinerlei Abbruch. Es gibt zahlreiche private Zeugnisse (Briefe, Tagebuchnotizen) begeisterter Hoffmann-Leser und vor allem -Leserinnen in den verschiedensten Gebieten des deutschen Sprachraums. Während Goethe sich durchweg distanziert oder ablehnend äußerte, mußte er beobachten, daß der romantische Konkurrent zum Liebling der Weimarer Damenwelt wurde, ja daß der Hoffmann-Bazillus sogar in das eigene Haus eindrang (die Schwiegertochter Ottilie war eine begeisterte Hoffmann-Leserin).

Seit 1815 gehörte Hoffmann zu der kleinen Gruppe von Erzählern, um deren Manuskripte sich die Verleger und Herausgeber von Taschenbüchern und Almanachen rissen – natürlich nicht in erster Linie wegen deren literarischer Qualität, sondern aufgrund des Publikumszuspruchs. Die Entwicklung von Hoffmanns Marktwert läßt sich zuverlässig an der Steigerung seiner Honorare ablesen. Da Hoffmann in kürzester Zeit eine feste Größe im literarischen Leben geworden war, nahm die Kritik von seinen in dichter Folge erscheinenden Werken lebhaft Notiz: überwiegend freundlich, aber zunehmend auch etwas ratlos gegenüber seiner für die meisten nicht so recht verständlichen Entwicklung. Dazu kam ein wachsendes Mißtrauen wegen des Erfolgs beim breiten Lesepublikum. Bezeichnend ist die mißgünstig-boshafte Charakteristik des einflußreichen Kritikers Adolph Müllner, Hoffmann sei beliebter in der »Lesewelt« gewesen als groß »in der künstlichen [= künstlerischen] Republik«.[1]

Unter den zeitgenössischen Künstlern war das Echo auf seine Werke zwar überwiegend freundlich (Fouqué, Chamisso, Carl Maria von Weber), aber keiner erkannte im Grunde Hoffmanns Besonderheit und Rang (am ehesten Heine). Das zeigen auch die Nachrufe. Hitzigs bereits 1823 erschienene Biographie lenkte das Interesse stark auf die Person, seine Darstellung und moralischen (Vor-)Urteile wurden zu Belegen für das lange Zeit sehr wirksame und populäre Bild des genialisch-antibürgerlichen Künstlers, der sich durch ständig gesteigerten Alkoholkonsum in Schaffensräusche versetzte und dessen Werk daher immer unverständlicher wurde.

Während Hoffmanns Ruhm in Deutschland, auch in der Folge einer allmählichen Hinwendung zum Realistischen und mit dem Wiedererstarken der klassizistischen Normen, stagnierte und zurückging, begann er sich in Westeuropa – und damit in den kulturellen Zentren der Welt – zu verbreiten. In Großbritannien bestand ein besonderes Interesse an den »gotischen« Texten (*Die Elixiere des Teufels* wurden 1824 als erstes Werk übersetzt) und am Fantastisch-Märchenhaften. Der europäische Erfolgsautor der zwanziger Jahre, Walter Scott, fühlte seine Position gefährdet und wandte sich in einem langen programmatischen Beitrag *On the Supernatural in Fictitious Composition* (1827) – bei einigem Lob im einzelnen – scharf gegen Hoffmann und dessen Schreibweise. Dieser Artikel spielte eine zentrale Rolle in der Wirkungsgeschichte Hoffmanns – im Negativen wie im Positiven. Goethe übersetzte die besonders polemische Zusammenfassung und spitzte sie durch eigene Kommentare zu. In diesen berühmt-berüchtigten Passagen ist von »den Verrücktheiten eines Mondsüchtigen«, den »fieberhaften Träumen eines leichtbeweglichen kranken Gehirns« die Rede; »die Begeisterungen Hoffmanns gleichen oft den Einbildungen, die ein unmäßiger Gebrauch des Opiums hervorbringt und welche mehr den Beystand des Arztes als des Kritikers fordern möchten«. Diesen Invektiven Scotts fügt Goethe seine »Trauer« darüber an, »daß diese krankhaften Werke des leidenden Mannes lange Jahre in Deutschland wirksam gewesen und solche Verirrungen als bedeutend-fördernde Neuigkeiten gesunden Gemüthern eingeimpft worden«.[2] Diese Wendungen, hundertfach zitiert, prägten das Hoffmanns-Bild vieler klassizistisch (und marxistisch) geschulter Literaturhistoriker und -wissenschaftler bis weit in das 20. Jahrhundert.

In anderer Weise wurde Scotts Urteil in Frankreich instrumentalisiert: Es wurde der gerade (1829) entstehenden ersten Gesamtausgabe Hoffmanns als Vorwort mitgegeben, gleichsam als Empfehlung einer Lektüre gegen den Strich. Es wurde damit zum Zeichen eines europäischen Paradigmawechsels von dem als etwas simpel-vordergründig empfundenen Realismus des Schotten zur romantisch-fantastischen Schreibweise des Deutschen. Hoffmann galt als Begründer der »Fantastik« als Gattung, des »genre fantastique«, sogar personalisiert als »genre hoffmannesque«.[3] Vom großen anhaltenden Erfolg Hoffmanns in Frankreich – von einer »großen Reputation«[4] schrieb Heine 1833, »immense réputation« formulierte der Übersetzer von beiden, Loève-Veimars – zeugen zwei umfangreiche Gesamtausgaben, zahlreiche Kritiken und Feuilletons sowie vor allem kreative Beschäftigungen von Honoré de Balzac über Gérard de Nerval bis zu Charles Baudelaire, der als erster die geniale Modernität der *Prinzessin Brambilla* erkannte und rühmte. Über Frankreich wurde Hoffmann in Rußland bekannt und populär – auch hier wiederum sowohl bei den Lesern als auch bei Schriftstellern (Fjodor Dostojewskij, Nikolaj Gogol).

Zur Popularisierung Hoffmanns trugen auch Theaterstücke bei, vor allem jedoch Jacques Offenbachs kongeniale Oper *Les Contes d'Hoffmann* (1881) sowie der kreative Umgang mit seinen Werken von Komponisten wie Robert Schumann (*Kreisleriana*, 1838) und Richard Wagner (*Tannhäuser*, 1845; *Die Meistersinger von Nürnberg*, 1868).

In Deutschland brachten erst die Neuromantik und der Expressionismus wieder ein stärkeres Interesse an Hoffmann – auch hier in erster Linie getragen von Künstlern, nun neben Schriftstellern (Gustav Meyrink) und Musikern (Paul Hindemith: *Cardillac*, 1926) zunehmend auch bildenden Künstlern (Hugo Steiner-Prag, Alfred Kubin, Paul Klee). Hoffmann wurde im Laufe der Zeit zu einem Autor, dessen Werke zu den am häufigsten illustrierten der deutschen Literatur gehören. Die Literaturwissenschaft blieb hingegen noch lange Zeit reserviert. Georg Ellinger schrieb 1894 die erste Hoffmann-Biographie nach Hippel und edierte eine Gesamtausgabe, Hans von Müller sicherte – nach fast hundert Jahren! – positivistisch die verbliebenen Spuren (Tagebücher, Briefe, unselbständige Veröffentlichungen); lange Zeit blieb Hoffmann ein Forschungsgegenstand für Außenseiter der akademischen Zunft und begeisterte Dilettanten. Von wenigen Ausnahmen abgesehen, sind die vor Mitte des 20. Jahrhunderts erschienenen Arbeiten über Hoffmann heute nur noch von wissenschafts- und wirkungsgeschichtlichem Interesse. Erst seit den 1960er Jahren sind zahlreiche Arbeiten erschienen, die Hoffmanns Werk von vielen Seiten beleuchtet und erschlossen haben. Obwohl das Hauptgewicht auf Studien in deutscher Sprache liegt, gibt es weiterhin und zunehmend viele wichtige Beiträge vor allem von seiten französischer, englischer, amerikanischer, russischer und italienischer Forscher; die neueste Bibliographie der Veröffentlichungen über Hoffmann seit 1981 weist Beiträge in 13 Sprachen (und Übersetzungen in 25 Sprachen) auf.

Von gleicher Bedeutung blieb der kreative Umgang mit Hoffmann durch Maler, Musiker und vor allem natürlich durch Schriftstellerkollegen. Die Liste derer, für die Schriften Hoffmanns zu Intertexten wurden, die sich mit seiner Person, seinen Werken, einzelnen Erzählungen beschäftigten, ist auch im 20. Jahrhundert lang und umfaßt Künstler vieler Länder von Rußland (»Serapionsbrüder« von Petrograd) bis Kanada (Robertson Davies), von Italien (Italo Calvino) bis Ungarn (Zsuzsanna Gahse) und vor allem natürlich in Deutschland von Anna Seghers, Christa Wolf, Hans Joachim Schädlich, Dieter Kühn, Wolfgang Hegewald, Peter Henisch, Gerhard Mensching bis in die unmittelbare Gegenwart.

Franz Fühmann, einer der bedeutendsten unter den vielen Schriftstellern, die sich in den letzten Jahrzehnten intensiv mit Hoffmann befaßten, von ihm anregen und faszinieren ließen, nannte als wichtigsten Grund für die große Zahl von DDR-Autoren unter den Hoffmannbegeisterten, er sei ein geheimes Leitbild gegen den vom Staat geförderten opportunistischen

Schriftstellertypus und die realistischen Schreibweisen gewesen, dessen Opposition subversiv, ironisch, satirisch war und der auch mit der Zensur und den staatlichen Autoritäten noch spielerisch, wenn auch nicht immer siegreich, umging. Arno Schmidt und Hans Wollschläger, der kongeniale Joyce-Übersetzer, wurden hingegen vom Sprachspieler und virtuosen Artisten Hoffmann angeregt: Wollschlägers Roman *Herzgewächse oder Der Fall Adams. Fragmentarische Biographik in unzufälligen Makulaturblättern* (1982) deutet bereits im Untertitel die Verwandtschaft zu Hoffmanns Romanexperiment an.[5]

Auch in der wiedervereinten deutschen Literatur nach 1990 blieb Hoffmann vielfach präsent, als Romanperson, in weiterentwickelten Schreibweisen, und, immer häufiger, in intertextuellen Anspielungen und Dialogen: Werke von Peter Schneider (*Paare*, 1991), Bodo Kirchhoff (*Der Sandmann*, 1995), Brigitte Kronauer (*Teufelsbrück*, 2000), Peter Härtling (*Hoffmann oder Die vielfältige Liebe*, 2001) sind einige wichtige Beispiele unter vielen. Die kreative Rezeption mit ihrer großen Spannweite vom Politischen zum Ästhetischen läßt sich noch erweitern, wenn man die zunehmende Präsenz Hoffmanns in anderen Medien (Film, Fernsehen, CD-Aufnahmen, Opern) hinzunimmt.

Die Wirkungsgeschichte Hoffmanns spiegelt die Wertungen seines Werkes, wenn sie sich auch keineswegs darin erschöpft; wie angedeutet, spielen seine Person und ihre Eigenarten ebenfalls eine wichtige Rolle. Es fällt auf, daß diese Wertungen sich fast nie auf das Gesamtwerk beziehen, sondern eher auf einzelne Werkgruppen oder Texte. Ein Blick auf die Wirkungsgeschichte unter diesem Aspekt zeigt bemerkenswerte Unterschiede und Wandlungen.

Die zeitgenössische Literaturkritik setzte erste, sehr lange geltende Akzente: Die *Fantasiestücke* fanden eine breite, begeisterte Zustimmung, insbesondere die Künstlergeschichten um Kreisler und das Märchen *Der goldene Topf* erfuhren teilweise überschwengliches Lob. Die »nächtlichen« Werke – *Nachtstücke* und *Die Elixiere des Teufels* – wurden kaum beachtet, von den späteren Erzählungen wurden vor allem die geschätzt, in denen die Künstlerthematik fortgeführt wurde, die unterhaltsam waren und den Rahmen des Gewohnten nicht zu sehr strapazierten. Dem späten Werk stand die Tageskritik weitgehend rat- und hilflos gegenüber, seine strukturell bedingte Wirrheit, Chaotik, Exzentrizität wurde häufig als Ausfluß romantischer Spiel- und Zerstörungsfreude und mit übermäßigem Alkoholkonsum und beginnendem Wahnsinn des Autors erklärt. Hitzigs Biographie und Goethes Diagnose bildeten wenig später die gern zitierten Beglaubigungen einer solchen Sichtweise und Wertung. Insgesamt wird deutlich: Die *Fantasiestücke* hatten einen Erwartungshorizont aufgebaut, den das weitere Werk nach Ansicht der meisten Kritiker weder thematisch und stilistisch noch qualitativ erreichte. Die in zahlreichen späteren Rezensionen und Artikeln gebräuchliche Wendung »der geniale Verfasser der *Fantasiestücke*« zeigt diese starke und einseitige Fixierung.

Im weiteren Verlauf des 19. Jahrhunderts hing die Beurteilung Hoffmanns häufig von der Wertschätzung des Fantastischen als Medium des Romantischen ab – und diese nahm in Deutschland rasch ab. Hoffmanns Verteidiger wiesen auf wirklichkeitsnahe, historisch getreue, von Überspanntheiten weitgehend freie Erzählungen hin – wie *Meister Martin der Küfner* oder *Das Fräulein von Scuderi* –, die auch Gegner Hoffmanns am ehesten gelten ließen (und die sich bis heute der besonderen Vorliebe der Didaktiker erfreuen). Zum stärksten Argument gegen Hoffmann wurden (neben der für viele verdächtigen Hochschätzung in Frankreich) seine »nächtlichen« Werke, die dem Autor das Etikett »Grusel-« und »Gespenster-Hoffmann« eintrugen – in realistischen Epochen üble Beschimpfungen. (Auch für den jungen Walter Benjamin, der seine »Berliner Kindheit um Neunzehnhundert« in einem gut bürgerlichen Elternhaus verbrachte, galt die Warnung vor dem »›Gespenster-Hoffmann‹ und die strenge Weisung, ihn niemals aufzuschlagen«.[6]) Zu Werken wie *Kater Murr* und *Prinzessin Brambilla* fanden die Kritik und die beginnende Literaturgeschichtsschreibung nach wie vor kaum Zugänge, die früheren Wertungen – Stichwort: Wirrheit – wurden fortgeschrieben.

Die Wiederentdeckung und Neubewertung Hoffmanns im frühen 20. Jahrhundert stand zunächst unter dem Zeichen der Neuromantik und galt fast ausschließlich abermals dem Verfasser der *Fantasiestücke*, der Künstlergeschichten und Märchen. Im Expressionismus bemühte man sich erstmals um ein tieferes Verständnis des »nächtlichen« Hoffmann; es erreichte die Fachwissenschaft ebenso zögernd wie die Hochschätzung von Psychologen (Freud, Jung) für den *Sandmann* und die *Elixiere*. Die Abneigung gegen das spätere Werk verminderte sich kaum, nur der *Kater Murr* – weitgehend reduziert auf den Kreisler-Teil und gelesen als »Kreisler-Roman«[7] – wurde in den Kanon der geschätzten Künstlergeschichten aufgenommen.

Erst seit den 1970er Jahren zeichnen sich deutliche Verschiebungen der Werturteile ab: Die Hochschätzung der *Fantasiestücke* ist zwar ungebrochen, aber das »nächtliche« Werk wird (vor allem von psychologischen Ansätzen her und in Zusammenhang mit einem stärkeren Interesse für »triviale« und »gelesene« Literatur) wesentlich stärker beachtet, die späten Schriften erstmals in ihrer Eigenständigkeit und weltliterarischen Bedeutung erkannt. Deren innovative Eigenheiten wie Erzählexperimente, Verlagerung der Schwerpunkte vom Thematischen in die Struktur, Selbstreflexion, dadurch geprägte Erzählverfahren, Humor, Intertextualität, Intermedialität – kurz: die Modernität dieser Werke – werden herausgearbeitet, vor allem am *Kater Murr*, zunehmend auch an der *Prinzessin Brambilla*, erst ansatzweise bei weiteren Werken.

Ein Nebenstrang der Wirkungs- und Wertungsgeschichte betrifft den politischen Hoffmann. Während die Hochschätzung der gesellschaftsfernen Künstlerexistenz mit dem Lob von deren angeblich apolitischer Einstellung einhergeht, entdeckte man im frühen 20. Jahrhundert den Gesellschaftskritiker und -satiriker. Die Veröffentlichung der von der Zensur unterdrückten politisch-satirischen Teile des *Meister Floh* über 80 Jahre nach ihrer Entstehung stärkte diesen Aspekt der Rezeption. Die nähere Beschäftigung mit dem juristischen Werk Hoffmanns, die erst in den 1970er Jahren einsetzte, ließ den rechtlich-moralischen Kontext seiner Denkhaltung erkennen.

Die Wirkungs- und Wertungsgeschichte zeigt, daß immer wieder ein Teil des Hoffmannschen Werkes herausgegriffen, zum Wesentlichen erklärt und gegen andere Teile ausgespielt wurde: das »fantastische« Frühwerk gegen das »wirre« Spätwerk, die Künstlererzählungen gegen die nächtlichen Geschichten, die »realistischen« gegen die traumhaften Stücke; oder: die Dichtungen gegen die Kompositionen; oder: die Werke, die der Künstler aus Neigung schuf gegen diejenigen, die der Schriftsteller wegen der guten Honorare wie Massenware produzierte. Die Wirkungsgeschichte zeigt jedoch ebenfalls, daß alle diese Frontstellungen mit guten Gründen bestritten und relativiert wurden. Auch von dieser Seite spricht also einiges für die dieser Darstellung zugrundeliegende Ansicht, das Eigentliche von Hoffmanns Werk sei die Vielfalt des Heterogenen. Das heißt natürlich nicht, daß jedes Werk dieselbe Hochschätzung verdiente, selbstverständlich gibt es Unterschiede der künstlerischen Qualität. Aber die Grenzen verlaufen nicht an den oben angedeuteten Bruchstellen; eine gotische Erzählung kann mehr Kunst-Werk sein als eine Künstlergeschichte, ein gut honoriertes Stück ist nicht notwendigerweise einem schlecht bezahlten unterlegen. Die Wertungsgeschichte zeigt in einigen Fällen sogar eine völlige Umkehrung der Vorzeichen, etwa in der Einschätzung der späten Märchen.

In die lebhaften Kanondebatten zu Beginn des 21. Jahrhunderts wurden und werden auch zahlreiche Werke Hoffmanns einbezogen – eine wesentliche Veränderung gegenüber früheren Einschätzungen. Noch in den 1970er Jahren galt es als Überraschung, daß *Der goldene Topf* und *Das Fräulein von Scuderi* in Gymnasiallehrpläne und *Kater Murr* gar in eine ZEIT-Musterbibliothek der Weltliteratur aufgenommen wurden.[8] Nun, 2001, verordnete Marcel Reich-Ranicki in seinem Literaturkanon für das neue Jahrtausend im *Spiegel* »mindestens zwei Erzählungen aus den *Serapions-Brüdern*«.[9] Die »ZEIT-Schülerbibliothek«, die 2002 »mit 50 Titeln der deutschsprachigen Literatur« eine Art Pisa-Notprogramm zusammenstellte, wählte von Hoffmann *Das Fräulein von Scuderi* und *Der Sandmann*.[10] In anderen Kanonempfehlungen und Lektürelisten findet man auch *Don Juan, Rat Krespel, Nußknacker und Mausekönig, Des Vetters Eckfenster*. In seinem 2002 erschienenen »Kanon« aus 20 deutschsprachigen Romanen nahm Reich-Ranicki – ungewöhnlich und mutig – die *Elixiere des Teufels* auf, in eine 2003 veröffentlichte zehnbändige Erzählanthologie *Ritter Gluck*, *Der Sandmann* und *Das Fräulein von Scuderi*.

Die Vielzahl der unterschiedlichen Ansichten über »the best of« Hoffmann ist erfreulich, denn sie wirkt der Verengung des Kanons auf einige wenige Werke oder gar einen einzigen Text entgegen (Hoffmanns »kühnste Manier« bleibt allerdings noch immer weitgehend ausgespart). Solche Vielfalt und damit den Reichtum des Gesamtwerkes zu zeigen, ist das Hauptziel dieser Darstellung: Sie will den Lesern Anregungen zur weiteren Lektüre geben und sie einladen, sich zu öffnen für Hoffmanns Kunst der Fantasie.

Nachwort

Der Blick auf die Wirkungs- und Wertungsgeschichte von Hoffmanns Werken könnte durch einen Bericht über die Forschungsgeschichte ergänzt werden, die in ähnlichem Maße international, vielstimmig und widersprüchlich ist. Ich verzichte darauf mit Skepsis und Dankbarkeit. Skepsis, weil Forschungsgeschichte die Begrenztheit jeder wissenschaftlichen Einsicht in Kunst zeigt; dennoch dankbar, denn selbstverständlich waren mir die Lektüreerfahrungen und Verstehensversuche von Generationen, die Beschäftigung mit neuen methodischen Zugängen wichtige Hilfen. Wenn man wissenschaftliche Neugier für wichtiger hält als Purismus von Methoden (deren Zeitabhängigkeit die Wirkungsgeschichte überdeutlich zeigt), kann man von solchen Denkansätzen profitieren. Für meinen Blick auf Hoffmanns Werke haben sich als besonders fruchtbar und anregend erwiesen: komparatistische und interdisziplinäre Fragestellungen, intertextuelle Verfahren. Begründungen und Grundlagen habe ich in zahlreichen Einzelarbeiten entwickelt, in denen ich auch die kritische Auseinandersetzung mit anderen Positionen geführt habe. So konnte ich diese Darstellung davon weitgehend freihalten, nur gelegentlich habe ich mich im Text zustimmend oder kritisch auf die Forschung bezogen. Ich möchte ihr aber wenigstens dadurch meinen Dank abstatten, daß ich die Namen einiger Hoffmann-Forscher und -Forscherinnen nenne, von denen ich durch ihre Arbeiten und in Gesprächen Anregungen gewonnen und gelernt habe. Es sind zunächst die Mitarbeiter an den »Sämtlichen Werken« des Deutschen Klassiker Verlages, vor allem Gerhard Allroggen, daneben Friedhelm Auhuber, Hartmut Mangold, Andreas Olbrich, Walter Olma, Jörg Petzel, Wulf und Ursula Segebrecht; ferner insbesondere Friedmar Apel, Werner Keil, Detlef Kremer, Peter von Matt, Günter Oesterle, Lothar Pikulik, Steven P. Scher, Hans-Georg Werner; weitere für meine Beschäftigung mit Hoffmann und speziell für diese Arbeit wichtige Beiträge sind in der Auswahlbibliographie genannt.

Mein besonderer Dank gilt denen, die dieses Buch begleitet haben: Inge Riedel, die jedes Kapitel mehrfach schrieb, Fritz Wahrenburg und Stefan Elit, die das Manuskript mitgelesen haben, und Petra Renneke, die für die Register sorgte; nicht zuletzt den Studierenden der Universitäten Paderborn und Graz, deren Fragen und Bemerkungen zu einer Reihe von Präzisierungen und Ergänzungen führten.

Ein Literaturwissenschaftler sollte sich davor hüten, in eine zu große Nähe zu dem Autor oder den Kunstwerken, über die er schreibt, zu geraten. Zu einem Ziel Hoffmanns bekenne ich mich jedoch gern: Auch ein Werk *über* Kunst sollte an seine Leserinnen und Leser denken, daher Langeweile, Abstraktheit und fremdwörtergespickte Fachterminologie nicht als Zeichen tiefer Wissenschaftlichkeit ansehen, sondern seine Wirkungsideale eher in Lesbarkeit und Verständlichkeit suchen – und vielleicht sogar gelegentlich in ein wenig Unterhaltsamkeit.

Anhang

Anmerkungen

Alle Texte Hoffmanns werden nach der Ausgabe des Deutschen Klassiker Verlages zitiert und mit römischer Band- und arabischer Seitenzahl nachgewiesen. Sonstige Werke werden mit dem Verfassernamen – bei mehreren Publikationen desselben Verfassers zusätzlich mit dem Veröffentlichungsjahr – sowie der Seitenzahl nachgewiesen. Die vollständigen Angaben sind dem Literaturverzeichnis zu entnehmen. Werden nur wenige Wörter zitiert, wurden die Formen gelegentlich dem Satzbau angepaßt.

I. Vom fantastischen Autor zum Verfasser der *Fantasiestücke* (1794-1814)

1. Die Anfänge des Künstlers (1794-1808)
(S. 16-77)

1 I, 354
2 I, 354 f.
3 I, 133 f.
4 Bw I, 7
5 I, 48-56
6 I, 47
7 I, 49
8 I, 49
9 I, 58
10 I, 49
11 I, 19
12 I, 50 f.
13 Jean Paul I, 193
14 Goethe VIII, 53, 55
15 I, 51
16 I, 51
17 F. Schlegel II, 211
18 I, 51 f.
19 I, 46
20 I, 52
21 I, 53
22 I, 55 f.
23 I, 56
24 Jean Paul I, 193
25 Schnapp, 18
26 I, 11
27 Schnapp, 20
28 I, 22 f.
29 I, 30 f.
30 I, 31 f.
31 Schnapp, 34 f.
32 I, 37
33 I, 62 f.
34 I, 15-17
35 I, 42
36 I, 86
37 I, 780 f.
38 I, 122
39 Schnapp, 51
40 I, 117
41 I, 119
42 I, 117
43 I, 123
44 V, 637; s. auch III, 916
45 Allroggen in II/2, 726
46 Ebd., 725 f.
47 I, 125
48 I, 126
49 I, 139, 1172, 131
50 I, 137

51 I, 147
52 Schnapp, 87 f.
53 Wackenroder I, 53
54 I, 492 f.
55 I, 138
56 I, 336
57 I, 335
58 I, 335
59 I, 328
60 I, 334
61 I, 330, 332, 336, 338
62 Schnapp, 87 f.
63 I, 145
64 I, 145 f.
65 I, 877
66 I, 879
67 I, 879
68 I, 880
69 I, 886
70 I, 890 f.
71 I, 891
72 I, 895
73 I, 698
74 I, 150

75 I, 148 f.
76 I, 148
77 Allroggen 1970, 59
78 Ebd., 61
79 Allroggen in II/2, 726
80 I, 211
81 Schnapp, 98
82 Ebd., 100
83 Keil 1986, 76
84 Schnapp, 106
85 I, 161
86 I, 161
87 I, 173 f.
88 I, 177 f.
89 I, 787
90 I, 189
91 I, 496-499
92 Keil 1986, 86
93 Ebd., 89
94 Ebd., 108
95 Ebd., 145
96 Allroggen 1970, (93)
97 Keil 1986, 154
98 Schnapp, 124

2. Bamberg: »Lehrjahre« und mehr (1808-1813)
(S. 78-135)

1 I, 198-202
2 I, 198 f.
3 I, 198
4 I, 200 f.
5 I, 198
6 I, 218
7 I, 221
8 I, 522
9 I, 218 f.
10 I, 625-630
11 I, 625
12 I, 630
13 I, 630
14 Schnapp, 223 f.

15 I, 15-17
16 I, 204
17 I, 355
18 I, 219
19 I, 500
20 I, 501
21 I, 512
22 I, 512
23 I, 791
24 I, 790
25 I, 204
26 I, 511
27 I, 505
28 Goethe XI, 657

Anmerkungen

29 Ebd., 740 f.
30 Göbel, 86 f.
31 I, 532-552
32 I, 532
33 I, 513
34 Wackenroder I, 240-246
35 I, 534
36 I, 534 f.
37 I, 535
38 I, 551
39 I, 572-579
40 I, 572
41 I, 573
42 I, 573
43 I, 575
44 I, 608-614
45 I, 608
46 I, 614
47 I, 695-709
48 I, 29
49 I, 702
50 I, 709
51 I, 703
52 I, 702

53 I, 708
54 I, 698
55 I, 699
56 I, 706
57 I, 704
58 I, 244
59 I, 383
60 I, 393
61 I, 397
62 Wetzel in II/1, 706
63 Schnapp, 208, 210
64 II/1, 133
65 Segebrecht 1967, 104
66 II/1, 175
67 I, 447
68 I, 452
69 Schnapp, 228
70 II/1, 18
71 I, 445
72 AV 67, 52, 42
73 I, 447
74 Mayer, 116 f.
75 Liebrand, 21
76 Schnapp, 277

3. *Fantasiestücke in Callot's Manier* (1813-1814). Kunst der Fantasie als Universalpoesie (S. 136-219)

1 I, 471
2 VI, 251
3 VI, 254
4 VI, 260
5 II/1, 69
6 I, 470
7 I, 752 f.
8 I, 805 f.
9 II/1, 479-482
10 II/1, 479
11 II/1, 482
12 I, 322
13 I, 322

14 I, 308
15 I, 755
16 I, 774
17 I, 752
18 I, 775
19 IV, 399
20 IV, 418
21 IV, 418
22 Telsnig-Langer, 23
23 VI, 42
24 VI, 38 f.
25 Bw I, 474
26 II/1, 45 f.

27 Schnapp, 224
28 Bw I, 412
29 II/1, 12
30 I, 304
31 Jean Paul V, 47
32 Schnapp, 224
33 I, 304, 307
34 II/1, 17f.
35 II/1, 18
36 Goethe XVIII, 229
37 II/2, 400
38 II/1, 325
39 I, 267
40 I, 183
41 II/1, 359
42 I, 293
43 I, 304
44 II/1, 16
45 I, 300
46 II/1, 596
47 II/1, 32f.
48 II/1, 33
49 II/1, 13
50 II/1, 34
51 II/1, 34f.
52 II/1, 35
53 II/1, 17
54 II/1, 63
55 Kluge, 379
56 II/1, 222
57 II/1, 225
58 II/1, 213
59 I, 301
60 I, 301
61 VI, 18
62 II/1, 251f.
63 II/1 229
64 I, 291
65 II/1, 229
66 II/1, 238
67 II/1, 257
68 II/1, 287

69 II/1, 300
70 Auhuber, 39f.
71 II/1, 317
72 II/1, 321
73 II/1, 359
74 II/1, 325
75 II/1, 338
76 II/1, 359
77 II/1, 326
78 II/1, 818f.
79 II/1, 819
80 II/1, 361
81 II/1, 359
82 II/1, 33
83 II/1, 124
84 II/1, 125
85 II/1, 360f.
86 II/1, 361
87 VI, 501-507
88 II/1, 370
89 II/1, 371
90 II/1, 419
91 II/1, 437
92 II/1, 448
93 II/1, 455
94 II/1, 448
95 II/1, 454
96 II/1, 454
97 Momberger, 74f.
98 I, 141
99 I, 145
100 II/1, 16
101 Wetzel in II/1, 605
102 I, 304
103 F. Schlegel II, 213
104 II/1, 375
105 II/1, 416f.
106 I, 386
107 II/1, 142
108 II/1, 142f.
109 V, 817
110 Steinecke 1971, 9f.

II. Fantastik und Schauer oder Undine und Sandmann, Nußknacker
und Teufel (1814-1818)

1 VI, 77
2 IV, 16

3 VI, 77
4 II/2, 406-417

4. Bühnenwerke, Bühnenschriften: Theater und Oper
(S. 230-259)

1 VI, 71
2 I, 761
3 II/1, 380
4 II/1, 409
5 II/1, 375, 417
6 Vgl. Steinecke 2002a, 143
7 II/1, 438-447
8 I, 760
9 I, 760
10 I, 760
11 I, 761
12 I, 765
13 I, 756
14 I, 757
15 IV, 93
16 IV, 93 f.
17 IV, 119
18 VI, 79
19 VI, 79

20 II/2, 428; s. I, 702
21 II/2, 428
22 I, 253
23 I, 254
24 Schnapp, 312 f.
25 Ebd., 331
26 Ebd., 341 u. 339
27 Ebd., 383 f.
28 Ebd., 385-387
29 Schläder, 351 f.
30 V, 613-657
31 I, 786
32 Keil 2003, Sp. 120
33 VI, 114
34 VI, 114
35 Goethe XXXIV, 587
36 III, 446
37 III, 437

5. Das »nächtliche« Werk: *Die Elixiere des Teufels – Nachtstücke*
(S. 260-311)

1 III, 127
2 IV, 924
3 VI, 24
4 II/1, 279 f.
5 II/1, 279
6 II/1, 279 f.
7 II/1, 280 f.
8 II/1, 730 f.
9 II/1, 109

10 II/1, 112
11 I, 304
12 I, 973
13 III, 13
14 III, 29
15 III, 29
16 III, 29
17 III, 160
18 I, 375

19 I, 503
20 II/1, 32
21 II/2, 11
22 II/2, 11
23 II/2, 12
24 II/2, 12
25 II/2, 12
26 VI, 258
27 II/2, 349
28 II/2, 273
29 II/2, 286
30 II/2, 300
31 II/2, 348
32 II/2, 28
33 II/2, 30
34 II/2, 52
35 II/2, 73
36 II/2, 144
37 II/2, 252
38 II/2, 252 f.
39 Freud, 246
40 Jung, 46
41 II/2, 111
42 II/2, 332
43 II/2, 259
44 II/2, 352
45 II/2, 352
46 II/2, 349 f.
47 II/2, 276
48 II/2, 283
49 II/2, 12
50 III, 44 f.
51 III, 13
52 III, 31
53 III, 39
54 III, 35
55 III, 29
56 III, 30
57 III, 28
58 III, 32
59 III, 43

60 III, 42
61 III, 30
62 III, 27
63 Fühmann, 113
64 III, 104
65 III, 99
66 III, 109
67 III, 102
68 III, 120
69 III, 124
70 III, 130
71 III, 138
72 III, 140
73 III, 147
74 III, 143
75 III, 163
76 III, 164
77 III, 181
78 III, 284
79 III, 284
80 III, 246
81 III, 224
82 III, 296 f.
83 III, 299
84 III, 305
85 III, 310
86 III, 292
87 III, 293
88 III, 296
89 III, 298
90 III, 294
91 III, 303
92 III, 315
93 III, 321
94 III, 339
95 III, 337
96 III, 342
97 III, 344
98 III, 319
99 Jean Paul I, 1236
100 Freud, 246

6. Erzählungen und Märchen (1815-1818)
(S. 312-346)

1 IV, 72
2 IV, 91
3 IV, 92
4 IV, 202
5 Matt, 47
6 IV, 205
7 IV, 206
8 IV, 206
9 IV, 155
10 IV, 1271
11 IV, 1272
12 IV, 1273
13 IV, 39
14 IV, 1273
15 IV, 39
16 IV, 56
17 IV, 62
18 VI, 118
19 IV, 1040
20 IV, 1047
21 VI, 70
22 III, 14
23 III, 17
24 IV, 241
25 IV, 255
26 Neumann 1997b, 146
27 IV, 242
28 Ewers, 348f.
29 VI, 130
30 VI, 136
31 Ewers, 346
32 IV, 614
33 IV, 615
34 IV, 429
35 IV, 430f.
36 IV, 431
37 IV, 482
38 IV, 503
39 Segebrecht 1996, 139
40 Ebd., 148
41 IV, 336
42 IV, 353
43 IV, 356
44 IV, 370

III. Fantastische Werke eines »humoristischen Schriftstellers« (1819-1822)

7. *Die Serapions-Brüder*
(S. 352-403)

1 VI, 134
2 VI, 145
3 II/1, 45
4 IV, 124
5 IV, 70
6 IV, 126
7 IV, 16
8 IV, 486
9 IV, 487
10 II/2, 12
11 IV, 11
12 IV, 16
13 IV, 70
14 IV, 34
15 IV, 38
16 IV, 67
17 IV, 68
18 IV, 68

19 IV, 721
20 IV, 721
21 IV, 69
22 IV, 70
23 IV, 71
24 IV, 92
25 IV, 770
26 Pikulik, 40
27 IV, 206
28 IV, 207
29 IV, 220
30 IV, 236
31 IV, 226
32 IV, 234
33 IV, 238f.
34 IV, 241
35 Hitzig II, 318
36 IV, 307
37 IV, 307f.
38 IV, 315
39 IV, 331
40 IV, 387
41 IV, 396
42 IV, 419
43 IV, 428
44 IV, 486f.
45 IV, 489
46 IV, 490
47 IV, 492
48 II/1, 62
49 I, 722
50 IV, 492
51 IV, 569
52 IV, 616
53 IV, 652
54 IV, 660
55 IV, 639
56 IV, 678

57 IV, 669
58 IV, 677f.
59 III, 457
60 IV, 714
61 Quack
62 IV, 734
63 IV, 734f.
64 Pikulik, 163
65 IV, 799
66 IV, 818
67 IV, 847
68 IV, 785ff.
69 IV, 853
70 IV, 893
71 IV, 911
72 IV, 912
73 IV, 916
74 IV, 921
75 VI, 162
76 IV, 1012
77 IV, 1015
78 IV, 1038
79 IV, 1053
80 IV, 1055
81 Goethe IX, 423f.
82 Segebrecht in IV, 1620
83 IV, 1113
84 IV, 1114f.
85 IV, 1117
86 IV, 1118
87 IV, 1119
88 IV, 1131
89 IV, 1134
90 IV, 1134
91 IV, 1138
92 VI, 193
93 IV, 1193
94 IV, 1198f.

8. Die späten Erzählungen (1819-1822)
(S. 404-439)

1 VI, 228
2 Bw II, 373
3 III, 666
4 III, 679
5 III, 730
6 Ellinger XI, 13
7 Müller-Seidel in Winkler IV, 822
8 V, 461
9 V, 516-518
10 V, 559
11 V, 707
12 V, 721
13 V, 722
14 V, 723
15 V, 752
16 V, 720
17 V, 725
18 V, 725
19 V, 803
20 V, 808
21 V, 824
22 V, 820
23 V, 824
24 V, 826
25 V, 826
26 V, 828 f.
27 V, 844
28 V, 866
29 V, 874
30 V, 821 f.
31 V, 854
32 VI, 471
33 VI, 471
34 VI, 475
35 VI, 496
36 VI, 469
37 VI, 497
38 VI, 486
39 VI, 470
40 VI, 554
41 VI, 562
42 VI, 535
43 VI, 578
44 VI, 568
45 Huch, 546
46 Auhuber, 101
47 Kluge, 64
48 VI, 585
49 Auhuber, 106
50 VI, 583
51 I, 910
52 VI, 583
53 VI, 600
54 VI, 605
55 VI, 636
56 VI, 628 f.
57 VI, 624
58 VI, 625 f.
59 Schubert, 48
60 VI, 609
61 VI, 634 f.
62 VI, 614
63 VI, 591

9. Humoristische Roman-Märchen
(S. 440-484)

1 VI, 155, 157, 159
2 III, 592
3 III, 544
4 III, 545 f.

5 III, 769
6 III, 769
7 Kremer 1999, 107
8 II/1, 18
9 III, 644
10 III, 618 f.
11 III, 645
12 III, 646
13 III, 649
14 III, 649
15 III, 612
16 III, 619 f.
17 III, 640 f.
18 III, 769
19 VI, 184
20 III, 769
21 III, 769
22 III, 832
23 Goethe XV/1, 518
24 Kremer 1995, 18 f.
25 III, 776
26 III, 797
27 III, 874
28 III, 910
29 III, 893
30 III, 821
31 III, 825 f.
32 III, 816
33 III, 826
34 III, 865
35 III, 905
36 III, 906
37 III, 907
38 III, 825
39 III, 896
40 III, 901
41 III, 908
42 Kremer 1993, 301 f.
43 III, 905

44 III, 909
45 III, 911
46 III, 911
47 III, 910
48 III, 912
49 Hitzig II, 147
50 Heine III, 66
51 Baudelaire, 296 f.
52 Ebd., 302
53 Ebd., 303
54 Vitt-Maucher, 143
55 VI, 175
56 VI, 210
57 VI, 303
58 VI, 309
59 VI, 311
60 VI, 312
61 VI, 377
62 VI, 307
63 VI, 324
64 VI, 460
65 VI, 352
66 VI, 330
67 Neumann 1997a
68 VI, 375
69 VI, 391 f.
70 VI, 393
71 VI, 394
72 VI, 395
73 VI, 452
74 VI, 466
75 VI, 467
76 VI, 451
77 VI, 451
78 VI, 459
79 VI, 455 f.
80 VI, 353
81 VI, 466
82 VI, 352

10. Kater Murrs Lebens-Ansichten: Hoffmanns Lebens-Werk
(S. 485-542)

1 I, 801, 1331-1336
2 Hitzig II, 145
3 VI, 211 f.
4 VI, 232
5 Hitzig II, 144
6 Singer, 327
7 V, 234
8 Schäfer, 212
9 F. Schlegel II, 204
10 V, 432
11 I, 347
12 III, 660-665
13 Hitzig II, 144 f.
14 Morgenstern, 13 f.
15 Ebd. 16
16 Goethe III/1, 84
17 Robertson, 205
18 V, 361
19 Nietzsche, 142
20 Kofman, 105, 108
21 V, 18
22 V, 18
23 V, 15
24 V, 24
25 V, 23
26 V, 429
27 V, 180
28 V, 199
29 Meyer, 115 f.
30 V, 274
31 V, 405
32 Saul, 429
33 V, 58
34 V, 58
35 Saul, 422
36 V, 229
37 V, 148
38 V, 302

39 V, 12
40 Jean Paul VI, 375
41 V, 457
42 V, 457 f.
43 Musil V, 1937
44 V, 151, 220
45 V, 152, 220
46 V, 223
47 V, 295
48 Keil 1985
49 Sterne, Buch 1, Kap. 22
50 Scher, 35, 37 f.
51 V, 78
52 V, 36
53 V, 234
54 Hitzig II, 145
55 Ebd., 356
56 V, 82
57 V, 172
58 I, 765
59 V, 60
60 V, 63
61 V, 64
62 V, 65
63 V, 66
64 V, 68
65 V, 307
66 V, 257
67 V, 257
68 V, 307
69 V, 152
70 V, 87
71 V, 83
72 V, 174
73 V, 303
74 V, 175
75 V, 328
76 V, 305

77 V, 308
78 V, 444 f.
79 V, 290
80 V, 39
81 V, 376
82 Egli, 117
83 Werner, 197
84 Singer, 302
85 V, 17
86 V, 14
87 V, 457
88 V, 457
89 V, 35
90 V, 35 f.
91 V, 38
92 II/1, 32 f.
93 V, 38
94 V, 429
95 V, 264

96 V, 23
97 V, 249
98 V, 255
99 V, 77
100 V, 129, 66
101 V, 309
102 V, 76, 78
103 Korff, 562
104 V, 307
105 V, 78
106 V, 78
107 V, 214
108 V, 129
109 V, 257
110 V, 130
111 V, 170, 302
112 Börne in V, 917-920
113 Preisendanz, 74
114 Schnell, 41

11. Exkurse: Juristerei, Politik, Zensur
(S. 543-567)

1 VI, 69
2 Mangold 1992, 169
3 VI, 715
4 Mangold 1992, 170
5 VI, 75
6 VI, 62
7 VI, 64
8 Schnapp, 319
9 Ebd., 374
10 Ebd., 430
11 Ebd., 459
12 VI, 519
13 VI, 972-1067
14 VI, 1046
15 VI, 1047 f.
16 VI, 1058
17 Bw III, 198
18 VI, 171
19 VI, 745

20 VI, 188
21 Bw III, 236
22 II/1, 69
23 II/1, 18
24 III, 823
25 III, 859
26 III, 859
27 Bw II, 235
28 V, 316
29 V, 321
30 Schnapp, 614
31 Bw III, 241 f.
32 Ebd., 242 f.
33 Ebd., 254
34 Ebd., 263
35 Ebd., 266
36 Ebd., 250
37 Ebd., 332 f.
38 Ebd., 242

39 Heine III, 22
40 Ebd., 39
41 Ebd., 65

42 Steinecke 2002b
43 Hitzig II, 154, 139

12. Hoffmanns juristisch-poetologisches Vermächtnis
(S. 568-581)

1 VI, 517-524
2 Bw III, 257; Segebrecht 1996, 172
3 Ellinger 1906, 101 f.
4 Segebrecht 1996, 178, 182
5 VI, 227
6 VI, 521 f.
7 VI, 522 f.
8 Heine III, 66
9 VI, 517
10 VI, 303
11 Horaz, V. 6-8
12 Goethe XXII, 710

13 Horaz, V. 5; VI, 519
14 Flögel I, 44
15 Ebd., 119 f.
16 VI, 517
17 VI, 523
18 III, 910
19 VI, 520
20 VI, 807
21 VI, 236
22 Zit. nach Steinecke 1998, 165
23 Heine XII, 123

IV. Hoffmann – Spuren

13. Wirkungen, Wertungen
(S. 585-594)

1 Zit. nach Steinecke 1971, 7
2 Scott, 97; Goethe XXII, 709 f.
3 Teichmann
4 Heine V, 440
5 Segebrecht 1996, 203 ff.

6 Benjamin, 121
7 Korff, 582
8 Die ZEIT, 3.11.1978
9 Der Spiegel, 18.6.2001, 216
10 Die ZEIT, 10.10.2002

Literatur- und Abkürzungsverzeichnis

1. Werkausgaben

E. T. A. Hoffmann: Sämtliche Werke. Hg. von Hartmut Steinecke und Wulf Segebrecht unter Mitarbeit von Gerhard Allroggen, Friedhelm Auhuber, Hartmut Mangold und Ursula Segebrecht. 6 Bände (in 7). Frankfurt/M.: Deutscher Klassiker Verlag 1985-2004.

I Frühe Prosa, Briefe. Tagebücher. Juristische Schrift. Werke 1794-1813. Hg. von Gerhard Allroggen, Friedhelm Auhuber, Hartmut Mangold, Jörg Petzel und Hartmut Steinecke. 2003.

II/1 Fantasiestücke in Callot's Manier. Werke 1814. Hg. von Hartmut Steinecke unter Mitarbeit von Gerhard Allroggen und Wulf Segebrecht. 1995.

II/2 Die Elixiere des Teufels. Werke 1814-1816. Hg. von Hartmut Steinecke unter Mitarbeit von Gerhard Allroggen. 1988.

III Nachtstücke. Klein Zaches. Prinzessin Brambilla. Werke 1816-1820. Hg. von Hartmut Steinecke unter Mitarbeit von Gerhard Allroggen. 1985.

IV Die Serapions-Brüder. Hg. von Wulf Segebrecht unter Mitarbeit von Ursula Segebrecht. 2001.

V Lebens-Ansichten des Katers Murr. Werke 1820-1821. Hg. von Hartmut Steinecke unter Mitarbeit von Gerhard Allroggen. 1992.

VI Späte Prosa. Briefe. Tagebücher und Aufzeichnungen. Juristische Schriften. Werke 1814-1822. Hg. von Gerhard Allroggen, Friedhelm Auhuber, Hartmut Mangold, Jörg Petzel und Hartmut Steinecke. 2004.

E. T. A. Hoffmanns Werke in 15 Teilen. Hg. von Georg Ellinger. Berlin u. a. 1912, 2. Aufl. 1928.

E. T. A. Hoffmann: Werke [in 5 Bänden, ohne Bandnumerierung und Herausgeber, Nachworte von Walter Müller-Seidel und Friedrich Schnapp. Anmerkungen von Wolfgang Kron, Wulf Segebrecht und Friedrich Schnapp] München 1960-1965 u. ö. – Bd. 5 in 2 Teilbänden. Hg. von Friedrich Schnapp 1978 und 1981 [»Winkler-Ausgabe«].

E. T. A. Hoffmanns Briefwechsel. Gesammelt und erläutert von Hans von Müller (†) und Friedrich Schnapp. 3 Bände. München 1967-1969.

E. T. A. Hoffmann: Juristische Arbeiten. Hg. und erläutert von Friedrich Schnapp. München 1973.

Handzeichnungen E. T. A. Hoffmanns in Faksimiledruck. [...] Hg. von Hans von Müller. Textrevision der Erläuterungen von Friedrich Schnapp. Hildesheim 1973.

E. T. A. Hoffmann: Ausgewählte musikalische Werke. Hg. [...] von Georg von Dadelsen und Thomas Kohlhase. Mainz 1971 ff.

2. Bibliographien

Voerster, Jürgen: 160 Jahre E. T. A. Hoffmann-Forschung 1805-1965. Eine Bibliographie mit Inhaltserfassung und Erläuterungen. Stuttgart 1967.
Kanzog, Klaus: E. T. A. Hoffmann-Literatur 1966-1969. In: MHG 16 (1970), S. 28-40.
Kanzog, Klaus: Zehn Jahre E. T. A. Hoffmann-Forschung. E. T. A. Hoffmann-Literatur 1970-1980. In: MHG 27 (1981), S. 55-103.
Olbrich, Andreas: Bibliographie der Sekundärliteratur über E. T. A. Hoffmann 1981-1993. In: E. T. A. Hoffmann-Jahrbuch 4 (1996), S. 91-141 und 5 (1997), S. 67-119.
Olbrich, Andreas / Pohsner, Anja: Bibliographie der Sekundärliteratur über E. T. A. Hoffmann 1994-1996 bzw. 1997-1998. In: E. T. A. Hoffmann-Jahrbuch 6 (1998), S. 72-112 bzw. 7 (1999), S. 110-131.

3. Andere Texte

Alefeld, Yvonne-Patricia: Göttliche Kinder. Die Kindheitsideologie in der Romantik. Paderborn 1996.
Allroggen 1970 = Allroggen, Gerhard: E. T. A. Hoffmanns Kompositionen. Ein chronologisch-thematisches Verzeichnis seiner musikalischen Werke nebst einer Einführung in seinen musikalischen Stil. Regensburg 1970.
Allroggen 1988 = Allroggen, Gerhard: Der Komponist E. T. A. Hoffmann. In: DKV II/2, S. 704-733.
AMZ = Allgemeine Musikalische Zeitung, Leipzig.
Arnold = Arnold, Heinz Ludwig (Hg.): E. T. A. Hoffmann. München 1992 (Text + Kritik. Sonderband.)
Auhuber = Auhuber, Friedhelm: In einem fernen dunklen Spiegel. E. T. A. Hoffmanns Poetisierung der Medizin. Opladen 1986.
AV = Allroggen-Verzeichnis der Kompositionen E. T. A. Hoffmanns. In: Allroggen 1970.
Baudelaire = Baudelaire, Charles: Sämtliche Werke, Briefe. Hg. von Friedhelm Kemp u. a. Bd. 1. München 1977.
Beardsley, Christa Maria: E. T. A. Hoffmann. Die Gestalt des Meisters in seinen Märchen. Bonn 1975.
Behrmann, Alfred: Zur Poetik des Kunstmärchens. Eine Strukturanalyse der »Königsbraut« von E. T. A. Hoffmann. In: Erzählforschung 3. Hg. von Wolfgang Haubrichs. Göttingen 1978, S. 107-134.

Benjamin = Benjamin, Walter: Berliner Kindheit um Neunzehnhundert. Frankfurt/M. 1970.

Bergström, Stefan: Between Real and Unreal. A Thematic Study of E. T. A. Hoffmann's »Die Serapionsbrüder«. New York u. a. 2000.

Bomhoff, Katrin: Bildende Kunst und Dichtung. Die Selbstinterpretation E. T. A. Hoffmanns in der Kunst Jacques Callots und Salvator Rosas. Freiburg 1999.

Brüggemann, Heinz: Die Genrebilder der Stadt und das »wirkliche Schauen« der Poesie. E. T. A. Hoffmanns »Des Vetters Eckfenster«. In: H. B.: »Aber schickt keine Poeten nach London!« Großstadt und literarische Wahrnehmung im 18. und 19. Jahrhundert. Texte und Interpretationen. Reinbek 1985, S. 173-185.

Bw = E. T. A. Hoffmanns Briefwechsel (s. Werkausgaben).

Chon-Choe, Min Suk: E. T. A. Hoffmanns Märchen »Meister Floh«. Frankfurt/M. u. a. 1986.

Cramer, Thomas: Das Groteske bei E. T. A. Hoffmann. 2. Aufl., München 1970 [zuerst 1966].

Daemmrich, Horst: The Shattered Self. E. T. A. Hoffmann's Tragic Vision. Detroit 1974.

Deterding, Klaus: Die Poetik der inneren und äußeren Welt bei E. T. A. Hoffmann. Zur Konstitution des Poetischen in den Werken und Selbstzeugnissen. Frankfurt/M. u. a. 1991; Magie des Poetischen Raumes. Heidelberg 1999; Das allerwunderbarste Märchen. Würzburg 2003; Dualismus und Duplizität. Würzburg 2004 (= E. T. A. Hoffmanns Dichtung und Weltbild, Bd. 1-4).

DKV = Deutscher Klassiker Verlag (s. Werkausgaben).

Dobat, Klaus-Dieter: Musik als romantische Illusion. Eine Untersuchung zur Bedeutung der Musikvorstellung E. T. A. Hoffmanns für sein literarisches Werk. Tübingen 1984.

Egli = Egli, Gustav: E. T. A. Hoffmann. Ewigkeit und Endlichkeit in seinem Werk. Zürich u. a. 1927.

Eilert, Heide: Theater in der Erzählkunst. Eine Studie zum Werk E. T. A. Hoffmanns. Tübingen 1977.

Ellinger 1906 = Ellinger, Georg: Das Disziplinarverfahren gegen E. T. A. Hoffmann. (Nach den Akten des Geheimen Staatsarchivs). In: Deutsche Rundschau 128 (1906), H. 10, S. 79-103.

Ellinger = E. T. A. Hoffmanns Werke (s. Werkausgaben).

Ewers = Ewers, Hans-Heino: Nachwort. In: Kinder-Märchen. Von C. W. Contessa, Friedrich Baron de la Motte Fouqué und E. T. A. Hoffmann. Stuttgart 1987, S. 327-350.

Feldges, Brigitte / Stadler, Ulrich: E. T. A. Hoffmann. Epoche – Werk – Wirkung. Mit je einem Beitrag von Ernst Lichtenhahn und Wolfgang Nehring. München 1986.

Flögel = Flögel, Carl Friedrich: Geschichte der komischen Litteratur. 4 Bde., Liegnitz, Leipzig 1784-1787.

Freud = Freud, Sigmund: Das Unheimliche. In: Gesammelte Werke chronologisch geordnet. Hg. von Anna Freud u. a. Bd. 12. London, Bradford 1947, S. 227-268.

Fühmann = Fühmann, Franz: Fräulein Veronika Paulmann aus der Pirnaer Vorstadt oder Etwas über das Schauerliche bei E. T. A. Hoffmann. Rostock 1979.

Göbel = Göbel, Helmut: E. T. A. Hoffmanns Sprache zur Musik. In: E. T. A. Hoffmann-Jahrbuch 2 (1994), S. 78-87.

Goethe = Goethe, Johann Wolfgang: Sämtliche Werke. Briefe, Tagebücher und Gespräche, 40 Bde. Hg. von Friedmar Apel u. a. Frankfurt/M. 1987-1999.

Hädrich, Aurélie: Die Anthropologie E. T. A. Hoffmanns und ihre Rezeption in der europäischen Literatur im 19. Jahrhundert. Eine Untersuchung, insbesondere für Frankreich, Russland und den englischsprachigen Raum, mit einem Ausblick auf das 20. Jahrhundert. Frankfurt/M. u. a. 2001.

Hagestedt, Lutz: Das Genieproblem bei E. T. A. Hoffmann am Beispiel illustriert. Eine Interpretation seiner späten Erzählung »Des Vetters Eckfenster«. München 1991.

Harich, Walther: E. T. A. Hoffmann. Das Leben eines Künstlers. 2 Bde. Berlin 1920.

Harnischfeger, Johannes: Die Hieroglyphen der inneren Welt. Romantikkritik bei E. T. A. Hoffmann. Wiesbaden 1988.

Hartmann, Anneli: Geschlossenheit der »Kunst-Welt« und fragmentarische Form: E. T. A. Hoffmanns »Kater Murr«. In: Jahrbuch der deutschen Schillergesellschaft 32 (1988), S. 148-190.

Heine = Heine, Heinrich: Sämtliche Schriften. 12 Bde. Hg. von Klaus Briegleb. München, Wien 1976.

Hewett-Thayer, Harvey W.: Hoffmann: Author of the tales. Princeton 1948.

Hitzig = [Hitzig, Julius Eduard:] Aus Hoffmann's Leben und Nachlass. Hg. von dem Verfasser des Lebens-Abrißes Friedrich Ludwig Zacharias Werners. 2 Tle. Berlin 1823.

Hohoff, Ulrich: E. T. A. Hoffmann. Der Sandmann. Textkritik, Edition, Kommentar. Berlin, New York 1988.

Horaz = Quintus Horatius Flaccus: De arte poetica liber. Die Dichtkunst. Lateinisch und deutsch. Einführung, Übersetzung und Erläuterung von Horst Rüdiger. Zürich 1961.

Huch = Huch, Ricarda: Die Romantik. Blütezeit, Ausbreitung und Verfall. Tübingen 1951 [zuerst 1899-1902].

Jean Paul = Jean Paul: Werke. Hg. von Norbert Miller. 6 Bde. München 1960-1963.

Jung = Jung, Carl Gustav: Über die Psychologie des Unbewußten. Zürich, Stuttgart ⁸1966.

Kaiser, Gerhard R.: E. T. A. Hoffmann. Stuttgart 1988.

Kaiser, Gerhard R. (Hg.): Erläuterungen und Dokumente: E. T. A. Hoffmann. Klein Zaches genannt Zinnober. Stuttgart 1985.

Kaminski, Nicola: Kreuz-Gänge. Romanexperimente der Romantik. Paderborn u. a. 2001.

Karoli, Christa: Ideal und Krise enthusiastischen Künstlertums in der deutschen Romantik. Bonn 1968.

Keil 1985 = Keil, Werner: Erzähltechnische Kunststücke in E. T. A. Hoffmanns Roman *Lebens-Ansichten des Katers Murr*. In: MHG 31 (1985), S. 40-52.

Keil 1986 = Keil, Werner: E. T. A. Hoffmann als Komponist. Studien zur Kompositionstechnik an ausgewählten Werken. Wiesbaden 1986.

Keil, Werner: Dissonanz und Verstimmung. E. T. A. Hoffmanns Beitrag zur Entstehung der musikalischen Romantik. In: E. T. A. Hoffmann-Jahrbuch 1 (1992/93), S. 119-132.

Keil 2003 = Keil, Werner: Hoffmann, Ernst Theodor Wilhelm (Amadeus). In: Die Musik in Geschichte und Gegenwart. Allgemeine Enzyklopädie der Musik. 2., neubearbeitete Ausgabe hg. von Ludwig Finscher. Personenteil Bd. 9. Kassel u. a. 2003, Sp. 113-122.

Kittler, Friedrich A.: Aufschreibesysteme 1800/1900. München 1985.

Kleßmann, Eckart: E. T. A. Hoffmann oder die Tiefe zwischen Stern und Erde. Stuttgart 1988.

Klier, Melanie: Kunstsehen – Literarische Konstruktion und Reflexion von Gemälden in E. T. A. Hoffmanns *Serapions-Brüdern* mit Blick auf die Prosa Georg Heyms. Frankfurt/M. u. a. 2002.

Kluge = Kluge, Carl Alexander Ferdinand: Versuch einer Darstellung des animalischen Magnetismus als Heilmittel. Berlin 1811.

Koebner, Thomas: E. T. A. Hoffmann: Der Sandmann (1816). Fragmentarische Nachricht vom unbegreiflichen Unglück eines jungen Mannes. In: Erzählungen und Novellen des 19. Jahrhunderts. Interpretationen. Bd. 1. Stuttgart 1988, S. 257-307.

Kofman = Kofman, Sarah: Schreiben wie eine Katze. Zu E. T. A. Hoffmanns »Lebens-Ansichten des Katers Murr«. Graz, Wien 1985 [franz. 1984].

Köhn, Lothar: Vieldeutige Welt. Studien zur Struktur der Erzählungen E. T. A. Hoffmanns und zur Entwicklung seines Werkes. Tübingen 1966.

Korff = Korff, Hermann August: Geist der Goethezeit. Versuch einer ideellen Entwicklung der klassisch-romantischen Literaturgeschichte. Tl. 4: Hochromantik. 2. Aufl. Leipzig 1958, S. 543-639.

Kremer 1993 = Kremer, Detlef: Romantische Metamorphosen. E. T. A. Hoffmanns Erzählungen. Stuttgart u. a. 1993.

Kremer 1995 = Kremer, Detlef: Literarischer Karneval. Groteske Motive in

E. T. A. Hoffmanns »Prinzessin Brambilla«. In: E. T. A. Hoffmann-Jahrbuch 3 (1995), S. 15-30.
Kremer, Detlef: Prosa der Romantik. Stuttgart u. a. 1997.
Kremer 1999 = Kremer, Detlef: E. T. A. Hoffmann. Erzählungen und Romane. Berlin 1999.
Langer, Elisabeth: E. T. A. Hoffmann als Zeichner und Maler. 2 Bde. Diss. Graz 1980.
Lee, Hyun-Sook: Die Bedeutung von Zeichnen und Malerei für die Erzählkunst E. T. A. Hoffmanns. Frankfurt/M. u. a. 1985.
Leopoldseder, Hannes: Groteske Welt. Ein Beitrag zur Entwicklungsgeschichte des Nachtstücks in der Romantik. Bonn 1973.
Lichtenhahn, Ernst: Zur Idee des goldenen Zeitalters in der Musikanschauung E. T. A. Hoffmanns. In: Romantik in Deutschland [...]. Hg. von Richard Brinkmann. Stuttgart 1978, S. 502-512.
Liebrand = Liebrand, Claudia: Aporie des Kunstmythos. Die Texte E. T. A. Hoffmanns. Freiburg 1996.
Loecker, Armand de: Zwischen Atlantis und Frankfurt. Märchendichtung und goldenes Zeitalter bei E. T. A. Hoffmann. Frankfurt/M., Bern 1983.
Loquai, Franz: Künstler und Melancholie in der Romantik. Frankfurt/M. u. a. 1984.
Mangold 1989 = Mangold, Hartmut: Gerechtigkeit durch Poesie. Rechtliche Konfliktsituationen und ihre literarische Gestaltung bei E. T. A. Hoffmann. Wiesbaden 1989.
Mangold 1992 = Mangold, Hartmut: »Heillose Willkühr«. Rechtsstaatliche Vorstellungen und rechtspraktische Erfahrungen E. T. A. Hoffmanns in den Jahren der preußischen Restauration. In: Arnold 1992, S. 167-186.
Matt = Matt, Peter von: Die Augen der Automaten. E. T. A. Hoffmanns Imaginationslehre als Prinzip seiner Erzählkunst. Tübingen 1971.
Mayer = Mayer, Hans: Die Wirklichkeit E. T. A. Hoffmanns. In: Romantikforschung seit 1945. Hg. von Klaus Peter. Königstein i. Ts. 1980, S. 116-144 [zuerst 1958].
McGlathery, James M.: Mysticism and Sexuality, E. T. A. Hoffmann. Tl. 1: Hoffmann and his Sources. Las Vegas u. a. 1981. Tl. 2: Interpretation of the Tales. New York 1985.
Meier, Albert: Fremdenloge und Wirtstafel. Zur poetischen Funktion des Realitätsschocks in E. T. A. Hoffmanns Fantasiestück »Don Juan«. In: Zeitschrift für deutsche Philologie 111 (1992), S. 516-531.
Menke, Bettine: Prosopopoiia. Stimme und Text bei Brentano, Hoffmann, Kleist und Kafka. München 2000.
Meyer = Meyer, Herman: Das Zitat in der Erzählkunst. Zur Geschichte und Poetik des europäischen Romans. Stuttgart 1961, S. 114-134.
MHG = Mitteilungen der E. T. A. Hoffmann-Gesellschaft.

Momberger = Momberger, Manfred: Sonne und Punsch. Die Dissemination des romantischen Kunstbegriffs bei E. T. A. Hoffmann. München 1986.

Moraldo, Sandro M.: Wandlungen des Doppelgängers. Shakespeare – E. T. A. Hoffmann – Pirandello. Von der Zwillingskomödie (*The Comedy of Errors*) zur Identitätsgefährdung (*Prinzessin Brambilla*; *Il fu Mattia Pascal*). Frankfurt/M. u. a. 1996.

Moraldo = Moraldo, Sandro M. (Hg.): Das Land der Sehnsucht. E. T. A. Hoffmann und Italien. Heidelberg 2002.

Morgenstern = Morgenstern, Karl: Ueber das Wesen des Bildungsromans. In: Inländisches Museum, Dorpat 1820, Bd. 1, H. 2, S. 46-61 und H. 3, S. 13-27.

Müller, Helmut: Untersuchungen zum Problem der Formelhaftigkeit bei E. T. A. Hoffmann. Bern 1964.

Müller-Seidel = Müller-Seidel, Walter: Nachworte in Winkler I-IV.

Musil = Musil, Robert: Gesammelte Werke. Hg. von Adolf Frisé. 9 Bde. Reinbek 1978.

Nährlich-Slatewa, Elena: Das Leben gerät aus dem Gleis. E. T. A. Hoffmann im Kontext karnevalesker Überlieferungen. Frankfurt/M. u. a. 1995.

Nehring, Wolfgang: Spätromantiker. Eichendorff und E. T. A. Hoffmann. Göttingen 1997.

Neumann, Gerhard: E. T. A. Hoffmann: »Ritter Gluck«. Die Geburt der Literatur aus dem Geist der Musik. In: Ton – Sprache. Komponisten in der deutschen Literatur. Hg. von Gabriele Brandstetter. Bern u. a. 1995, S. 39-70.

Neumann 1997a = Neumann, Gerhard: Romantische Aufklärung. Zu E. T. A. Hoffmanns Wissenschaftspoetik. In: Aufklärung als Form. Beiträge zu einem historischen und aktuellen Problem. Hg. von Helmut Schmiedt und Helmut J. Schneider. Würzburg 1997, S. 106-148.

Neumann 1997b = Neumann, Gerhard: Puppe und Automat. Inszenierte Kindheit in E. T. A. Hoffmanns Sozialisationsmärchen *Nußknacker und Mausekönig*. In: Jugend – ein romantisches Konzept? Hg. von Günter Oesterle, Würzburg 1997, S. 135-160.

Nietzsche = Nietzsche, Friedrich: Werke. Hg. von Karl Schlechta. Bd. 1. München 1954.

Oesterle, Günter: E. T. A. Hoffmann: Der goldne Topf (1813). In: Erzählungen und Novellen des 19. Jahrhunderts. Interpretationen. Bd. 1. Stuttgart 1988, S. 181-220.

Oesterle, Günter: Arabeske, Schrift und Poesie in E. T. A. Hoffmanns Kunstmärchen »Der goldne Topf«. In: Athenäum 1 (1991), S. 69-107.

Orosz, Magdolna: Identität, Differenz, Ambivalenz. Erzählstrukturen und Erzählstrategien bei E. T. A. Hoffmann. Frankfurt/M. u. a. 2001.

Paul, Jean-Marie (Hg.): Dimensionen des Phantastischen. Studien zu E. T. A. Hoffmann. St. Ingbert 1998 [franz. 1992].

Pikulik, Lothar: Anselmus in der Flasche. Kontrast und Illusion in E. T. A. Hoffmanns »Der goldne Topf«. In: Euphorion 63 (1969), S. 341-370.
Pikulik = Pikulik, Lothar: E. T. A. Hoffmann als Erzähler. Ein Kommentar zu den »Serapions-Brüdern«. Göttingen 1987.
Pikulik, Lothar: Das Verbrechen aus Obsession. E. T. A. Hoffmann: Das Fräulein von Scuderi (1819). In: Deutsche Novellen. Von der Klassik bis zur Gegenwart. Hg. von Winfried Freund. München 1993, S. 47-57.
Prawer, Siegbert S.: »Ein poetischer Hund«. E. T. A. Hoffmann's »Nachrichten von den neuesten Schicksalen des Hundes Berganza« and its Antecedents in European Literature. In: Aspekte der Goethezeit. Hg. von Stanley A. Corngold u. a. Göttingen 1977, S. 273-292.
Preisendanz = Preisendanz, Wolfgang: Humor als dichterische Einbildungskraft. Studien zur Erzählkunst des poetischen Realismus. München 1963.
Quack = Quack, Josef: Über E. T. A. Hoffmanns Verhältnis zum Judentum. Eine Lektüre der »Brautwahl«, der »Irrungen« und der »Geheimnisse«. In: Zeitschrift für Germanistik 10 (2000), S. 281-297.
Reuchlein, Georg: Das Problem der Zurechnungsfähigkeit bei E. T. A. Hoffmann und Georg Büchner. Zum Verhältnis von Literatur, Psychiatrie und Justiz im frühen 19. Jahrhundert. Frankfurt/M. u. a. 1985.
Riemer, Elke: E. T. A. Hoffmann und seine Illustratoren. Hildesheim 1976.
Robertson = Robertson, Ritchie: Shakespearean Comedy and Romantic Psychology in Hoffmann's *Kater Murr*. In: Studies in Romanticism 24 (1985), S. 201-222.
Rohrwasser, Michael: Coppelius, Cagliostro und Napoleon. Der verborgene politische Blick E. T. A. Hoffmanns. Ein Essay. Basel, Frankfurt/M. 1991.
Rotermund, Erwin: Musikalische und dichterische »Arabeske« bei E. T. A. Hoffmann. In: Poetica 2 (1968), S. 48-69.
Safranski, Rüdiger: E. T. A. Hoffmann. Eine Biographie. Reinbek 1992 [zuerst 1984 unter dem Titel: E. T. A. Hoffmann. Das Leben eines skeptischen Phantasten].
Saul = Saul, Nicholas: E. T. A. Hoffmanns erzählte Predigten. In: Euphorion 83 (1989), S. 407-430.
Schadwill, Uwe: Poeta judex. Eine Studie zum Leben und Werk des Dichterjuristen E. T. A. Hoffmann. Münster, Hamburg 1993.
Schäfer = Schäfer, Bettina: Ohne Anfang – ohne Ende. Arabeske Darstellungsformen in E.T.A. Hoffmanns Roman *Lebens-Ansichten des Katers Murr*. Bielefeld 2001.
Schemmel, Bernhard [Redaktion]: Meister Martin der Küfner und seine Gesellen. Hg. von der Staatsbibliothek Bamberg. 2 Bde. Bamberg 1984.
Scher = Scher, Steven Paul: »Kater Murr« und »Tristram Shandy«: Erzähltechnische Affinitäten bei Hoffmann und Sterne. In: E. T. A. Hoffmann. Sonderheft. Zeitschrift für deutsche Philologie 95 (1976), S. 24-42.

Schläder = Schläder, Jürgen: Undine auf dem Musiktheater. Zur Entwicklungsgeschichte der deutschen Spieloper. Bonn-Bad Godesberg 1979.

F. Schlegel = Schlegel, Friedrich: Kritische Schriften und Fragmente. Hg. von Ernst Behler und Hans Eichner. 6 Bde. Paderborn u. a. 1988.

Schmidt, Olaf: »Callots fantastisch karikierte Blätter«. Intermediale Inszenierungen und romantische Kunsttheorie im Werk E. T. A. Hoffmanns. Berlin 2003.

Schnapp = E. T. A. Hoffmann in Aufzeichnungen seiner Freunde und Bekannten. Eine Sammlung von Friedrich Schnapp. München 1974.

Schnell = Schnell, Ralf: Die verkehrte Welt. Literarische Ironie im 19. Jahrhundert. Stuttgart u. a. 1989.

Schubert = Schubert, Bernhard: Der Künstler als Handwerker. Zur Literaturgeschichte einer romantischen Utopie. Königstein 1986.

Schwanenberger, Joachim: E. T. A. Hoffmann. Ideal und Wirklichkeit. Zur Rekonstruktion seiner Vorstellungswelt. Frankfurt/M. u. a. 1990.

Scott = Scott, Walter: On the Supernatural in Fictitious Composition; and particularly on the Works of Ernest Theodore William Hoffman. In: The Foreign Quarterly Review 1 (1827), Nr. 1, S. 60-98.

Segebrecht 1967 = Segebrecht, Wulf: Autobiographie und Dichtung. Eine Studie zum Werk E. T. A. Hoffmanns. Stuttgart 1967.

Segebrecht 1996 = Segebrecht, Wulf: Heterogenität und Integration. Studien zu Leben, Werk und Wirkung E. T. A. Hoffmanns. Frankfurt/M. 1996.

Singer = Singer, Herbert: Hoffmann. Kater Murr. In: Der deutsche Roman. Vom Barock bis zur Gegenwart. Struktur und Geschichte. Hg. von Benno von Wiese. Bd. 1. Düsseldorf 1963, S. 301-328.

Stadler, Ulrich: Von Brillen, Lorgnetten, Fernrohren und Kuffischen Sonnenmikroskopen. Zum Gebrauch optischer Instrumente in Hoffmanns Erzählungen. In: E. T. A. Hoffmann-Jahrbuch 1 (1992/93), S. 91-105.

Steigerwald, Jörn: Die fantastische Bildlichkeit der Stadt. Zur Begründung der literarischen Fantastik im Werk E. T. A. Hoffmanns. Würzburg 2001.

Steinecke 1971 = Steinecke, Hartmut: »Der beliebte, vielgelesene Verfasser...« Über die Hoffmann-Kritiken im »Morgenblatt für gebildete Stände« und in der »Jenaischen Allgemeinen Literatur-Zeitung«. In: MHG 17 (1971), S. 1-16.

Steinecke, Hartmut (Hg.): E. T. A. Hoffmann, Die Vision auf dem Schlachtfelde bei Dresden. Nachdruck der Erstausgabe Bamberg 1814 (Edition Corvey). Stuttgart, Zürich 1988. (Nachwort S. 1*-43*.)

Steinecke, Hartmut (Hg.): E. T. A. Hoffmann. Deutsche Romantik im europäischen Kontext. (E. T. A. Hoffmann-Jahrbuch Bd. 1, 1992/93). Berlin 1993.

Steinecke, Hartmut: E. T. A. Hoffmann. Stuttgart 1997.

Steinecke 1998 = Steinecke, Hartmut: Artistik und Unterhaltsamkeit. Neue Schreibarten in der deutschen Literatur von Hoffmann bis Heine. Berlin 1998.
Steinecke, Hartmut: Hoffmanns letzte Erzählungen 1822. In: Begegnung der Zeiten. Festschrift für Helmut Richter zum 65. Geburtstag. Hg. von Regina Fasold u. a. Leipzig 1999, S. 95-105.
Steinecke, Hartmut: »Meine Fantasie ist stärker als alles«. Hoffmanns Geburtstagsbrief vom 23.-25. Januar 1796. In: Im Dienste der Auslandsgermanistik. Festschrift für Professor Dr. Dr. h. c. Antal Mádl zum 70. Geburtstag. Budapest 1999, S. 239-250.
Steinecke, Hartmut: E. T. A. Hoffmanns Singspiel »Die Maske«: ein frühes »Universalkunstwerk«? In: Prima le parole e poi la musica. Festschrift für Herbert Zeman zum 60. Geburtstag. Hg. von Elisabeth Buxbaum und Wynfried Kriegleder. Wien 2000, S. 151-160.
Steinecke, Hartmut: E. T. A. Hoffmanns *Meister Floh* – »wunderlichstes aller Märchen« und »humoristischer« Roman. In: Der europäische Roman zwischen Aufklärung und Postmoderne. Festschrift zum 65. Geburtstag von Jürgen C. Jacobs. Hg. von Friedhelm Marx und Andreas Meier. Weimar 2001, S. 75-87.
Steinecke, Hartmut: »Frohe Aspecten zur litterarischen Laufbahn«? E. T. A. Hoffmann in Płock 1802-04. In: E. T. A. Hoffmann-Jahrbuch 9 (2001), S. 7-21.
Steinecke 2002a = Steinecke, Hartmut: »Ein Spiel zum Spiel«. E. T. A. Hoffmanns Annäherungen an die Commedia dell'arte. In: Moraldo, S. 127-143.
Steinecke 2002b = Steinecke, Hartmut: »auf Requisizion unserer Regierung konfiszirt«. Heine und der Zensurfall Hoffmann. In: Literarische Fundstücke. Wiederentdeckungen und Neuentdeckungen. Festschrift für Manfred Windfuhr. Hg. von Ariane Neuhaus-Koch und Gertrude Cepl-Kaufmann. Heidelberg 2002, S. 88-106.
Steinlein, Rüdiger: Die domestizierte Phantasie. Studien zur Kinderliteratur, Kinderlektüre und Literaturpädagogik des 18. und frühen 19. Jahrhunderts. Heidelberg 1987.
Swales, Martin: »Die Reproduktionskraft der Eidexen«. Überlegungen zum selbstreflexiven Charakter der »Lebens-Ansichten des Katers Murr«. In: E. T. A. Hoffmann-Jahrbuch 1 (1992/93), S. 48-57.
Teichmann = Teichmann, Elizabeth: La Fortune d'Hoffmann en France. Genf, Paris 1961.
Telsnig-Langer = Telsnig-Langer, Elisabeth: E. T. A. Hoffmanns antinapoleonische Karikaturen. In: Alte und moderne Kunst 26 (1981), H. 176, S. 18-24.
Thewalt, Patrick: Die Leiden der Kapellmeister. Zur Umwertung von Musik

und Künstlertum bei W. H. Wackenroder und E. T. A. Hoffmann. Frankfurt/M. u. a. 1990.

Toggenburger, Hans: Die späten Almanach-Erzählungen E. T. A. Hoffmanns. Bern u. a. 1983.

Vitt-Maucher = Vitt-Maucher, Gisela: E. T. A. Hoffmanns Märchenschaffen. Kaleidoskop der Verfremdung in seinen sieben Märchen. Chapel Hill, London 1989.

Wackenroder = Wackenroder, Wilhelm Heinrich: Sämtliche Werke und Briefe. Historisch-kritische Ausgabe. Hg. von Silvio Vietta und Richard Littlejohns. 2 Bde. Heidelberg 1991.

Wellenberger, Georg: Der Unernst des Unendlichen. Die Poetologie der Romantik und ihre Umsetzung durch E. T. A. Hoffmann. Marburg 1986.

Werner = Werner, Hans-Georg: E. T. A. Hoffmann. Darstellung und Deutung der Wirklichkeit im dichterischen Werk. 2. Aufl., Berlin 1971 [zuerst 1962].

Wiele, Johannes: Vergangenheit als innere Welt. Historisches Erzählen bei E. T. A. Hoffmann. Frankfurt/M. u. a. 1996.

Winkler = E. T. A. Hoffmann: Werke (s. Werkausgaben).

Winter, Ilse: Untersuchungen zum serapiontischen Prinzip E. T. A. Hoffmanns. Den Haag 1976.

Wittkop-Ménardeau, Gabrielle: E. T. A. Hoffmann in Selbstzeugnissen und Bilddokumenten. Reinbek 1992 [zuerst 1966].

Würker, Achim: Das Verhängnis der Wünsche. Unbewußte Lebensentwürfe in Erzählungen E. T. A. Hoffmanns. Mit Überlegungen zu einer Erneuerung der psychoanalytischen Literaturinterpretation. Frankfurt/M. 1993.

Bildnachweise

Publikationen

Callot, Jacques: Das gesamte Werk. Handzeichnungen. München 1971: Abb. 38

E. T. A. Hoffmanns Briefwechsel. Gesammelt und erläutert von Hans von Müller (†) und Friedrich Schnapp. Bd. 2: Berlin 1814-1822. München 1968: Abb. 26, 27, 46

E. T. A. Hoffmanns Sämtliche Werke. Historisch-Kritische Ausgabe. Hg. von Carl Georg von Maassen. Bd. 3. München, Leipzig 1912: Abb. 29

Handzeichnungen E. T. A. Hoffmanns in Faksimiledruck. [. . .] Hg. von Hans von Müller. Textrevision und Erläuterungen von Friedrich Schnapp. Hildesheim 1973: Abb. 24, 30, 45

Hoffmann, E T. A.: Tagebücher. Nach der Ausgabe Hans von Müllers mit Erläuterungen hg. von Friedrich Schnapp. München 1971: Abb. 12, 13, 28

Krieger, Bogdan: Berlin im Wandel der Zeiten. Berlin-Grunewald 1924: Abb. 5

Die Zeichnungen Ernst Theodor Amadeus Hoffmanns. Zum ersten Mal gesammelt und mit Erläuterungen versehen von Leopold Hirschberg. Potsdam 1921: Abb. 18, 19, 20

Institutionen

Neue Pinakothek München: Abb. 31 (Foto: Artothek, Peisenberg)
Staatsbibliothek zu Berlin Preußischer Kulturbesitz: Abb. 6, 25, 41

Alle übrigen Vorlagen stammen aus der Staatsbibliothek Bamberg.
Verfasser und Verlag danken den Eigentümern, insbesondere der Staatsbibliothek Bamberg und ihrem Direktor, Prof. Dr. Bernhard Schemmel, für ihre Hilfe.

E.T.A. Hoffmann: Zeittafel

1776 Am 24. Januar wird Ernst Theodor Wilhelm Hoffmann in Königsberg i. Pr. geboren. Seine Eltern sind der Hofgerichts-Advokat Christoph Ludwig H. und Lovise Albertine H., geb. Doerffer.
1778 Trennung der Eltern.
1781/82 Beginn des Schulbesuchs. H. erhält auch Unterricht in Musik und Zeichnen.
1782 H.s Vater zieht mit seinem ältesten Sohn Johann Ludwig (geb. 1768) nach Insterburg.
1786 Bekanntschaft und Beginn einer lebenslangen Freundschaft mit Theodor Gottlieb (von) Hippel, dem Neffen des humoristischen Schriftstellers gleichen Namens.
1792 Beginn des Studiums der Rechte in Königsberg.
1794 H. lernt Dora Hatt (»Cora«) kennen, der er Musikunterricht erteilt und in die er sich verliebt.
1795 Abschluß des Studiums, Beginn der Amtstätigkeit. – 3. Teilung Polens, Preußen erhält u. a. Warschau.
1795/96 Arbeit an dem (verschollenen) Roman *Cornaro*.
1796 Tod der Mutter. H. setzt seine Ausbildung in Glogau fort; dort lebt er bei seinem Onkel Johann Ludwig Doerffer.
1797 Tod des Vaters. – Friedrich Wilhelm III. wird preußischer König.
1798 H. verlobt sich mit Minna Doerffer, einer Tochter seines Onkels. Er besteht sein Referendarexamen und wird nach Berlin versetzt; dort lebt er weiterhin im Haus des Onkels. Musikunterricht bei Johann Friedrich Reichardt.
1799 Dichtung und Komposition des Singspiels *Die Maske*.
1800 März: dritte juristische Prüfung und Ernennung zum Assessor am Obergericht in Posen. Komposition einer *Kantate zur Feier des neuen Jahrhunderts*, die am 31. 12. aufgeführt wird (AV 6).
1801 Komposition des Goetheschen Singspiels *Scherz, List und Rache*; Aufführung in Posen.
1802 H. löst das Verlöbnis mit Minna Doerffer. H.s Karikaturen auf einflußreiche Mitglieder der Posener Gesellschaft führen zu seiner Versetzung nach Płock. Am 26. 7. heiratet H. Marianna Thekla Michaelina (»Mischa«) Rorer. Ernennung zum Regierungsrat.
1803 Das *Schreiben eines Klostergeistlichen an seinen Freund in der Hauptstadt* erscheint im *Freimüthigen*: erste gedruckte Schrift H. s. – Abfassung des Lustspiels *Der Preis*. Messe in d-Moll (bis 1805, AV 18).

1804 Versetzung nach Warschau. Bekanntschaft mit Zacharias Werner und Julius Eduard Itzig, der ihn mit der Literatur der Romantik bekanntmacht. – 2. 12.: Napoleon I. Bonaparte wird franz. Kaiser.
1805 6. 4.: Aufführung des Singspiels *Die lustigen Musikanten* (Text von Clemens Brentano) in Warschau; H. nennt sich auf dem Titelblatt erstmals E. T. A. (Amadeus aus Verehrung für Mozart). Gründung der »Musikalischen Gesellschaft«. Druck der Klaviersonate A-Dur (AV 22). – Geburt der Tochter Cäcilia.
1806 6. 8.: Franz II. legt Kaiserkrone nieder. Ende des Hl. Römischen Reiches deutscher Nation. 14. 10.: Schlacht bei Jena und Auerstedt, Sieg Napoleons, der am 27. 10. in Berlin, am 19. 12. in Warschau einzieht. Sinfonie in Es-Dur (AV 23).
1807 H. verliert seine Stellung und kehrt im Juni nach Berlin zurück. Arbeitslosigkeit. Komposition der Oper *Liebe und Eifersucht*. Tod der Tochter Cäcilia. – 9. 7.: Friede von Tilsit.
1808 H. komponiert die Oper *Der Trank der Unsterblichkeit*, zeichnet 3 Blätter *Groteske Gestalten nach Darstellungen auf dem K. National-Theater in Berlin*, veröffentlicht *Trois Canzonettes* (AV 32) und einen Artikel *Über Salomons Urteil* in der *Allgemeinen Deutschen Theater-Zeitung*. 1. 9.: H. nimmt in Bamberg die Stelle eines Kapellmeisters an, gibt seine Dirigententätigkeit jedoch bald wieder auf und bleibt lediglich Theaterkomponist. In den nächsten Jahren entsteht eine Reihe von Gelegenheitskompositionen für Bamberger Aufführungen.
1809 H. gibt seine Tätigkeit am Theater ganz auf und lebt von Musikstunden. Beginn der Mitarbeit an der *Allgemeinen Musikalischen Zeitung* (AMZ). Dort erscheint am 15. 2. *Ritter Gluck*, am 17. 5. die erste von zahlreichen Musikkritiken (über zwei Symphonien Witts); Komposition des Miserere (AV 42), des Klaviertrios E-Dur (AV 52); Aufführung des Melodrams *Dirna*.
1810 Franz von Holbein übernimmt die Leitung des Bamberger Theaters. H. wird Direktionsgehilfe und arbeitet als Theaterkomponist, -maler und -architekt. 4. und 11. 7.: Rezension der 5. Sinfonie Beethovens, 26. 9.: *Johannes Kreisler's, des Kapellmeisters, musikalische Leiden* (AMZ). – Beginn der Leidenschaft H.s für seine Gesangsschülerin Julia Mark.
1811 Komposition der Oper *Aurora* (bis 1812). Aufführung der *Dirna* in Salzburg und des Melodrams *Saul, König in Israel* in Bamberg.
1812 Plan, nach Fouqués Erzählung *Undine* eine Oper zu komponieren. H. schickt die Skizze des Librettos an Fouqué, der es zum vollständigen Opernbuch ausarbeitet. – Der Aufsatz *Des Kapellmeisters, Johannes Kreislers, Dissertatiuncula über den hohen Wert der Musik* (29. 7.) und die Rezension von Beethovens *Coriolan-Ouvertüre*

(5.8.) erscheinen in der AMZ. H.s Aufsatz *Über die Aufführung der Schauspiele des Calderon de la Barca auf dem Theater in Bamberg* erscheint in den *Musen*. – Holbein legt die Direktion des Bamberger Theaters nieder.

1813 H. nimmt das Angebot des Theaterdirektors Seconda an, Kapellmeister in Dresden zu werden. 18.3. Vertragsabschluß mit dem Bamberger Verleger C. F. Kunz über die *Fantasiestücke in Callot's Manier*. In der AMZ erscheinen die Rezensionen der Klaviertrios op. 70 (3.3.), der C-Dur-Messe (16. und 23.6.) und der *Egmont*-Musik (21.7.) von Beethoven sowie die Erzählung *Don Juan* (31.3.). Seit April wechselnder Aufenthalt als Kapellmeister in Dresden und Leipzig. H. dirigiert in 80 Aufführungen 36 Opern, u.a. von Mozart, Cherubini, Paer, Gluck. Komposition der *Undine* (bis 1814), Entstehung der Erzählung *Der Magnetiseur* und des Märchens *Der goldene Topf* (bis 1814). – 25.-27.8.: Schlacht bei Dresden, Sieg der Franzosen. 16. bis 19.10.: Völkerschlacht bei Leipzig, Sieg der Alliierten, 10.11. Kapitulation Dresdens. – 8. und 12.12.: *Der Dichter und der Komponist* (AMZ).

1814 Bruch mit Seconda, H. wird entlassen. Entstehung politischer Karikaturen, mehrerer *Kreisleriana*, der *Elixiere des Teufels* (Band 1), der Erzählung *Ignaz Denner*. Wiedereintritt in den Staatsdienst: Tätigkeit beim Kammergericht in Berlin ab 1.10. Zu H.s Freundes- und Bekanntenkreis zählen u.a. Fouqué, Chamisso, Bernhardi und Tieck. Es erscheinen: *Die Vision auf dem Schlachtfelde bei Dresden, Fantasiestücke in Callot's Manier* (Band 1-3).

1815 Entstehung der Erzählungen *Die Abenteuer der Sylvester-Nacht, Die Fermate, Der Artushof.* 9.6.: Ende des Wiener Kongresses; Errichtung des Deutschen Bundes, 18.6.: Schlacht bei Belle-Alliance (Waterloo), Sieg der Verbündeten über Napoleon. – 22.10.: Aufführung des *Thassilo* von Fouqué mit Chören H.s (AV 74) im Schauspielhaus. *Fantasiestücke in Callot's Manier* (Band 4), *Die Elixiere des Teufels* (Band 1), *Die Fermate*, Niederschrift von *Der Sandmann*.

1816 1.5.: H. wird »Wirkliches Mitglied« des Kriminalsenats des Kammergerichts. 3.8.: Erste Aufführung der *Undine* am Geburtstag des Königs im Schauspielhaus (mit Dekorationen von Schinkel); 13 Wiederholungen bis 1817. – *Die Elixiere des Teufels* (Band 2), *Nachtstücke* (Band 1), *Der Artushof, Nußknacker und Mausekönig.*

1817 *Die Kunstverwandten* werden im *Dramaturgischen Wochenblatt* veröffentlicht. – 29.7.: Brand des Schauspielhauses, der auch die kostbaren Dekorationen der *Undine* vernichtet. – *Nachtstücke* (Band 2), *Ein Brief ...* (Rat Krespel), *Ein Fragment aus dem Leben dreier Freunde, Das fremde Kind.*

E. T. A. Hoffmann: Zeittafel 627

1818 Plan des Sammelwerkes *Die Seraphinen-Brüder*. – Arbeit an *Klein Zaches*. – *Seltsame Leiden eines Theater-Direktors*, *Der Kampf der Sänger*, *Meister Martin der Küfner und seine Gesellen*, *Doge und Dogaresse*. – Am Serapionstag (14. 11.) wird der Bund der nächsten literarischen Freunde H.s neu konstituiert.

1819 *Fantasiestücke in Callot's Manier* (2., durchgesehene Auflage), *Klein Zaches genannt Zinnober*, *Die Serapions-Brüder* (Band 1 und 2), *Der Baron von B.*, *Der unheimliche Gast*, *Aus dem Leben eines bekannten Mannes*, *Signor Formica*, *Das Fräulein von Scuderi*, *Spieler-Glück*, *Die Brautwahl*. – 1. 10.: H. wird Mitglied der »Immediat-Untersuchungs-Kommission« zur Ermittlung von »hochverräterischen Verbindungen und andern gefährlichen Umtrieben«; zahlreiche Voten H. s. – *Lebens-Ansichten des Katers Murr* (Band 1).

1820 H. fordert in mehreren Voten die Freilassung des inhaftierten F. L. Jahn. – *Die Serapions-Brüder* (Band 3), *Der Zusammenhang der Dinge*, *Briefe aus den Bergen*, *Prinzessin Brambilla*, *Die Marquise de la Pivardiere*, *Die Irrungen*.

1821 H. übersetzt das Libretto der Oper *Olimpie* von Spontini und veröffentlicht *Nachträgliche Bemerkungen* . . . darüber. *Die Geheimnisse*, *Die Doppelgänger*, *Die Räuber*, *Die Serapions-Brüder* (Band 4), *Lebens-Ansichten des Katers Murr* (Band 2). – 1. 12.: H. rückt in den Oberappellationssenat des Kammergerichts auf.

1822 Anfang des Jahres tödliche Erkrankung. Beschlagnahme des Manuskripts von *Meister Floh* durch die preußische Regierung. Disziplinarverfahren gegen H. wegen der Knarrpanti-Abschnitte. *Meister Floh* erscheint ohne die Knarrpanti-Abschnitte. *Des Vetters Eckfenster* erscheint als letzte Publikation. H. schließt noch *Meister Johannes Wacht* und *Die Genesung* ab, *Der Feind* bleibt Fragment. – Am 25. Juni stirbt Hoffmann. – 28. Juni: Begräbnis auf dem Friedhof der Jerusalems-Gemeinde vor dem Hallischen Tor.

Werkregister

1. Texte

Teile von Sammlungen sind mit den Siglen F (Fantasiestücke), K (Kreisleriana), N (Nachtstücke), S (Die Serapions-Brüder) gekennzeichnet.

Die Abenteuer der Sylvester-Nacht (F) 164, 193-199, 229, 314, 466, 490
Ahnungen aus dem Reiche der Töne s. Johannes Kreislers Lehrbrief
Alte und neue Kirchenmusik (S) 138, 377-379
An Johanna (Sonett) 217 f.
Der Artushof (S) 314 f., 318 f., 344, 352, 369 f., 466
Aus Bamberg, den 1. Juni 81
Aus dem Leben eines bekannten Mannes (S) 353, 380 f.
Die Automate (S) 138, 145 f., 291, 375 f.
Der Baron von B. (S) 353, 390 f.
Beethovens Instrumental-Musik (F) 153, 163, 173
Die Bergwerke zu Falun (S) 370-372
Die Brautwahl (S) 353, 381-385, 411
Ein Brief des Kapellmeisters Johannes Kreisler 497
Brief des Kapellmeisters Kreisler an den Baron Wallborn (K) 199 f., 326
Briefe über Tonkunst in Berlin 161, 241
Ein Brief von Hoffmann an Herrn Baron de la Motte Fouqué s. Rat Krespel
Cornaro. Memoiren des Grafen Julius von S. 37 f., 275

Datura fastuosa 404, 419-423
Der Dey von Elba in Paris 228
Der Dichter und der Komponist (S) 138, 140, 144-146, 231, 233, 235, 237-240, 352, 368 f., 426, 523
Dissertatiuncula über den hohen Wert der Musik s. Gedanken
Doge und Dogaresse (S) 314, 336, 338-341, 377, 466
Don Juan (F) 61, 86, 98, 109-114, 132-134, 153, 162, 164, 167, 197, 264, 361, 490, 594
Die Doppeltgänger 404, 417-419, 520
Drei verhängnisvolle Monate! 141 f.
Der Elementargeist 404, 412-414
Die Elixiere des Teufels 138, 196 f., 204, 209, 224 f., 260, 262, 265 f., 271-286, 293, 310, 327, 359, 399, 419, 466, 490, 510, 512, 519 f., 585, 587, 590, 592, 594
Faustina 61
Ein Fragment aus dem Leben dreier Freunde (S) 314 f., 320 f., 352, 369
Erklärung (zu »Meister Floh«) 484, 568-581
Erscheinungen! (S) 314, 324 f., 380, 396
Fantasiestücke in Callot's Manier 7, 15, 22, 27, 98, 134, 136-219, 224, 228, 231, 236, 260-262,

274, 295f., 310, 312, 314, 331, 354, 365, 378, 450, 465, 486, 491, 512, 528f., 558, 574, 585f., 590-592
Der Feind 404, 434-439
Die Fermate (S) 313-318, 321f., 338, 352, 368
Das Fräulein von Scuderi (S) 353, 387-390, 407, 494, 550, 580, 591, 593f.
Das fremde Kind (S) 314, 333-335, 379, 440, 491
Der Freund 203
Gedanken über den hohen Wert der Musik (K) 107-109, 153, 172
Die Geheimnisse 383, 404, 409-412, 490
Der Geheimnißvolle 38f.
Das Gelübde (N) 286, 304-307
Die Genesung 404, 431-434
Der goldene Topf (F) 114, 138, 155, 180-193, 196, 209, 229, 262-264, 272, 324-326, 330f., 356, 400f., 440, 445, 450, 461, 466, 474, 488, 490, 510, 512, 590, 593
Eine gräßliche Geschichte (auch: Vampirismus; S) 399f.
Haimatochare 404-407
Höchst zerstreute Gedanken (K) 173, 378
Ignaz Denner (zunächst: Der Revierjäger; N) 138, 262, 286, 293-295, 417, 433
Die Irrungen 383, 404, 409-412
Jacobus Schnellpfeffers Flitterwochen vor der Hochzeit 405
Jaques Callot (F) 154, 156f., 160-162, 167, 174, 191f., 465, 558
Die Jesuiterkirche in G. (N) 261, 286, 295-297, 314, 317f., 417, 466, 526

Johannes Kreisler's, des Kapellmeisters musikalische Leiden (K) 63, 106f., 118, 200, 356
Johannes Kreislers Lehrbrief (zuerst: Ahnungen aus dem Reiche der Töne; K) 170, 207-209
Der Kampf der Sänger (S) 314, 336, 343-346, 375, 377
Klein Zaches genannt Zinnober 349, 381, 407, 440-450, 461, 465, 470, 491, 559
Die Königsbraut (S) 353, 380, 396, 401f., 440, 468-470
Kreisleriana (F) 98, 106-109, 118, 128, 132f., 138f., 164, 167, 168-174, 198-211, 215, 270, 361, 378, 486, 490, 498, 528, 534
Kreisler's musikalisch-poetischer Clubb (K) 204, 231, 233
Die Kunstverwandten 56, 125, 251-259
Lebens-Ansichten des Katers Murr nebst fragmentarischer Biographie des Kapellmeisters Johannes Kreisler in zufälligen Makulaturblättern 59, 125, 164f., 169, 200, 217, 349f., 370, 398, 405, 414, 417, 419, 439, 449, 462, 469-471, 473, 483, 485-542, 559-561, 573, 575, 577f., 591-593
Lichte Stunden eines wahnsinnigen Musikers 134f., 202, 485
Die Liebe des Künstlers 202
Der Magnetiseur (zuerst: Der Magnetisierer; F) 128, 138, 154, 164, 174-180, 264, 271, 374, 386, 414, 431
Das Majorat (N) 286, 302-304, 417, 549
Die Marquise de la Pivardiere 404, 407-409, 550

Die Maske s. Singspiele
Masquerade 40, 86
Meister Floh 7 f., 59, 125, 333,
 349, 407, 440, 449, 461, 470-
 485, 487, 489-491, 504, 549,
 555, 562-576, 593
Meister Johannes Wacht 404, 428-
 431, 550
Meister Martin der Küfner und
 seine Gesellen (S) 314, 336, 341-
 343, 379, 429, 434, 466, 591
Milos Brief s. Nachricht von einem
 gebildeten jungen Mann
Der Musikfeind (K) 206
Musikkritiken
 Beethoven, C-Dur-Messe 137,
  377 f.
 Beethoven, Egmont-Musik 137
 Beethoven, Klaviertrios op. 70
  163, 173
 Beethoven, 5. Sinfonie 102-105,
  173
Nachricht von den neuesten Schicksalen des Hundes Berganza (F)
 119-126, 138, 153 f., 160, 169,
 174, 200, 216 f., 233, 253, 264,
 310, 471
Nachricht von einem gebildeten
 jungen Mann (mit Schreiben Milo's; K) 205 f., 471
Nachträgliche Bemerkungen über
 Spontini's Oper Olympia 250
Nachtstücke 204, 224 f., 260-272,
 286-311, 314 f., 327, 331, 349,
 352, 399, 494, 585, 590
Nußknacker und Mäusekönig (S)
 314, 328-333, 373, 376, 379,
 440, 470, 491, 594
Das öde Haus (N) 286, 298-301
Olimpia (Übersetzung von Spontini, Olimpie) 250
Ombra adorata! (K) 172, 202

Der Preis 53 f., 58, 251
Die Pilgerin 79 f.
Prinzessin Blandina (K) 138, 204,
 215 f., 231-234, 251
Prinzessin Brambilla 86, 159, 161,
 234, 251, 259, 349, 370, 380,
 394, 398, 402, 405, 419, 440,
 444, 449, 450-470, 474, 483,
 485, 490, 555, 559 f., 575, 578,
 588, 591 f.
Rat Krespel (Ein Brief von Hoffmann an Herrn Baron de la
 Motte Fouqué; S) 315, 321-324,
 362, 594
Der Renegat 59-61, 64, 240, 250
Der Revierjäger s. Ignaz Denner
Die Räuber 404, 414-417
Der Riese Gargantua 58 f., 64
Ritter Gluck (F) 17, 86-99, 121 f.,
 125, 132-134, 153 f., 158, 167,
 264, 270, 319, 594
Roman vom Hrn. Freiherrn von
 Vieren 326
Das Sanctus (N) 268, 286, 297 f.,
 314, 431
Der Sandmann (N) 147, 266 f.,
 286-294, 300, 314, 328 f., 333,
 356 f., 376, 433, 471, 504, 549,
 592, 594
Seltsame Leiden eines Theater-Direktors 56, 125, 225, 251-259,
 384, 394, 426
Die Seraphinen-Brüder s. Die Serapions-Brüder
Die Serapions-Brüder (zunächst:
 Die Seraphinen-Brüder) 223 f.,
 236, 239, 301, 313 f., 324, 349,
 352-405, 440, 468, 485 f., 575,
 594
Signor Formica (S) 234, 251, 259,
 261, 353, 392-396, 466
Sonett an Cäzilia (F) 122, 216 f.

Spieler-Glück (S) 353, 390
Schreiben eines Klostergeistlichen an seinen Freund in der Hauptstadt 54-56, 75, 230, 255
Schreiben Milo's, eines gebildeten Affen, an seine Freundin Pipi, in Nord-Amerika s. Nachricht von einem gebildeten jungen Mann
Das steinerne Herz (N) 286, 307-310
Über einen Ausspruch Sachini's, und über den sogenannten Effekt in der Musik (K) 206, 235-237
Über die Aufführung der Schauspiele des Calderon de la Barca auf dem Theater in Bamberg 83-86

Über Salomons Urteil (Musik von Quaisin) nebst einigen Bemerkungen über das Melodrama überhaupt, und über die Chöre in der Tragödie 75, 230
Der unheimliche Gast (S) 353, 386f., 414
Vampirismus s. Eine gräßliche Geschichte
Des Vetters Eckfenster 404, 424-428, 594
Die Vision auf dem Schlachtfelde bei Dresden 138, 142-144, 179
Der vollkommene Maschinist (K) 173
Der Zusammenhang der Dinge (S) 353, 396-398

2. Kompositionen

a. Bühnenwerke
Arlequin (Macco; AV 41) 234
Aurora (Holbein; AV 55) 83, 234
Dirna (von Soden; AV 51) 82, 234
Faustina s. Texte
Das Gelübde (Cuno; AV 37) 79
Julius Sabinus (von Soden; AV 54) 82, 234
Das Kreuz an der Ostsee (Werner; AV 20) 67f., 234
Liebe und Eifersucht (Die Schärpe und die Blume, A. W. Schlegel nach Calderón; AV 33) 69f., 76f., 234, 240, 433
Der Liebhaber nach dem Tode (Contessa nach Calderón; AV 85) 249
Die lustigen Musikanten (Brentano; AV 19) 65-67, 234

Die Maske (AV 4) 41, 46-50, 59, 66, 211, 234, 240, 491
Die Pilgerin s. Texte
Der Renegat s. Texte
Saul, König in Israel (Seyfried; AV 59) 83, 234
Die Schärpe und die Blume s. Liebe und Eifersucht
Scherz, List und Rache (Goethe; AV 8) 51
Thassilo (Fouqué; AV 74) 244
Der Trank der Unsterblichkeit (von Soden; AV 34) 16, 74f., 234
Undine (Fouqué; AV 70) 7, 138f., 198, 224f., 238, 240-251, 349
Die ungebetenen Gäste oder Der Canonicus von Mailand (Rohrmann nach Duval; AV 21) 69
Wiedersehn! (AV 53) 234
Die Wünsche (Cuno; AV 38) 79

b. Geistliche und weltliche Vokalmusik

Trois Canzonettes à 2 et 3 voix. Paroles italiennes et allemandes avec Accompagnement de Pianoforte (AV 32) 71, 77

Duettini italiani (Sechs italienische Duettinen für Sopran und Tenor AV 67) 130

Kantate zur Feier des neuen Jahrhunderts (AV 6) 51

Lieder mit Klavier- und Guitarrenbegleitung (AV 5) 45

Messe in d-Moll (AV 18) 71

Miserere (für Soli, Chor und Orchester) (AV 42) 16, 130

c. Instrumentalmusik

Deutschlands Triumph im Siege bei Leipzig (AV 73) 151

Grand Trio (für Klavier, Violine, Violoncello in E-Dur) (AV 52) 130

Klaviersonate A-Dur (AV 22) 68 f.

Klaviersonate in b-Moll (AV 26) 71

Klaviersonate in f-Moll (AV 30) 71

Klaviersonate in C-Dur (AV 28) 71

Quintett in c-Moll für Harfe, zwei Violinen, Viola und Violoncello (AV 24) 69, 71

Symphonie in Es-Dur (AV 23) 69, 71

Personenregister

Abaelard, Peter s. Petrus Abaelardus
Alba, Fernando Álvarez de Toledo, Herzog von 143
Alexander I., Kaiser von Rußland 136, 143
Alexis, Willibald 523
Allroggen, Gerhard 46, 599 f.
Alten, Martin Friedrich van 228
André, Johann 46
Arnim, Achim von 371, 385
Asverus, Gustav 562
Auhuber, Friedhelm 127, 432 f., 602, 607
Bach, Johann Sebastian 107, 171
Bachtin, Michail 452 f.
Bagge af Boo, Carl Ernst Baron von 391
Balzac, Honoré de 391, 427, 588
Bartels, Ernst Daniel August 174 f.
Baudelaire, Charles 467-469, 588, 608
Beethoven, Ludwig van 69, 95, 100, 102-105, 132 f., 137, 153, 163, 168, 173, 377 f.
Behrmann, Alfred 468
Benda, Georg 32, 34
Benjamin, Walter 427, 591, 611
Beske 73
Boccaccio, Giovanni 355, 358, 392
Bode, Johann Joachim 505
Bodmer, Johann Jakob 451
Böhme, Jakob 93
Börne, Ludwig 541, 610
Böttiger, Karl August 54
Braun, Carl Anton Philipp 100
Brentano, Clemens 65, 214, 228, 240, 323, 326, 474, 513
Bruegel, Pieter (d. J.) 260-262, 400, 466
Brühl, Carl Reichsgraf von 228, 241, 248 f., 252-255
Büchner, Georg 544
Byron, George Gordon Lord 399
Caccini, Giulio 161
Cagiorgi, Domenico 141
Calderón de la Barca, Pedro 65, 69, 76, 83-86, 90, 230, 232, 240, 249, 257, 433
Callot, Jacques 43, 125, 142, 159, 161, 264, 425, 445, 450 f., 463-466, 558
Calvino, Italo 589
Campe, Joachim Heinrich 577
Carroll, Lewis 332, 469
Cazotte, Jacques 413
Cervantes Saavedra, Miguel de 58, 124-126, 500
Ceva, Tommaso 451
Chamisso, Adelbert von 65, 194-196, 228, 326, 353, 406, 417, 420 f., 586
Cherubini, Luigi 83, 137, 237
Chiari, Pietro 454 f.
Chodowiecki, Daniel 425
Contessa, Carl Wilhelm Salice 249, 326 f., 353, 355, 417, 491
Cosimo II., Herzog von Florenz 463
Cotta, Johann Friedrich von 274
Cox, Joseph Mason 277
Cramer, Carl Gottlob 36, 265 f.
Crescentini, Girolamo 172
Crespel, Bernhard 323
Cuno, Heinrich 79, 81 f.
Dalayrac, Nicolas 137

Dante Alighieri 96
Darwin, Erasmus 277
Davies, Robertson 589
Da Ponte, Lorenzo 109
Devrient, Ludwig 228, 230, 254 f., 374, 384
Diderot, Denis 97, 125, 253, 271, 321
Döbbelin, Carl (d. J.) 51
Doerffer, Charlotte Wilhelmine 19
Doerffer, Johann Ludwig 41
Doerffer, Johanna Sophia 19
Doerffer, Lovisa Sophie, geb. Voeteri 19 f.
Doerffer, Otto Wilhelm 19 f., 33, 35
Doerffer, Sophie Wilhelmine Konstantine (Minna) 41, 44, 51
Dostojewskij, Fjodor 588
Dschingis Khan 143
Dümmler, Ferdinand 440, 470, 486 f., 489, 494
Dürer, Albrecht 379, 430, 434-437
Duncker, Carl Friedrich Wilhelm 327
Egli, Gustav 610
Ellinger, Georg 567-569, 588, 607, 611
Elsner, Joseph 68
Eunike, Johanna 218
Ewers, Hans-Heino 332, 605
Falieri, Marino 339
Fichte, Johann Gottlieb 65, 269
Fioravanti, Valentino 100
Flögel, Carl Friedrich 576 f., 611
Follen (Follenius), August Adolf Ludwig 556, 579
Fouqué, Friedrich Baron de la Motte 198 f., 228, 241-244, 248, 251, 313, 321 f., 326 f., 353, 355, 491, 586
Freud, Sigmund 267, 281 f., 311, 372, 592, 604

Friedrich II. (d. Gr.), König von Preußen 90 f.
Friedrich Wilhelm III., König von Preußen 42, 136, 143, 244, 254, 350, 551, 553, 555-557, 563 f., 580
Frosch, C. 166
Fühmann, Franz 589, 604
Gahse, Zsuzsanna 589
Garrick, David 255
Genette, Gérard 489
Gerber, Ernst Ludwig 236
Gillray, James 148
Gluck, Christoph Willibald Ritter von 69, 83, 89, 92-95, 97, 100, 137, 167, 228, 236 f., 250
Goethe, Johann Wolfgang 26, 34, 45, 51, 56, 64, 84, 97, 161, 175, 205, 208, 214, 218, 228, 254, 256, 279, 323, 328, 355, 357 f., 397, 401, 429, 452, 473, 495, 498, 500, 502, 504, 515, 554, 574 f., 586 f., 591, 599 f., 602 f., 606, 608 f., 611
Goethe, Catharina Elisabeth 323
Goethe, Ottilie von 586
Göbel, Helmut 101 f., 601
Gogol, Nikolaj 588
Goldoni, Carlo 454 f.
Gozzi, Carlo 181, 231 f., 238, 257, 393, 445, 454 f.
Graepel, Johann Gerhard 120, 122, 129
Grillparzer, Franz 391
Grimm, Albert Ludwig 327
Grimm, Jacob 182, 326 f., 337
Grimm, Wilhelm 182, 326 f., 337
Grosse, Karl 36, 265
Härtel, Gottfried 109
Härtling, Peter 121, 590
Hafftiz, Peter 381
Hamann, Johann Georg 41, 495, 578

Hamilton, Anthony Earl of 29
Hardenberg, Friedrich von s. Novalis
Hardenberg, Carl Fürst von 136, 176, 374, 553, 563f., 579
Hatt, Dorothea (Dora) 21, 23-25, 41, 117
Haydn, Joseph 69, 103, 378
Hebel, Johann Peter 371
Hegel, Georg Wilhelm Friedrich 500, 541
Hegewald, Wolfgang 589
Heine, Heinrich (Harry) 88, 414, 467, 507, 566f., 574, 580, 586, 588, 608, 611
Henisch, Peter 589
Herder, Johann Gottfried 104, 326, 336
Hiller, Johann Adam 46
Himmel, Friedrich Heinrich 137
Hindemith, Paul 588
Hippel, Theodor Gottlieb von (d. Ä.) 34, 40-42, 549, 578
Hippel, Theodor Gottlieb von (d. J.) 15, 20-23, 25-38, 40-42, 44, 49f., 55, 58, 61, 86, 109, 124, 136, 151-153, 254, 374, 441, 545f., 548, 556f., 585, 588f.
Hitzig (Itzig), Julius Eduard 20, 64f., 69-71, 78f., 81, 84, 87, 117, 198f., 243, 274, 330, 353, 373, 385, 417, 431, 440, 467, 485, 488, 497, 522, 544, 557, 567, 586, 591, 606, 608f., 611
Hoffmann, Christoph Ludwig 19
Hoffmann, Johann Ludwig 19
Hoffmann, Lovisa Albertina, geb. Doerffer 19f.
Hoffmann, Marianna Thekla Michaelina (Michalina, Mischa), geb. Rorer 51, 136
Hogarth, William 22, 62f., 159
Holbein, Franz Ignaz Edler von Holbeinsberg 48, 82f., 109, 118, 253
Homer 96
Horaz (Quintus Horatius Flaccus) 427, 471f., 575-577, 611
Huch, Ricarda 431, 607
Humboldt, Wilhelm von 205
Hummel, Johann Erdmann 315f., 368
Iffland, August Wilhelm 45, 48-50, 53, 67, 254, 384
Isouard, Nicolò 72
Itzig, Isaak Elias s. Hitzig, Julius Eduard
Itzig, Moritz 385
Jahn, Friedrich Ludwig 552-555, 579
Jean Paul s. Richter
Jolles, André 193
Joyce, James 590
Jünger, Johann Friedrich 478
Jung, Carl Gustav 281, 372, 592, 604
Kästner, Abraham Gotthelf 578
Kafka, Franz 206
Kamptz, Karl Albert von 552f., 555, 561-563, 566, 568f., 572, 580
Kanne, Johann Arnold 176, 190
Kant, Immanuel 20, 41, 126, 480, 543
Kaselitz, Gottfried 74
Kauer, Anna Maria 124
Kaufmann, Friedrich 146
Kaufmann, Johann Gottlieb 146
Keil, Werner 67, 76, 130, 251, 516, 600, 603, 609
Keller, August 142
Kircheisen, Friedrich Leopold von 547
Kirchhoff, Bodo 590

Klee, Paul 588
Kleist, Heinrich von 83, 117, 175, 183, 258, 306f., 399
Kleßmann, Eckart 9
Klingemann, August 54f.
Klopstock, Friedrich Gottlieb 26
Kluge, Carl Alexander Ferdinand 128, 174-176, 432, 602, 607
Kofman, Sarah 510, 609
Kolbe, Carl Wilhelm 338-342
Koreff, Johann Ferdinand (bis 1816: David) 65, 176, 353, 374, 385, 450, 464
Korff, Hermann August 529, 610f.
Kotzebue, August von 23, 52f., 55, 266, 551, 571
Kralowsky, Friedrich 441
Kremer, Detlef 452, 461, 608
Kretschmann, Carl Friedrich 424
Kronauer, Brigitte 590
Kubin, Alfred 588
Kühn, Dieter 589
Kühnel, Ambrosius 71
Kunz, Carl Friedrich 120f., 123f., 128, 131, 134f., 143, 153-156, 159f., 165f., 180f., 212, 225, 228, 230f., 266, 274
Lauchery, Étienne 73
Lafontaine, August 36, 266
La Mettrie, Julien Offray de 146
Laun s. Friedrich Schulze
Le Bret, Johann Friedrich 338, 340
Lesage, Alain-René 228, 321
Lessing, Gotthold Ephraim 451, 502
Leuwenhoeck (Leeuwenhoek), Anthony van 477
Levi (Levy), Sara, geb. Itzig 65, 385
Levezow, Konrad 228
Lewis, Matthew Gregory 265f., 275

Lichtenberg, Georg Christoph 63, 159, 495, 502, 578
Liebrand, Claudia 601
Loève-Veimars, François-Adolphe 588
Loquai, Franz 127
Ludwig XIV., König von Frankreich 387
Luise, Königin von Preußen 42, 47-50
Lully, Jean-Baptiste (Lulli, Giovanni Battista) 250
Maassen, Carl Georg von 150
MacDonald, George 332
Magris, Claudio 433
Mangold, Hartmut 545, 610
Mann, Thomas 188, 324, 346
Marcus, Adalbert Friedrich 127, 131, 174
Mark, Fanny (Franziska) 121f., 129
Mark, Juliane (Julia) 116-123, 129, 154, 172, 183, 197, 216f., 498
Marmontel, Jean-François 23
Matt, Peter von 605
Max, Josef 405, 428
Mayer, Hans 132, 601
Méhul, Étienne Nicolas 100, 137, 241
Mensching, Gerhard 589
Mesmer, Franz Anton 127, 175
Metternich, Clemens Lothar Wenzel Fürst von 551
Meyer, Herman 503, 506, 609
Meyrink, Gustav 588
Mieris, Frans van (d. Ä.) 466
Momberger, Manfred 602
Morgenstern, Karl 498, 609
Moritz, Karl Philipp 328f., 495, 498
Mozart, Wolfgang Amadeus 29,

32-34, 46, 59, 69, 74, 103, 109f., 114, 130, 137, 181, 208, 238, 241f., 250, 378, 478, 498
Mühlenfels, Ludwig von 556
Müller, Hans von 529, 589
Müllner, Adolph 373, 586
Müller-Seidel, Walter 607
Musil, Robert 515, 609
Nägeli, Hans Georg 52f., 58
Nährlich-Slatewa, Elena 452
Napoleon Bonaparte, Kaiser von Frankreich 69, 78, 136f., 143, 145, 147f., 150f., 179, 413, 521, 538, 543, 557f.
Naumann, Johann Gottlieb 23
Nero (Lucius Domitius Ahenobarbus) 143
Nerval, Gérard de 588
Neubauer, John 101
Neumann, Gerhard 605, 608
Nicolai, Christoph Friedrich 495
Nietzsche, Friedrich 179, 188, 503, 609
Novalis (Friedrich Leopold Frhr. von Hardenberg) 45, 93, 113, 181, 190f., 198, 292, 326, 343, 371, 469
Offenbach, Jacques 588
Ovid (Publius Ovidius Naso) 502
Pachelbel-Gehag, Heinrich Christian Friedrich von 554
Paer, Ferdinando 100, 137f.
Paisiello, Giovanni 137
Palestrina, Giovanni Pierluigi da 378
Paracelsus (Theophrastus Bombastus von Hohenheim) 175
Petrarca, Francesco 59
Petrus Abaelardus (Abaelard) 24f.
Pfeuffer (Pfeufer), Christian 121
Pfitzner, Hans 248
Piccinni, Nicola 236f., 250

Pikulik, Lothar 606
Pink (Pinck), Franz 63
Pinel, Philippe 128, 545
Pitaval, François Gayot de 407
Platon 91
Podbielski, Christian Wilhelm 33
Poe, Edgar Allan 389
Polidori, William 399
Praetorius, Michael 451
Preisendanz, Wilhelm 541, 610
Pückler-Muskau, Hermann Graf (ab 1822 Fürst) von 441
Pustkuchen, Anton Heinrich 100
Puysegur, Armand Marc Jacques de Chastenet, Marquis de 175, 432
Quack, Josef 606
Quaisin, Adrien 75
Rabelais, François 58, 452, 500, 504f.
Rabener, Gottlieb Wilhelm 549, 578
Raddatz, Fritz J. 121
Rameau, Jean-Philippe 250
Reichardt, Johann Friedrich 45f., 162
Reich-Ranicki, Marcel 594
Reil, Johann Christian 127f., 163, 277, 400, 545
Reimer, Georg Andreas 71, 224, 286, 313, 327, 352
Rembrandt (R. Harmensz van Rijn) 262, 466
Richelieu, Armand-Jean du Plessis, Duc de 558
Richer, François 407f.
Richter, Johann Paul Friedrich (Jean Paul) 24-26, 29f., 34, 40, 44, 51, 120, 155-158, 160, 166, 170, 175, 210f., 218f., 261, 309f., 398, 418, 500-502, 513, 539, 578, 599, 602, 604, 609

Ritter, Johann Wilhelm 169, 190
Robert, Ludwig 385, 560
Robertson, Ritchie 500, 609
Rochlitz, Friedrich 17, 77, 86 f., 91 f., 98-100, 106 f., 162, 274, 585
Romberg, Andreas 100
Rorer, Marianna Thekla Michaelina s. Hoffmann
Rosa, Salvator 261, 392-394, 466
Rothenhan (Rotenhan), Dorette Reichsgräfin von 16 f.
Rousseau, Jean-Jacques 36, 326, 333, 495 f., 502
Ruisdael, Jacob van 290
Sacchi, Antonio 455
Sacchini, Antonio 206, 235-237, 241
Saemann, Johann Christian (?) 34
Saemann, Johann Gottlieb (?) 34
Safranski, Rüdiger 9
Saint-Cyr, Laurent Gouvion Marquis de 141
Salieri, Antonio 137, 237
Sand, Karl Ludwig 551, 571
Saul, Nicholas 609
Scarron, Paul 424
Schädlich, Hans Joachim 589
Schäfer, Bettina 609
Schelling, Friedrich Wilhelm Joseph von 127 f., 176, 190, 432, 445
Schenk, Johann 137
Scher, Steven P. 101, 517, 609
Schikaneder, Emanuel 181
Schiller, Friedrich 24 f., 27, 37, 41, 45, 54 f., 232, 257, 265, 304, 375, 413-417, 502
Schilling, Gustav 265 f.
Schinkel, Karl Friedrich 243, 245, 247
Schläder, Jürgen 248, 603
Schlegel, August Wilhelm 65, 69, 84, 117, 127, 214, 232, 240, 257, 433, 500 f.
Schlegel, Friedrich 27 f., 45, 127, 157, 187, 213 f., 218, 257, 309, 358 f., 400, 440, 492, 539, 599, 609
Schleiermacher, Friedrich Daniel Ernst 65
Schmidt, Arno 592
Schmidt, H. 341 f.
Schmolling, Daniel 544
Schnapp, Friedrich 50, 599-603, 610
Schneider, Peter 590
Schnell, Ralf 610
Schott, Bernhard 53
Schubert, Bernhard 607
Schubert, Gotthilf Heinrich 127 f., 169, 176, 190, 201, 268, 340, 371, 423, 445, 469
Schuckmann, Friedrich von 553, 562-564, 566
Schulze, Friedrich August (Friedrich Laun) 266
Schumann, Robert 588
Scott, Walter 265, 336, 398, 428, 549, 575, 587, 611
Scudéry, Madeleine de 387
Seconda, Joseph 134, 136-138, 233
Segebrecht, Wulf 123, 127, 570, 601, 605 f., 611
Seghers, Anna 589
Seidel, Gerhard 123
Seneca, Lucius Annaeus 75
Sessa, Carl 228, 384
Seyfried, Joseph Ritter von 83
Shakespeare, William 40, 45, 54, 118, 172, 214, 257, 282, 384, 500, 502, 505, 525
Singer, Herbert 488, 517, 531, 609 f.
Soden, Julius Reichsgraf von 74 f., 78, 82

Solger, Karl Wilhelm Ferdinand 539
Spengler, Oswald 529
Speyer, Friedrich 127, 174, 182, 223
Spieß, Christian Heinrich 265 f.
Spohr, Louis 100
Spontini, Gaspare 244, 250
Steffens, Henrich (Henrik) 127
Steinecke, Hartmut 602 f., 611
Steiner-Prag, Hugo 588
Stengel, Stephan Frhr. von 142, 159
Sterne, Laurence 40, 57 f., 419, 495, 500 f., 505, 510, 515, 517, 542, 609
Swammerdam, Jan 477
Swedenborg, Emanuel 175
Tasso, Torquato 417
Teichmann, Elizabeth 611
Telsnig-Langer, Elisabeth 601
Thiele, Carl Friedrich 463-465
Thomasius, Christian 383
Tieck, Ludwig 45, 55, 65, 78, 103, 162, 169, 191, 215, 228, 232, 238, 257, 326, 335, 343 f., 346, 352, 355, 358, 399, 430, 474, 500 f., 513
Tilly, Johann Tserclaes Reichsgraf von 143
Trützschler und Falkenstein, Friedrich von 547-549, 551
Tschaikowskij, Peter Iljich 333
Unzelmann, Carl Wilhelm Ferdinand 72
Varnhagen von Ense, Karl August 65, 562
Varnhagen von Ense, Rahel 18 f., 385
Vasari, Giorgio 260
Vauban, Sébastien le Prèstre de 141
Vaucanson, Jacques 146
Vergil (Publius Vergilius Maro) 96, 502
Vitt-Maucher, Gisela 468, 608
Voltaire (François-Marie Arouet) 387
Vulpius, Christian August 265
Wackenroder, Wilhelm Heinrich 25, 54, 78, 162, 169, 318, 344, 430, 435, 600 f.
Wagenseil, Johann Christoph 341, 343-346, 387
Wagner, Ernst 495
Wagner, Richard 66, 211, 343, 346, 588
Walpole, Horace 265
Weber, Bernhard Anselm 229
Weber, Carl Maria von 245-248, 586
Weigl, Joseph 100, 137
Werner, Hans-Georg 610
Werner, Zacharias 67 f., 279, 394-396, 585
Wetzel, Friedrich Gottlob 120, 166 f., 176, 211, 601 f.
Wieland, Christoph Martin 355, 451, 498
Wilmans, Friedrich 470, 562, 565, 568
Wilmans, Heinrich 470, 562, 565, 568
Winter, Peter 241
Witt, Friedrich 100
Woldermann, Johann Daniel 564, 568
Wolf, Christa 589
Wolff, Amalie 254
Wolff, Pius Alexander 254 f.
Wollschläger, Hans 590
Zelter, Carl Friedrich 254
Zimmermann, Johann Georg von 354
Zingarelli, Niccolò Antonio 172

Inhalt

Vorwort 7

I. Vom fantastischen Autor zum Verfasser der *Fantasiestücke* (1794-1814)

1. Die Anfänge des Künstlers (1794-1808) 16
Briefe als literarische Texte 18
Portrait des Künstlers als junger Mann: Hoffmanns
   Geburtstagsbrief vom 23. bis 25. 1. 1796 21
Musik – Malerei – Schriftstellerei 32
Zum erstenmal in Berlin (1798-1800) 41
Płock: Leiden in der »Verbannung« (1802-1804) 50
Regierungsrat in Warschau: der vielseitige »Dilettant«
   (1804-1807) 61
Der »freie« Künstler: arbeitslos in Berlin (1807-1808) . . 70

2. Bamberg: »Lehrjahre« und mehr (1808-1813) 78
Theatererfahrungen – Theaterarbeit 78
Ritter Gluck – die »artistisch litterarische Laufbahn«
   beginnt 86
Der Musikrezensent 99
Die beiden ersten *Kreisleriana* 106
Don Juan 109
Tagebücher 115
*Nachricht von den neuesten Schicksalen des Hundes
Berganza* 119
Wissenschaftsdiskurse: Medizin, Naturphilosophie . . . 126
Schlußbilanz Bamberg 129

3. *Fantasiestücke in Callot's Manier* (1813-1814).
   Kunst der Fantasie als Universalpoesie 136
Dresden und Leipzig: Künstler in Kriegszeiten 136

»Politische« Werke (1813-1814) 139
Fantasiestücke: Entstehung, Titel, Poetik 153
Kreisleriana: »humoristische Aufsätze« eines exaltierten
   Kapellmeisters 168
Der Magnetiseur 174
Der goldene Topf 180
Die Abenteuer der Sylvester-Nacht 193
Kreisleriana: die zweite Serie 198
»Universale« Kunst – Universalpoesie – »ein roman-
   tisches Buch« 210

II. Fantastik und Schauer oder Undine und Sandmann,
   Nußknacker und Teufel (1814-1818)

4. Bühnenwerke, Bühnenschriften: Theater und Oper . . 230
Prinzessin Blandina – eine »modifizierte Turandot« . . . 231
Opernästhetik – Opernkompositionen 234
Undine – die Geburt der »romantischen Oper« 242
Das Ende des Komponisten? 249
Faszination des Theaters: *Die Kunstverwandten*,
   Seltsame Leiden eines Theater-Direktors 251

5. Das »nächtliche« Werk: *Die Elixiere des Teufels* –
   Nachtstücke 260
Die Elixiere des Teufels 272
Nachtstücke 286
Der Sandmann 287
Ignaz Denner 293
Die Jesuiterkirche in G. 295
Das Sanctus 297
Das öde Haus 298
Das Majorat 302
Das Gelübde 304
Das steinerne Herz 307

Inhalt

6. Erzählungen und Märchen (1815-1818)	312
»Taschenbuch«-Erzählungen	312
Die Fermate	315
Der Artushof	318
Ein Fragment aus dem Leben dreier Freunde	320
Ein Brief von Hoffmann an Herrn Baron de la Motte Fouqué (über Rat Krespel)	321
Erscheinungen!	324
Kinder-Märchen	325
Nußknacker und Mausekönig	328
Das fremde Kind	333
Historische Erzählungen	336
Doge und Dogaresse	338
Meister Martin der Küfner und seine Gesellen	341
Der Kampf der Sänger	343

III. Fantastische Werke eines »humoristischen Schriftstellers« (1819-1822)

7. *Die Serapions-Brüder*	352
Entstehung	352
Gesellige Unterhaltung	355
Serapion – das »serapiontische Prinzip«	361
Serapiontisches Erzählen: Band 1 und 2	368
Die Bergwerke zu Falun	370
Die Serapions-Brüder: Band 3 und 4	380
Die Brautwahl	381
Der unheimliche Gast	386
Das Fräulein von Scuderi	387
Signor Formica	392
Der Zusammenhang der Dinge	396
Die Königsbraut. Ein nach der Natur entworfenes Märchen	401

8. Die späten Erzählungen (1819-1822) 404
Haimatochare 405
Die Marquise de la Pivardiere 407
Die Irrungen – Die Geheimnisse 409
Der Elementargeist 412
Die Räuber 414
Die Doppeltgänger 417
Datura fastuosa 419
Des Vetters Eckfenster 424
Meister Johannes Wacht 428
Die Genesung 431
Der Feind 434

9. Humoristische Roman-Märchen 440
Klein Zaches genannt Zinnober 440
Prinzessin Brambilla. Ein Capriccio nach Jakob Callot 450
Die Königsbraut 468
*Meister Floh. Ein Märchen in sieben Abenteuern
zweier Freunde* 470

10. Kater Murrs Lebens-Ansichten: Hoffmanns
    Lebens-Werk 485
Entstehung 485
Paratexte 489
Erzähltraditionen 495
Intertextualität: Zitate 502
Erzähler, Erzählperspektiven 507
Struktur, Handlung 510
Die Protagonisten: Kreisler und Murr 521
Satire, Ironie, Humor 536

11. Exkurse: Juristerei, Politik, Zensur 543
Der Jurist und seine Schriften 543
Mitglied der »Immediat-Untersuchungs-Kommission« 551
Politische Satire 557

Die *Meister Floh*-Affäre 562

12. Hoffmanns juristisch-poetologisches Vermächtnis . . 568

IV. Hoffmann-Spuren

13. Wirkungen – Wertungen 585

Nachwort 595

Anhang

Anmerkungen 599
Literatur- und Abkürzungsverzeichnis 612
Bildnachweise 623
E.T.A. Hoffmann: Zeittafel 624
Werkregister 628
Personenregister 633